Jean-Louis Cohen, Hartmut Frank, Volker Ziegler
EIN NEUES MAINZ?

PHOENIX. MAINZER KUNSTWISSENSCHAFTLICHE BIBLIOTHEK

Herausgegeben von

Matthias Müller, Elisabeth Oy-Marra und Gregor Wedekind

Band 4

Jean-Louis Cohen, Hartmut Frank, Volker Ziegler

EIN NEUES MAINZ?

KONTROVERSEN UM DIE GESTALT DER STADT NACH 1945

DE GRUYTER

Die Herausgeber danken der LBBW Rheinland-Pfalz Bank, der Forschungsförderung der Johannes Gutenberg-Universität, den Freunden der Universität Mainz e.V., dem Zentrum für Interkulturelle Studien Mainz sowie der Deutsch-Französischen Kulturstiftung für ihre großzügige Unterstützung zur Drucklegung dieses Buches.

ISBN 978-3-11-041470-7
e-ISBN (PDF) 978-3-11-041480-6
e-ISBN (EPUB) 978-3-11-041488-2

LIBRARY OF CONGRESS CATALOGING-IN-PUBLICATION DATA
Names: Cohen, Jean-Louis, 1949– | Frank, Hartmut, 1942– | Mengin, Christine, 1960– | Ziegler, Volker, 1965–
Title: Ein neues Mainz? : Kontroversen um die Gestalt der Stadt nach 1945 / Jean-Louis Cohen, Hartmut Frank, Volker Ziegler.
Description: 1 | Berlin ; Boston : De Gruyter, 2018. | Series: Phoenix ; Band 4 | Includes bibliographical references and index.
Identifiers: LCCN 2018029237 (print) | LCCN 2018029599 (ebook) | ISBN 9783110414806 (electronic Portable Document Format (pdf) | ISBN 9783110414707 (hardback) | ISBN 9783110414806 (e-book pdf) | ISBN 9783110414882 (e-book epub)
Subjects: LCSH: City planning--Germany--Mainz (Rhineland-Palatinate)--History--20th century. | Reconstruction (1939-1951)--Germany--Mainz (Rhineland-Palatinate) | Lods, Marcel. | BISAC: ARCHITECTURE / History / Contemporary (1945-).
Classification: LCC NA9200.M28 (ebook) | LCC NA9200.M28 N48 2018 (print) | DDC 307.1/216094343--dc23
LC record available at https://lccn.loc.gov/2018029237

BIBLIOGRAFISCHE INFORMATION DER DEUTSCHEN NATIONALBIBLIOTHEK
Die Deutsche Nationalbibliothek verzeichnet diese Publikation in der Deutschen Nationalbibliografie; detaillierte bibliografische Daten sind im Internet über http://dnb.dnb.de abrufbar.

© 2019 Walter de Gruyter GmbH, Berlin/Boston

Einbandabbildung: *Die Section du Plan bei der Arbeit*, Mainz, o.D. [um 1947], Académie d'architecture, Cité de l'architecture et du patrimoine, Archives d'architecture du XXe siècle, Nachlass Lods, Paris.
Reihenlayout und Satz: Andreas Eberlein, aromaBerlin
Druck und Bindung: Beltz Grafische Betriebe GmbH, Bad Langensalza

www.degruyter.com

INHALT

IX DANK

XI EINFÜHRUNG

1 FRANZÖSISCHE BAUPOLITIK AM RHEIN

21 DENKMALSCHUTZ UND ARCHITEKTUR
   IN DER FRANZÖSISCHEN BESATZUNGSZONE

51 GROSS-MAINZ

81 KONFLIKTFELD WIEDERAUFBAUPLANUNG

95 EIN ANDERES MAINZ

123 EINE NEUE ALTE STADT

149 MACHTLOSE EXPERTEN

173 VIELE PLÄNE UND KEIN PLAN

205 STADTENTWÜRFE FÜR MAINZ 1806–1960
    IN CHRONOLOGISCH GEORDNETEN TAFELN

245 KURZBIOGRAFIEN

263 LITERATURVERZEICHNIS

271 QUELLENVERZEICHNIS

274 ABBILDUNGSNACHWEISE

276 PERSONENREGISTER

DANK

Wesentliche Bestandteile des vorliegenden Buchs gehen zurück auf das gemeinsame Forschungsprojekt *Deutsch-französische Beziehungen 1940–1950 und ihre Auswirkungen auf Architektur und Stadtgestalt*, das Jean-Louis Cohen und Hartmut Frank dank einer Finanzierung durch die Volkswagen-Stiftung mit einem deutsch-französischen Forscherteam zwischen 1986 und 1989 an der École d'architecture Paris-Villemin und an der Hochschule für bildende Künste Hamburg geleitet haben. Zu diesem Team gehörten Rémi Baudouï, Christine Mengin, Patrice Noviant, Ulrich Höhns, Jacques Rosen und Wolfgang Voigt. Seitdem überarbeitete und veröffentlichte Wolfgang Voigt den Straßburg und das Elsass betreffenden Teil der Forschung. Volker Ziegler stieß später zu diesem Projekt. Er aktualisierte die Quellen, übersetzte die französischen Textteile, koordinierte die Redaktion des vorliegenden Bandes und ergänzte ihn um das Schlusskapitel.

Wir danken allen Beteiligten, insbesondere auch den mittlerweile verstorbenen Akteuren und Zeitzeugen, die wir im Laufe des Projekts getroffen haben und deren Erinnerungen in die vorliegende Arbeit eingeflossen sind.

Die Arbeit zum Wiederaufbau von Mainz konnte 2006 bis 2008 dank einer Finanzierung durch die Getty Foundation in Los Angeles wieder aufgenommen werden und floss 2006/7 auf Einladung von Thomas Gaehtgens, des damaligen Direktors des Deutschen Forums für Kunstgeschichte in Paris, in dessen Jahresthema ein, das gemeinsam mit dem Leiter des wissenschaftlichen Programms Gregor Wedekind definiert wurde.

Eine entscheidende Arbeitsphase am Projekt war die gemeinsam mit Volker Ziegler und Wolfgang Voigt durchgeführte Vorbereitung der Ausstellung *Interferenzen/Interférences: Architektur, Deutschland–Frankreich, 1800–2000*, die 2013 im Musée d'art moderne et contemporain de Strasbourg und dann 2013/14 im Deutschen Architekturmuseum in Frankfurt am Main gezeigt wurde.

Die vorbereitenden Arbeiten zu diesem Buch, dessen Veröffentlichung auf die Initiative Gregor Wedekinds – Professor am Institut für Kunstgeschichte und Musikwissenschaft der Johannes Gutenberg-Universität Mainz – zurückgeht, wurden dank der Unterstützung des Bureau de la recherche architecturale, urbaine et paysagère der Direction générale des patrimoines im Ministère de la Culture und dessen früheren Leiters Panos Mantziaras ermöglicht.

Das hier veröffentlichte Bildmaterial konnte dank der Unterstützung von Archiven, Museen, Institutionen und privaten Sammlern zusammengetragen werden. Wir danken ausdrücklich:

– der Cité de l'architecture et du patrimoine in Paris, David Peyceré und Alexandre Ragois, für die Nachlässe von Jean-Charles Moreux, André Lurçat und Marcel Lods, sowie der unentgeltlichen Überlassung seiner Vervielfältigungsrechte durch die Académie d'architecture

– dem Stadtarchiv Mainz, Wolfgang Dobras, Manfred Simonis, Susanne Speth und Frank Teske, für die zahlreichen Dokumente zur Planungsgeschichte von Mainz, für die Nachlässe von Marcel Lods und Adolf Bayer sowie für die unentgeltliche Überlassung von Reproduktionen und Vervielfältigungsrechten

– der Bibliothèque Poëte et Sellier der École d'urbanisme de Paris, Lauent Coudroy de Lille, für das Manuskriptalbum von Marcel Lods und die Sitzungsprotokolle des CSAU

– dem Deutschen Architekturmuseum, Peter Cachola Schmal, Wolfgang Welker, Inge Wolf und unserem Weggefährten Wolfgang Voigt, für die Nachlässe von Paul Schmitthenner, Ernst May, Erich Petzold und die Pläne des CSAU

- dem Südwestdeutschen Archiv für Architektur und Ingenieurbau am Karlsruher Institut für Technologie, Gerhard Kabierske und Joachim Kleinmanns, für die Nachlässe von Adolf Bayer, Marcel Lods und Otto Ernst Schweizer

- dem Architekturmuseum der Technischen Universität München, insbesondere Anja Schmidt, für die Nachlässe von Paul Schmitthenner und Egon Hartmann

- den Wissenschaftlichen Sammlungen zur Bau- und Planungsgeschichte der DDR am Leibniz-Institut für Raumbezogene Sozialforschung (IRS) in Erkner, insbesondere Kai Drewes und Anja Pienkny, für den Nachlass von Egon Hartmann

- dem Hessischen Hauptstaatsarchiv Wiesbaden, insbesondere Carl Christian Wahrmann, für den Nachlass von Herbert Rimpl, sowie Heinz Wionski, Landeskonservator im Landesamt für Denkmalpflege Hessen, für dessen fachkundige Beratung

- der Generaldirektion Kulturelles Erbe Rheinland-Pfalz, insbesondere dem Landesmuseum Mainz, Gernot Frankhäuser, Eduard Sebald und Ursula Rudischer sowie Werner Durth, für die unentgeltliche Überlassung der Vervielfältigungsrechte an der Planungsmappe von Marcel Lods, sowie dem Archiv der Landesdenkmalpflege in Mainz, Helga Eckert, für die Überlassung von Fotografien Mainzer Bauten und Stadträume

- der Johannes Gutenberg-Universität Mainz, insbesondere Klaus Weber und Edith Schuè im Servicezentrum Digitalisierung und Fotodokumentation der Universitätsbibliothek

- sowie den Archives nationales in Paris, dem Centre des Archives diplomatiques in La Courneuve und der Kunstbibliothek der Staatlichen Museen zu Berlin.

Neben jenen, die hier auf eigenen Wunsch nicht genannt werden, danken wir auch allen, die auf vielfältige Weise zur Vorbereitung dieses Buchs beigetragen haben: Renate Beck-Hartmann, Hughes Blachère, Paul-Georg Custodis, Volker Dustmann, Loup Hanning, Herbert Kölsch, Angelika Krayl, Rainer Metzendorf, Wolfgang Rimpl und Bruno Vayssière.

Für die Aufnahme in die Buchreihe *Phoenix – Mainzer kunstwissenschaftliche Bibliothek* danken wir den drei Reihenherausgebern Elisabeth Oy-Marra, Matthias Müller und Gregor Wedekind. Für die kompetente und immer hilfreiche Betreuung bei der Manuskripterstellung und der Produktion des Buches Katja Richter und Anja Weisenseel vom De Gruyter Verlag, für die Gestaltung Andreas Eberlein von aroma. Büro für Gestaltung, Berlin.

EINFÜHRUNG

Keine der vielen Katastrophen hat im heutigen Europa so tiefe Spuren hinterlassen wie der Zweite Weltkrieg. Er bleibt beispiellos und hat deutlich mehr als jener fast nahtlos an ihn anschließende Kalte Krieg die politische Neuorganisation Europas geprägt.[1] Er hat Ländergrenzen neu gezogen, Millionen von Menschen sind in ihm ermordet, andere aus ihren bisherigen Lebensräumen vertrieben worden, nicht zuletzt hat er aber auch mit den Verwüstungen durch Bombenkrieg und Kampfhandlungen den Grund gelegt für den Wiederaufbau und die Neugestaltung zahlloser Städte und Dörfer.[2] Obwohl diese im Verlauf ihres Wiederaufbaus oft noch weitere Zerstörungen und Verletzungen ihrer historisch gewachsenen Strukturen erfahren mussten, bestimmte von Coventry bis Stalingrad, von Köln bis Mailand, von Warschau bis Berlin der 25 Jahre andauernde Bauboom und Modernisierungsschub, der auf die sechs Kriegsjahre folgte, bis heute nachdrücklich nicht nur deren bauliche Erscheinungsform, sondern auch die Konzepte und das Denken der Architektur und Stadtplanung als Disziplin.

Auch wenn der Krieg seinen langen Schatten über die Jahre des Wiederaufbaus legte, so rieben sich die kompromisslosen Abgrenzungsversuche zwischen Anhängern einer radikalen Moderne und Vertretern anderer Strömungen innerhalb der Baukultur an den dringlichen Herausforderungen der Zeit immer mehr auf. Mit der Krise der CIAM-Kongresse am Ende der 1940er Jahre ging dem funktionalistischen Lager seine wichtigste Bastion verloren, und ab 1954 beschritten die jüngeren Kongressmitglieder mit der Gründung des Teams X neue Wege.[3] Im selben Jahr wurde im Ostblock der sozialistische Realismus in Frage gestellt; doch scheuen sich auch überzeugte Traditionalisten nicht, Entwurfsprinzipien ihrer Konkurrenten aus dem Lager der radikalen Erneuerer zu übernehmen.[4] Das Bild eines Frontenkrieges unversöhnlicher Gegner wich damit der komplexeren Vision sich ständig wandelnder Konfliktzonen, zumal Begriffe wie der „Internationale Stil" in den USA schon zu Beginn der 1950er Jahre von seinen eigenen Wegbereitern kritisch hinterfragt wurden.[5]

In den zurückliegenden dreißig Jahren ist intensiv über diese historische Periode geforscht worden, doch viele Ereignisse dieser für Architektur und Städtebau und der damit verbundenen Bauproduktion entscheidenden Phase sind noch immer unbekannt oder gar vergessen. Obwohl diese Forschungen neben einer großen Zahl von Monografien über einzelne Akteure, über Städte und Länder sowie charakteristische Episoden sogar einige vergleichende Querschnittanalysen hervorgebracht haben,[6] sind manche der für Struktur- und Gestaltungswandel durch den Wiederaufbau bemerkenswertesten Orte und Episoden bis heute durch die Maschen der von den Historikern ausgelegten Netze geschlüpft. Dies gilt in besonderem Maße für Mainz, dessen Städtebau- und Architekturgeschichte von den 1940er Jahren bis heute keine einzige Veröffentlichung von Rang gewidmet worden ist.

Dabei stellt die Geschichte des Wiederaufbaus dieser rheinischen Stadt schon deshalb eine besondere Herausforderung dar, weil seine Anfänge sich bereits im Rahmen jener außergewöhnlichen politischen Entwicklung vor Gründung der Bundesrepublik Deutschland abspielten, als unter der Schirmherrschaft der westlichen Alliierten in deren drei Besatzungszonen neue demokratische Strukturen aufgebaut und in der Fachwelt intensivste Diskussionen über Charakter und Ziel dieses Wiederaufbaus geführt wurden. In Mainz trafen die von der französischen Militärregierung in Baden-Baden und ihren örtlichen Repräsentanten entwickelten

---

1   Judt 2011.
2   Gutschow/Düwel 2013.
3   Risselada/Van den Heuvel 2006.
4   Legault/Williams Goldhagen 2000.
5   Johnson 1955.
6   Diefendorf 1993 (für Deutschland), Vayssière 1988 (für Frankreich), Bullock/Verpoest 2011 (für ganz Europa).

Wiederaufbaustrategien auf die von den Organen der neuen deutschen Landes- und Kommunalbehörden verfolgten Überlegungen. Diese Konfrontationen verdienen ein zusätzliches Interesse, weil in ihnen nicht nur die verworrenen Verhältnisse im Deutschland nach der „Stunde Null" zum Ausdruck kamen, sondern auch jene innerhalb der französischen Besatzungsbehörden, mit ihren Widersprüchen zwischen Vertretern des Widerstands und der Kollaboration. So gesehen stellt Mainz nicht allein einen Fokus westdeutscher Wiederaufbaudebatten dar, wie sie zum Teil auch an anderen Orten entbrannten, sondern bewegte sich zu Anfang vor allem auch auf der Trennungslinie zwischen zwei pluralistischen Nationalkulturen, die sich jeweils selbst im Umbruch befanden. Hierdurch erhielten die Fragen nach lokaler und nationaler Identität eine besondere Zuspitzung und ließen die auf beiden Seiten bedeutsamen Probleme der Kontinuitäten hinter die magische Zäsur des vorgeblichen Jahres Null zurücktreten.

Die Komplexität der hier aufscheinenden Problemfelder erklärt zumindest teilweise die geringe Bereitschaft, die Ereignisse um die Mainzer Wiederaufbauplanung im Detail aufzuarbeiten. Oft erwecken diese Ereignisse den Eindruck, als seien sie von einer Mauer des Schweigens umgeben. Obwohl die französische Presse dem Scheitern des Pariser Architekten Marcel Lods in Mainz großen Raum gab, wurde dessen dortige Planung in Frankreich erstaunlicherweise kaum so ausführlich gewürdigt wie in der kurzzeitig in Buenos Aires verlegten *La Arquitectura de Hoy*, der spanischen Ausgabe der französischen Zeitschrift *L'Architecture d'aujourd'hui*.[7] Dort allerdings mit einer bemerkenswerten Zeichnung von Adolf Bayer als Titel, des deutschen Mitarbeiters von Lods, der in dessen Team gewissermaßen die Kontinuität der Mainzer Stadtplanung über das Kriegsende hinweg vertreten hatte. In der deutschen Presselandschaft widmete *Die Neue Stadt* 1953 ein ganzes Heft der Arbeit des Teams um Lods, Jahre nach dessen Abberufung. „Mainz, die amputierte Stadt im Westen ruft nach Hilfe" – so mahnte dort Oberbürgermeister Franz Stein die Integrität des durch die Zonengrenze zertrennten Stadtgebiets an.[8] Seinem Aufruf folgte eine umfassende und reich bebilderte Erörterung von Lods' mutiger Aufbauplanung für Mainz und seine Großregion und ihrer Fortführung im Mainzer Hochbauamt bis in die Gründungsjahre der Bundesrepublik.[9] Der von Heinrich Henning geschriebene Text stellte einen ersten Versuch dar, die Nachkriegsplanungen vor den Hintergrund der Mainzer Stadtentwicklung zu stellen, bevor Egon Hartmann in Darmstadt mit seiner Dissertation 1960 einen historischen Längsschnitt zur städtebaulichen Entwicklung von Mainz bis hin zu den Aufbauplanungen vorlegte.[10] Er räumte darin naturgemäß seinen eigenen Vorschlägen einen zentralen Platz ein und schenkte den historischen und ideologischen Konflikten hinter den divergierenden Konzepten wenig Beachtung. In Edgar Wedepohls 1961 veröffentlichten großen Zusammenfassung *Deutscher Städtebau nach 1945* werden weder Lods' Planungskonzepte für Mainz noch die zahlreichen parallelen und folgenden, von etlichen weiteren namhaften Architekten bis hin zu Ernst May erarbeiteten Entwürfe mit einem einzigen Wort erwähnt.[11] Diese fanden erst nach 1980 wieder Aufmerksamkeit und mehrfach Erwähnung. 1983 wurden erstmals Originalpläne der frühen Mainzer Planungen in der Ausstellung *Grauzonen-Farbwelten* zur deutschen Kunst der Jahre 1945 bis 1949 in der Berliner Akademie der Künste ausgestellt,[12] und Hartmut Frank sprach in Villeurbanne erstmals in einem französischen Kolloquium über die bemerkenswerte Konfrontation von Lods' und Paul Schmitthenners Planungen in Mainz.[13] Im selben Jahr ging auch Werner Durth in seinem in der *Archplus* erschienenen Artikel zur „blockierten Planung" in Mainz und dann 1986 in seinem Buch zu den *Biographischen Verflechtungen* der deutschen Architekten auf die Mainzer Kontroversen ein.[14] In einer Reihe von Veröffentlichungen diskutierten Hartmut Frank und Wolfgang Voigt die Mainzer

---

7 Vgl. die frz. Ausgabe der Zeitschrift (Lods 1947e) mit der spanischen (Lods 1947a).
8 Stein 1953.
9 Henning 1953.
10 Hartmann 1963.
11 Wedepohl 1961.
12 Ausstellung der Neuen Gesellschaft für Bildende Kunst in der Akademie der Künste, Berlin, 20.2.–27.3.1983, siehe Frank 1983a.
13 Frank 1983b.
14 Durth 1983, 1986a.

Projekte Schmitthenners und untersuchten diese im Kontext von dessen Gesamtwerk und im Lichte der Debatte über Fortschritt und Reaktion in den architektonischen Gestaltungskonzepten der Moderne.[15] In ihrer breit angelegten Analyse der Kulturpolitik der französischen Besatzungsmacht in Deutschland befasste sich Corine Defrance 1994 mit der Frage nach der Hauptstadt des neuen Bundeslandes Rheinland-Pfalz und damit am Rande auch mit dem Wiederaufbau von Mainz, wobei sie sich allerdings zumeist auf französische Quellen stützte.[16] Pieter Uyttenhove schließlich legte 1999 eine Dissertation zum Gesamtwerk von Lods vor und nahm in diesem Rahmen auch eine Einschätzung

15 Frank/Voigt 2003.

16 Defrance 1994, S. 220–234.

1   Marcel Lods: *Luftbild der zerstörten Mainzer Innenstadt*, o. D. [1946], Abbildung aus Lods' Manuskriptalbum *Plan de Mayence*, Paris, o. D. [1947], Bibliothèque Poëte et Sellier, fonds historique de l'École d'urbanisme de Paris.

von dessen Mainzer Planung vor.[17] Nicht zuletzt hat Rainer Metzendorf der Stadtplanungsgeschichte seiner Stadt Mainz eine Reihe von Veröffentlichungen und Vorträgen gewidmet, in denen er die Kriegs- und frühen Nachkriegsjahre aus Sicht eines heutigen Stadtplaners bereits dargestellt hat.[18]

Mit Ausnahme des von Volker Ziegler verfassten Schlusskapitels, das der Fortsetzung der Mainzer Planungsdebatten nach dem Ende der Besatzungszeit gewidmet ist, basieren alle Beiträge zu dieser Veröffentlichung auf den zwischen 1986 und 1989 von einer binational zusammengesetzten Arbeitsgruppe durchgeführten Forschungen über die Architektur und den Städtebau in den besetzten Gebieten Frankreichs und Deutschlands zwischen 1940 und 1950, in denen neben Mainz und der französischen Besatzungszone sowie dem Saarland vor allem auch Straßburg, das Elsass und die in die „Westmark" integrierten Teile Lothringens untersucht worden sind.[19] Die hier gekürzt und überarbeitet vorgestellten Beiträge zu Mainz und zur französischen Besatzungszone sind von Jean-Louis Cohen, Hartmut Frank und Christine Mengin verfasst worden, wobei Volker Ziegler mit den notwendigen Recherchen und Ergänzungen zum 1989 vorgelegten Forschungsbericht auch neue Erkenntnisse in die Beiträge einbrachte sowie die Redaktion und die Übertragung aus dem Französischen übernommen hat.

In jener über dreißig Jahre zurückliegenden Forschung standen die Kontinuitäten und Brüche in den wechselseitigen Besatzungspolitiken – der deutschen von 1940 bis 1944 und der französischen von 1945 bis 1949 – im Vordergrund unseres Interesses. Dabei stellten die Gegensätze zwischen den durch Lods und seine deutschen Mitarbeiter vertretenen Modernisten und den Traditionalisten um Schmitthenner und Erich Petzold gewissermaßen einen Ausgangspunkt des gesamten Projekts dar. Schon im Verlauf des zweijährigen Forschungsprojekts und noch mehr in den von uns seither durchgeführten Forschungen weitete sich unser Verständnis der direkt nach dem Kriege in Mainz entbrannten Konflikte erheblich aus und brachte uns dazu, diese in einem sehr viel weiter gefassten historischen und kulturellen Rahmen zu sehen. Diese komplexere Sicht lässt sich zum Teil in den 2013 erschienenen Katalogen zur Ausstellung *Interferenzen/Interférences: Architektur, Deutschland–Frankreich 1900–2000* wiederfinden, die von uns in Straßburg und in Frankfurt organisiert wurde.[20] Tatsächlich überschneiden sich während des langen hier betrachteten Zeitraums die deutschen und französischen Politiken und Gestaltungsdoktrinen an den Ufern des Rheins in vielfältiger Weise. In ihrem Verlauf lässt sich die Erfindung und die Konstruktion der scheinbar antagonistischen nationalen Baukulturen während des 19. Jahrhunderts ebenso nachverfolgen wie ihr schrittweiser Auflösungsprozess im 20. Jahrhundert. Die so gern postulierte Einheit von Form und Inhalt, die so viele Interpretationen der unterschiedlichen Erscheinungsformen von moderner Architektur und Stadtplanung beherrscht,[21] wurde durch diese Forschungen erheblich modifiziert, wenn nicht gar aufgehoben. Ebenso verloren die für die politische Geschichte so bedeutenden Zäsuren der Siege und Niederlagen in den zahlreichen Kriegen zwischen Deutschland und Frankreich bei einer genaueren Analyse der Architekturen und Stadtplanungen an Bedeutung gegenüber den verschlungenen Wegen, die formale Ideen und Gestaltungskonzepte innerhalb des Irrgartens politischer Machtstrukturen und Entscheidungsprozesse durchlaufen haben. Der von Historikern aus der Schule um die Zeitschrift *Les Annales* geprägte und in der Sozialgeschichte längst bewährte Begriff der „longue durée" (lange Dauer) bietet sich hier an, um Entwicklungen gerecht werden zu können, deren Folgen die Einflusszeit politischer Regimes und wichtiger Akteure überdauern.[22]

Die vorliegende Arbeit fasst wesentliche Teile des 1989 vorgelegten Forschungsbericht zusammen, ergänzt und kritisiert ihn auch in gewisser Weise, denn in ihm war die Mainzer Entwicklung ein wenig in der Analyse der gesamten französischen Besatzungszone untergegangen und etwas zu eng als ein

17 Uyttenhove 1999, 2009.
18 Metzendorf 2010/11; 2013; 2015a, b; 2017.
19 Cohen/Frank 1989. Zu der von Jean-Louis Cohen und Hartmut Frank geleiteten Arbeitsgruppe gehörten Rémi Baudouï, Ulrich Höhns, Christine Mengin, Patrice Noviant, Jacques Rosen und Wolfgang Voigt.

20 Cohen/Frank 2013a, b.
21 Vgl. u. a. Benevolo 1960.
22 Braudel 1977.

Zweikampf zwischen Lods und Schmitthenner aufgefasst worden. Eine erneute Betrachtung der damaligen Ereignisse und der diesbezüglichen Quellen lässt uns heute zum Beispiel den Diskussionen innerhalb des Conseil supérieur d'architecture et d'urbanisme (CSAU), der von den Machthabern in Baden-Baden eingesetzten Hohen Kommission für Architektur und Städtebau, eine größere Bedeutung einräumen. Sie lässt uns aber auch neue Zusammenhänge erkennen, die sich letztlich erst am Ende der 1950er Jahre auflösten, mit Akteuren wie Egon Hartmann, dessen Bedeutung als Architekt und Stadtplaner in Ost- und Westdeutschland bisher weitgehend unbeachtet blieb.

In der Rückschau auf die folgenden Kapitel erscheint Mainz als ein Versuchsfeld für die Formulierung entscheidender Positionen für den Wiederaufbau nicht nur dieser Stadt, sondern tatsächlich für die Architektur im gesamten Westeuropa der Nachkriegsjahre. Wie in einem Labor artikulierten die Mainzer Akteure kompromisslos ihre Positionen, bevor sich in den 1950er Jahren nach und nach weniger radikale und pragmatischere Strategien durchsetzten. Es war kein einfaches Sich-Überkreuzen von architektonischen und politischen Konflikten zwischen Deutschen und Franzosen, denn diese waren jeweils auch unter sich in feindliche Lager aufgespalten, die gegensätzliche, ja unvereinbare Positionen vertraten. Um die ständigen Veränderungen unterworfenen komplexen Situationen zu erfassen, war es nötig, verschiedene Untersuchungsstränge zu verfolgen. Bei diesem Verfahren konnte es nicht ausbleiben, dass wir in unseren Einschätzungen nicht immer zu deckungsgleichen Ergebnissen kamen. Die Texte wurden um solche Unterschiede nicht bereinigt, und einem aufmerksamen Leser scheinen sie noch da und dort auf.

Der „Fall Mainz" ist durch die Überlagerung von drei historischen Dispositiven gekennzeichnet, einmal von der Geschichte der Steuerung von Stadtentwicklung mittels Planung, das heißt von den Projekten der französischen Besatzer um die Wende vom 18. zum 19. Jahrhundert bis zu jenen der Jahre nach dem Zweiten Weltkrieg sowie denen ihrer deutschen Nachfolger in dem langen Zeitraum von 1814 bis 1944 und nach 1948, dann von der Geschichte dessen, was wir die „Interferenzen" zwischen Deutschland und Frankreich genannt und worunter wir

2 Section du Plan: *Unité d'habitation. Projektion der Schlagschatten eines Hochhausquartiers zur Sommersonnenwende*, o. D., Zeichnung von Adolf Bayer, Umschlagbild der Zeitschrift *La Arquitectura de Hoy*, Jg. 1, H. 5, Mai 1947.

die Beeinflussungen der jeweiligen pluralistischen Nationalkultur durch Entwicklungen im jeweils anderen Land verstanden haben, und schließlich von der Geschichte der innerdisziplinären Auseinandersetzungen über Architektur und Städtebau zwischen den Vertretern unterschiedlicher Richtungen, die sich, von den radikalen Funktionalisten bis zu den modernen Traditionalisten, im Grunde alle um Interpretationen eines säkularen Modernisierungsprozesses bemüht haben, ohne diesen als solchen in Frage zu stellen.

   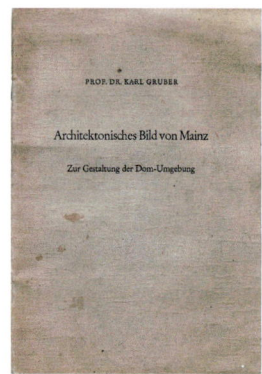

3 Gerhardt Lahl: *Aufbau der Stadt Mainz. Gedanken zur Neuordnung von Wirtschaft und Verkehr. Wichtige städtebauliche Projekte in der Altstadt*, Denkschrift, Mainz, 1946, Stadtarchiv Mainz.

4 Marcel Lods: *Plan de Mayence*, Manuskriptalbum, Paris, o. D. [1947], Bibliothèque Poëte et Sellier, fonds historique de l'École d'urbanisme de Paris.

5 Commandement en chef français en Allemagne, Bureau de l'Expansion artistique (Division de l'Éducation publique) [Bertrand Monnet, Hg.]: *Französische Architektur- und Städtebauausstellung*, Ausst.-Kat., Rastatt 1948.

6 Karl Gruber: *Architektonisches Bild von Mainz. Zur Gestaltung der Dom-Umgebung*, Sonderdruck aus dem *Jahrbuch für das Bistum Mainz 1949*, Bd. 4, Mainz 1949.

Sowohl aus historischen als auch aus politischen Gründen stellte sich die Mainzer Situation deshalb ziemlich anders dar als die von Straßburg oder von Saarbrücken. In Straßburg ging es vorrangig um die Weiterentwicklung der für Frankreich wiedergewonnenen Hauptstadt des Elsass, die nur geringe Kriegszerstörungen erfahren hatte,[23] wogegen das – wie Mainz – aufs Schwerste beschädigte Saarbrücken als Hauptort eines nicht zum eigentlichen Besatzungsgebiet gehörigen, komplett in die Wirtschaft Frankreichs eingegliederten Sondergebiets behandelt wurde. Mainz aber beabsichtigte die französische Besatzungsmacht in den ersten Nachkriegsjahren nicht nur zum Verwaltungssitz ihrer Besatzungszone, sondern langfristig zur repräsentativen Hauptstadt eines mit Frankreich eng verbundenen, separaten deutschen Rheinstaats auszubauen und sich so einen Jahrhunderte alten Traum zu erfüllen.[24] Dieser Aspekt der Mainzer Nachkriegsgeschichte ordnet sich ebenso in das allgemeine europäische Nachkriegsszenario ein wie in die Geschichte der europäischen Architektur des 20. Jahrhunderts. Diese allerdings wartet bis heute darauf, unter Berücksichtigung der Erkenntnis neu geschrieben

23 Voigt 2012.
24 Defrance 1994.

zu werden, dass sie eben nicht direkt durch die politischen Zäsuren strukturiert und gegliedert wurde, sondern immer Teil eines sehr komplexen und facettenreichen Wechselspiels von Kultur und Politik einerseits und innerdisziplinären Diskursen andererseits war.

Die Rivalität der in Mainz tätigen Architekten wurde durch die Spannungen innerhalb der französischen Zivil- und Militärverwaltung ebenso wie durch diejenigen innerhalb der deutschen Kommunal- und Landesbehörden angestachelt, sodass jede Planerfraktion ihre Verbündeten finden konnte. Quer durch diese heiklen und wechselnden Beziehungen zwischen ernannten und gewählten Politikern und zwischen Verwaltungsfunktionären und Fachleuten erscheinen die Architekten durchaus nicht als nur der Politik dienende oder von ihr direkt abhängige Akteure, wie dies oft im deutschen Nationalsozialismus oder bis zu einem gewissen Grad auch in Vichy-Frankreich der Fall gewesen war. Sie scheinen vielmehr ihrerseits die Politik für ihre Interessen zu instrumentalisieren oder dies zumindest zu versuchen. In diesem Zusammenhang stellten die mit außerordentlichem intellektuellen Arbeitsaufwand vom CSAU zusammengestellten Expertisen zur Planungsproblematik ausgewählter Städte der französischen Besatzungszone im Nachkriegseuropa

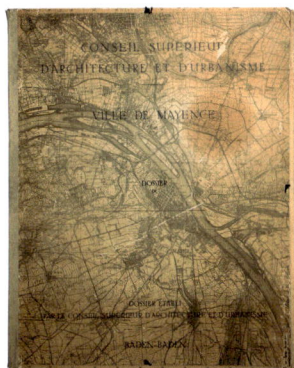   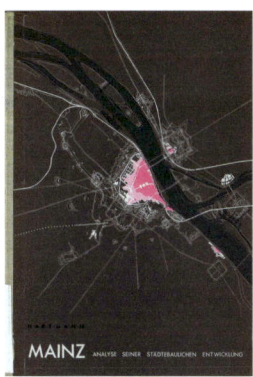

7 Conseil supérieur d'architecture et d'urbanisme: *Ville de Mayence*, Entwurfsmappe mit Wiederaufbauplänen von Marcel Lods, Richard Jörg, Karl Gruber und Brahm, Baden-Baden, 1949, Deutsches Architekturmuseum, Frankfurt am Main.

8 Section du Plan: *Generalbebauungsplan für den Großraum Mainz*, 1947 [Ausfertigung als Planung von Marcel Lods zur Vorlage beim Conseil supérieur d'architecture et d'urbanisme, 1948], Umschlagbild der Zeitschrift *Die Neue Stadt*, Jg. 7, 1953, H. 2.

9 Ernst May, Felix Boesler, Kurt Leibbrand: *Das neue Mainz*, Mainz 1961.

10 Egon Hartmann: *Mainz, Analyse seiner städtebaulichen Entwicklung*, Stuttgart 1963.

einen einmaligen Fall dar, in dem die Planungen für Mainz eine besondere Aufmerksamkeit fanden und dem Urteil eines über jeden Zweifel erhabenen binationalen Beratergremiums unterzogen wurden, dem Architekten vom Format eines Auguste Perret, Henri Prost, Paul Bonatz oder Otto Ernst Schweizer angehörten, die mit ihren Prinzipien und Arbeitsweisen wichtige Wegbereiter moderner Baukultur und Stadtplanung waren.

Der weitaus größte Teil der während dieser konfliktreichen Zeit erarbeiteten Pläne für Mainz ist Papier geblieben, aber die Tatsache, dass sie nicht umgesetzt wurden, sollte sie dennoch nicht dem Vergessen ausliefern. Die Geschichte der Städte und ihre Baugeschichte nähren sich zu einem Großteil gerade auch von den nicht realisierten Plänen und von dem Scheitern, das sie in den Augen ihrer Autoren erfahren haben, und keinesfalls allein von den tatsächlich verwirklichten Planungen. Jeder Plan ist die räumliche Projektion von Machtverhältnissen, Wünschen und Zukunftsbildern oder – wie es Reinhart Koselleck ausdrückte – „Erwartungshorizonten".[25] Er bildet Machtstrukturen ab und wirkt aufgrund seiner Anschaulichkeit seinerseits auf die Machtverhältnisse zurück. So gesehen ist er kein Dokument, das sich notwendigerweise territorial materialisieren muss. Er hat vielmehr seinen Platz in einer idealen Sammlung von Projekten – gewissermaßen in einem imaginären Museum der Stadtplanung – auf die spätere Politiker und Planer wieder zurückgreifen können, um sich von ihnen Anregung oder Unterstützung für ihre Arbeit zu holen. Daher ist die Chronik der Planungsepisoden der Mainzer Nachkriegsjahre dicht gedrängt und reich an Erkenntnissen, die über die Architekturlandschaft und den Städtebaudiskurs Deutschlands und Frankreichs ebenso hinausweisen wie über die Planungskontroversen zwischen radikalen Erneuerern und überzeugten Traditionalisten. Die Mikrogeschichte des Mainzer Wiederaufbaus ist auf eine ganz besondere Weise in die weitaus breitere Ideengeschichte der modernen Stadtkonzepte und in die Geschichte der Beziehung von Architektur und Politik eingebettet. Dabei war uns eine differenzierte Betrachtung der Wechselwirkungen zwischen Demokratie und städtebaulichen Leitbildern, Diskursen und Entwürfen besonders wichtig, zumal diese weitaus seltener zum Gegenstand historischer Betrachtungen gemacht werden als die einfacher zu greifenden Beziehungen zwischen Diktatoren und Architekten oder Stadtplanern.[26]

25 Koselleck 1977.

26 Bodenschatz 2015.

Wir haben versucht, uns den Zwängen einer monografischen Darstellung und ihrer ungesunden Fixierung auf Architektenpersönlichkeiten, auf einzelne Orte oder auf isolierte Ideen zu entziehen und es vermieden, um es mit den in dieser Zeit häufig verwendeten Begriffen zu sagen, den „Nihilismus" der Modernisten oder die „Rückwärtsgewandtheit" der Traditionalisten zu verteufeln. Zugleich wurden die engen nationalen Sichtweisen ausgeschlossen, unter denen die Mainzer Planungen oft wahrgenommen worden sind, zugunsten einer Betrachtung als ein Spannungsfeld, innerhalb dessen die Stadt in gewisser Weise verharrt. Wir haben so die Methoden der Bauforschung im engeren Sinne mit denen der politischen Geschichte verknüpft, was es uns, wie wir hoffen, ermöglicht hat, die oben genannten beschränkten Betrachtungsweisen zu vermeiden. Dadurch können wir das komplexe Spiel von persönlichen und institutionellen Beziehungen zu zivilen oder militärischen Entscheidungsträgern aufzeigen, in dem sich Architekten und Planer aus der Bauverwaltung oder als Freischaffende auf Auftragssuche bewegten und oftmals paradoxe Allianzen eingingen.

Wir haben uns bemüht, die besonderen Zeitumstände der jeweils zur Diskussion stehenden Pläne zu rekonstruieren, indem wir die Bedingungen der Auftragsvergabe, der Bearbeitung, ihrer Rezeption und schließlich ihrer Ablehnung untersucht haben. Hierzu haben wir unterschiedlichstes Quellenmaterial herangezogen, das seit der Vorlage des Forschungsberichts von 1989 angewachsen ist und teilweise neu verortet wurde: die Verwaltungsarchive in Mainz und in Colmar, letztere bevor die Dokumentation zur französischen Besatzung 2010 nach La Courneuve umgezogen ist, die Nachlässe von Architekten, die sich in den 1980er Jahren zum Teil noch bei den Familien befanden, die uns ihrerseits – wie besonders im Falle von Schmitthenners Witwe – auf alle erdenkliche Weise unterstützt haben. Mit Ortsbegehungen haben wir die Bedingungen der Planungen und auch ihre Spuren in der heutigen Stadt überprüft. Darüber hinaus hatten wir noch Gelegenheit, einige der Protagonisten der untersuchten Episoden persönlich zu befragen, so Adolf Bayer und einige der wichtigsten Entscheidungsträger auf französischer Seite wie Albert de Jaeger, Gérard Blachère oder Bertrand Monnet.

Unsere Arbeit ist diachronisch aufgebaut. Sie beginnt mit einer kurzen Darstellung der Städtebauprojekte für Mainz nach der französischen Revolution, auf die sich die Besatzer von 1945 immer wieder bezogen, unternimmt einen Streifzug durch die Stadterweiterungsprojekte der Wilhelminischen Zeit, der Jahre der Weimarer Republik und der Zeit des Nationalsozialismus, bevor sie sich dem Kernthema der frühen Wiederaufbauplanung zuwendet. Sie endet mit einer kursorischen Darstellung des scheinbar endlosen Reigens namhafter Planer und ihrer Projekte für Mainz bis in die 1960er Jahre.

Die Verwalter der französischen Besatzungszone in Deutschland hatten in einem neuen territorialen und administrativen Rahmen zu arbeiten, übernahmen in der Stadt- und in der Regionalplanung aber dennoch zahlreiche Überlegungen und Konzepte, die bereits vor 1945 aufgestellt worden waren. Ihre von Rivalität und Konflikten gezeichnete Tätigkeit wird bezüglich ihrer Städtebau- und Kulturpolitik im Detail untersucht. In diesem sich hier auf Seiten der Besatzungsmacht entfaltenden, manchmal bizarren verwaltungspolitischen Rahmen, zu dem sich schrittweise noch eine keineswegs immer kooperative, parallele deutsche Lokal- und Regionalverwaltung gesellte, fand der Reigen statt, als den man die einander ablösenden Auftritte von außen kommender Architekten wie Marcel Lods, Paul Schmitthenner, Karl Gruber und später noch vieler anderer sehen kann. Angesichts der schon im Aufbau befindlichen Bundesrepublik kamen die fachlichen Urteile und Ratschläge des CSAU zu den örtlichen Auseinandersetzungen trotz ihrer Sachlichkeit und ihres zum Teil überraschend präzisen Eingehens auf Eigenheiten der Mainzer Topografie zu spät. Mit der Währungsreform fand die Phase der eher ideellen Wiederaufbauplanungen ein schnelles Ende und wurde durch einen stürmisch-pragmatischen Wiederaufbau hinweggefegt, dessen Gesamtplanungen der realen Entwicklung kaum noch zu folgen vermochte. Das Kapitel über die Planungen in der Phase des konkreten Wiederaufbaus und zu den nach 1949 erforderlichen Stadterweiterungen zeigt, wie unzeitgemäß die Planungen der ersten Nachkriegsjahre inzwischen geworden waren und erklärt, warum sie in Büchern und Fachzeitschriften nur noch ein marginales Echo finden konnten.

Vielleicht wird unser hier vorgestelltes Material, obwohl wir es mit größtmöglicher Sorgfalt zusammengetragen und ansatzweise interpretiert haben, andere Historikern veranlassen, daraus Schlüsse zu ziehen, die den unseren diametral gegenüber stehen. Dieses Risiko mussten wir bei unserem Versuch eingehen, Schritt für Schritt eine heute noch immer weitgehend unbekannte Episode der europäischen Städtebaugeschichte kaleidoskopartig zusammenzufügen und uns ihrer Komplexität und Widersprüchlichkeit zumindest anzunähern.

Jean-Louis Cohen, Hartmut Frank, Volker Ziegler

FRANZÖSISCHE BAUPOLITIK AM RHEIN

In vier Jahren Besatzungszeit durchlief die französische Baupolitik in Mainz eine Entwicklung, die verständlicher wird, wenn man die früheren Besatzungsepisoden, auf die sie sich bezieht, näher beleuchtet und sie als eines von vielen Handlungsfeldern der Besatzungspolitik in der französischen Zone betrachtet. Nach 1945 beriefen sich die französischen Besatzungskräfte, die am 9. Juli die Amerikaner in Mainz ablösten, immer wieder auf die Aktivitäten französischer Militärs und Künstler in der Stadt seit dem Ende des 18. Jahrhunderts.[1] Mainz zählte zu den wenigen deutschen Städten, in denen die vom Verwaltungsapparat des Nationalkonvents und dann des napoleonischen Kaiserreichs angeordneten Maßnahmen sich auf eine authentische, lokal verwurzelte revolutionäre Bewegung stützen konnten, die in den bereits einige Jahrzehnte zuvor begonnenen gesellschaftlichen Veränderungen eingebettet war.[2] Ende des 18. Jahrhunderts war die Stadt im Schatten eines der bedeutendsten frühmittelalterlichen Dome des Rheinlandes noch völlig im Ring ihrer Befestigungsanlagen zwischen Zitadelle und Rheinufer eingezwängt. Ein dichtes Straßenlabyrinth verband die unregelmäßigen Plätze der Stadt, und eine Pontonbrücke stellte die Verbindung zum rechten Flussufer her (Taf. I).[3]

Mainz wurde 1792 von einer Revolutionsarmee unter General Custine ohne Schwierigkeiten eingenommen. Im Folgejahr wurde die Stadt vor der Einnahme durch die antirevolutionäre Koalition jedoch erheblich zerstört. Durch den Friedensvertrag von Campo Formio fiel sie 1797 wieder an Frankreich und wurde bis 1814 zur Hauptstadt des Départements Mont-Tonnerre (Donnersberg). Das ehemalige Deutschhaus wurde in der Zeit des Kaiserreichs zur Residenz für Napoleon umgewandelt.[4] Unter dem Vorsitz des Präfekten André Jeanbon Saint-André, eines früheren Mitglieds des Nationalkonvents protestantischer Herkunft, wurden von 1801 bis 1813 ehrgeizige Planungen zum Ausbau und zur Verschönerung der Stadt in Angriff genommen, die durchaus mit den Kasseler Planungen unter König Jérôme verglichen werden können.[5] Dieser hatte im Rahmen eines größeren Ensembles Leo von Klenze mit dem Bau eines monumentalen Eingangstors und eines Theaters auf der in Napoleonshöhe umbenannten Wilhelmshöhe beauftragt.

In Mainz entwickelte unter der Aufsicht von Saint-André der Ingenieur Eustache de Saint-Far ein ehrgeiziges Projekt zur Verschönerung der Stadt. Saint-Far, der als Schüler von Jean-Rodolphe Perronet beim Bau des Pont de Neuilly assistiert hatte, bekleidete von 1804 bis 1814 in Mainz das Amt eines Chefingenieurs der Ponts et Chaussées, des staatlichen Korps der Brücken- und Straßenbauingenieure. 1806 legte er einen allgemeinen Plan für die Umgestaltung der Stadt vor, mit dessen Umsetzung unverzüglich begonnen wurde (Taf. II).[6] Dieses Projekt verband mit der Rheinbrücke und einem zentralen Straßendurchbruch zwei Themen der französischen Stadtplanung des späten 18. Jahrhunderts. Beide zusammen sollten durch „die Erleichterung des Austauschs von Lebensmitteln [...] Fülle und Reichtum der Gesellschaft" ermöglichen.[7] Durch einen Triumphbogen an der Einmündung der „Siegesbrücke" (Pont des Victoires) ins linksrheinische Mainz sollten Besucher die Stadt betreten und zu einem quadratischen „Platz des Friedens" (Place de la Paix) geführt werden (Abb. 11). Saint-Far verfolgte in seinen Studien zwei alternative Brückenkonstruktionen, eine aus Eisen – ein absolutes Novum, wenn man bedenkt, dass die

---

1 Rhenanus 1923.
2 Dreyfus 1968.
3 Hartmann 1963.
4 Biehn 1949.
5 Mathy 1968, S. 47–66; Weber 1982.
6 Siehe die zwischen 1804 und 1813 entstandenen Pläne und Zeichnungen Saint-Fars zur städtebaulichen Umgestaltung von Mainz und zu Einzelprojekten (Gutenbergplatz, Kurfürstliches Schloss, Dom, Siegesbrücke, Freihafen u. a.), SAM BPSP. Vgl. Zeller 1926, Lavedan 1952, S. 38–40.
7 Jean-Marie Roland de la Paltière, „Circulaire du 18 octobre 1792", zit. nach Picon 1988, S. 226.

11–12 Eustache de Saint-Far: *Entwurf für eine Siegesbrücke über den Rhein bei Mainz, 1806–1812, Schnittansicht / Ansicht und Grundriss*, o. D., Archives nationales, Paris.

ersten Brückenkonstruktionen aus Gusseisen 1779 bei Coalbrookdale in England und 1804 in Paris errichtet worden waren – und eine aus Holzlamellen, wobei das mittlere Brückensegment jeweils beweglich sein musste, um die Durchfahrt von Schiffen zu ermöglichen (Abb. 12).⁸ Diese umstrittenen Planungen dauerten sieben Jahren an, führten allerdings zu keinem Ergebnis.

Saint-Far legte die Grande Rue Napoléon an Stelle eines während der Bombardierung von 1793 zerstörten Quartiers an. Sie schuf eine bessere Anbindung des Hafens an die Stadt und ermöglichte die Auflockerung der beengten Altstadtgebiete. Zu seinen Überlegungen wurde er durch Napoleons Mainz-Besuch im Jahre 1804 ermutigt. Dieser hatte dabei ein Dekret verkündet, dessen Artikel sehr präzise ein großes Bauprojekt mit einem „neuen Platz" in seinem Zentrum umrissen, der „nach Gutenberg, dem Erfinder des Buchdrucks", benannt werden sollte.⁹ In seinem ersten Entwurf schlug Saint-Far 1805 eine Sequenz von drei Plätzen vor, wobei der Hauptplatz von wohlproportionierten Gebäuden gesäumt und der Schnittpunkt der beiden Kompositionsachsen mit einer Gutenberg-Statue markiert werden sollte. 1809 legte Saint-André den Grundstein für ein vom Sankt Petersburger Bolschoi Kamenny Theater inspiriertes Schauspielhaus, das allerdings erst 1829–1833 nach einem Entwurf von Georg Moller vollendet wurde (Abb. 13).¹⁰ Eine von Bertel Thorvaldsen geschaffene Gutenberg-Statue wurde ebenfalls erst 1837 errichtet. Realisiert wurde auch die Grande Rue Napoléon, welche in nachnapoleonischer Zeit in Ludwigsstraße umbenannt wurde.

Spätestens seit 1840, als Adolphe Thiers den Rhein zur „natürlichen Grenze" Frankreichs erklärte und damit eine große Krise mit dem Deutschen Bund auslöste, spielt der Fluss in der nationalistischen Propaganda beider Länder eine irrational übersteigerte Rolle. Aber schon zuvor hat die französische Kultur den Rhein mit einer gewissen Nostalgie betrachtet. Nach seiner Reise nach Mainz 1839/40 machte sich Victor Hugo in *Der Rhein* zum Interpreten eines

13 Georg Moller: *Stadttheater Mainz*, 1829–1833, *Blick über den Gutenbergplatz zum Theater*, im Vordergrund Bertel Thorvaldsens *Gutenberg-Statue* von 1837, um 1877, Abbildung aus: Paul Custodis, *Mainz im Wandel. 1850–1900*, Saarbrücken 1982.

historischen Plans, in den er auch Karl den Großen und Napoleon einband. Er sah in Mainz und Frankfurt „bewundernswerte Städte, die durch den modernen Geschmack verwüstet" worden waren und sich in „schrecklichen Ansammlungen weißer Häuser auflösen". Man müsse „Mainz um seinen Dom herum suchen, und Frankfurt um seine Stiftskirche". In der Tat seien „Frankfurt und Mainz zwei gotische Städte, die bereits von der Renaissance geprägt sind und in mehrerlei Hinsicht sogar vom Barock und dem chinesischen Stil".¹¹ Hugo lieferte eine genaue Beschreibung der Inschriften und Grabmäler im Dom und hob das rege Treiben der Stadt und das Unbehagen über ihre aufeinanderfolgenden Besatzer hervor:

> Ein tiefgründiges Leben, das aus dem Rhein kommt, belebt diese Stadt. [...] die Leere, die in Mainz während der drei Fremdherrschaften durch die Römer, die Fürstbischöfe und die Franzosen entstanden war, wurde nie ausgefüllt. Niemand ist hier zu Hause. Der Großherzog von Hessen herrschte hier nur dem Namen nach.¹²

---

8   Zu Saint-Fars Entwürfen und Detailstudien zur Siegesbrücke, siehe AN F/14/10201/06. Vgl. Schmidt 1923.
9   „Décret impérial", veröff. in: *Le Moniteur*, 21 vendémiaire an XIII (13.10.1804), zit. nach Zeller 1926, S. 109.
10 Mathy 1965/66.
11 Hugo 1842, S. 318–320.
12 Ebd., S. 346 f.

14 Peter Josef Krahe: *Denkmal für General Hoche in Weißenthurm bei Neuwied*, 1797/98, *Aufriss und Halbschnitt*, Staatliche Museen zu Berlin, Kunstbibliothek.

Hugo vergaß in seinen Reisenotizen auch nicht die anderen französischen Spuren, wie etwa die durch Peter Josef Krahe errichteten Grabmale für die Revolutionsgeneräle Marceau in Koblenz und Hoche in Weißenthurm bei Neuwied (Abb. 14).[13] Seine Ausführungen sollten in den folgenden Jahrzehnten immer wieder zitiert werden.

Auf ihren Reisen entlang des Rheins beschrieben französische Beobachter nach dem Krieg von 1870/71 die Spuren des französischen Einflusses und suchten nach Zeichen eines Widerstands der lokalen Bevölkerung gegen die auf ihnen lastende preußische Vormundschaft.[14] Bei seinem Besuch des von ihm als „alte Hauptstadt von Hessen-Darmstadt" [sic] bezeichneten Mainz um 1906 bemerkte der Journalist Jules Huret:

> Die Rasse hat wirklich eine auffallende Ähnlichkeit mit der unsrigen! Natürlich ist es eine entfernte Ähnlichkeit, denn die Bevölkerung ist geduldig und fügsam; aber sie ist lebhafter, liebenswürdiger und skeptischer als die Deutschen des Nordens und zumal im Osten.[15]

13 Bardoux 1923.

14 Tissot 1876.
15 Huret 1907, S. 31.

Und die städtischen Geschichtskenner [...] erzählen dem Fremden mit großem Stolz, daß Napoleon Mainz zu seiner Lieblingsstadt in Deutschland erhoben habe. Er hat die Idee gehabt, den großen Viadukt zu bauen, den man dort jetzt bewundern kann, und habe sogar den geeigneten Ort hierfür bestimmt. Und merkwürdig! Als man das Flußbett ausgrub, um die Brückenpfeiler zu verankern, stieß man auf die Fundierungen einer alten Holzbrücke: die Römer waren also, als sie in dieser Gegend herrschten, auch zu der Überzeugung gekommen, daß der Fluß an dieser Stelle überquert werden müsse.[16]

Die revanchistischen Diskurse, die vor 1914 in erster Linie eine Rückeroberung des verloren gegangenen Elsass-Lothringens beschworen hatten, wurden nach dem Sieg der Alliierten von 1918 wieder laut, um eine Politik der Hegemonie zu legitimieren. 1920 berief sich Maurice Barrès, der sich vom chauvinistischen Schriftsteller zu einem Befürworter der deutsch-französischen Aussöhnung geläutert hatte, in der französischen Abgeordnetenkammer auf den „Genius des Rheins".

> Es ist gibt einen Schatz, der im Rhein versunken ist, der Schatz des Attila, erzählen die nordischen Sagen. Wir glauben eher, dass es sich dabei um den Schatz von Julius Cäsar und seiner Legionen handelt. [...] Ach, unsere Schriftsteller können die edelste Rolle spielen bei dieser Aufgabe der Versöhnung, bei der Gründung einer Zwischenregion, halb französisch, halb deutsch, die so nützlich wäre für die Verteidigung der Freiheit und die Verschönerung der Zivilisation.[17]

Die französischen Offiziere, die sich gemäß der im Vertrag von Versailles ausgehandelten fünfzehnjährigen Präsenz in Mainz einrichteten (Abb. 15), vergaßen nicht Generalfeldmarschall von Moltkes Ausspruch, wonach Mainz „Schild und Schwert für Preußen" sei.[18] Sie priesen sich glücklich, auf Spuren

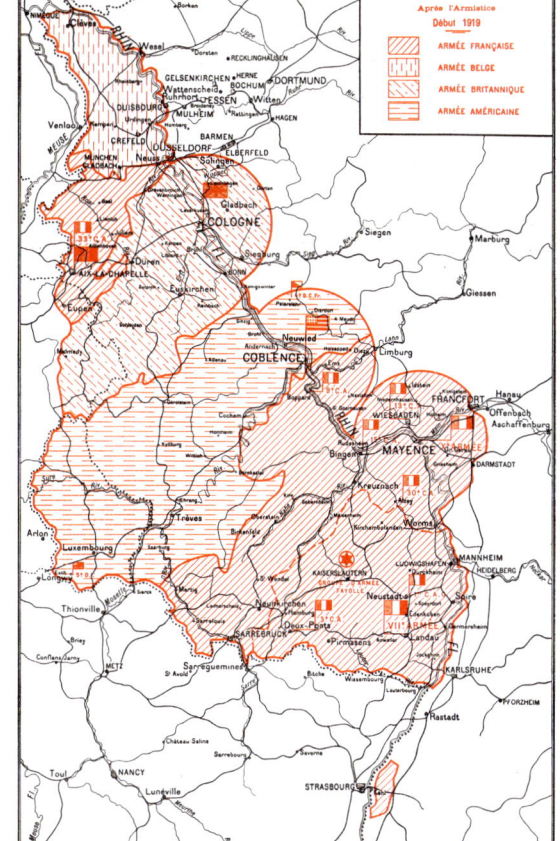

15 *Rheinlandbesetzung, 1918–1930*, Karte der Alliierten Besatzungszonen von 1919, Abbildung aus: Paul Tirard, *La France sur le Rhin: douze années d'occupation rhénane*, Paris 1930.

dieser Vergangenheit zu stoßen, etwa im Großherzoglichen Palais, dem Deutschhaus, wo laut Paul Tirard, dem Präsidenten der Interalliierten Rheinlandkommission, „am 5. Mai 1921, dem Todestag des Kaisers, zwanzigtausend Mainzer respektvoll durch das kaiserliche Gemach zogen, während im Rheintal die Salven unserer Artillerie widerhallten."[19]

Französische Pamphletisten entdeckten mit Überraschung, wie sehr diese Stadt von Frankreich geprägt sei. In seinem kleinen, Ende 1923 erschienenen Büchlein *Les promenoirs de Mayence* verglich der unter dem Pseudonym Faber schreibende Politiker und Diplomat Gabriel Puaux die Rolle der Stadt in

---

16 Ebd., S. 34.
17 Maurice Barrès, Beitrag in der Chambre des Députés, 1920, zit. nach Mangin 1945, S. 134 f., vgl. Barrès 1921.
18 Helmuth Karl Bernhard von Moltke, Militärkorrespondenz, zit. nach Mangin 1945, S. 192.

19 Tirard 1930, S. 18.

16 *Französische Kunstausstellung in Wiesbaden*, 1921, Ehrenhalle von Schloss Biebrich mit Antoine Bourdelles Statue *Maria mit dem Kind (1919–1921)* für die Weltkriegsgedenkstätte auf dem elsässischen Hartmannsweilerkopf, Abbildung aus: Paul Tirard, *L'art français en Rhénanie pendant l'Occupation 1918–1930*, Straßburg 1930.

den Beziehungen zwischen Frankreich und Deutschland mit der von Straßburg.

> Mainz ist sich seiner germanischen Wurzeln so klar bewusst wie Straßburg sich seiner gallischen, aber die eine wie die andere gefallen sich darin, Städte des Übergangs zwischen zwei Zivilisationen zu sein. Mainz treibt dies vielleicht etwas weit gegenüber dem preußischen Nationalismus. Sie ist die einzige deutsche Stadt, die es nicht für nötig erachtete, die preußischen Könige und deutschen Kaiser nebst ihrem Diener, den Fürsten von Bismarck, zu verewigen.[20]

Gleich nach seiner Ankunft setzte der erste französische Oberbefehlshaber, General Charles Mangin, alles daran, eine Rheinische Republik zu schaffen, deren Proklamation das Ende der politischen Einheit Deutschlands eingeläutet hätte. Er beabsichtigte auch, „in Mainz die großen Tage wieder aufleben zu lassen, als die Soldaten der [Ersten Französischen] Republik an den Rhein kamen und ihnen schon damals gehuldigt wurde."[21] In einem Vermerk an den Ministerpräsidenten Raymond Poincaré stellte er sein Programm vor, wofür es einer „starken Einflussnahme" auf die öffentliche Meinung bedürfe. Der neue Staat müsse wirtschaftlich so attraktiv gestaltet werden, dass sich eine politische Zustimmung dann umso leichter einstelle.

> Wir werden die Rheinländer geistig führen, zum einen, indem wir ihnen klar machen, dass sie ein großes Interesse an der Gründung eines unabhängigen Staates haben, und zum anderen, indem wir ihr natürliches Obrigkeitsgefühl nutzen, das sich dank der preußischen Vorherrschaft gut entwickelt hat. […] Zweifelsohne zeigt der Rheinländer gerne einen kritischen, leicht rebellischen Geist, doch er ist im Grunde genommen leicht zu führen. Die einzige Frage, bei der er keine Kompromisse eingeht, ist die der Religion. Daher müssen wir in unserer Haltung und bei der Auswahl unserer Mitarbeiter diesen Punkt am meisten beachten.[22]

Die französische Kulturpolitik wiederum kümmerte sich um die Pflege der Denkmäler zum Ruhm der kaiserlichen Armeen und stieß eine Reihe von Kulturveranstaltungen an, wie 1921 die große Schau französischer Kunst auf Schloss Biebrich in Wiesbaden (Abb. 16)[23] oder 1922 die Ausstellung von französischen Wandteppichen in Mainz. Das in Mainz erscheinende zweisprachige Monatsmagazin *Revue rhénane/Rheinische Blätter*, in dem auch Yvan Goll und Pierre Mac Orlan Kommentare veröffentlichten, bot eine parallele Chronik des literarischen und künstlerischen Lebens in beiden Ländern. Auf ihren Seiten wurde auch der Architektur vergangener Epochen und der Gegenwart ein wichtiger Platz eingeräumt. So berichtete der Kunstkritiker Léandre Vaillat über Pariser Bauten und der Historiker und Denkmalpfleger Paul Léon über den Wiederaufbau in den kriegszerstörten Gebieten Nordfrankreichs.[24] Schon 1922

20 Faber 1925, S. 15 f.
21 General Charles Mangin, zit. nach Mangin 1945, S. 35.
22 Ders., „Note sommaire sur la République rhénane", 5.4.1923, ebd., S. 208 f.
23 Tirard 1930, Kostka 2013.
24 Vaillat 1922, Léon 1924.

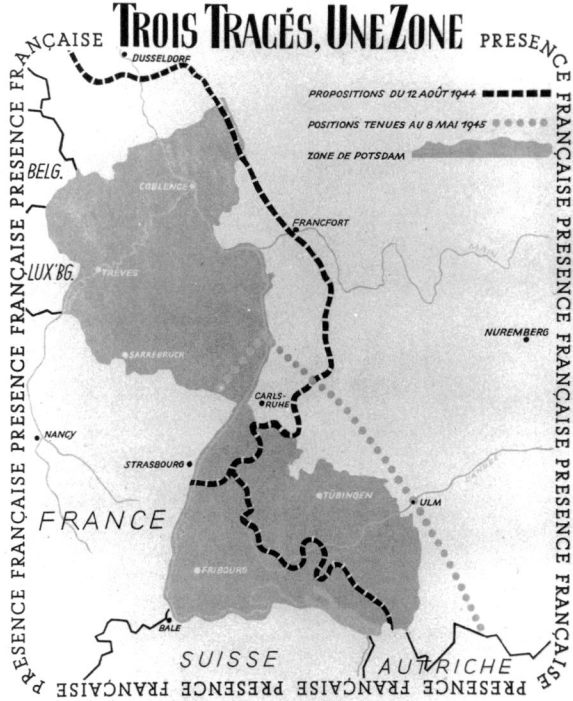

17
Trois tracés, une zone, o. D., Karte zur Begrenzung der französischen Besatzungszone nach den Vorstellungen vom 12.8.1944 und 8.5.1945 und zur Festlegung nach dem Potsdamer Abkommen, Centre des Archives diplomatiques, Archives de l'Occupation française en Allemagne et en Autriche, La Courneuve.

wurde hier ein Text von Adolf Behne über die „neue deutsche Baukunst" veröffentlicht.[25]

Wie die amerikanischen, britischen und sowjetischen Alliierten besetzte auch Frankreich von 1945 bis 1949 einen Teil Deutschlands und Österreichs. Direkt zu Kriegsende 1945 wurden in einigen Veröffentlichungen schon die Ziele der zweiten Besatzung diskutiert, so in *La France et le Rhin*, dem Buch des Sohns von General Mangin. Die von ihm befürwortete Politik der „Regression des Germanismus" lehnte er an die Versuche seines Vaters um die Schaffung einer Rheinischen Republik an und erneuerte die Idee eines in Bevölkerung und Fläche reduzierten Deutschlands, das „nicht mehr in der Lage wäre, ein neues Komplott gegen die zivilisierte Welt zu schmieden."[26] Auch Mangins Sohn träumte von der Verwirklichung der alten Idee eines unabhängigen Rheinstaats, der die Ruhr einschließen sollte.

Das Zugeständnis einer Besatzungszone an Frankreich war allerdings alles andere als selbstverständlich. Das Prinzip einer Besetzung von ganz Deutschland war 1943 durch die Großen Drei beschlossen worden und schloss dabei sowohl das „rechtmäßige" Frankreich, den Vichy-Staat, als auch die Widerstandsbewegung unter General de Gaulle von einer Teilnahme an deren militärischen Aktionen und politischen Plänen aus. Der symbolische Wert des Bestehens der Freien Französischen Streitkräfte zwischen 1940 und 1944 und die breite Unterstützung seiner Regierung erlaubten es de Gaulle erst nach der Konferenz von Teheran, drei Forderungen zu stellen: die Beteiligung Frankreichs an den militärischen Operationen in Deutschland, das Anhörungsrecht zu Fragen, die Europa und die französischen Kolonien betreffen und das Zugestehen einer Besatzungszone links und rechts des Rheins zwischen Köln und Konstanz.

Erst auf der Konferenz von Jalta im Februar 1945 gelang es Churchill, Roosevelt und Stalin dazu zu bewegen, Frankreich eine Besatzungszone, die aus Teilen der britischen und der amerikanischen Zone gebildet werden sollte, und seine Teilnahme am Alliierten Kontrollrat zuzugestehen. In Abwesenheit

25 Behne 1922.
26 Mangin 1945, S. 138.

der Franzosen wurde im Juli und August 1945 auf der Potsdamer Konferenz der Status Frankreichs als Mitbesatzer bestätigt.[27] Erleichtert wurde diese Entscheidung durch die Rolle, welche die französische Armee an der Seite der amerikanischen Truppen bei den Kämpfen in Deutschland, vor allem in Baden und Württemberg, gespielt hatte. Mit der 500.000 Mann starken Première Armée, die hauptsächlich aus Kämpfern der Résistance und aus Soldaten bestand, die an der alliierten Landung in der Normandie beteiligt waren, hatte General Jean de Lattre de Tassigny Karlsruhe, Pforzheim, Stuttgart, Freiburg und Ulm eingenommen.

Trotz dieser Siege war Frankreich durch die Vereinbarung über die Abgrenzung der Besatzungszonen vom 22. Juni 1945 dazu verpflichtet, sich aus einigen der eroberten Gebieten zurückziehen, da die Amerikaner die Kontrolle über die A 8 (Autobahn Karlsruhe-Stuttgart-Ulm-München) behalten wollten. Die Demarkationslinien der verschiedenen Zonen wurden am 23. Juni bekannt gegeben. Die französische Besatzungszone in Deutschland (Zone française d'occupation en Allemagne, ZFOA) hatte die Form einer Sanduhr (Abb. 17). Im Südteil umfasste sie Teile Badens, Württembergs und Württemberg-Hohenzollerns sowie den zu Bayern gehörenden Kreis Lindau. Hier bildete die A 8 die Grenze zur amerikanischen Zone. Im Norden umfasste sie das Saarland, die Pfalz, Teile von Hessen-Nassau sowie die linksrheinischen Gebiete der vormaligen Provinzen Rheinland und Rheinhessen. Damit wurde der Fluss zur Grenze zwischen der französisch besetzten Stadt Mainz und ihren amerikanisch besetzten rechtsrheinischen Stadtteilen.

Keines der großen Verwaltungszentren im Südwesten Deutschlands befand sich in der ZFOA. In der Nordzone dominierten traditionell Landwirtschaft, Weinbau und Viehzucht. Dort waren nur wenige Industrien angesiedelt sind, so etwa die I. G. Farben (BASF) in Ludwigshafen und einige Textilfabriken in Speyer und Kaiserslautern. Die größten Städte waren Mainz und Worms. Das einzige bedeutende Industriegebiet der Besatzungszone war das Saarland, das schon von 1919 bis 1935 französisch besetzt war.

Die ZFOA hatte im Jahr 1946 5,8 Millionen Einwohner. Sie war vergleichsweise geringer zerstört als das übrige Deutschland, obwohl neben dem Saarland auch einige ihrer Städte Ziel schwerer Luftangriffe geworden waren und während der Kämpfe von 1944/45 zusätzliche Schäden erlitten hatten. Mainz, Ludwigshafen, Saarbrücken und Freiburg, die vier Städte der Zone mit mehr als 100.000 Einwohnern, waren jeweils zu 54, 49, 41 und 31 % zerstört, und Kaiserslautern, Koblenz, Pirmasens, Trier und Worms, Städte von 50.000 bis 100.000 Einwohnern, zu 28, 63, 48, 41 und 49 %. Städte von 25.000 bis 50.000 Einwohnern, das heißt Baden-Baden, Frankenthal, Friedrichshafen, Neunkirchen, Reutlingen, Saarlouis, Tübingen und Zweibrücken, waren zu 2, 27, 47, 40, 30, 80, 5 und 73 % zerstört (Abb. 18).[28] Nach Angabe deutscher Quellen waren 75 % der Gebäude in der französischen Zone intakt, gegenüber 65 % in der amerikanischen und 43 % in der britischen Zone.[29] Insgesamt betrafen die Kriegsschäden in der französischen Besatzungszone weniger als 20 % des Wohnungsbestands.[30]

Nach der Umwandlung der Eroberungsarmee in eine Besatzungstruppe, die unverzüglich nach der Ablösung von General de Lattre de Tassigny durch General Pierre Koenig erfolgt war,[31] sah sich die Militärregierung dennoch vor einer sehr schwierigen Aufgabe. Sie musste nicht nur beträchtliche Schäden beheben, sondern auch eine neue Verwaltung aufbauen, Wirtschaft und Verkehr wiederbeleben, die Bevölkerung versorgen und unterbringen, Flüchtlinge und Vertriebene aus den Ostgebieten des ehemaligen Deutschen Reichs aufnehmen und gewährleisten, dass von den Nationalsozialisten Deportierte wieder in ihre Heimat zurückzukehren konnten.

Beim Vormarsch der Première Armée in Deutschland wurden die eroberten Gebiete zunächst durch das Cinquième Bureau, der fünften Abteilung des Generalstabs, verwaltet. Später wurde es von den Dienststellen der französischen Militärverwaltung in Deutschland abgelöst, deren Personal schon ab Winter 1944/45 von General Louis Koeltz in Paris

27 Ménudier 1990, Hillel 1983.

28 Beyme 1987, S. 38–43.
29 Willis 1962.
30 Hillel 1983.
31 Marschall Jean de Lattre de Tassigny, Brief an General de Gaulle vom 2. Juli 1945, in: Lattre 1985, S. 342–345.

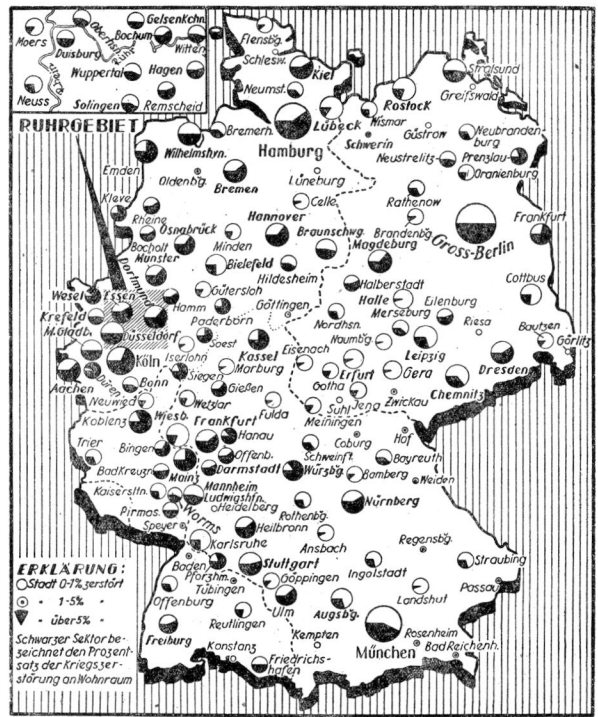

Karte der Kriegszerstörungen in deutschen Städten, Presseumfrage, 1947, Abbildung aus: Gustav Wilhelm Harmssen, *Reparationen, Sozialprodukt, Lebensstandard. Versuch einer Wirtschaftsbilanz*, Anlage VII „Die Industrie", Bremen 1947.

rekrutiert und ausgebildet worden war. Zwischen der deutschen Kapitulation und der Auflösung der Première Armée am 15. Juli 1945 lag die Befehlsgewalt bis zum Amtsantritt von General Koenig am 31. Juli 1945 in den Händen von General de Lattre de Tassigny. Als Chef der Militärregierung der ZFOA standen diesem ein ziviles und ein militärisches Kabinett zur Seite,[32] die wiederum zivilen und militärischen Behörden Weisungen erteilten. Der Oberkommandierende der Besatzungstruppen war General Joseph de Goislard de Monsabert, während im Bereich ziviler Angelegenheiten die Militärregierung durch einen Generalverwalter (Administrateur général) geführt wurde. Diesen Posten besetzte am 24. Juli Émile Laffon, dem fünf zivile Abteilungen unterstanden: Verwaltungsangelegenheiten, Wirtschaft und Finanzen, Abrüstung sowie Rechtswesen und Sicherheit.

In der französischen Besatzungszone wurde die Machtausübung durch das Nebeneinander von Zivil- und Militärbehörden gelähmt und zusätzlich bis zu dem am 15. November 1947 erfolgten Rücktritt von Laffon durch dessen Antagonismus mit Koenig erschwert.[33] Dieses Gegeneinander der Kompetenzen setzte sich auf den unteren Ebenen der Provinzen, Regierungsbezirke und Kreise fort und wurde nach der Schaffung des Bundeslandes Rheinland-Pfalz und dem Aufbau einer deutschen Zivilverwaltung noch weiter kompliziert.[34]

32 Zu Beginn der Besatzung wurde in allen Zonen zwischen Zivil- und Militärbehörden unterschieden, wobei die Militärregierung nicht die Truppen kommandierte, beide aber einem gemeinsamen Oberbefehlshaber unterstehen. In den anderen Zonen wurde das Militär jedoch bald durch zivile Verwaltungsspezialisten ersetzt. Virally 1948, S. 49.

33 Nach Laffons Rücktritt bis zur Auflösung des Postens am 12.4.1948 bekleidete Koenig auch das Amt des Generalverwalters.

34 Springorum 1982. Der Gegensatz zwischen dem zentralen Verwaltungsapparat und den externen Dienststellen wiederholte sich in der Aufteilung der ZFOA, mit einem Gouverneur als Obersten Delegierten (Délégué supérieur) für jede Provinz und jedes Land, einem Bezirks- oder Distriktdelegierten (Délégué de district) für jeden Regierungsbezirk und einem Kreisdelegierten (Délégué de cercle) für jeden Kreis. Von ursprünglich fünf Obersten Delegationen – Baden (Südbaden), Pfalz-Rheinhessen, Rheinland/Hessen-Nassau, Saar und Württemberg (Südwürttemberg, Hohenzollern und Landkreis Lindau) – bestanden nach der Fusion von

Die Besatzungsbehörden wurden aus Berlin durch den Alliierten Kontrollrat und aus Paris durch einen Interministeriellen Ausschuss für deutsche und österreichische Angelegenheiten (Comité interministériel des Affaires allemandes et autrichiennes, CIAAA) gelenkt, sowie durch verschiedene Ministerien, deren Mitarbeiter als Besatzungspersonal in die Zone delegiert wurden. An ihren oft widersprüchlichen Richtlinien ist abzulesen, wie sehr die Ziele Frankreichs, insbesondere bis 1947, von der alliierten Politik abwichen und wie sehr jedes Ministerium seine eigene Agenda in der ZFOA verfolgte.[35] Der französische Behördenapparat in Deutschland war aufgebläht und unübersichtlich,[36] hier tummelten sich Vichy-Beamte, die sich in Deutschland reinwaschen wollten, neben windigen Geschäftemachern, aber auch Widerstandskämpfern, die sich für die Versöhnung zwischen den beiden Völkern einsetzten. In Anspielung auf Koenigs Hofstaat betont der Soziologe und Politikwissenschaftler Alfred Grosser das prahlerische Auftreten der Besatzer:

> Die Plage der französischen Besatzung in Deutschland waren diese faulen und parasitären Besatzer, die nur dem persönlichem Vorteil zugeneigt und den Versuchungen der Schieberei und des Schwarzmarkts zugänglich waren, die sich der deutschen Bevölkerung gegenüber anmaßend und arrogant verhielten und sich als Nutznießer eines Sieges aufspielten, an dem sie zumeist keinerlei Anteil genommen hatten.

> [...] Um die Französische Republik würdig zu vertreten in einem Land, das dafür bekannt war, Stärke zu respektieren und Freigiebigkeit zu bewundern, haben wir einen guten Teil der Besatzungskosten in Luxusausgaben investiert. Große Fuhrparks, zahlreiche Dienerschaft, rauschende Feste, Jagdgesellschaften, Sonderzüge und -boote – die oberen Ränge haben es vorgemacht und die Lokalpotentaten sind ihnen so weit wie möglich gefolgt. Den meisten Deutschen wurde durch diese provokative Fassade verborgen, dass es unter dem französischen Besatzungspersonal auch eine gewichtige Anzahl von Mitarbeitern gab, die nicht nur ihre Aufgabe ernst nahmen, sondern über die drei Militärregierungen hinweg wohl auch die einzigen waren, die ein tiefes Verständnis für die psychischen Probleme der Deutschen hatten.[37]

Die Politik der französischen Regierung gegenüber dem besiegten Deutschland war durch das zweifache Ziel bestimmt, die militärische Sicherheit Frankreichs zu gewährleisten und die deutsche Wirtschaftskraft für die Reparation der Schäden zu nutzen, die dem Land durch die nationalsozialistische Besatzung entstanden waren. Zudem wurden die französischen Besatzungsbehörden in Deutschland vor zahlreiche Herausforderungen gestellt, die sie unter dem Druck der Ereignisse immer mehr dazu zwangen, Entscheidungen nach Pariser Vorgaben zu treffen. Dies betraf die verschiedensten Bereiche, Kommunalpolitik genauso wie Kunst und Kultur, Enttrümmerung ebenso wie Sozialversicherung und Erziehungsfragen.[38]

Auch nach 1945 blieb für de Gaulle die Rheingrenze der Schlüssel zu Frankreichs Sicherheit. Französische Streitkräfte sollten deshalb dauerhaft auf beiden Flussufern stationiert werden. Georges Bidault, der von der Befreiung Frankreichs bis März 1947 das Amt des Außenministers bekleidete, forderte, dass das Ruhrgebiet von Deutschland abgetrennt und unter internationale Kontrolle gestellt werden sollte; die Bergwerke im Saarland sollten gar wieder französisches Eigentum werden. Weiterhin

---

Rheinland/Hessen-Nassau und Pfalz-Rheinhessen zum Land Rheinland-Pfalz (30.8.1946) und der Herauslösung des Saargebiets aus der Besatzungszone bis zum 23.5.1949 drei Oberste Delegationen: Baden, Rheinpfalz und Württemberg. Die Oberste Delegation Rheinpfalz wurde ab dem 18.5.1947 auch als Generaldelegation von Rheinland-Pfalz bezeichnet.

35 Hudemann 1987a.
36 Laut der *Times* belief sich die Zahl der Mitarbeiter der Militärregierung im Dezember 1946 auf 11.000 Personen, das heißt 18 französische Besatzer kamen auf 10.000 Deutsche (gegenüber einem Verhältnis von 10 zu 1000 in der britischen Zone und 3 zu 1000 in der amerikanischen Zone). Hinzu kamen 40.000 Ehefrauen und Verwandte (10.000 in der englischen Zone), siehe Willis 1962, S. 88. Laut Grosser belief sich das britische Besatzungspersonal im Jahr 1946 auf 22.000 Personen, bei einer Bevölkerung von 22,3 Millionen, und das amerikanische Ende 1946 auf etwa 5000, bei eine Bevölkerung von 17,1 Millionen, siehe Grosser 1953, S. 113 f.

37 Ebd., S. 115–117.
38 Zur Sozialpolitik siehe Hudemann 1988.

forderte er die Abtrennung, Entmilitarisierung und Umwandlung des Rheinlandes in eine internationale Zone. Auch wenn Frankreich den Grundvorgaben des Potsdamer Abkommens zustimmte und in seiner Zone die Entscheidungen des Alliierten Kontrollrats umsetzte – zum Beispiel die Politik der Entwaffnung und Entmilitarisierung Deutschlands – so stellte es sich doch gegen den Wiederaufbau übergeordneter Instanzen. Eine Zentralregierung, gesamtdeutsche politische Parteien, Gewerkschaften oder Behörden lehnte es ab. Der französischen Politik schwebte vielmehr ein Staatenbund vor, von dem das Saarland und die Region um Rhein und Ruhr vollständig abgelöst sein sollten, um ein Wiedererstarken der deutschen Militärmacht ein für allemal zu verhindern. Doch die französische Ablehnung zentraler Institutionen und einer Wirtschaftseinheit Deutschlands stand der Umsetzung des Potsdamer Abkommens weitgehend entgegen und führte zu einer politischen Verselbständigung der verschiedenen Besatzungszonen.

Erst nach der Moskauer Konferenz im März 1947 sah sich Frankreich dazu gezwungen, einem Kompromiss zuzustimmen und seine Politik widerwillig neu auszurichten. Der Marshallplan und der Nordatlantikpakt sollten von nun an wirtschaftliche und militärische Sicherheit garantierten. 1948 erklärte sich Frankreich dazu bereit, eine Wiedereingliederung der westlichen Besatzungszonen in den europäischen Raum zu akzeptieren. Auf der Londoner Konferenz im März 1948 gaben die Außenminister Großbritanniens, der Vereinigten Staaten, Frankreichs, Belgiens, der Niederlande und Luxemburgs ihre grundsätzliche Zustimmung zu einer föderativen Staatsverfassung in Deutschland, welche die Rechte der Bundesländer gewährleisten, aber auch einer Bundesregierung einen Teil der Macht einräumen sollte. Die Londoner Sechsmächtekonferenz ließ den französischen Forderungen bezüglich des Rheinlandes und des Ruhrgebiets keinen Raum, gestand aber die wirtschaftliche Anbindung des Saarlandes an Frankreich sowie die Kontrolle über die ZFOA bis zur Gründung der Bundesrepublik und der Einsetzung einer deutschen Regierung zu.[39]

Neben der Sicherheit war die wirtschaftliche Ausbeutung ein weiteres wichtiges Ziel der französischen Politik. Um seine Reparationsansprüche zu befriedigen, demontierte Frankreich eine Reihe von Industrieanlagen, was zu heftigen Reaktionen seitens der Bevölkerung führte. Sehr wenige dieser Anlagen wurden in Frankreich wieder aufgebaut und betrieben, aber die Demontage von Produktionsmitteln hinterließ tiefe Spuren.[40] Die französischen Besatzungsbehörden waren sich jedoch von Anfang an darüber klar, dass eine langfristige Ausnutzung der deutschen Wirtschaft deren Wiederherstellung und die Steigerung ihrer Leistungskraft erforderte. Dies führte bereits 1946 zu einem Produktionsvolumen, das über dem der anderen westlichen Zonen lag, und erlaubte der Militärregierung eine massive Ausfuhr deutscher Produkte nach Frankreich.

Obwohl die Demontagen nicht die verheerenden Auswirkungen auf die Wirtschaft in der Region hatten, die ihnen von der Bevölkerung zugeschrieben wurden, so bewirkten die von den Besatzungsbehörden zur Förderung bestimmter Industriezweige getroffenen Maßnahmen doch eine weitreichende Umstrukturierung der Wirtschaft im Südwesten Deutschlands. Zusätzlich zu den Lieferungen aus Industrie und Landwirtschaft gehörten auch die Nutzung der Infrastrukturnetze von Post und Bahn oder die Beschlagnahmung von Wohnraum für französisches Personal zur Praxis der Besatzungspolitik. Letztlich aber profitierte Frankreich stärker von seinem Außenhandelsmonopol in der Besatzungszone als von direkten Erstattungs- und Reparationsleistungen, und die Kosten der Besatzung wurden so weitgehend von der deutschen Bevölkerung getragen.

Die ersten „Direktiven für unser Handeln in Deutschland" des CIAAA vom 20. Juli 1945 zeigten klare Prioritäten auf: der Aufbau eines Rundfunksenders und eines neuen Pressewesen, die Wiederaufnahme des Unterrichts in Grund- und Sekundarschulen und ihre Ausrüstung mit neuen oder vor 1933 verfassten Schulbüchern sowie die Neuordnung der Universitäten Freiburg und

---

39 Hudemann 1981, S. 327 f.

40 Mathias Manz beziffert den zwischen 1936 und 1948 durch Demontage erlittenen Festkapitalverlust der Industrie auf 4,3 %. Laut Rudolf Laufer betrug er für Baden, das mehr von Demontagen betroffen war als die anderen Provinzen der Zone, 8,3 %. Siehe Hudemann 1984, S. 36.

Tübingen.⁴¹ Die französischen Behörden beabsichtigen, Verwaltung und Kulturleben zu „entpreußen", wobei unter Preußentum der Glaube an die Allmacht des Staats sowie die Missachtung von Freiheit und Respekt für den Einzelnen verstanden wurde.⁴² Das durch den CIAAA im November 1945 festgelegte Umerziehungsprogramm zielte auf eine Überwindung der nationalsozialistischen Ideologie ab und deren „Rassenmystik, die aus der Gemeinschaft der Deutschen einen quasi-religiösen Kult gemacht und eine politische, wirtschaftliche und militärische Diktatur befördert hatte".⁴³ Hierzu würden aus der Tradition und der Kultur Frankreichs Elemente eines neuen Humanismus herangezogen werden, die Deutschland sich zu Eigen machen sollte.

Die Kulturpolitik wurde in Baden-Baden von Raymond Schmittlein als Direktor für Bildungswesen (Directeur de l'Éducation publique) geleitet.⁴⁴ Seine Verwaltungsabteilung unterstand der Generaldirektion für Verwaltungsangelegenheiten (Direction générale des Affaires administratives) und war für die Bereiche Schulwesen, Französischunterricht, Jugend und Sport, Bildende Künste sowie Dokumentation und Zensur zuständig. Wie Koenig, sein langjähriger Bekannter, zählte Schmittlein zum Umfeld de Gaulles.⁴⁵ Sein Hauptziel war die Entnazifizierung und die Umerziehung der Deutschen zu einer demokratischen Denkweise, insbesondere durch die Reform des Bildungssystems und die Betreuung von Jugendverbänden. Seine etwa fünfzig Mitarbeiter zählende Abteilung bestand hauptsächlich aus Germanisten und Akademikern, von denen einige der Résistance angehört hatten. Die gleiche Funktion erfüllten in den Obersten Delegationen etwa zehn Mitarbeiter, die in jedem der sieben Bezirke der ZFOA durch Teams von jeweils fünf Bildungsbeauftragten und in den 81 Kreisen von sogenannten Verbindungsoffizieren für Volksbildung (Officiers d'Éducation publique) unterstützt wurden, zumeist jungen Germanisten oder elsässischen Lehrern.⁴⁶

Als erste Maßnahme wurde im Sommer 1945 der Schulbetrieb wieder aufgenommen und mit der Ausbildung neuer Lehrer begonnen. Gleichzeitig reformierte Schmittlein die weiterführenden Schulen, indem er den Anteil des Lateinunterrichts verringerte, den Zugang zur Sekundarstufe erleichterte und den Unterricht für Knaben und Mädchen anglich. Neben der Gründung der Universitäten in Saarbrücken und Mainz wurden in Germersheim eine Dolmetscherhochschule und in Speyer eine Staatliche Akademie für Verwaltungswissenschaften eingerichtet, letztere nach dem Vorbild der Pariser Elite-Verwaltungsschule ENA. Michel François, ein Paläograf des Pariser Nationalarchivs, leitete ab April 1946 die Unterabteilung für Bildende Künste (Sous-direction des Beaux-Arts), in deren Zuständigkeitsbereich Bühnenkunst und Musik, Museen und Ausstellungswesen (inklusive der Rückführung von Beutekunst), Architektur sowie Bibliothek- und Archivwesen fielen. Das Kunstressort wurde in jeder Obersten Delegation von einem Verbindungsoffizier für Bildende Künste (Officier des Beaux-Arts) vertreten.⁴⁷

Unter dem Einfluss von Alfred Döblin, der bereits 1936 als Emigrant die französische Staatsbürgerschaft angenommen hatte, sowie von Gerhard Heller, der während des Krieges in Paris in der Propagandastaffel als Zensor für Literatur tätig gewesen war und nun der Militärregierung als Literaturinspektor diente, wurden die von nationalsozialistischem Schriftgut gereinigten Bibliotheken wiedereröffnet. Weitere Aktivitäten der Unterabteilung bestanden in der Organisation von Kulturveranstaltungen wie Ausstellungen und Theateraufführungen. Auch hier trat die grundsätzliche Ambivalenz der Besatzungspolitik zutage. Für die einen war die Kulturpolitik eine Voraussetzung für die Versöhnung zwischen den beiden Völkern, für die anderen ein Mittel, um den Einfluss und die Ausstrahlung der französischen Kultur zu vergrößern.⁴⁸

---

41 „Gouvernement provisoire de la République française. Présidence du Gouvernement. Secrétariat général du CIAAA. 19 juillet 1945. Document Nr. 1: Directives pour notre action en Allemagne", unter Vorsitz von de Gaulle im CIAAA beschlossen am 20.7.1945, AN F60/3034/2, veröff. in: Hudemann 2005.
42 Hudemann 1987b, S. 18–20.
43 CIAAA, „Note sur les problèmes de rééducation dans la ZFO en Allemagne", 7.12.1945, zit. ebd., S. 22 f.
44 Defrance 1994, Schieder 2005.
45 Marquant 1988, S. 114.
46 Ebd., S. 116 f.
47 Michel François, „Le service des Beaux-Arts en Zone française d'occupation en Allemagne. Ses réalisations de 1945 à 1947", 27.2.1948, AOFAA AC 47/1.
48 Vaillant 1981.

Die geschichtskritische Literatur zur französischen Besatzungszone stimmt darin überein, dass die positiven Aspekte der Besatzung in der kollektiven Erinnerung durch die psychologischen Fehler der Besatzer und vor allem durch die katastrophale Ernährungslage jener Zeit überschattet wurden. Im Bewusstsein der Bevölkerung wird die Präsenz der Franzosen noch lange durch die Pflicht symbolisiert, die Trikolore auf den Behördengebäuden grüßen zu müssen. Aber viele Autoren betonen auch, dass sich eine Minderheit innerhalb der Militärregierung um eine Aussöhnung zwischen Deutschland und Frankreich bemüht hatte, was letztendlich den Beziehungen zwischen den beiden Ländern zugute kam.

Die Militärregierung der französischen Besatzungszone richtete 1945 gemäß den interalliierten Abkommen eine Leitstelle ein, um die Trümmerräumung und den Wiederaufbau der zerstörten Städte zu überwachen. Die Zählungen der Baden-Badener Dienststellen gehen davon aus, dass 31 % des Wohnungsbestands von 1939, also von insgesamt 1.520.903 Wohnungen im Bereich der ZFOA, teilweise oder ganz zerstört und 15,9 % der gesamten Wohnraumkapazität völlig unbrauchbar waren.[49] Die Frage des Wiederaufbaus im Elsass beeinflusste direkt die Entscheidungen über die Materialkontingente, die für den Wiederaufbau in Deutschland bereitgestellt wurden, denn wie schon nach dem Ersten Weltkrieg wurde phantasiert, dass Deutschland hierfür zahlen müsse, es aber nicht täte. Doch dieses Mal wollten die Deutschen nicht nur nicht zahlen, sondern hielten auch Baustoffe zurück, um zuerst ihr eigenes Territorium wiederaufzubauen. Ein im August 1945 im *Nouvel Alsacien* veröffentlichter Artikel zu diesem Thema wurde vervielfältigt und in den Baden-Badener Büros verteilt:

> Wir behaupten, dass erst von einem Wiederaufbau in Deutschland die Rede sein kann, wenn in Frankreich alle Schäden beseitigt sind, welche die Deutschen durch ihre verbrecherische Kriegspolitik verursacht haben. Die Potsdamer Konferenz hat bestätigt, dass die Deutschen auf keinen Fall ein höheres Lebensniveau haben dürfen als die ehemals von der Wehrmacht besetzten Länder. Es dürfen also in Deutschland keine Baracken errichtet und keine Häuser gebaut oder ausgebessert werden, solange hier in Frankreich unsere kriegsgeschädigte Bevölkerung in den primitivsten Verhältnissen, in Höhlen, Stallungen, Kellern oder in den Trümmern ihrer Häuser allen möglichen Krankheiten ausgesetzt bleiben.[50]

In der Abteilung für Verkehr und Bauwesen (Direction des Transports et des Travaux publics) der Militärregierung wurde im Sommer 1945 eine Dienststelle für Wiederaufbau (Service de la Reconstruction) eingerichtet. Sie wurde von Gérard Blachère geleitet, einem Ingenieur der französischen Straßen- und Brückenverwaltung Ponts et Chaussées, der zuvor im Oberelsass tätig war. Bei seinem Amtsantritt sprach er sich für eine strenge Kontrolle der zivilen Bautätigkeit in Deutschland aus, wobei die Materialzufuhr für französische Baustellen nicht weniger stark überwacht werden sollte. Die Umstände seines Amtseintritts waren überaus ungünstig, wenn man den Schilderungen des Leiters der Direktion für Reparations- und Restitutionsleistungen (Direction des Réparations et Restitutions) vom Dezember 1945 Glauben schenken darf. Seine Dienststelle hatte „kein ausreichendes Personal, keine Fahrzeuge, keine Fernmelder, keine Wohnungen, keine Kleidung. Wir kamen völlig nackt an, und viel zu viel Zeit verging auf allen Ebenen damit, nach und nach die materiellen Probleme zu lösen."[51]

In seinen Anweisungen an Blachère werden zwei Grundpositionen des französischen Ministeriums für Wiederaufbau und Städtebau (Ministère de la Reconstruction et de l'Urbanisme, MRU) deutlich, die wie ein Echo der elsässischen Presse klingen:

---

49 Émile Laffon, „Politique de la reconstruction dans la ZFO", Mitteilung an General Koenig, Baden-Baden, o.D. [Januar 1947], AOFAA AEF 1864/3. In späteren Analysen wurde die Zahl der völlig zerstörten oder irreparablen Wohnungen auf 130.000 begrenzt (in ganz Deutschland waren dies 2,8 Millionen Wohnungen), vgl. Delune 1947.

50 Irjud 1945.

51 Le Directeur des Réparations et Restitutions, „Bilan de quatre mois d'activité de la Direction des Réparations et Restitutions en Zone française d'occupation", Baden-Baden, 6.12.1945, AOFAA AEF 1864/3.

1. Das Tempo des deutschen Wiederaufbaus so steuern, dass das Potenzial der deutschen Bauwirtschaft prioritär für den Wiederaufbau der Staaten genutzt wird, die Opfer der deutschen Aggression waren. Dabei wird das Prinzip zum Tragen kommen, dass zu keiner Zeit die Wohnverhältnisse in Deutschland besser sein dürfen als die in jedem der Länder, die der deutschen Aggression zum Opfer gefallen sind.
2. Die Verwaltung des Baubestands und die Zuweisung von Neubauten muss so gehandhabt werden, dass die Entwaffnung Deutschlands wirksam und seine Wiederbewaffnung unmöglich bleiben.[52]

Im ersten Rundschreiben der Dienststelle für Wiederaufbau wurden diese Ziele Punkt für Punkt wiederholt, mit der Erklärung, dass es darum gehe, „die Entstehung von Großräumen zu vermeiden, die rasch zu großen Industrie- und Verwaltungszentren werden könnten, wodurch mächtige Industrien oder Zentralbehörden entstehen würden, die nicht mit den alliierten Plänen vereinbar wären."[53] Die Nutzung von Behelfsbauten durch die deutsche Bevölkerung unterlag strengen Quoten, „um bevorzugt die Bereitstellung solcher Heime in den befreiten Länder zu garantieren". Die Richtlinien waren nicht weniger rigide bezüglich des dauerhaften Wiederaufbaus:

> Extravagante Neubauten wie Festhallen, Stadiontribünen, Theater und Schlösser jeglicher Art werden über die ganze Dauer der Wiedergutmachung hinweg nicht geduldet. In dieser Zeit wird auch nicht geduldet, Wohnungen mit mehr als 60 m² pro Bewohner zu bauen. Bebauungs- und Wiederaufbaupläne werden nur genehmigt, wenn sie verhindern, dass sich eine Agglomeration unberechtigterweise zu einem Industriezentrum entwickelt.[54]

Vor diesem Hintergrund werden auch die Leitlinien verständlich, Blachère im Sommer 1945 seinen Vorgesetzten vorschlug:

> Wir dürfen nicht weniger tun als die für die Nachbarzonen verantwortlichen Regierungen. Aber wir dürfen auch nicht proportional mehr Aufwand für den Wiederaufbau Deutschlands betreiben als für den Wiederaufbau Frankreichs.[55]

In allen französischen Überlegungen wurde die Frage des Wiederaufbaus an einer Verknüpfung von Kohle- und Baustoffproduktion festgemacht. So empfahl Laffon den Ländern:

> Da es uns an Kohle und Transportmitteln mangelt, können wir für den Wiederaufbau nur winzige Kontingente bereitstellen. Außerdem ist der Wiederaufbau ja auch eine Frage der Ästhetik, und dabei ist es für ein besetztes Land immer irritierend, wenn sich der Besatzer einmischt. Diese Umstände erfordern es, das Problem sehr sorgfältig und vorsichtig anzugehen. Wir müssen unser Interesse kundtun, ohne die Hoffnung zu erwecken, Mittel zuzugestehen, über die wir gar nicht verfügen können.[56]

Bevor am 28. August 1948 eine neue Regulierung der Baugenehmigungen in Kraft trat, schlug Blachère 1946 erste Maßnahmen vor, wobei das Hauptgewicht zunächst auf die Trümmerräumung und die Wiederverwertung von Materialien zu legen sei. Vorrang hatten auch die strikte Einhaltung der Vorschriften für Baugenehmigungen, mit dem Ziel, „Baumaterialien für die Arbeiten zu sparen, durch die sich mit dem geringsten Aufwand die meisten Wohnungen instand setzen lassen" sowie die Produktionsförderung von Baustoffen, „zu deren Herstellung keine Kohle benötigt

---

52 Ministère de la Reconstruction et de l'Urbanisme, „Projet de note au chef de la section Reconstruction de la MMAA", Paris, 12.6.1945, AOFAA AEF 1864/3.
53 Service de la Reconstruction, „Directive aux détachements de GM sur le contrôle de la reconstruction civile en Allemagne", Baden-Baden, 24.8.1945, AOFAA AEF 1864/3.
54 Ebd.
55 Gérard Blachère, „Définition d'une politique de la reconstruction en Zone française d'occupation en Allemagne", Baden-Baden, 18.9.1946, AOFAA AEF 1864/3.
56 L'Administrateur général adjoint pour le GMZFO [Émile Laffon], Schreiben an Monsieur le Gouverneur Délégué supérieur pour le GM du Wurtemberg, Baden-Baden, 13.5.1946, AOFAA AEF 1864/6.

wird: Stein, Schiefer, Holz [...]."⁵⁷ Die Dienststelle für Wiederaufbau führte eigene Studien durch, um „ein Ersatz-Bindemittel auf Wasserbasis [zu finden], zu dessen Herstellung keine Kohle benötigt wird."⁵⁸

Blachère hielt es für verfrüht, in aller Eile lokale deutsche Wiederaufbauämter zu schaffen, zumal diese „erst dann ein Betätigungsfeld haben werden, wenn letztlich auch in Deutschland mit der Phase des Wiederaufbaus begonnen werden kann". Seine abwartende Haltung spiegelte sich auch in der Erklärung wider, dass „die Materialverwertung für den Wiederaufbau in Frankreich desto wirksamer ist, je mehr die zivile Bautätigkeit in Deutschland kontrolliert wird". Auch im Rückblick bestätigte sich, dass die Lieferung materieller Ressourcen nach Frankreich eines seiner Hauptanliegen gewesen war.⁵⁹ Zu der von der Militärregierung betriebenen Reparationspolitik gehörten sowohl die Beschlagnahmung von Materialien als auch der Einkauf von Baustoffen. Von Anbeginn ihrer Tätigkeit bemühte sich Blachères Dienststelle darum, im Rahmen dieser Politik Materialien nach Frankreich auszuführen. So wurde das Unterelsass aus dem Raum Koblenz und das Oberelsass aus Südbaden mit Fertighäusern, Bauholz, Ziegeln, Zement und Betonsteinen beliefert.⁶⁰ Andere Tätigkeiten der Dienststelle betrafen die Prüfung und Evaluierung von Bausystemen, etwa aus Beton,⁶¹ und eine nicht unbedeutende Zahl von Fertighäusern wurde durch die Demontage von Anlagen der Rüstungsindustrie wie Mauser in Oberndorf oder Kopperschmidt in Blumberg gewonnen.⁶² Vor Ort erwiesen sich Prüfung und Materialbeschaffung als schwierige Unterfangen, die durch die Behördenstruktur in der Zone noch zusätzlich erschwert wurden:

Die horizontale Abschottung der Dienststellen gegeneinander, die aufgrund des erschwerten Meinungsaustausches zwischen Baden-Baden und den Provinzen fast selbstverständlich geworden ist, verstärkt die Nachteile der zweigleisigen Politik Frankreichs, die einerseits Deutschland auseinandernimmt, indem sie es in praktisch autonome Provinzen zerteilt, und andererseits die Provinzen in der französischen Zone unter der Herrschaft einer Zentralbehörde zusammenführt.⁶³

Am 10. Juli 1946 teilte der Wirtschaftsvorstand des Alliierten Kontrollrats in Berlin Laffon seine Entscheidung über „die Kontrolle und Organisation der Bautätigkeit" mit, deren Bestimmungen sofort an die örtlichen Dienststellen weitergeleitet wurden.⁶⁴ Die Vorgaben zur Überwachung der Stadtplanung waren nur unklar formuliert. Frankreich versuchte vergeblich, den Kontrollrat zur Annahme strengerer Prüfungsrichtlinien für städtebauliche Vorhaben zu bewegen:

> Bevor sie wirksam werden, müssen Bauvorschriften und Angaben in den Bebauungsplänen den alliierten Behörden zur Kontrolle vorgelegt werden. Hierbei sollen nicht etwa Bauvorschriften und Angaben technischer oder künstlerischer Natur kontrolliert werden, sondern vielmehr soll geprüft werden [...] ob die Kapazitäten der im Plan vorgesehenen Bauzonen: Wohnzone, Geschäftszone, Industriezone [...] ob Flächen, die für verschiedene öffentliche Einrichtungen und vor allem für den Verkehr ausgewiesen werden [...] ob Arbeiten im Untergrund Wohnungskapazitäten freisetzen und eine Industrieform stärken, die im Einklang steht mit den Anweisungen des Kontrollrats.⁶⁵

---

57 Gérard Blachère, „Définition d'une politique de la reconstruction en Zone française d'occupation en Allemagne", Baden-Baden, 18.9.1946, AOFAA AEF 1864/3.
58 A. Bourgoin, M. Rousselot, „Compte-rendu de l'activité du service [de la] Reconstruction pendant le mois de mai 1946", Baden-Baden, 4.6.1946, AOFAA AEF 1864/4.
59 Blachère im Gespräch 1987.
60 Gérard Blachère, „Bilan de l'activité de la section Reconstruction au 15 août 1945", Baden-Baden, 15.8.1945, AOFAA AEF 1864/3.
61 A. Bourgoin, „Rapport mois d'avril", Baden-Baden, 2.5.1946, AOFAA AEF 1864/4.
62 A. Bourgoin, „Rapport mensuel sur l'activité du service de la Reconstruction. Mois de mai 1947", Baden-Baden, 10.6.1947, AOFAA AEF 1864/4.
63 Le Directeur des Réparations et Restitutions, „Bilan de quatre mois d'activité de la Direction des Réparations et Restitutions en Zone française d'occupation", Baden-Baden, 6.12.1945, AOFAA AEF 1864/3.
64 Émile Laffon, „Note sur le contrôle et l'organisation des travaux du bâtiment", Baden-Baden, 31.10.1946, AOFAA AEF 1864/3.
65 „Mémorandum français sur le contrôle de l'urbanisme en Allemagne", o. D. [1945], AOFAA AEF 1864/6.

Das mit einem Anweisungsentwurf an die Provinzoberpräsidenten versehene Dokument belegt den festen Willen Frankreichs, sowohl die Stärkung der industriellen Infrastruktur als auch der räumlichen Ordnung Deutschlands zu erschweren.

Zur Rechtfertigung dieser Kontrollmaßnahmen gegenüber der deutschen Öffentlichkeit und Fachleuten in der Zone beriefen sich Blachères Mitarbeiter auf Vorkehrungen, welche die Nationalsozialisten in den von ihnen besetzten Gebieten trafen, und ließen auch die entsprechenden Verordnungstexte übersetzen.[66] Blachère machte hierzu die deutschen Texte von 1943 publik, die jegliche zivile Bautätigkeit in Frankreich untersagten.[67] Neben der Frage der Materialverwendung rückte die Problematik der Stadtplanung in den Mittelpunkt der Diskussionen über die jeweilige Zuständigkeit der Dienststelle von Blachère und anderer Instanzen innerhalb der Militärregierung.

Ende 1946 wurden die Befugnisse der Militär- und Zivilbehörden neu geordnet. In der Tat fehlte es nicht an Reibungen zwischen Blachères Wiederaufbaudienst und dem von Bertrand Monnet geleiteten Architekturressort in der Direktion für Bildungswesen, von der im Folgenden noch die Rede sein wird. Die Aufgaben der Dienststelle für Wiederaufbau sollten klar definiert und gegenüber den Pioniereinheiten und dem Technischen Dienst abgegrenzt werden, die in der Zentralverwaltung (Administration générale) angesiedelt waren. Beide Dienststellen sollten explizit auch planerische Funktionen bei den Wiederaufbau- oder Instandsetzungsarbeiten militärischer Liegenschaften übernehmen, im Gegensatz zu Blachères Ressort, das zwar für alle anderen Arbeiten verantwortlich war, diese aber von den deutschen Behörden durchführen ließ.[68] Bei ihrer Bedarfsermittlung für Baustoffe berücksichtigte Blachères Dienststelle auch vorrangige Aufgaben wie den Bau der Universität und die auf zwei Jahre angesetzten Baumaßnahmen für Quartiers- und Bürogebäude der Baden-Badener und Mainzer Verwaltung (Abb. 19).

Da der Wiederaufbaudienst außerhalb der französischen Instanzen stand, die auf ausdrücklichen Befehl in der Zone eingerichtet worden waren, wurden seine Befugnisse hinter die der Dienststelle für Architektur zurückgesetzt. So sollten Kompetenzkonflikte vermieden werden, zumal das Aufgabengebiet von Architektur und Stadtplanung weit über die bloße Zuteilung von Zementsäcken reichte. Der erste Versuch, diese Abgrenzungen zu definieren, besagte, dass der „Verbindungsoffizier für Wiederaufbau die Anwendung der Vorschriften für Baubewilligungen und der von Berlin festgelegten Reparationsleistungen überwacht", wohingegen der „Verbindungsoffizier für Architektur Baudenkmäler, öffentliche Gebäude und Sakralbauten betreffende Arbeiten" betreuen sollte.[69]

Sowohl Monnet als auch Blachère versuchten, die Entscheidungsfindung zu ihren Gunsten zu beeinflussen und für ihr Ressort den Löwenanteil an Zuständigkeiten zu bekommen. Im November 1946 legte Monnet hierzu seine Vorstellungen dar, in denen er den Zuschnitt der Kompetenzbereiche innerhalb der Pariser Zentralbehörden auf die hiesige Situation übertrug:

> Die Dienststelle für Architektur der Direktion für Bildungswesen ist für folgende Bereiche zuständig:
> – Architektenausbildung
> – Architektenberuf; Führung des Titels, Kammern und Berufsverbände von Architekten und Stadtplanern; Berufsbezeichnungen

---

66 „Directives du commissaire du Reich à la consolidation du germanisme émises pour créer un programme d'urbanisme dans les territoires allemands de l'Est annexés. Arrêté n° 13/II du 30 janvier 1942" [= Der Reichskommissar für die Festigung des deutschen Volkstums, „Richtlinien für die Planung und Gestaltung der Städte in den eingegliederten deutschen Ostgebieten", Allgemeine Anordnung Nr. 13/II, 30.1.1942], o. D., AOFAA AEF 1864/6/33.

67 „Troisième ordonnance du 14 novembre 1943 concernant l'interdiction des travaux", o. D., AOFAA AEF 1864/3.

68 General Koenig, „Limites des attributions du Génie et des travaux de l'Air, des services techniques de la DAG et du service [de la] Reconstruction du GMZFO", Schreiben an den Administrateur général adjoint du GMZFO, Baden-Baden, 12.12.1946, AOFAA AEF 1864/3.

69 Émile Laffon, „Définition des attributions respectives du service [d']Architecture et du service [de la] Reconstruction", Dienstnotiz, Baden-Baden, o. D. [1946], AOFAA AEF 1864/6.

- Überwachung der Bauämter; Berufsbezeichnungen für Tätigkeiten in den Bereichen öffentliches Bauwesen, historische und prähistorische Denkmäler, Grabungen und Landschaftsschutz, Sakralbauten
- Überwachung der Bautätigkeit, des Wiederaufbaus und des Städtebaus, insoweit sie Bauwerke betreffen, die in eine der genannten oder in verwandte Kategorien fallen [...]
- Analog zur Organisation in Frankreich, die der Generaldirektion für Architektur ein Mitspracherecht bei allen Wiederaufbau- und Stadtplanungen einräumt, wird die Dienststelle für Architektur alle Wiederaufbau- und Bebauungspläne zerstörter wie auch unzerstörter Städte und Gemeinden begutachten[70]

Monnet räumte sich hier ein dauerhaftes Mitspracherecht über die Planung ein und überließ artig die Überwachung ihrer Umsetzung dem Wiederaufbaudienst, der so als rein technisches Ausführungsorgan erschien, das in erster Linie die von der Dienststelle für Architektur definierten Vorgaben erfüllen sollte. Auf der institutionellen Ebene sollte er immerhin am Katzentisch sitzen dürfen: „Die Dienststelle für Wiederaufbau wird wie die anderen betroffenen Abteilungen in den Gebäuderäten der Länder und in der gerade entstehenden Hohen Kommission für Architektur vertreten sein."[71]

Einige Wochen später spielte Blachère das Rollenspiel aus seiner Sicht durch. Er räumte der Dienststelle für Architektur das Vorrecht ein, deutsche Aktivitäten im Bereich der Berufsverbände, des öffentlichen Bauwesens oder der Denkmalpflege zu überwachen und führte gleichzeitig diskrete Untersuchungen durch zum deutschen Recht bezüglich „der Rolle der Denkmalpfleger bei der Erstellung von Bebauungsplänen".[72] Blachère sah aber für die Bewilligung von Baugenehmigungen und die Zuteilung von Baustoffen die Notwendigkeit eines einheitlichen Verfahrens vor, das ein gemeinsam erstelltes Arbeitsprogramm voraussetzte. Ob diese Arbeiten nun Bauwerke beträfen, die unter der Verantwortung der Dienststelle für Architektur oder der für Wiederaufbau ständen, am Ende zählte die Einwilligung der letzteren. In der Stadtplanung sollte die Initiative eindeutig von der Dienststelle für Wiederaufbau ausgehen:

> Die Erarbeitung und Umsetzung von Bebauungs-, Wiederaufbau-, Entwicklungs- oder Erweiterungsplänen der Städte und Gemeinden unterliegt der Aufsicht der Dienststelle für Wiederaufbau. Eine Zustimmung der Dienststelle für Architektur ist für Planungen oder Teilplanungen erforderlich, die eine Auswirkung auf öffentliche Gebäude oder Denkmäler haben werden. Die Dienststelle für Wiederaufbau wird auch eine Stellungnahme der Dienststelle für Architektur zu künstlerischen Aspekten der Gesamtplanung einholen.[73]

19 *Luftbild der Johannes-Gutenberg-Universität Mainz*, Mai 1947, Fotografie von Hanns Tschirra, Stadtarchiv Mainz.

---

70 Émile Laffon, „Définition des attributions respectives du service d'Architecture [...] et du service de la Reconstruction", Dienstnotiz, Baden-Baden, 8.11.1946, AOFAA AEF 1864/6.
71 Ebd.
72 M. Rousselot, Schreiben an Gérard Blachère, Baden-Baden, 13.11.1946, AOFAA AEF 1864/6.

73 Gérard Blachère, „Attributions respectives du service d'Architecture [...] et du service de la Reconstruction au sein du

Dieses Dokument wurde von Monnet und Blachère wie ein Nichtangriffspakt feierlich gegengezeichnet und diente den Mitarbeitern beider Dienststellen als Leitfaden für die letzten zwei Jahre der Besatzung.

Vor Ort erwies sich die Anwendung der Vorschriften aus Baden-Baden als sehr schwierig. So klagte Blachère im Dezember 1946 über die Trägheit, mit der die nachgeordneten Behörden die vorgesehene Prozedur umsetzten:

> Den Gouverneur interessieren ausschließlich die Wohnungen seiner Dienststellen und Mitarbeiter. Die französische Verwaltung hat keine Kontrolle über das Gebaren deutscher Behörden, und das wenige, was an Baustoffen dem Wiederaufbau Deutschlands zugute kommen soll, dient nur als Tauschmittel für Materialgroßhändler.[74]

Er wies nicht nur auf Mängel in den unteren Dienstebenen hin, sondern bedauerte den allgemeinen Mangel an Eifer und Ressourcen im Umgang mit den Problemen des Wiederaufbaus in der Zone. So kamen bis 1947 nur drei koordinierte Arbeitsprogramme zustande, nämlich für Mainz, Koblenz und Trier, später dann auch für Freiburg. Nirgendwo sonst in der Zone wurden die von den Besatzungsbehörden beaufsichtigten Arbeitseinsätze durch ein Arbeitsprogramm zeitlich koordiniert und aufeinander abstimmt.

Ende 1946 ordnete Koenig deshalb eine radikale Neuorientierung an und forderte von seinen Behörden, entschlossener im Wiederaufbau tätig zu werden. In der Diktion eines Kolonialbeamten verwies er auf die Erwartungen der „Metropole":

> Die französische Regierung möchte ihren politischen Einfluss in der Zone dadurch gewährleisten, dass der deutschen Bevölkerung über kurz oder lang ein Mindestmaß an materieller Sicherheit zugestanden wird, ansonsten könnten die gegenwärtigen Bemühungen vergeblich sein. [...] Nach 16 Monaten Besatzung haben die betroffenen Dienststellen der Militärregierung in Abstimmung mit den deutschen Behörden in jedem Kreis einen Wiederaufbauplan erarbeitet, welcher der deutschen Bevölkerung vor Augen führt, dass Frankreich denjenigen, deren Unterhalt es übernommen hat, einen akzeptablen Lebensstandard zu geben gewillt ist. Die Umsetzung dieser Pläne, die auch den Anforderungen der französischen Behörden genügen müssen, hängt von der Menge an Rohstoffen ab, die der deutschen Wirtschaft nach Erfüllung der Bedürfnisse der Metropole überlassen werden kann.[75]

In seiner Antwort auf Koenigs Schreiben unterstrich Laffon die Neuartigkeit dieses Ansatzes, der im Gegensatz zur bisherigen Praxis seiner Dienststellen stand, die Dimension der Probleme des Wiederaufbaus zu thematisieren:

> Diese Haltung, die ja auch dem Wunsch der verschiedenen, aufeinanderfolgenden Regierungen Frankreichs entsprach, hat uns eine Mittlerposition ermöglicht zwischen dem Streben Frankreichs, möglichst viele deutsche Materiallieferungen zu erhalten – wobei es immer in Sorge war (ich denke vor allem an das Elsass), Deutschland würde schneller wiederaufgebaut als es selbst – und den Zonen der Alliierten, wo die Besatzungsmächte frei von solchen Erwägungen waren und wo zumindest in der Theorie alles für den Wiederaufbau nötige in die Wege geleitet werden konnte. [...] Besondere Sparmaßnahmen wurden getroffen mit dem Ziel [...] seltene Rohstoffe wie Eisen oder beliebte Baustoffe wie Holz möglichst einzusparen [...] die Nutzung von Provisorien und Baracken möglichst zu unterbinden [...]. Wir haben selbstverständlich auch Anweisung gegeben, keinen Neubau und keine größere Reparatur in Angriff zu nehmen, so lange es noch leicht beschädigte Gebäude gab, die es instand zu setzen galt.[76]

GMZFO", Dienstnotiz, Baden-Baden, 8.11.1946, AOFAA AEF 1864/6.
74 Gérard Blachère, Schreiben an Émile Laffon, Baden-Baden, 27.12.1946, AOFAA AEF 1864/3.
75 General Koenig, „Plan de reconstruction pour la zone française", Schreiben an den Administrateur général adjoint du GMZFO, Baden-Baden, 19.12.1946, AOFAA AEF 1864/3.
76 Émile Laffon, „Politique de la reconstruction dans la ZFO", Schreiben an General Koenig, Baden-Baden, o.D. [Januar 1947], S. 1f., AOFAA AEF 1864/3.

In seinem Tätigkeitsbericht verwies Laffon auf die Instandsetzung von mehr als 22.000 Wohnungen. Er begrüßte die „besonderen Bemühungen um die Wiederherstellung von kulturellen Einrichtungen und Sakralbauten" sowie „um die Rettung von Kirchen und Denkmälern, um die Wiedereröffnung und den Bau von Schulen und Universitäten", kritisierte aber auch „das Ausmaß der Requisitionen durch die Militärs", wodurch Wohnraum unbewohnt und ungenutzt geblieben sei.[77] Im politischen Kontext nach den Parlamentswahlen vom 10. November 1946, die zu einer Stärkung der Koalition von Volksrepublikanern (MRP), Sozialisten (SFIO) und Kommunisten (PCF) führten, schlug Laffon Koenig als neues Ziel vor, Materialkontigente großzügiger zu handhaben, da der Druck auf das besetzte Deutschland nun aufgehoben werden konnte. Zwar bemühte sich Blachères Dienststelle oft vergeblich um neue Materialkontingente, sie wendete jedoch die neuen Richtlinien an und band die deutschen Behörden besser in ihre Arbeit ein. Bei einem Treffen der Verbindungsoffiziere für Wiederaufbau in Baden-Baden wurde im Januar 1947 die Schaffung eines „Deutschen technischen Zentralausschusses" (Comité central technique allemand) beschlossen, der sich mit Fragen der „Prüfung neuer Materialien, Herstellung von Ersatzstoffen, Normierung der Fertigungsverfahren, Vorfertigung" befassen sollte.[78] Als Vorbild betrachtete Blachère das für technische Prüfung, Zertifizierung und Normierung von Bauprodukten zuständige staatliche CSTB (Centre scientifique et technique du bâtiment), das gerade in 1947 in Paris gegründet wurde, und das er später viele Jahre lang leiten sollte.

Gemäß des Ende 1947 ausgearbeiteten zweijährigen „Wiederaufbauplans für die gesamte Zone" stand Blachères Dienststelle nunmehr den sich neu formierenden deutschen Planungsinstanzen zur Seite.[79] Mit der Währungsreform vom 20. Juni 1948, die in Mainz vorerst eine deutliche Verlangsamung der Bautätigkeit mit sich brachte, wurde ein Überblick über die Politik der westlichen Besatzungsmächte möglich. Die Bilanz der französischen Verwaltungsstellen erging sich in der selbstgefälligen Überzeugung, diese hätten ihre Aufgabe gut bewältigt:

> Es treffen immer wieder Informationen über den Wiederaufbau in der Bizone ein. Ein umfassender Vergleich kann noch nicht gezogen werden, aber es herrscht der Eindruck vor, dass der Wiederaufbau in der französischen Zone dank unserer engmaschigen Überwachung den Bedürfnissen der Bevölkerung eher gerecht werden konnte, ‚demokratischer' war.[80]

Insgesamt blieb der Zusammenhang zwischen den französischen Aktivitäten in Deutschland und dem Wiederaufbau in Frankreich von viel Zynismus bestimmt und auf den Industriesektor beschränkt.

In Frankreich lieferten nur wenige Stimmen Hintergrundinformationen zur Situation der deutschen Städte. In der Zeitschrift *L'Architecture d'aujourd'hui* beschrieb der argentinische Architekt Ricardo Humbert 1948 die Lage auf deutschen Baustellen und ging dabei sowohl auf komische Aspekte ein – wie etwa den Tausch eines Exemplars von Ernst Neuferts *Bauentwurfslehre* gegen eine Latzhose – aber auch auf die ausgeklügelten Techniken der Schutträumung. Humbert unterstrich die Autonomie der lokalen Entscheidungsträger, stellte jedoch fest, dass „es sinnlos ist, aus dem deutschen Wiederaufbau allgemeine Lehren ziehen zu wollen. Jede Stadt richtet Wettbewerbe aus unter den Fachleuten in der Region, sei es für den Generalbebauungsplan oder einfach für die Gestaltung einer Kreuzung, einer Straße oder eines Platzes."[81] In der gleichen Zeitschrift trug J. Delune, der Leiter der Dienststelle für Wiederaufbau und Wohnungswesen (Service Reconstruction et Logement) des Alliierten Kontrollrats, eine offiziellere Sichtweise vor, wenige Monate bevor diese Instanz von den Sowjets handlungsunfähig gemacht wurde. Delune sprach sich gegen jede Beschleunigung des Wiederaufbaus in Deutschland aus und erklärte,

---

77 Ebd.
78 A. Bourgoin, „Rapport mensuel sur l'activité de la section Reconstruction, mois de janvier 1947", Baden-Baden, 10.2.1947, AOFAA AEF 1864/4.
79 P.O. [i. A.], „Rapport mensuel sur l'activité du service [de la] Reconstruction pour le mois de janvier 1947", Baden-Baden, 7.10.1947, AOFAA AEF 1864/4.
80 C. Levandowski, „Rapport sur l'activité du service [de la] Reconstruction, mois de juillet 1948", Baden-Baden, 9.8.1948, AOFAA AEF 1864/4.
81 Humbert 1947, o. S.

dass „ein Zeitraum von 25 bis 30 Jahren für das wirtschaftliche Gleichgewicht Deutschlands am vernünftigsten zu sein scheint", denn „ein zu schneller Wiederaufbau, auf den sich zehn oder zwölf Jahre lang alle Bemühungen Deutschlands richten würden", führe womöglich dazu, dass es „aufs Neue seine Industrie oder sein Kriegspotenzial stärken würde, wo doch die anderen Staaten Europas gleichzeitig ihre eigenen Industrien stärken könnten, ohne Angst vor störender Konkurrenz."[82] Ein Jahr vor der Gründung der Bundesrepublik sah Delune zwar einen „dringenden Bedarf für eine komplette Neuorganisation von Grund auf, die den Deutschen die Verantwortung für ein internes Problem zurückgeben würde", wobei es ihm jedoch unerlässlich erschien, „den Alliierten die Kontrolle über diese Fragen zu garantieren, insofern sie die deutsche Wirtschaft und ihre Außenwirkung berühren".[83]

Letztlich wurde die Dienststelle für Wiederaufbau vor allem in der Baustellenüberwachung tätig und kaum in der Stadtplanung, wo sie einen gewissen Hang zum Funktionalismus zeigte. In Architekturfragen mischte sich Blachères Dienststelle nicht ein, vielmehr schien sie sich an die Anfang 1946 ausgehandelte Aufgabenverteilung zu halten und dieses Feld weitgehend der Dienststelle für Architektur zu überlassen.

Jean-Louis Cohen, Christine Mengin

82 Delune 1947, S. 11.
83 Ebd.

DENKMALSCHUTZ UND ARCHITEKTUR IN DER FRANZÖSISCHEN BESATZUNGSZONE

Zwischen 1946 und 1949 fielen Aufgaben im Bereich der Denkmalpflege, des Berufswesens der Architekten und der Öffentlichkeitsarbeit über Architektur in das Ressort der Dienststelle für Architektur. Diese Obliegenheiten erklären sich weitgehend aus der institutionellen Zugehörigkeit der Dienststelle. Als Teil der Unterabteilung für Bildende Künste in Baden-Baden war sie der Generaldirektion für Kunst und Literatur (Direction générale des Arts et Lettres) des französischen Bildungsministeriums (Ministère de l'Éducation nationale) unterstellt. Die Dienststelle für Architektur war also an ein Ministerium gebunden, zu dessen Aufgabenfeld im Bereich der Architektur vor allem der Denkmalschutz gehörte.[1] Entsprechend waren auch die Prioritäten in Deutschland gesetzt, zumal das Ausmaß der Zerstörungen Sofortmaßnahmen zur Abdichtung und Sicherung etlicher Bauwerke erforderte. Die Schäden waren umso größer, als die Kriegswirtschaft in den letzten Jahren des Hitler-Regimes eine drastische Reduzierung der Schutzmaßnahmen von Baudenkmälern mit sich brachte. Den Verwüstungen durch den Bombenkrieg, der keineswegs vor den Altstadtzentren halt gemacht hatte, waren in der ZFOA nicht nur Wohngebäude, sondern auch viele Baudenkmäler zum Opfer gefallen. Die offizielle Haltung zur Denkmalpflege wurde von den Ansätzen der französischen Kunstgeschichte aus der ersten Hälfte des 20. Jahrhunderts bestimmt, welche in den Denkmälern Südwestdeutschlands Wegbereiter für den Einfluss französischer Kultur und Kunst sahen.

Die Dienststelle für Architektur[2] wurde erst 1946 gegründet, obwohl sie schon zur Einquartierung der Militärregierung im Sommer 1945 vorgesehen und von General Koenig persönlich gewünscht worden war.[3] Diese Verzögerung scheint sich durch die Gleichgültigkeit zu erklären, welche die mit deutschen und österreichischen Angelegenheiten betrauten Behörden zu Fragen der Architektur an den Tag legten. Auch die von René Mayer, dem ersten Generalsekretär für deutsche und österreichische Angelegenheiten (Secrétaire général aux Affaires allemandes et autrichiennes), verordneten Maßnahmen zur Personaleinsparung spielten hierbei eine Rolle.[4] Schließlich schien auch der Leiter der Generaldirektion für Architektur (Direction générale de l'Architecture) in Paris, Robert Danis, nur ungern einen seiner wertvollen staatlichen Denkmalpfleger nach Deutschland beordert zu haben, während Frankreich gerade ebenfalls mit der Rettung und Restaurierung kriegsbeschädigter Bauwerke begann.[5] Die zwischen Mai und September 1946 eingerichtete Dienststelle wurde dann schließlich den Zivilbehörden unter Generalverwalter Laffon zugeordnet. Innerhalb Raymond Schmittleins Direktion für Bildungswesen wurde sie in die Unterabteilung für Bildende Künste eingegliedert und bildete somit, im Gegensatz zur Generaldirektion für Architektur im Bildungsministerium, keine eigenständige Unterabteilung. Die Verbindungsoffiziere für Architektur waren damit auch den Verbindungsoffizieren für Bildende Künste nachgeordnet.[6]

---

1 Gourbin 2008.
2 Mengin 1991. Der Service d'Architecture wurde auch Bureau de l'Architecture oder Division de l'Architecture genannt.
3 Bertrand Monnet, „Note sur les difficultés rencontrées par le service d'Architecture depuis 1946", Baden-Baden, 25.2.1948, AOFAA AC/RA 1946–1950. Vor diesem Zeitpunkt wurden die in seinem Zuständigkeitsbereich anfallenden Aufgaben mehr schlecht als recht durch einige wenige Mitarbeiter erledigt, die mit Ausnahme von Maurice Jardot, dem bereits zuvor für Baden zuständigen Verbindungsoffizier für Bildende Künste, keine besondere Qualifikation auf dem Gebiet der Architektur vorweisen konnten und völlig überfordert waren.
4 Ebd.
5 Monnet im Gespräch 1988.
6 Die Verwaltungsstruktur der Obersten Delegationen entsprach zumindest in der Theorie derjenigen der Direktionen in Baden-Baden, mit einer Dienststelle für Verwaltungsangelegenheiten und einer Abteilung für Bildungswesen. Zu dieser gehörte die Unterabteilung für Bildende Künste, die von einem Verbindungsoffizier für Bildende Künste geleitet wurde und eine wechselnde Zahl von Mitarbeitern aufwies, unter anderem den Verbindungsoffizier für Architektur.

Trotz seiner Bedenken stellte Danis der Militärregierung schließlich den Architekten und Denkmalpfleger Bertrand Monnet zur Verfügung. Die Wahl schien mit dessen geografischer Nähe zu Deutschland begründet zu sein, denn Monnet war schon seit 1944 als leitender staatlicher Denkmalpfleger (Architecte en chef des Monuments historiques) im Elsass tätig, als er seine Stelle in der französischen Zone am 6. Mai 1946 antrat. Beide Ämter übte er bis 1949 mit Hilfe von fünf Mitarbeitern aus, einem zweisprachigen Architekten, der ihn in Baden-Baden unterstützte, und vier weiteren Architekten, die er auf die Obersten Delegationen verteilte. Danis wählte diese Mitarbeiter selbst aus und achtete dabei darauf, Architekten mit einer umfassenden denkmalpflegerischen Ausbildung einzustellen. Am 8. Januar 1946 leitete er einen Bewerbungsaufruf an alle bis dahin zur Prüfung eines leitenden staatlichen Denkmalpflegers zugelassenen Kandidaten und an Studenten und Absolventen der Ausbildungsklasse zum Denkmalpfleger an der École de Chaillot.[7] Die erfolgreichen Bewerber, von denen die meisten von Bertrand Monnet selbst kontaktiert wurden, waren Robert Renard, Léon Humblet und René Lisch, drei ehemalige Kommilitonen von Monnet, der zweisprachige Charles Fauth, Architekt der zivilen Hochbauverwaltung im Département Moselle, dem er die Stellvertreterstelle in Baden-Baden anbot, sowie Jean-Louis Fontaine, ebenfalls ein Bekannter Monnets.[8] Unter Monnet als Dienststellenleiter und Fauth als seinem Stellvertreter in Baden-Baden betreuten Fontaine Baden und Württemberg, Humblet das Rheinland, Lisch die Pfalz und Renard das Saarland.

Denkmalpflege und Denkmalschutz waren die Hauptaufgaben der Dienststelle für Architektur. Das Verständnis des Kulturerbes als Bestandteil der nationalen Identität prägte schon in der Ausbildung der Denkmalpfleger deren Umgang mit historischen Bauten. Dementsprechend tendierten Monnet und seine Mitarbeiter dazu, vor allem jene Bauwerke in der Zone zu identifizieren und zu bewahren, die von französischen Architekten oder unter französischem Einfluss gebaut worden oder die den Franzosen als Gedenkstätten in Erinnerung geblieben waren.[9] Diese zugespitzte Auffassung von Kulturerbe ging weit über die Bereinigung oder den Abriss von Bauten zum Gedenken an deutsche Siege über Frankreich hinaus. Sie diente nicht nur dazu, die Grabstätten wichtiger Persönlichkeiten oder das Gedächtnis an die französische Geschichte des rechten Rheinufers wieder aufzufrischen. Sie war vielmehr Teil des verbissenen Kampfes, den sich die intellektuellen Eliten beider Nationen seit dem späten 19. Jahrhundert lieferten, um jenes „Genie", das links und rechts des Rheins bemerkenswerte Bauwerke im Überfluss geschaffen hatte, für sich zu beanspruchen.

In der ersten Hälfte des 20. Jahrhunderts war die französische Kunstgeschichte daher sehr darum bemüht aufzuzeigen, dass nicht nur Gotik französisch, sondern dass das ganze Rheinland im 18. Jahrhundert von französischer Kunst beherrscht worden war.[10] Diese Auffassung war schon bei der vorhergehenden französischen Besetzung des Rheinlandes ein fester Bestandteil des Kunstverständnisses. Paul Tirard, Hoher Kommissar Frankreichs und Präsident der Rheinlandkommission, verstieg sich sogar darin, in „den Trierer Grabmonumenten, zumal im auffälligsten unter ihnen, der Igeler Säule […] eine Wiederbelebung gallischer Tradition" zu sehen.[11] Solche Bezüge wurden während der zweiten französischen Besetzung nicht mehr bemüht. Man konzentrierte sich auf Bauwerke der Gotik, auf Bauten des 17. und 18. Jahrhunderts und auf Gedenkstätten der Revolution und des napoleonischen Kaiserreichs. Auf Initiative Tirards war die 85. Sitzung des nationalen Französischen Archäologiekongresses 1922 im Rheinland abgehalten worden;[12] 1947 fand seine 105. Sitzung unter der Schirmherrschaft der Militärregierung in Schwaben statt.[13] Ausgerichtet wurde der Kongress von den Verbindungsoffizieren für Bildende Künste und für Architektur. Koenig selbst begrüßte die Teilnehmer mit einer Rede, in der er an die großen Zeiten des französischen Einflusses erinnerte: „Ab

---

7 „Herr Monnet, staatlicher Denkmalpfleger, erschien zur Sitzung am 13. Dezember, um die Organisation der Dienststelle für Denkmalpflege in der französischen Zone zu besprechen." Sous-direction des Beaux-Arts, „Rapport mensuel pour le mois de décembre 1945", 26.12.1945, AOFAA AC/RA 699/3.
8 Siehe das Aktenkonvolut AOFAA AC/RA 695/6.
9 Monnet im Gespräch 1988.
10 Réau 1922, Mâle 1917.
11 Tirard 1930, S. 45 f.
12 SFA 1924.
13 SFA 1949.

dem 12. Jahrhundert waren unsere Zisterzienser in diesem Landstrich sehr präsent und haben berühmte Klöster gebaut – wie das in Bebenhausen – die ihren großen Abteien in Frankreich ähnelten." Unter der Herrschaft Ludwigs XIV. „haben unsere Architekten und Künstler den Rhein abermals überschritten; Karlsruhe, Stuttgart, Rastatt, Mannheim, St. Blasien, Freiburg, Konstanz und so fort wissen, was sie unseren Künstler zu verdanken haben". In seinen Augen ermögliche es die Besatzung, eine seit 1871 unterbrochene „edle Tradition" fortzusetzen, die gleichzeitig auch eine Verpflichtung sei, „wenn wir es denn mit Überzeugung und Aufrichtigkeit wünschen, dass diese Zeit andauern möge. Es geht also um mehr als nur zu studieren, zu erhalten und wiederherzustellen. Jetzt ist es an uns, zu entwerfen, zu errichten, zu erbauen, in einem Wort, zu erschaffen."[14] Diese Rede bestätigte die offizielle Auffassung einer von Frankreich beeinflussten Architekturgeschichte der Region und zeigt, wie sehr das Militär die französische Besatzung Deutschlands in Denkmälern verewigen mochte.

Auf Danis' Befehl gab Monnet seinen Mitarbeitern in den Delegationen als erstes den Auftrag, die von den deutschen Behörden erstellten Listen öffentlicher Gebäude, Denkmäler und Sakralbauten der ZFOA für den Gebrauch durch die französische Verwaltung aufzubereiten, wobei nicht nur die von französischen Architekten errichteten Bauten gesondert betrachtet wurden, sondern auch „Bauten oder Werke ab dem Mittelalter, für die Frankreich die Inspirations- oder Einflussquelle war."[15] Ziel der neuen Listen war es,

> Denkmäler und wichtige Bauten provisorisch gegen Regen abzudichten, [...] zu enttrümmern und zu sichern, wobei die Reihenfolge der Dringlichkeit von der architektonischen oder geschichtlichen Bedeutung der Denkmäler diktiert wird.

14 Ebd., S. 297–301.
15 „Dieses Verzeichnis der Denkmäler in der Region muss durch das Erstellen einer fotografischen Dokumentation zu Händen der Generaldirektion für Architektur ergänzt werden. Die Dokumentation soll auch Propagandazwecken dienen, indem die von den Franzosen initiierten Arbeiten zur Rettung bestimmter Denkmäler gezeigt werden." Bertrand Monnet, „Instructions générales", 20.6.1946, AOFAA AC/RA 696/6 und 1946–50.

> Denkmäler französischer Inspiration oder französischen Einflusses müssen selbstverständlich vordringlich behandelt werden.[16]

Um auch größere Restaurierungsarbeiten steuern zu können, verschafften sich die Verbindungsoffiziere für Architektur eine Schlüsselposition zwischen deutschen und französischen Stellen. Sie traten als Mittler auf zwischen den deutschen Behörden, die für ihre Vorhaben Baustoffkontingente beantragen mussten, und dem französischen Offizier, der in jeder Region mit ihrer Zuteilung betraut war. Jeder Restaurierungsantrag eines deutschen Denkmalpflegers wurde dem Verbindungsarchitekten unterbreitet, der das Ersuchen mit seiner Beurteilung versehen weiterleitete. Durch seine privilegierte Mittlerposition erreichte er auch Materialzuteilungen für die Arbeiten, die der französischen Verwaltung am Herzen lagen. Die Verbindungsarchitekten gaben zudem Leitlinien aus für die Sicherung von Bauwerken in schlechtem Zustand und versuchten, die Technik der Denkmalrestaurierung im Sinne der französischen Methoden, die sich stark von den deutschen unterschieden, zu verändern.

In einem Schreiben bestätigte Laffon die Befugnisse der Dienststelle für Architektur mit dem Vermerk, dass diese „sich ausschließlich auf folgende Bauwerke konzentriert: [...] öffentliche Gebäude (Gebäude von Kommunal- oder Provinzbehörden, Kirchen) [...] Baudenkmäler." Der Verbindungsoffizier für Architektur „stellt sicher, dass diese Bauwerke nicht verschandelt werden, indem er bei Reparaturarbeiten von der französischen Technik der Denkmalpflege Gebrauch macht und bei Neubauten den Einfluss des französischen Geschmacks vergrößert."[17] Monnet wollte über die bloße Kontrolle deutscher Anfragen um Materialzuteilung zur Bedachung und Abdichtung von Baudenkmälern hinausgehen. Zwei Demonstrativvorhaben sollten „auch später noch davon zeugen, wie groß der Beitrag Frankreichs zum Schutz deutscher Baudenkmäler war", gedacht wurde an „umfangreiche Restaurierungen, die zügig

16 Ebd.
17 Émile Laffon, „Définition des attributions respectives du service d'Architecture [...] et du service de la Reconstruction", Dienstnotiz, Baden-Baden, 8.11.1946, AOFAA AEF 1864/6.

20

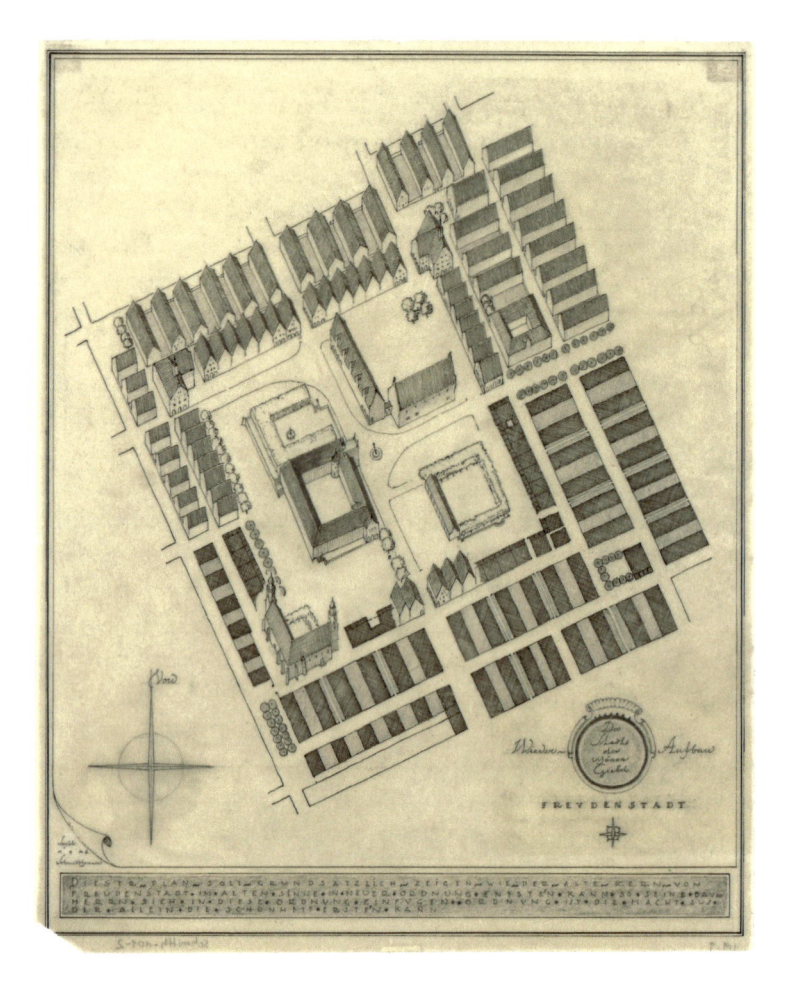

Paul Schmitthenner: *Wiederaufbauplanung von Freudenstadt*, 1946–1949, *Isometrie des Marktplatzes mit prinzipieller Darstellung der vorgeschlagenen Häuserzeilen*, August 1946, Architekturmuseum der Technischen Universität München.

durchgeführt werden und für die alle unter den gegebenen Umständen verfügbaren Ressourcen an Personal und Material ausgeschöpft werden".[18] Die Wahl fiel auf die Liebfrauenkirche in Trier und die Evangelische Kirche in Freudenstadt, womit das Restaurierungsprojekt und die Bauleitung jeweils in den Händen Humblets im Rheinland und Fontaines in Württemberg lagen.

Im kleinen Freudenstadt, der „ersten deutschen Stadt, die nach dem Idealplan von Albrecht Dürer verwirklicht [...], zu großen Teilen 1945 von der französischen Artillerie als Vergeltung für den Mord an einem Unterhändler zerstört" worden war,[19] bemühten sich ab Herbst 1945 Paul Schmitthenner und einige seiner Schüler erfolgreich um den Wiederaufbau im Sinne einer regionalistisch traditionellen Architektur (Abb. 20), sodass in den Jahren 1949 bis 1954 eine wiedererkennbare neue Stadt nach dem Plan des Stadtbaumeisters Ludwig Schweizer entstehen konnte.[20] Der Wiederaufbau der Kirche in Freudenstadt (1946–1948) durch den Schmitthenner-Schüler Paul Heim bedeutete eine Lockerung der Vorgaben, mittels derer Danis für das französische Kulturerbe in Deutschland eintrat, zugunsten einer größeren Offenheit gegenüber den Besonderheiten des deutschen Kulturerbes. In der Tat unterlag diese einzigartige Renaissancekirche keinesfalls Einflüssen aus dem Burgund, aus der Champagne oder der Zisterzienser, wie angeblich andere Sakralbauten in der Region.

18 Bertrand Monnet, Schreiben an Raymond Schmittlein, November 1946, AOFAA AC/RA 696/7.
19 Ebd.

20 Burkhardt/Frank/Höhns/Stieghorst 1988.

Die zwischen 1240 und 1260 erbaute Liebfrauenkirche in Trier hingegen galt, wie bereits von Marcel Aubert auf dem Archäologiekongresses von 1922 erwähnt, als Replik von Saint-Yved in Braine und von anderen Kirchen in der Champagne.[21] Trotz der Vorbehalte von Henri Focillon[22] teilte René Lisch, der Verbindungsarchitekt für Rheinland-Pfalz, diese Auffassung. Für ihn „entstammt die Trierer Liebfrauenkirche offensichtlich der gotischen Kunst Frankeichs, insbesondere der Gotik der Champagne."[23] Monnet lag dieser Bau sehr am Herzen, doch seine Vorgesetzten lehnten Demonstrativvorhaben ab, und so kam bei der Restaurierung der beiden Kirchen die französische Vorgehensweise nicht zur Anwendung. Monnet war dennoch darum bemüht, eine dauerhafte französische Spur in der Denkmalpflege zu hinterlassen und beschloss 1949 vor Ort, die Trierer Kirche mit neuen, modernen Fenstern zu versehen, die teilweise von Frankreich finanziert wurden.

> Die Fenster müssen sich in ihrer Größe, Farbe und allgemeinen Erscheinung auf die Architektur des 13. Jahrhunderts beziehen, wobei es selbstverständlich ist, dass die beauftragten Künstler das Kunstverständnis unserer Zeit zum Ausdruck bringen und jede Form von Nachahmung oder archäologischer Rekonstruktion vermeiden [...]. Ein französischer Künstler und ein deutscher Künstler werden gleichzeitig mit einer Farbstudie beauftragt, um das allgemeine Farbkonzept und die Größenvorgaben festlegen zu können, die dann für die Glasmaler bei der Herstellung der Fenster verbindlich sind [...] Die Aufträge für die Glasfenster würden an verschiedene französische und deutsche Künstler ergehen. Diese müssten Ausführungsmodelle anfertigen, die von den für sie zuständigen nationalen Behörden zu bezahlen seien, schließlich seien die Autoren der Vorlagen ja an deren Umsetzung beteiligt.[24]

Die Glasfenster, die tatsächlich in den frühen 1950er Jahren unter der Leitung des Glaskünstlers Jacques Le Chevallier realisiert wurden, können als Monnets Vermächtnis in der französischen Besatzungszone gelten.

Innerhalb der Aufgaben der Verbindungsoffiziere für Architektur bildeten die sogenannten „kriegerischen" Denkmäler einen Sonderaspekt. In den einzelnen Zonen wurden schon Ende 1945 Anordnungen zu ihrer Erfassung getroffen, damit der Alliierte Kontrollrat in Berlin eine gemeinsame Haltung zu ihrem Abriss definieren konnte. Die an der Erfassung beteiligte Unterabteilung für Bildende Künste unterschied zwischen Denkmälern ohne künstlerischen Charakter und solchen, die aufgrund der Signatur ihres Künstlers, ihres Autors oder ihrer baulichen Qualität besondere Aufmerksamkeit verdienten.

> Erstere werden abgerissen, die anderen von ihrem Standort entfernt. Diese Maßnahmen betreffen auf jeden Fall alle nach dem 1. Januar 1933 errichteten Denkmäler; sie müssen ebenfalls in Betracht gezogen werden für Denkmäler, die vor diesem Datum errichtet wurden und die den preußischen Militarismus verherrlichen, aber ihre Anwendung muss hierbei umsichtiger erfolgen und jeder Fall für sich untersucht werden. [...] Es ist schwirig, Denkmäler zu Ehren bestimmter Regimenter und Staatsmänner zu entfernen, oder gar Statuen von Symbolfiguren des deutschen Vaterlandes, wenn sie wie „Germania" so universell bekannt sind.[25]

Laffon erinnerte daran, dass diese Denkmäler „in der Regel an Hauptdurchgangsstraßen oder auf öffentlichen Plätzen stehen und kontinuierlich auf die Bevölkerung einwirken. Sie stellen Symbole dar, um die sich der kriegerische Hang des deutschen Volkes kristalisiert und die es ständig an eine Vergangenheit erinnern, die es zu tilgen gilt."[26]

Bei ihrem Amtsantritt in den Obersten Delegationen wurden die Verbindungsarchitekten daher dazu verpflichtet, in ihrem Gebiet alle Denkmäler,

---

21 Marcel Aubert, „Notre-Dame de Trèves", in: SFA 1924, S. 98.
22 Focillon 1938, S. 206.
23 René Lisch, „Note sur les monuments français et d'influence française", o. D., NLL.
24 „Procès verbal de la réunion tenue à Trèves le 19 avril 1949", o. D., AOFAA AC/RA Rh. Pal. 3474/5.
25 Michel François, Schreiben an M. le Préfet, directeur des Affaires intérieures et des Cultes, Baden-Baden, 30.11.1945, AOFAA AC/RA 696/3.
26 Émile Laffon, „Note aux Délégués supérieurs", Dienstschreiben, Baden-Baden, 10.12.1945, AOFAA AC/RA 696/7.

Hoheitsabzeichen und Inschriften zu finden, „die der Pflege und Erhaltung deutscher Militärtradition dienen, an den Militarismus und die Nazi-Partei erinnern oder Kriegshandlungen verherrlichen".[27] Obwohl Monnets Anweisungen sich nur auf nach dem 1. August 1914 errichtete Denkmäler bezogen, erfassten seine Mitarbeiter auch solche, die nach dem Krieg von 1870/71 erbaut worden waren. Trotz alledem wollte man nicht der Vorgehensweise der Nationalsozialisten während der Besetzung Frankreichs nacheifern. Lisch, der pfälzische Verbindungsoffizier, meinte dazu, dass „die von den Deutschen begangene Zerstörung der Denkmäler für den Frontsoldaten des Ersten Weltkrieges in Vincennes, für Mangin usw. [ein] Fehler war, und das haben wir nicht vergessen".[28]

Auf Kosten der deutschen Behörden und unter Überwachung durch die Verbindungsarchitekten wurden letztlich vor allem solche Denkmäler beseitigt, die im Nationalsozialismus errichtet worden waren, und auf älteren Bauwerken nach 1933 angebrachte Inschriften oder Hakenkreuzadler entfernt, sowie Denkmäler für die Elsässer, die im Ersten Weltkrieg in der deutschen Armee gekämpft hatten.[29] Die Männer vor Ort gaben sich moderat im Vergleich zur offiziellen Position Frankreichs, die verbissen daran festhielt, Kriegsdenkmäler wie die Berliner Siegessäule von deutschem Boden zu tilgen.[30] Michel François, der Leiter der Direktion für Bildende Künste, stellte im Herbst 1947 eine Bestandsaufnahme der Denkmäler zusammen, die „mit aggressivem Charakter" im „deutschen Pangermanismus und Militarismus" verhaftet waren. Die Auflistung enthielt nicht nur vor dem 1. August 1914 errichtete Bauwerke in der französischen Zone, sondern aus ganz Deutschland.[31] Die Liste lässt eine ziemlich weit gefasste Auslegung deutscher Aggression erkennen, in die zum Beispiel die 1830 erbaute Walhalla aufgenommen wurde – Ehrentempel des im Deutschen Bund wiedervereinigten Vaterlandes und Symbol des Sturzes Napoleons – obgleich sie sich in der Nähe von Regensburg befindet, also in der amerikanischen Zone. Ähnlich verhält es sich mit der 1840 im Teutoburger Wald errichteten Kolossalstatue des Arminius, „Symbol des deutschen Kriegers und Ziel patriotischer Wallfahrten";[32] sie steht in Westfalen, also in der britischen Zone. Für Bauwerke, die im Dritten Reich errichtet wurden, wurden keine besonderen Vorkehrungen getroffen, auch wenn sie als Manifeste einer „nationalsozialistischen Architektur" gedacht waren. Da aber Architektur als solche keine ideologische Bedeutung transportiert, wurden nur sinnstiftende oder symbolbeladene Zeichen wie nationalsozialistische Inschriften und Hoheitszeichen getilgt.

Die Dienststelle für Architektur war auch darum bemüht, in der gesamten Zone französisches Recht und französische Instanzen einzuführen. Monnet wies seine Mitarbeiter an, eine Bestandsaufnahme der für die Architektur relevanten deutschen Institutionen durchzuführen: kommunale, regionale und konfessionell gebundene Ämter, Denkmalpflegeämter, Gewerkschaften und Berufsverbände, deren Organisation und Funktionsweise man verstehen und deren Hauptakteure man kennen wollte. Zudem sollten die geltenden Gesetze zum Schutz des Kulturerbes, die Bestimmungen zur Ausübung des Architektenberufs und die Lehranstalten für Architektur untersucht werden. Das unmittelbare Ziel dieser Arbeit war es, die „Schaffung einer provisorischen deutschen Kommission zu erreichen, die den Fall jedes Bewerbers untersucht, der sich um eine Berufszulassung als Architekt bemüht".[33]

Auf mittlere Sicht sollte diese Arbeit dazu dienen, in jeder Obersten Delegation einen sogenannten „Gebäuderat" (Conseil des Bâtiments) einzusetzen, der für die fünf folgenden Bereiche zuständig sein sollte: „Neuordnung der Architektenberufs – Architekturlehre – Denkmäler, Sakralbauten, Landschaftsschutz – Gebäude, Schlösser und städtische Ensemb-

---

27 Bertrand Monnet, „Instructions générales", 20.6.1946, S. 3, AOFAA AC/RA 696/6 und 1946–50.
28 René Lisch, Bericht an Bertrand Monnet, Neustadt, 18.10.1946, AOFAA AC/RA 696/7/1.
29 Bureau de l'Architecture, Denkschrift, 27.2.1947, AOFAA AC/RA 696/7.
30 Zu den Archivdokumenten bezüglich der Berliner Siegessäule, siehe AOFAA AC/RA 696/7.
31 Michel François, Schreiben an Monsieur Hery, Directeur de l'Intérieur et des Cultes IV section, 28.12.1946, AOFAA AC/RA 696/7/1, nebst einer undatierten Liste von Kriegsdenkmälern.
32 Michel François, Schreiben an den Directeur de l'Éducation publique, 19.9.1947, AOFAA AC 74/1.
33 „Rapport trimestriel de la sous-direction des Beaux-Arts pour les mois de mai, juin et juillet 1946", 31.7.1946, AOFAA AC/RA 699/3.

les – Wiederaufbau und Stadtplanung". Monnet ging davon aus, dass „die deutschen Behörden beabsichtigen, auf diesen Gebieten tief greifende organisatorische Reformen durchzuführen, die auf entsprechende französische Anweisungen zurückgehen". Ziel sei die Schaffung „eines gemeinsamen Austausches und einer Ausstrahlung des französischen Einflusses auf ein Gebiet, wo unser Ansehen beträchtlich ist".[34]

Die Idee einer Neuordnung der Verwaltung der Bildenden Künste in Baden stammte aus der Zeit vor Monnets Ernennung und ging zurück auf Überlegungen des Verbindungsoffiziers für Bildende Künste in Baden, Maurice Jardot, der in Frankreich den Rang eines Inspektors der staatlichen Denkmalpflege (Inspecteur des Monuments historiques) innehatte und mit Le Corbusier befreundet war. Jardot berichtete, dass er sich bei seinem Amtsantritt in Ermangelung spezifischer Anweisungen dazu verpflichtet fühlte, der Neuordnung der badischen Verwaltung der Bildenden Künste besondere Aufmerksamkeit zu widmen, ebenso wie der Restitution von Raubkunst an Frankreich und der Rettung von Kunstwerken, Denkmälern und Möbeln in Baden. Personalmangel habe ihn dazu bewogen, deutsche Instanzen neu zu schaffen oder wiederzubeleben.[35] Er schlug vor, im französisch besetzten Teil Badens eine „Standard-Verwaltung" aufzubauen, die wie die französischen Beaux-Arts gegliedert sein und unter der Aufsicht eines Direktors mit Sitz im südbadischen Freiburg stehen sollte, unterteilt in vier Dienststellen für Archive und Bibliotheken, Architektur, Museen und Kunstausstellungen sowie Musik und Schauspiel.[36] Zunächst entwickelte sich die Neuordnung der deutschen Behörden ungefähr nach Jardots Plan. Am 16. Januar 1946 wurde in Freiburg ein eigenes Landesamt für Museen, Sammlungen und Ausstellungen gegründet, dessen Leiter Kurt Martin auch Direktor der Kunsthalle im nordbadischen, amerikanisch besetzten Karlsruhe war.[37]

Doch mit Monnets Erscheinen gerieten diese Anstrengungen zur Wiederbelebung der Architektur in Baden unter massiven Einfluss des französischen Systems. Unter Monnets Vorsitz wurden in Baden-Baden mehrere Sitzungen abgehalten, zu denen Jardot und verschiedene Fachleute aus Baden, darunter Martin, der Karlsruher Städtebauprofessor Otto Ernst Schweizer und der Oberregierungsrat Otto Linde geladen wurden. Diese Konstellation barg einen gewissen Reiz, denn Linde war auf Vorschlag Jardots im Sommer 1945 von Martin als verantwortlicher Referent für Bildende Künste in Baden und damit als Vermittler zwischen den deutschen und den französischen Behörden abgelöst worden. Aufbauend auf diesen Besprechungen arbeitete Monnet das Projekt eines „Gebäuderats des Landes Baden" (Conseil des Bâtiments du Pays de Bade) aus, dessen Aufgabe es sein sollte, die verschiedenen Aktivitäten auf dem Gebiet der Architektur zu koordinieren. Dieser Rat sollte der badischen Regierung an jeglichem Ministerialbüro vorbei direkt zur Seite stehen und in fünf Ausschüsse unterteilt sein, die sich mit Architektenberuf, Lehre, Denkmalpflege, Gebäuden, Schlössern und städtischen Ensembles sowie Wiederaufbau und Stadtplanung befassen würden: „Der Rat wird sich aus Vertretern einiger staatlichen Behörden des Landes sowie aus Architekten des öffentlichen Diensts, Archäologen und Kunsthistorikern zusammensetzen und zu einer Reihe von Fragen von französischen Fachleuten unterstützt werden."[38]

Nach langwierigen Beratungen wurde die Verordnung zur Schaffung eines solchen Rats für Baden schließlich am 10. Januar 1947 verkündet.[39] In ihrer Endfassung wich sie von den französischen Anweisungen ab. Zunächst hatten sich die Deutschen dazu entschlossen, dieses Gremium „Ausschuss für Baukunst und Städtebau für das Land Baden" zu taufen und nicht „Gebäuderat", eine Bezeichnung, die den

---

34 Ebd.
35 „Rapport du service Études générales et Documentation de la Direction générale des Affaires administratives du GM de Bade", Kapitel „Beaux-Arts", Freiburg, 15.9.1945, AOFAA AC/RA 696/5.
36 „Organisation de l'Administration des Beaux-Arts dans le Pays de Bade", o. D., AOFAA AC/RA 700/1.
37 Kurt Martin leitete zuvor die Generalverwaltung der oberrheinischen Museen und damit während der deutschen Besetzung auch die elsässischen Museen, siehe Rosebrock 2012.
38 Émile Laffon [Bertrand Monnet, Red.], Schreiben an den Délégué supérieur pour le GM du Pays de Bade, Baden-Baden, 13.7.1946, beiliegend das Projekt zur Schaffung eines Gebäuderats (Conseil des Bâtiments) für Baden, AOFAA AC/RA 696/3.
39 „Rapport trimestriel du service des Beaux-Arts pour les mois de novembre 1946–janvier 1947, division de l'Architecture", o. D., AOFAA AC/RA 699/3.

Franzosen teuer war, da sie an den Namen des französischen Kontrollorgans der staatlichen Bauwirtschaft erinnerte, das der Reform Pate stand, dem Conseil général des Bâtiments de France (Generalrat für das Bauwesen in Frankreich).[40] Für Monnet war die deutsche Bezeichnung zu ungenau und zu begrenzt für eine Instanz mit einem derart umfangreichen Zuständigkeitsbereich. Weitere Abweichungen bestanden darin, dass der Ausschuss im Ministerium für Kultur und Bildung und nicht wie von Monnet gewünscht im Oberregierungspräsidium angesiedelt werden sollte und dass der Landschaftsschutz aus seiner Zuständigkeit ausgeklammert wurde.[41] Dieser Widerstand der deutschen Architekten gegen die Einführung einer zentralen und unabhängigen Entscheidungsinstanz nach französischem Modell erklärt sich auch daraus, dass die Badener die Teilung ihres Landes in zwei Besatzungszonen nur als provisorisch ansahen:

> Freiburg und Tübingen zögern noch, diese Reformen einzuführen, da sie nicht wissen, wie sich Karlsruhe und Stuttgart dazu stellen werden. Alle Süddeutschen sind der Meinung, dass Baden und Württemberg zweifelsohne eines Tages ihre Einheit wiederfinden werden. Deshalb sind nur solche Reformen überlebensfähig, die gleichzeitig auf beiden Seiten der Zonengrenze eingeführt werden.[42]

Das baukünstlerische Wirken der Dienststelle für Architektur war auf wenige Bereiche begrenzt und insgesamt von geringem Umfang. Sie richtete Wettbewerbe aus für die Gestaltung des Deutschen Ecks in Koblenz und für ein Theaterprovisorium in Freiburg. Auf Antrag der Direktion für Vertriebene (Direction des Personnes déplacées) führte sie vorbereitende Studien zu französischen Sammelfriedhöfen in Neustadt, Offenburg, Landau und Speyer durch und überwachte die Dekorationsarbeiten für Empfänge und Zeremonien der französischen Besatzungstruppen. Gemäß den Anweisungen von Michel François war die Dienststelle auch für die künstlerische Oberleitung über die Bauvorhaben der Besatzungstruppen zuständig.[43] Monnet und seine Mitarbeiter nahmen dieses Mitspracherecht bei den Umbauten des Rastatter Schlosses zum Gerichtshof der Militärregierung und des Neuen Schlosses Meersburg für die Unterbringung einer Schule der Luftstreitkräfte in Anspruch sowie bei den Baumaßnahmen für die Militärsynagoge in Baden-Baden und für den Entwurf einer Kapelle für die Baden-Badener Bischofsresidenz von Robert Picard de la Vacquerie, dem Generalkaplan der französischen Besatzungstruppe.

Weitere Studien der Dienststelle für Architektur betrafen einen Sportplatz für die Unterabteilung für Jugend und Sport (Direction Jeunesse et Sports) in Baden-Baden, ein französisches Kulturzentrum (Maison de France) in Koblenz sowie einen französischen Kulturkreis in Ludwigshafen. In verschiedenen Landkreisen trug ihr Einwirken zur Normalisierung des täglichen Lebens bei, etwa durch die Arbeiten an den Theatern in Donaueschingen, Freiburg, Lahr, Neustadt und Überlingen oder an der Kaiser-Wilhelm-Brücke in Trier, den Wiederaufbau der katholischen Kirchen in Oberwerth, Berg, Grünstadt, Asselheim und Mechtersheim sowie zweier evangelischer Kirchen in Frankenthal. Im Rahmen der von den Franzosen betriebenen Bildungspolitik betreute die Dienststelle den Bau der Akademie für Verwaltungswissenschaften in Speyer und der Dolmetscherhochschule in Germersheim. Viele Entwürfe der Verbindungsarchitekten blieben jedoch auf dem Papier und die realisierten Projekte zumeist auf den Ausbau bestehender Gebäude beschränkt. Der Mangel an Baustoffen im besiegten Deutschland war so groß, dass Neubauten nur äußerst begrenzt möglich waren.

Die Dienststelle für Architektur musste sich mit Planungen für Gedenkstätten vertraut machen, die überwiegend von der Militärregierung in Auftrag gegeben wurden. An deren Gestaltung schieden sich aber oft die unterschiedlichen Kunstgeschmäcker ihrer Verbindungsoffiziere. Diese Denkmalpolitik

---

40 Meehan 2010.
41 Raymond Schmittlein, Schreiben an Jean-Louis Fontaine, 15.3.1947, AOFAA AC/RA 696/3.
42 Bureau de l'Architecture, „Programme général de travail pour l'année 1948", 21.1.1948, AOFAA AC/RA 700/1.
43 „Définition des attributions respectives du service d'Architecture et de service de la Reconstruction au sein des Délégations supérieures pour le Gouvernement militaire des provinces", Dienstnotiz, 1946, AOFAA AEF 1864/6.

knüpfte an die französische Tradition an, im Rheinland „Erinnerungsmale" zu errichten, wie sie Paul Tirard nannte.⁴⁴ Während der ersten französischen Besetzung hatten die Behörden mehrere Denkmäler für französische und alliierte Soldaten errichtet und 1928 das Grabmal von General Hoche fertiggestellt, mit dessen Bau im Jahr VI des Revolutionskalenders (1798) begonnen worden war (Abb. 14). Nach dem Zweiten Weltkrieg besann sich der französische Gedächtniskult vor allem auf diese Tradition von Denkmälern zu Ehren großer für Revolution und Kaiserreich gefallener Franzosen. So wurde das Denkmal für Marceau bei Höchstenbach im Westerwald restauriert⁴⁵ und ein Wettbewerb ausgelobt für ein neues Marceau-Denkmal in Koblenz, während in Saarlouis eine Statue von Marschall Ney errichtet wurde. Im badischen Sasbach kam auch ein Marschall Ludwigs XIV., nämlich Turenne, zu neuen Ehren und zu einem frisch restaurierten Denkmal.

Doch auch an die jüngsten militärischen Siege sollte erinnert werden. Auf dem französischen Ehrenfriedhof in Speyer wollte die Dienststelle für Architektur ein neues Ehrenmahl für die französischen Gefallenen des Ersten und Zweiten Weltkrieges erbauen. Die Dienststelle arbeitete auch an Denkmalentwürfen für die in Remagen bei der Rheinüberquerung gefallenen Amerikaner, sowie für die Première Armée, die bei Germersheim über den Rhein und bei Sigmaringen über die Donau gesetzt hatte. François schlug für das Deutsche Eck in Koblenz sogar ein Denkmal vor, das daran erinnern sollte, wie „Frankreich dem Rheinland die Freiheit bringt".⁴⁶

DENKMAL DER NEUEN BREMM

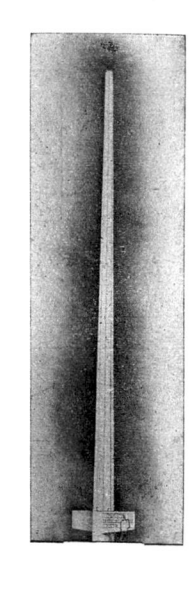

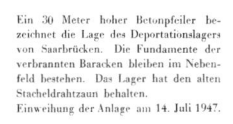

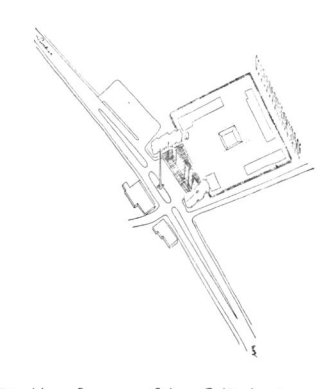

21 André Sive: *Gedächtnisstätte Neue Bremm auf dem Gelände eines ehemaligen Gestapo-Lagers in Saarbrücken*, 1947, Abbildung aus: *Die Saar, Städtebau 1946*, Saarbrücken 1947.

Ein weiteres, eigentlich bedeutsames Thema war die Gestaltung von Gedenkstätten in den ehemaligen Vernichtungslagern. Doch hier warteten die französischen Behörden auf Entscheidungen seitens des Alliierten Kontrollrats und setzten ihre Tätigkeit zunächst aus. Die Dienststelle für Architektur nahm 1946 an vorbereitenden Gesprächen in Berlin teil, in denen über die Ausschreibung eines Wettbewerbsprogramms für einen einheitlichen Denkmaltyp diskutiert wurde, der in allen Lagern errichtet werden sollte. Die Berliner Verhandlungen mündeten jedoch in einer Sackgasse, denn genau gegen diese Art von Einheitsdenkmal sträubte sich Monnet: „In der Tat, jeder Besatzungsmacht steht es frei, in ihrer Zone Denkmäler ihrer Wahl zu errichten, und wahrscheinlich wird nur Frankreich sich wirklich darum kümmern."⁴⁷ (Abb. 21) Die Dienststelle überwachte, zumindest im Prinzip, die Errichtung aller in der

---

44 Tirard 1930, S. 15 f.
45 „An der Stelle, wo Marceau tödlich verwundet worden war, ist das ursprüngliche Denkmal errichtet worden, das die Nationalsozialisten dann im Jahre 1941 abgerissen haben. Es wurde in seiner alten Form und mit größter Sorgfalt unter der Ägide der Militärregierung im Jahr 1946 wieder aufgebaut. Es besteht aus einem Obelisken, der aus einem Postament mit gegiebelten Seiten ragt und auf einem zweifachen Sockel ruht. Auf dem Postament Tafeln mit Inschriften, die wichtigste lautet / Hier wurde am XIX September MDCCLXXXXVI verwundet / Marceau / französischer General / er starb hochgeschätzt und beweint / vom Soldaten vom Bürger / und vom Feind." René Lisch, „Note sur les monuments français et d'influence française", o. D., NLL.
46 Das Denkmal hätte die Statue Wilhelms I. ersetzt, die Monnet für irreparabel hielt. Bertrand Monnet, Bericht der Dienstreise an Michel François, 13.6.1946, AOFAA AC/RA 1946–1950.

47 Bertrand Monnet, „Rapport sur le Monument de la Neue Bremm", 25.6.1947, AOFAA AC/RA 695/6.

22 Otto Ernst Schweizer: *Wettbewerbsentwurf zur Neugestaltung des Deutschen Ecks in Koblenz*, 1946, *Entwurfsskizze zum „Pantheon des Geistes"* (der das Kaiser-Wilhelm-Denkmal ersetzen sollte), Südwestdeutsches Archiv für Architektur und Ingenieurbau (saai), Karlsruher Institut für Technologie (KIT).

Zone geplanten Denkmäler. Doch die Vorfälle um die Gedenktafel für den elsässischen Schriftsteller und Antifaschisten René Schickele, die am 7. September 1947 vom Elsässischen Schriftstellerverband in Badenweiler eingeweiht wurde, machen deutlich, dass die Dienststelle manchmal vor vollendete Tatsachen gestellt wurde. Monnet äußerte Vorbehalte gegen die Initiative der Bewunderer Schickeles, der auf deutsch schrieb, erreichte aber nicht die gewünschte Entfernung der Tafel.[48]

Trotz der Schwierigkeiten, mit denen die Verbindungsoffiziere für Architektur in der Verwaltung und vor Ort konfrontiert waren, trat ihre Dienststelle in den drei Jahren ihrer Tätigkeit immer für eine Politik ein, in der sich die in Frankreich gültigen baukünstlerischen und denkmalpflegerischen Prinzipien spiegeln sollten. Zwar erläuterten die verschiedenen Architekten im Dienst der Delegationen ihre Forderungen und Leistungen oft mit einer gewissen Starrheit, ihre Haltungen waren dennoch recht vielfältig. So bauten manche ein echtes Vertrauensverhältnis mit deutschen Dienststellen auf, um von ihren jeweils vorgesetzten Behörden die Freigabe der für die Gebäudesicherung dringend benötigten Baumaterialien zu erwirken. Auch scheinen die Verbindungsarchitekten den Befehlen, kriegerische Denkmäler zu zerstören, passiven Widerstand entgegengesetzt und auch das Errichten neuer Militärdenkmäler nicht gerade zu ihrer Priorität gemacht zu haben. Die interessantesten Vorhaben wie der Wettbewerb für das Deutsche Eck (Abb. 22) oder die Demonstrativbaustellen hatten mit Meinungsverschiedenheiten innerhalb der Militärregierung zu kämpfen und scheiterten schließlich an der Gleichgültigkeit oder am Veto der übergeordneten Stellen in Baden-Baden beziehungsweise in der Provinzverwaltung.[49]

Die Denkmalpflege war das wichtigste, aber nicht das einzige Arbeitsgebiet der Dienststelle für Architektur. Die politischen und kulturellen Rahmenbedingungen der Besatzung erforderten, dass die Dienststelle auch medienpolitisch aktiv wurde, um französische Erfolge in Stadtplanung und Architektur zu propagieren. Diese Aufgabe übernahm sie in Abstimmung mit Schmittleins Direktion für Bildungswesen, die unter der verwaltungstechnischen Bezeichnung „Expansion artistique" (etwa: Kunstförderung) eine ganze Reihe von Aktivitäten bündelte, die auf eine Verbreitung älterer und jüngerer Errungenschaften der französischen Kunst und Literatur abzielten.

Zu Monnets politischen Kontrollaufgaben gehörte es, Aktivitäten von Berufsverbänden, Initiativen einzelner Institutionen sowie Publikationsprojekte zu begutachten, sofern sie in das Architekturressort fielen. Für die deutsche Architektur spielte er

48 Bertrand Monnet, „Note d'information pour le sous-directeur des Beaux-Arts", 17.10.1947, AOFAA AC/RA 696/3.

49 Trost 1992.

somit eine wichtige Rolle beim Wiederaufbau einer demokratischen Berufslandschaft. Auch wissenschaftliche Einrichtungen mussten der Dienststelle für Architektur ihre Arbeitspläne unterbreiten. Das Deutsche Archäologische Institut in Berlin nutzte die Möglichkeiten, die sich durch die Zerstörungen eröffnet hatten, und bemühte sich um Grabungsgenehmigungen für einige Städte in der französischen Zone.[50] Monnet wurde auch gebeten, als Beobachter an Sitzungen verschiedener deutscher Verbände teilzunehmen, wobei er dies möglichst zu vermeiden suchte, wenn er mit deren Zielen nicht einverstanden war. Im September 1947 weigerte er sich, zusammen mit Charles Fauth an der Tagung des Deutschen Verbandes für Wohnungswesen, Städtebau und Raumplanung in München teilzunehmen, da er der Ansicht war, dass „in den Diskussionen zur Stadtplanung ein eindeutig konservativer, wenn nicht sogar reaktionärer Geist vorherrscht, der in scharfem Gegensatz steht zur französischen Auffassung, die wir und die Kollegen vom Wiederaufbau in Deutschland einführen möchten".[51]

Zu Monnets Ressort gehörte auch der Schutz von „Intellektuellen", denen gewisse Vorteile zugestanden wurden. So wurden sie vor Wohnungsrequisition geschützt und erhielten zwei Lebensmittelkarte, außerdem Heizung, Strom und „Arbeitsmittel" wie Papier, Schreibzeug und Reiseerleichterungen.[52] Monnet übernahm 1948 die Vorbereitung eines Kongresses für deutsche Architekten und Stadtplaner, der in Freiburg stattfinden sollte. Er bemerkte, wie offen Otto Ernst Schweizer und Richard Döcker für eine solche Initiative waren, „weil sie Affinitäten sehen zwischen französischen und deutschen Architekten". Letztlich musste er seinen Plan aufgeben, um nicht „unhöflich gegenüber den amerikanischen Behörden [zu erscheinen]", die eine Konkurrenzveranstaltung starteten.[53]

Auch die Architekturlehre fiel in Monnets Zuständigkeit. Als Antwort auf eine Anfrage des Oberbaurats Hellmut Delius, der eine neue Hochschule für Bildende Künste in Freiburg gründen wollte, wurden 1946 erste Vorkehrungen getroffen, um eine eigene Architekturabteilung innerhalb dieser Kunstakademie zu schaffen. Die französischen Beamten sahen darin eine interessante Möglichkeit, um die Lehrmethoden der Pariser École des beaux-arts über den Rhein zu exportieren, wie es Fauth in einem Sitzungsprotokoll betonte:

> [...] nach altbewährten Methoden fußt das Architekturstudium auf eine Vertiefung der Lehre in den Fächern „Baukunst" und „Komposition", wobei die technischen Fächer ebenfalls nicht vernachlässigt werden dürfen. Es folgte eine ausführliche Erläuterung des Atelier-Prinzips an der École, wo die Studenten ihre Arbeiten untereinander kritisieren und so nicht nur ihre Urteilskraft und Beobachtungsgabe weiterentwickeln, sondern auch enorme Erfahrung im Entwerfen architektonischer Großformen erwerben, zu der sie durch das der École eigene System der [studentischen] Wettbewerbe angespornt werden.[54]

Für die neue Architekturschule stellte man sich ein gemischtes Lehrsystem vor, „bei dem französische Architekten mit Vorträgen, Unterricht, Studienreisen und Gastkritiken zu einer schnellen und gründlichen Verbreitung unserer Architekturlehre beitragen würden".[55]

Die Aufsicht über das deutsche Verlagswesen gehörte zu den Aufgaben der Direktion für Bildungswesen. In der Architektursparte fiel diese Arbeit Monnet zu, der sich zu geplanten neuen Fachzeitschriften in der französischen Zone äußern sollte. Ende 1946 suchte Alfons Leitl Monnet auf und präsentierte sich als ein „Verteidiger der modernen Architektur",[56] wobei sich derselbe auch in der

---

50 Carl Weickert, Brief an Bertrand Monnet, Berlin, 20.10.1947, AOFAA AC/RA 696. Weickert war der Präsident des Deutschen Archäologischen Instituts.
51 Bertrand Monnet, Mitteilung an Raymond Schmittlein, Baden-Baden, 17.9.1947, AOFAA AC/RA 696/4.
52 Bertrand Monnet, „Note sur les ‚avantages accordés' aux intellectuels", Baden-Baden, 9.4.1948, AOFAA AC/RA 696/4.
53 Bertrand Monnet, „Note d'information sur le projet de congrès d'urbanisme à Fribourg", Baden-Baden, 30.3.1948, AOFAA AC/RA 696/3.
54 Charles Fauth, „Résumé de l'entrevue de M. Delius, Oberbaurat et M. Monnet", Baden-Baden, 25.6.1946, AOFAA AC/RA 1946–1950.
55 Ebd.
56 Leitl, Redakteur der *Bauwelt* und der *Monatshefte für Baukunst* zur Zeit des Nationalsozialismus, zeigte 1940 die Arbeiten

Architekturszene des Dritten Reiches publizistisch engagiert hatte. Im Namen der Verlagsgesellschaft Oberschwaben schlug Leitl die Veröffentlichung einer Reihe von Architektenmonografien vor und einer Zeitschrift, die unter dem gleichnamigen Titel „Das Neue Bauen" thematisieren sollte. Während er sein Editionsprogramm präsentierte, bekundete Leitl sein Interesse an einem Treffen mit den Herausgebern der wichtigsten französischen Architekturzeitschriften. Beim ersten Treffen der Gesellschaft Oberschwaben, das am 20. September 1946 auf Schloss Aulendorf stattfand, entwarf die Gründungsgruppe, zu der Architekten aus allen vier Besatzungszonen zählten, darunter Richard Döcker, Martin Elsässer, Hugo Häring, Werner Hebebrand, Rudolf Schwarz, Otto Ernst Schweizer und Emil Steffann,[57] eine Charta für die Architektur der Nachkriegszeit:

> Das Treffen [...] hatte zum Ziel, den Kontakt zwischen den wichtigsten Architekten der Moderne wiederherzustellen, zum ersten Mal nach Jahrzehnten der Isolation und der Opposition. [...] Die Sitzung wurde mit einem sehr klugen Überblick des Architekten Hugo Häring eröffnet. [...] Zur gegenwärtigen Situation und den brennenden Fragen, die sie aufwirft, möchten die Teilnehmer zuallererst einmal eine klare Position finden, die Kunst und Geist verbindet und gleichzeitig zum Inbegriff des heftigen Widerstandes gegen das geistige Erbe des Dritten Reiches wird. Allen Teilnehmern an diesem Treffen war bewusst, dass der Einfluss des Nationalsozialismus nicht gebrochen, sondern ganz ungeniert noch überall verbreitet war, sei es durch ein bewusstes Fortführen des Stils der letzten zehn Jahre durch dessen Anhänger, oder durch die Unkenntnis, die andere an den Tag legen bezüglich des Ursprungs ihrer Arbeitsweise.[58]

Ein weiteres Diskussionsthema war die Suche nach einer geeigneten Strategie, um „alle Spuren des Nationalsozialismus in der Architektur zu tilgen und unter den Architekten alle Anhänger der Hitler-Ideologie von wichtigen Arbeiten zu entbinden". Das wichtigste konkrete Ergebnis dieses Treffens bestand im Vorschlag eines neuen „Architekturmagazins mit europäischem Flair", das „die jahrelange Trennung der deutschen Architektur von der Architektur anderer Länder beseitigen" sollte.[59]

Monnet, den das Treffen sehr beunruhigte, kritisierte die „Fahrlässigkeit" des Kreisdelegierten, der die Veranstaltung genehmigt hatte. Auch die direkt betroffenen französischen Verbindungsoffiziere Jacques Vanuxem und Jean Dollfus – letzterer nahm als Beobachter an der Sitzung teil – glaubten, dass „in Bezug auf Oberschwaben äußerste Vorsicht geboten" sei.

> Es ist nicht unmöglich, dass sich unter dem Deckmantel eines Kulturvereins eine Bewegung verbirgt, die sich für die Annäherung zwischen den Intellektuellen der einzelnen Zonen einsetzt und einen mehr oder weniger offenen Widerstand im Hinterkopf hat. Entweder wird der Verein offiziell genehmigt – in diesem Fall wäre es wichtig, dass wir offen mit einer Gruppierung in Kontakt treten können, die dazu in der Lage ist, französische Ideen und Einflüsse ins restliche Deutschland zu bringen – oder diese Gruppierung wird als verdächtig oder sogar als gefährlich eingestuft und verboten – in diesem Fall müssen wir alle Beziehungen zu ihr abbrechen.[60]

In den folgenden Wochen wandte sich Leitl direkt an Monnet mit der Bitte, ihm dabei zu helfen, Treffen mit französischen Zeitschriften zu arrangieren. Sein Gesuch unterlegte er mit einem opportunistischen Text zu den verlegerischen Absichten Oberschwabens, mit dem er Monnets Sympathie gewinnen wollte:

---

von Walter Kratz in seiner Veröffentlichung *Das Buch vom eigenen Hause*, vgl. Leitl/Kratz 1937.

57 Zu diesen zählten auch Hermann Hampe, Johannes Krahn, Rudolf Lodders und Wilhelm Ochs. Otto Bartning, Egon Eiermann, Wilhelm Riphahn, Hans Schwippert, Otto Voelkers und Robert Vorhoelzer kündigten ebenfalls ihre Unterstützung an.

58 Association Oberschwaben, Frz. Übersetzung eines Schreibens an die Sous-direction des Beaux-Arts, Schloss Aulendorf, 30.9.1946, AOFAA AC/RA 1946–1950.

59 Ebd.

60 Bertrand Monnet, Mitteilung an Frau Giron, Baden-Baden, 2.10.1946, AOFAA AC/RA 1946–1950.

Die moderne Architektur hat sich zu einer mächtigen Kraft entwickelt und sich in alle zivilisierten Länder der Welt ausgebreitet, und diese Architektur wird in Frankreich mit den Namen von Le Corbusier, Auguste Perret, André Lurçat und dem großen Konstrukteur [Eugène] Freyssinet verbunden. In Deutschland hat der Nationalsozialismus die moderne Architektur, deren klare Linien ihn zutiefst verärgerten, gewaltsam unterdrückt. Aber ihre künstlerischen und sozialen Ideen wurden von einer Gruppe kompromissloser Architekten weitergeführt, die den größten Schwierigkeiten und sogar Verfolgung gegenüber standhaft blieben. Die hervorragendsten Männer dieser Gruppe tragen heute wieder eine große Verantwortung, die sie öffentlich in avantgardistischen Positionen zum Ausdruck bringen.[61]

Mit der Bitte um Monnets Genehmigung zur Veröffentlichung von Steffanns während der Besetzungszeit entstandenen *Baufibel für Lothringen* komplizierte Leitl das Gespräch (Abb. 23). Er sollte Steffann zudem auch noch erlauben, in das nunmehr wieder französische Lothringen zu reisen, um sein Archiv zu retten.[62] Monnet lehnte strikt ab. Er befürchtete, dass die öffentliche Meinung in Frankreich eine solche Geste einem ehemaligen Besatzer gegenüber nicht verstehen würde. Doch erklärte er sich immerhin dazu bereit, Leitl Zugang zu publizierbarem Material über die französische Architektur der vergangenen fünfzehn Jahre zu verschaffen.[63] Im Jahr darauf wurde Monnets Meinung erneut eingeholt, diesmal zur Gründung der *Hefte für Baukunst und Werkform*, die unter Leitls Leitung zu einer der wichtigsten Architekturzeitschriften in der Bundesrepublik Deutschland avancierten.[64]

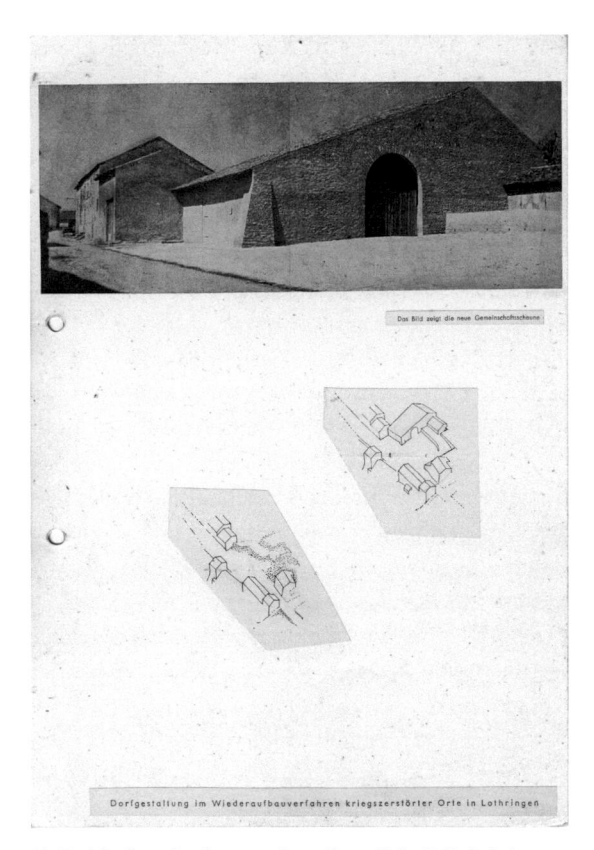

23 Emil Steffann: *Dorfsanierung Boust/Bust*, 1941–1943, *Aufnahme der Scheunenkirche von 1943 und Zeichnungen zu ihrer Lage für die Baufibel für Lothringen*, o.D., Emil Steffann-Archiv, Deutsches Architekturmuseum, Frankfurt am Main.

Monnet war zudem an der Veröffentlichung einiger Bücher direkt beteiligt, deren Inhalt oder Produktion und Finanzierung er unterstützte, darunter *Der Romanische Kirchenbau im Elsass* des Kunsthistorikers Rudolf Kautzsch. Monnet zensierte einige der im Buch verwendeten Begriffe, die zumindest semantisch zu einer Germanisierung der elsässischen Architektur tendierten. Obwohl „der Autor eine aufrichtige Objektivität an den Tag legt", forderte er die Streichung des Untertitels, der die im Buch behandelten Kirchen zu *Denkmäler[n] deutscher Kunst* machte, ebenso wie alle Bezugnahmen auf die „Rückkehr" des Elsasses zu Deutschland nach 1940, und

61 Alfons Leitl, Kopie eines Schreibens an Bertrand Monnet, beiliegend das „Programme d'édition de la Société Oberschwaben", Aulendorf, 13.11.1946, S. 1, AOFAA AC/RA 1946–1950.
62 Alfons Leitl, Brief an die Sektion Architektur der Abteilung „Beaux-Arts", Aulendorf, 13.11.1946, AOFAA AC/RA 1946–1950. Vgl. Steffann 1983.
63 Bertrand Monnet, Schreiben an Alfons Leitl, o. O. [Baden-Baden], 30.11.1946, AOFAA AC/RA 1946–1950.
64 Siehe hierzu die unter der gleichen Signatur archivierten Dokumente. Das besagte Manifest der Gesellschaft Oberschwaben, deren Initiator Leitl nicht nur während des Krieges

Redakteur der *Bauwelt* war, sondern auch als Architekt mit Herbert Rimpl in Lothringen gearbeitet hatte, wurde in der ab 1947 von Lambert Schneider in Heidelberg herausgegeben *Baukunst und Werkform* veröffentlicht.

verlangte, alle Institutionen mit ihren französischen Bezeichnungen zu nennen.⁶⁵

Die Propaganda für die französischen Reformen gehörte zu den untergeordneten Aufgaben der Dienststelle für Architektur. Sie richtete sich sowohl an deutsche als auch an französische Berufsmilieus, führte aber anscheinend zu keinem überzeugenden Ergebnis. Einige Monate vor der Gründung der Bundesrepublik nahm Monnet im März 1948 einen weiteren Kontakt mit einer Gruppe deutscher Architekten auf, darunter Hans Scharoun, Richard Döcker, Otto Ernst Schweizer und Adolf Schneck. Monnet traf die Gruppe auf einer Reise nach Stuttgart, mit der Architekten aus der amerikanischen Zone in Württemberg für die im französischen Teil des Landes geplanten Maßnahmen gewonnen werden sollten. Dabei musste er feststellen, wie feindselig die Amerikaner den von den Franzosen eingeleiteten Reformen gegenüberstanden. Diese „Opposition [ist] auf die kommerzielle oder industriefreundliche Natur des Architektenberufes in den USA" zurückzuführen. Dies träfe auch auf die britische Zone zu, wo sie noch „radikaler im Geist" sei. Monnet erkannte dort dennoch positive Wirkungen der von ihm angestoßenen Politik, zumindest „kann man an ihren Erklärungen ablesen, dass unsere Reformen im Bereich der Architektur – Architektenkammer, Lehre, Gebäuderat, Denkmalpflege usw. – in den Zonen der Alliierten mit großem Interesse verfolgt werden".⁶⁶

Auch die Architekten in Frankreich sollten auf die Projekte und Bauten in der ZFOA aufmerksam gemacht werden. Die Vereinigung staatlich geprüfter Architekten (Société des architectes diplômés par le Gouvernement) bereitete eine Reise für fünfzig Baufachleute vor, die im Anschluss an den Archäologiekongress von 1947 stattfand. Einige Reiseteilnehmer beabsichtigten wiederzukommen, um einen genaueren Blick auf die Lage der Architektur in der Zone zu werfen. Daraus wurde allerdings nichts.

Im Inland bot sich im Frühjahr 1947 eine Gelegenheit, die ZFOA an der *Exposition internationale de l'urbanisme et de l'habitation* (Internationale Ausstellung für Städtebau und Wohnungswesen) in Paris zu beteiligen. Für die im Juli im Grand Palais stattfindende Veranstaltung wurden beträchtliche Mittel zur Verfügung gestellt und um ausländische Beteiligung geworben, damit die Ausstellung zu einer wichtigen Etappe für die Selbstdarstellung des Wiederaufbaus in Frankreich werden konnte.⁶⁷ Etwas spät, kaum mehr als drei Monate vor Ausstellungseröffnung, rang sich Koenigs Kabinett zu einer Teilnahme durch. In Absprache mit Paul Breton, dem Hauptkurator der Ausstellung, sollte die Zone durch „einen in Deutschland vorgefertigten Holzpavillon, in dem verschiedene Fertighausmodelle und in der Zone hergestellte Möbel für französische Kriegsobdachlose gezeigt werden", vertreten sein.⁶⁸ Nach dieser Grundsatzvereinbarung traf Monnet in Verbindung mit Blachère Vorbereitungen für den Versand der Fertigteile nach Paris und ihre Montage auf der Promenade Cours-la-Reine nahe der Place de la Concorde. Monnet konzipierte auch die kleine Ausstellung, die der Pavillon enthalten sollte.⁶⁹ Die Wahl fiel auf ein Holzhaus des Typs *Lotte*, eine mit Bimsstein verkleidete Holzkonstruktion.⁷⁰ Doch der Leiter der Generaldirektion für Städtebau (Direction générale de l'Urbanisme), André Prothin, hielt eine Beteiligung der Zone an der Pariser Ausstellung für unangemessen und lehnte sie ab.⁷¹

Diese Ablehnung bewegte Monnet zur Ausrichtung eines Ereignisses, das sicherlich als wichtigster Beitrag der französischen Besatzer zur Baukultur in der ZFOA gelten kann. Schon im Sommer 1946 hatte

---

65 Bertrand Monnet, „Observations sur l'ouvrage *Der Romanische Kirchenbau im Elsass* de R. Kautzsch", Baden-Baden, den 27.4.1948, AOFAA AC/RA 696. Vgl. Kautzsch 1944.

66 Le Chef du bureau de l'Architecture, „Note d'information sur la propagation des réformes françaises concernant l'architecture dans les zones alliées", o. O. [Baden-Baden], 30.3.1948, AOFAA AC/RA 696/7/3.

67 Le Directeur général des Affaires administratives, Schreiben an General Koenig, Baden-Baden, o.D. [Frühjahr 1948], AOFAA AC/RA 696/3.

68 Raymond Tardif, Schreiben an Bertrand Monnet, Paris, 15.4.1947, AOFAA AC/RA 696/7. Tardif war Leiter des Zivilkabinetts des französischen Oberbefehlshabers in Deutschland.

69 Bertrand Monnet, „Note sur la participation de la ZFO à l'exposition internationale de la reconstruction", Baden-Baden, 18.4.1947, AOFAA AC/RA 696/7.

70 M. Chaume, Schreiben an Bertrand Monnet, Baden-Baden, 30.4.1947, AOFAA AC/RA 696/7.

71 Bertrand Monnet, „Note sur la participation de la ZFO à l'exposition d'urbanisme prévue à Paris en juillet 1947", Baden-Baden, 6.5.1947, AOFAA AC/RA 696/7.

das Informationsbüro der Militärregierung von der Verwaltung in Paris Hilfe bei der Vorbereitung zweier Ausstellungen für die Zone erbeten, *Spirit of France* und *Wiederaufbau in Frankreich*. Letztere sollte „das Ausmaß der Kriegsschäden und die bereits erfolgten Wiederaufbauarbeiten im Bereich des Bahnwesens, des öffentlichen Bauwesens, der Stadtplanung, des Industriebaus usw." zeigen.[72] Anfang 1947 zeigte sich Monnet an einer in der Schweiz gezeigten Wanderausstellung von Fotografien zum französischen Städtebau interessiert, die auf ein Konzept von André Bouxin zurückging, dem Chefredakteur der Zeitschrift *Techniques et Architecture*.[73] Nachdem der französische Hochkommissar in Österreich die Ausstellung 1947 nach Wien hatte bringen lassen, wurde auch eine deutsche Schau vorbereitet.

Monnet wollte sie „ausbauen [und] konkreter machen", damit sie „dem Vergleich mit einer ähnlichen Ausstellung standhalten kann, welche die [amerikanische] Militärregierung in Deutschland, manchmal in den gleichen Städten, zu zeigen beabsichtigt".[74] Monnet begnügte sich nicht damit, „französische Großbauten der letzten dreißig Jahre zu zeigen, bis hin zur Talsperre Génissiat" unterhalb des Genfer Sees. Anhand von „Modellen einiger Denkmäler und Zeichnungen aus jeder Blütezeit" sowie „Modellen typischer Beispiele für den Städtebau" wollte er auch eine „Synthese der Architektur, des Städtebaus und der großen Kunst Frankreichs vom Mittelalter bis zur Gegenwart" wagen. Für Monnet sollte „dieses erweiterte Ausstellungsprojekt eine noch nie dagewesene Synthese der französischen Architektur und des Städtebaus in ihrer Gesamtheit zeigen".[75] Um dem Anspruch gerecht zu werden, die Pracht der Vergangenheit und die Dauerhaftigkeit von Formen in der französischen Architektur zu zeigen, wurde die von Bouxin konzipierte Ausstellung völlig umgeformt, da sich nur drei ihrer achtzig Fototafeln mit Werken aus der Baugeschichte befasst hatten, dem Pont du Gard, der Kathedrale von Bourges und der Place des Vosges in Paris. Das „ewige Frankreich" diente als schwülstiges Einleitungsthema:

> Den Hintergrund wird eine riesige, acht Meter lange Fahne in den Nationalfarben bilden. Auf der rechten Seite und oben eine Inschrift in Goldbuchstaben (Zitate großer Autoren). Auf dem Boden werden ein Werkstein und ein römisches Kapitell aufgestellt, auf einem mit Blumen geschmückten, sandigen Grund. Aus dem Boden wird ein Baum wachsen, aus dessen gebrochenen Ästen wieder neue Knospen und Blätter sprießen.[76]

Zu den ehrgeizigsten Themen des neuen Ausstellungsprojekts gehörten die von Le Corbusier propagierten Konzepte, die „Charta des Städtebaus", gemeint ist die *Charta von Athen*, und seine „Synthese großer Kunst". Bouxins Zeitschrift *Techniques et Architecture* steuerte andere wichtige Themen wie „Doktrin", „Funktion, Struktur, Form" bei.

In der endgültigen Fassung des neuen Ausstellungskonzepts zeigten die ersten dreißig der rund 135 Schautafeln Beispiele aus Architektur und Städtebau von der Antike bis 1900. Die nächsten zwanzig Tafeln gaben einen Überblick über die Produktion der Zwischenkriegszeit, dann folgten Tafeln zu den Kriegszerstörungen, zum Städtebau und zu Planungen im ländlichen Raum sowie zu Bausystemen. Auguste Perret, Le Corbusier, Marcel Lods und André Lurçat wurden besondere Abteilungen gewidmet. Zu den Tafeln wurden Modelle aufgestellt: die „Cité de l'Air", Projekt einer Wohnstadt für das Personal des Flughafens Orly von Lods, André Croizé, André Masson-Detourbet und Clément Tambuté, der Wiederaufbau der nordfranzösischen Kleinstadt Tergnier durch Paul Dufournet und Jean Bossu, der Wiederaufbau von Maubeuge durch Lurçat, die Tragwerkstudien von Robert Le Ricolais und die Fertighäuser von Jean Chemineau und Lionel Mirabaud sowie von Jean Prouvé. Zu den Architekturzeichnungen gesellten

---

72 Jean Mougin, Schreiben an Monsieur Lamanière, Baden-Baden, 12.8.1946, AOFAA AC/RA 700/10.
73 Wie in der Zeitschrift dargelegt, wurde sie in Bern, Basel und Zürich gezeigt. Zu jeder Schau hielt der Innenarchitekt René Herbst einen Vortrag, Herbst 1946, S. 467.
74 Bei der anderen Ausstellung handelte es sich um die in Deutschland unter dem Titel *In USA erbaut. 1932–1944* gezeigte Schau des Museums of Modern Art in New York. Vgl. Mock 1948.
75 Bertrand Monnet, „Note sur l'exposition d'architecture et d'urbanisme français en Autriche et en Allemagne", Baden-Baden, 19.4.1948, AOFAA AC/RA 700/8.
76 „Exposition de Vienne", maschinenschriftl. Mitteilung an Bertrand Monnet, 1.4.1948, AOFAA AC/AR 700/4.

sich Möbel von Prouvé und Jacques Adnet, Kunstgegenstände und Wandteppiche von Marc Saint-Saëns, Robert Wogenscky, Vincent Guignebert und Jean Lurçat. Zur Verdeutlichung des synthetischen Ansatzes der Ausstellung wurden auch die Fenster der Kirche von Assy gezeigt, die von Maurice Novarina errichtet und von namhaften Künstlern ausgeschmückt worden war.[77] Daneben widmeten sich Tafeln Innenraumgestaltungen nach „französischem Geschmack" und der „Architekturdoktrin", für die eine Sammlung von Zitaten Perrets und Lurçats sowie Dokumente zu Le Corbusiers *Modulor* und zum CIAM-Raster präsentiert wurden. In ihrer Gesamtheit zeichnete die Ausstellung ein recht vielfältiges Bild von den wichtigsten Tendenzen in der modernen französischen Architektur (Abb. 24). Auf ihrer Wanderung durch verschiedene deutsche Städte wurde sie leichten Veränderungen unterzogen, nur die Tafeln zu den Mainzer Planungen von Lods verschwanden ziemlich bald aus ihrem Inventar (Abb. 126).

Die Ausstellung wurde in mehreren Städten der französischen Zone gezeigt, beginnend mit Freiburg (September bis Oktober 1948). Es folgten Mainz (Oktober bis November 1948) und Trier (Dezember 1948 bis Januar 1949). Danach wanderte sie in die britische Zone, von Köln (Februar bis März 1949) nach Dortmund (März bis April 1949) und Hannover (Juli 1949), und schließlich in die amerikanische, von Stuttgart (Oktober bis November 1949) nach München (November 1949) und Friedrichshafen (Januar 1950).[78] Ilse Runge, eine Trierer Mitarbeiterin Monnets, entwarf für jeden Ausstellungsort eine eigene Raumgestaltung.

Einen großen Einfluss auf die Schau hatte die schon 1944 vom Museum of Modern Art in New York konzipierte amerikanische Ausstellung *In USA erbaut. 1932–1944*, die ab Januar 1948 in Deutschland präsentiert wurde.[79] Auch zur französischen Schau wurde ein illustrierter Katalog herausgegeben (Abb. 5), in dem Monnet die Kontinuität der französischen Geschichtstradition zu Themen des Wiederaufbaus postulierte und sich einer orthodoxen Moderne verpflichtet zeigte:

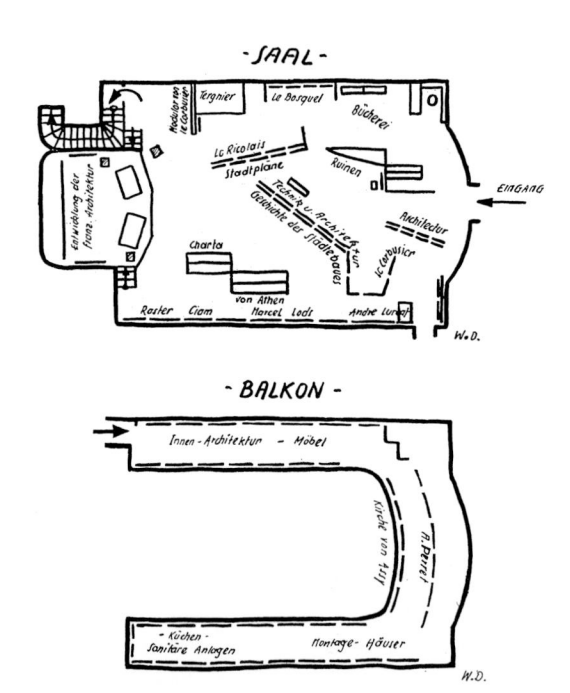

24 Bertrand Monnet (Org.): *Französische Architektur- und Städtebauausstellung, 1948/49*, Plan der Ausstellung im Erd- und Obergeschoss des Paulussaals in Freiburg, 1948, Raumgestaltung von Ilse Runge, Centre des Archives diplomatiques, Archives de l'Occupation française en Allemagne et en Autriche, La Courneuve.

Hier bietet sich die Gelegenheit, einen umfassenden Einblick in das Schaffen der beiden führenden Meister zu geben, die zugleich die Tendenzen der gegenwärtigen französischen Architektur am stärksten vertreten: Auguste Perret und Le Corbusier. Die totale Umwälzung der Baukunst, die sie hervorrufen, wurde in den Jahren vor dem letzten Krieg durch eine nicht weniger totale Revolution im Städtebau begleitet. Kaum entstanden und sowohl als Kunst wie als Wissenschaft aufgefasst, hat der Städtebau im Jahre 1933 in Athen seine Ziele und Richtlinien als Ergebnis der Arbeiten der Internationalen Kongresse Moderner Architektur (CIAM) festgelegt. Es scheint uns angebracht, diese Charta, die heute fast überall befolgt wird, ausführlich wiederzugeben.[80]

---

77 Siehe die Reihe der Ausstellungsprogramme, AOFAA AC/AR 700/4.
78 Siehe Buchführungsakten, AOFAA AC/RA 695/1.
79 Mock 1948.

80 CCFA 1948e. Einleitung von Bertrand Monnet zum Ausstellungskatalog (Auflage: 2120 Exemplare), in dem auch Texte von Perret, Le Corbusier, Lurçat und José Imbert abgedruckt wurden.

Mit dieser Unterstützung durch den Leiter der Dienststelle für Architektur wurde die *Charta von Athen* einer breiteren deutschen Öffentlichkeit vorgestellt, als es Lods mit seiner relativ vertraulichen Veröffentlichung im Vorjahr in Mainz gelungen war (Abb. 25). Im Katalog nahm die Charta zwischen den Sinnsprüchen von Perret und den Manifesten von Le Corbusier und Lurçat einen breiten Raum ein. Die Ausstellungstournee durch Deutschland fand bei offiziellen Stellen ein eher verhaltenes Echo. Einige deutsche Architekten und Architekturkritiker nahmen Stellung zu dieser Darstellung der französischen Architekturszene, so in Köln, wo Rudolf Schwarz maßgeblich an der Vorbereitung der Ausstellung beteiligt war. Der Kölner Oberbürgermeister Robert Görlinger begrüßte sie mit Begeisterung und betonte, wie wichtig die moderne Architektur sei und „die Tatsache, dass die Völker Europas […] eine gemeinsame Sprache gefunden haben, die es ihnen ermöglicht, ihre Ideen und Gestaltungskonzepte klarer auszudrücken".[81] Für die Zeitschrift *Baukunst und Werkform* berichtete Leitl über „eine der aufregendsten und anstrengendsten Veranstaltungen" seit dem Krieg. Er nutzte die Gunst der Stunde und forderte umfassendere Überlegungen zum Wiederaufbau der deutschen Städte ein, wobei er die Organisation der französischen Planungsinstanzen dem deutschen Kontext gegenüberstellte. Für ihn planten die französischen Architekten

> kühner, radikaler als man es bei uns gewohnt ist; und erstaunlich: nach ihren Plänen wird auch gebaut. Ein neues Wohnviertel von André Lurçat in St. Denis – erster Abschnitt seines Gesamtplanes – steht im Rohbau. Ebenso der Teilaufbau von Le Havre von Auguste Perret: und Corbusier baut tatsächlich sein vielbesprochenes Wohnhochhaus mit Sonnenschutz in Marseille. […] Wir stellen nur fest, daß die französischen Städtebauer den allgemeinen Kampf um die aufgelockerte durchgrünte Stadt mit Konsequenz und Tapferkeit führen. Ihre Argumente sind die Vernunft, die Gesundheit, die Organisation. Ihr Vorstoß mag einseitig sein und die Stadt als räumliches Gebilde gefährden, aber er sprengt die fest umschlossenen Quartiere und Straßenschluchten. Viele Planungen sind für unser Empfinden zu einseitig auf einen einzigen Wohntyp gestellt: die Wohnung im vielgeschossigen Bau, und diese doktrinäre Festlegung scheint nicht immer zwingend. Soll man wirklich versuchen, den Menschen den Wunsch nach eigenem Grundstück am eigenen Haus als ein atavistisches Bedürfnis gleich auszureden? Einschränken müssen wir ihn leider ohnehin. Aber warum sollten wir nicht die Vielfalt der Wohnbedürfnisse anerkennen, die ihr Recht hat und die, nebenbei, einer neuen städtebaulichen Ordnung räumliche Spannung und Maßstab geben kann.[82]

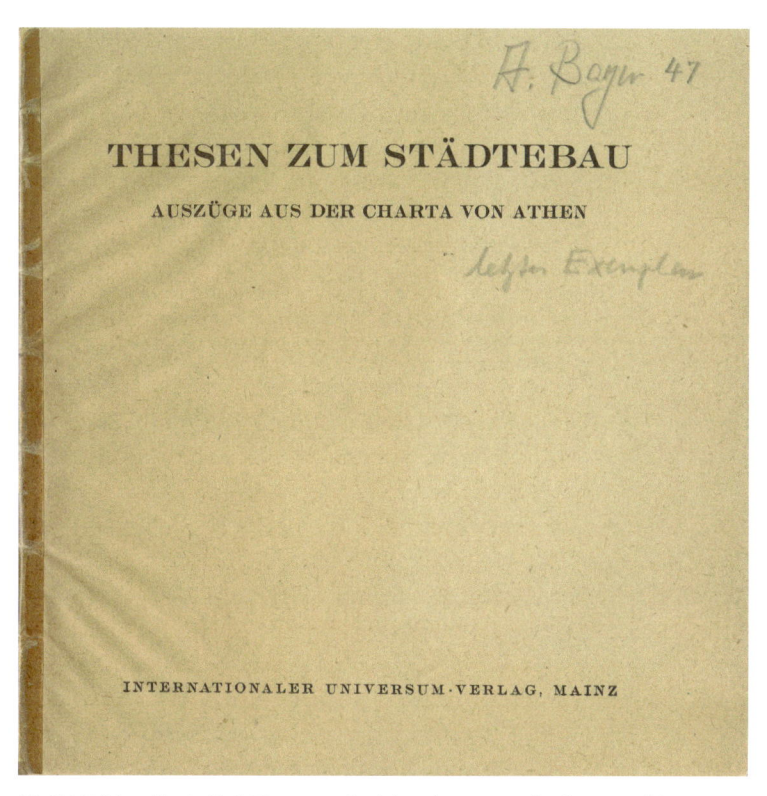

25 CIAM [Marcel Lods, Hg.]: *Thesen zum Städtebau, Auszüge aus der Charta von Athen*, Mainz 1947, Exemplar von Adolf Bayer, Südwestdeutsches Archiv für Architektur und Ingenieurbau (saai), Karlsruher Institut für Technologie (KIT).

81 St., „L'apport spirituel des nations à la reconstruction", Köln, o. D. [Februar 1949], AOFAA AC/RA 700/4.

82 Leitl 1949, S. 9. In einer französischen Übersetzung wurde dieser Text Rudolf Schwarz zugeschrieben, siehe „Architecture française, exposition à Cologne", o. D. [Februar 1949], AOFAA AC/RA 700/4.

Monate später eröffnete Stadtbaurat Rudolf Hillebrecht die Ausstellung in Hannover und erklärte das momentane Interesse am System der französischen Institutionen mit der Unfähigkeit der für den Wiederaufbau verantwortlichen Landesminister, sich auf die Schaffung einer zentralen Instanz zu einigen, laut Hillebrecht „die erste Voraussetzung für einen geordneten Aufbau, wie uns in dieser Ausstellung Frankreichs eindringlich vor Augen geführt wird".[83] Der Freiburger Baurat Joseph Schlippe wiederum betonte in einem Brief, wie wichtig die Architektur für die französischen Verantwortlichen sei: „Sie in der Amizone kennen ja nicht dieses Interesse der Besatzungsmacht an den deutschen Wiederaufbauplänen. Hier aber ist diese kulturelle Beeinflussung sehr spürbar, so derzeit in einer großen französischen Architekturausstellung mit Werken von Le Corbusier, Perret, Lodz [sic] (Mainz!) usw."[84]

Parallel zur Wanderausstellung organisierte Monnet eine Vortragsreihe, die dem deutschen Publikum einige große Namen der Pariser Architekturszene näherbringen sollte. Sinn der Vorträge sei es gewesen, „ihnen zu zeigen, dass wir nicht mit Propagandasprüchen gekommen sind, um ihnen zu sagen, wir seien stärker als sie. Es ging um informative Vorträge und Kontaktaufnahme."[85] Monnet wandte sich an Le Corbusier, der zunächst damit einverstanden war, anlässlich der Präsentation der Ausstellung in Köln zu sprechen, zur „großen Freude" von Schwarz, der dazu anmerkt, dass „der Erfolg des Vortrags natürlich noch größer wäre, wenn Le Corbusier Deutsch sprechen würde".[86]

Mehr Glück hatte Monnet mit Jean Chemineau, der „eher über technische Aspekte" sprechen sollte, und mit Lurçat, der den Wiederaufbau von Maubeuge leitete. Lurçat reiste am 26. November 1948 nach Mainz und am 27. November nach Trier, wo er einen Vortrag hielt über „die soziale Rolle des Architekten".[87] Der Mainzer Vortrag fand unter Vorsitz von Henri Guérin statt, des Gouverneurs von Rheinhessen. Die Trierer Ausgabe des SPD-Organs *Die Freiheit* zitierte den Genossen Lurçat mit den Worten: „wieder aufzubauen ist eine Revolution".[88] Lurçat weigerte sich jedoch, für Le Corbusier in Köln einzuspringen oder Anfang 1949 erneut nach Mainz zu kommen.[89]

Für Architekten und Stadtplaner der ZFOA und benachbarter Städte bereitete Monnet in Zusammenarbeit mit dem Außenministerium und dem Ministerium für Wiederaufbau und Städtebau (MRU) Studienreisen zu großen französischen Denkmälern und zu Baustellen des Wiederaufbaus vor. Vom 16. bis zum 23. Mai 1949 begleitete er selbst eine Reisegruppe von neun Kollegen, darunter Döcker, Schwarz und Horst Linde. Auf dem Programm standen Begegnungen mit Stadtplanern und Architekten, unter anderem auch mit Le Corbusier, Lods, Lurçat und Perret, den vier Galionsfiguren der Ausstellung, sowie mit Jean Sauvagnargues, Alain Poher und anderen hohen Staatsbeamten. Vor allem aber ergab sich für die deutsche Gruppe die Gelegenheit, neue Gebäude in Fertigteilbauweise zu besichtigen, die Maurice Crevel und Jean Labatut für das MRU am Quai de Passy in Paris errichtet hatten und die für Schwarz von besonderem Interesse waren.[90]

Neben Bauwerken interessierten sich die deutschen Besucher im Wesentlichen für die Rechts- und Verwaltungsstruktur des französischen Wiederaufbaus. In einem langen und detaillierten Reisebericht hielt Schwarz seine Eindrücke zur Organisation des Wiederaufbaus in Frankreich fest und verglich sie mit den schwierigeren Bedingungen des Wiederaufbaus in Deutschland, der sich erst wenige Monate zuvor aus der Vormundschaft der westlichen Besatzer befreit hatte.

---

83 Stadtbaurat Hillebrecht, „Eröffnung der französischen Architektur- und Städtebauausstellung am 1. Juli 1949 im Kestner-Museum in Hannover", o. O., o. D., AOFAA AC/RA 700/9.
84 Joseph Schlippe, Brief an P. Grund, Freiburg, 19.9.1948, SAF K1/44 C 5/3153. Peter Grund war Leiter des Darmstädter Hochbauamts.
85 Monnet im Gespräch 1986.
86 Rudolf Schwarz, Schreiben an einen nicht identifizierbaren französischen Entscheidungsträger, Köln, o. D. [Januar 1949], AOFAA AC/RA 700/2.

87 Bertrand Monnet, Schreiben an André Lurçat, Baden-Baden, 17.11.1948, CAPA 200 Ifa 299/3; André Lurçat, Schreiben an Bertrand Monnet, Paris, 21.11.1948, AOFAA AC/RA 700/2.
88 [o. V.] 1948g.
89 Bertrand Monnet, Schreiben an André Lurçat, Baden-Baden, 17.1.1949, CAPA 200 Ifa 299/3. André Lurçat, Schreiben an Bertrand Monnet, Paris, 21.1 und 21.3.1949, AOFAA AC/RA 700/2.
90 Schwarz 1949, S. 354.

26

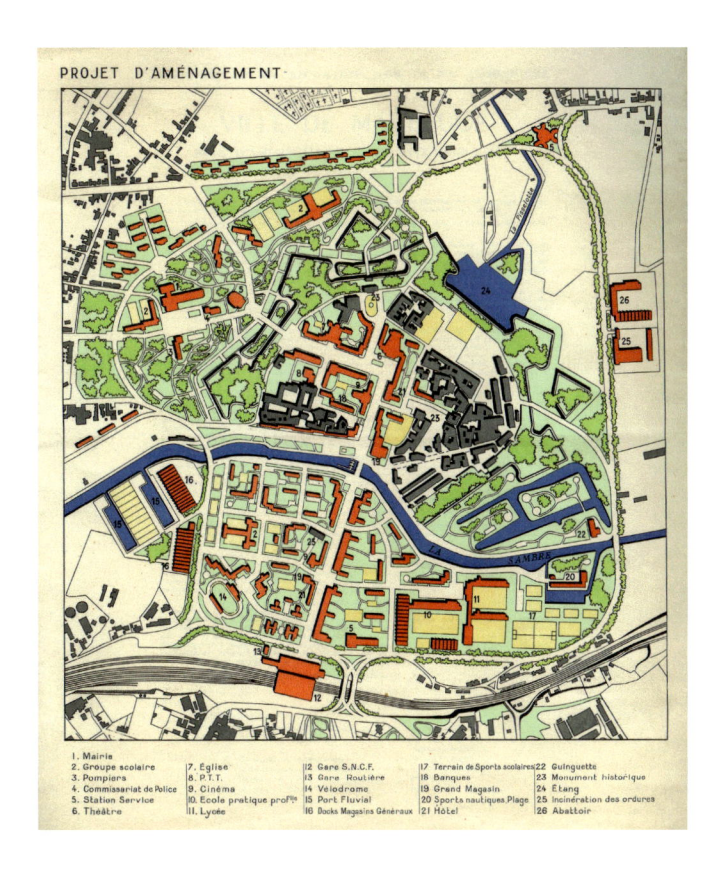

André Lurçat: *Plan zum Wiederaufbau und zur Stadtgestaltung von Maubeuge*, 1945–1959, *Neugestaltungsprojekt*, um 1947, CNAM, SIAF, Cité de l'architecture et du patrimoine, Archives d'architecture du XXe siècle, Adagp, Paris, 2018.

Es ist klar, daß Frankreich mit diesen gesetzlichen Vorschriften ein geeignetes Rechtsinstrument für den Wiederaufbau seiner Städte geschaffen hat, und daß dies viel wirkungsvoller ist als die deutschen Versuche in der gleichen Richtung, ja, daß das französische Volk, welches in Fragen des Besitzes sehr traditionell denkt, hier eine Großzügigkeit bewiesen hat, die uns Deutschen beinahe märchenhaft vorkommt. […] Es ist sehr schwierig, den Wiederaufbau planmäßig durchzuführen, weil es an Geld fehlt. […] Man verspricht sich sehr viel von dem Versuch, die vielen Kleinbesitzer in Großbauten zusammenzufassen, wobei jeder Einzelne eine Wohnung oder einen ganzen Bauteil zum Eigentum erhält, unter Zugrundelegung seines anerkannten Schadens. Man will also in großem Umfang den Grundbesitz von dem Hausbesitz trennen und sogar die Häuser unter viele Eigentümer aufteilen.[91]

Der deutschen Reisegruppe wurden Ausflüge vorgeschlagen zu Orten, die Gegenwart und Geschichte verbinden. Neben der Basilika von Saint-Denis stießen sie auf Lurçats Baustellen für neue Wohnquartiere, die „in den Rahmen einer großen Stadtplanung hineingehören" und deren Fertigteilelemente „sehr sauber und korrekt" montiert wurden.[92] Einige Tage später ergab sich eine Gelegenheit, mit den gesetzlichen Bestimmungen des Wiederaufbaus von Maubeuge vertraut zu werden (Abb. 26).

Auch dieser große Städtebauer [Lurçat] nimmt auf den früheren Grundriß des Städtchens keine Rücksicht und entwickelt seine Pläne nach einem neuen und großartigen Maßstab. Wiederum sieht der Entwurf eine Melodie von Bauten verschiedenster Größe vor. Was uns und übrigens auch die Franzosen, die uns führen, am meisten interessiert, ist das juristische

91 Ebd., S. 356.

92 Ebd., S. 357.

27
Marcel Lods: *Wiederaufbau von Sotteville-lès-Rouen*, 1946–1950, *Koloriertes Modellfoto der Wohneinheit (Groupe d'habitation)*, 1946, Fotografie von Marc Barbaux, Abbildung aus Lods' Manuskriptalbum *Plan de Mayence*, Paris, o.D. [1947], Bibliothèque Poëte et Sellier, fonds historique de l'École d'urbanisme de Paris.

Experiment, das mit dem Wiederaufbau von Maubeuge verbunden ist. Man versucht so ziemlich alle Formen des privaten und gemeinsamen Eigentums darzustellen, die sich überhaupt denken lassen. Es gibt dort ganze Baublöcke, die das gemeinsame Eigentum ihrer Bewohner sind, es gibt aber auch zweigeschossige Bauten, die im strengsten Sinn Privateigentum werden. […] So geht das weiter, und wir bewundern die Elastizität des französischen Rechts, welche es möglich macht, der schwierigen Aufgabe in einer so differenzierten Weise zu entsprechen.[93]

Schwarz interessierte sich auch für die Arbeit von Lods, insbesondere studierte er dessen Großbaustelle in Sotteville-lès-Rouen (Abb. 27) und seine Projekte in den französischen Kolonien. Er besuchte Le Corbusier in der Rue de Sèvres und bemerkte ironisch an, dass sein dort in einer Linie eingerichtetes Büro „mehr einer Galerie als einem Atelier ähnelt".[94] Einen tiefen Eindruck hinterließ die Begegnung mit Perret, dessen Arbeit auch in Deutschland immer bewundert und von Schwarz über alle Maßen geschätzt wurde.

Trotz seines Alters ist er immer noch Vorkämpfer des neuen Bauens. Er führt jede große oder kleinere Aufgabe bis auf ihre klarste mathematische Form und sauberste technische Konstruktion zurück. Es ist bekannt, welche Fortschritte der Eisenbetonbau Herrn Perret verdankt, der ihn in nackter Konstruktion an seinen Bauten zeigt und dadurch Wirkungen erreicht, die an Geistigkeit und Straffheit noch die der späten Gotik übertreffen. […] In Amiens plant er den neuen Bahnhof, der eine sehr interessante Verbindung von Eisenbahn und Autohof darstellt und einen 120 m hohen Turm, für den er allerhand Vorwände und Begründungen hat.[95]

Mit Erstaunen entdeckten die Deutschen im Verlauf der Reise den Umfang und die konstruktiven Besonderheiten der Arbeiten von Perret in Le Havre (Abb. 28). Wieder war Schwarz auch an den rechtlichen Aspekten des Vorhabens interessiert.

Die Kosten des ganzen Stadtneubaus trägt der Staat, der jeden Kriegsgeschädigten in voller Höhe seines früheren Besitzes entschädigen will. Man will hierbei das ganze Gelände in

93 Ebd., S. 360.
94 Ebd., S. 359.

95 Ebd., S. 356 f.

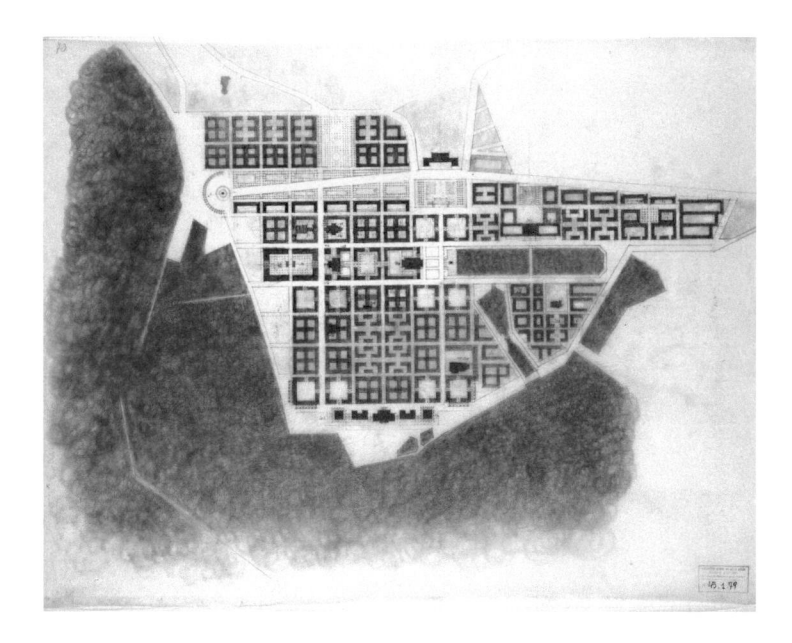

28

Auguste Perret: *Wiederaufbau von Le Havre*, 1945–1955, *Skizze des Gesamtplans*, Januar 1946, Zeichnung von Pierre-Édouard Lambert, CNAM, SIAF, Cité de l'architecture et du patrimoine, Archives d'architecture du XXe siècle, Auguste Perret, UFSE, SAIF, Paris, VG Bild-Kunst, Bonn 2018.

Besitz der Gemeinschaft lassen und das Eigentum am Wohnraum von demjenigen am Boden trennen. Der Kriegsgeschädigte bekommt also nach seinen Ersatzansprüchen und nach seinen sozialen Bedürfnissen Bauraum zugeteilt, eine kleine oder große Wohnung oder auch einen Ausschnitt von mehreren Wohnungen aus irgend einem der neuen Baukörper.[96]

Das Kronjuwel der französischen Baukultur, die École des beaux-arts, deren Lehrmethoden Monnet versucht hatte, nach Deutschland zu exportieren, wurde den deutschen Besuchern ebenfalls präsentiert. Schwarz fällt auf, wie „ungeheuer groß" die Entwürfe für den *Prix de Rome* geraten, traf aber letztlich ein recht ausgewogenes Urteil.

Die Schule ist hierarchisch geordnet, hat ihre repräsentativen Körperschaften und Gesetze, Konkurse und Preise und bedeutet für die Kunst so etwas wie eine autonome Körperschaft höchsten Ranges, die man mit einer staatlichen oder kirchlichen höchsten Behörde vergleichen kann. Der Vorteil einer solchen Einrichtung ist, daß sie mit einer ungeheuren Autorität ausgestattet ist und entsprechend auftreten und wirken kann, die Gefahr, daß eine solche offizielle Einrichtung der Erstarrung verfällt. […] Unser Eindruck war, daß eine gewisse Veraltung nicht abzuleugnen ist, daß aber andererseits starke fortschrittliche Tendenzen in der Schülerschaft am wirken sind.[97]

Schwarz betonte immer wieder die Größe der Baustellen des Wiederaufbaus und das Verschwinden alter Stadtstrukturen durch Umlegung von Eigentumsverhältnissen. Wie ein roter Faden durchzieht sein Erstaunen über das monumentale Ausmaß des französischen Etatismus und dessen Erscheinungsformen seinen Bericht. Ein umso düsteres Bild malte er hingegen vom Dogmatismus der Stadtplaner und von der Unfähigkeit der Behörden in Deutschland, vom Mangel an Ressourcen aber auch an kollektivem Willen. Als Gegenbeispiel führte er die politische Ordnung und das Finanzsystem Frankreichs an, die seiner Meinung nach Garanten waren für die Ausführung noch so wagemutiger Pläne. Schwarz verblüffte auch die Zielstrebigkeit, mit der kollektiv nach Lösungen im Wohnungsbau gesucht wurde.

96 Ebd., S. 358.

97 Ebd.

Man hat in Frankreich erkannt, daß man zum Wiederaufbau einer zerstörten Stadt folgende Dinge nötig hat: 1. Gute Gesetze und Instanzen, die sie durchführen, 2. das Verfügungsrecht über das Baugelände, 3. die nötigen Baumittel, 4. Baupläne. Eigentlich sind das Erkenntnisse, die jeder kleine Mann, der sich ein Dreizimmerhäuschen baut, auch hat, aber es ist schmerzlich zu bemerken, daß sie dem deutschen Volke noch fehlen. [...] Aber man hat es [in Frankreich] wenigstens fertiggebracht, durch Zusammenfassung der Mittel einige Modelle zu verwirklichen, an denen zu erkennen ist, wie der Aufbau des Landes durchgeführt werden könnte, wenn sich einmal die Wirtschaft entschließt, die erforderlichen Mittel dafür bereitzustellen. [...] Die Frage, ob die französische Lösung, Privatbesitz in großen Gemeinschaftsbauten anzulegen, für uns empfehlenswert ist, würde sich für uns erst stellen, wenn irgendein Bauherr aufträte, der gewillt wäre, im Großen zu bauen.[98]

Monnets Beharren auf Übernahme französischer Vorbilder war nicht wirklich von Erfolg gekrönt, weder hinsichtlich der politischen und administrativen Organisation des Wiederaufbaus noch bei der Neuordnung der Berufsverbände oder den Versuchen, die Lehre der École des beaux-arts an deutschen Hochschulen einzuführen. Schon eher erfolgreich war sein Bemühen, Themen der modernen Architektur zu verbreiten. Hilfreich war hierfür, dass vergleichbare Initiativen auch von den Amerikanern und von deutschen Anhängern einer modernen Architekturauffassung lanciert wurden. Wenn deutsche Architekten wie Schwarz oder Steffann, die ja beide in Lothringen während der deutschen Besetzung geplant und gebaut hatten, nach 1948 eine besondere Mittlerrolle zwischen deutschen und französischen Architektenmilieus spielen konnten, so zeigt dies, wie schnell die 1945 unterbrochenen Verbindungen wieder geknüpft wurden.

Monnets Dienststelle für Architektur war nicht die einzige Instanz in der französischen Besatzungszone, die sich mit Architekturfragen beschäftigte. Sie konkurrierte mit einem Machtzirkel innerhalb der Militärbehörden, an dessen Spitze ein Sonderberater des Generals Koenig stand. Im engen Kreis der „Personen, die mit Sonderaufgaben im Dienst des Oberkommandierenden Generals" standen, tauchte Ende 1945 ein „Beauftragter für die Bildenden Künste" auf. Dieser befasste sich „auf Anweisung durch den General mit Fragen der bildenden Künste" und übernahm „die künstlerische Leitung der ‚Französischen Kunstwerkstätten' [Ateliers d'art français]".[99] Die Stelle wurde an Albert de Jaeger vergeben, einen Bildhauer, Medailleur und Preisträger des *Grand Prix de Rome* von 1935, dessen fehlende Erfahrungen auf dem Gebiet von Architektur und Städtebau ihn eigentlich kaum für eine so wichtige Aufgabe qualifizierten. Bemerkenswert sind deshalb die Umstände, unter denen de Jaeger für diesen prestigeträchtigen Posten eingestellt wurde. Als Bildhauer in der Tradition von Charles Despiau verbrachte de Jaeger die Besetzung Frankreichs damit, in seinem Keller ein Medaillon von General de Gaulle anzufertigen. Nach der Befreiung wurde er von Koenig, dem er nach der Schlacht von Bir Hakeim gegen Rommels Panzerarmee einen Brief voller Bewunderung geschrieben hatte, einbestellt und gebeten, ihm nach Baden-Baden zu folgen. Nach einer einmonatigen Reise durch das besetzte Deutschland berichtete de Jaeger dem General, „welchen Beitrag ein Künstler in einem verwüsteten Land und für die Besatzung Deutschlands mit Stolz leisten" könne und nahm den Auftrag an.[100] Für sein nur schlecht umrissenes Wirkungsfeld wurde er mit umfangreichen Vollmachten und beträchtlichen materiellen Privilegien ausgestattet und residierte im Rang eines Generals vier Jahre lang in der Villa Krupp in Baden-Baden.

Der Pomp der von General de Lattre de Tassigny angeordneten Paraden und Festlichkeiten in den Wochen nach der Kapitulation war ein erstes Anzeichen für die Prunksucht der Militärs. Etwas weniger fielen die von de Jaeger für Koenig ausgerichteten Offiziersfeste auf, für die er Dekors, Möbel und Geschenke bereitstellte. Um den Anforderungen der Baden-Badener Gesellschaft gerecht zu werden, verfügte der „Kunstbeauftragte" des Oberkommandierenden

---

98 Ebd., S. 362.

99 „Note sur l'organisation du cabinet du Général commandant en chef en Allemagne", Baden-Baden, 1.2.1946, SHAT 1K237.
100 De Jaeger im Gespräch 1986.

Generals über ein spezielles Werkzeug, den Ende 1945 eingerichteten Französischen Kunstwerkstätten. Dort arbeiteten „deutsche Architekten und Handwerker" als „Handlanger der Französischen Kunst", so die selbstzufriedene Darstellung der *Revue de la Zone Française* von 1946.

> Herr de Jaeger schätzt die Reinheit der Dinge, und seine Talente sind vielfältig. [...] Sein Atelier ist voller Konzeptstudien und Modelle, mit denen immer wieder dieselben Themen verfolgt werden, unermüdlich und mit einer Vielfalt, einem Geschmack, einer Eleganz und einer Bestimmtheit, die seine Kunst zum Ausdruck eines französischen Klassizismus in seiner reinsten Form machen. [...] Unter der Leitung von Herrn de Jaeger vollbringen die Französischen Kunstwerkstätten eine vornehme Aufgabe und durchwirken diesen deutschen Boden, den wir besetzen, mit unserem Genie. [...] Wie wird das Werk der Französischen Kunstwerkstätten vollbracht? Durch vielerlei Aufgaben: durch eine in unsere Zeit und zu unserem Land passende Einrichtung der Büros hoher militärischer Offiziere und Behördenleiter der Zone, durch die Errichtung, hier und da, von Monumenten zum Gedenken an unsere Siege, durch die Verschönerung öffentlicher Gebäude, die von den Dienststellen unserer Armee und unserer Verwaltung genutzt werden [...] durch Ausstellungen französischer Kunst in unserer Zone, wo sie von Stadt zu Stadt wandern werden.[101]

Die in Rastatt ansässigen Werkstätten bedienten sich der mehr oder weniger korrekt bezahlten Arbeitskraft deutscher Künstler und Kunsthandwerker, die de Jaeger aus Gefangenenlagern rekrutierte, um ihnen zu „helfen, indem er [General Koenig] ihnen die Gelegenheit geben will, Werke zu schaffen, die ihres Vaterlandes und ihres Talentes würdig sind, [...] Kunstwerke [die] eine glückliche Synthese zwischen französischem Geist und deutscher Kunstfertigkeit darstellen".[102] Diese Idee nahm anlässlich seines Besuchs in einem Gefangenenlager Gestalt an, wo er auf

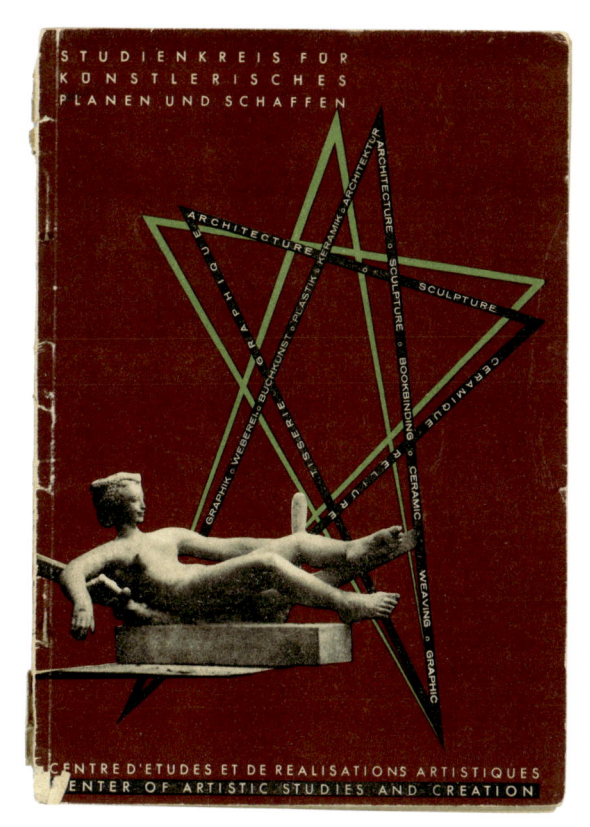

29 Centre d'études et de réalisations artistiques [Albert de Jaeger, Hg.]: [Werbeschrift], Baden-Baden 1949.

deutsche Architekten und Handwerker stieß, denen er das Versprechen auf Freilassung vorgaukelte, sofern sie für ihn arbeiten würden. Später erklärte er dazu:

> So habe ich um die zweihundert Jungs zusammengesucht. Mir standen alle nur erdenklichen Mittel zur Verfügung; wissen Sie, es ist unglaublich, welche Mittel im besetzten Deutschland aufgebracht werden konnten. [...] Sobald ich meine zweihundert Jungs bekommen hatte, habe ich begonnen, alle Prestigebedürfnisse der Amerikaner, der Engländer und vor allem der Franzosen zu befriedigen. Ich habe viele Dinge geschaffen. [...] Zu den Gefangenen habe ich gesagt: „Macht aus Eurem Beruf schöne Dinge", dadurch habe ich ihnen allen am Ende ihre Freude zurückgegeben.[103]

---

101 [o. V.] 1946, S. 14.
102 CERAT 1949, S. 2, 45.
103 De Jaeger im Gespräch 1986.

30 Albert de Jaeger, Centre d'études et de réalisations artistiques et techniques: *Umbau von Schloss Waldthausen in Mainz-Gonsenheim, 1948/49, Aufnahme der Ostfassade*, 1949, Fotografie von Ruth Hallensleben, Privatarchiv Wolfgang Voigt, Frankfurt am Main.

Unter dem Deckmantel lauterer Absichten baute der umtriebige Bildhauer in erster Linie eine Dienstleistungsorganisation auf, deren Produktpalette unterschiedliche Sparten des Kunsthandwerks abdeckte, von der Möbelherstellung über Kunstschmiede- bis zu Vergoldungsarbeiten. Die Werkstätten richteten Räumlichkeiten ein, die vom französischen Oberkommando beschlagnahmt worden waren, um dessen Alltagsbedürfnisse und Extravaganzen zu befriedigen oder um frisch geschaffene Instanzen einzuquartieren. Sie stellten auch zahlreiche Geschenke her, die General Koenig seinen Kollegen aus dem Alliierten Generalstab und seinen Besuchern überreichte, darunter Medaillen, Kristallgläser und gebundene Alben. Koenig, der sich als „Satrap von Baden-Baden" gebärdete, ließ die Werkstätten gewähren und scherte sich auch nicht um deren undurchsichtige Buchführung.

Erst nach einer Untersuchung durch den Rechnungshof am 12. Juni 1948 wurden die Zügel etwas gestrafft. De Jaegers Organisation wurde zu einem „Studienkreis für künstlerisches Planen und Schaffen" umgebaut (Centre d'études et de réalisations artistiques et techniques, CERAT). In der entsprechenden Verordnung wurde festgelegt, dass der CERAT „für die Verwirklichung aller künstlerischen und kulturellen Aufgaben" zuständig war, die ihm vom französischen Oberbefehlshaber in Deutschland übertragen wurden, und unter dem Vorsitz von dessen „künstlerischem Berater" stand, der als einziger dazu berechtigt war, „technische und künstlerische Anweisungen" zu geben.[104] Dank der Intervention der Aufsichtsgremien wurden auch die Materialverwaltung und das Rechnungswesen des CERAT transparenter und strenger geführt.[105] Das mögliche Leistungsspektrum des CERAT blieb allerdings weiterhin extrem groß, denn zu seinen erklärten Zielen gehörten unter anderem:

> Dem Architekten alle hygienischen, physikalischen, raumakustischen und chemischen Forschungsergebnisse zugänglich zu machen, um im Bauschaffen zu neuen Lösungen zu gelangen, die eine Steigerung der Daseinsfreude gewährleisten. [...] Alle neuen Methoden der Bauweise und Vorfabrikation zu prüfen, um dem dringenden Bedarf der zerstörten Städte an Wohnraum Rechnung zu tragen. Modelle vorfabrizierter Häuser zu entwerfen, die sich durch Schönheit, Dauerhaftigkeit und technische Zuverlässigkeit auszeichnen. [...] Auch den deutschen Städten die Kräfte des Studienkreises zur Verfügung zu stellen, um sie bei der Bewältigung der ausserordentlichen Aufgaben des Wiederaufbaus mit Rat und Tat zu unterstützen.[106]

Bei seiner Auflösung zählte der CERAT elf verschiedene Werkstätten: Druckerei, Gießerei, Gravur, Grafik, Buchkunst, Plastik, Keramik, Weberei, Schlosserei, Schreinerei und Architektur (Abb. 29).[107]

104 „Ordonnance n° 157 portant création d'un Centre d'études et de réalisations artistiques [et techniques]", in: CCFA 1948a.
105 „Arrêté n° 66", in: CCFA 1948a und „Arrêté n° 77", in: CCFA 1948c.
106 CERAT 1949, S. 9.
107 Ernst Weckmann, Bericht, 2.2.1949, AOFAA CERA 44.

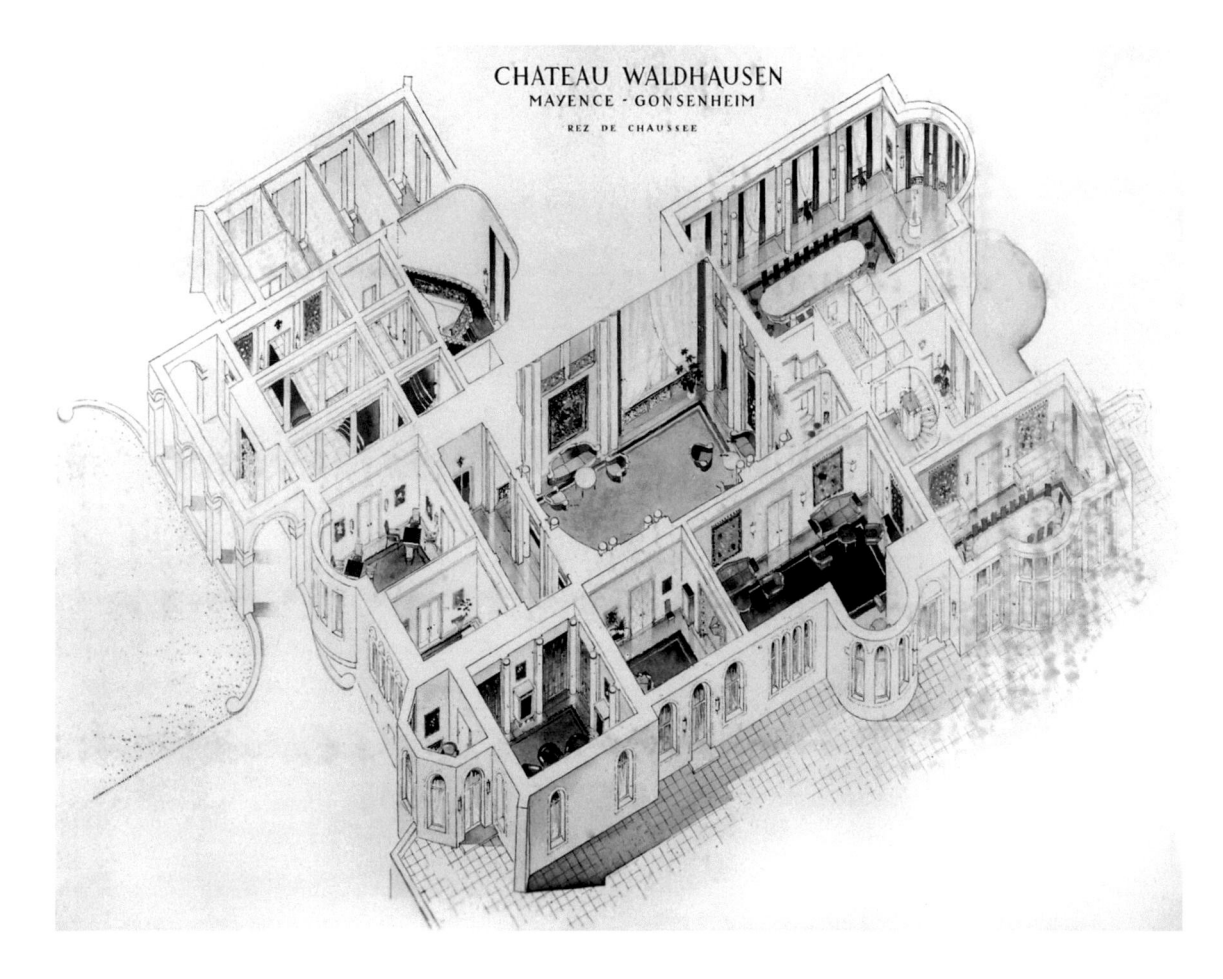

31
Albert de Jaeger, Centre d'études et de réalisations artistiques et techniques: *Umbau von Schloss Waldthausen in Mainz-Gonsenheim*, 1948/49, *Isometrie des Erdgeschosses*, Nachlass Josef Ostheimer, Lorch.

Zu den ambitioniertesten Projekten der Französischen Kunstwerkstätten und des CERAT zählte der Umbau von Schloss Waldthausen bei Mainz zur Residenz für General Koenig. Dieser blieb immer häufiger in Mainz, das man wegen seiner Nähe zu Frankfurt als zukünftige Hauptstadt der ZFOA auserkoren hatte. Der Schlossumbau wurde gemeinsam mit der Dienststelle für Wiederaufbau durchgeführt und verstand sich als eine Art Gesamtkunstwerk voller architektonischer und künstlerischer Zutaten de Jaegers.[108]

Das Schloss war von 1908 bis 1914 westlich von Mainz von dem Pforzheimer Architekten Hans Bühling für den „Kohlebaron" Martin Wilhelm Freiherr von Waldthausen erbaut worden, inmitten eines 450 Hektar großen Grundstücks auf dem Lenneberg über dem Gonsenheimer Wald. Den Baukörper dominiert ein mittelalterlich anmutender Turm, von wo aus der Baron die Schiffe auf dem Rhein betrachten konnte (Abb. 30). Das Schloss zählt vierzig Zimmer, darunter ein Ballsaal mit einer Raumhöhe von 9,5 Metern.[109]

108 A. Bourgoin, „Rapport d'activité du service [de la] Reconstruction pour le mois de décembre 1948", Baden-Baden, 8.1.1949, AOFAA AEF 1864/4. Hinter dem „créateur" (Schöpfer) de Jaeger blieben die Namen der für den CERAT arbeitenden deutschen Architekten und Kunsthandwerker zumeist im Dunkeln. Der von 1941 bis 1943 in Offenbach zum Innenarchitekten ausgebildete Josef Ostheimer (1918–1972) arbeitete mit seiner Frau Ursula nach dem Krieg bis etwa 1949 für den CERAT in dessen Rastatter Werkstätten. Dort entstanden unter anderem zeichnerische Darstellungen der Innenraumgestaltung und der Möbel für Schloss Waldthausen. Wir danken Paul-Georg Custodis, Mainz, dem Ostheimers Nachlass (NLO) zu Schloss Waldthausen vorliegt.
109 Pfeifer 1958, Schreiber 1983, Custodis 2010.

32–34 Albert de Jaeger, Centre d'études et de réalisations artistiques et techniques: *Umbau von Schloss Waldthausen in Mainz-Gonsenheim*, 1948/49, *Großer Saal / Großer Salon / Büro des Generals Koenig mit Schreibtisch und Wandkarte*, 1949, Fotografien von Ruth Hallensleben, Privatarchiv Wolfgang Voigt, Frankfurt am Main.

Für de Jaeger war es ein „recht verwahrlostes Schloss […] altmodisch, in schlechtem Zustande, nicht mehr bewohnbar, aber es ist wundervoll gelegen, und in dem schönen Park stehen prächtige Bäume".[110] Für dieses Gebäude, das die Franzosen auch nach dem Ersten Weltkrieg schon einmal genutzt hatten, entwarf Koenigs künstlerischer Berater ein schmeichelhaftes Programm:

> Ein einflussreicher Befehlshaber muss entsprechend seiner repräsentativen Stellung wohnen. Er braucht Arbeits-, Empfangs- und Wohnräume, was stilvoll gelöst sein will.[111] (Abb. 31)

Der Umbau wurde zwischen April 1948 und Juli 1949 vom Frankfurter Philipp-Holzmann-Konzern durchgeführt. Dabei wurde der mittelalterliche Stil der Dekors durch einen modernisierten Klassizismus ersetzt, mit einfachen Zierleisten, Blendsäulen oder Pilastern ohne Kapitele, welche die Holzvertäfelungen und Stoffbehänge an den Wänden umrahmten (Abb. 32 und 33). Die künstlerische Meisterschaft sollte sich in den repräsentativen Räumen, den großen Sälen, in Koenigs Empfangsräumen und seinem Büro, aber auch in der Einrichtung seiner Privatgemächer entfalten.

Der Bürotisch des Generals geriet zum Höhepunkt dieser Inszenierung. Der aus Rosenholz gefertigte halbmondförmige Schreibtisch hatte motorisierte Fächer und stand auf zylinderförmigen Beinen, auf die Schwerter und Lothringerkreuze appliziert waren.[112] In dem großen Raum, den man über eine zweiflügelige Bronzetür betrat, stand der Tisch vor einer großen Wandkarte, auf der sich die Sanduhrform der französischen Zone auf einem roten Untergrund abzeichnete und von verdeckt angebrachten Röhrenleuchten erhellt wurde (Abb. 34 und 35). Eine von de Jaeger geschriebene dreisprachige Werbeschrift des CERAT erzählt dazu: „Wir werden vom Hausherrn empfangen, hier atmet alles sogleich Achtung und Würde. Zunächst fesselt uns der Schreibtisch durch seine einnehmende Form. Sie

110 CERAT 1949, S. 14.
111 CERAT 1949, S. 16.

112 Nannen 1950, S. 7, und 1988.

35–37   Albert de Jaeger, Centre d'études et de réalisations artistiques et techniques: *Umbau von Schloss Waldthausen in Mainz-Gonsenheim*, 1948/49, *Bronzetüren des Büros des Generals Koenig / Speisezimmer / Großer Speisesaal*, 1949, Fotografien von Ruth Hallensleben (*Bronzetüren*, Fotografie von Dore Barleben), Privatarchiv Wolfgang Voigt, Frankfurt am Main.

lässt erkennen, dass Schönheit und Technik vereint etwas Praktisches zuwegebringen."[113]

In der Achse des „intimen" Speisezimmers stand eine lange Holztafel auf zylinderförmigen Beinen, die durch schmiedeeiserne Arabesken verbunden waren (Abb. 36). De Jaeger meinte:

> Hier spielt sich ein großer Teil des Alltags ab. Zu den täglichen Mahlzeiten kommt die Familie zusammen, hier unterhält man sich, erzählt man, was man vorhat, entspannt sich und ist guter Dinge. Es unterscheidet sich durch Bestimmung und Zweck vom grossen Speisesaal, dessen Aufgabe es ist, den Gast zu ehren, sowohl durch die Güte der Gerichte als auch durch den schönen Rahmen.[114] (Abb. 37)

Der Speisesaal mündete in eine Bar, dort „sitzt man oft nach einem ausgezeichneten Mahle beisammen, vertieft die Unterhaltung und gleicht die verschiedenen Gesichtspunkte aus", hingegen „ist das Schlafzimmer wieder von einer feineren, ruhigeren, zarteren Intimität",[115] die jedoch mit Madames ganz in Weiß mit koreanischem Ziegenleder ausgeschlagenen Bett durchaus luxuriös ausfiel.[116] Die Koenigs hatten allerdings kaum mehr die Gelegenheit, dort zu nächtigen, da der Schlossumbau erst nach der Abberufung des Generals abgeschlossen wurde, aber immerhin dienten seine Gemächer dem sowjetischen Amtskollegen Schukow bei einem Besuch als Unterkunft. Bereits 1949 fragte der rheinland-pfälzische Minister für Wiederaufbau bei den französischen Dienststellen an, ob das Schloss zur Nutzung durch die neuen deutschen Behörden freigegeben werden könne.[117]

Der als Bühne für eine Offiziersoperette gedachte Umbau von Schloss Waldthausen kann mit französischen Innenraumgestaltungen der Zwischenkriegszeit verglichen werden, darunter den Häusern von Roger-Henri Expert oder André Suë. De Jaegers

113   CERAT, S. 28.
114   Ebd., S. 32.
115   Ebd., S. 34.
116   Nannen 1950, S. 6, und 1988.
117   Colonel Dutrou, Schreiben an Albert de Jaeger, Mainz, 1.7.1949, NLJ.

38 Albert de Jaeger, Centre d'études et de réalisations artistiques et techniques: *Speisewagen für General Koenig*, 1948, *Privates Speisezimmer, im Hintergrund die Bar*, Nachlass Albert de Jaeger, Meudon.

oberflächliches Dekor reichte nicht an die Qualität der Arbeiten von Perret heran, auf den er sich berief. Koenigs künstlerischer Berater schätzte gerade diese „Verzierungen", die auf den Wandbehängen, den Gittern und den Heizungsabdeckungen „eine Musik voller Harmonie singen" und den Besatzerkitsch mit seinen Schwertern, Écu-Münzen und Lothringerkreuzen.

Diese Dekorsprache durchzog auch Kreationen wie den Speisewagen mit Bar für Koenigs Reisen zwischen Baden-Baden und Berlin. Die rollende Luxus-Minimalwohnung sollte laut ihres Gestalters auf engstem Raum alle Annehmlichkeiten für Arbeit und Entspannung bereitstellen und Frankreichs Größe als Kultur-, Industrie- und Handelsmacht verkörpern (Abb. 38).[118] Zu diesem Prunkstück auf Schienen gesellte sich in der Luft eine B-17 *Flying Fortress* namens *Bir-Hakeim*, die für den Oberkommandierenden eingerichtet wurde, und zu Wasser das Schiff *Général Mangin*, gedacht für Empfänge und Kreuzfahrten auf dem Rhein (Abb. 39).[119] De Jaeger wies später darauf hin, dass „das sehr praktisch war für [Koenig], denn er fuhr von Baden-Baden zur Kehler Brücke, denn von da aus kam er zu allen Städten, die unter seiner Kontrolle standen, und wir fuhren bis nach Köln, das den Amerikanern unterstand, nach Mainz, Koblenz, und so konnte [er] amerikanische Persönlichkeiten einladen."[120]

Andere Projekte wurden vom CERAT auf Wunsch französischer oder alliierter Behörden in Angriff genommen. Dazu gehörte die Einrichtung der Rundfunkstation in Baden-Baden, aus der 1946 der Südwestfunk hervorging (Abb. 40).[121] Ein Team, zu dem auch der Innenarchitekt Robert Holtz gehörte, arbeitete an der Gestaltung der Büroräume für den französischen Gouverneur in Trier. Nach der Gründung der Bundesrepublik gestaltete der CERAT die Innenräume der französischen Konsulate in München und Mainz.[122] Im Auftrag des Generalstabs von Eisenhower plante der CERAT ein Offizierskasino für die in Frankfurt stationierten US-Streitkräfte, in dem die in Schloss Waldthausen inszenierten Themen wieder auftauchten.[123] Innerhalb des CERAT war ein Team für die Auftragsakquise bei deutschen Kommunen zuständig. Der Kreistag von Kaiserslautern benötigte die Dienste des CERAT, „dessen Einfluss" bis in seine Region „fühlbar" war, um die ehemalige Adolf-Hitler-Schule in Landstuhl zu einem Krankenhaus umzubauen, da die neue Grenzziehung zwischen Pfalz und Saarland dem Kreis den Zugang zu den früher

118 CERAT 1949, S. 42.
119 In de Jaegers Privatarchiv (NLJ) waren 1989 nur Fotografien von Plänen für dieses Rheinschiff erhalten, doch zu dessen Mobiliar befanden sich 2017 zehn Lichtpausen im Nachlass Ostheimer (NLO).
120 De Jaeger im Gespräch 1986. Es sei angemerkt, dass Köln zur britischen Besatzungszone gehörte.
121 Wenger 1987.
122 Der Generalsekretär des Außenministeriums bestand darauf, den CERAT mit den Arbeiten in Mainz zu betrauen. Alexandre Parodi, Brief an den Konsul in Mainz, Paris, 16.5.1949, NLJ.
123 CERAT 1949.

genutzten Gesundheitseinrichtungen versperrte.¹²⁴ Der Kreisdelegierte unterstützte dieses Gesuch, das „eine gute Gelegenheit bietet, um bleibende Spuren zu hinterlassen, indem wir diesen Gebäuden eine französisch beeinflusste Architektur geben", und leitete es an die richtigen Stellen in der französischen Finanzverwaltung.¹²⁵

Unter die Akquisetätigkeiten des CERAT fiel auch der Versuch, Metallfertighäuser in die französische Zone einzuführen. Diese stammten aus den ehemaligen Messerschmitt-Werken in München, wo sie auch erprobt worden waren.¹²⁶ Während die technischen Vorbereitungen für die Herstellung von zwei Prototypen anliefen, traf de Jaeger im Mai 1949 Willi Messerschmitt.¹²⁷ Am 27. und 28. Juli 1949 wurde in Baden-Baden eine Arbeitssitzung anberaumt und die Messerschmitt-Projekte dem scharfsinnigen Urteil einiger der Architekten der Hohen Kommission für Architektur und Städtebau (Conseil supérieur d'architecture et d'urbanisme, CSAU) unterbreitet. Diese war 1948 als Ergebnis der Bemühungen um einen „Gebäuderat" oder „Ausschuss für Baukunst und Städtebau" für die Besatzungszone eingerichtet worden.¹²⁸

Um sich die institutionellen Kreise, in denen General Koenig sich bewegte, gewogen zu halten, hatte sein künstlerischer Berater Geschenke zu entwerfen. In den ersten Monaten der alliierten Besatzung fertigte de Jaeger zu diesem Zweck Medaillen mit den Bildnissen von Eisenhower, Montgomery und Schukow an. Als der General Staatspräsident Vincent Auriol ein von de Jaeger gebundenes Exemplar von Auriols Memoiren (*Hier, demain*) zukommen lassen wollte,¹²⁹ lieferte de Jaeger obendrein einen Tischten-

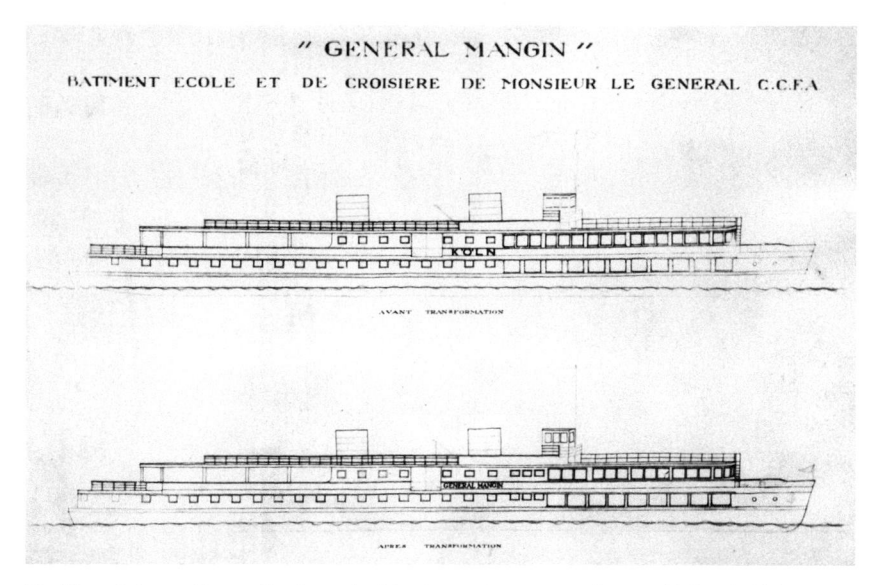

39 Albert de Jaeger, Centre d'études et de réalisations artistiques et techniques: *Umbau der* Köln *zum Kreuzfahrtschiff* Général Mangin *für General Koenig*, 1948, Ansichten, Nachlass Albert de Jaeger, Meudon.

nistisch aus massivem Eichenholz an den peinlich berührten Staatschef. De Jaeger lehnte dafür jegliche Bezahlung ab, mit der Begründung, dass der Tisch von Deutschen hergestellt worden sei, die dafür eine Mark pro Tag bekommen hätten.¹³⁰

Da für ihn persönlich das nahende Ende der Besatzung problematisch war, bemühte sich de Jaeger um alle möglichen Bestätigungen seiner Künste. So schrieb Paul Bonatz in sein Goldenes Buch, de Jaegers habe „Buchbindearbeiten ausgeführt in den edelsten Materialien, die zum Besten gehören, was [er] je gesehen" habe.¹³¹ Die großen Ambitionen des künstlerischen Beraters blitzten ein letztes Mal auf bei dem Projekt einer Zeitschrift für Kunst und Kultur, die auf Deutsch, Englisch und Französisch unter dem Titel *Pallas* erscheinen sollte und für die er einen europäischen Förderkreis schaffen wollte.¹³²

Trotz de Jaegers Anstrengungen, den CERAT über die Besatzungszeit hinweg zu erhalten, wurde

124 Kreistag Kaiserslautern, Brief an General Koenig, Kaiserslautern, 18.5.1949, NLJ.
125 Chef d'escadron Therel, Brief an General Koenig, Kaiserslautern, 18.5.1949, NLJ.
126 Schmidt 1949.
127 Fertigungsgesellschaft Neue Technik, Brief an René Malcor, München, 15.5.1949, AOFAA CERA 43. Malcor war Ingenieur der französischen Straßen- und Brückenverwaltung Ponts et Chaussées, Leiter der Abteilung für Bauwesen in Rheinland-Pfalz mit Sitz in Koblenz.
128 [o. V.] 1949. Ernst Weckmann [für Albert de Jaeger], Brief an Paul Schmitthenner, Baden-Baden, 8.7.1949, NLS. Siehe auch die Danksagungen der Teilnehmer einer Sitzung zu diesem Thema im Goldenen Buch des CERAT, NLJ.
129 Vincent Auriol, Brief an General Koenig, Kaiserslautern, 21.5.1949, NLJ.

130 De Jaeger im Gespräch 1986.
131 Paul Bonatz, Eintrag in das Goldene Buch von Albert de Jaeger, 8.10.1948, NLJ.
132 Für die Zeitschrift, die in einer Auflage von 10.000 Exemplaren erscheinen sollte, wurden Angebote verschiedener Druckereien in Deutschland eingeholt. Ernst Weckmann, Bericht, 2.2.1949, AOFAA CERA 44.

40 Albert de Jaeger, Centre d'études et de réalisations artistiques et techniques: *Gestaltung der Eingangshalle des Südwestfunks in Baden-Baden*, 1948, Innenaufnahme, o. D., Nachlass Albert de Jaeger, Meudon.

er im Dezember 1949 von der Behörde geschlossen, die mit der Abwicklung der französischen Instanzen in der Besatzungszone betraut war.[133] Im Rahmen dieser Auflösung wurde Koenigs Speisewagen an die Deutsche Schlafwagen- und Speisewagengesellschaft (DSG), den Nachfolger der Mitropa, zurückgegeben, wurden die Druckmaschinen wieder ihrem Besitzer Daimler-Benz zugeführt und es wurden die Endkosten des Umbaus von Schloss Waldthausen abgerechnet.[134] Der *Stern* präsentierte den angeblich 3,8 Millionen DM teuren Umbau der deutschen Öffentlichkeit als besonders eklatantes Beispiel für die Verschwendungssucht der Besatzer und mokierte sich über den „kunstbeflissenen Hausfreund" de Jaeger „(sprich ‚Dschédsché')", der für den General eine „wahrhaft königliche Einrichtung" ersonnen habe, inklusive geheimem „Fluchtweg" vom Schlafzimmer zum Keller.[135] De Jaeger selbst blieb bis März 1950 in den Räumlichkeiten der Villa Krupp in Baden-Baden. Die noch verbliebenen Möbel aus der Produktion des CERAT wurden an mehrere französische Institutionen verteilt, darunter an die Sommerresidenz des Staatspräsidenten auf Schloss Rambouillet, an das Außenministerium und an verschiedene Diensträume französischer Behörden in Deutschland. Weitere Möbelstücke und Einrichtungsgegenstände wurden an deutsche Hotels veräußert oder im Mobilier National, dem zentralen staatliches Möbellager in Paris, eingelagert.

Bei der Beschreibung seines Werks verwendete de Jaeger Begriffe wie „Auszeichnung", „liebevolle Arbeit", „harmonische Komposition", die der Welt der École des beaux-arts entstammten. Sowohl in seinem künstlerischen Werk als auch in seinen Schriften trat seine Feindschaft gegenüber der modernen Architektur und Kunst zutage, die in seinen Augen zu einer „Zersplitterung der Form" geführt habe: „Diese Zersplitterung führt zu der Formlosigkeit, die so charakteristisch ist für unsere zeitgenössische Kunst, die unser Empfinden zerreißt, dem Monströsen huldigt, das immer ein Produkt des Zufalls ist, und das Dauerhafte, Ewige ignoriert." Damit begab er sich in die Nähe der nationalsozialistischen Hetzreden gegen die „entartete" Kunst.[136]

Als Gegner der „zeitgenössischen Kunst", der in engem Kontakt mit der militärischen Hierarchie stand, versuchte de Jaeger, wie wir später sehen werden, seinen Einflussbereich immer weiter auszudehnen. So standen seine verschiedenen Unternehmungen auch in Einklang mit seinen städtebaulichen Ambitionen, mittels derer er den seit 1945 im Bauwesen aktiven französischen Dienststellen Konkurrenz machte. Umso größer war sein Misserfolg, als vier Jahre später neugeordnete deutsche Behörden mit komfortabler Personaldecke ihre Legitimität zurückgewinnen konnten.

Jean-Louis Cohen, Christine Mengin

---

133 Haut-Commissaire de la République française en Allemagne, „Décision n° 140", 7.12.1949, AOFAA CERA 44.
134 AOFAA CERA 51 und 61. Mehrere Archivkartons dieser Serie sind verschwunden, vor allem solche, die Projektzeichnungen enthielten.

135 Nannen 1950, S. 6f.
136 CERAT 1949, S. 4.

GROSS-MAINZ

Die Entwicklung von Mainz zur modernen Großstadt ist eng mit der wechselvollen deutsch-französischen Geschichte verknüpft, die hier geprägt ist von den mehrfachen Besetzungen durch französische Truppen und vom Auf- und Abbau der gegen Frankreich errichteten Befestigungsanlagen der Stadt. Nach dem deutsch-französischen Krieg waren 1872 die „Rayonbeschränkungen"[1] neu festgelegt worden und hatten es dem Stadtbaumeister Eduard Kreyßig[2] erlaubt, auf der dadurch erheblich erweiterten Stadtfläche die Neustadt zu planen (Taf. III). Mit den Stadterweiterungen, der Neuordnung der Bahnlinien und dem Bau neuer Hafenanlagen stellte Kreyßig entscheidende Weichen für die Entwicklung von Mainz zur modernen Großstadt und prägte deren Gesicht durch so bedeutende Bauten wie die Stadthalle (1877–1884) und die Christuskirche (1894–1903).

Nach der Niederlage im Ersten Weltkrieg mussten auf alliierten Beschluss die Befestigungen völlig beseitigt werden, wodurch es der Stadt möglich wurde, weitere planerischen Schritte auf dem Weg zur modernen Großstadt zu unternehmen. Die massiven Zerstörungen im Zweiten Weltkrieg erzeugten einen gewaltigen Neubaubedarf und eröffneten der Planung unerwartete Interventionsfelder in die überkommene Stadtstruktur. Die Ernennung erst zur Hauptstadt der französischen Besatzungszone und dann des neugegründeten Bundeslandes Rheinland-Pfalz hatte eine veränderte territoriale Einbindung der Stadt zur Folge und erforderte neue Planungsleitbilder, in denen sich die Konzepte der vorangegangenen Jahrzehnte mit den neuen Ideen der Nachkriegsjahre mischten.

Die ersten Nachkriegsplanungen haben kaum Spuren hinterlassen. Dabei hätte bereits eine teilweise Realisierung alle vorherigen Planungen in den Schatten gestellt. Die im Auftrag der Militärregierung von Marcel Lods mit einem internationalen Planungsteam erarbeiteten Vorschläge sorgten kurze Zeit für Aufregung, wurden aber bald von den pragmatischen Kompromissen der Folgeplanungen verdrängt und verschwanden in den Archiven. Sie waren dennoch nicht folgenlos. Sie wirkten erst als Katalysator für die Meinungsbildung der Mainzer, und später lassen sich viele ihrer Anregungen in dem Reigen der von namhaften Stadtplanern bis in die 1950er Jahre hinein vorgelegten Planungen wiederfinden. Da sie im Auftrag der Militärregierung erfolgten, waren Lods' Planungen – mehr als die bereits während des Krieges vom lokalen Stadtplanungsamt aufgestellten – tonangebend für die Auseinandersetzungen um ein „Neues Mainz" und wirkten deshalb auch nach ihrer offiziellen Ablehnung im Hintergrund auf die konkreten Wiederaufbauplanungen, die nach der Währungsreform größere Veränderungen brachten als alle anderen Planungen zuvor in der zweitausendjährigen Stadtgeschichte.

Im Juni 1926 hatte Stadtbaurat Friedrich Luft, der die Abteilung Stadterweiterung im Mainzer Hochbauamt leitete, einen ersten äußerst optimistischen Generalbebauungsplan vorgestellt, der den neuen Entwicklungsmöglichkeiten nach der Beseitigung der Festungsanlagen Rechnung tragen sollte (Taf. IV).[3] Luft nutzte die vor 1918 für eine Bebauung

---

1 Ein Großteil der Planungsdokumente und Modelle der Mainzer Baubehörden sind im Zweiten Weltkrieg verloren gegangen und liegen im Stadtarchiv nur als fotografische Reproduktionen vor (SAM BPS). Bis zu ihrer Aufhebung im Jahre 1918 werden die „Rayonbeschränkungen", d. h. das Bauverbot im Schussfeld der Festung Mainz, dreimal verändert: 18/2, 1880 und 1907. Vgl. Vermessungsamt Mainz-Stadt, „Karte der Rayonbeschränkungen", Juli 1929, Reproduktion, SAM BPS.

2 Eduard Kreyßig (1830–1897) war von 1864 bis 1896 als Nachfolger von Josef Laské Stadtbaumeister von Mainz, vgl. Custodis 1982. Kreyßigs Nachfolger wurde Adolf Gelius (1863–1945), der bis 1929 Leiter des Städtischen Bauwesens blieb.

3 Stadterweiterungsabteilung, „General-Bebauungsplan der Stadt Mainz M. 1:10000", Mainz, Juni 1926, sign. Luft/Hübner, Reproduktion, SAM BPSF 11775A. Als Nachfolger von Adolf Gelius leitete Hermann Graf (1886–1934) von 1929 bis 1934 das Hochbauamt, dem die Abteilung Stadterweiterung unter Friedrich (Fritz) Luft (1877–1956) zugeordnet war. Luft war von 1919 bis 1933 im städtischen Dienst tätig und von 1933 bis 1936 Obmann der NSDAP für das Bauwesen. Das Hochbauamt und die Abteilung Stadterweiterung wurden im Zuge der nationalsozialistischen Ämterneuordnung 1933 in

41 Hochbauamt Mainz: *Kleinsthaussiedlung in der Gartenstadt Mainz-Kostheim*, 1928/29, *Blick von der Gustavsburger Straße auf die Reihenhäuser*, o. D., Deutsches Architekturmuseum, Frankfurt am Main.

42 Hochbauamt Mainz: *Kleinsthaussiedlung in der Gartenstadt Mainz-Kostheim*, 1928/29, *Ansicht vom Garten auf der Südseite* (gezeichnet: „HR" [vermutlich Hermann Rühl]), 1928, Deutsches Architekturmuseum, Frankfurt am Main.

gesperrten Gebiete zwischen Mainz und den umliegenden Dörfern,[4] sowie rechtsrheinisch um Kastel bis Kostheim und Biebrich. Es fällt auf, dass in diese Planung große Gebiete einbezogen wurden, die nicht unter der Verwaltung der Stadt Mainz standen.[5] Geplant wurde eine kompakte Stadt mit monofunktionalen Zonen, die jeweils zwischen vorhandenen und geplanten Wohnbebauungen, Industriegebieten, Grünanlagen und Landwirtschaft unterschieden und die Standorte öffentlicher Gebäude, Freizeiteinrichtungen, Hafen- und Bahngelände gesondert auswiesen. Obwohl die neuen Wohnviertel mit breiten Alleen und repräsentativen Plätzen noch der Städtebautradition der Vorkriegszeit zu folgen scheinen, zeigen die zahlreich vorgeschlagenen Wohnviertel mit Gärten, dass hier keine Mietskasernenstadt wie in Kreyßigs Neustadt konzipiert wurde,[6] sondern eine hygienische Stadt mit Sport- und Spielplätzen, stadtnahen Erholungsgebieten und möglichst familiengerechten Wohnhäusern in weiten, durchgrünten und durchsonnten Baublöcken.

Einige Bebauungspläne aus den Jahren 1927 bis 1933, als Karl Maurer Beigeordneter und Baudezernent in Mainz war, detaillieren dieses Konzept. Eine schon 1916 für Mainz-Kostheim entworfene Gartenstadt war wegen des Kriegsverlaufs zunächst nicht realisiert worden.[7] Ab 1919 wurden von der neugegründeten „GmbH zur Errichtung von Kleinwohnungen in der Stadt Mainz" erste Häuser dieser Gartenstadt errichtet, die bis in die 1930er Jahre beständig erweitert wurde. Unter Luft wurde ab 1928 der neu ins Amt eingetretene Baurat Erich Petzold, ein Absolvent der „Stuttgarter Schule" und Schüler von Paul Schmitthenner, an der weiteren Planung und Reali-

das zentral gelenkte Stadtbauamt eingegliedert, das ab 1936 Heinrich Knipping unterstand. Das Hochbauamt wurde als Abteilung 1 des Stadtbauamts von 1934 bis 1945 von Hermann Hochgesand geleitet. Vgl. Schüler 1996, bes. S. 30–33, 124.

4 Weisenau, Bretzenheim, Gonsenheim und Mombach.
5 Vier Reproduktionen des Generalbebauungsplans von 1926, alle in SAM BPS. Die weitgehend identischen Pläne weisen unterschiedliche Hervorhebungen zur Darstellung der vorgeschlagenen Stadterweiterungszonen vor.

6 Josef Stübben bildete 1890 in seinem Standardwerk *Der Städtebau* Kreyßigs Erweiterungsplan für Mainz noch als exemplarisch ab, siehe Stübben 1890, S. 262.
7 Der Plan „Gartenstadt Mainz-Kostheim, Bebauungsplan vom Jahre 1916" ist nicht signiert. Die Art der Datierung und die Übereinstimmung der verwendeten Schrift deuten darauf, dass er von Luft zum Vergleich zu seinem Plan „im März 1927" neu gezeichnet wurde. Reproduktion, SAM BPS.

sierung der Siedlung beteiligt. Ließen sich schon zuvor viele charakteristische Gestaltungselemente anderer vor 1918 entstandener deutscher Gartenstädte von Schmitthenner, Richard Riemerschmid oder Georg Metzendorf wiederfinden[8] – die „bewohnte Stadtmauer", das „Stadttor", der „Markt", das „Volkshaus" – so führte Petzold noch zusätzliche Elemente der versachlichten traditionellen Moderne Stuttgarter Provenienz in dieses Projekt ein. In der Siedlung sind Einzelhäuser die Ausnahme, die städtische Kleinwohnungs-GmbH und das Hochbauamt entwickelten stattdessen Zwei- bis Vierraumwohnungen und eine zweigeschossige Regelbebauung von Häuserreihen mit Einliegerwohnungen im Dachgeschoss (Abb. 41).[9] Ein besonderes Augenmerk lag auf der Durchgestaltung der Gartenseiten mit ihren Umgrenzungsmauern und durchgehenden Pergolen (Abb. 42). In den Kleinstwohnungen entstanden moderne Einbauküchen, die eine große Nähe zu der 1926 für Ernst Mays „Neues Frankfurt" von Margarete Schütte-Lihotzky konzipierten „Frankfurter Küche" erkennen lassen (Abb. 43).

Mehrgeschossige, von gemeinnützigen Baugesellschaften und Genossenschaften zu errichtende Miethäuser finden sich dagegen in anderen Bebauungsplänen aus den gleichen Jahren.[10] Ein Plan vom 31. Juli 1928 für das Gebiet um den alten jüdischen Friedhof an der Mombacher Straße und der Wallstraße, direkt neben dem Gebiet, für das Lods 1947 eine Unité d'habitation planen wird (Abb. 94), zeigt eine Mischung von vier- bis fünfgeschossigen Miethausblocks und zweigeschossigen Einfamilien- und Einfamilienreihenhäusern.[11] Die Stadt sollte grün werden und in den Wohnvierteln möglichst viele Gärten erhalten. So weist ein Bebauungsplan für das Gebiet zwischen Kastel und Amöneburg vom November 1927 allen Wohnungen Gartenparzellen zu (Abb. 44).[12] Ein weiterer Bebauungsplan vom 25. Juli 1928 für das Gebiet zwischen Weisenau, Stadtpark und Gaustraße enthält neben den projektierten öffentlichen Bauten und Grünflächen genaue Angaben zu mehreren Dauerkleingartenkolonien inmitten der mehrgeschossig angenommenen Wohnbebauung (Abb. 45).[13]

43 Hochbauamt Mainz: *Kleinsthaussiedlung in der Gartenstadt Mainz-Kostheim*, 1928/29, *Einbauküche*, o. D., Deutsches Architekturmuseum, Frankfurt am Main.

8 Reproduktion des Plans „Gartenstadt Mainz-Kostheim", März 1927, sign. Luft, SAM BPS. Riemerschmid war 1909 für die ersten Planungen der Gartenstadt Hellerau bei Dresden verantwortlich, Metzendorf plante gleichzeitig die Krupp-Werkssiedlung Margarethenhöhe in Essen und Schmitthenner während des Krieges die Gartenstadt Staaken bei Berlin.
9 Knipping 1938a, S. 1043.
10 Gemeinnützige Bau und Siedlungsgenossenschaften e. G. m. b. H. Mainz, „Bauprogramm 1928, Bebauung an der Jägerstrasse, Mietwohnblocks", Mainz, Juli 1928, Name des Architekten überklebt, sowie der dazugehörige „Bebauungsplan für das Gebiet zwischen Jägerstrasse und Ebersheimer Weg" (für „450 Wohnungen bestehend aus 2- und 3-Zimmerwohnungen u. Einfamilienhäusern"), Mainz, Oktober 1928, alle Reproduktionen in SAM BPS.

11 Zwei Planreproduktionen vom 31.7.1928, sign. Beigeordneter Maurer, Der Bearbeiter [unleserlich]: ein Lageplan 1:1000 „Bebauungsplan für das Gebiet an der Wallstraße" und eine „Ansicht von der Mombacher Straße", SAM BPS.
12 Stadterweiterungsabteilung, „Entwurf über die Bebauung des Gebiets zwischen Kastel und Amöneburg", Mainz, November 1927, sign. Stadtbaurat Luft/Rühl, Reproduktion, SAM BPS.
13 Stadterweiterungsabteilung, „Bebauungsplan für das Gebiet zwischen Weisenau, Stadtpark u. Gaustrasse", Mainz, 25.7.1928, sign. Stadtbaurat Luft, Der Bearbeiter [unleserlich], Reproduktion, SAM BPS.

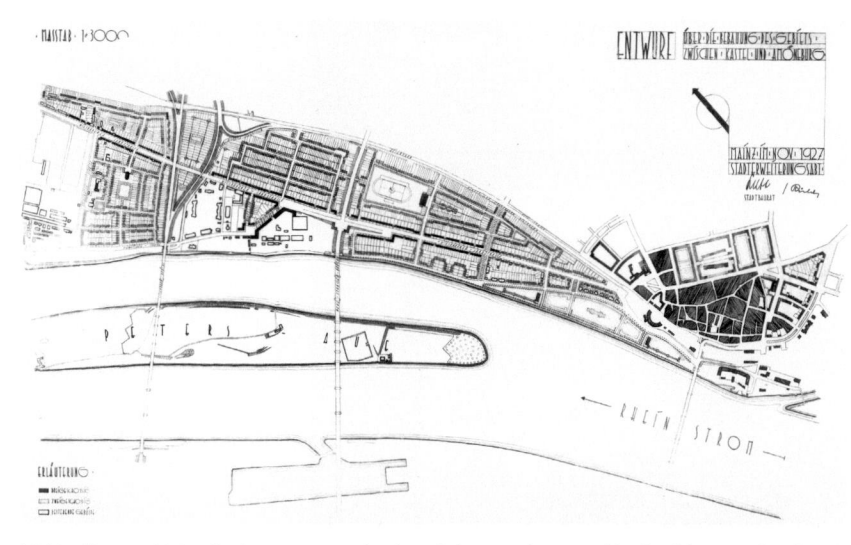

44 Hochbauamt Mainz, Stadterweiterungsabteilung: *Bebauungsplanentwurf für das Gebiet zwischen Kastel und Amöneburg* (signiert: Luft, Rühl), Mainz, November 1927, Stadtarchiv Mainz.

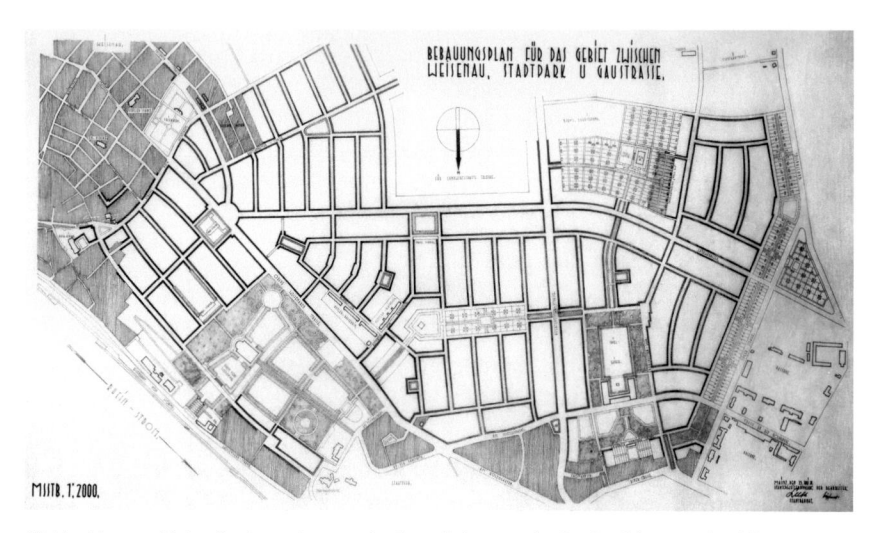

45 Hochbauamt Mainz, Stadterweiterungsabteilung: *Bebauungsplan für das Gebiet zwischen Weisenau, Stadtpark und Gaustraße* (signiert: Luft, [unleserlich]), Mainz, 23. Juli 1928, Stadtarchiv Mainz.

Dem Generalbebauungsplan von 1926 lag eine Verkehrsplanung zugrunde, die eine große „Umleitungsstraße" vorschlug, die alle Ausfallstraßen sammelte und den Durchgangsverkehr über eine Rheinbrücke an der Rheininsel Petersaue nördlich um die Stadt führte (Taf. V).[14] Die wichtigsten Neubauzonen waren innerhalb dieses nach Süden offenen Straßenrings vorgesehen. Die Stadterweiterung blieb bescheiden, insbesondere auf der rechten Rheinseite um Kastel. In einem schematischen, nicht näher bezeichneten Stadterweiterungsplan von 1928 ist der Brückenneubau über die Petersaue bereits nicht mehr enthalten, dafür integriert er hinter Gustavsburg noch Ginsheim und Bischofsheim und definiert die Stadt erstmals als ein sich beiden Rheinufern entlang entwickelndes Band.[15]

Die wesentlichen Industrieansiedlungen sollten nicht mehr um Amöneburg erfolgen, sondern überwiegend bei Gustavsburg, einem wichtigen Standort der MAN. 1930 legten Maurer und Luft dann einen gesonderten Plan der Grünanlagen vor, der den Eindruck einer aufgelockerten Großstadt noch weiter betonte und verstärkte (Taf. VI).[16] Sie planten einen Ring von Grünanlagen um die Altstadt und begrenzten den Kranz neuer Wohngebiete im Süden der Stadt jeweils gegeneinander und gegen das Umland durch Grünstreifen, ebenso das Siedlungsgebiet um Kastel und Kostheim über den Main hinweg gegenüber dem Industrieort Gustavsburg.

An eine Umsetzung dieser weit ins Umland reichenden Planungen war nicht zu denken, so lange die Nachbargemeinden nicht formell der Planungshoheit der Stadt unterstanden. Die genannten Planungen nahmen die Bildung eines während der gesamten 1920er Jahre diskutierten „Groß-Mainz" bereits vorweg. Eine erste Welle von Eingemeindungen erfolgte am 1. Januar 1930 und machte das Gebiet der ehemaligen Festungsvorwerke mit den Gemeinden Mombach, Zahlbach und Weisenau auf der linken und Amöneburg, Kostheim und Gustavsburg auf der rechten Rheinseite formell zu Teilen der Stadt. Die zweite Welle von Eingemeindungen vom 1. April 1938 umfasste die Gemeinden Gonsenheim, Bretzenheim, Ginsheim und Bischofsheim. Einige Pläne zum „Wohnsiedlungsgebiet Mainz" mit dem Signum des im Juli 1936 neu eingesetzten Stadtbaurats

14 Stadterweiterungsabteilung, „Verkehrsplan der Stadt Mainz mit zukünftigem Verkehr", Mainz, Juni 1926, sign. Stadtbaurat Luft/Aufleger, Reproduktion, SAM BPSF 11778A.

15 „Mainz den 22.VI.28, gez. Der Oberbürgermeister, Maurer Beigeordneter, Mainz im Juni 1928, Stadterweiterungsabt. Luft/Hübner", Reproduktion, SAM BPS.

16 Zwei Planreproduktionen: „Plan der Stadt Mainz aus dem Jahre 1918 mit den bestehenden Grünanlagen und Festungswerken", SAM BPS, sowie „Plan für die Grünanlagen der Stadt Mainz unter Einbeziehung der niedergelegten Festungswerke", Februar 1930, sign. Beigeordneter Maurer, Stadtbaurat Luft, SAM BPSF 20853A.

und Beigeordneten Heinrich Knipping zeigen noch erheblich weiter gezogene Grenzen. „Groß-Mainz" sollte in seiner weitesten Ausdehnung auch noch die linksrheinischen Gemeinden Budenheim, Finthen, Drais, Marienborn, Hechtsheim, Laubenheim sowie rechtsrheinisch Bauschheim, Rüsselsheim und das Gebiet des Hofs Schönau umfassen (Taf. VII). Doch die Mainzer Erweiterungspläne stießen auf den Widerstand des Gauleiters Jakob Sprenger, der zwischen Groß-Mainz und Groß-Frankfurt eine selbständige „Opelstadt Rüsselsheim" wünschte.[17]

Mit diesen und den angestrebten Eingemeindungen war es Ende der 1930er Jahre erstmals möglich, über eine Regionalplanung für den gesamten Siedlungsraum im Bereich des Zusammenflusses von Rhein und Main nachzudenken. Dieser neue Großraum aus ländlichen und industriellen Gemeinden wendete sich von der Zwillingsstadt Wiesbaden-Mainz im Norden ab und tendierte zu einer bandförmigen mainaufwärts gerichteten Siedlungsentwicklung, für die Knipping bald nach seinem Amtsantritt einen „Wirtschaftsplan für das Wohnsiedlungsgebiet Mainz" auszuarbeiten begann.[18] Hierbei unterstützte ihn ab Oktober 1938 der junge Regierungsbaumeister Adolf Bayer, ein ehemaliger Assistent des Karlsruher Stadtplanungsprofessors Otto Ernst Schweizer, des wohl konsequentesten Verfechters des Bandstadt-Konzepts in Deutschland (Abb. 46).

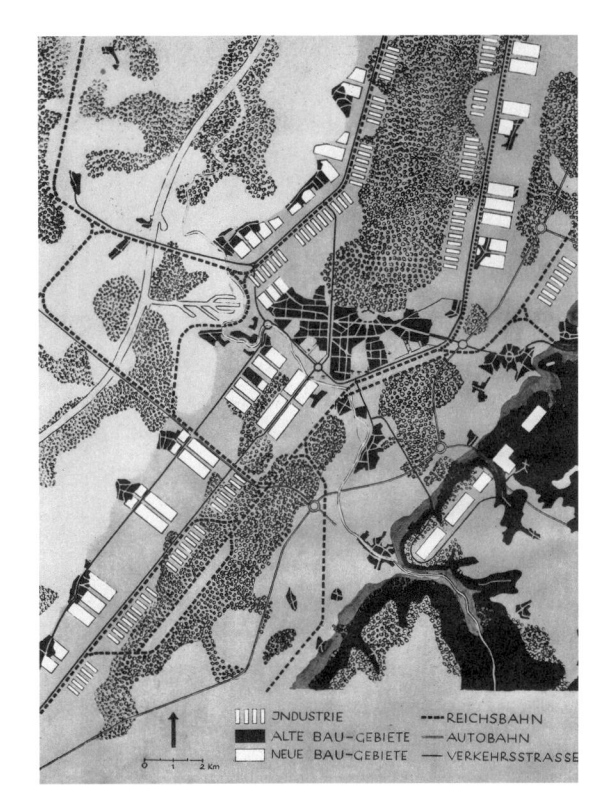

Bayer fand bei Knipping ein offenes Ohr für das Bandstadt-Konzept. Zudem forderten beide eine Stadtplanung auf der Grundlage einer rationalen Raumplanung.[19] Knipping hatte sich in Fachkreisen als wissenschaftlich arbeitender Stadtplaner mit seinen auf sorgfältigen Voruntersuchungen aufbauenden Sanierungsplanungen für die Altstadt von Breslau und mit öffentlichen Großbauten bereits einen Namen gemacht.[20] Beider Auffassung von Stadtplanung teilte auch der schon seit 1923 im Tiefbauamt tätige, zwanzig Jahre ältere Bauingenieur Carl Dassen. In einem Bericht vom 1. Juni 1946 über

46

Otto Ernst Schweizer: *Planung zur Neuordnung des Großraums Karlsruhe*, 1943/44, Generalplan, o. D. [1944], Abbildung aus: Werner Streif (Red.), *Otto Ernst Schweizer und seine Schule. Die Schüler zum sechzigsten Geburtstag ihres Meisters*, Ravensburg 1950.

17 Zwei Pläne in 1:15.000: „Wohnsiedlungsgebiet Mainz [Beschr. in Sütterlin]", Mainz, Oktober 1936, gez. Der Oberbürgermeister, sign. in Vertretung Beigeordneter Knipping, Der Bearbeiter [unleserlich]. Beide Pläne bezeichnen außerhalb der bisherigen Stadt Mainz und ihrer Vororte zehn eingemeindete Vororte: Budenheim, Finthen, Gonsenheim, Drais, Marienborn, Hechtsheim, Laubenheim, Bauschheim, Rüsselsheim, Hof Schönau bei Königstädten. Zwei weitere Pläne ohne Datum und Verfasserangabe stellen Mainz vor und nach den beabsichtigten Eingemeindungen dar. Hier sind die Gemeinden Finthen, Drais, Marienborn und Bauschheim nicht mehr enthalten. Ein Standortplan „Geplante Heime der Hitlerjugend in Gross-Mainz", April 1938, ohne Verfasserangabe, SAM BPSF 8780A, enthält dann auch Budenheim, Hechtsheim, Laubenheim und Hof Schönau nicht mehr. Alle als Reproduktionen in SAM BPS. Knippings Plan der Wohnungsbauvorhaben der Stadt zeigt, dass darüber hinaus zu diesem Zeitpunkt auch die Eingemeindung von Gonsenheim noch nicht rechtskräftig war, siehe Knipping 1938, S. 1043. Die Aktennotiz zu einer Reise des Berliner Architekten Hanns Dustmann erwähnt eine „Denkschrift der Stadt Mainz mit Vorschlägen zur Verwaltungsvereinfachung im Raum Gross-Mainz", siehe „Aktennotiz über die Reise nach Frankfurt am Main – Mainz und Darmstadt vom 3.–8. Januar 1945", sign. Braun, gez. Neumeister, Berlin-Zehlendorf, 13.1.1945, S. 9, SAAI NL Bayer, und gibt Hinweise auf die davon abweichenden Vorstellungen des Gauleiters zu einer künftigen planerischen Ordnung des Rhein-Main-Gebiets, ebd., S. 2–5. Die Denkschrift selbst lag uns nicht vor.

18 Die Bezeichnung „Wirtschaftsplan" für einen Siedlungsentwicklungsplan ist keine Wortschöpfung Knippings, sondern zur damaligen Zeit üblich. Alle deutschen Großstädte waren angewiesen, solche Wirtschaftspläne aufzustellen.
19 Bayer im Gespräch 1988.
20 Kühn/Knipping 1936; Knipping 1930, 1932.

den Stand der bisherigen Verkehrsplanungen im Stadtgebiet Mainz erläuterte dieser den dreiteiligen Plan „Wohnsiedlungsgebiet Mainz, Skizze zum Wirtschaftsplan 1939" und postulierte, dass jeder Stadtplanung die Verkehrsplanung und dieser wiederum die Raumplanung vorangehen müsse (Taf. VIII).[21]

In der „Skizze zum Wirtschaftsplan" war ein solcher Vorrang der Verkehrsplanung gegenüber der Zonenplanung unübersehbar. Sie ließ die Streckenführung der Reichsbahn unberührt, weil diese außerhalb der städtischen Entscheidungskompetenz lag, und konzentrierte sich auf die Streckenführung der gerade in Planung befindlichen Autobahn, deren Anschlusspunkte und Zubringerstraßen sowie auf die für den Durchgangsverkehr wichtigen Reichsstraßen. Nach dieser Skizze sollten die bisherigen zwei Eisenbahn- und die eine Straßenbrücke in Mainz erhalten bleiben, aber die südlich um die Stadt geführte Autobahn nach Saarbrücken hätte rheinaufwärts eine neue Brücke erhalten. In Dassens Bericht findet sich auch ein Hinweis auf Überlegungen der Autobahnplaner aus der Vorkriegszeit, den Rhein zu untertunneln, die er 1946 wohl im Hinblick auf ähnliche, von Lods kurz zuvor gemachte Vorschläge erwähnt (Taf. XIII).[22] Dassen berichtet auch, dass der im Plan von 1926 gemachte Vorschlag einer Umgehungsstraße fallen gelassen wurde, weil eine Brücke beim Zollhafen zwei Rheinarme überqueren müsse und sich zu weit außerhalb der Innenstadt befände.[23]

Außer der Verkehrsplanung verzeichnet diese Skizze mögliche Standorte für Industrieerweiterungen und neue Siedlungsgebiete und unterstreicht die Tendenz zu einem Siedlungsband, das dem Verlauf von Rhein und Main folgt. Ein Industriegebiet wird rheinabwärts bei Budenheim ausgewiesen, weitere finden wir am Gustavsburger Rheinufer und bei Rüsselsheim. Die neuen Siedlungsgebiete sind weiträumig verteilt. Sie füllen wie schon in den Generalbebauungsplänen der 1920er Jahre den Bereich der ehemaligen Rayonbeschränkungen auf, zum Teil bilden sie um bestehende Ortschaften Trabantensiedlungen. Generell lässt sich auch zu dieser Planung sagen, dass sie das Siedlungskonzept der 1920er Jahre fortführt und den bereits 1928 angedeuteten Bandcharakter weiter entwickelt, wobei die schon zuvor erkennbare Tendenz zu einer „Stadtlandschaft", das heißt zur Auflösung der kompakten Stadt in ihrem Umland, noch deutlicher wird.[24]

Vier im Bestand Bayer des Stadtarchivs Mainz erhaltene Pläne illustrieren diese Leitideen.[25] Bayer hat diese Pläne im Juni 1940 kurz vor seiner Einberufung zum Militärdienst vorgelegt. Ein Diagramm zeigt die Verkehrsströme und Straßenbelastungen durch Last- und Personenverkehr (Abb. 47),[26] zwei weitere Blätter zeigen die beabsichtigte Führung der Reichsstraßen innerhalb des Stadtgebiets (Abb. 48) und ihre Anschlüsse an die geplante Autobahn nach Westen,[27] das vierte Blatt untersucht exemplarisch die Auswirkungen dieser Verkehrsplanungen auf ein bestehendes Stadtgebiet (Abb. 49).

---

21 Stadtbauamt Mainz, „Wohnsiedlungsgebiet Mainz. Skizze zum Wirtschaftsplan 1939", Der Oberbürgermeister, i. V. gez. Dr. Ing. Knipping, Bürgermeister, Ausfertigung im Maßstab 1:25.000, Mainz, Mai 1944, Stadtbauamt – Tiefbau – Vermessung, sign. Steuernagel, Höfs, SAM BPSF 586D. „Vor jeder Aufbauplanung einer Stadt sind Untersuchungen anzustellen, die weit über die Grenzen der Stadt hinausreichen. […] Der Städtebau muß sich den Verkehrsanlagen anpassen; […] Die Verkehrsanlagen müssen die Unterlage geben, auf welcher sich die Stadtplanung aufbaut." Siehe Carl Dassen, Der Oberbürgermeister der Stadt Mainz, „Verkehrsplanungen im Stadtgebiet Mainz", Mainz, 1.6.1946, S. 1 f., SAM NL Bayer 87.

22 „Bezüglich der Kreuzung der Autobahn mit dem Rhein zwischen Ginsheim und Laubenheim möchte ich darauf aufmerksam machen, daß von der Leitung der Autobahn die Frage geprüft worden ist, ob man statt der Brücke über den Rhein nicht einen Tunnel unter der Rheinsohle durchführen soll. Die Frage ist zu Gunsten der Brücke entschieden worden. Wenn ich mich recht entsinne, fürchtete man besondere Schwierigkeiten wegen der ungünstigen Formation des Untergrundes." Ebd., S. 26.

23 Ebd.

24 Eine Verwendung des Begriffs „Stadtlandschaft", der bei gleichzeitigen Planungen andernorts gern als Leitbild benannt wird, lässt sich in Mainz nicht belegen.

25 Blatt 1: „Straßenverkehr um Mainz 1936–37, M. 1:2000 1. Tonnenbelastung, 2. Fahrzeugbelastung", Mainz, Juni 1940, Der Oberbürgermeister, sign. i. V. Dr. Ing. Knipping Bürgermeister, Wirtschaftsplanung, A. Bayer, Baurat/Dr; Blatt 2: „Reichstraßenführung in Mainz M. 1:25000", gl. Bez.; Blatt 3: „Anschluß der Reichsstraße 9 an die R.A.B. M. 1:300000. 1. Jetziger Zustand, der Gesamtverkehr geht durch die Stadt. 2. a. geplante Umgehungsstraße westlich von Mainz, b. w. Durchführung der Rheinallee", gl. Bez.; Blatt 4: „Einführung der ‚Steinerne[n] Straße' in Mainz-Kastel, M. 1:2000, Straßenprofile M. 1:500", gl. Bez.; alle Blätter in SAM BPSN Bayer 1.5.

26 Dem Diagramm lag eine 1936/37 durchgeführte Verkehrszählung zugrunde.

27 Diese Verkehrsplanung finden wir unverändert auf der Skizze zum Wirtschaftsplan wieder.

Der Anschluss an die Autobahn Hamburg-Frankfurt-Basel erforderte einen Ausbau der Verbindung von der Rheinbrücke durch den Stadtteil Kastel zur vorgesehenen Anschlussstelle bei Wallau. Mit Hilfe der Ergebnisse einer Verkehrszählung dimensionierte Bayer die geforderte Straße, die er dann in erheblicher Breite vom Bahnhof Kastel durch die bestehende Bebauung bis zur historischen Trasse der „Steinernen Straße" durchbrach. Die angeschnittenen Baublöcke suchte er mit einer einheitlichen Blockrandbebauung zu reparieren, um der neuen Zufahrt zur Stadt eine angemessene Gestaltung zu geben. Seine Stadtgestaltung folgte der Verkehrsplanung und geriet nach dem Kriege mit jenen Gestaltungskonzepten in Konflikt, die sich für den Wiederaufbau am tradierten Bild der „schönen alten Stadt" orientieren wollten.

Knipping war sich der Problematik von verkehrsplanerischen Eingriffen in die gewachsenen Strukturen historischer Stadtkerne bewusst. Er hatte sich dazu zuvor in einem längeren Artikel über seine Sanierungsplanungen für Breslau geäußert.[28] In Mainz nahm er vorerst Abstand von einer Sanierung der historischen Altstadt und kümmerte sich stattdessen um die Rheinufergestaltung im erst 1908 eingemeindeten Kastel. Hierzu gaben ihm die durch Wilhelm Härter 1932–1934 umgestaltete Rheinbrücke, der ihres wilhelminischen Zierrats entkleideten Hohenzollernbrücke,[29] sowie der von Bayer geplante Straßendurchbruch und die Planung einer neuen „Landes-Feuerwehrschule Hessen" die Gelegenheit.[30] Er platzierte die Schule nahe der Brücke in einer langgestreckten Grünanlage, in deren Mitte er den Raum für ein „Hotel-Restaurant" frei ließ (Abb. 50).[31] Knipping schrieb:

---

28 Kühn/Knipping 1936, S. 165.
29 Die im deutschen Brückenbau tonangebenden Ingenieure Karl Schaechterle und Fritz Leonhardt stellen Härters Bereinigung der 1882–1885 unter Beteiligung Friedrich von Thierschs errichteten pompösen Gründerzeitbrücke als beispielhaft vor, siehe Schaechterle/Leonhardt 1937, S. 24, Abb. 19a und b.
30 Vgl. Knipping 1938b. Die Schule entwarf der Leiter der Neubauabteilung des Hochbauamts Karl Tinnemeyer, an der Ausgestaltung beteiligten sich die Künstler Georg Paul Heyduck und Johannes Kiunka aus Breslau, sowie Adam Winter und Gebr. Schuler aus Mainz.
31 Ebd., S. 1247. Zur „Gestaltung des Rheinufers in Mainz-Kastel": ein undatiertes Modellfoto, SAM BPSF 1660B; ein Plan,

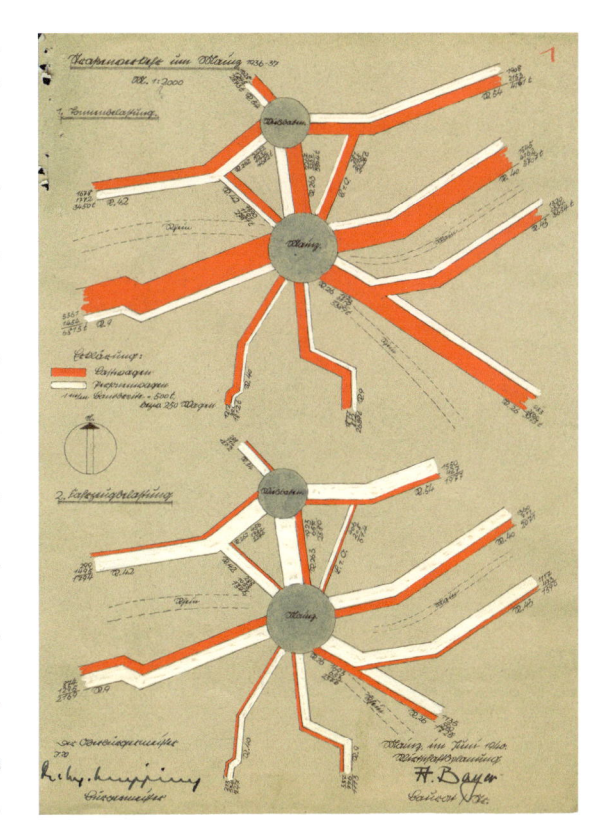

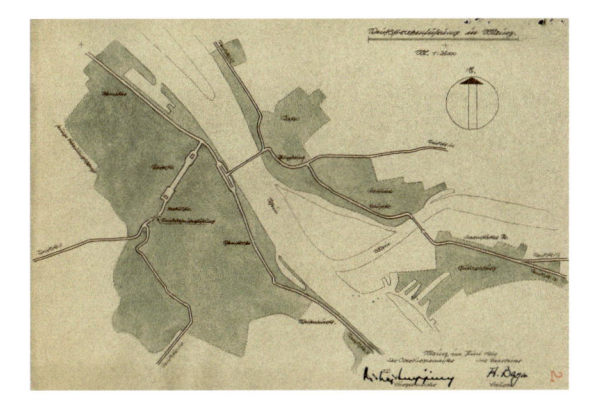

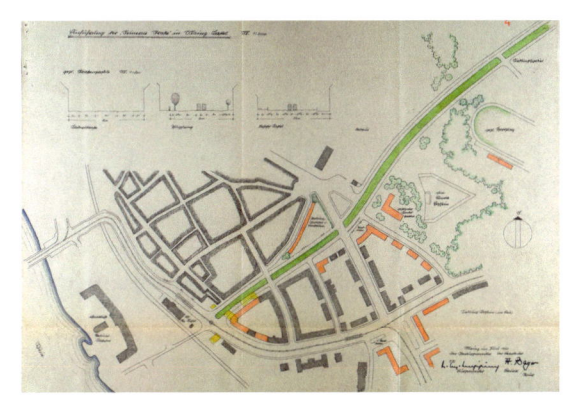

47–49

Stadtbauamt Mainz, Wirtschaftsplanung, Adolf Bayer:

Straßenverkehr um Mainz mit Tonnenbelastung und Fahrzeugbelastung

Reichsstraßenführung in Mainz

Einführung der Steinernen Straße in Mainz-Kastel

(alle signiert: Knipping, Bayer), Mainz, Juni 1940, Stadtarchiv Mainz.

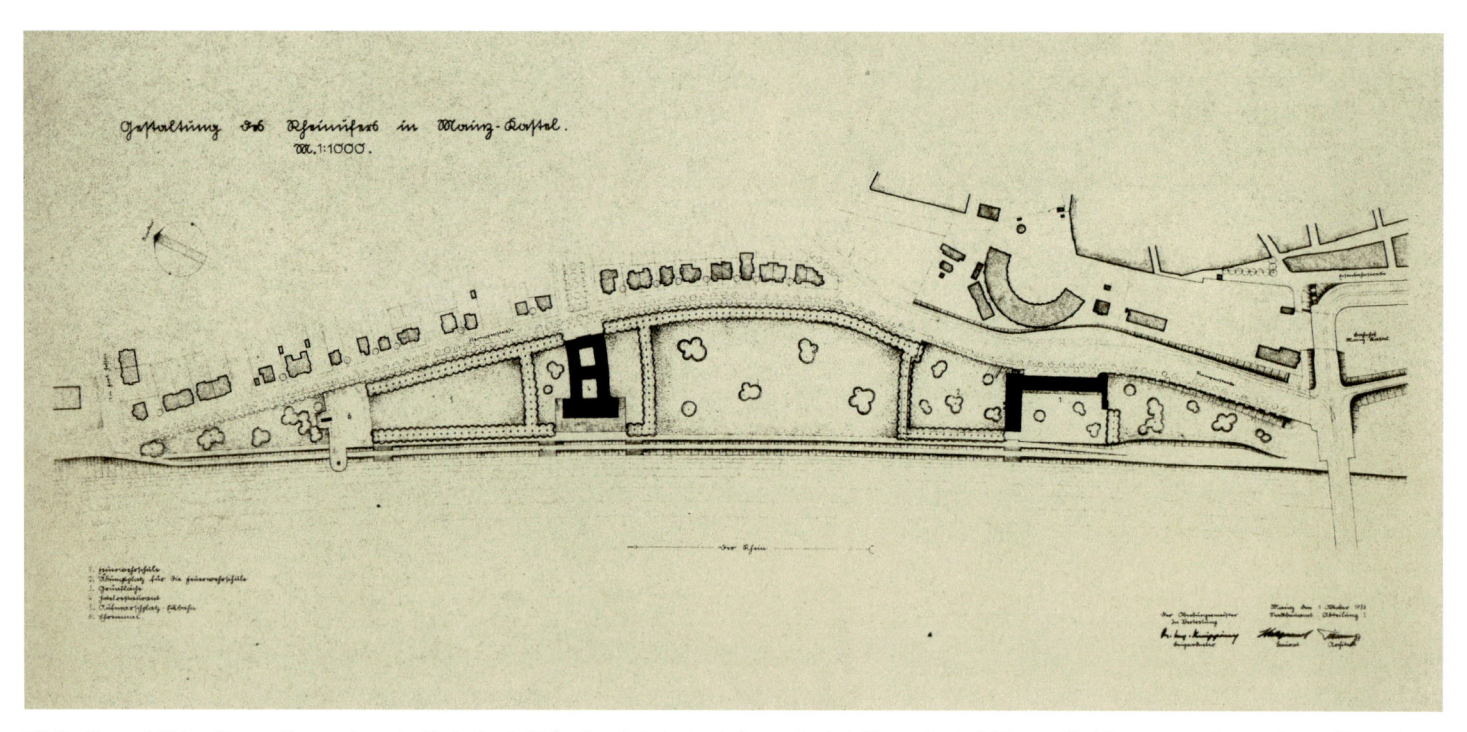

50 Stadtbauamt Mainz: *Plan zur Neugestaltung des Rheinufers in Mainz-Kastel mit der Landesfeuerwehrschule Hessen* [rechts] (Entwurf Karl Tinnemeyer, Gesamtplanung Heinrich Knipping, Hermann Hochgesand), Mainz, 1.10.1936, Stadtarchiv Mainz.

So wurde die Planung der Feuerwehrschule und des Uferlandes in dem Bewusstsein in Angriff genommen, dass die Neugestaltung des der Stadt gegenüberliegenden Stromufers eine der wichtigsten Bauaufgaben der nächsten Jahre ist. Neben der Erfüllung seines eigentlichen Zweckes als Schule fiel dem Neubau also eine bedeutende Rolle in der städtebaulichen Umgestaltung von Mainz zu. Die Schule musste in das vorgesehene öffentliche, den Rhein begleitende Grün derart eingeordnet werden, dass sie sich in ihrer Gesamtgestaltung dem Charakter der Uferlandschaft im Mainzer Becken anpasst und dass sie sich von der Mainzer Seite aus als selbständiger Baukörper behauptet.[32]

M 1:1000, Mainz, 1.10.1936, sign. i.V. Dr. Ing. Knipping, Beigeordneter, sowie Hochgesand, Baurat, und Tinnemeyer, Architekt, beide Stadtbauamt Abteilung I, SAM BPSF 1659B. Im Plan sind von links nach rechts verzeichnet: 1 Feuerwehrschule, 2 Übungsplatz für die Feuerwehrschule, 3 Grünfläche, 4 Hotelrestaurant, 5 Aufmarschplatz – Eisbahn, 6 Ehrenmal.
32 Ebd.

Den gleichen Ort hatte Friedrich Pützer in seinem „Erweiterungsplan der Stadt Kastel" von 1902 noch als Überflutungsgebiet unbebaut belassen, und der Generalbebauungsplan von 1926 hatte ihn als reine Grünfläche mit einem Sporthafen ausgewiesen.

Das neue Verkehrskonzept des Mainzer Wirtschaftsplans hatte auch für die Altstadt Konsequenzen. Der Durchgangsverkehr sollte auf zwei Straßenzüge konzentriert und der Straßenzug entlang des Rheinufers ausgebaut und rheinabwärts an die Autobahn angeschlossen werden. Rheinaufwärts wollte man beim ehemaligen Fort Weisenau eine Straße durch die bestehende Bebauung brechen und stadtauswärts verlängern. Diesen nord-südlichen Straßenzug kreuzte an der Nahtstelle von Altstadt und Neustadt der ost-westliche Fernverkehr, der aber durch die in Flussrichtung geführten Rampen der Rheinbrücke einen unglücklichen Schwenk erfuhr und bis zur Rheinbrücke einige hundert Meter über die Uferstraße verlaufen musste, Grund für spätere Stadtplaner, an dieser Stelle immer von neuem „organischere" Verkehrsführungen vorzuschlagen.

Knipping schlug vor, den Ausbau der Rheinallee und die Ausweisung neuer Industriegebiete unterhalb des alten Flusshafens bis Budenheim zur Komplettierung der Neustadt zu nutzen. Dieser Stadtteil war 1936 noch immer nicht vollständig bebaut und im Bereich des Zollhafens gemischt genutzt, weshalb das gesamten Gebiet nordwestlich der Josefsstraße bis zum Kaiser-Karl-Ring neu geordnet werden sollte. Die ersten Pläne sind von 1936 und bleiben bis zum September 1938 unverändert. Sie basieren, obwohl ihre Grafik bereits den Plänen für die Altstadtsanierung in Breslau ähnelt, vermutlich noch auf Überlegungen von Knippings Vorgängern (Abb. 51).[33] Die Neustadt sollte ein reines Wohngebiet mit einer gegenüber Kreyßigs Planungsannahmen deutlich verringerter Bebauungsdichte und mehr Grünflächen werden. Die Blöcke wurden wesentlich vergrößert und mit innenliegenden Grünflächen ausgewiesen. Alles vorhandene Gewerbe wurde ausgelagert und die Rheinallee, der Kaiser-Karl-Ring und die Goethestraße zu baumbestandenen Alleen. Die vom städtischen Hochbauamt unter Richard Jörg im Juli 1948 vorgelegte Planung sollten diese Planung erneut revidieren und große Teile der nördlichen Neustadt weiterhin als Mischgebiet bestehen lassen (Taf. XXXVII). Dort, wo Knipping eine Grünfläche mit Sportplätzen geplant hatte, wurde 1948 eine Wohnsiedlung mit Zeilenbauten vorgeschlagen (Abb. 135).[34]

Die Kontinuität der Mainzer Stadtplanung seit den Jahren der Weimarer Republik wird auch in Knippings Bericht über die Wohnungsbauaktivitäten der Stadt Mainz deutlich, insbesondere in den Bemühungen zur Auflockerung des Stadtgebiets

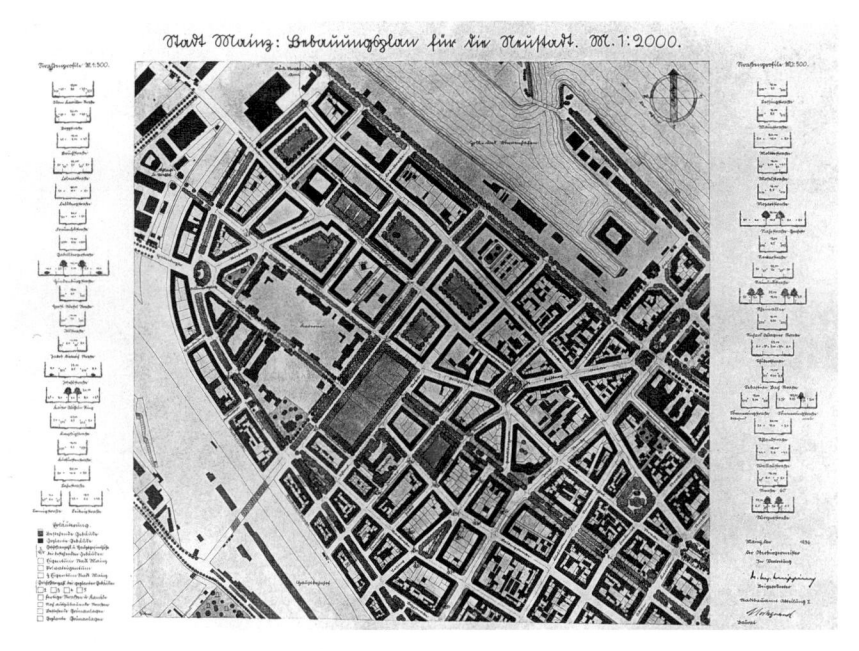

51 Stadtbauamt Mainz: *Bebauungsplan für die Neustadt* (signiert: Knipping, Hochgesand), Mainz, 1936, Stadtarchiv Mainz.

und der Ausweisung neuer Siedlungsflächen in den eingemeindeten Gebieten.[35] Er ermittelte einen jährlichen Bedarf an Wohnungsneubauten von 1200 bis 1500 Einheiten.[36] Allerdings machte schon 1939 der reichsweite Baustopp für nicht kriegswichtige Wohnungsbauprogramme die Hoffnungen zunichte, mit dieser Planung die Mainzer Wohnungsnot überwinden zu können. Bis 1937 hatte sich der städtische „Volkswohnungsbau", das heißt der Bau von Geschosswohnungen, auf die schon während des Ersten Weltkrieges geplante und seit den 1920er Jahre im Bau befindliche Gartenstadt Kostheim konzentriert, deren Realisierung mit der Weltwirtschaftskrise zum Erliegen gekommen war. Den Bau und die Erweiterung der Siedlung setzte Knipping auf Grundlage eines 1937 rechtskräftig gewordenen neuen Bebauungsplans um (Abb. 52). Mit ihren weißverputzten Zeilenbauten unterschieden sich die Bauten der 1930er stilistisch nicht von denen der 1920er Jahre (Abb. 53).

---

33 Hierfür spricht auch die Einbindung von Grafs Nachfolger, Hermann Hochgesand, in die Planung. Vier Reproduktionen von Plänen zur Neuordnung der Neustadt: 1. „Stadt Mainz, Bebauungsplan für die Neustadt, M 1:2000", Mainz 1936, sign. Beigeordneter Dr. Ing. Knipping, Stadtbauamt Abteilung 1, Baurat Hochgesand, SAM BPSF 11773A; 2. „Bebauungsplan der Neustadt nach Kreyßig um 1877", Mainz, September 1938, Stadtbaurat Dr. Ing. Knipping, SAM BPSF 11771A; 3. „Geplanter Ausbau der Neustadt", gl. Bez.; 4. „Bebauungsplan Neustadt 1:1000, Vorschlag für je 900 Zwei- und Drei-Zimmerwohnungen im Straßengeviert: Rheinallee, Goethestraße, Kreyßigstraße, Kaiser-Karl-Ring", o. D., ohne Verfasserangabe, alle in SAM BPS.
34 Städtisches Hochbauamt, Abteilung Stadtplanung, „Flächennutzungsplan der Neustadt, M 1:2000", Mainz, Juli 1948, Reproduktion, SAM BPSF 20834A.

35 Knipping 1938a.
36 1937 wurden 943 Wohnungen gebaut, 1938 dann einmalig 1800. Ebd., S. 1041f.

52 Stadtbauamt Mainz: *Bebauungsplan für die Erweiterung der Siedlung in Mainz-Kostheim* (signiert: Knipping, Hochgesand, Hohmann, Hübner), Mainz, 1937, Stadtarchiv Mainz.

Als exemplarisch für von der Stadt errichtete Eigenheime stellte Knipping in seinem Bericht die von Stadtbaurat Luft geplante „Frontkämpfersiedlung" am Fort Stahlberg vor (Abb. 54). Diese durch große Grünflächen gegliederte Siedlung bestand aus schlichten Reichsheimstätten-Typenbauten und wurde durch die NS-Kriegsopferversorgung finanziert. Die Stadt erweiterte das Projekt auf dem Gelände der ehemaligen Befestigungsanlage um Flächen für größere Eigenheime und für „Volkswohnungen".[37] Weitere Volkswohnungen wurden vor allem auf rechtsrheinischem Gebiet in der Nähe der dortigen Industriegebiete geplant, Eigenheime im Bereich der ehemaligen Festungsanlagen sowie im noch nicht eingemeindeten Gonsenheim. In seinem Bericht betonte Knipping abschließend, dass seine Behörde durch die Bauberatung gezielt auf Gestaltungsfragen Einfluss nehmen und trotz der verschiedenartigen Bauherren und Privatarchitekten „städtebaulich und architektonisch befriedigende Neubaugruppen" schaffen konnte.[38]

Die Absicht, den Durchgangsverkehr in west-östlicher Richtung auf die Rheinbrücke, die Kaiserstraße und die Brücke über den Gleiskörper beim Hauptbahnhof zu konzentrieren, machte es schließlich doch erforderlich, planerisch in die Substanz der Altstadt einzugreifen. Neben dem geistlichen Zentrum des Dombereichs sollten Einkaufsstraßen zwischen Großer Bleiche und Ludwigsstraße ein weltliches Zentrum entstehen lassen.

37 Ebd. Die Abbildungen zeigen noch einen weiteren Bebauungsplan für ein Gebiet am ehemaligen Fort Heiligkreuz, sowie Typengrundrisse für den Volkswohnungsbau und zahlreiche Beispiele von Volkswohnungsbauten und Einfamilienhäusern. Neben den städtischen Beamten Luft und Hahn werden als ausführende Architekten Franz Gill und Friedrich Schütz genannt. Zur „Frontkämpfersiedlung", siehe Hoffmann 1996, S. 41.

38 Knipping 1938a, S. 1050.

Bayer berichtete, dass Knippings Hauptinteresse neben dem Wirtschaftsplan auf die Gestaltung der Rheinufer und einen repräsentativen Rathausneubau gerichtet war. Hierfür konnte er an Pläne des früheren Leiters des Hochbauamts Hermann Graf anknüpfen, der 1930 hinter dem Schloss an der Großen Bleiche ein städtisches Zentrum aus Museen, Rathaus und Schwimmhalle errichten wollte (Abb. 55).[39] Im Stadtarchiv Mainz befindet sich die Perspektivskizze eines weiteren unsignierten Rathausprojekts an der Großen Bleiche aus einer Presseveröffentlichung von 1931 (Abb. 56).[40] Es zeigt direkt hinter dem Kurfürstlichen Schloss ein Gebäude mit breitgelagerter, fast italienisch rationalistisch anmutender Fassade, das auf einer zweigeschossigen Stützenreihe die Schlossstraße überbrückt. Den Hof des L-förmigen Schlosses schließt ein Gebäudeteil, das dessen Dachform und Fensterrhythmus aufnimmt. Das Hauptgebäude zur Großen Bleiche setzt sich hart von der umgebenden Bebauung ab, nur vermittelt durch einen fünfgeschossigen Uhrturm, der entfernt an Grafs zehngeschossiges Bürohochhaus von 1930 erinnert. Grafs Hochhaus aber war trotz seiner Höhe zurückhaltender und stand nicht in der Front der Großen Bleiche, sondern trat weit ins Blockinnere zurück, um nicht mit der benachbarten Barockbebauung zu konkurrieren.

Nachdem schon in den ersten schweren Bombenangriffen im August 1942 die Domumgebung stark beschädigt worden war, begann Knipping ein

53 Stadtbauamt Mainz: *Wohnzeile der Hochheimer Straße in der Siedlung Kostheim*, 1937/38, Stadtarchiv Mainz.

54 Hochbauamt, Stadterweiterungsabteilung: *Reichsheimstätten-Siedlung am Fort Stahlberg („Frontkämpfersiedlung"), 1932–1942, Modell der Siedlung und der Bebauung südlich des Fichteplatzes* (Planung Friedrich Luft, Hahn; Bauleitung Franz Gill, Friedrich Schütz), Mainz, 1932, Stadtarchiv Mainz.

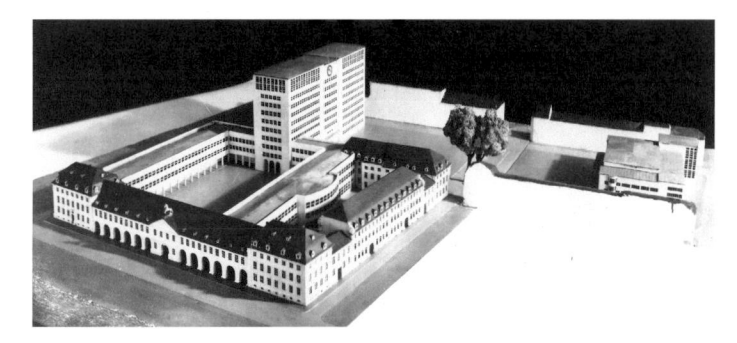

55 Hochbauamt Mainz, Hermann Graf: Modell zum nördlichen Teilgebiet des Bebauungsplans für das Gebiet zwischen Großer Bleiche – Rheinallee – Hinterer Bleiche – Schießgartenstraße, mit neuem Rathaus und Hallenbad [rechts], Mainz, 1930, Stadtarchiv Mainz.

---

39 Siehe den „Bebauungsplan über das Stadtgebiet zwischen Große Bleiche – Rheinallee – Hintere Bleiche – Schiessgartenstraße M 1:500", Mainz, Januar 1930, sign. Das Hochbauamt, Stadtbaudirektor Graf, Die Bearbeiter Rühl, Dipl. Ing. Klum, SAM BPSF 14985A; zu diesem Bebauungsplan zwei Fotos eines Modells (SAM BPSF 14997A), div. Fotos vom Rathauskomplex, eine von Graf signierte Perspektive des Durchgangs zum Rathausehrenhof (SAM BPSF 14986A) sowie ein Plan „Neugestaltung des Rheinufers zwischen Straßenbrücke und Fischtor und Ausgestaltung der Gegend zwischen Schloss und Mitternacht", o.D., ohne Verfasserangabe. Bei diesem Plan liegt das Rathaus direkt hinter dem Schloss, die Museen gegenüber. Der von Graf für das Rathaus vorgesehene Block ist hier von einer nicht spezifizierten Bebauung belegt. Alle als Reproduktionen in SAM BPS.

40 Die Reproduktion der „Hauptfront des neuen Rathauses an der Großen Bleiche in Verbindung mit dem Kurfürstlichen Schloß" im Stadtarchiv Mainz (SAM BPSF 14995A) stammt laut Friedrich Schütz aus dem *Mainzer Journal*, Nr. 56, 7.3.1931, vgl. Schütz 1981, S. 86f.

56 *Entwurf zu einem neuen Mainzer Rathaus am Schlossplatz* (ohne Verfasserangabe), Presseveröffentlichung im *Mainzer Journal*, Nr. 56, 7. März 1931, Stadtarchiv Mainz.

neues Rathaus auf der Höhe von Kreyßigs Stadthalle zu planen, an der Einmündung eines neuen repräsentativen Straßenzugs von der Ludwigstraße zur Rheinstraße. Von diesem Projekt liegen uns keine Pläne vor, möglicherweise aber ist es im Hintergrund eines erhaltenen Modellfotos als quadratischer Block mit einem großem Innenhof erkennbar, in dessen Inneren sich ein bescheidenes Türmchen erhebt (Abb. 63).[41] In seiner Höhenentwicklung ordnet sich dieses Gebäude mit einem flach geneigten Satteldach in die Nachbarbebauung ein. Außer dem Türmchen und einem Durchgang zum Innenhof mit drei Rundbögen erkennen wir keine Details. Die erhaltenen Skizzen für die Ludwigstraße legen jedoch die Vermutung nahe, dass auch dieses Rathaus eher gemäßigt modern als in der von der NS-Propaganda favorisierten monumental-klassizistischen Manier gedacht war.

Generell fällt auf, dass unter Knippings Leitung in Mainz während der NS-Zeit keine Pläne entstehen, die dem verbreiteten Klischee von der Baukultur dieser Jahre entsprechen, was zum Teil daran liegen mag, dass Mainz keine Gauhauptstadt war, für die ein monumentales „Gauforum" obligatorisch gewesen wäre. Der Gauleiter Sprenger residierte in Frankfurt, und Mainz war eine von mehreren Großstädten im Gau Hessen-Nassau. Nach Sprengers Vorstellungen sollte Mainz sich durch eine charakteristische Gestaltung von Wiesbaden, Frankfurt und Darmstadt unterscheiden, was eher eine regionalistische Architektur in der Tradition des Heimatschutzes nahegelegt hätte. Dem stand allerding entgegen, dass einige der Architekten, die sich vor 1933 um eine solche Architektur bemüht hatten, aus politischen Gründen aus dem Hochbauamt entlassen worden waren und dass Knipping 1938 mit Bayer einen überzeugten Modernisten zu seinem engsten Mitarbeiter gemacht hatte.[42]

Im Stadtarchiv befinden sich Fotografien von zwei Platzgestaltungen aus den ausgehenden 1930er Jahren, die trotz auf ihnen erkennbarer Hakenkreuzfahnen und Adler belegen, wie wenig monumental in Mainz dem erhöhten Bedarf des Dritten Reichs an Aufmarsch- und Feierplätzen entsprochen wurde. Sowohl am Platz vor der Stadthalle (Abb. 57) als auch am „Horst-Wessel-Platz" (Abb. 58) im Zuge der Kaiserstraße beschränkt sich die Gestaltung

---

41 SAM BPS. Der Mainzer Stadtplaner und Stadtforscher Rainer Metzendorf nimmt als Autor dieses Projekts Gerhardt Lahl an und datiert es auf 1946 (Metzendorf 2015a, S. 69–72). Da Lahl erst 1946 unter Hochbauamtsleiter Erich Petzold Leiter der Stadtplanungsabteilung wird, scheint es sehr unwahrscheinlich, dass er in seinem Bericht zum Aufbau der Stadt Mainz vom August 1946 die dort vorgestellten detaillierten Planungen in so kurzer Zeit ohne weitgehende Rückgriffe auf die vor Kriegsende unter Knipping und Bayer angefertigten Vorarbeiten selbst anfertigen konnte. Siehe die Bebauungsplanskizzen (insb. Skizze 13) und Projektbeschreibung (insb. S. 35–41) in: Städtisches Hochbauamt, Abteilung Stadtplanung, Gerhardt Lahl, „Aufbau der Stadt Mainz. Gedanken zur Neuordnung von Wirtschaft und Verkehr. Wichtige städtebauliche Projekte in der Altstadt", 49 Seiten und 19 Skizzen, Mainz, August 1946, SAM NL 71/069. Eine Urheberschaft ist dadurch ebenso wenig begründet wie bei zahlreichen anderen abgebildeten Plänen und Modellen, die notwendigerweise vor Kriegsende entstanden sein mussten. Die von Bayer überlieferten Handskizzen stützen dagegen eine Zuschreibung des Projekts an ihn. Die Darstellungsart der Bebauungsplanskizzen bei Lahl deutet zudem auf Knipping und dessen Arbeiten zur Stadtsanierung.

42 Vgl. Schüler 1996.

57 Stadtbauamt Mainz: *Perspektivische Ansicht eines Entwurfs zur Umgestaltung des Halleplatzes mit Blick auf die vereinfachte Fassade der Stadthalle von Kreyßig* (ohne Verfasserangabe), Mainz, o. D. [um 1937], Stadtarchiv Mainz.

58 Stadtbauamt Mainz: *Perspektivische Ansicht eines Entwurfs zur Umgestaltung des Horst-Wessel-Platzes auf der Kaiserstraße mit Horst-Wessel-Denkmal* (ohne Verfasserangabe), Mainz, 1937, Stadtarchiv Mainz.

auf Vorschläge zur Pflasterung und zur Rahmung mit Baumreihen.⁴³ Beide Pläne scheinen nicht ausgeführt worden zu sein. Ein Lageplan des neuen Reichsbahn-Verwaltungsgebäudes, das 1939 als Abschluss der Kaiserstraße und Kontrapunkt zu Kreyßigs Christuskirche fertiggestellt worden war, zeigt für den „Horst-Wessel-Platz" lediglich eine veränderte Anordnung der Denkmäler.⁴⁴

Die Arbeiten an einem neuen Verkehrs- und Aufbauplan für die Mainzer Altstadt begannen bald nach den Bombenangriffen von 1942.⁴⁵ Das erhaltene Material zu diesen Planungen ist unvollständig: undatierte Fotos zweier Modelle, zwei Perspektiven, eine von Knipping unterzeichnet, sowie ein Erläuterungsbericht, Pläne und Arbeitsskizzen von Bayer, deren Datierungen vom November 1942 bis zum Januar 1946 reichen.⁴⁶ Dieses heterogene Material verdient dennoch höchste Beachtung, denn es entspricht noch weniger dem gängigen Bild vom Bauen in der NS-Zeit als die bereits erwähnten Projekte.

In seinen Überlegungen vom Winter 1942 und Frühjahr 1943 hielt Bayer noch am „Mainzer Viereck" fest – dem Grundgerüst der von Ludwigsstraße, Schusterstraße (Flachsmarktstraße), Große Bleiche und Schillerstraße gebildeten wichtigsten Einkaufsstraßen der Altstadt – an dessen Ecken Plätze ausgebildet werden sollten, um die Verkehrsverbindungen von der Altstadt nach außen, mit dem „im Wirtschaftsplan festgelegten Verkehrsgerippe" zu gewährleisten.⁴⁷ So ermöglichen die Zerstörungen im Bereich nördlich und westlich des Doms den

43 Zur „Umgestaltung des Horst-Wessel-Platzes" finden sich ein Lageplan und zwei Perspektivskizzen, von denen die eine mit „Rühl 37" (Hermann Rühl) bezeichnet ist. Den Lageplan von 1937 signierten Knipping und Hochgesand. Die im gleichen Bestand verwahrten Perspektivskizzen zum Halleplatz sind nicht bezeichnet. Alle Reproduktionen in SAM BPS.
44 Landwehr 1939.
45 Die Bombardements vom 12./13. August 1942 mitgerechnet erlebte Mainz 31 Luftangriffe, bei denen insgesamt 2549 Mainzer Einwohner ums Leben kamen und der Stadtkern, d. h. das Gebiet von Alt- und Neustadt, zu 80 % zerstört wurde. Zu den Zerstörungen im Einzelnen vgl. Beseler/Gutschow 1988.

46 Dem zehnseitigen Erläuterungsbericht sind sieben Pläne und Skizzen angeheftet, siehe Baurat Bayer, „Aufbau von Mainz", 1943, sign. A. Bayer, SAM NL Dassen 1. Der Großteil der Pläne und Skizzen befinden sich in drei Umschlägen: „Planungen 1942. Handakten A. Bayer", SAM BPSN Bayer 2.1–2.8; „Bericht zur Skizze der Neuordnung. Stand November 1942", BPSN Bayer 3.1–3.8; „Ludwigsstraße. Handakten Bayer", BPSN Bayer 4.1–4.42.
47 Baurat Bayer, Erläuterungsbericht „Aufbau von Mainz", 1943, sign. A. Bayer, SAM NL Dassen 1, bes. S. 1–3.

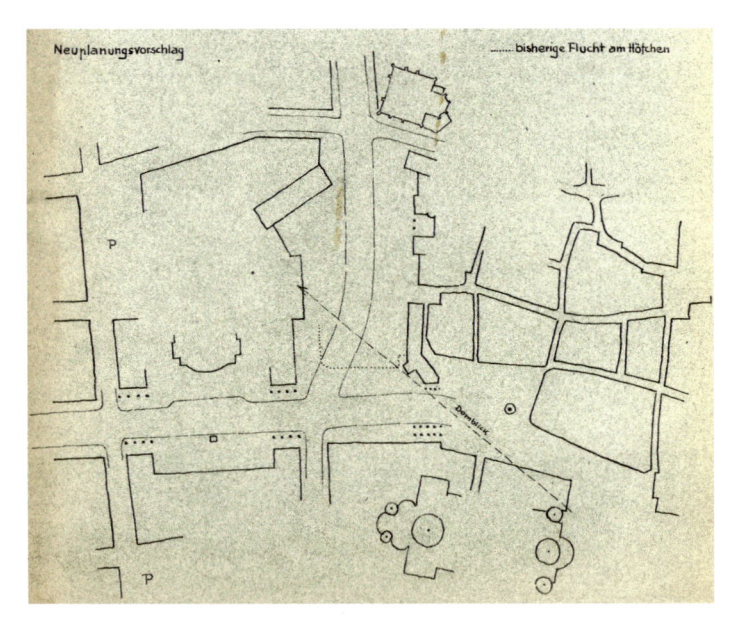

59 Stadtbauamt Mainz, Adolf Bayer: *Verkehrs- und Aufbauplan der Mainzer Altstadt, 1942–1944, Planskizze zur Neuordnung für das Höfchen und den Gutenbergplatz*, Mainz, o. D. [1943], Stadtarchiv Mainz.

60 Stadtbauamt Mainz, Adolf Bayer: *Verkehrs- und Aufbauplan der Mainzer Altstadt, 1942–1944, Perspektivskizze zur Verbreiterung der Ludwigsstraße*, Mainz, 12. Februar 1943, Stadtarchiv Mainz.

Durchbruch einer neuen Hauptgeschäftsstraße vom Schillerplatz zum Rhein im Zuge der Ludwigsstraße und die Schaffung einer Querverbindung vom Flachsmarkt zum Leichhof im Zuge der Schusterstraße.[48] In Bayers Planung kreuzen sich diese beiden „repräsentativsten" Straßen der Altstadt auf dem Höfchen, das nördlich bis zur Domus Universitatis und zur Quintinskirche ausgeweitet wird und dessen westliche Platzwand das wiederaufgebaute Stadttheater und ein Rathausneubau bilden, die mit ihren Flügelbauten den Gutenbergplatz fassen (Abb. 59).[49] Stellten „vor der Zerstörung die Probleme des modernen Verkehrs die Stadt Mainz vor unlösbare Aufgaben", so konnte nun die Verbindung zum Rhein „wie bisher" durch die Platzfolge Schillerplatz – Gutenbergplatz – Höfchen – Liebfrauenplatz – Fischtorplatz erfolgen, jedoch als wesentlich verbreiterter Straßenzug. Skizzen Bayers vom Frühjahr 1943 zeigen die Ludwigsstraße als einen breiten Einkaufskorso mit Bäumen, Ausstellungsvitrinen und überdachten Pergolen vor einer nur zwei- und dreigeschossigen Bebauung der Südseite der stark verbreiterten Straße (Abb. 60). Die Blickachse zum Dom ist freigelegt und die Randbebauung kompromisslos modern. Ein nicht datierter Lageplan zeigt die bisherige Parzellierung des Terrains und die neue südliche Fluchtlinie der Straße (Abb. 61). Bayer verdoppelte auf dieser Skizze die Straßenbreite auf 32 Meter, verengte aber die Eingänge am Schillerplatz und am Gutenbergplatz durch torartige Bauten auf etwa 20 Meter.[50]

Er ließ die nur teilzerstörten Südfassaden sprengen und entwarf während seiner häufigen

48 Ebd. Siehe auch Wirtschaftsplanung, Baurat Bayer, „Verkehrsplan über Schillerplatz – Ludwigstrasse – Fischtor", gez. Der Oberbürgermeister i. V. Bürgermeister, sign. A. Bayer, Mainz, Februar 1943, SAM BPSN Bayer 2.5, sowie „Querverbindung durch die zerstoerte Altstadt", gleiche Bez., SAM BPSN Bayer 2.6.
49 Ebd.

50 Noch 1988 war Bayer von seinem Vorschlag begeistert: „Ich erinnere mich an einen Plan der Ludwigsstraße, die ich auf das Doppelte verbreitern wollte. […] Die dadurch erreichte Blickfreiheit vom Schillerplatz zum Dom ist mein eigenstes Anliegen gewesen! Ich fragte auch bei der Baupolizei an, ob die noch aufrecht stehenden ausgebrannten Fassadenmauern auf der Südseite der Ludwigsstraße nicht sicherheitsgefährdend seien und es stünde bei mir ein Pionierleutnant mit dem notwendigen Sprengmaterial zur Verfügung. Fünf Minuten später kam die Antwort ‚unbedenklich'. So schnell konnte damals praktische Stadtplanung betrieben werden." (Brief von Bayer 1988).

Beurlaubungen von der Wehrmacht in die „Friedensdienststelle" zahlreiche, stets von einer Pergola flankierte Varianten für eine neue Ludwigsstraße (Abb. 62), die den Passanten auch bei schlechtem Wetter ungestörtes Flanieren garantieren sollte. Variiert wurden lediglich die Gebäudetypen und deren Fassaden über oder hinter der Pergola. Bayer entwarf hierzu quer zur Straße angeordnete, in der Höhe zum Blockinneren hin gestaffelte Zeilen, sowie verschieden ausgebildete quadratische Baublöcke. Sowohl die Zeilen als auch die Blöcke erlaubten die Auflockerung dieses bisher eng bebauten Altstadtquartiers und gaben außerdem den Blick auf den mächtigen westlichen Vierungsturm des Doms und den Turm der Johanniskirche frei, der bisher völlig in der Bebauung versteckten, vermutlich ältesten Mainzer Kirche, für deren Wiederaufbau nach den Bombenangriffen von 1943 sich der zuständige Denkmalpfleger Karl Gruber engagiert einsetzte (Abb. 6, 121 und 122).[51]

Das oben bereits erwähnte, undatierte Modellfoto zeigt einen denkbaren Straßendurchbruch vom Höfchen über den stark beschädigten Brand zum Rhein, mit dem alternativen Standort eines Rathauses am Halleplatz (Abb. 63). Die Südbebauung der Ludwigsstraße bilden sechs nahezu quadratische Baublöcke, kleine Hofhäuser mit nur zwei oder drei Geschossen, flach geneigten Dächern und durch Bäume markierten Zwischenräumen, die einigen Varianten auf Bayers Skizzen zur Südbebauung vom 29. Dezember 1943 sehr nahe kommen. An der Rückseite dieser Blöcke verläuft eine Erschließungsstraße, die auf der ersten Skizze der Straßenverbreiterung noch nicht erkennbar war. Offenbar sollte sie die Ludwigsstraße vom Lieferverkehr der dort geplanten Geschäfte und Kaufhäuser entlasten. Diese Straße ist an ihrer Südseite gegen das anschließende, zum Planungszeitpunkt noch nicht bombardierte Altstadtgebiet durch eine höhere Gebäudezeile abgetrennt, sodass die Geschäftshausblöcke wie Pavillons auf einem langgestreckten Platz zwischen der Ludwigsstraße und dieser neuen Straße stehen.

---

51 Gruber veröffentlichte einige seiner 1943 zur Frage des Denkmalschutzes für die Umgebung von Dom und Johanniskirche angefertigten Zeichnungen nach dem Kriege erneut, siehe Gruber 1949.

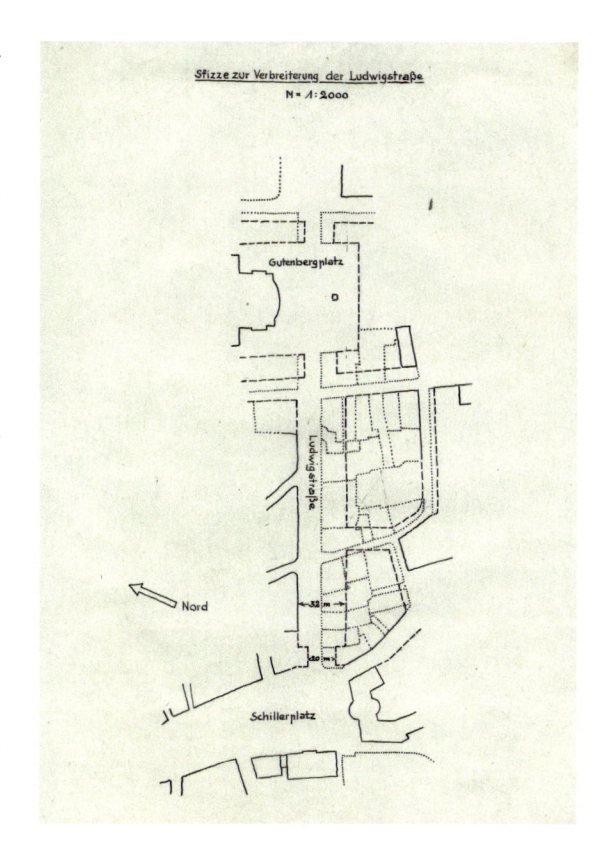

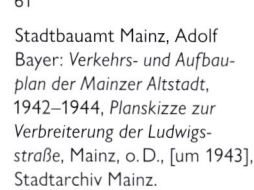

61
Stadtbauamt Mainz, Adolf Bayer: *Verkehrs- und Aufbauplan der Mainzer Altstadt*, 1942–1944, *Planskizze zur Verbreiterung der Ludwigsstraße*, Mainz, o. D., [um 1943], Stadtarchiv Mainz.

62
Stadtbauamt Mainz, Adolf Bayer: *Verkehrs- und Aufbauplan der Mainzer Altstadt*, 1942–1944, *Bebauungsvarianten zum Wiederaufbau der Ludwigsstraße*, Mainz, 29. Dezember 1943, Stadtarchiv Mainz.

63 Stadtbauamt Mainz: *Modell des Straßenzugs vom Schillerplatz zum Rhein mit neuem Rathaus am Halleplatz* (Planung Heinrich Knipping, Adolf Bayer), Mainz, o. D., Stadtarchiv Mainz.

Bayer schien anfangs nur den Bereich der Ludwigstraße neu zu planen, denn der östliche Teil des Straßendurchbruchs, der durch offenbar bereits zerbombtes Gebiet über den Brand zum Halleplatz mit dem dort vorgeschlagenen Rathausneubau führt, zeigt keine entsprechenden Auflockerungen und – mit Ausnahme des Rathauses – keine freiplastischen Baukörper, sondern eine konventionelle Reparatur der angeschnittenen Baublöcke durch neue geschlossene Straßenfronten.

Die weiteren Zerstörungen des Mainzer Stadtgebiets durch die zahlreichen Bombenangriffe ließen die Planer im folgenden Jahr immer freier mit dem historischen Stadtgrundriss umgehen. Skizzen Bayers vom 28. Dezember 1943 und 4. März 1944 mit großen Grünflächen in der Innenstadt zeigen das. Der Turm der Johanniskirche steht frei in einem kleinen Park, der sich nach Süden ausdehnt. Dieses Konzept führt die Skizze eines undatierten Lageplans näher aus, bei der die Zeilen weniger schematisch angeordnet sind und die baumbestandenen Plätze und kleinen Parks südlich der Ludwigstraße realistischere Dimensionen annehmen (Abb. 64). Die zu diesem Plan gehörige, ebenfalls undatierte Skizze (Abb. 65) zeigt zwei tief in das Altstadtgebiet hineinreichende Grünzüge und formuliert damit bereits die Leitmotive des „fließenden Raums" und der „freien Durchblicke", die 1948 Bayers zusammen mit Richard Jörg aufgestellten Wiederaufbauplan der Altstadt bestimmen sollten (Taf. XLI).

Mit den immer größeren Kriegszerstörungen und der stärkeren Bestimmung des Alltagslebens durch den „totalen" Krieg war offensichtlich auch die Stadtplanung „totaler" geworden. Die Architektur löste sich vom Kontext der historischen Stadt und das einzelne Bauwerk verselbständigte sich. Die Stadt insgesamt war in Auflösung begriffen: materiell durch die Zerstörung großer Teile ihres Baubestands und geistig durch die Überwindung eines Denkens in städtischen Räumen und Ensembles, denen sich die Architektur einzufügen hatte. Die historische Stadt existierte nicht mehr und die Planer erkannten als Bezugsfeld nur noch die Topografie des Naturraums an. In einem von Bayer und Jörg gemeinsam verfassten Bericht zu einer Festschrift für Otto Ernst Schweizer von 1950 bekannten sich beide dazu, mit ihrer Planung die angeblich im 19. Jahrhundert verlorengegangene „organische Beziehung von Freiraum und Plastik und großen vorhandenen Landschaftswerten" wiederherstellen zu wollen.[52]

Ab Mitte 1944 erhielt das Mainzer Stadtplanungsamt bei seinen Wiederaufbauplanungen Konkurrenz. Mainz wurde offiziell zu einer von insgesamt 42 „Wiederaufbaustädten" des Reichs ernannt, deren Wiederaufbau noch vor Kriegsende

---

52 Jörg/Bayer 1950, bes. S. 25: „Daneben haben wir eigene Fußgängerstraßen entwickelt. Diese sind architektonisch disponiert, so daß die optische Beziehung zu den plastisch wertvollen Baubeständen und zu vorhandenen Landschaftswerten eindeutig aufgenommen wird."

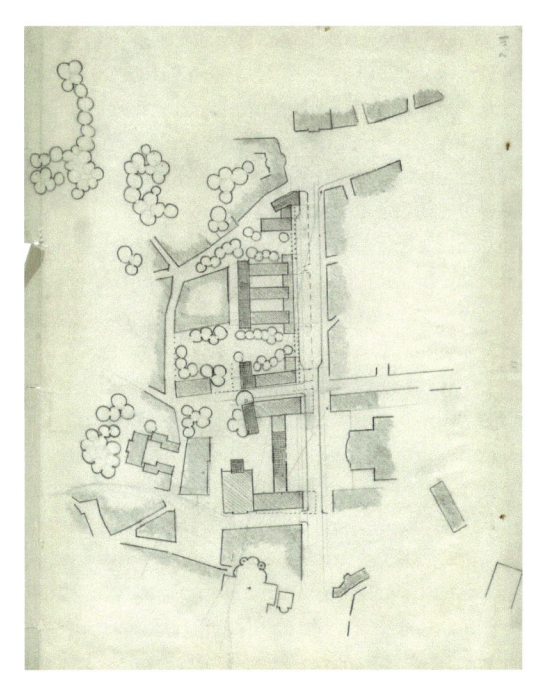

64 Stadtbauamt Mainz, Adolf Bayer: *Verkehrs- und Aufbauplan der Mainzer Altstadt*, 1942–1944, *Planskizze der Ludwigsstraße*, Mainz, o. D. [1943/44], Stadtarchiv Mainz.

65 Stadtbauamt Mainz, Adolf Bayer: *Verkehrs- und Aufbauplan der Mainzer Altstadt*, 1942–1944, *Perspektivskizze der Südbebebauung der Ludwigsstraße*, Mainz, o. D. [vermutlich Frühsommer 1944], Stadtarchiv Mainz.

durch „beauftragte Architekten" geplant wurde, die ein von Albert Speer eingerichteter „Arbeitsstab für den Wiederaufbau bombenzerstörter Städte" im Einvernehmen mit den Gauleitern abordnete.[53] Für Mainz wurde im Juni 1944 Hanns Dustmann ernannt, der bisher als „Beauftragter Architekt des Generalbauinspektors" – das heißt für Speer – mit Planungsaufgaben für die Berliner Museumsinsel und Speers „Große Straße" betraut war.[54]

Die neu entstandene Situation war durchaus mit der zwei Jahre später vergleichbar, als die Stadtplanungsabteilung in Konkurrenz zu einem privaten Planungsbüro arbeiten musste, das von der Militärregierung eingesetzt worden war. 1944 war es Speer in seiner Position als Rüstungsminister, der versuchte, sich in Konkurrenz zu anderen rechtzeitig die zentrale Kontrolle des deutschen Wiederaufbaus nach dem Kriege zu sichern. Außer Neugestaltungsplanungen für Wien (1940–1942) sind von Dustmann keine früheren Stadtplanungen bekannt, aber er war ein loyaler Mitarbeiter von Speer in dessen Berliner Planungsteam.[55] Seine Karriere als Architekt hatte er nach dem Studium an der Technischen Hochschule Hannover 1929 als Bürochef von Walter Gropius begonnen und in den 1930er Jahren als „Reichsarchitekt der Hitlerjugend" fortgesetzt. Den Mainzer Wiederaufbau plante er von Berlin aus. Außer einem Satz Modellfotos im Mainzer Stadtarchiv sind lediglich Protokolle von Planungsbesprechungen in Mainz und Frankfurt erhalten, sowie einige wenige Korrespondenzen.[56]

53 Durth 1984, 1986a.
54 Für eine ausführliche Darstellung von Dustmanns Mainzer Tätigkeit, siehe Durth/Gutschow 1988, Bd. 2, S. 867–921.
55 Krausse-Jünemann 2002, Holzschuh 2011.
56 Im Nachlass Bayer finden sich Fotos eines Stadtmodells nach Dustmanns Wiederaufbauplan, SAM BPSF 2783A, 2784A und 375B–379B. Von den schriftlichen Dokumenten war uns die bereits erwähnte Aktennotiz vom 13.1.1945 zu Dustmanns Reise nach Mainz vom 3.–8.1.1945 zugänglich, auf der er von seinem Chefarchitekten Robert Braun und den Architekten Neumeister und Fiedler begleitet wurde. Für die übrigen Quellen, siehe Durth 1986a, bes. S. 237. Durth zitiert einen Brief Dustmanns vom 13.3.1945, wonach die fertigen Pläne zum größten Teil Ende Februar bei einem Bombenangriff in Berlin vernichtet wurden.

Gauleiter Sprenger hatte bis zum Jahresende 1944 einen Generalbebauungsplan, die detaillierte Planung eines wiederaufzubauenden Innenstadtgebiets oder eines neuen Siedlungskerns im Maßstab 1:2500 sowie die „Abwicklung einer besonders wichtigen Straße oder eines großen Platzes 1:1000" gefordert.[57] Dustmann ließ von seinen Mitarbeitern in der ersten Augustwoche 1944 eine Schadensbilanz aufstellen. Darin wurde der Wiederaufbau der Altstadt als „eine schwierige und wenig dankbare Aufgabe" bezeichnet und die Absicht des Stadtbauamts, zur Maßstabssteigerung des Doms die Platzwände im Bereich des Gutenbergplatzes „herabzuzonen", als unrealistisch kritisiert.[58] Wie zuvor von anderen Mainzer Planern wurde dann die für Zeughaus und Schloss so unglückliche Lage der Straßenbrücke über den Rhein kritisiert und „die fast trostlose Öde der unbeschädigten Teile der ‚Neustadt'".[59] Im September 1944 und im Januar 1945 reiste Dustmann nach Mainz, Frankfurt und Wiesbaden, um sich mit Sprenger und dessen Architekturberater, dem Darmstädter Städtebauprofessor Karl Lieser, sowie weiteren hessischen Planern und den Vertretern der Stadt über die Planungsziele zu verständigen. Ein Mitarbeiter Dustmanns beklagte anschließend das unkooperative Verhalten der Vertreter des Mainzer Stadtbauamts.[60]

Zumindest über die allgemeinen Ziele schien dennoch Einigkeit zwischen den Vertretern der Stadt, dem Gauleiter und Dustmann bestanden zu haben. Mainz sollte im Wesentlichen zu einer „Fremdenverkehrsstadt" mit maximal 200.000 Einwohnern werden. Die Industrie sollte völlig aus dem engeren Stadtgebiet ausgelagert werden, einmal in Richtung Budenheim rheinabwärts und zum anderen in Richtung Rüsselsheim mainaufwärts. Dustmanns Protokolle enthalten bezüglich der Raumordnungsvorgaben des Mainzer Wirtschaftsplans von 1939 keine Neuigkeiten, allenfalls präzisieren sie einige der zeichnerisch überlieferten Aussagen und geben Hinweise auf unterschiedliche Auffassungen von Stadt und Gau. So forderte Oberbürgermeister Heinrich Ritter in der auf Einladung des Gauleiters am 6. Januar 1945 in Wiesbaden stattgefundenen Besprechung eine weitere Vergrößerung des Mainzer Stadtgebiets durch die Eingemeindung von Hochheim. Diesem Wunsch widersetzte sich Sprenger, der – wie bereits oben erwähnt – Rüsselsheim als „Opelstadt" mit neuen Arbeitersiedlungen nördlich des Mains bei Hochheim erhalten wollte.[61] Mehrfach wurde in dieser Besprechung auf die Schnellbahnplanungen im Rhein-Main-Gebiet verwiesen, die Mainz durch eine Strecke südlich des Mains über Rüsselsheim und eine weitere von Wiesbaden über Kastel mit Frankfurt verbinden sollten.[62] Auch die ein Jahr später in Lods' Plan vorgeschlagene Umwandlung des Fliegerhorsts Erbenheim in einen zivilen Flughafen für Wiesbaden und Mainz wurde offenbar bereits zu diesem Zeitpunkt erwogen.

Mit seiner Planung für Mainz als „Stadt des Fremdenverkehrs und des Weines" – und nicht wie bisher als moderne Industriestadt – folgte Dustmann deutlich den Wünschen des Gauleiters. Er verstand seinen Plan auch als Korrektiv zu den hochgesteckten territorialen Zielen der Stadt. Durch die teils aus Gründen des Luftschutzes, teils zur Verbesserung der Wohnverhältnisse und des Fremdenverkehrs ausgelagerte Industrie wurde die Umnutzung der innerstädtischen Hafenanlagen und eine großzügige Neugestaltung der beiden Mainzer Rheinufer möglich. Wie kaum anders zu erwarten wünschte sich der Gauleiter „einen größeren Aufmarschplatz, einen Turm als Gegenpol zum Dom" und „Bauten

---

57 Brief von Karl Emil Lieser vom 21.8.1944, zit. nach Durth/Gutschow 1988, Bd. 2, S. 876.

58 „Bericht über eine Studienreise nach Mainz zwecks ersten Erhebungen über den Wiederaufbau der zerstörten Stadtteile vom 30.7. bis 2.8.1944", ebd.

59 Ebd.

60 „Aktennotiz: Reise nach Wiesbaden-Mainz vom 1.11.1944–11.11.1944, ebd., S. 877: „Anfragen nach Programm und Unterlagen werden im Wesentlichen unter Hinweis auf Vernichtung alter Akten als nicht erfüllbar abgelehnt. Die Stadt sei sich selbst über ein Programm nicht klar, da alles von etwaiger weiterer Zerstörung oder dem Ausgang des Krieges abhänge."

61 In der bereits erwähnten Aktennotiz vom 13.1.1945 zu Dustmanns Reise nach Mainz vom 3.–8.1.1945 wird über einen Besuch bei Regierungsbaumeister Heiss von der Landesplanungsstelle in Darmstadt am 7.1.1945 berichtet, bei dem sowohl eine „Denkschrift der Stadt Mainz mit Vorschlägen zur Verwaltungsvereinfachung im Raum Gross-Mainz" erwähnt wurde als auch ein Verkehrsplan, den das Büro Heiss für die Stadt Mainz aufgestellt habe.

62 Für diese Planungen zeichnete erst der Hannoveraner Bauingenieur Prof. Otto Blum verantwortlich, nach dessen Tod bei einem Bombenangriff, Prof. Erich Reuleaux aus Darmstadt, ebd.

der Partei als Ausdruck einer neuen Zeit".[63] Darüber hinaus benötigte dieses Mainz neue Hotels und am Rheinufer einen neuen Verwaltungssitz für die Reichsbahndirektion sowie Verwaltungsgebäude für die Exportfirmen des Weinhandels.

Dustmann ging nicht sonderlich zimperlich mit der bestehenden Stadt um (Abb. 66 und Taf. X). Er verkleinerte das linksrheinische Stadtgebiet erheblich und arrondierte dafür das rechtsrheinische. Er entwarf eine kompakte Mittelstadt mit den geforderten repräsentativen Monumentalanlagen. Auf den Modellaufnahmen sind keine Industriegebiete im Bereich der engeren Stadt mehr erkennbar, der Zollhafen und der Winterhafen sind zugeschüttet und ebenso wie die benachbarten Industriegebiete und jenes zwischen Amöneburg und Kastel durch großzügige Grünanlagen ersetzt. Dafür ist das Hafengebiet bei Gustavsburg erheblich erweitert, wie es ja auch schon im Mainzer Wirtschaftsplan vorgeschlagen worden war.

Die Verkehrsführung zeigt einige einschneidende Veränderungen, deren auffälligste zwei neue Straßenbrücken über den Rhein sind und das spurlose Verschwinden der so oft kritisierten Hohenzollernbrücke mit ihren unglücklichen Zufahrtsrampen. Die eine Brücke überquert den Strom über die Rheininsel Petersaue auf jener Trasse, die gegen Ende der 1920er Jahre aus wirtschaftlichen Gründen aufgegeben worden war, und die zweite beim zugeschütteten Winterhafen hinüber zur teilweise in die Bebauung einbezogenen Maaraue. Über diese Brücken führt eine ringförmige Sammelstraße, in die alle Ausfallstraßen einmünden. Eine neue Schnellbahnlinie nördlich des Mains von Frankfurt nach Wiesbaden und Rüdesheim tangiert das stark vergrößerte Kastel im Osten an seiner äußersten Bebauungsgrenze. Gegenüber dem alten Mainzer Hauptbahnhof im Westen wird ein neuer Ostbahnhof vorgeschlagen und optisch mit diesem durch eine Achse verbunden. Die alte Bahnlinie am Rheinufer mit den Bahnhöfen Kastel und Kostheim wird aufgehoben.

Vielleicht noch überraschender als die mit leichter Hand beseitigte Hohenzollernbrücke ist der breite Grüngürtel, der sich um das Gebiet der inneren Stadt zieht. Er beginnt auf der Maaraue mit großzügigen

63 Ebd.

66 Arbeitsstab für den Wiederaufbau bombenzerstörter Städte, Hanns Dustmann: *Wiederaufbauplanung für Mainz*, 1944/45, *Blick auf das Stadtmodell von Westen*, o.D. [1944], Stadtarchiv Mainz.

Stadionbauten, umrundet das neue Kastel, bis er auf dem ehemaligen Industriegelände oberhalb von Amöneburg den Rhein erreicht. Die Petersaue und das Gebiet des ehemaligen Zollhafens sind Teil dieses Grünzugs, der hier mit Freizeit- und Sportanlagen genutzt wird, bevor er als breiter Park fast die Hälfte der von Kreyßig geplanten, als „öde" kritisierten Neustadt ersetzt. Keine Gartenstadt, auch keine „vertikale Gartenstadt" wie später bei Lods tritt an die Stelle der Mietskasernen, sondern einfach ein Park.

Der Hass auf die Gründerzeitarchitektur saß offenbar tief in allen Architektenfraktionen der 1940er Jahre, und die Kriegsschäden waren ihnen willkommener Anlass, „tabula rasa" zu machen. Dieser Hass trifft in Dustmanns Plan auch andere Relikte von Kreyßigs Wirken. Die 1944 bereits stark zerstörte Stadthalle sucht man auf seinem Modell ebenso vergeblich wie die nur wenig beschädigte Christuskirche. Auch die Kaiserstraße hat ihre markante Wirkung im Stadtgrundriss verloren gegenüber drei breiten nord-südlichen Grünzügen in dem Stadtbereich zwischen der Großen Bleiche und der neuen Ringstraße auf Höhe der Josefsstraße. Ähnliche Grüngürtel sind auch im sehr schematisch angelegten Kastel und in den zu Vororten umgewandelten Stadtteilen Amöneburg und nördliche Neustadt zu erkennen.

Die Altstadt bleibt relativ unversehrt. Sie erfährt lediglich eine neue Nord-Süd-Durchquerung, die vom Südbahnhof über die Augustinerstraße, den Leichhof und die Schöfferstraße zu einem großen, langgestreckten Platz mit repräsentativen Gebäuden durchgebrochen ist, der sich im Zuge der Großen Bleiche in Ost-West-Richtung öffnet. Vermutlich schlug Dustmann hier, wie seinerzeit Graf, ein neues Rathaus vor. Akzentuiert wird dieser Platz durch die vier Türme eines Verwaltungsgebäudes und ein großes Denkmal an seinem Ostende. Dieser Platz unterbricht die Nord-Süd-Fahrt und verschwenkt sie um die Platzlänge, bevor sie im Zuge der Hindenburgstraße fortgesetzt wird.

Zwei weitere Nord-Süd-Durchfahrungen der Stadt sind erkennbar. In Kastel sieht man einen Durchbruch der Wiesbadener Straße durch ein völlig neugeordnetes Stadtgebiet. Er führt über das lokale Forum auf der Höhe der ehemaligen Hohenzollernbrücke und biegt dann parallel zum Floßhafen nach Kostheim ab, das auf dem Modell als unbebautes Gebiet zu erkennen ist. Die wohl wichtigste Straße in Nord-Süd-Richtung bleibt wie zuvor der Straßenzug Rheinallee-Rheinstraße. Diese dritte Nord-Süd-Straße begrenzt in der nördlichen Neustadt das Wohngebiet und die neuen Sport- und Freizeitanlagen an der Stelle des früheren Zollhafens, kreuzt dann die Ringstraße und wird auf einer zum Teil neuen Trasse hinter den historischen Bauten am Rheinufer zum Schlossplatz an der Großen Bleiche geführt, wo sie am Ende des hier vorgeschlagenen Parteiforums einen seltsamen Sprung macht, um dann auf ihrer alten Führung das Stadtgebiet in einem Bogen um den ehemaligen Winterhafen wieder zu verlassen, nachdem sie dort die Ringstraße erneut gekreuzt hat.

Das Parteiforum ist in dieses Verkehrssystem sehr unglücklich eingeordnet und soll als optischer Mittelpunkt der neuen, fast kreisförmigen Stadtanlage fungieren, wohl vor allem deshalb, weil hier die wichtigsten, vom Rhein aus sichtbaren historischen Bauten der Stadt versammelt sind, denen sich die Bauten der Partei hinzugesellen sollen. Wir erkennen etwas zurückgesetzt den Turm des Parteihauses als den vom Gauleiter geforderten Gegenpol zum Dom, dann ein hohes Gebäude, möglicherweise ein Hotel, als nördlichen und als südlichen Abschluss des Platzes einen Bau von den Dimensionen der Stadthalle Kreyßigs, vielleicht einen zeitgemäßen Wiederaufbau. Das Forum selbst nimmt die Flächen der ehemaligen Brückenrampen der Hohenzollernbrücke ein und öffnet sich in ganzer Breite zum Fluss. Vom Rhein und vom Kasteler Ufer her bieten die historischen und die neuen Repräsentationsbauten ein eindrucksvolles Panorama. Der Rhein ist das Herz dieses Entwurfes, nicht mehr die Altstadt. Mit den beiden Brücken und den neuen Uferpromenaden auf beiden Stromseiten, einem Bellevue auf der Petersaue und neuen Anlegern für die Personenschifffahrt beim Forum wird ein Stück des Rheins abgegrenzt und zu einer Art Binnengewässer von Mainz gemacht. Diesem nicht reizlosen Konzept ordnet sich der Gesamtentwurf unter, ohne dem inneren Gefüge der Stadt erkennbares planerisches Interesse zu widmen.

Wir können den Plan nicht abschließend werten. Dazu fehlen vor allem die Angaben, die vermutlich in den vom Gauleiter geforderten Plänen für ein beispielhaftes innerstädtisches Quartier enthalten waren. Aus dem Vergleich der im Modell erkennbaren Blockstruktur und der Angabe von 200.000 Einwohnern lässt sich lediglich auf eine mehrgeschossige Bebauung im ganzen Gebiet innerhalb der Ringstraße schließen, wobei das Spiel der Plätze, Achsen und Parks auf eine geschlossene Blockbebauung hindeutet, vielleicht in der Art von Knippings Sanierungsplänen für die Neustadt aus der Vorkriegszeit.

Insgesamt macht der Plan einen unrealistisch utopischen Eindruck. Dustmann geht mit der Stadt nicht weniger willkürlich um als einundhalb Jahre später die Section du Plan, Lods' Planungsstab in Mainz. Für beide ist Mainz so komplett zerstört, dass man keine Rücksichten mehr auf den Bestand nehmen muss. Beide betrachten vor allem die gründerzeitlichen Stadtviertel als Verfügungsfläche. Bei Lods verschwindet Kastel unter einer Verkehrsdrehscheibe (Taf. XIII, XXIII und XXXVI), bei Dustmann wird die Neustadt ein Park. Obwohl ihre Entwurfskonzepte antithetisch sind – hier die kompakte repräsentative Stadt, dort die aufgelöste vertikale Gartenstadt – gibt es dennoch deckungsgleiche Vorschläge: beide planen auf der Maaraue ein Stadion und beim Zollhafen Freizeitanlagen.

67 Stadtbauamt Mainz, Heinrich Knipping: *Rheinuferplanung*, 1944, *Modell mit Volkshalle und flankierenden Hotels, Rathaus, Forum, Parteihaus und Polizeipräsidium* [von Süden nach Norden], Stadtarchiv Mainz.

Diese von örtlichen Zwängen unbeschwerte Planung des Berliner Büro Dustmann ließ die Planungen der Mainzer Baubehörde nicht unbeeinflusst.[64] In der Wiesbadener Sitzung hatte der Mainzer Oberbürgermeister die von der Stadt bereits seit längerem verfolgten Wiederaufbauplanungen aufgezählt, so die „Verbreiterung der Ludwigsstrasse auf 32 m" (wogegen Lieser opponierte), „die Errichtung eines Stadthauses und des neuen Theaters in der Nähe des Domes", die „Ausgestaltung der vorhandenen Kaiserstrasse zur Hauptgeschäftsstrasse" mit Hotels, „die Errichtung großzügiger Sportanlagen, Grünflächen und eines großen Hallenschwimmbades mit Freischwimmbad" sowie den Bau eines Konzertsaals und eines Varietétheaters.[65] Bekannt sind hierzu außer Bayers Überlegungen zur Verbreiterung der Ludwigsstraße und Knippings Stadtmodell lediglich Bayers Skizzen zu einer großen Schwimmhalle, für die unverkennbar Otto Ernst Schweizers Nürnberger Kommunalbauten Pate gestanden hatten, vielleicht auch die Betonbauten Auguste Perrets.[66]

Die Stadt fühlte sich jetzt aufgefordert, trotz der dramatischen politischen Lage großzügigere Planungen aufzustellen. Die städtischen Planer versuchten, ihr Ludwigsstraßenprojekt in ein weiträumigeres Konzept einzuordnen und in einer äußerst unrealistischen Einschätzung der bevorstehenden, radikal veränderten Planungsbedingungen den

64 In einem Brief vom 14.3.1945 an Speers Wiederaufbaustab berichtet Dustmann, dass er drei Architekten und drei französische Studenten als Zeichenkräfte für die Mainzer Planungen einsetzen könnte, zit. in Durth 1986a, S. 237.
65 „Aktennotiz über die Reise nach Frankfurt am Main – Mainz und Darmstadt vom 3.–8. Januar 1945", gez. Neumeister, sign. Braun, Berlin-Zehlendorf, 13.1.1945, S. 5, 7, SAAI NL Bayer.
66 Adolf Bayer, „Lieblings-Idee eines Sportbads für Mainz auch während der Kriegszeit weitergedacht", Skizzensammlung, 1943/44, SAAI NL Bayer.

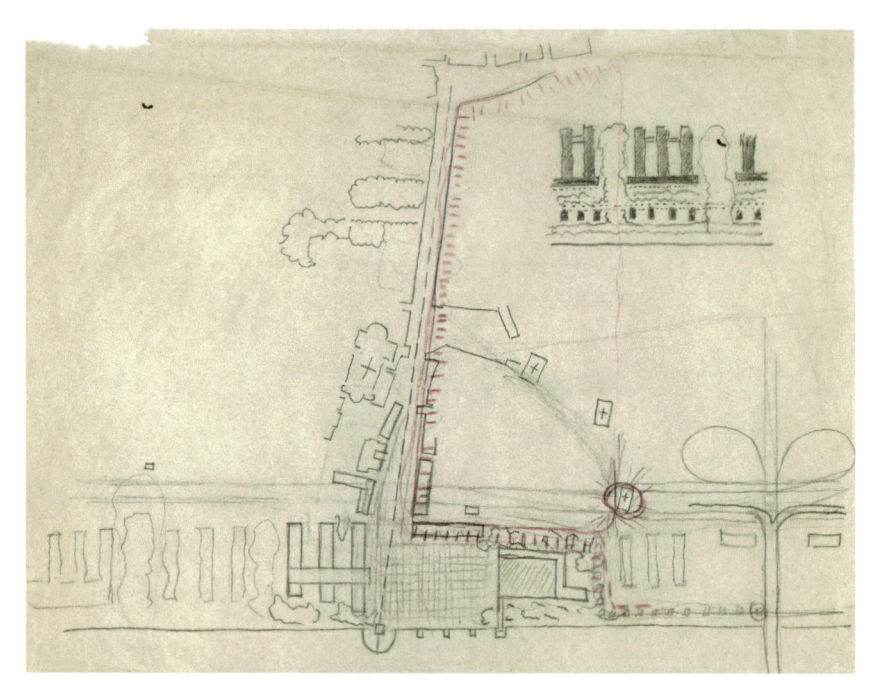

68 Stadtbauamt Mainz, Adolf Bayer: *Verkehrs- und Aufbauplan der Mainzer Altstadt, 1942–1944, Planskizze eines geradlinigen Straßenzugs zum neuen Forum am ehemaligen Halleplatz*, Mainz, o.D. [1944], Stadtarchiv Mainz.

Repräsentationsansprüchen des Gauleiters entgegenzukommen. Für eine solche Planung blieben allerdings nur wenige Monate. Aus dieser Zeit stammen die erst kürzlich gefundenen Modellfotos eines Knipping zuzuschreibenden Neugestaltungsprojekts des Rheinufers. Sie zeigen eine neue Bebauung des Abschnitts vom Winterhafen bis zum Schloss, mit einem Forum an Stelle des Fischtorplatzes, an das sich flussaufwärts Rathaus und Volkshalle mit Hotel, flussabwärts Parteihaus und Polizeipräsidium anschließen (Abb. 67).[67]

Doch der Gegenentwurf des Stadtbauamts zu Dustmanns Planung konnte nicht weiterverfolgt werden, denn bereits am 22. April 1945 wurde Mainz von amerikanischen Truppen besetzt.

Diese setzten eine provisorische Stadtverwaltung ein und entfernten Knipping aus dem Amt. Bayer war schon vorher ausgefallen, denn er war kurz nach seiner letzten Beurlaubung vom Militärdienst im Januar 1945 in amerikanische Kriegsgefangenschaft geraten. Bei seinem letzten Aufenthalt im Amt hatte er noch versucht, eine Antwort der Stadt auf Dustmanns Planung zu skizzieren. Wir kennen sieben Skizzenblätter aus den letzten Dezembertagen von 1944, in denen er einen Straßendurchbruch von der Ludwigsstraße zur Rheinstraße in gerader Linie über das Höfchen beim Dom untersucht, sich Gedanken über die Umgestaltung der Rampen der Hohenzollernbrücke gemacht und, wohl sein wichtigstes Projekt in diesem Zusammenhang, als Gegenvorschlag zu Dustmann ein Forum am Rheinufer skizziert hatte.[68]

Es ist wahrscheinlich, dass einige von Bayers Überlegungen in das von Knipping in Auftrag gegebene Modell des neugestalteten Rheinufers eingeflossen sind. Er ging von einer weiteren Nutzung der Rheinbrücke aus, sodass der Raum ihrer Rampen für eine Forumsanlage ausschied. Der richtigere Ort blieb für ihn wie bisher der Halleplatz, den er aber durch den gradlinigen Durchbruch der alten Achse Saint-Fars weit stärker betonte als bisher (Abb. 68). Diese jetzt besonders hervorgehobene Achse im Zuge der verbreiterten Ludwigsstraße wurde von Knipping weiter bearbeitet, was zwei noch im Januar 1945 in Knippings Auftrag angefertigte Perspektiven belegen (Abb. 69 und 70), die im Stadtarchiv Mainz erhalten sind.[69] Die Südbebauung dieser Straße erinnert in ihrer Höhenbeschränkung auf drei Geschosse und mit ihrer rückwärtigen Erschließungsstraße noch immer an Bayers Skizzen vom Vorjahr. Aber Bayers Konzept der freiplastischen Gestaltung der Gebäude und der auflockernden Begrünung ist zugunsten einer geschlossenen Straßenfront aufgegeben. Ebenso sind die Vitrinen, Bäume und Pergolen aus der Ludwigsstraße verschwunden, das Theater erhält einen neoklassizistischen Portikus und die Traufkante der Randbebauung wird durch auskragende Gesimse betont.

67 2016 erhielt das Stadtarchiv Mainz Fotos aus einem Privatnachlass, darunter in einem Briefumschlag „Planungen + Bauten Mainz" mit Knippings Adressprägung Modellfotos (SAM BPSF 19577A–19584A) des handschriftlich auf 1941 datierten Neugestaltungsprojekts. 1941 leisteten Knipping und Bayer jedoch Militärdienst, was ihre Planungsaktivitäten stark eingeschränkt hat. Die von Metzendorf vorgeschlagene Datierung auf 1944/45 erscheint plausibler, vgl. Metzendorf 2017.

68 SAM BPSN Bayer 4.29, 32, 33, 36, 37, 41 und 42.
69 Eine Perspektive ist unbezeichnet (SAM BPSF 2782A), eine zweite von Knipping signiert und datiert: „Mainz, im Januar 1945" (SAM BPSF 2781A).

Groß-Mainz

69–70

Stadtbauamt Mainz,
Heinrich Knipping:

Perspektive zum Wiederaufbau der Ludwigsstraße mit Theater und Rathaus am Gutenbergplatz Mainz, Januar 1945, Stadtarchiv Mainz

Perspektive des Straßenraums Mainz, o. D. [vermutlich Januar 1945], Stadtarchiv Mainz.

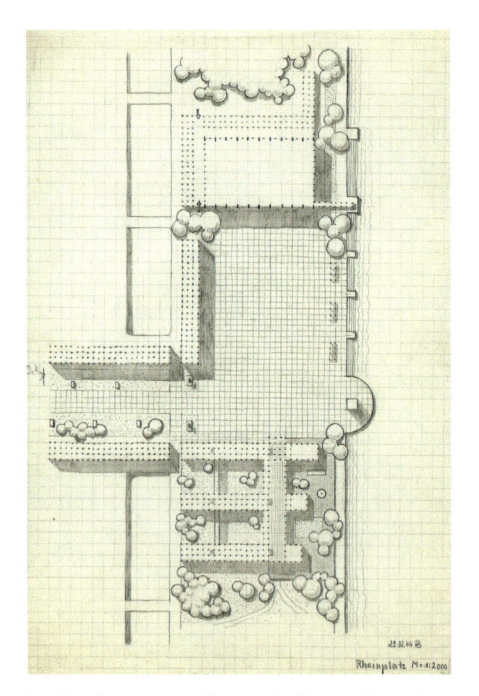

71–72   Stadtbauamt Mainz, Adolf Bayer: *Neues Forum am „Rheinplatz" (Halleplatz): Lageplan,* 29. Dezember 1944, *Perspektivskizze,* 23. Dezember 1944, Stadtarchiv Mainz.

Umso überraschender sind Bayers Skizzen für das eigentliche Parteiforum, auf denen keine vergleichbaren Zugeständnisse an den Geschmack der Architekten aus Speers Umfeld gemacht werden. Bayer führte die neue repräsentative Achse über das Höfchen, das nur noch durch einen leichten Rücksprung in der Randbebauung angedeutet blieb, schloss den Liebfrauenplatz durch eine schmale Zeile gegenüber der neuen Straße ab, überbrückte offensichtlich die Rheinstraße und erreichte den Rhein etwa im Bereich der heutigen Straße Am Rathaus. Diesen Punkt betonte er durch einen Turmbau auf quadratischem Grundriss, der sich auf einer halbkreisförmigen Bastion im Rhein erhob. An der Brücke über die Rheinstraße erkennt man auf dem Lageplan vom 29. Dezember 1944 zwei Verwaltungsbauten, als südlicher Platzabschluss ein kammartiges Rathausgebäude aus drei verbundenen Baukörpern, den Verwaltungsdezernaten, im Norden eine neue Stadthalle (Abb. 71). Der Platz und seine Zufahrtstraße sind offenbar frei von Fahrverkehr. Die Rheinfront ist offen und außer durch den Turmbau nur durch Stufen zum Wasser hinab betont. Nach beiden Seiten schließen sich an den Platz Uferpromenaden an. Eine etwas weniger detaillierte Perspektivskizze dieses Platzes vom 23. Dezember 1944 illustriert die klare Grundgestalt der Anlage (Abb. 72). Sie zeigt dieses späte Parteiforum bereits in engster Nähe zu der Formensprache, die sich in Lods' Wiederaufbauprojekt zwei Jahre später artikulieren wird. Bayer scheint auch im amerikanischen Internierungslager im bayerischen Moosburg an der Rheinufergestaltung weitergearbeitet zu haben. Zwei auf den 31. Januar 1946 datierte Skizzenblätter zeigen Studien frei geformter Einzelbauten in einer offen gestalteten Landschaft.[70] In einer Planskizze fasst er seine Überlegungen zu Nutzung, Verkehr und Raumgestaltung des Bereichs um Rheinufer und Ludwigsstraße für den Wiederaufbau zusammen und betont: „Wo die ‚Einschnürungen' gefallen sind / Die ‚Weite' als Gestaltungsmittel". Daran konnte er nahtlos anknüpfen, als er wenige Monate später auf französischen Wunsch aus der Kriegsgefangenschaft entlassen worden war und von der Mainzer Baubehörde beurlaubt für Lods' Section du Plan zu arbeiten begann (Abb. 73).

70   SAM BPSN Bayer 4.34, 35 und 39.

Selbstverständlich wurden nach dem Zusammenbruch des NS-Staats keine Planungen für Parteiforen weiterverfolgt. Doch beruhte die im August 1946 von Gerhardt Lahl, dem neuen Leiter der Abteilung Stadtplanung im Hochbauamt, vorgelegte Denkschrift zum Wiederaufbau von Mainz im Wesentlichen auf Planungen, die schon unter Knipping betriebenen worden waren (Abb. 3 und Taf. XIV).[71] Vor allem die Idee von Groß-Mainz als moderner, weit ins Umland greifender Großstadt blieb bestimmendes Leitbild für nahezu alle Folgeplanungen. Besonders eklatant unterstrich dies der Weg des 1939 von Knipping und Bayer aufgestellten Wirtschaftsplans nach dem 8. Mai 1945. Oberbaurat Hans Fritzen vom Mainzer Tiefbauamt legte im März 1946 einen „Wirtschaftsplan der Stadt Mainz" im Maßstab 1:25.000 mit einer aufgeklebten französischen Legende vor (Taf. XI), der sich bei genauerer Betrachtung leicht als Mittelteil des dreiteiligen Plans von 1939 identifizieren lässt (Taf. VIII).[72] Offenbar wurde dieser Plan den französischen Behörden vorgelegt, um die ersten Wiederaufbauvorschläge der neuen deutschen Stadtverwaltung zu begründen. Nach seiner Abordnung in das Büro Lods brachte auch Bayer selbst 1946/47 eine farbig angelegte Kopie des Wirtschaftsplans von 1939 als Baustein in die Lodssche Regionalplanung ein (Taf. IX).[73]

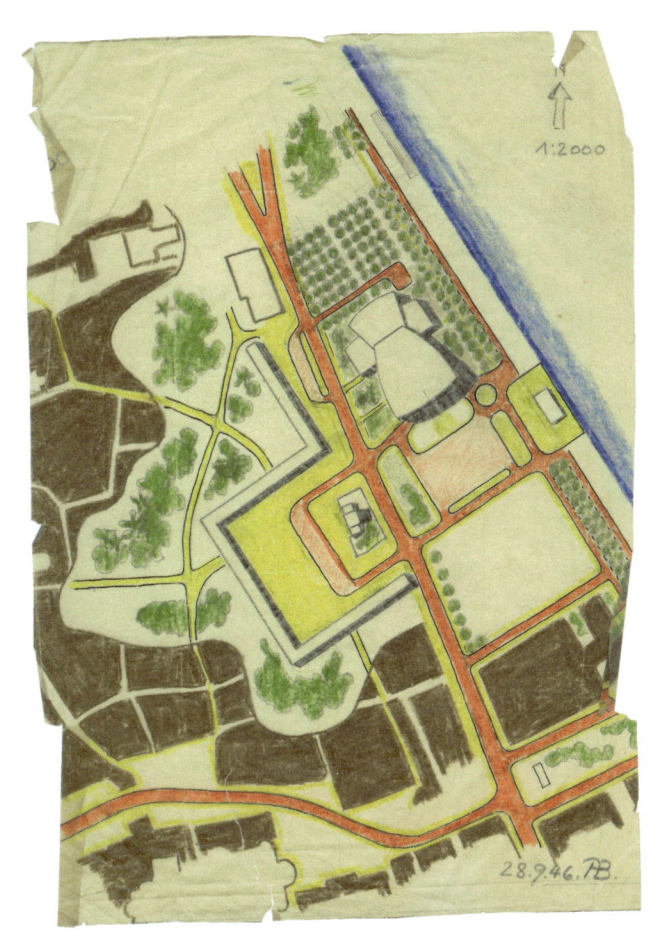

Auf lokaler Ebene lag Mainz im Machtbereich des Bezirksdelegierten und Gouverneurs der Provinz Rheinhessen, des 28-jährigen Generals Pierre Jacobsen, während in der Verwaltungshierarchie der Generaldelegierte von Rheinland-Pfalz, Claude Hettier de Boislambert, die wichtigste politische Schaltstelle zwischen Mainz und dem Militärgouverneur in Baden-Baden darstellte. Jacobsen und seine Assistentin, die Juristin Françoise Dissard, waren mit dem erklärten Ziel nach Mainz gekommen, eine Vertrauensbeziehung zu demokratisch gesinnten deutschen Kreisen aufzubauen.[74] Innerhalb weniger Wochen stellten sie ein Programm auf, das darauf abzielte, mit den negativen Aspekten des französischen Erbes der Stadt zu brechen und ein zukunftsträchtiges Signal zu setzen.[75] Diesem Ziel diente neben dem auf Lods' Planung fußenden Wiederaufbauprogramm die beschleunigte Neugründung der Mainzer Universität, die 1477 erstmals gegründet und während der französischen Besatzung am Ende des 18. Jahrhundert geschlossen worden war. Dass sie Kenntnis von den Mainzer Planungen vor Kriegsende hatten, erklärt auch die sonst schwer

73
Section du Plan, Adolf Bayer: *Planskizze zur Neuordnung der Altstadt mit Grünräumen, Verkehrsstraßen [rot], Fußgängerwegen und Plätzen [gelb], der Stadthalle und einem L-förmigem Kaufhausriegel*, Mainz, 28. September 1946, Südwestdeutsches Archiv für Architektur und Ingenieurbau (saai), Karlsruher Institut für Technologie (KIT).

71 Zu Lahls Denkschrift von 1946 (SAM NL 71/069), vgl. Metzendorf 2015a, S. 69–72.
72 „Wirtschaftsplan der Stadt Mainz 1:25000, Mainz, März 1946, Tiefbauamt der Stadt Mainz, gez. Oberbaurat Fritzen", SAM NL Bayer 88. Die französische Legende des Plans ist aufgeklebt; die Markierung der Zonen unterscheidet die Sondergebiete und Verkehrsträger nach Bestand und Planung. Stempel und Bestandsnummer des „Städt. Hochbauamt/Stadtplanung" auf dem dreiteiligen Exemplar des Wirtschaftsplans (SAM BPSF 586D) belegen dessen Bedeutung für die Mainzer Baubehörden nach 1945.
73 Wohl von Bayer 1946/47 farbig angelegte Reproduktion des Plans „Wohnsiedlungsgebiet Mainz, Skizze zum Wirtschaftsplan" nach der Ausfertigung vom Januar 1944, SAM NL Bayer 89. Die handschriftliche Datierung „1940" bezieht sich auf die Vorlage.

74 Dissard im Gespräch 1988.
75 Daniel-Rops 1957.

verständliche Geschichte, dass die französische Militärregierung nach Bayer suchen ließ, im Frühjahr 1946 seine vorzeitige Entlassung aus dem Lager Moosburg erreichte und seine sofortige, provisorische Entnazifizierung betrieb. Bayer berichtete uns 1988, wie er Lods, dem offiziellen Stadtplanungsberater von General Jacobsen, den Wirtschaftsplan vorgestellt habe:

> Er wurde Lods zur Verfügung gestellt. Aber er war gar nicht interessiert daran. Aber Hanning war schon neugierig und presste mich immer wieder darüber aus. [...] Da Hanning als Le Corbusiers Schüler [...] sich der Charta von Athen verpflichtet fühlte, wo noch „die Stadt ein Teil der Region" ist, begann er seine Tätigkeit mit der Regionalplanung. Er dehnte sie vordringlich auf den unteren Mainlauf aus, um die Forderung auf eine Zuteilung des Gebiets bis Frankfurt zur französischen Zone zu unterstützen und dann auch Einfluss nehmen zu können auf die HaFraBa [Autobahn Hamburg-Frankfurt-Basel] [...], die er möglichst nahe an Mainz ziehen wollte. [...] An den vorgefundenen Planungen imponierte Hanning hauptsächlich die ideale Grundlage: Die Idee der Bandstadt von Bingen am Rhein hinauf bis Mainz und die geradlinige Fortsetzung den unteren Main entlang bis in den Raum „Groß-Frankfurt" von [Ernst] May.[76]

Mit dem Eintritt Bayers in die Section du Plan war die Kontinuität eines Stadtplanungsverständnisses gesichert, das den Mainzer Städtebau systematisch der Regionalplanung für ein Groß-Mainz untergeordnet hatte. Diese schien durch die bei Kriegsende aus politischen Gründen erfolgte Amtsenthebung Knippings, der zuletzt den Rang eines Bürgermeisters innehatte, kurzzeitig gefährdet. Nach der Auflösung des Stadtbauamts übernahm der bisherige Leiter des Abteilung Tiefbau Carl Dassen die Leitung des Tiefbauamts und den Posten des Beigeordneten und Baudezernenten. Aber mit der politischen Rehabilitierung des 1933 wegen seiner SPD-Mitgliedschaft aus dem Hochbauamt entlassenen Erich Petzold und seiner Ernennung zum Oberbaurat und Leiter des Hochbauamts fiel die Stadtplanung plötzlich in das Ressort eines der traditionalistischen „Stuttgarter Schule" verpflichteten Architekten. Im Hochbauamt fasste der 1946 neu zum Leiter der Abteilung Stadtplanung bestellte Lahl die wesentlichen vorliegenden Planungen zum Wiederaufbau zusammen und aktualisierte sie für den Bereich der Altstadt (Taf. XIV).

Petzolds durch seine Stuttgarter Lehrer Paul Schmitthenner, Paul Bonatz und Heinz Wetzel geprägten Vorstellungen von Architektur und Stadtplanung standen dem seit Mitte der 1930er Jahre in Mainz verfolgten Bandstadtkonzept der „Karlsruher Schule" von Otto Ernst Schweizer diametral entgegen (Abb. 46),[77] und er wurde so für kurze Zeit zum Haupthindernis dieser durch Bayers Abordnung in das Büro Lods repräsentierten Kontinuität.

Bayers und Petzolds Konzepte von Stadtplanung und Wiederaufbau waren unvereinbar. Bayer wusste, dass Petzold beim wie er 1933 entlassenen und von den französischen Besatzungsbehörden zum Oberbürgermeister ernannten Emil Kraus die Einsetzung seines Lehrers Schmitthenner als Gutachter der Stadt betrieb, um die Planungen Lods' zu Fall zu bringen. Er bemühte sich deshalb seinerseits über die französischen Militärbehörden um die Absetzung Petzolds als Leiter des Hochbauamts. Bayer berichtete, dass er Lods seinen Karlsruher Studienkollegen Richard Jörg als geeigneten Nachfolger Petzolds vorgeschlagen habe. Jörg war seit 1936 mit einer kurzen Unterbrechung während der Kriegsjahre im Stadtplanungsamt Baden-Baden tätig gewesen und dadurch den dortigen französischen Besatzungsbehörden kein völlig Unbekannter. Wir finden ihn schon am 20. September 1946 an der Seite von Otto Ernst Schweizer und Horst Linde als deutsches Mitglied des zu seiner ersten vorbereitenden Sitzung einberufenen „Gebäuderats" (Conseil des Bâtiments). Es ist also durchaus denkbar, dass Jörg seinen Weg nach Mainz auch auf andere Weise finden konnte, etwa

---

76 Brief von Bayer 1988.

77 Zu Otto Ernst Schweizers Lehre und Arbeiten seiner Schüler, vgl. Schweizer 1935, 1957 und 1962, Streif 1950, Richrath 2005; zu Schweizers Werk, vgl. Bier 1929, Boyken 1996. In Schweizer 1935 sind Arbeiten von Richard Jörg, „Preisarbeit 1933: Kunststadt (Goldene Medaille)" (S. 28) und Adolf Bayer, „Vergleichende Gegenüberstellung der doppelseitigen und einseitigen Bebauung (1934)" (S. 30) abgedruckt. Zu Heinz Wetzel, vgl. Wetzel 1928 und 1978, Blunck 1958, Pampe 1982.

auf Vermittlung höherer französischer Amtsträger oder deutscher Kollegen mit guten Beziehungen zur Militärregierung in Baden-Baden.

In einem Schreiben vom 12. Oktober 1946 machte General Jacobsen die städtische Bauverwaltung für den schleppenden Fortgang des Wiederaufbaus verantwortlich und forderte vom Oberbürgermeister Kraus unverzüglich Abhilfe.[78] Bereits einen Monat später ordnete er die sofortige Amtsenthebung Petzolds an und schlug die Berufung Jörgs auf die gleiche Stelle vor.[79] Dieser Befehl musste befolgt werden und Petzold schied mit sofortiger Wirkung als Leiter des Hochbauamts aus.[80] Als Jörg im April 1947 sein Amt antrat, blieb die Abteilung Stadtplanung weiterhin Lahl unterstellt, der sein Stellvertreter wurde.

Petzold hat sich nicht in die Regionalplanung eingemischt, denn ihn interessierte vor allem der Wiederaufbau des historischen Stadtzentrums. Deshalb enthielten die Planungen des Stadtbauamts, die Jörg bei seinem Amtsantritt vorfand, nur wenige Veränderungen gegenüber dem Wirtschaftsplan (Taf. XV).[81] Die wichtigste davon war vielleicht eine stärkere Annäherung der Reichsstraße von Worms nach Wiesbaden an das nördliche Industriegebiet der Stadt. Sie sollte den Fernverkehr im Westen um das Stadtgebiet herumführen und neben der nördlichen Eisenbahnbrücke den Rhein überqueren. Entsprechend sollte auch neben der südlichen Eisenbahnbrücke eine Straße zur besseren Anbindung des Gustavsburger Hafen- und Industriegebiets den Rhein überqueren. Die Verbindung von Kastel zur HaFraBa ist noch gestrichelt eingetragen und aus der Fernstraße Frankfurt-Rüdesheim südlich von Wiesbaden ist eine Autobahn geworden.

Auch die Regionalplanung von Hanning und Lods hat sich nach dem Eintritt Bayers in die Section du Plan diesem Konzept des Wirtschaftsplans wieder genähert. Der Zonenplan von 1946 (Taf. XXIV) und der Siedlungsplan von 1947 (Taf. XXII) unterscheiden sich massiv von Lods' erstem Plan der Region Mainz vom 10. Mai 1946 (Taf. XII und XIII).[82] Lods hatte die Industrie entlang des Untermains konzentriert, mit einem großen Industriehafen bei Gustavsburg, die bestehenden Mainzer Häfen (Zoll- und Flusshafen) sollten Teile neuer Freizeit- und Sportanlagen in der Nähe der linksrheinisch gedachten Wohnstadt werden. Eisenbahn- und Straßenverkehr unterquerten den Rhein in zwei Tunneln, zwischen Kastel und Wiesbaden war ein riesiger Flughafen in den Dimensionen des Frankfurter Rhein-Main-Flughafens vorgesehen. Kastel verwandelte sich in eine Verkehrsdrehscheibe der „4 routes" (4 Wege): Flughafen, neuer Hauptbahnhof, Anleger für Personenschifffahrt und Busbahnhof mit Autobahnanschluss.[83] Die Altstadt war zu einer winzigen Museumsinsel

---

78 Le Délégué du district de Hesse-Rhénane Jacobsen, Brief an Monsieur l'Oberbürgermeister de Mayence, Mainz, 12.10.1946, SAM 100/1966/8, 39, hierzu in der dt. Übersetzung: „Eine schnelle Untersuchung der französischen Sicherheitspolizei hat mir gezeigt, dass das ‚Hochbauamt' weit davon entfernt, ist, seiner Aufgabe gewachsen zu sein, sei es durch Inkompetenz, sei es durch Unehrlichkeit."

79 Le Délégué du district de Hesse-Rhénane Jacobsen, Brief an Monsieur le Maire de Mayence, Mainz, 25.11.1946, SAM 100/1966/8, 39, hierzu in der dt. Übersetzung: „Ich wünsche, dass Herr Petzold seine jetzige Tätigkeit schnellstens aufgibt. Er soll keine leitende Stellung innehaben bei der Stadtverwaltung und insbesondere nicht an der Spitze der Planstelle. Ich übersende Ihnen einliegend zur Kenntnisnahme den Lebenslauf und Fragebogen des Herrn Yörg [sic] vom Hochbauamt Baden-Baden, der sich um einen Posten beim Hochbauamt in Mainz bewirbt. Herr Yörg ist mir von massgeblichen Personen empfohlen worden. Ich wäre Ihnen daher verbunden, wenn Sie diese Bewerbung berücksichtigen wollten."

80 Petzold erhielt von Oberbürgermeister Kraus das Angebot, ein besonderes Baupolizeiamt zu leiten, zog es aber vor, vom städtischem Dienst beurlaubt als Büroleiter an Schmitthenners Gutachten zur Wiederaufbauplanung für Mainz mitzuarbeiten, das in seinem Privathaus in Mainz-Kastel untergebracht wurde. Daneben war er als freier Architekt tätig. Noch kurz vor seinem Tode prozessierte er mit der Stadt um die Rechtmäßigkeit seiner Entlassung aus dem Beamtenverhältnis. Vgl. Paul Schmitthenner, „Erklärung zum Einstellungsverhältnis Erich Petzolds bei der Stadt Mainz", 8.12.1950, NLS.

81 Städtisches Hochbauamt, „Aufbau der Stadt Mainz, Verkehrsstraßen Neuplanung, 1:10 000, Plan Nr. W 3", Mainz, Februar 1947, sowie „Aufbau der Stadt Mainz. Die wichtigsten Projekte für die Altstadt, 1:2000, Plan Nr. W 4", SAM BPSF 20830A und 20831A.

82 Die Planung vom 10. Mai 1946 wurde in Lods' Pariser Büro bearbeitet, der Zonenplan (LMM GS 2016/42 III/17) und der identische „endgültige" Zonenplan von 1947 (SAM BPSN Bayer 19) sowie der Siedlungsplan (SAM BPSN Bayer 20) sind über das Sonnensignet der Section du Plan in Mainz zuzuordnen.

83 Offenbar spielt Lods mit seiner Namensgebung für den neuen Mainzer Hauptbahnhof, „Gare des 4 routes", auf den Titel von Le Corbusiers Buch *Sur les quatre routes* an, in dessen Vorbemerkung Le Corbusier verkündet: „Der Wiederaufbau zerstörter Regionen ist ein zeitlich begrenztes Werk, der Aufbau des Landes ist eine dauerhafte Aufgabe", siehe Le Corbusier 1941, S. 9.

um den Dom geschrumpft. Südlich von ihr, durch einen Grüngürtel getrennt, erkennt man eine „Ville verte verticale", nördlich, anschließend an ein Handels- und Verwaltungszentrum zu beiden Seiten der neuen, den Rhein überquerenden Verkehrsachse, zwei weitere „vertikale Gartenstädte", eine an der Stelle der Mainzer Neustadt und auf der Hochebene von Gonsenheim eine weitere, etwas kleinere.

Dieser schöne Traum einer von Le Corbusier inspirierten Idealstadt zerrann unter den harten Bedingungen der zerbombten neuen Landeshauptstadt. Zwar wünschte eine schwache Siegermacht, aus ihr die strahlende Hauptstadt ihres Besatzungsgebiets zu machen, aber die direkte räumliche Konkurrenz zu Frankfurt, dem Verkehrs- und Verwaltungszentrum der amerikanischen Zone und künftigen Bizonenhauptstadt, machte diesen Plan von vornherein chancenlos. Lods' erster Plan war doppelt utopisch: räumlich, weil er die vorhandenen Nutzungs- und Verkehrsstrukturen gegen sein eigenes planerisches Credo erst nach der zeichnerischen Fixierung seiner Vision untersuchen ließ, und politisch, weil er weder die Grenzen der Besatzungszonen beachtete, noch die Absichten der mächtigeren amerikanischen Alliierten in der Rhein-Main-Region berücksichtigte, ja, sich geradezu gegen sie stellte.

Im Zonenplan ist dies alles nur noch in wenigen Aspekten wiedererkennbar, dafür haben zentrale Elemente des Wirtschaftsplans an Bedeutung gewonnen. Von diesem erkennen wir die Autobahntrasse südlich der Stadt wieder, die Umgehungsstraße nach Wiesbaden, sogar die drei Brücken sind wieder am alten Platz. Von Lods' Plan bleibt die Dreiteilung des Stadtgebiets in eine historische Altstadt, ein neues Wirtschafts- und Verwaltungszentrum und eine zweiteilige „Ville verte verticale". Der Bahnhof der „4 routes" in Kastel dient nur noch drei Verkehrsträgern, denn der Flughafen ist weit vom Stadtgebiet nach Mechthildshausen und Erbenheim abgerückt. Der neue Hafen bleibt weiterhin in Gustavsburg, aber aus der südlichen Hochhausstadt ist eine Einfamilienhauszone geworden, wie drei weitere: in Kostheim, beim Verkehrskreuz Kastel und auf der Höhe des Neubergs in der Nähe des Flughafens, wo auch der Wirtschaftsplan schon Siedlungen vorgeschlagen hatte. Der Plan zeigt, wie stark die bestehenden Leitbilder die Section du Plan eingeholt hatten. Später sollte der Plan einer modellhaften „Ville verte" weiter zum Projekt einer „Unité d'habitation Wallstraße" auf dem Hochplateau am Taubertsberg schrumpfen (Abb. 94).

Auch der Zonenplan hatte schon deshalb keine Zukunft, weil er Mainz auf fatale Weise zweiteilte. Linksrheinisch blieben Kultur, Handel, Verwaltung, Wohnen, Freizeit und Sport, rechtsrheinisch die Industrie, die Verkehrsanschlüsse und die Häfen. Dieses Konzept, das im Groß-Mainz der Ära Knipping unter Vorbehalten noch vertretbar gewesen war, hatte angesichts der Zonengrenze, der definitiven Abtrennung der rechtsrheinischen Stadtteile und ihrer Zuordnung zum Land Hessen seine Berechtigung verloren. Es illustrierte allenfalls mit der sorgfältigen räumlichen Trennung unterschiedlicher städtischer Funktionsbereiche noch das Prinzip einer Zonenplanung, wie sie die *Charta von Athen* in ihrer von Le Corbusier 1943 veröffentlichten Fassung gefordert hatte.[84]

Kurz nach seinem Amtsantritt im Mai 1947 versuchte Jörg in einem neuen Anlauf, das bei Schweizer erlernte Bandstadtschema anzuwenden (Abb. 46). Er interpretierte die Siedlungsstruktur von Bingen über Wiesbaden und Mainz bis Frankfurt und Hanau als ein zusammenhängendes, durch Rhein und Main geformtes geschwungenes Band, dem sich in Zukunft die übrigen Verkehrsträger Straße und Bahn stärker anpassen müssten.[85] In einer Schemaskizze gab er bis dahin nur schwach genutzte Bereiche dieses Bands als mögliche Standorte zusätzlicher Siedlungen an (Taf. XXXII). Konzeptionell neu an diesen Überlegungen ist vor allem der Vorschlag, das Autobahnnetz unabhängig von der Bandstruktur zu planen. Aus der bisher vorgeschlagenen Trasse südlich von Mainz wird eine „Verkehrsstraße", wogegen die linksrheinische und nach Saarbrücken führende Autobahn etwa dort von der Autobahn abzweigen sollte, wo bisher nach Bayers Vorschlag von 1940 die Ausfallstraße von Kastel aus die Autobahn von Frankfurt nach Köln hätte erreichen sollen. Jörgs

---

84 Le Corbusier 1943.
85 Hochbauamt Mainz, „Rhein-Main-Gebiet, Verkehrs-Schema, Maßstab 1:100000", Mai 1947, Reproduktion, SAM BPSF 20837A, sowie „Die Bandstadt am Main und Rhein (Schema)", gl. Maßstab und Plankopf, o.D. [Mai 1947], Reproduktion, SAM BPSF 20836A.

Autobahn schaffte eine Grenze zwischen Wiesbaden und Mainz, überquerte dann parallel zur Streckenführung einer fiktiven Europa-Eisenbahn den Main und kreuzte so die Straßenverbindungen zwischen den beiden Städten (Taf. XXXIII).[86]

Jörg ging, wie er es bei Schweizer gelernt hat, vom Allgemeinen zum Besonderen vor. Wenn ihm auch kein Flugzeug zur Verfügung stand wie seinem Kollegen Lods, so verschaffte er sich doch den großen Überblick mit Hilfe einer Karte im Maßstab 1:100.000, auf der er die Großform definierte und dann im jeweils kleineren Maßstab abwandelte und konkretisierte (Taf. XXXVIII). Wie mit einer Gummilinse vergrößerte er den Maßstab, bis er die Dimension der Stadt erreichte.[87] Dieses Vorgehen entsprach weitgehend den oben zitierten Vorstellungen von Dassen, nur hatten sich die Rahmenbedingungen der Stadtplanung inzwischen radikal geändert. Die Stadtplaner der Nachkriegszeit waren an den Entscheidungen übergeordneter Körperschaften im regionalen Maßstab nicht mehr beteiligt. Sie konnten sie oft nicht einmal in ihrem engeren Arbeitsgebiet beeinflussen, wie die sogenannte „Mainzer Brückenfrage" zeigt. Während des Krieges war die Hohenzollernbrücke mehrfach Ziel von Bombenangriffen. Endgültig zerstört wurde sie am 18. März 1945 von deutschen Militärs, um den alliierten Truppen den Rheinübergang zu erschweren. Eine Behelfsbrücke überspannte in den ersten Nachkriegsjahren den Rhein im Zuge der Kaiserstraße (Abb. 75). Auf Initiative der amerikanischen Behörden und ohne jede Absprache wurden Wilhelm Härter und die MAN Gustavsburg 1946 mit dem Wiederaufbau an alter Stelle und in der Form von 1934 beauftragt. Weder das städtische Hochbauamt noch die Section du Plan wurden in der Brückenfrage ausreichend informiert, und Hannings nachgereichter Wiederaufbauvorschlag fand keine Beachtung. Da die Stadt Mainz an der Finanzierung nicht beteiligt war, wurde sie auch nicht in die Planung eingebunden.[88] Der Wiederaufbau als Stahlbogenbrücke auf den alten Pfeilern erfolgte 1948–1950.

Mit den neuen, nach dem Kriege gezogenen Grenzen der Besatzungszonen und später der Bundesländer hatten sich die Perspektiven für Groß-Mainz radikal verändert. Zwar wirkten die Raumordnungsvorschläge des Wirtschaftsplans in den Köpfen der Planer noch weiter und setzten den Rahmen für so unterschiedliche Konzepte wie Lods' „Ville verte verticale", Schmitthenners „neuer alter Stadt" und Jörgs „Stadt des fließenden Raumes", aber die Entscheidungen auf beiden Seiten des Rheins wurden unabhängig voneinander getroffen. Das neue Groß-Mainz wurde strikt linksrheinisch, denn nicht nur Kastel, sondern die gesamte Region von Wiesbaden, das Mündungsgebiet des Mains und die Agglomeration um Frankfurt bis Darmstadt unterstanden inzwischen den Planungsinstanzen eines anderen Bundeslandes, was nicht nur Lods' „Gare des 4 routes" sondern auch Jörgs Rhein-Main-Bandstadt von vornherein unrealistisch und utopisch werden ließ.

Hartmut Frank

---

86 „Städtebauliches Ordnungs-Schema Mainz-Wiesbaden, 3. Weitere Abwandlung des Ur-Schemas auf Grund der örtlichen Situation in Mainz", o.D., ohne Verfasserangabe, Reproduktion, SAM BPSF 20840A.

87 Vgl. hierzu auch Jörgs und Bayers Darstellung von Mainz im europäischen Verkehrsnetz für die CSAU-Präsentation von 1948, SAM BPSP 590.10C.

88 Hanning legte Karl Maurer, Erich Petzold und Gerhardt Lahl am 24.10.1946 eine Alternative für die Brücke und die Anordnung der Zufahrtsstraßen vor, siehe Wiederaufbauamt, „Aktenvermerk über am 24.10.1946 [...] stattgefundene Besprechung bei der Section du Plan (Büro Lods)", Mainz, 25.10.1946, gez. Berghäuser, SAM 100/1966/8, 39. Hannings Projekt ist verschollen. Am 2.10.1947 bemängelte ein Vertreter der MAN den zu hohen Stahlbedarf von Hannings Projekt, vgl. Rechenschaftsbericht der Section du Plan über die „Zusammenkunft am 2. Oktober 1947 in Wiesbaden betr. die Strassenbrücke in Mainz", SAM NL Bayer 87. Vgl. auch Bayer 1947a, b: „Die Stadt Mainz erfuhr von dem Wiederaufbau der Brücke durch Zufall Mitte Juli dieses Jahres. Man hatte sie nicht informiert, da sie nicht an den Kosten beteiligt war." Dem widerspricht allerdings Hannings ein Jahr zuvor in Bayers Gegenwart präsentiertes Projekt und Dassens Gutachten, siehe Carl Dassen, Der Oberbürgermeister der Stadt Mainz, „Verkehrsplanungen im Stadtgebiet Mainz", Mainz, 1.6.1946, S. 24, SAAI NL Bayer 87: „Die Wiederherstellung der alten Straßenbrücke an alter Stelle ist beschlossen; die Vorarbeiten dürften im Gange sein."

KONFLIKTFELD WIEDERAUFBAUPLANUNG

Mainz wurde am 22. April 1945 von amerikanischen Truppen besetzt. Sie blieben bis Juli 1945. Dann überließen sie die Stadt den nachrückenden französischen Truppen. Obwohl größte Stadt der französischen Besatzungszone und geschichtsträchtiger Ort französischer Hoffnungen auf eine stabile Ostgrenze am Rhein, eignete sich die zerstörte Stadt vorerst nicht als Sitz der Militärregierung. General Pierre Koenig residierte stattdessen im unzerstörten Baden-Baden.

Das Panorama der vielschichtigen Herausforderungen und großen Ambitionen, die sich bald an den Wiederaufbau der Stadt knüpfen sollten, veranschaulicht ein 1947 veröffentlichtes Dreijahresprogramm (Abb. 74).

Im ersten Jahr nach Kriegsende verfügte die provisorische Stadtverwaltung jedoch weder über die Mittel noch über geeignetes Personal zu einer schnellen Trümmerräumung oder zu einer koordinierten Wiederaufbauplanung. Eine erste Schadensermittlung der Militärregierung im linksrheinischen Stadtgebiet wies 3797 total zerstörte, 575 schwer und 1488 leicht beschädigte Gebäude auf. Von 42.800 Wohneinheiten, die 1939 in diesem Gebiet bestanden, waren somit 1945 25.408 total zerstört, 2839 schwer und 7851 leicht beschädigt (Abb. 75).[1] Eine Protokollnotiz vom 25. September 1945 über ein Gespräch des Sprechers der Mainzer Architektenschaft, Friedrich Schütz, mit dem Leiter des Tiefbauamts Hans Fritzen und mit Stadtrat Albert Himmler charakterisierte die herrschende Misere. An einen allgemeinen Arbeitseinsatz der in der Stadt verbliebenen Bevölkerung zur Trümmerräumung sei wegen des Mangels an Nahrungsmitteln und fester Winterkleidung nicht zu denken. Man solle deshalb Anreize für einen freiwilligen Arbeitseinsatz schaffen, die sowohl in der Erhöhung der Nahrungsmittelrationen als auch in Materialzuteilungen gemäß nachgewiesenen Arbeitseinsatzes bestehen könnten.[2] Noch vor Wintereinbruch müssten wenigstens die Straßen und die Kanaleinläufe freigemacht werden.[3] Zur Popularisierung der Aufräumungsarbeiten schlug Fritzen eine öffentliche Werbung durch Plakate und die öffentliche Ausstellung von Plänen und Diagrammen in Schaufenstern vor. Er denke an eine Gegenüberstellung von Ansichten allgemein bekannter Straßen und Plätze mit Schadensplänen, grafischen Darstellungen über Schuttmengen und Arbeitseinsätze, sowie an Wiederaufbaupläne und Daten über den Wohnungsbedarf. Besser wären natürlich Artikel in den Ortszeitungen, diese jedoch erschienen noch nicht wieder.[4]

Der Direktor der Mainzer Stadtbibliothek Aloys Ruppel empfahl im Januar 1946, angeregt durch das Vorbild der nahen Stadt Worms, eine größere Ausstellung mit dem Titel *Mainz baut auf*, die historische Ansichten Neuplanungen gegenüberstellen sollte, um eine positive Aufbaustimmung zu erzeugen. Oberbürgermeister Emil Kraus wandte dagegen ein, dass die Bauämter bereits mit Ad-hoc-Arbeiten überlastet seien und dass an eine Ausstellung erst in einigen Jahren zu denken sei, wenn ein Aufbauplan vorläge.[5] Vor dem Wintereinbruch könnten nur allernotwendigste Sicherungs- und Ausbesserungsarbeiten durchgeführt werden und für eine umfassende Aufbauplanung müssten erst noch die personellen

---

1 Als leicht beschädigt wurden in Mainz Gebäude definiert, die mit einer Tonne Zement, fünf Kubikmetern Holz und vierzig Quadratmetern Wellblech oder Zementplatten zu reparieren waren. Zahlenangaben nach einem Fragebogen der Militärregierung (Direction générale de l'Économie et des Finances, Direction Réparations-Restitutions: Section Reconstruction), o. D. [vermutl. 1945], SAM 100/1966/19, 120.

2 Architekt Friedr. Schütz, Schreiben an den Herrn Oberbürgermeister der Stadt Mainz, Mainz, 22.9.1945, sign., SAM 100/1966/19, 120.

3 Ebd.

4 Tiefbauamt, Schreiben an den Herrn Oberbürgermeister, Mainz, 24.9.1945, sign. Fritzen, SAM 100/1966/19, 120. Der Vorschlag wurde mehrmals im Rat behandelt: Wiedervorlage am 11.11.1945 und 20.2.1946.

5 Denkmalpfleger, Vorschläge für eine Ausstellung: Mainz baut auf!, Abschrift als Anlage eines Schreibens des Oberbürgermeisters an die beiden Bauämter der Stadt, Mainz, 21.1.1946, gez. Der Oberbürgermeister, i. V. paraphiert Dassen, SAM 100/1966/19, 120.

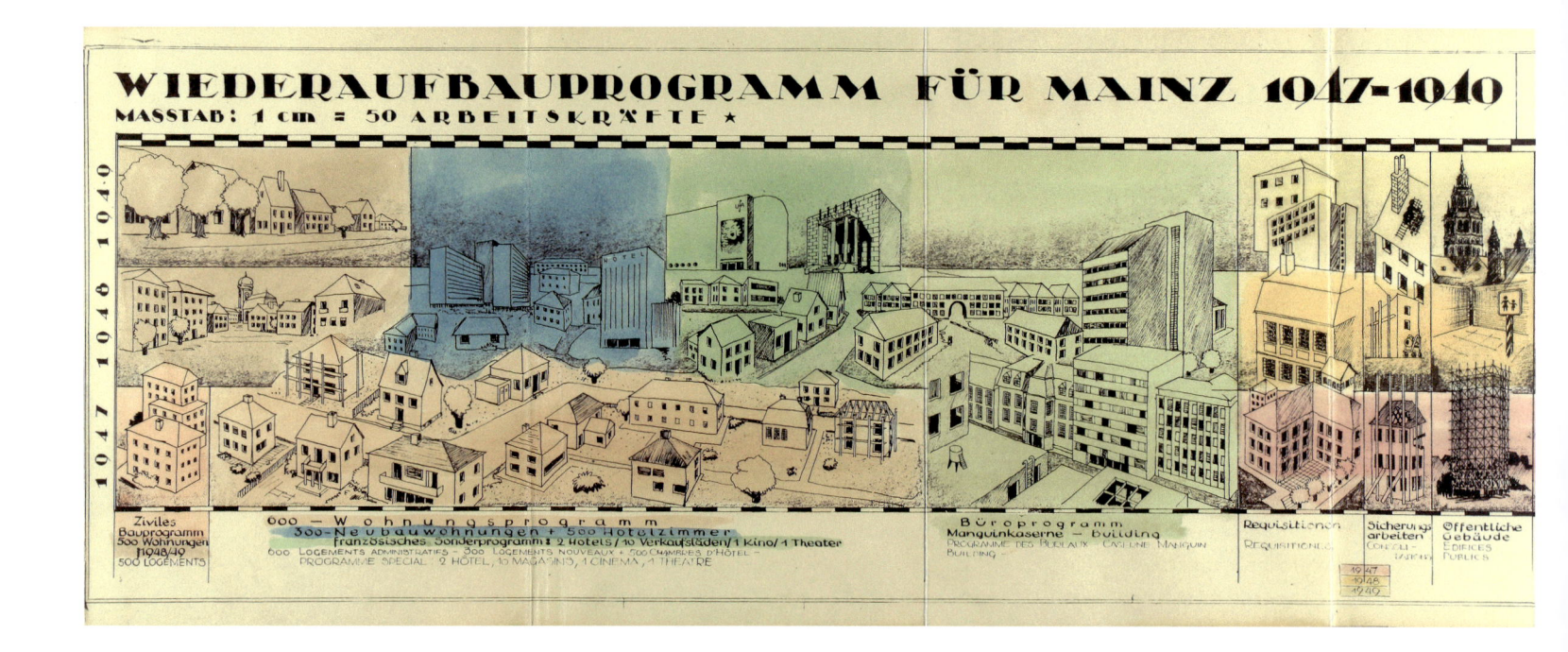

Voraussetzungen geschaffen und die politischen und wirtschaftlichen Rahmensetzungen geklärt werden.

Im Jahr 1946 veröffentlichte die Militärregierung ihre Absicht, den linksrheinischen Teil des Mainzer Stadtgebiets zur Hauptstadt des neuen, am 30. August gegründeten Landes Rheinland-Pfalz und zum Sitz der Militärverwaltung für die gesamte französische Zone zu machen. Das neue Land umfasste die Pfalz, aber auch die linksrheinischen Teile der ehemaligen preußischen Rheinprovinz und Hessen-Nassaus. Es vereinigte den gesamten nördlichen Bereich des unter französischer Verwaltung stehenden Gebiets (Abb. 17).

Trotz der Erhebung von Mainz zur Landeshauptstadt und der etwa gleichzeitigen Entscheidung, die französische Militärregierung mittelfristig aus Baden-Baden nach Mainz zu verlegen, blieben die wirtschaftlichen Rahmenbedingungen fatal. Die französische Zone wurde von ihrer Besatzungsmacht in besonderer Weise zu Kriegsentschädigungen herangezogen, und die allgemeine Mangelwirtschaft sowie die zerrütteten Währungsverhältnisse behinderten den Wiederaufbau zusätzlich. Es fehlten nicht nur die Finanzierungsmittel für den Wiederaufbau, sondern auch das erforderliche Baumaterial und die Unterkünfte und Nahrungsmittel für Bauarbeiter. Ein zusätzliches Problem für die Stadt bedeutete ihre Trennung von den rechtsrheinischen Stadtteilen, die nun zu einem anderen Land und einer anderen Zone gehörten. Mit ihnen hatte Mainz seine wichtigsten Industriegebiete verloren (Abb. 76).

Die Baumaßnahmen der französischen Militärregierung stützten sich auf die deutsche Militärbauverwaltung, deren Kontrolle sie 1945 übernommen hatte, in Mainz auf die Direktion des Militärbauamts, die am 1. Januar 1946 für den nördlichen Teil der Besatzungszone eingerichtet worden war.[6] Einer An-

[6] In Anlehnung an das deutsche Behördensystem war die Militärbauverwaltung streng hierarchisch organisiert. In der Nordzone, dem späteren Rheinland-Pfalz, unterstanden die sieben bestehenden deutschen Militärbauämter der Direktion der Militärbauämter Nordzone unter der Leitung des Reg.-Baudirektors Gottfried Lenzen und seines Stellvertreters Heinrich Delp. Die Direktion hatte die Aufgabe, die Liegenschaften des Militärfiskus zu verwalten und instand zu halten, daneben übernahm sie auch die Planung und Leitung notwendiger Bauvorhaben der Besatzungsarmee. Ab

Konfliktfeld Wiederaufbauplanung

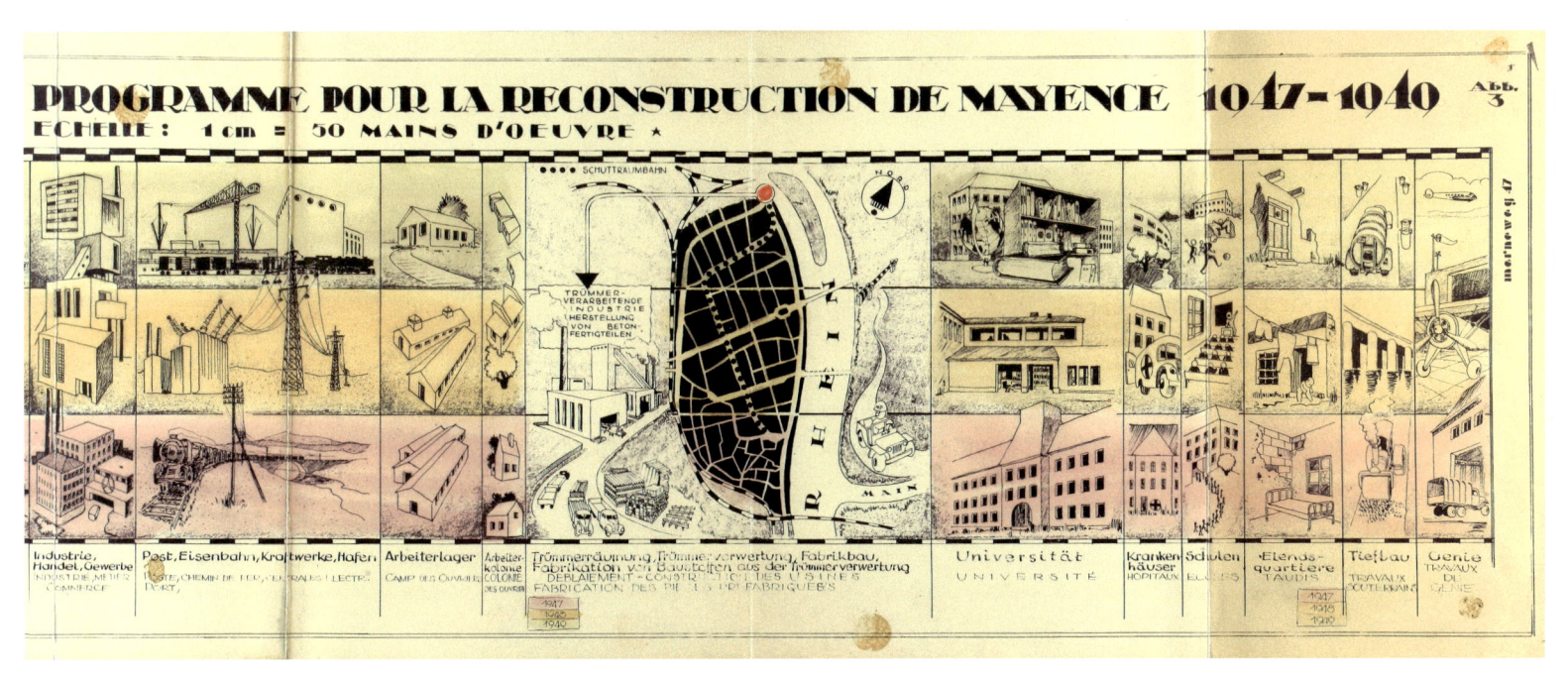

74 Wilhelm Imm: *Wiederaufbauprogramm für Mainz 1947–1949. Programme pour la reconstruction de Mayence 1947–1949*, Falttafel mit Schaubildern aus: Wiederaufbauverband Mainz, Der Generaldirektor [Wilhelm Imm] (Hg.), *Jahresbericht des Generalbaudirektors für den Wiederaufbau von Mainz für die Zeit vom 1. November 1946 bis 30. November 1947*, Mainz 1947, Stadtarchiv Mainz.

weisung vom Sommer 1946 vorgreifend gründete die Militärregierung in der Erwartung, dass diese zum geistigen Zentrum des neuen Landes heranwachsen würde, schon Ende 1945 die Johannes Gutenberg-Universität. Für den Bau der Hochschule wurden die Gebäude einer südwestlich der Mainzer Oberstadt gelegenen ehemaligen Flugabwehrkaserne umgebaut (Abb. 19 und Taf. XXXVI). Hierfür wurde das gesamte Baupotential der Stadt ausgeschöpft, das für die geplante Instandsetzung von 1000 leicht beschädigten Wohnungen im Jahr 1946 vorgesehen war.[7] Auch nach der Eröffnung der Universität am 22. Mai 1946 hatte die Stadt größte Schwierigkeiten, das Wohnungsinstandsetzungsprogramm durchzuführen, denn die Schaffung des neuen Landes Rheinland-Pfalz und die Wahl von Mainz als Landeshaupt-

stadt und als Hauptstadt der französischen Zone hatten zur Folge, dass vom Militärbauamt im Juli 1946 ein noch viel größeres Programm aufgestellt wurde.[8]

Am 3. August 1946 stellte der von der Militärregierung mit der Kontrolle des Wiederaufbaus von Mainz betraute Commandant Louis Fournier den Vertretern der Stadt und der Mainzer Architektenschaft das umfangreiche Programm vor, mit präzisen Vorgaben für die Umsetzung für eine Reihe von Projekten.[9] Es überrascht, dass sich darin nur eine einzi-

dem 1.1.1948 Sonderbauamt für das französische Militärbauwesen (SFM), wurde sie später als „Finanzbauamt Mainz" in die Finanzverwaltung des Landes Rheinland-Pfalz integriert.

7 „Betr.: Bericht über den Wiederaufbau der Stadt Mainz, Organisation und Finanzierung", Abschrift des Berichts des Oberbürgermeisters Dr. Kraus, Mainz, 14.11.1946, gez. Oberbürgermeister, SAM 100/1966/19, 118.

8 Sonderbauverwaltung für das französische Militärbauwesen Rheinland-Pfalz, Direktion, „Kurz-Bericht über den Einsatz der Sonderbauverwaltung im Bereiche der Stadt Mainz", Mainz, 7.10.1948, sign. Lenzen, Reg.-Baudirektor; Direktion der Militärbauämter Nord-Zone, „Erläuterungen zum Projekt der Erstellung von Wohnungen und Geschäftszimmern für die französische Besatzungsarmee in Mainz", Abschrift, Mainz, 12.7.1946, i. V. gez. Delp, Reg.-Baurat; beide Dokumente in SAM 100/1966/19, 118.

9 Fournier stützte sich auf die Direktive der Militärverwaltung „zum Projekt der Erstellung von Wohnungen und Geschäftszimmern für die französische Besatzungsarmee in Mainz" vom 12.7.1946, „Niederschrift über die Besprechung mit Kommandant Fournier am 3. August 1946", Mainz, 5.8.1946, ohne Verfasserangabe, SAM 100/1966/19, 118. Die Teilnahme

75 *Blick vom Mainzer Dom über den zerstörten Brand zum Rhein, im Hintergrund die Reste der Hohenzollernbrücke und die Behelfsbrücke*, 1946, Stadtarchiv Mainz.

ge vage Anspielung auf die Planungen findet, an denen Marcel Lods bereits seit dem Frühjahr 1946 im Auftrag von General Pierre Jacobsen arbeitete, der im November 1945 zum Bezirksdelegierten von Rheinhessen ernannt worden war: „Im Neustadtgebiet sollen Hochhäuser für Bürozwecke zur Ausführung kommen."[10]

Ein unter Fourniers Aufsicht gestelltes städtisches Sonderbaubüro des Militärbauamts sollte nun den Wiederaufbau der Stadt und das Bauprogramm der Militärregierung koordinieren. Aus der Sicht Fourniers und des Militärbauamts konnte in der Nachbarschaft des Krankenhauses unverzüglich mit dem Bau achtgeschossiger Wohngebäude begonnen werden. Er schlug vor, in der Altstadt mehrere verlassene Häuser durch Neubauten zu ersetzen und forderte, umgehend mit den Planungen zum Ausbau der Ludwigsstraße und der Nordwestseite der Schillerstraße zu beginnen. Ferner ordnete er den Wiederaufbau des Postgebäudes an, des Warenhauses Woolworth, des Bassenheimer (Abb. 127) und des Osteiner Hofs (Abb. 77), den Neubau eines Krankenhauses für Franzosen mit 150 Betten an der Goldgrube, eines Gymnasiums mit Internat für 600 Schüler auf einem noch zu definierenden Grundstück sowie von zwei Schulen im Klinikviertel und am Gonsenheimer Tor.[11] Um die Bauarbeiter unterzubringen, wurde das Militärbauamt mit dem sofortigen Bau von Baracken im Bereich der Wallstraße und im Großen Sand beauftragt.[12] Heinrich Delp, seit dem 1. Mai 1946 stellvertretender Leiter der Militärbauverwaltung der Nordzone und nun auch Leiter des städtischen Sonderbaubüros, schlug die Verwendung wichtiger Baudenkmäler der Stadt für Verwaltungszwecke vor, zu deren Erhaltung und Instandsetzung der Stadt die Mittel fehlten, denn hier bedeute der Zugriff der Militärregierung Hilfe in letzter Stunde. Den Wohnbedarf der Besatzungsarmee wollte er ausschließlich mit Neubauten in „zusammenhängenden Wohnblöcken" befriedigen, welche die Anwendung neuester Bautechniken ermöglichten. Das weitaus größte der dafür vorgeschlagenen Baugrundstücke war mit 200.950 m^2 das Gelände an der Wallstraße, für das Lods seine Unité d'habitation entwarf (Abb. 94). Delps Bericht enthielt zugleich eine erste Kalkulation der erforderlichen Flächen und der Kosten der gesamten Baumaßnahmen (82 Millionen Reichsmark) und der notwendigen Arbeitskräfte (6000 Bauarbeiter für zwei Jahre).[13]

der Architektenschaft belegt ein Schreiben ihres Vorsitzenden Friedrich Schütz, in dem dieser die Dienste eines Zentralbüros der Mainzer Architekten anbietet und hierfür die Zuweisung von zwei Baracken und Heizmaterial beantragt. Vereinigung Mainzer Architekten, Schreiben an den Oberbürgermeister der Stadt Mainz „Betr.: Wiederaufbau", Mainz, 7.8.1946, sign. Fr. Schütz, SAM 100/1966/8, 37.

10 „Niederschrift über die Besprechung mit Kommandant Fournier am 3. August 1946", Mainz, 5.8.1946, ohne Verfasserangabe, SAM 100/1966/19, 118.

11 Seine Pläne für die Ludwigsstraße betrieb Fournier weiter, indem er Anfang September Schütz beauftragte, „gemeinsam mit anderen Architekten einen Vorschlag für den Aufbau der Ludwigsstrasse und Schillerstrasse auszuarbeiten. Ihm sei eine Frist von 5 Tagen gestellt worden." Mitteilung an Oberbürgermeister Dr. Kraus „Betr.: Ludwigstrasse [sic], Schillerstrasse", Mainz, 4.9.1946, sign. Dassen, SAM 100/1966/8, 37.

12 „Niederschrift über die Besprechung mit Kommandant Fournier am 3. August 1946", Mainz, 5.8.1946, ohne Verfasserangabe, SAM 100/1966/19, 118.

13 Direktion der Militärbauämter Nord-Zone, „Erläuterungen zum Projekt der Erstellung von Wohnungen und Geschäftszimmern für die französische Besatzungsarmee in Mainz", Abschrift, Mainz, 12.7.1946, i. V. gez. Delp, Reg.-Baurat, SAM 100/1966/19, 118.

Die Anweisungen, die Jacobsen am 6. August 1946 gab, waren weniger genau. Er präsentierte die Vorhaben, die in Mainz verwirklicht werden sollten, und verlangte „von deutscher Seite Vorschläge der Verwaltung in 2–3 Wochen".[14] Er unterschied vier gleichermaßen dringende und gleichzeitig durchzuführende Vorhaben. Das erste betraf die Erstellung von 1000 Wohnungen für die Zivilbevölkerung noch vor Jahresfrist, das zweite den weiteren Ausbau der Universität, wobei die Fakultäten für Medizin und für Naturwissenschaften schon am 15. Oktober 1946 eröffnet werden sollten. Das dritte Vorhaben betraf die Planungen für „Mainz als Hauptstadt der französischen Zone" und die sofortige Schaffung der hierfür erforderlichen Verwaltungs- und Wohngebäude. Das Projekt war auf 1200 Büros, 2000 Wohnungen für Familien und 4000 Zimmer für Ledige angelegt, wobei für deren Konzeption und Bau eine spezielle, autonome Einrichtung geschaffen werden sollte.[15] Der Wiederaufbau der Gesamtstadt wurde als „ein Plan von längerer Dauer" angesehen und als viertes Vorhaben festgelegt. Mit Jacobsens dritten Vorhaben, dem sogenannte „Baden-Badener Programm",[16] kam zu den vielen Problemen des Wiederaufbaus nun eines hinzu, das durch seine Größe sowohl die provisorische Stadtverwaltung unter Oberbürgermeister Emil Kraus als auch die örtlichen Besatzungsbehörden unter Jacobsens Führung überforderte. Beide Parteien versuchten daher, sich der Mitarbeit kompetenter Fachkräften zu versichern und bildeten konkurrierende Planungs- und Steuerungsgruppen, auch um die Entscheidungen der Gegenseite kontrollieren und einschränken zu können.

Die bestehenden Behörden waren 1946 weder organisatorisch noch personell imstande, diese Mehrarbeit zu bewältigen. Dem Beigeordneten Carl Dassen unterstand die städtische Bauverwaltung mit

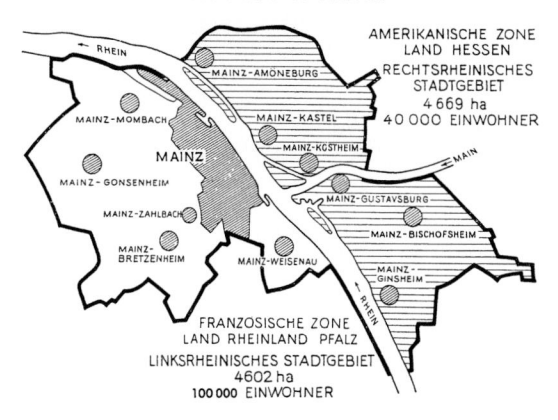

76 Franz Stein: *Mainz, die amputierte Stadt im Westen, ruft nach Hilfe*, Umschlagseite der Zeitschrift *Die Neue Stadt*, Jg. 7, H. 2, 1953.

dem Tiefbauamt unter Hans Fritzen und dem Hochbauamt unter Erich Petzold, der 1933 von den Nationalsozialisten aus dem städtischen Dienst entlassen und nun wieder eingestellt worden war; innerhalb Petzolds Behörde leitete Gerhardt Lahl die Stadtplanungsabteilung.[17] Diese gaben sich größte Mühe mit der Trümmerbeseitigung und dem Bau der Universität, doch waren sie kaum in der Lage, zusätzlich auch noch das Wohnungsinstandsetzungsprogramm zu bewältigen, geschweige denn das Baden-Badener Programm oder den zwingend notwendigen Wiederaufbauplan anzugehen, um den vor Kriegsende aufgestellten Wirtschaftsplan an die neuen Rahmenbedingungen anzupassen.

Die Zersplitterung in verschiedenste Dienststellen, die auf kommunaler und Landesebene für

---

14 Ebd.
15 „Niederschrift über die Besprechung bei General Jacobsen am 6. August 1946", Mainz, 8.8.1946, ohne Verfasserangabe, SAM 100/1966/19, 118.
16 Sonderbauverwaltung für das französische Militärbauwesen, Rheinland Pfalz, Direktion, „Kurz-Bericht über den Einsatz der Sonderbauverwaltung im Bereiche der Stadt Mainz", Mainz, 7.10.1948, sign. Lenzen, Reg.-Baudirektor, SAM 100/1966/19, 118. Zu diesem Programm siehe A. Bourgoin, „Note sur la reconstruction de Mayence", Mainz, 24.3.1948, AOFAA AEF 1864/4.

17 Schüler 1996.

das Planungs- und Bauwesen zuständig waren, trug ebenfalls nicht zur Bewältigung dieser Herausforderungen bei. So richteten die Franzosen in Neustadt eine provisorische Landesregierung ein, zu der in der Abteilung Finanzen und Forsten ebenfalls eine Bauverwaltung gehörte, die ab 1947 von Gerd Offenberg, dem ehemaligen Stadtbaumeister von Bremen und Direktor der Weimarer Architektur- und Kunsthochschule, geleitet wurde.[18] In der Regel gehörten zur Landesbauverwaltung Dienststellen auf Kreisebene, doch im Falle von Mainz, wo Stadt und Kreis zusammenfielen, gab es zwischen den Landes- und Kommunalbehörden keine Zwischenebene.

Neben diesen Instanzen übernahmen noch drei weitere staatliche Behörden bestimmte Aufgaben für den Wiederaufbau, nämlich die Bauverwaltung der Reichsbahn, die Bauverwaltung der Post und die Militärbauverwaltung. Als einfache Koordinierungsstelle zwischen den verschiedenen deutschen Verwaltungsebenen kam auch noch der Aufbauverband hinzu, an dem ursprünglich das Land, der Stadtkreis Mainz, die Eisenbahnverwaltung und die Post- und Telegrafenverwaltung beteiligt waren.[19] Dieser befasste sich insbesondere mit den Finanzfragen des Wiederaufbaus und dem Umbau großer Verkehrsinfrastrukturen wie Landesstraßen, Autobahnen oder Brücken. Nicht zu vernachlässigen sind auch die Aktivitäten des Landesdenkmalamts unter Fritz Arens, die sich mit den Vorhaben der lokalen Dienststelle von Bertrand Monnet und denen des Konservators des Mainzer Diözesanbauamts überschnitten.

Die Tätigkeit des Planungsbüros von Lods hatte im August 1946 noch keinen formellen Platz im Verwaltungssystem gefunden, sondern zu diesem Zeitpunkt lediglich eine Beratungsfunktion. Da die Mehrheit der geplanten Baumaßnahmen im Rahmen des Baden-Badener Programms Gebäude für Personal und Dienststellen der Militärregierung betrafen, war allein die Militärbauverwaltung mit ihrer Umsetzung beauftragt. Das im August 1946 eigens zu diesem Zweck eingerichtete Sonderbaubüro war jedoch offensichtlich auch nicht in der Lage, die recht komplexe Koordinierung des Wiederaufbaus und des Baden-Badener Programms zu bewältigen.

Die indirekte Kontrolle der deutschen Behörden scheint keine ausreichende Garantie für den Erfolg der französischen Politik gewesen zu sein, weshalb als Bindeglied zwischen dem Delegierten der Provinz Rheinhessen und den örtlichen deutschen Dienststellen zwei spezifische Instanzen eingerichtet und an die Generaldirektion für Wirtschaft und Finanzen in Baden-Baden angegliedert wurden: Fourniers am 11. Oktober 1946 eingerichtete „Baukontrollstelle" (Service de Contrôle des constructions) und Lods' „Planungsstab Mainz" (Section du Plan de Mayence). Erst damit standen Jacobsen komplexere und leistungsfähigere Handlungsinstrumente zur Verfügung als seinen Kollegen in den anderen Städten der Zone. Die geografische Zuständigkeit des Planungsstabs, der provisorisch in einer Baracke neben dem Lods zugewiesenen Haus in der Augustusstraße 25 unterkam, betraf Mainz und sein Umland und übertraf somit die der Baukontrollstelle, die auf den Stadtkreis Mainz begrenzt war. Diese hatte für die Umsetzung von Bebauungsplänen zu sorgen, überwachte die von der Militärregierung beschlossenen Baumaßnahmen, erteilte Baugenehmigungen und teilte Baumaterialien zu.

Ihrem Gründungsdekret gemäß sollte die Section du Plan Bebauungspläne erstellen oder erstellen lassen. Sie sollte für alle deutschen Dienststellen Richtlinienkompetenz haben und deren Arbeit leiten und überwachen. Darüber hinaus durften „weder der Generalbebauungsplan noch Teilbebauungspläne ohne ihre vorherige Genehmigung ausgeführt werden", wobei die „Ausführung der genehmigten Pläne ihrer permanenten Kontrolle" unterlag. Für die Besetzung der Stellen bei der Section du Plan waren zwei Franzosen vorgesehen, ein Stadtplaner als leitender Architekt und sein Stellvertreter, sowie eine „noch zu bestimmende Anzahl" deutscher Assistenten („Architekten und Bauzeichner").[20]

---

18 Offenberg 1974.

19 „Arrêté du Gouvernement militaire de la Zone française d'occupation à Baden-Baden concernant l'établissement d'une association de reconstruction à Mayence", Baden-Baden, o. D. [Oktober 1946], SAM 100/1966/19, 116.

20 General Jacobsen, „Note de service (No. 5267, DD., PJ/gs.)", 11.10.1946, SAM 100/1966/8, 39. Die Gründung einer „Sonderabteilung" unter Fournier und die Vorbereitung eines Gesamtplans durch den Architekten „M. Lotz" [sic] wurde schon im Juli angekündigt, siehe Délégation du district de Hesse-Rhénane, „Rapport mensuel [...] Affaires administratives", Mainz, Juli 1946, AOFAA Rh-Pal. Mayence 4478, 2.

Unter dem Einfluss seiner städtebaulichen Berater hegte Jacobsen ein gewisses Misstrauen gegenüber Delp, dem Leiter des städtischen Sonderbaubüros, und Petzold, dem Leiter des Hochbauamts. Delps Haltung zu Architektur und Städtebau stand nicht weniger im Widerspruch zu der von Lods und seinen Mitarbeitern Gérald Hanning und Adolf Bayer als Petzolds. Er trat explizit für eine respektvolle Rekonstruktion in der Bautradition der alten Stadt Mainz ein: „Einmalig ist hier die Möglichkeit gegeben, die zerstörte Stadt trotz Verjüngung und notwendiger städtebaulicher ‚Chirurgie' aus den Fragmenten ihrer Baukultur wieder aufzubauen, so daß aus all dem sinnvoll Neuen ihr altes, liebes, vertrautes Gesicht zu erkennen ist."[21] Entsprechend seinem städtebaulichen Credo brachte Delp die ersten Büroräume für die neuen Verwaltungen nicht in Neubauten, sondern in dem unter ihm wiederaufgebauten Stadtpalais Osteiner Hof unter (Abb. 77).[22]

Um den von Jacobsen für inkompetent erklärten Petzold an der Spitze des Hochbauamts zu ersetzen, bot Oberbürgermeister Kraus ihm im November 1946 Delp zur Nachfolge an, der sich passenderweise mit einer Denkschrift zum Mainzer Wiederaufbau zu empfehlen gesucht hatte.[23] Demnach sollten sich die städtebaulichen Aufgaben für den Wiederaufbau von Mainz nach drei Gesichtspunkten gliedern: „Sanierung und Wiederaufbau der Altstadt unter Wahrung der historischen Gestaltungselemente; Neuaufbau der Neustadt nach städtebaulichen und ökonomischen Überlegungen; Ordnung im größeren Wirtschaftsraum".[24] Trotz ihrer „hässlichen Gesamterscheinung" lehnte Delp für die Neustadt einen Neuaufbau als funktionalistische „ideale Stadt" ab, wohl mit Blick auf die Planung von Lods: „Eine derartige Schemastadt […] ist für Mainz ein Wagnis."[25] Delps Kandidatur wurde von sechs Vertretern der Mainzer Architektenschaft hintertrieben, die bei Kraus in ei-

77 Militärbauamt, Sonderbauabteilung für den Wiederaufbau der Stadt Mainz, Heinrich Delp: *Wiederaufbau des Osteiner Hofs für das französische Militärgouvernement*, 1947/48, Fotografien von Nuernberg, 1946 und Dore Barleben, 1948, Abbildungen aus: Wiederaufbauverband Mainz, Der Generaldirektor [Wilhelm Imm] (Hg.), *Jahresbericht für den Wiederaufbau von Mainz für das Jahr 1948*, Mainz 1949, Stadtarchiv Mainz.

21 Direktion der Militärbauämter Nord-Zone, „Erläuterungen zum Projekt der Erstellung von Wohnungen und Geschäftszimmern für die französische Besatzungsarmee in Mainz", Mainz, 12.7.1946, i. V. gez. Delp, Reg.-Baurat, SAM 100/1966/19, 118.
22 Delp 1948.
23 Heinrich Delp, „Gedanken zum Wiederaufbau von Mainz", 26 Seiten, Mainz, 22.11.1946, SAM NL Dassen 9.
24 Ebd., S. 11.
25 Ebd., S. 15 f.

nem Brief mit Abschrift an Fournier und Lods offen gegen seine Bewerbung eintraten, um nicht „denselben Fehlschlag wie bei Petzold [zu] erleiden".[26] Auch die Reaktion des Generals machte dessen geringe Wertschätzung für Delp deutlich. Ohne Begründung überging er Delps Kandidatur und setzte die Ernennung von Richard Jörg durch, einem ehemaligen Kommilitonen von Bayer.[27] Jacobsen hatte bereits im August 1946 dringend die Einrichtung einer effizienteren Bauverwaltung gefordert, woraufhin auf Vorschlag von Kraus im September 1946 innerhalb der Bauverwaltung ein eigenes Wiederaufbauamt unter der Leitung des ehemaligen Mainzer Baudezernenten und Beigeordneten Karl Maurer eingerichtet wurde, der wie er selbst und Petzold 1933 aus seinem Amt vertrieben worden war und mit dem die Stadt Mainz bereits im Juli und September 1945 eine „erste Fühlungsnahme" aufgenommen hatte.[28] Jacobsen gab seine formelle Zustimmung zur Wahl dieses Amtsleiters, trotz der eher zögerlichen Zustimmung der Planer um Lods, da Maurers architektonische Entwürfe nicht von ihren modernen Idealen durchdrungen zu sein schienen.

Die Machtspiele waren komplex, zumal parallel zur Bezirksregierung unter Jacobsen und zur Stadtverwaltung unter Kraus auch die provisorische Landesregierung in Neustadt in den Wiederaufbau eingriff, für den sie einen Großteil der finanziellen Mittel bereitstellen sollte. Die Positionen der Militärregierung in Baden-Baden wiederum stimmten von vornherein in keiner Weise mit denen ihrer lokalen Akteure überein.

Während der Oberbürgermeister versuchte, sämtliche Vorgänge, welche die Entschädigung für Kriegsschäden betrafen, unter seine politische Kontrolle zu bringen, widersetzte sich Jacobsen der Stadtverwaltung mit Hilfe der Kontrollgremien der örtlichen Militärregierung. Zudem waren sowohl die Landesregierung als auch die Militärregierung unter General Koenig in die Entscheidungen über den Bau und die Entwicklung der neuen Hauptstadt involviert. Dabei begnügte sich Koenig nicht mit dem Ausbau von Schloss Waldthausen in Mainz-Gonsenheim für Repräsentationszwecke (Abb. 30–37), vielmehr wachte er auch über die Einhaltung der politischen Ziele der französischen Besatzung, wozu nicht nur die Reparationsleistungen, sondern auch die Schaffung neuer, demokratisch agierender deutscher Lokalverwaltungen gehörte.

Die Positionen der Akteure beider Seiten gegenüber den außerordentlichen, mit dem Wiederaufbau von Mainz beauftragten Verwaltungsorganen, waren widersprüchlich.[29] Sowohl Kraus als auch Jacobsen hatten Vorbehalte gegenüber jeder zu hoch platzierten und unabhängig agierenden Instanz. In der Tat hätte diese Kraus eines Teils seiner Befugnisse beraubt und ebenso Jacobsens Bemühungen, eine eigene Planungsbehörde unter der Leitung von Lods einzurichten, zunichte gemacht. Am 14. August 1946 legte die in Neustadt residierende Landesregierung ihre Überlegungen zur Schaffung einer Oberbauleitung für den Wiederaufbau der Stadt Mainz dar, sodass Kraus und Jacobsen klar werden musste, dass ihnen die Frage des Wiederaufbaus zu entgleiten drohte. Aus der Sicht der Landesregierung sollte diese Oberbauleitung ihre Anweisungen von der Militärregierung oder vom Regierungspräsidenten erhalten und der Zuständigkeit des Bürgermeisters nur in verwaltungstechnischer Hinsicht unterstehen.[30]

Diese Überlegungen des Regierungspräsidenten sind im Zusammenhang mit dem viel umfangreicheren Projekt zur Schaffung eines „Zweckverbands für den Wiederaufbau der Stadt Mainz" zu sehen. Es war

26 Die Architekten und Ingenieure [sechs Unterzeichnende], Brief an Oberbürgermeister Kraus, Mainz, 29.10.1946; Oberbürgermeister Kraus, „Akten-Notiz zum Schreiben der Architekten: Giani, Ueter usw. vom 29.10.46", Mainz, 6.11.1946, ungezeichn.; beide Dokumente in der Personalakte Emil Kraus, SAM 90/1973/22, 74.

27 Le Délégué de district de Hesse-Rhénane Jacobsen, Schreiben an Monsieur le Maire de Mayence und Übersetzung „Betr. Organisation des Wiederaufbaus", Mainz, 25.11.1946, sign., SAM 100/1966/8, 39.

28 Bürgermeister a. D. Maurer, Schreiben an das Arbeitsgericht Mainz „betr.: Kündigung des Dienstvertrages vom 20.12.1946", Mainz, 4.3.1949, Personalakte Karl Ludwig Maurer, SAM 90/Zg. vor 1962 Maurer, Karl L.

29 Zur Frage der Organisation einer Oberbauleitung für den Wiederaufbau siehe: „Betr.: Bericht über den Wiederaufbau der Stadt Mainz, Organisation und Finanzierung", Abschrift des Berichts des Oberbürgermeisters Dr. Kraus, Mainz, 14.11.1946, gez. Oberbürgermeister, SAM 100/1966/19, 118.

30 Der Regierungspräsident, „Betr.: Die Organisation des Wiederaufbaues der Stadt Mainz", Mainz, 14.8.1946, ungezeichn., SAM 100/1966/8, 39.

dem Regierungspräsidenten im November 1946 von Baurat Wilhelm Imm, einem Vorstandsmitglied der Philipp Holzmann AG, vorgelegt worden, nachdem er es kurz zuvor in Mainz dem General Jacobsen und dem Oberbürgermeister hatte vorstellen können.[31] Dieses Vorhaben nahm Bezug auf eine Anfrage der Militärregierung, die Imm im Juli 1946 von Fournier überreicht worden war. Darin wurde ihm zum 1. September die Oberbauleitung zur Durchführung des Baden-Badener Programms angeboten.[32] Imms Französischkenntnisse waren hervorragend, zudem besaß er exzellente Kontakte nach Frankreich, wo er vor und während des Krieges Großprojekte betreut hatte. Unter seiner Verantwortung war in den 1920er Jahren im Rahmen der deutschen Reparationsleistungen der Hafen von Bordeaux erweitert worden, und während des Krieges hatte er die Arbeiten am Atlantikwalls im Abschnitt um Lorient geleitet. Letzteren Posten hatte er im Juli 1942 für die Stelle eines Beauftragten der Bauwirtschaft in der Berliner Zentrale der Organisation Todt (OT) aufgegeben, wo ihm zum einen die Steuerung und Kontrolle von Firmeneinsätzen bei Militärbauprogrammen, zum anderen aber auch Einsätze bei der Bauxitförderung in Frankreich oblagen.[33] Nach Zerwürfnissen mit Rüstungsminister Albert Speer zum Jahreswechsel 1943/44 schied er im März 1944 aus der OT aus und kehrte zum Holzmann-Konzern zurück, wo er vor seinem vorläufigen Eintritt in den Ruhestand im März 1946 zuletzt die Münchner Niederlassung leitete.[34]

Der Konflikt mit Speer und die Tatsache, dass Imm nie Mitglied der NSDAP gewesen war, erleichterten seine Wahl. Imm sollte in Mainz seine Erfahrung bei der Steuerung von Großprojekten einbringen, da die örtlichen Dienstleiter der Bauverwaltung und Lods selbst auf diesem Gebiet keine Erfahrungen hatten. Die neue Hauptstadt sollte in Jahresfrist funktionstüchtig und der Umzug der Militärregierung von Baden-Baden nach Mainz innerhalb von zwei Jahren abgeschlossen sein. Zur Durchführung eines solchen Programms war weder ein sentimentaler Restaurator historischer Denkmäler noch ein visionärer Erneuerer gefragt, sondern ein tatkräftiger Technokrat.

Zur Durchführung des Wiederaufbaus schlug Imm „die Errichtung einer straff gelenkten und nach einheitlichen Gesichtspunkten arbeitenden Organisation" vor.[35] Deshalb forderte er, „dass der Beauftragte für den Wiederaufbau mit weitestgehenden Vollmachten arbeiten muss und außerhalb der bisherigen sich auf diesem Gebiet betätigenden Stellen stehen muss".[36] Er schlug vor, dass der zukünftige Zweckverband für den Wiederaufbau der Stadt Mainz durch einen Generalbaudirektor geführt werden sollte. In diese Körperschaft des öffentlichen Rechts sollten alle auf Gemeinde- und Länderebene am Wiederaufbau beteiligten deutschen und französischen Behörden eingebunden werden, um „jeden Leerlauf, der durch die Vielgestaltigkeit der einzelnen Ämter zwangsläufig entstehen muss, zu vermeiden".[37] Der Zweckverband sollte eine „unbürokratische Lenkung" des Wiederaufbaus ermöglichen und über die Koordinierungsfunktion hinaus auch in der Lage sein, als Bauherr zu agieren und alle „mit der Bauausführung befassten" Dienststellen zu vereinen. Zu seiner Unterstützung sollte dem Generalbaudirektor ein Beratungsgremium beigesellt werde, das unter Vorsitz des Oberbürgermeisters, der ihm

---

31 Wilhelm Imm, „Vorschlag über den Wiederaufbau der Stadt Mainz", Frankfurt, 15.8.1946, sign. Das Papier und das dazugehörige Diagramm sind Anlagen zu einem vertraulichen Schreiben Imms an Oberbürgermeister Kraus vom 15.8.1946, „im Anschluß an meine gestrige persönliche Besprechung bei Ihnen und in Verfolgung der stattgefundenen Verhandlungen mit dem General Jacobsen und seinem Beauftragten Commandant Fournier", SAM 100/1966/19, 117. Ein weiteres Exemplar von Imms Konzept mit Kraus' handschriftlichen Kommentaren, vgl. SAM 100/1966/8, 39.

32 Im zitierten Schreiben vom 15.8.1946 an Kraus erwähnt Imm einen Brief von Fournier, in dem ihm die Mainzer Tätigkeit angetragen wurde.

33 Pohl 1999, S. 205, 236 und 290; Belli 2010, S. 333 f. und 345 f.

34 Vgl. die Affidavit-Erklärung des Reg.-Baurats Rudolf Ilsemann, Bielefeld, 19.7.1946, SAM 100/1966/19, 117, wohl ursprünglich für Imms Entnazifizierungsverfahren bei der Spruchkammer Starnberg/Oberbayern geschrieben. Ilsemann berichtet, dass Imm von Lorient nach Berlin in die Zentrale der OT geholt wurde, wo er ebenfalls tätig war. Er beschreibt den Streit mit Speer als Höhepunkt einer längeren Kontroverse über organisatorische und grundsätzliche Fragen. Die in Imms Schreiben vom 15.8.1946 an Kraus erwähnten französischen Empfehlungsschreiben liegen uns leider nicht vor. Vgl. auch Imms Entnazifizierungsakte von 1948 und seine Erklärung vom 1.3.1948, LHAKo Best. 856 Nr. 130541.

35 Wilhelm Imm, „Vorschlag über den Wiederaufbau der Stadt Mainz", Frankfurt, 15.8.1946, SAM 100/1966/19, 117.

36 Ebd.

37 Wilhelm Imm, Schreiben an Oberbürgermeister Kraus, Frankfurt, 15.8.1946, SAM 100/1966/19, 117.

seine Befugnisse abtreten würde, mit prominenten Persönlichkeiten und den Spitzen aus Verwaltung und anderen Institutionen besetzt werden sollte.[38]

Genau das wollte Kraus aber nicht: „Der Gesamtaufbau ist eine übergeordnete Aufgabe, die der Stadt bleiben muss."[39] In einer Aktennotiz vom 16. August 1946 wurden die gegen die Interessen der Stadt gerichteten Punkte vermerkt. Aus diesen geht hervor, dass Imm nicht nur die Leitung des Baden-Badener Programms beanspruchte, sondern die aller Bauaufgaben. Kraus schlug stattdessen vor, die verschiedenen Tätigkeiten mit den anderen Diensten zu teilen. In der Tat tauchten bald erste Schwierigkeiten auf. Nach monatelangen Auseinandersetzungen, die von Kraus' Verzögerungstaktik und den Ultimaten der Militärregierung geprägt waren, erfolgte Imms Ernennung erst im November 1946.

Am 20. August 1946 übertrug Jacobsen Kraus die Kontrolle und die Koordinierung aller Baustellen in der Stadt „bis zur endgültigen Entscheidung über die Bildung einer Bauleitung".[40] Am 9. September wurde in Anwesenheit des Generals und des Regierungspräsidenten entschieden, dass der Oberbürgermeister als kommissarischer Wiederaufbaubeauftragter bis zu einer endgültigen Regelung die allein verantwortliche Stelle war, wohingegen „das Baubüro Fournier ebenso wie das Büro Lodz [sic] Dienststellen der Militärregierung für die französische Kontrolle der Bauvorhaben" waren; zudem wurde „Baurat Imm als Generalbeauftragter für die Durchführung der Wiederaufbauaufgaben ausschliesslich dem Oberbürgermeister der Stadt Mainz unterstellt."[41] Am Tag darauf erklärte Jacobsen „seine grundsätzliche Zustimmung zu den Ernennungen von Herrn Imm und Herrn Maurer"[42] und legte dem Oberbürgermeister ultimativ nahe, den Vertrag mit Imm trotz der gegen diesen geführten Kampagne der Stadtverwaltung noch vor dem 15. Oktober abzuschließen.[43]

Im November wurde Imm in seinem Amt bestätigt, doch sollte er nie die Machtfülle erlangen, die er sich erhofft hatte. Der Oberbürgermeister als Bauherr des Wiederaufbaus behielt „die Aufsicht über den Generalbeauftragten", dessen Aufgabe die „verantwortliche Oberbauleitung und Durchführung des gesamten Neu- und Wiederaufbaus insbesondere die Planung, Veranschlagung, Vergebung, Überwachung und Abrechnung der vom Bauherren genehmigten Bauaufgaben" war. Aber Imm hatte das Recht, eigenständig Studien und Baumaßnahmen durchzuführen. Ihm stand ein Beirat zur Seite, der aus den Spitzen der Mainzer und der rheinland-pfälzischen Bauverwaltungen, der Post- und der Eisenbahnverwaltung, der Denkmalpflege und einem „vom Bauherrn berufenen Professor für Städtebau" bestand.[44]

In der Praxis war Imms Tätigkeit auf die Koordinierung der Zuweisung von Arbeitskräften und Baustoffen beschränkt, sodass er Kraus in einem bitteren Brief vom 13. Januar 1947 seinen Rücktritt anbot. Neben der Begrenzung seines Aufgabenfelds beklagte er den Mangel an Informationsaustausch zwischen den verschiedenen Dienststellen, vor allem aber wehrte er sich vehement gegen Versuche, die Generalbaudirektion als französische Agentur darzustellen:

38 Wilhelm Imm, „Vorschlag über den Wiederaufbau der Stadt Mainz", Frankfurt, 15.8.1946, sign., SAM 100/1966/19, 117.
39 „Vorschlag Imm vom 16. August 1946", Aktennotiz, o.O., 16.8.[1946], paraphiert [Carl Dassen], SAM 100/1966/8, 39.
40 Le Délégué du district de Hesse-Rhénane Jacobsen, Schreiben an Monsieur l'Oberbürgermeister de Mayence, Mainz, 20.8.1946, sign., SAM 100/1966/8, 39.
41 Protokoll der Sitzung vom 9.9.1946, Abschrift „Betr.: Wiederaufbau der Stadt Mainz – Organisation", Mainz 9.9.1947, gez. Dr. Kraus, Oberbürgermeister, SAM 100/1966/8, 39.
42 Le Délégué du district de Hesse-Rhénane Jacobsen, Schreiben an Monsieur l'Oberbürgermeister de Mayence, Mainz, 10.9.1946, sign., SAM 100/1966/8, 39.

43 Le Délégué du district de Hesse-Rhénane Jacobsen, Schreiben an Monsieur l'Oberbürgermeister de Mayence, Mainz, 12.10.1946, sign., SAM 100/1966/8, 39.
44 Nach dem „Statut Imm" in seiner geänderten Fassung: „Betr.: Wiederaufbau von Mainz – Organisation, Mainz, 30.10.1946, gez. Oberbürgermeister (durchgestrichen 23.10.1946, handschriftl. von Kraus: „Entwurf"), SAM 100/1966/8, 39. Es wurde Imm in dieser Form am 14.11.1946 mitgeteilt, hatte provisorischen Charakter und sollte bis zur Gründung des Zweckverbands gelten. Eine völlige Einigung über das „Statut" zwischen Kraus und Imm bestand jedoch auch nach dem 14.11. nicht, wie aus Imms Schreiben von 13.1.1947 an den Oberbürgermeister hervorgeht, SAM 100/1966/8, 39: „Ich habe Ihr Schreiben von 14.11.1946, mit dem Sie mir ihre Anordnungen Nr. 1 und 2 zur Kenntnis gebracht haben, mit voller Absicht unbeantwortet gelassen, weil der Text der Anordnung 1 nicht den Abmachungen entspricht, wie sie am 5.11.1946 unter Zustimmung Ihres Vertreters bei dem Herrn Regierungspräsidenten […] getroffen worden waren."

Ich lege Wert darauf, als Leiter einer deutschen Dienststelle angesehen zu werden. Wenn ich feststellen darf, dass die Beziehung meiner Dienststelle zu den Organen der Besatzungsmacht gut sind, so ist das ein Positivum, das der Stadt und ihrer Bevölkerung zugute kommt. [...] Die hier vom Generalbaudirektor zu erfüllende Aufgabe erfordert nun einmal neben der reinen Erfahrung in technischen Dingen, dass er jeder Weltfremdheit abhold ist und dass ihm die katastrophale Niederlage unseres Volkes so klar vor Augen steht, um zu wissen, dass wir zur Erreichung unserer Ziele mit unseren französischen Nachbarn auf ein gutnachbarliches Verhältnis hin arbeiten müssen. [...] Mein Weggang von Mainz wird nicht des peinlichen Gefühls entbehren, dass die französischen Dienststellen bereit waren, in mir den Vertreter der deutschen Interessen zu sehen und dass es einer deutschen Stelle vorenthalten blieb, meine Mitarbeit zum Wohle der Stadt Mainz unmöglich zu machen. [45]

Imm erreichte im Juni 1947, dass der Zweckverband zur obersten Leitinstanz aller Wiederaufbauprojekte erklärt wurde, doch sein eigener Kompetenzbereich blieb unverändert eingeschränkt, und das Behördenchaos hielt weiter an. Zwar löste der Zweckverband den Oberbürgermeister als „obersten Bauherrn" ab und war nun befugt, Wiederaufbaupläne einzureichen, aber deren Ausführung war abhängig von der Zustimmung der Stadt- und der Landesbehörden. Imm blieb formal dem Oberbürgermeister als Verbandsvorsitzenden unterstellt.[46] Die wichtigste Aufgabe seiner Dienststelle mit 187 Angestellten und Arbeitern war nach wie vor die Organisation der Trümmerbeseitigung, die Verteilung der von Baden-Baden zugeteilten Mengen an Bau- und Kraftstoffen und das Überwachen sowie die Einteilung von Arbeitseinsätzen (Abb. 74 und 78). Seine Organisation konnte mit dem Abräumen von insgesamt 1.800.000 Kubikmetern Schutt in der Stadt einen beachtlichen Erfolg vorweisen.

Der Staat hatte Imm etwa 4,5 Millionen Mark für die Trümmerbeseitigung zur Verfügung gestellt, wobei der Schutt in zwei Materialsortierungsanlagen und zehn neuen Aufbereitungsanlagen verarbeitet wurde. Im Juni 1948 unterstanden dem Generalbaudirektor 7200 Arbeitnehmer, von denen fast 2000 in einem Barackenlager untergebracht waren, das zu diesem Zweck an der Wallstraße errichtet worden war. In Zusammenarbeit mit der Bauverwaltung bereitete Imm die Baugenehmigungen vor, die der Militärregierung vorgelegt wurden, und überwacht Vergabeverfahren, Bauausführung und Kostenendabrechnung für jedes Gebäude. Im ersten Jahreshaushalt wurden dem Verband 16,5 Millionen Mark an Mittel zur Verfügung gestellt, die allerdings nur für städtische Projekte und Baumaßnahmen im Rahmen des Baden-Badener Programms verwendet werden durften, sodass sie nur knapp zur Hälfte ausgegeben werden konnten.

Vor der Währungsreform vom 20. Juni 1948 wurde der Zweckverband zur Zielscheibe öffentlicher Angriffe gegen das System der „Zwangswirtschaft". In dieser Auseinandersetzung tat sich die Mainzer Architektenschaft besonders hervor.[47] Im

---

45 Ebd.
46 [o. V.] 1947a. Die endgültige Satzung des Zweckverbands liegt uns nicht vor. In einer undatierten Fassung ist die Funktion des Generalbaudirektors nicht definiert, es sei denn als ständiger Stellvertreter des Verbandsvorsitzenden. Nach dieser Fassung führt der Oberbürgermeister den Vorsitz der Verbandsversammlung. Bei Abstimmungen hat er eine Stimme, das Land Rheinland-Pfalz zwei, die Stadt Mainz zwei, die Eisenbahn- und Postverwaltungen je eine Stimme. „Arrêté du Gouvernement militaire de la Zone française d'occupation à Baden-Baden concernant l'établissement d'une association de reconstruction à Mayence", SAM 100/1966/19, 116. Dieser Angabe widerspricht die Aussage des Landesfinanzministers Hans Hoffmann in einem Interview vom 28.9.1948: „im Zweckverband hat die Landesregierung 3, die Stadt nur 2 Stimmen", [o. V.] 1948e. In einer vertraulichen Stellungnahme erwähnt Imm, dass das Land in der entscheidenden Verbandsversammlung „durch den Minister des Inneren, den Minister der Finanzen und den Staatssekretär für den Wiederaufbau vertreten war", siehe „Stellungnahme des Generalbaudirektors zur Auflösung des Zweckverbandes", o. O., Oktober 1948, sign. Imm, SAM 100/1966/19, 118.
47 „Abschrift. Architektenkammer Rheinland-Pfalz Bezirk Mainz. Resolution", o. O. [Mainz], 26.5.1948, gez. Schütz, 1. Vorsitzender und Giani, Schriftführer, SAM 100/1966/19, 118: „Auf Wunsch und im Interesse unserer Bauherrn fordern wir die Abänderung der Statuten des Zweckverbandes, insbesondere des § 9, der dem Generalbaudirektor unbeschränkte Vollmachten für die Durchführung des gesamten Wiederaufbaues gibt, und damit den Bauherrn jedes Recht auf Planung, Konstruktion, Materialverwaltung, Vergebung und Abrechnung der Arbeiten nimmt."

78 *Trümmerbahn und Schuttberge im Zerstörungsgebiet am Brand*, 1945, Fotografie von Heinrich Dörr, Stadtarchiv Mainz.

Namen ihrer Bauherren forderte die Architektenschaft die Aufhebung von Artikel 9 der Satzung des Zweckverbands, der dem Generalbaudirektor diktatorische Vollmachten zur Kontrolle des gesamten Bauwesens zuwies. Kraus ließ noch einige Monate verstreichen und dann am 18. September 1948 einstimmig durch den Stadtrat beschließen, dass die Stadt bei der nächsten Vollversammlung des Zweckverbands, die zwei Tage später stattfinden sollte, dessen Auflösung beantragen würde, was so auch am 20. September erfolgte. In der *Allgemeinen Zeitung* schrieb Kraus über diese in öffentlicher Verhandlung getroffene Entscheidung: „Der Zweckverband ist zu stark mit den Bauaufgaben der Besatzungsmacht verknüpft, sodass die Bauaufgaben der Stadt einfach nicht berücksichtigt werden konnten."[48]

In der Öffentlichkeit wurde zwar noch ein wenig über die Vorzüge und Mängel dieser Körperschaft debattiert, aber an der getroffenen Entscheidung wurde nicht mehr gerüttelt, auch wenn die Auflösung erst 1952 abgeschlossen werden sollte. Imm bekleidete seinen Posten als Generalbaudirektor noch bis 1950.[49]

Von heute aus gesehen ist diese vielschichtige Überlagerung widerstreitender Institutionen schwer nachzuvollziehen. Sie scheint aber maßgeblich dazu beigetragen zu haben, den Blick für die Bedeutung und Komplexität der Mainzer Probleme zu verschleiern und letztlich beispielhafte Planungen schon im

48 [o. V.] 1948a–f. Alle Mainzer Pressestimmen zu den Auflösungsbeschlüssen in SAM 100/1966/19, 118.

49 Über die Tätigkeit des Zweckverbands legte Imm 1948 die Denkschrift *Mainz baut auf* vor. Seine Meinung zum Auflösungsbeschluss vom 20.9.1948 fasste er im Oktober 1948 in der bereits zitierten vertraulichen Stellungnahme zusammen (SAM 100/1966/19, 118); zu seinen Jahresberichten, vgl. Wiederaufbauverband 1947, 1949, 1950.

Ansatz zu blockieren. Das gegenseitige Misstrauen zwischen deutschen und französischen Behörden, aber auch zwischen Fachleuten aus verschiedenen Kulturkreisen musste die Konflikte, die vor allem Lods' Planungen von 1947/48 auslösten, noch weiter verschärfen.

Jean-Louis Cohen, Hartmut Frank

EIN ANDERES MAINZ

Der Bezirksdelegierte und Gouverneur der Provinz Rheinhessen General Pierre Jacobsen bemühte sich schon sehr bald nach seinem Dienstantritt Ende 1945 in Mainz um einen renommierten französischen Stadtplaner, der die Wiederaufbauplanung der Stadt leiten sollte. Ein Inspektionsbericht von 1948 erwähnt, dass Einladungen „an mehrere französische Meister, darunter auch Herrn Perret" ergangen seien.[1] Belegt ist jedenfalls, dass Jacobsen sich vergebens an Henri Prost wandte, der von 1914 bis 1920 Chefplaner des marokkanischen Protektorats und 1934 Autor des Regionalplans von Paris gewesen war.[2] Anfang 1946 traf Jacobsens Mitarbeiterin Françoise Dissard Marcel Lods, dessen Vorträge sie kannte und mit dem sie schon während der Besetzung Frankreichs gesprochen hatte, im Gang eines Schlafwagens, in Begleitung von André Prothin, dem früheren Leiter des Kommissariats für Wiederaufbau (Commissariat à la Reconstruction immobilière) der Vichy-Regierung, der sein Amt nach 1945 behalten hatte.[3]

Lods kam gerade von einer Reise in die Vereinigten Staaten zurück, wo Richard Neutra ihn nach einem Zusammentreffen als „einen echten Vertreter Frankreichs, seiner glänzenden Tradition und seines technischen Einfallsreichtums" bezeichnet hatte.[4] Diese Reise hatte Lods in seinem enthusiastischen Glauben an die Bedeutung der Vorfertigung für das Bauen bestärkt, aber auch der großen Regionalpläne mit ihren Highway-Netzen.[5] Das Ausmaß der amerikanischen Bauvorhaben bestätigte Lods in seiner Überzeugung, dass die Zeit nun endlich reif sei für Großprojekte, für die er an die Erfahrungen mit seinem Partner Eugène Beaudouin aus der Zwischenkriegszeit anknüpfen konnte.

Damals hatten die beiden Architekten eine Reihe von Projekten entworfen und gebaut, die in der französischen Architekturszene ihresgleichen suchten. Für Henri Sellier, den sozialistischen Bürgermeister von Suresnes, hatten sie 1934 eine Freiluftschule als Pavillonanlage gebaut.[6] Bei ihren Wohnsiedlungen, der Cité du Champ des Oiseaux in Bagneux (1930) oder der Cité de la Muette in Drancy (1934), hatten sie Trockenmontage, Stahltragwerk und Fertigbetonplatten nach dem Vorfertigungssystem des Ingenieurs Eugène Mopin kombiniert (Abb. 79).[7] In enger Zusammenarbeit mit Jean Prouvé hatten sie für den Fliegerclub in Buc (1935) und vor allem für die Maison du Peuple in Clichy (1939) Leichtbauteile aus Stahl und Aluminium entwickelt.[8] Lods' Faszination für baukonstruktive Probleme stand ein relatives Desinteresse an städtebaulichen Fragen gegenüber, mit denen sich zumindest in der Zeit des gemeinsamen Büros immer Beaudouin befasst hatte.

Als Mitglied der französischen CIAM-Gruppe war Lods seit 1933 bestens mit den Grundsätzen des funktionalistischen Städtebaus vertraut und hatte sich während der Besetzung Frankreichs an den Arbeiten der von Le Corbusier zur Vorbereitung des Wiederaufbaus gegründeten „Vereinigung der Baumeister für eine Revolution der Architektur" (Assemblée de Constructeurs pour une Révolution Architecturale, ASCORAL) beteiligt.[9] Ab 1941 korrespondierte Lods mit Le Corbusier zu Themen des Wiederaufbaus und befürwortete, wenn auch unter Vorbehalt, dessen „Aufbauplan für die Zukunft Frankreichs".[10] Auf den Plänen für Mainz wird Lods das Logo der ASCORAL verwenden. In den folgenden Jahren verteidigte er mit einer Vielzahl von Vorträgen vehement

---

1 F. Martin, Inspektionsbericht „Reconstruction de Mayence", Freiburg, 20.12.1948, S. 2, AOFAA CERA 36.
2 Pierre Jacobsen, Schreiben an Henri Prost, Mainz, 16.1.1946, CAPA 343 AA A1 570 und 571.
3 Dissard im Gespräch 1988.
4 Neutras Hommage erschien nur in *La Arquitectura de Hoy*, der argentinischen Ausgabe von *L'Architecture d'aujourd'hui*, siehe Neutra 1947.
5 Lods 1946a.
6 Barraqué 1987.
7 François 1939.
8 Reichlin 1985.
9 Lods 1976, S. 84.
10 Marcel Lods, Schreiben an Le Corbusier, 6.12.1943, FLC B2 (6) 618.

die Stichhaltigkeit und Aktualität der 1943 von Le Corbusier veröffentlichten *Charta von Athen* gegenüber der Fachöffentlichkeit.[11] 1945 wurde Lods von Raoul Dautry, dem Minister für Wiederaufbau und Städtebau, mit dem Wiederaufbau von Sotteville beauftragt, einem stark zerstörten Eisenbahnknotenpunkt bei Rouen. Es gelang ihm, auf zuvor mit Einfamilienhäusern bebauten Grundstücken gegen den Willen der Bewohner ein Ensemble aus strengen, geradlinigen Wohnriegeln durchzusetzen und so das Zerstörungswerk der britischen Bomber vorwärts blickend zu vollenden (Abb. 27).[12]

Die neuen Aufgaben am Rhein reizten Lods ungemein, sodass er Dissards Angebot unverzüglich annahm. Er erkannte allerdings auch sofort, wie anspruchsvoll die Arbeit sein würde, die vor ihm lag:

> Die erste Begegnung mit der Stadt (Januar 1946) ergab folgende Situation: ein städtisches Siedlungsgebiet, das über eine weite Fläche zerstört war, fast genau auf einer Linie vom Bahnhof bis zur Straßenbrücke [über den Rhein]. Südöstlich dieser Linie: die Masse der Altstadt, in welcher die Bombardierungen, obwohl sie scheinbar weniger stark gewesen waren, fast genauso schwere Auswirkungen gehabt hatten. Dies erklärt sich leicht durch die geringere Qualität der Häuser und die dichte Bebauung [...], die zweifelsohne die Brandfolgen verschlimmert und die Verbreitung des Feuers begünstigt hatten. Nordwestlich dieser Linie: eine völlig zerhackte Fläche, wo nur einige vom Feuer gerötete instabile Mauerstümpfe übriggeblieben waren.[13]

In der Section du Plan de Mayence, dem „Planungsstab Mainz", sammelte Lods Architekten sehr unterschiedlicher Hintergründe um sich. Er selbst war eher sporadisch anwesend; meist kam er sonntagabends an und blieb nur bis Montag in Mainz. Aber er ließ seine Familie vor Ort, um dank der Privilegien als Besatzer die strengen Lebensmittelrationierungen in Frankreich zu umgehen. Die Stadt Mainz stellte ihm vier Zeichentische, einen Stadtplaner (Gerhard Höfs), einen Architekten (Edwin Müller) und zwei Bauzeichner (Jakob Riess, Ruth Zerbe).[14] Baurat Höfs, der sich schon unter Heinrich Knipping mit verkehrsplanerischen Aspekten des Wirtschaftsplans auseinandergesetzt hatte, kam als Verbindungsmann des Mainzer Tiefbauamts zur Section du Plan.[15] Das Kernteam bestand aus der schwedischen Architektin Elsa Sundling und zwei jungen, aber schon erfahrenen Männern, Adolf Bayer und Gérald Hanning. Hanning, Lods' rechte Hand, hatte die École des beaux-arts absolviert und besaß ein außergewöhnliches Zeichentalent, das ihn während des Krieges zu Le Corbusier geführt hatte, für den er unzählige Vorskizzen zum *Modulor* und viele Vorzeichnungen der theoretischen Untersuchung zur Unité d'habitation („Wohneinheit") angefertigt hatte.[16] Bevor er nach Lods' Rückkehr aus den Vereinigten Staaten in dessen Büro eintrat, arbeitete er nach der Befreiung Frankreichs an Le Corbusiers Wiederaufbauplanungen für Saint-Dié und Saint-Gaudens mit.[17] Doch 1947 brach er mit dessen „modernistischem

---

11 Lods 1947c, d; Bardet 1947.
12 Lods 1946b, c, 1947f.
13 Marcel Lods, Kap. 1 „Description de la ville à l'arrivée", *Plan de Mayence, Livre I: Préliminaires*, hand- und maschinenschriftl. illustriertes Manuskriptalbum, Paris, o. D. [1947], S. 1, EUP.
14 Bei ihrer Auflösung 1948 beschäftigte die Section du Plan dreizehn deutsche Mitarbeiter: Adolf Bayer, „chef du bureau des études" (Leiter des Planungsbüros); Gerhard Höfs, „statistiques" (Statistik); Edwin Müller, „architecte"; Heinz Koll, „architecte" (eigentlich Architekturstudent); Werner Pietsch, „architecte (eigentlich Architekturstudent); Fred Rieck, „surnuméraire" (Volontär); Berthold Sehling, „dessinateur technique" (er ersetzte Jakob Riess als Bauzeichner); Else Schwobel, „Dipl.-Graphikerin"; Ruth Zerbe, „dessinatrice technique" (Bauzeichnerin); Elsa Sundlings Assistenten Heinz Rieck, „dessinateur technique" (Bauzeichner), und Gretel Godin, „secrétaire-interprète" (Fremdsprachensekretärin), sowie die Sekretärin Juliane Sorg und den Heizer Heinz Korbach. Städt. Hochbauamt, „Betr.: Personalübernahme aus dem Büro Lods", Mainz, 20.1.1948, sign. Jörg; „Liste du personnel de la Section du Plan", o. O., o. D., beide in SAM 100/1963/34, 4, Aktz. 110/12. Bayer annotierte einen Zeitungsartikel zu einer Fotografie mit Mitarbeitern der Section du Plan: „AB [Adolf Bayer], Eberhard Rieck, Elsa Sundling", [o. V.] 1947b (SAAI NL Bayer). Eberhard Rieck war später der Architekt der Stadthalle Offenbach (1966).
15 Höfs signierte die „Skizze zum Wirtschaftsplan 1939" in der Ausfertigung von 1944 (SAM BPSP 586D) und befasste sich 1947/48 in drei Denkschriften mit der Mainzer Verkehrsplanung, siehe Mappe „Planungen im Mainzer Gebiet", SAM NL Dassen 9.
16 Le Corbusier 1950, 1955. Zur Rolle Hannings, siehe Cohen 2014.
17 Zu Hanning, siehe auch IAURIF 1981 und Montillet 2012.

79 Eugène Beaudouin, Marcel Lods, Jean Prouvé, Vladimir Bodiansky: *Cité de la Muette in Drancy*, 1931–1935, *Baustelle der Siedlung*, 1934, Luftbild von Marcel Lods, Académie d'architecture, Cité de l'architecture et du patrimoine, Archives d'architecture du XXe siècle, Nachlass Lods, Paris.

Akademismus".[18] Hanning ließ sich mit seiner Frau Marie-Antoinette Plemiannikov in Mainz nieder, deren Sohn unter dem Namen Roger Vadim Karriere beim Film machen sollte. Auf Bayers bisherige Tätigkeit in Mainz und die Umstände seiner Einbindung in das Team wurde schon eingegangen.

Nach Bayers Angaben war Jacobsen auf der Suche nach zuverlässigen Fachleuten für den Wiederaufbau der Stadt auf ihn gestoßen, möglicherweise auf Rat von Höfs. Jacobsen ließ ihn unverzüglich aus der Kriegsgefangenschaft entlassen, ohne dass dieser hierfür ein Entnazifizierungsverfahren durchlaufen musste. Zunächst wurde er formell wie zuvor dem Hochbauamt zugewiesen, später auch offiziell zu Lods' Planungsstab abgestellt. Bayer gab auch an, dass er Lods' Architektur bereits 1937 in Paris entdeckt und die Wohntürme der Cité de la Muette in sein Skizzenbuch gezeichnet habe.[19] Auch andere Deutsche arbeiteten für die Section du Plan, so der Bauingenieur Fritz Grebner, dessen Besonnungsdiagramme Lods verwendete.[20] Die Schwedin Elsa Sundling, die an der Pariser École spéciale d'architecture studiert hatte, übernahm eine wichtige Koordinierungsrolle.[21] Für die intensiven Arbeitsphasen vor den Planabgaben ließ Hanning zusätzlich einige junge Pariser Architekten einstellen, darunter seinen

18 Gérald Hanning, Schreiben an Le Corbusier, Paris, 10.10.1947, FLC D2 (16) 119.
19 Bayer im Gespräch 1988.
20 Siehe hierzu: Marcel Lods, „Du régime des vents", *Plan de Mayence, Annexes*, Paris, 1947, S. 18–21, EUP, sowie Fritz Grebner, „Question de fondation pour le territoire de la Ville de Mayence", ebd., S. 26–30. Grebners Name wird auch 1947 in einem Sitzungsprotokoll des Rechenschaftsberichts der Section du Plan über die „Zusammenkunft am 2. Oktober 1947 in Wiesbaden betr. die Strassenbrücke in Mainz", SAM NL Bayer 87, genannt.
21 Vgl. Sundling 1946, Svensson 2017.

Studienkollegen Roger Aujame, der ebenfalls bei Le Corbusier gearbeitet hatte und 1946 kurzzeitig nach Mainz kam.

Sobald sein Planungsstab zusammengestellt war, musste sich Lods um den einsetzenden Gegenwind kümmern, der ihm aus der Stadt Mainz entgegenblies. Nachdem er Erich Petzolds Entlassung als Leiter des Hochbauamts durchgesetzt hatte, habe er Bayer gefragt, ob dieser einen möglichen Nachfolger kenne, „einen confrère, einen vom ‚Neuen Bauen', ‚Bauhaus', ‚Werkbund' oder so ähnlich"?[22] Bayer habe ihm seinen Karlsruher Studienkollegen Richard Jörg empfohlen, der im Baden-Badener Hochbauamt arbeitete, und Lods ließ ihn mit einem Sonderzug nach Mainz kommen.[23]

Lods stürzte sich sogleich in die Planungsarbeit und konnte schon im Mai 1946 einen ersten Bericht mit Analysen und Vorschlägen zum Wiederaufbau von Mainz fertigstellen. So wie die Stadt aus der Luft zerstört worden war, so sollte sie auch quasi vom Flugzeug aus gesehen wiederaufgebaut werden. Der Flugzeugnarr Lods analysierte die Stadt tatsächlich aus der Luft und berichtete:

> Ich erwirkte vom Gouverneur, dass man mir ein kleines Beobachtungsflugzeug, eine Piper, und einen Piloten zur Verfügung stellte. Den bat ich darum, so langsam wie möglich über der Stadt zu kreisen. Dann kam ich nach Paris zurück, traf mich mit den Mitarbeitern meines Zeichenbüros und begann, die erste Skizze eines Wiederaufbauplans zu zeichnen. [...] Aus meinen Erklärungen zog Hanning den Schluss mit folgenden Worten: „Aber Chef, nach allem, was Sie uns gesagt haben, ist der Plan fertig! Die Lösungen, die Sie uns gegeben haben, muss man nur noch zu Papier bringen."[24]

Lods' Ansicht nach war der Flugzeugeinsatz berechtigt, da das Luftbild die Zerstörungen aufdecke, die sich hinter den Mauern versteckten, die nur „nur eine leere Hülle" darstellten (Abb. 1). „Je nachdem, ob sie vom Boden oder aus der Luft gesehen werden, geben die Zerstörungen ein anderes Bild. Das Luftbild ist das einzig gültige, am Boden gibt es immer noch einige Giebel, welche die Leere im Inneren verstecken." (Abb. 80)[25] Für Lods gab es nur die Wahl zwischen einer Stadt, die in ihrer alten Form wieder aufgebaut und deren alte Stadtstruktur nur im Detail verändert würde, oder einer bewusst neuen Stadt, die wirklich auf das Leben von morgen zugeschnitten sei und sich sehr stark von der alten unterscheide.[26] Er befürwortete eindeutig den zweiten Ansatz:

> Wir beschlossen, diese durch den Krieg entstandene „monströse Chance" zu nutzen, um den Stadtgrundriss komplett zu überdenken und in der neuen Stadtstruktur größtmögliche Korrekturen, Ergänzungen und Zusätze vorzuschlagen, die niemals hätten in Betracht gezogen werden können, wenn die Zerstörungen nicht so umfassend gewesen wären. [...] Die wesentliche Aufgabe eines französischen Teams bestand darin, Mainz die Ergebnisse von Studien zu unterbreiten, die so hier nicht bekannt sein konnten, und deren Umsetzung unter Einbeziehung des gesamten Stabs lokaler Architekten anzugehen.[27]

Lods ging seine Aufgabe auf zwei Ebenen an. Zum einen entwickelte er „den eigentlichen Plan der Stadt", zum anderen einen „allgemeineren und weniger detaillierten" Regionalplan. Von Anfang an ging er also über die Grenzen des Mainzer Stadtgebiets hinaus in die umliegenden Gemeinden zu beiden Seiten des Rheins. Auch Wiesbaden wurde berücksichtigt, genauso wie „der ferne, doch spürbare Einfluss von Frankfurt entlang des Mains". So wurde die Stadt von zwei Blickwinkeln aus betrachtet, einerseits durch großräumliche Luftbilder und Karten der Region um Mainz (Taf. XVI und XVIII), andererseits durch sorgfältige Fotoreportagen auf Bodenhöhe, die durch präzise Luftaufnahmen vervollständigt wurden (Abb. 1 und 80–83). Viele dieser Aufnahmen kommentierte Lods, was sein eigenes Denken und seine

---

22 Bayer im Gespräch 1988.
23 Le Délégué de district de Hesse-Rhénane Jacobsen, Schreiben an den Mainzer Oberbürgermeister „Betr. Organisation des Wiederaufbaus", Mainz, 25.11.1946, SAM 100/1966/8, 39.
24 Lods 1976, S. 95 f.

25 Marcel Lods, Kap. 1 „Description de la ville à l'arrivée", *Plan de Mayence, Livre I: Préliminaires*, Paris, 1947, o. S., EUP.
26 Kap. 2 „Comment fut établi le programme, étude de quelques points de doctrine", ebd., S. 7.
27 Ebd., S. 8.

80–81

Marcel Lods:

Das zerstörte Mainz

Beengtes Wohnen in der Mainzer Alt- und Neustadt

Fotoreportagen aus Marcel Lods' Manuskriptalbum *Plan de Mayence*, Paris, o. D. [1947], Bibliothèque Poëte et Sellier, fonds historique de l'École d'urbanisme de Paris.

eigenen Zweifel zu unterstreichen scheint. Auf der Rückseite einer Aufnahme der Auffahrt zur großen Rheinbrücke, der Hohenzollernbrücke, notierte er seine Ratlosigkeit:

> Es gäbe natürlich eine Lösung, man müsste sich dazu entschließen, das Niveau der Stadt ein für allemal um ein oder zwei Stockwerke höher zu legen. [...] Praktisch genau das will ja Perret in Le Havre machen. Für Mainz scheint mir diese Lösung trotzdem ziemlich übertrieben und teuer zu sein. Man verdächtigt mich zwar nicht, ängstlich zu sein, aber diesmal zögere ich doch ein wenig.[28] (Abb. 28)

Gleich nach Lods' Rückkehr von seiner ersten Lufterkundung wurde in Paris in aller Eile ein Vorentwurf mit einem Erläuterungstext, Skizzen und fünf Plänen ausgearbeitet, datiert auf den 10. Mai 1946.[29] Den Analyseplan versah Lods mit Randnotizen, in denen er die „Unordnung des Wohnens, der Wirtschaft" kritisierte.[30] Die Ursache hierfür sah er im Fehlen eines Plans im „Maßstab der Stadtregion", und so schloss er in seine Überlegungen zum Großraum Mainz-Wiesbaden auch den Kontext des Rhein-Main-Gebiets mit ein. Er schlug vor, die „Wohnquartiere nach Westen und Süden zu erweitern" und „die Industrie im Osten anzusiedeln".[31] Der „Hauptstraßenverkehr" sollte um diese neuen Stadtgebiete herumgeführt werden und auf einen großen, dreieckigen Flughafen auf dem rechten Rheinufer zulaufen (Taf. XII),[32] mit direktem Zugang zu einem neuen Hauptbahnhof in Kastel und nahe der auszubauenden Hafenanlagen an der Mainmündung.[33] Die dem Entwurf zugrunde liegenden morphologischen Prinzipien wurden abschließend in einem ersten Gesamtplan recht eindeutig formuliert (Taf. XIII).[34] Die gesamte Stadtregion wird um eine senkrecht zum Rhein stehende Achse strukturiert, die in einem Tunnel den Fluss unterquert. Auf dem rechten Ufer führt die Achse zu einem Platz, der einen hierhin verlegten Bahnhof mit dem Abfertigungsgebäude an der Spitze des Flughafengeländes verbindet. Östlich dieses Knotenpunkts befinden sich der Hafen, Industriegebiete und „Arbeiterhäuser".

Auf dem linken Ufer durchquert die Achse das neue Zentrum und teilt die Stadt in zwei Hälften, deren Symmetrie Hanning geschickt austarierte. Im Osten wird die Altstadt durch scheibenartige Gebäude erweitert, deren Anordnung an Le Corbusiers Projekt von 1934 für Nemours in Algerien erinnern. Im Westen liegt die „Neue Stadt", deren Struktur dem gewundenen Lauf der vor- und zurückspringenden Gebäude in Le Corbusiers „Ville radieuse" ähnelt. Auf den Rheininseln werden Sport- und Freizeitanlagen untergebracht. Dieser erste Entwurf diente der Section du Plan für einen Werbefeldzug, in den das örtliche Kunstressort der Besatzungsbehörden eingebunden wurde.[35] Die Kampagne sollte „jeden Tag die Doktrin aufs Neue wiederholen und deren Wirksamkeit nach und nach anhand konkreter Anwendungsbeispiele anschaulich machen".

Zur gleichen Zeit begann die Section du Plan mit gründlichen Untersuchungen im Planungsgebiet, zumal viele historische und topografische Dokumente im Krieg verschwunden waren. Diese Arbeiten wurden 1947 zu einem großen Album zusammengestellt und sollten als Grundlage für die Veröffentlichung eines Buches dienen (Abb. 4).[36]

---

28 Marcel Lods, Text auf der Rückseite eines Fotos, CAPA 323 AA 522/4 (ML/Pho 85/6 Nr. 185).

29 Es handelt sich um die Pläne mit der Bezeichnung MA 001 bis MA 005, alle als Reproduktionen in: Marcel Lods, Kap. 1 „Recherches des bases de travail préparatoires", *Plan de Mayence, Livre II: Études*, Paris, 1947, o. S., EUP.

30 Aktuelle Situation des Rhein-Main-Gebiets (MA 001 État actuel) und Kartenausschnitt des Raums Mainz-Wiesbaden, ebd.

31 Regionalplan mit Nutzungszonen für Industrie und Wohnen (MA 002 Zoning), ebd.

32 Regionalplan mit Hauptstraßennetz und Flughafen (MA 003 Terre Air), ebd.

33 Regionalplan mit Schienennetz und Hafenanlagen (MA 004 Eau Fer) ebd.

34 Generalbebauungsplan für den Großraum Mainz (MA 005 Projet pour la ville), ebd.

35 In dessen Quartalsbericht Mai–Juli 1946 wird erwähnt, dass „zusammen mit Herrn Lods, Architekt und Stadtplaner, ein Programm und ein Vorprojekt der Schutzmaßnahmen der Denkmäler ausgearbeitet wurde". Délégation du district de Hesse-Rhénane, Quartalsbericht des Kunstressorts „Rapport trimestriel mai, juin et juillet. Beaux-Arts", Mainz, 31.7.1946, AOFAA Rh-Pal. Mayence 4478, 2.

36 Das Fehlen von Plänen zum Ensemble an der Wallstraße und die Existenz einer Modellaufnahme zum Ensemble in Sotteville, das 1947 auf der *Exposition internationale de l'urbanisme et de l'habitation* (Internationale Ausstellung für Städtebau

Die Untersuchungen konzentrierten sich zunächst auf die geografische Lage von Mainz, das „an der Kreuzung von zwei großen internationalen Straßen, Rhein und Main-Donau", liege und „insgesamt für eine moderne menschliche Siedlung besonders günstig Bedingungen" vorzuweisen habe. Bei der Auseinandersetzung mit der Geschichte verurteilte Hanning scharf die Zeit nach der Gründung des Kaiserreichs, das aus Mainz „eine Stadt im Chaos" gemacht habe. Darin stimmte er mit der Sichtweise Le Corbusiers und der französischen Militärs überein:

> Mainz wird zu einer preußischen Festung. Die militärischen Zwänge verderben die Entwicklung der im Entstehen begriffenen Stadt des Maschinenzeitalters. Die Eisenbahn, die zuerst in einen Kopfbahnhof auf dem rechten Ufer mündete, wird auf die linke Seite bis zu einem strategisch wichtigen Bahnhof unter dem Hügelrücken und zwischen zwei Tunneln verlegt. [...] Die Industrie wächst innerhalb der Befestigungsringe. Prächtige Straßenachsen werden in der Stadt geplant, aber nur wenige werden auch realisiert. Die Stadtstruktur ist festgelegt: militärische Zwänge. Die Gesetze der Ballistik haben überhaupt nicht dazu beigetragen, aus Mainz eine Stadt der Zukunft zu machen, sondern höchstens eine Zitadelle, die 1919 entfestigt wurde.[37]

Für die Section du Plan konnten die üblichen Verfahren des Städtebaus nicht auf diese „schlecht zonierte", unkontrolliert gewachsene und von einem Eisenbahnring umschlossene Stadt angewandt werden. Ihre Herangehensweise bestand darin, die Grundsätze der *Charta von Athen* mit den spezifischen Gegebenheiten von Mainz zu konfrontieren, wobei der Ausgang dieses Konflikts von vornherein feststand.[38] Lods und Hanning regten hierzu eine deutsche Übersetzung des Textes der Charta an, „die von der Militärregierung übernommen und in der deutschen Öffentlichkeit verbreitet" wurde (Abb. 25).[39] So kamen in Mainz noch vor der Entwicklung des CIAM-Rasters, das von der ASCORAL konzipiert und erst 1949 auf dem Kongress in Bergamo vorgestellt wurde,[40] die von Le Corbusier persönlich nach den Schlussfolgerungen des IV. CIAM-Kongresses von 1933 festgehaltenen Leitsätze zu einer der ersten empirischen Anwendungen (Taf. XXVII–XXX).[41]

Die Grundsätze der Charta verbinden zwei Arten von Überlegungen, die „Kritik" einer gegebenen Situation und die „Heilmittel" zur ihrer Rettung. Lods schilderte diese 1947 zunächst in einem Artikel.[42] Nach seiner Mainzer Zeit bereitete er ein Buch vor, in dem beide Überlegungen konsequent den Leitsätzen der Charta gegenübergestellt werden sollten. Zunächst galt es, in Mainz Situationen von „Unordnung festzustellen". So war er der Auffassung, dass das Gelände der Wohnquartiere der Altstadt und der Neustadt „zu sehr überbaut" sei (Abb. 81). Er kritisierte eine Stadtentwicklung, die in der Stadt und in ihrer unmittelbaren Umgebung alles „Grün verschlungen" habe. Insgesamt hielt er alle Wohnungen für ungesund:

> Die Sorge um Hygienebedürfnisse und die Besonnung jeder Wohnung waren sicher nicht das Anliegen der Autoren des Altstadtplans (wenn es denn wirklich je einen Plan gegeben hat), und kaum mehr das der Autoren des Plans der Neustadt, obwohl hinter diesem sicherlich ein Willensakt stand, zumindest was das Straßennetz und die Parzellierung angeht. [...] Reine Luft, Grünräume, Beseitigung von Staub und schädlichen Gasen, großzügige Raumverteilung… so viele Dinge, um die man sich nicht gekümmert hat. Grundstücke wurden zum Nutzen von Investoren aufgeteilt, das ist alles. Das reicht nicht. Damit werden wir uns nicht zufriedengeben.[43]

---

und Wohnungswesen) in Paris gezeigt wurde, erlauben eine Datierung von Lods' Album *Plan de Mayence* auf das Jahr 1947.
37 Gérald Hanning, handschriftl. Bildunterschrift, in: Marcel Lods, Kap. 3 „Premiers examens et analyses", *Plan de Mayence, Livre II: Études*, Paris, 1947, o. S., EUP.
38 Marcel Lods, Kap. 1 „Les critiques", *Plan de Mayence, Livre III: Plans*, Paris, 1947, o. S., EUP.
39 „Rappel récapitulatif des ‚Points de doctrine'", ebd. Es wird eine verkürzte Fassung der *Charta von Athen* veröffentlicht, siehe [CIAM] 1947.
40 Le Corbusier 1948.
41 Zu den widersprüchlichen Schlüssen des Athener Kongresses, vgl. Steinmann 1979, S. 146–167 und di Biagi 1998.
42 Lods 1947b, S. 121.
43 Marcel Lods, Anmerkungen zur Wohnsituation („Habitation"), Kap. 1 „Les critiques", *Plan de Mayence, Livre III: Plans*, Paris, 1947, o. S., EUP.

In Lods' Augen verstärkte die mangelhafte Zonierung diese Probleme noch und führte zum „totalen Chaos". Es versteht sich von selbst, dass er durchgängige Baufluchten entlang der Straßen ablehnte, da sie zu einer „beklagenswerten völligen Durchmischung der beiden Funktionen Wohnen und Verkehr" führen würden. Dem Stadtgefüge der Neustadt standen Lods und sein Planungsstab besonders kritisch gegenüber. Schon im ersten Gesamtplan vom Mai 1946 hatten sie einen Totalabriss erwogen, denn die Neustadt erscheine als eine „Ansammlung der Dinge, die man vermeiden soll". Lods sah ihre Geschichte auf seine Weise:

> Willkürlich und ohne ein anderes Leitprinzip als das Bestehen alter Straßenführungen hat man das Gebiet durch irgendein Straßenraster zerteilt. Die Häuser arrangierten sich so gut sie konnten mit diesem Raster, das überhaupt keine Rücksicht auf sie nahm. Das Ergebnis war ein beträchtlicher Anteil von schlecht ausgerichteten Fassaden, die zu wenig oder gar kein Sonnenlicht bekamen. Die Aufteilung der Baufelder entlang dieser Straßen erfolgte nach dem üblichen Zufallsprinzip der Spekulation, und ihre Zersplitterung in zu kleine Parzellen ließ Formen entstehen, die den Architekten jeden vernünftigen (oder auch nur gesunden) Grundriss für immer unmöglich machten. [...] Die Form der Gebäude, das alptraumhafte Bild ihrer Höfe, deren Größe, ihre geschlossene Form, brunnenschachtartig und ohne Luft, all das sticht bei der ersten Untersuchung des Plans sofort ins Auge.[44]

Lods schloss auch die Vororte von Mainz in seine Verurteilung mit ein. Sie seien nicht mehr als eine schlecht befahrbare „Ansammlung von Baracken" (Abb. 82). In einer ähnlich unbefriedigenden Situation sah er die Freiflächen der Stadt, besonders die „grünen Flecken des Stadtparks, der Zitadelle und der Festungsanlagen", die „den durch die Bahnlinie [von ihnen] getrennten Menschen in der Altstadt sehr wenig nützten und denen in der Neustadt, die viel zu weit weg waren, überhaupt nichts einbrachten".[45] Was die Industrie betreffe, stellte Lods wieder einmal fest, wie sehr diese nach dem Zufallsprinzip entstanden sei, „ohne Sorge um das Allgemeininteresse der Stadt". Im Verkehr mag er zwar ein Ordnungsprinzip erkennen, doch sei das Straßennetz im Zeitalter des motorisierten Verkehrs veraltet. Lods' Kritik ging hier bis ins Detail, so fragte er sich auch, welche Folgen die absehbare Verbreitung des *Volkswagens* in der Nachkriegszeit haben würde.

Lods betrat hier ein Feld, auf dem sich die Ideen funktionalistischer Stadtplaner mit denen von Planern der École des beaux-arts kreuzten, wenn sie sich wie zum Beispiel Henri Prost mit Problemen moderner Verkehrsinfrastrukturen auseinandersetzen.[46]

> Das Mainzer Straßennetz steht in völligem Widerspruch zu dem Zweck, den es vorgeblich erfüllen sollte. Es gibt zu viele Straßen, die gleichermaßen für Fußgänger und Fahrzeuge aller Art zugänglich sind. Die gesamte Straßenführung muss komplett überarbeitet und auf völlig geänderter Grundlage neu festgelegt werden. Dann muss nach Verkehrsarten unterschieden werden. Es muss von jetzt ab Straßen „für Automobile" und Straßen „für Fußgänger" geben. Die Automobilstraßen sind breit und gerade, ohne große Kreuzungen, sie führen nie ins Innere der Wohnblöcke. [...] Die Fußgängerwege können aus einem Wegesystem bestehen, das mit nur wenigen Straßen auskommt und geschützt durchs Grüne, durch Ruhe und Stille führt.[47]

Als letzten Punkt, für den die Prinzipien der *Charta von Athen* gelten sollten, wird das „künstlerische Erbe" genannt. Gemäß der CIAM-Doktrin sollten „architektonische Werte geschützt werden, wenn sie Ausdruck einer früheren Kultur und wenn sie von allgemeinem Interesse" seien. Lods schlug hier einen defensiven Ton an und mochte vorab „unterscheiden zwischen den eindeutigen und den weniger eindeutigen Dingen" (Abb. 83). Es war ihm völlig bewusst, dass die

---

44 Ebd.
45 Ebd.
46 Vgl. Prost 1935/36, S. 9.
47 Marcel Lods, Anmerkungen zur Verkehrssituation („Circulation"), Kap. 1 „Les critiques", *Plan de Mayence, Livre III: Plans*, Paris, 1947, o. S., EUP.

Ein anderes Mainz

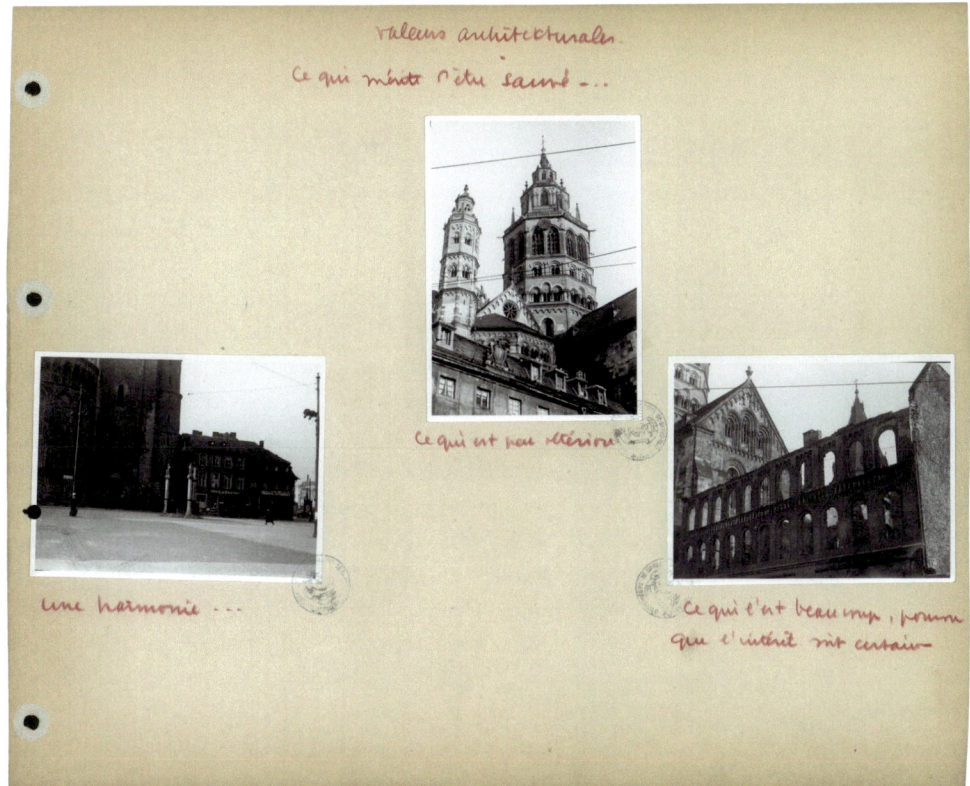

82–83

Marcel Lods:

Die Rheinallee in Richtung Mombach

Vom Umgang mit Kulturdenkmälern

Fotoreportagen aus Marcel Lods' Manuskriptalbum *Plan de Mayence*, Paris, o. D. [1947], Bibliothèque Poëte et Sellier, fonds historique de l'École d'urbanisme de Paris.

Sorge um das Kulturerbe in Mainz besonders wichtig sei, „einer Stadt, deren Wert vor allem aus dem Vorhandensein zahlreicher historischer Denkmäler" bestehe. Jedoch allein „die Tatsache, dass ein Werk hundert Jahre alt ist, reicht nicht aus, ihm einen gewissen künstlerischen Wert zu verschaffen [...], wir schützen alles, was geschützt werden kann. [...] In den meisten Fällen denken wir, dass wir als Lösung den Wiederaufbau des Denkmals wählen werden, auch wenn es stark in Mitleidenschaft gezogen wurde."[48]

Diese Absichtserklärung wird jedoch durch den Wunsch gedämpft, den Wiederaufbau zu „nutzen", um jene Wohnblocks „aufzulockern, [...] die der Volksgesundheit schaden". Aber nicht nur Gebäude mit schlechter Wohnqualität würden der kritischen Betrachtung des Planungsstabs zum Opfer fallen, sondern auch einige öffentliche Gebäude, die im verpönten „alten neuen" Stil erbaut worden seien, darunter das „sehr schlechte alte Theater". Für Lods „ist das Nachahmen historischer Stile, der ‚Pastiche', das Kopieren des Alten eine indiskutable Vorgehensweise, die auf keinen Fall zugelassen werden darf, auch wenn sie ihre betrügerischen Absichten unter dem Vorwand versteckt, eine sogenannte ‚Tradition' zu erhalten".[49]

Zur Umsetzung seiner Strategie definierte Lods drei Maßstabsebenen, vom Regionalplan über den Generalbebauungsplan für den Großraum Mainz bis zum „Bauplan".[50] Das Einzugsgebiet des Regionalplans ergibt sich aus den wirtschaftlichen und räumlichen Bedingungen. Es erstreckt sich über die angrenzenden Kreise Worms, Alzey, Bingen, Bad Kreuznach und steht in Wechselbeziehung zu Frankfurt, Darmstadt und vor allem zu Wiesbaden (Taf. XX und XXI). Lods betonte:

> Im Regionalplan [...] werden schematisch die Organisationsformen dargestellt, die sich zwischen einer Region und der Nachbarregion entwickeln. Insbesondere ist dort genau zu prüfen, wie sich die Industrieanlagen entlang des Mains entwickeln werden. Ihre ersten Fühler haben sie schon ausgestreckt, und es ist vorhersehbar, dass sie sich zu einer annähernd kontinuierlichen, linearen Industriezone entlang des Dreifachbandes (Wasser, Straße, Schiene) entwickeln werden, das Mainz und Frankfurt ohne Unterbrechung verbinden wird.[51]

Lods erinnerte an die geografischen Gegebenheiten des Standorts Mainz, um die Probleme der Regionalplanung von „weiter oben" zu betrachten, was eine neue Grenzziehung zwischen der französischen und der amerikanischen Zone zur Folge hätte, welche nun im Rhein und damit mitten durch die Stadtregion verlaufe. Er sah die „einzige technisch machbare Lösung in der Vereinigung der Enklave am rechten Ufer mit der Mainzer Kernstadt". Lods wollte Mainz und Wiesbaden komplementäre „Aufgaben" zuordnen und die beiden Städte über „einen großen Parkway, der bequem und schnell von der einen zur anderen führt", miteinander verbinden.[52] Eine zweite wichtige Verbindung sollte als „Transportkette" entlang der aufstrebenden Industriegebiete zwischen Mainz und Frankfurt geschaffen werden. Daneben griff er auch die im Mai 1946 entwickelte Idee eines Großflughafens auf. Zwei von Hanning gezeichnete Tafeln zeigten den aktuellen Stand und zwei weitere die Planungen für den Regionalplan mit genaueren Festlegungen zur „Flächennutzung" und zum Verkehr (Taf. XVI–XIX).

In Anlehnung an Le Corbusiers gleichnamiges Buch *Sur les quatre routes*[53] vernetzte und ordnete der Regionalplan den Mainzer Großraum mittels eines Systems von „vier Straßenarten" und unterteilte die Stadt in ein Zentrum und eine westlich gelegene „Grüne Wohnstadt" (Ville verte de résidence) (Taf. XXII und XXIII). Dagegen zielte der Generalbebauungsplan für den Großraum Mainz vorrangig darauf ab, eine klare Trennung zwischen Industrie und Wohnen sowie zwischen den unterschiedlich genutzten Flächen innerhalb der Wohngebiete vorzunehmen (Taf. XXIV und XXV). Lods verurteilte die „totale Durchmischung" und forderte ein „logisches Klassifizierungssystem für Wohngebiete ähnlicher

---

48 Anmerkungen zum künstlerischen Erbe („Patrimoine artistique"), ebd.
49 Ebd.
50 Kap. 2 „Les remèdes", ebd.
51 „Établissement d'un plan régional", ebd.
52 Ebd.
53 Le Corbusier 1941.

oder verwandter Kategorien, die zu harmonischen Kompositionen führen werden und nicht zu einer Kakophonie, die niemandem etwas nützt".⁵⁴

Die Stadt Mainz, die für eine Bevölkerung von bis zu 300.000 Einwohnern ausgelegt wurde, begrenzt eine „grüne Zone", innerhalb der die Behandlung der einzelnen Stadtgebiete sehr differenziert ausfällt. Für die Altstadt sprach Lods nur die sehr allgemeine Empfehlung aus, sie solle eine „Museumsecke" werden:

> Wir werden sie auflockern, durchlüften. Die eingetretenen Zerstörungen machen die Schaffung der nötigen Grünflecken möglich. Wir erhalten die alten Häuser, aber die einst geschlossenen Höfe sollen in der Sonne baden. Ein paar alte Mauern werden bleiben, aber man wird jetzt über sie hinwegschauen und die Bepflanzungen im Inneren der Gebäudegruppen sehen können.⁵⁵

Bayer bestätigte Lods' relatives Desinteresse am Altstadtkern. Dieser habe ihm gesagt, „mit der Altstadt habe ich nichts zu schaffen, das machen die Deutschen selbst", er sei nur daran interessiert, ein „neues Mainz neben dem alten Mainz" entstehen zu lassen.⁵⁶

Alle öffentlichen Gebäude, Repräsentativbauten oder Geschäftshäuser sollten in einer „Gruppe" konzentriert werden. Doch Lods richtete seine Energie auf das „hochverdichtete Wohngebiet" in der Neustadt und auf den Anhöhen im Südwesten der Stadt:

> In dieser gesamten Zone werden wir sehr hohe Wohngebäude errichten, die vollständig voneinander getrennt sind. Die Anzahl der Stockwerke wird variieren, um die Stadtsilhouette modellieren zu können. An manchen Stellen werden es sechs oder acht Stockwerke sein, an anderen zehn oder fünfzehn. [...] Alle Gemeinschaftseinrichtungen, die für den Alltag notwendig sind, werden im Inneren von Baufeldern errichtet, die Nachbarschaftseinheiten bilden.⁵⁷

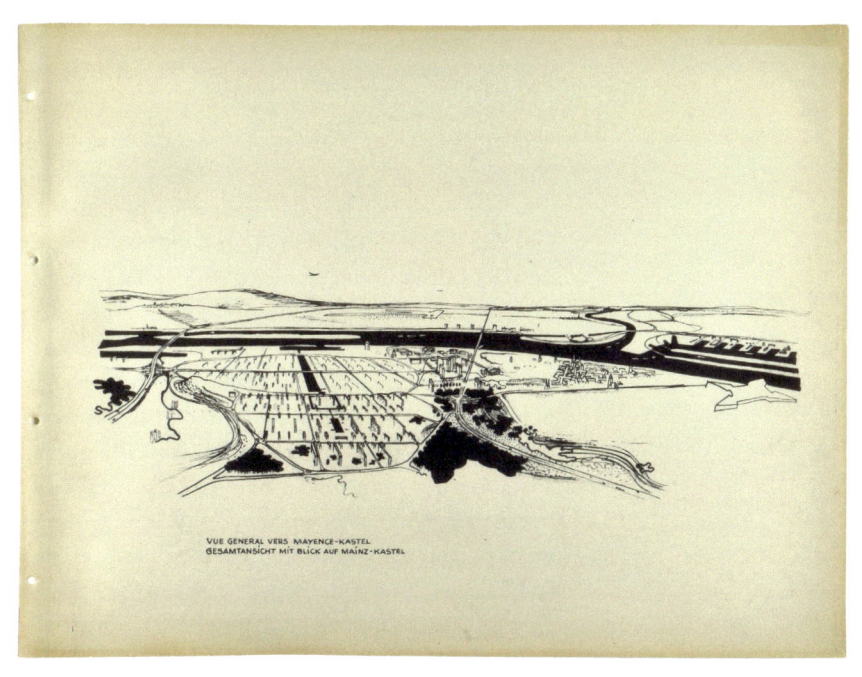

84 Section du Plan: *Planung zum Wiederaufbau von Mainz, 1946–1948, Zweiter Entwurf, Variante mit Nordtangente der Autobahn: Gesamtansicht mit Blick auf Mainz-Kastel (Vue général[e] vers Mayence-Kastel)*, Mainz, 1947, Zeichnung von Gérald Hanning, Generaldirektion Kulturelles Erbe Rheinland-Pfalz, Landesmuseum Mainz.

Unverkennbar ist das Vorbild für diesen Typ von Wohngebiet Lods' Planung für Sotteville (Abb. 27).⁵⁸ Die grafische Ausarbeitung des städtebaulichen Entwurfs lag im Wesentlichen in Bayers Händen, während Hanning sich, wie es scheint, auf den Regionalplan zu konzentrieren hatte. Der Gesamtaufbau des Plans vom 6. April 1947 (Taf. XXVI) fiel völlig anders aus als die Skizze vom Mai 1946. Der Rheintunnel wurde durch eine große Brücke ersetzt, deren Verlängerung auf dem rechten Ufer zur Autobahn nach Köln führt (Abb. 84). Die Verbindung zwischen dem geplanten Bahnhof und dem Flughafen wurde aufgegeben, da dieser gedreht und weiter vom Fluss weg verschoben wurde. Auf dem linken Ufer beherrschen Autobahnen und Hauptverkehrsstraßen klar die Stadtlandschaft. Im Plan vom Mai 1946 wurden Straßen und Wohngebäude parallel zum Tunnel ausgerichtet (Taf. XIII), doch nun wurde ein neues

54 Marcel Lods, „Établissement d'un plan d'urbanisme pour l'agglomération de Mayence", Kap. 2 „Les remèdes", *Plan de Mayence, Livre III: Plans*, Paris, 1947, o. S., EUP.
55 Ebd.
56 Bayer im Gespräch 1988.
57 Marcel Lods, „Établissement d'un plan d'urbanisme pour l'agglomération de Mayence", Kap. 2 „Les remèdes", *Plan de Mayence, Livre III: Plans*, Paris, 1947, o. S., EUP.
58 Ebd. Als Beispiel wurde der Artikel zu Sotteville aus *L'Architecture d'aujourd'hui* (Lods 1946b) in das Album geklebt.

Raster vorgeschlagen, das in einem Winkel von etwa dreißig Grad zur Rheinbrücke gedreht ist. Die Ausrichtung dieses Wegenetzes erscheint sehr komplex, aber sie nimmt ungefähr die Straßenrichtungen der Neustadt auf.

Eine neue Achse sollte in einem größeren Maßstab die Kaiserstraße ablösen und die Wohnbauten am Flussufer mit der ehemaligen Flak-Kaserne verbinden, die nun die Universität beherbergte. Eine zweite, senkrecht zu ihr liegende Schnellstraßenachse begann auf der Höhe des Schlosses, zerschnitt die Stadt auf ihrer gesamten Länge und mündete in die Autobahn, die den Rhein nun flussabwärts queren sollte. An der Nahtstelle zwischen der Altstadt und den neuen Wohngebieten schob sich eine große Esplanade über die Schnellstraßenachse und bot Raum für die neuen öffentlichen Bauten. Der von Bayer gezeichnete „plastische Plan" unterstrich die serielle Wiederholung der zu Gruppen von sechs Einheiten zusammengefassten Wohngebäude (Taf. XXXI).

Der „Bauplan" war der dritte Maßstab, in dem Lods Vorschläge entwickelte (Abb. 85). Im Wesentlichen ist er ein Bebauungsplan, der die stadtplanerischen Vorgaben für jede Bauzone präzisieren und Aussagen treffen sollte zur „Kubatur der verschiedenen Verwaltungsgebäude, zu ihrem Standort und zu ihrer Umgebung". Lods' Interesse galt aber vor allem dem Wohnungsbau. Er betonte die funktionalen Eigenschaften des Wohnraums als „ein Instrument, dessen Zweck die Erfüllung bestimmter Aufgaben" sei und das industriell hergestellt werden solle. Der Einfachheit halber sollten zunächst die Standardgrundrisse von Sotteville übernommen werden, angereichert gemäß einiger „Grundsätze der Doktrin". Lods wandte sich kategorisch gegen Gebäudeformen, „wo sich das Leben über mehrere Stockwerke entfaltet", aber fand es auch nicht gut, das Einfamilienhaus von vornherein zu verurteilen.[59]

Lods machte sich Gedanken zum Bodenbesitz als den für die Umsetzung eines Plans so zentralen Aspekt. Er lehnte einen vollständigen Übergang des Bodeneigentums in Gemeinbesitz ab, plädierte aber dennoch für massive Enteignungen, da sie es erlauben würden, aus den Kriegsschäden größtmöglichen Nutzen zu ziehen. Es ginge darum, „die sehr legitimen Rechte der ehemaligen Besitzer mit den ebenso legitimen Rechten der Gemeinschaft in Einklang zu bringen". Als Beispiel führte er neben niederländischen und britischen Erfahrungen die Arbeiten des Schweizer Stadtplaners Hans Bernoulli an. Die besondere Aufmerksamkeit, die Lods dem Grundeigentum widmete, wurde wie seine Vorstellungen zu den Gemeinschaftseinrichtungen zweifellos auch von Sundlings Verweis auf schwedische Beispiele beeinflusst. Damit wurde ein Diskurs gestärkt, dessen vorrangiges Ziel die komplette Umformung der Stadt zu einem „wirksamen Instrument" war:

> Die Revolution des motorisierten Verkehrs hat ein Ausmaß angenommen, das den traditionellen Rahmen des Verkehrswesens mit seiner Forderung nach neuen und angemessenen Wegen gesprengt hat. Die Industrie des Maschinenzeitalters hat mit ihrer chaotischen Entwicklung die geordnete alte Bausubstanz durcheinander gebracht. Sie muss ihren rechten Platz finden. Es ist nötig, die Errungenschaften der Moderne einzuführen, damit das Leben von ihnen profitieren kann. So wird die Stadt zu einem wirksamen Instrument, zu einem harmonischen Behältnis, wo der Mensch ein menschenwürdiges Dasein finden kann. Wir müssen uns jetzt entscheiden! [...] Entweder flicken wir die zerstörten Mauern und [Mainz] wird wie in den letzten hundert Jahren weiter dahinvegetieren, oder wir bauen für die Menschen Mainz zu diesem „Ort des Lebens", denn Mittel und Gelegenheit sind vorhanden.[60]

Lods fügte den wichtigsten Festlegungen seines Plans stadthygienische Überlegungen hinzu, beispielsweise zu den Vorteilen der Fassadenausrichtung von Wohnbauten nach Westen und Osten. Einige zukunftsweisende Aussagen traf er zur erwarteten Entwicklung von Autobahnen und Flughäfen. Er brachte auch „ausländische Referenzen" ins Spiel und legte dafür Auszüge aus mehreren europäischen Gesetzestexten vor sowie einen positiven Kommentar zu Lewis Mumfords Buch *The Culture of Cities*[61] –

---

59 „Établissement d'un plan d'architecture", ebd.
60 Schlusswort, „Étude des dispositions permettant de rendre le plan exécutoire", ebd.
61 Mumford 1938.

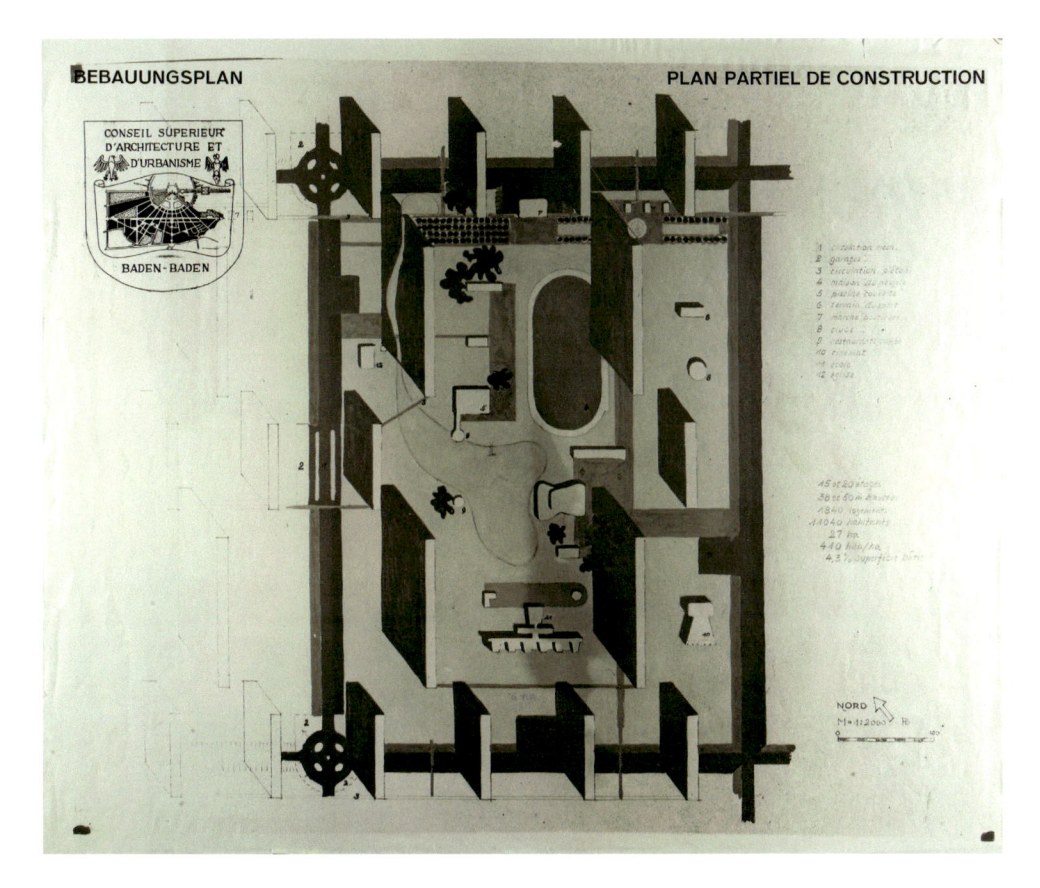

85
Section du Plan: *Planung zum Wiederaufbau von Mainz*, 1946–1948, *Bebauungsplan (Plan partiel de construction)*, Mainz, 1947, Zeichnung von Adolf Bayer, Ausfertigung von 1948 als Planung von Marcel Lods zur Vorlage beim Conseil supérieur d'architecture et d'urbanisme, Stadtarchiv Mainz.

ungeachtet der Tatsache, dass dieser Autor Gaston Bardet nahestand, Lods' großem Widersacher in den Pariser Kreisen.

Hanning nutzte seine grafischen Fähigkeiten, um für die breite Öffentlichkeit eine Reihe von Schaubildern vorzubereiten, in denen er die Lebens- und Arbeitsbedingungen in der dunklen Altstadt dem sonnigen Leben an der frischen Luft der „Grünen Stadt" polarisierend gegenüberstellte (Abb. 86–91). Die deutsch und französisch beschrifteten Schaubilder vergröberten und radikalisierten Lods' Diskurs, zumal sie sich über dessen Überlegungen zur Erhaltung des historischen Zentrums komplett hinwegsetzen. Die neuerbaute und erweiterte Stadt wurde stattdessen als absolute und radikale Alternative zur identitätsstiftenden, aber ungesunden und unbrauchbaren Altstadt präsentiert.

Parallel zu ihrer Planungsarbeit musste sich die Section du Plan neben Verwaltungsaufgaben auch um provisorische Bauten des Wiederaufbaus kümmern und entsprechende Übergangsempfehlungen formulieren, so zum Beispiel für Läden und Geschäfte. Die Entscheidungen, die der Planungsstab täglich zu solch punktuellen Wiederaufbauprojekten treffen musste, engten seinen Handlungsspielraum nach und nach immer mehr ein, zumal die eingereichten Bauanträge die tatsächlich beabsichtigten Arbeiten oft verheimlichten. Manche gaben Sicherungsarbeiten vor, in Wirklichkeit wurde das betreffende Gebäude aber komplett neu aufgebaut. Die vielen Wiederaufbauprojekte waren „Hindernisse" für die Umsetzung des Plans, denn sie bedrohten oftmals die noch geheim gehaltene Trassenführung des geplanten Straßennetzes. Im September 1946 hielt Lods deshalb eine öffentliche Präsentation des Plans für unvermeidlich:

Wir müssen dem Publikum jetzt die allgemeinen Grundsätze und die Einzelheiten des neuen Plans vorstellen. Die allgemeinen Grundsätze sind heute bekannt und können veröffentlicht werden. Die Einzelheiten werden stündlich aktualisiert, und wenn wir die notwendigen Arbeitskräfte bekommen, ist es eine Angelegenheit von wenigen Wochen, um einen Zonenplan aufzustellen, der vollkommen ausreicht, um den betroffenen Menschen die nötigen Informationen zu geben. Wenn dann tatsächlich alle diesen Plan respektieren, bedeutet das für jene Gebiete, die einer strengen Zonung unterliegen, dass dort praktisch nichts wiederaufgebaut wird. Ausnahmen bilden einige wenigen Gebäude, die von großem Wert sind und die zweifellos repariert werden müssen, unabhängig von den bedauerlichen Folgen für die künftige Stadtstruktur. […] Auch wenn eine leere Hülle wie das Großherzogliche Palais für seine Wiederherstellung unendlich viel mehr Arbeit benötigt als die Errichtung von Neubauten, können wir davon ausgehen, dass dieses Vorhaben vollkommen gerechtfertigt ist. Wir werden also all diese Gebäude erhalten, wir werden unseren Plan abändern, um sie alle umgehen zu können. Es ist aber systematisch abzulehnen, dass verschiedenerlei Gebäude über die ganze Stadt verstreut werden und dazu führen, dass mit der Zeit die Leitideen der Planung aufgegeben würden.[62]

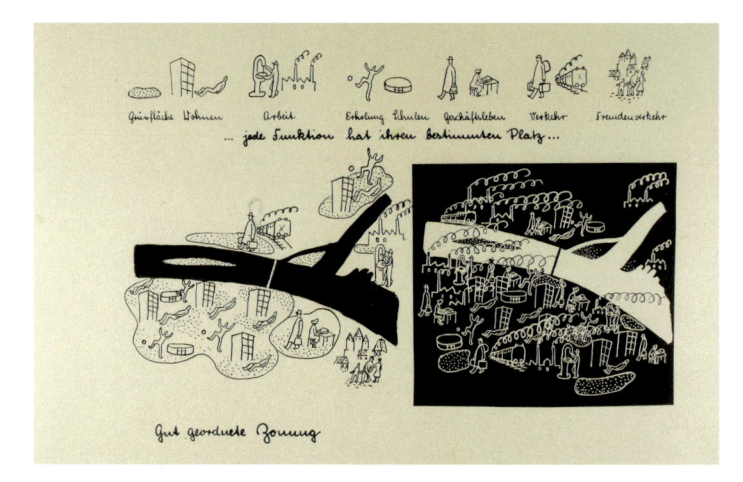

Die steigende Zahl von Anträgen für den Wiederaufbau von Geschäftshäusern und Läden bewegte die Section du Plan dazu, „eine Art Einkaufszentrum

62 Marcel Lods, „Visites du 23 septembre 1946", Mainz, 27.9.1946, SAAI NL Bayer.

Ein anderes Mainz 109

86–91

Section du Plan: *Planung zum Wiederaufbau von Mainz*, 1946–1948, *Gegenüberstellung des Lebens in der Altstadt und in der „Grünen Stadt"*, Mainz, um 1947, Schaubilder von Gérald Hanning, Stadtarchiv Mainz.

ähnlich derer, die es in ganz Amerika gibt" vorzusehen, „um die Vorgaben des Bebauungsplans mit den Bedürfnissen des Mainzer Einzelhandels in Einklang zu bringen" (Abb. 73 und 92). Die Arbeit an den täglichen Anforderungen des Wiederaufbaus schien von der Dienststelle für Wiederaufbau in Baden-Baden unterstützt worden zu sein. Im August 1946 begrüßte sie, dass „die mit dem Einverständnis der französischen Planer entstandenen Vorentwürfe es bereits erlaubt [hätten], die instand zu setzenden und die neu zu bauenden Gebäude zu bestimmen sowie die Material- und Personalanforderungen zu berechnen".[63]

Die Section du Plan entwickelte eine Reihe von Wohnhaustypen, die unterschiedlichen Anforderungen gerecht werden sollten. Der als „Behelfsbauten zur vorübergehenden Versorgung" bezeichnete erste Typenentwurf bezieht sich auf ein Ensemble in eingeschossigen Reihen von 165 einfach ausgestatteten Wohnungen mit einer sehr hohen Belegungsdichte von bis zu 1000 Bewohnern (Abb. 93).[64] Weitere Reihenhausentwürfe wurden für Mainzer Einfamilienhaussiedlungen entwickelt. Die sorgfältigste und umfassendste Arbeit wurde jedoch 1947 der Entwicklung einer Wohnanlage auf einem Baufeld an der Wallstraße gewidmet (Abb. 94). Im Gegensatz zum Regionalplan und zum Generalbebauungsplan,

63 A. Bourgoin, Tätigkeitsbericht „Rapport mensuel sur l'activité de la section Reconstruction pendant le mois de juillet 1946", Baden-Baden, 5.8.1946, AOFAA AEF 1864/4.

64 Von dieser Planung sind Fotos erhalten, CAPA 323 AA 522/4 413 (AA ML/Phot 85/10).

92 Section du Plan: *Planung zum Wiederaufbau von Mainz, 1946–1948, Perspektivskizze eines von Ladenzeilen gesäumten Kaufhofs am Brand*, Zeichnung von Gérald Hanning, Südwestdeutsches Archiv für Architektur und Ingenieurbau (saai), Karlsruher Institut für Technologie (KIT).

die beide direkt auf den Grundsätzen der *Charta von Athen* und auf Le Corbusiers *Sur les quatre routes* aufbauten, stand dieser Entwurf in Verbindung mit den gestalterischen Überlegungen des Büros Beaudouin und Lods aus der Vorkriegszeit und mit Le Corbusiers Konzept der „vertikalen Gartenstadt" (Ville verte verticale), das er aufgrund seiner Moskauer Erfahrungen der späten 1920er Jahre entwickelt hatte.[65]

Noch während das von Baden-Baden initiierte Programm von 1000 Behelfswohnungen für die deutsche Bevölkerung voranschritt und ein weiteres Programm von 600 Wohnungen für französisches Besatzungspersonal anlief, entwarf Lods' Planungsstab das Ensemble an der Wallstraße, für das schon am 30. März 1947 ein erster Baumassenplan entstand. Die Mainzer Stadtbehörden wurden im April eingebunden, doch die Projektentwicklung erwies sich in vielerlei Hinsicht als mühsam und sehr unsicher, was institutionelle, finanzielle, rechtliche und technische Gründe hatte. Am 3. April 1947 setzte Wilhelm Imm, der Generalbaudirektor des Zweckverbands für den Wiederaufbau der Stadt Mainz, die Stadtverwaltung in Kenntnis über ein Programm von drei zehn- bis zwölfgeschossigen Gebäuden für die deutsche Bevölkerung und einem Hotel. Die Grundstücke des dafür vorgesehenen Baufelds gehörten dem Reich, der Stadt oder waren in Privatbesitz. Imm bat die Stadtverwaltung um eine Genehmigung zur Enttrümmerung des Geländes. Er suchte auch ihre Unterstützung bei der Suche nach möglichen privaten Investoren oder nach einer Wohnungsbaugenossenschaft, die das Gelände auf Erbpacht erwerben könnte.[66]

In den folgenden Wochen drehte sich die Diskussion um die Zuordnung der Gebäude, ihre Erschließung und die Außenraumgestaltung.[67] Im August wurde eine Änderung der Ortsbausatzung für das Baufeld vorbereitet,[68] doch die Verhandlungen über den Bebauungsplan und die künftigen Eigentumsverhältnisse des Geländes schritten nur langsam voran, zumal mit diesem Projekt auch Lods' Gesamtplan auf dem Spiel stand. Sollte es ein einmaliges Vorhaben bleiben oder war es als „Idealprojekt", als Modell für zukünftige Bauvorhaben gedacht, wie einige Fachleute aus der Stadtverwaltung vermuteten? Baudezernent Carl Dassen schlug dem Baupolizeiamt vor, die Baubestimmung den geltenden Vorschriften anzupassen. Am 29. August versuchte er bei der Besprechung des fertigen Entwurfs die vorgesehene Fläche zu verkleinern.[69] Gleichzeitig wurden konkrete Schritte zur Beauftragung von Lods eingeleitet. Jörg schlug vor, das Büro Lods aufzufordern,

65 Cohen 1987.

66 Durchschrift „Vermerk bezüglich der Errichtung von Hochhäusern auf dem Gelände zwischen Wallstraße und Saarstrasse-Gonsenheimer Strasse", Mainz, 3.4.1947, gez. Trablé, SAM 100/1963/34, 9. Vgl. zwei Monate zuvor in den Akten des Oberbürgermeisters: Der Oberbürgermeister der Stadt Mainz, Schreiben an das Wiederaufbauamt „Betr.: Gebiet an der Wallstraße", Mainz, 8.2.1947, sign. i. A. Dassen, SAM 100/1963/34, 9.

67 Abschrift „Vermerk über die Besprechung der Baubestimmung für das Baugebiet zwischen Bingerstraße und Wallstraße am 27. Mai 1947", Mainz, 27.5.1947, gez. Dr. Dassen, SAM 100/1963/34, 9.

68 Der Oberbürgermeister, Entwurf „Nachtrag zu der Ortsbausatzung für das Stadterweiterungsgebiet zwischen dem Binger Tor und dem Mombacher Tor in Mainz vom 9. Mai 1916", „behandelt in der Sitzung des Bauausschußes vom 7.8.47" [handschriftl. Anmerkung], Mainz, o. D., unsign., SAM 100/1963/34, 9.

69 Abschrift „Betr.: Bebauung des Gebietes Wallstraße/Bingerstraße", Mainz, 30.8.1947, gez. Dr. Ing. Dassen, SAM 100/1963/34, 9.

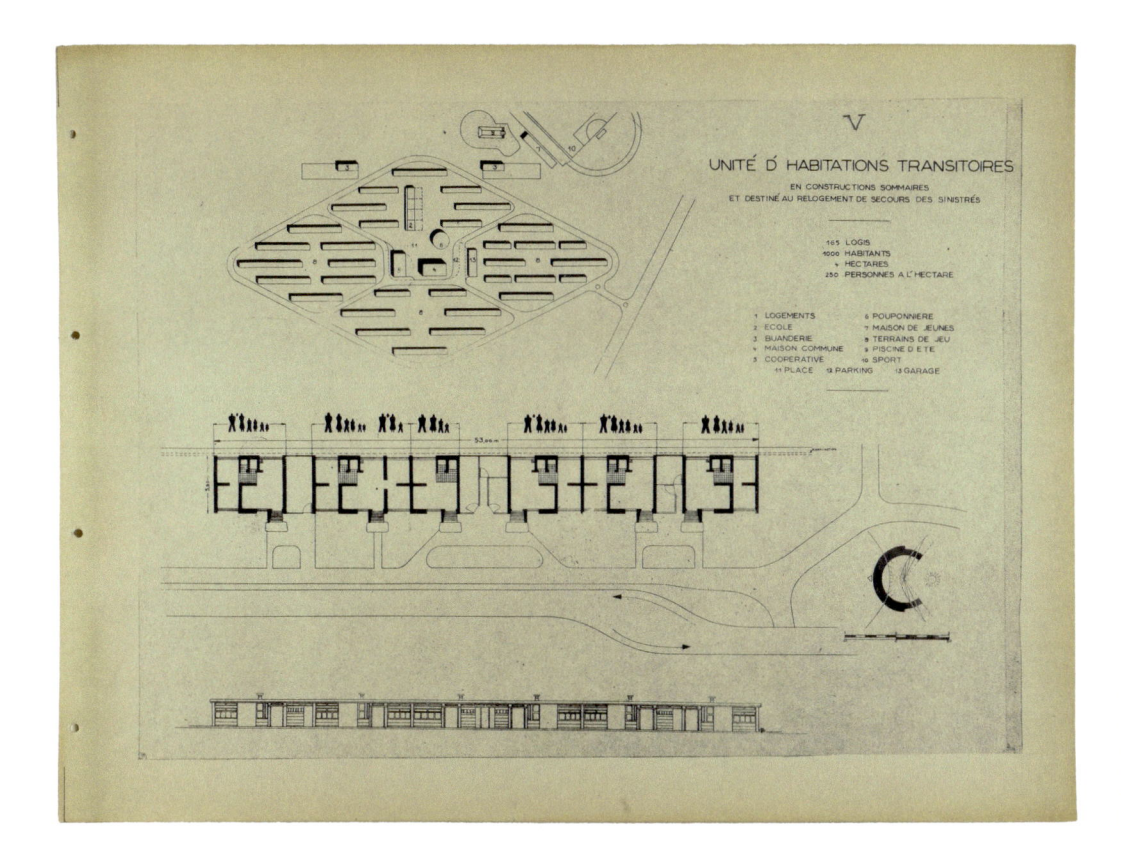

93
Section du Plan: *Planung zum Wiederaufbau von Mainz*, 1946–1948, *Entwurf zu einer Wohneinheit mit Übergangswohnungen für den Wiederaufbau, Grundriss und Ansicht*, 1946, Generaldirektion Kulturelles Erbe Rheinland-Pfalz, Landesmuseum Mainz.

das Idealprojekt für die in der Binger Strasse und Wallstrasse vorgesehene sogenannte Wohneinheit (etwa 5000 Menschen) aufzustellen und der Baupolizei zu Verfügung zu stellen. Aufgrund dieses Projekts, das die grundsätzliche Wohndichte feststellt, wird es möglich sein, für die zunächst zu erbauenden Wohnhochhäuser die gerechte Belastung zu errechnen, indem die bei sämtlichen Anlagen in Frage kommende Nutzungsflächengröße zugrunde gelegt werden soll.[70]

Die endgültigen Bedingungen für die Ausführung wurden im August bei einem Treffen der Leitung des Wiederaufbauverbands diskutiert und der Baubeginn für September 1947 angesetzt. Die Gesamtkosten von etwa acht Millionen Reichsmark sollten von den Versicherungsgesellschaften der französischen Besatzungszone aufgebracht werden. Dieses Geld war als Überbrückungskredit gedacht, bis die eigentlichen Investoren ihre Mittel einbringen konnten. Eine Teilsumme von 50.000 Reichsmark war für den Bau einer „Hochhauszelle" gedacht. Sie sollte von der für die vorbereitenden Gelände- und Erschließungsarbeiten vorgesehenen ersten Investitionstranche über 500.000 Reichsmark abgezweigt werden. Drei oder vier große Unternehmen sollten sich am Ausschreibeverfahren für die Hochhauszelle beteiligen. Damit sollte auch ihr Konstruktionsprinzip festgelegt werden, dessen Wirtschaftlichkeit Imm angesichts der Wiederaufbaukosten beschädigter Gebäude betonte.[71] In Bezug auf den Gesamtplan befand sich das Baugelände zwar in einer Randlage, doch wurde mit dem zwischen Militärflächen hinter

70 Auszug „Niederschrift über die Besprechung zur Klärung von Bebauungsplanfragen vom 24. Juli 1947", Mainz, 26.7.1947, gez. Maurer, SAM 100/1963/34, 9.

71 Wiederaufbauverband Mainz, Der Verbandsvorstand, Abschrift „Niederschrift über die 4. Sitzung des Verbandsvorstandes […] 18. August 1947, Mainz, o.D., sign. [unleserlich], SAM 100/1963/34, 9.

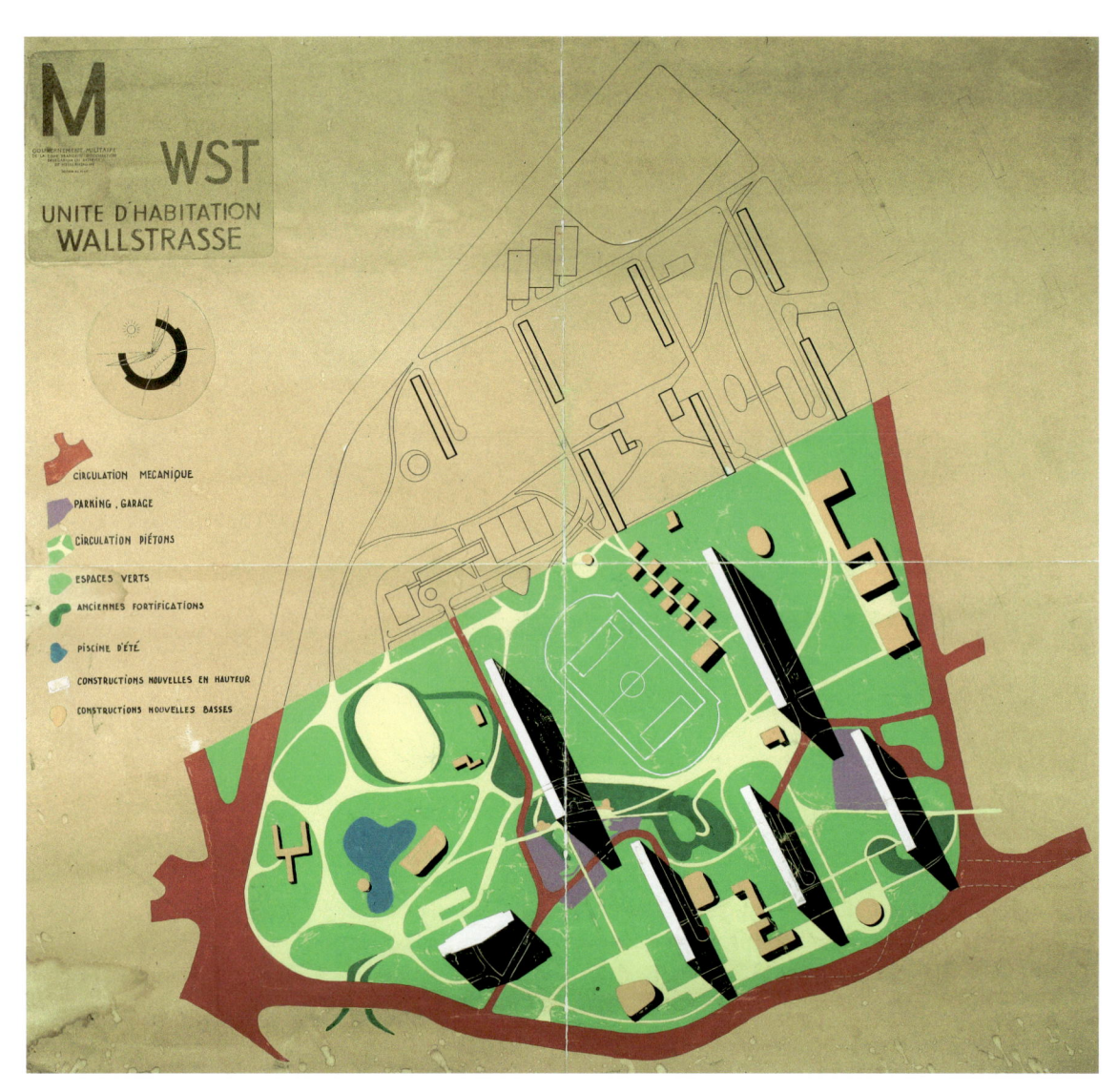

94 Section du Plan: *Planung zum Wiederaufbau von Mainz*, 1946–1948, *Unité d'habitation Wallstraße, Plan eines Baufeld*s, Mainz, um 1947, Stadtarchiv Mainz.

dem Bahnhof gelegenen Einzelobjekt ein wichtiges Element für die im Plan vorgesehenen hochverdichteten Wohngebiete baureif durchgeplant.

Lods verwendete den Begriff „Wohneinheit" (Unité d'habitation) nicht im Sinne Le Corbusiers, der damit einen Einzelbau mit integrierten Gemeinschaftseinrichtungen bezeichnete, sondern eher im Sinne von „Nachbarschaft", wie sie Clarence Perry in den 1920er Jahren definiert hatte. Aus dem Baumassenplan wird ersichtlich, dass Lods vielmehr eine Gruppe von Wohnscheiben meinte, mit 760 Wohnungen für 3800 Menschen und Nahversorgungseinrichtungen, die in den Erdgeschossen untergebracht werden sollten (Abb. 94). Auch die innere Erschließung unterschied sich von Le Corbusiers Prinzip, denn der Zugang zu den Wohnungen in den viel schmaleren Gebäuden sollte wie in Sotteville über Treppenhäuser erfolgen, die auf jedem Absatz zwei Wohnungen bedienten, und nicht über ein System innenliegender Korridore (Abb. 95).

Zur Tragstruktur des Gebäudes wurden mehrere Studien gemacht. Die Wahl fiel auf eine

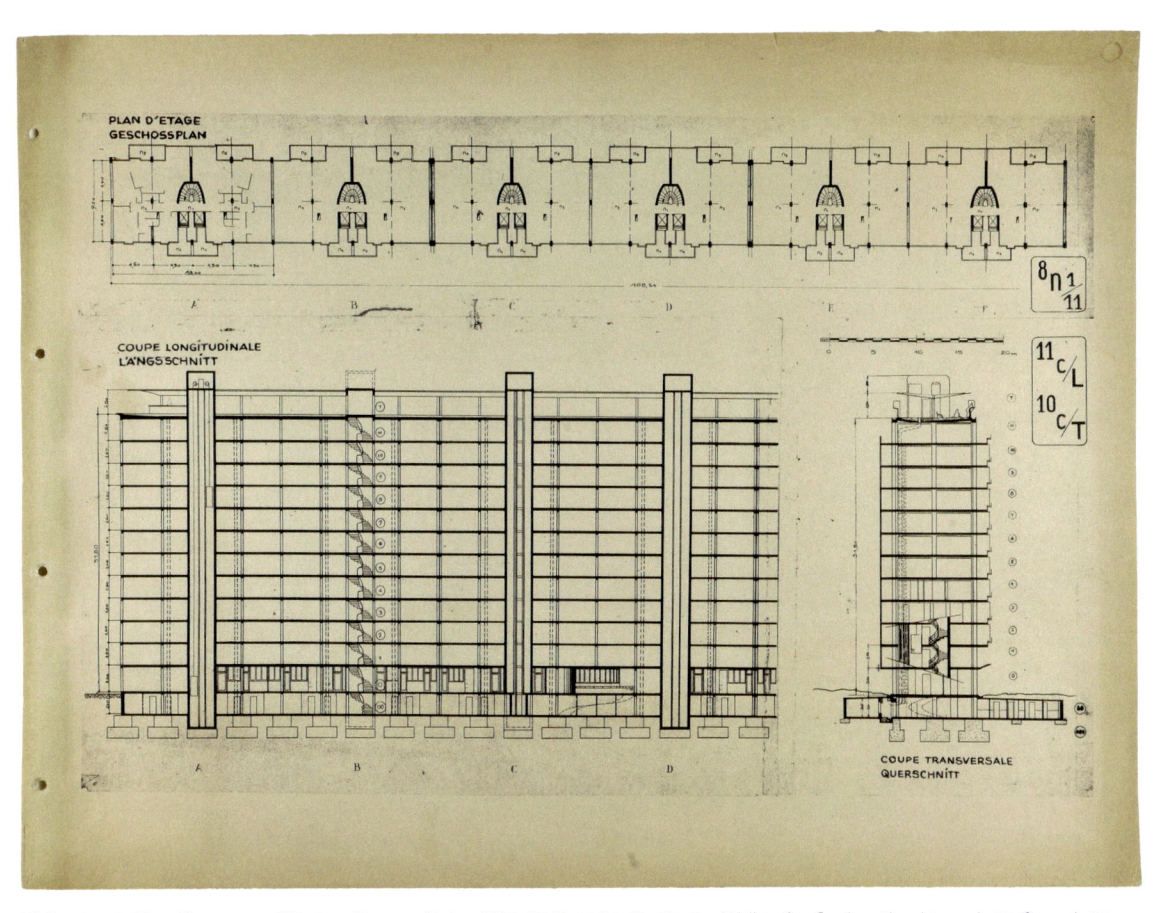

95 Section du Plan: *Planung zum Wiederaufbau von Mainz*, 1946–1948, *Unité d'habitation Wallstraße, Geschossplan, Längsschnitt, Querschnitt*, Mainz, 1947, Generaldirektion Kulturelles Erbe Rheinland-Pfalz, Landesmuseum Mainz.

Stahlbetonrahmenkonstruktion, in der die Fassadenebene vor- und zurückspringen konnte, wie es mehrere Entwurfsvarianten zeigen. Die Stützenreihung war in der Fassade des Wallstraßen-Projekts klar ablesbar, und an die Treppenhäuser aus Massivbeton schlossen vorgefertigte gitterförmige Bodenelemente an, die durch Metallteile verbunden waren. Mit Bayers Sinn für Präzision wurde in einer Detailstudie vom 28. Juni 1947 neben der Wohnungsausstattung und -möblierung auch die optimale Besonnung der Wohnungen untersucht und durch eine große Zahl von Projektionszeichnungen getestet (Abb. 2 und 96). Bis zum Oktober 1947 entstanden verschiedene Entwurfsvarianten, die sich unter anderem in der Anlage der Treppenhäuser und ihrer Außenwände unterschieden, aber auch in der Platzierung von Küchen und Bädern, die bei den kompakten Varianten neben dem Treppenhaus lagen (Abb. 97–99). Die von Bayer und Sundling entworfenen Innenräume zeichneten sich durch weiche und flexible Formen aus, ganz anders als die Wohnungen von Sotteville, von denen im gleichen Jahr ein von Marcel Gascoin gestalteter Prototyp in der Pariser Ausstellung im Grand Palais gezeigt wurde.[72]

Neben den Einzelprojekten der Section du Plan stehen Paul Schmitthenners gleichzeitige Hochhausstudien (Abb. 116), die darauf hindeuten könnten, dass innerhalb eines auf Lods' Planungen abgestimmten Bebauungs- und Fluchtlinienplans sogar Spielräume für traditionalistische Alternativen ausgelotet wurden.

72 [Commissariat] 1947, S. 146 f.

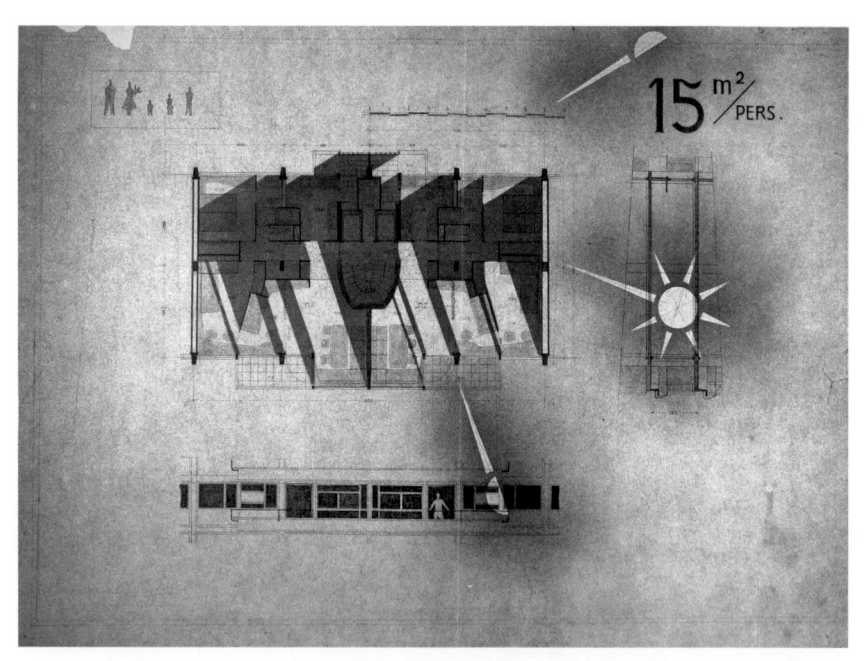

96 Section du Plan: *Planung zum Wiederaufbau von Mainz, 1946–1948, Unité d'habitation Wallstraße, Besonnungsstudie einer Wohnung*, Mainz, 1947, Zeichnung von Adolf Bayer, Stadtarchiv Mainz.

„Aufgrund des Übereifers einiger Rheinländer [sic]" wurde in aller Eile mit den Bauarbeiten an der Wallstraße begonnen, ohne offizielle Genehmigung der Stadt Mainz, aber auch ohne kategorische Ablehnung.[73] In einem internen Inspektionsbericht erscheint das Projekt der Section du Plan rückblickend fast wie Lods' persönliche Initiative, die nur scheitern konnte:

> Während er die allgemeinen Untersuchungen zum Wiederaufbauplan von Mainz fortführte, hat Herr Lods angesichts der zunehmend feindseligen Haltung der deutschen Kommunalbehörden das Bauvorhaben einer Unité d'habitation, Typ Le Corbusier, befördert. Diese sollte auf einem Grundstück namens Wallstraße am Rande der Stadt erbaut werden. Im August 1947 war man soweit, mit den Bauarbeiten beginnen zu können, als Herr Jacobsen die Bezirksdelegation Mainz verließ und durch Herrn Guérin ersetzt wurde. [...] Bei einem Besuch in Mainz am 26. Oktober 1947 gab der Oberkommandierende General [Pierre Koenig] zu bedenken: 1. dass eine noch so begrenzte Initiative vom Stadtrat genehmigt werden sollte; 2. dass viele Einwände technischer Natur von den deutschen Fachleuten gegen den Bau dieser Gebäude sprechen. Deshalb hat er entschieden, die Ausführung der Arbeiten auszusetzen und Herrn Lods die nötige Zeit zu lassen, sein Projekt den deutschen Behörden vorzulegen und zu verteidigen, denn es versteht sich, dass das Projekt erst umgesetzt werden kann, wenn es deren Zustimmung gefunden hat.[74]

Trotz des Baustopps wurden die Gründungsbohrungen noch fortgesetzt, um dem Projekt eine Zukunft zu lassen, wie die französischen Dienststellen vor Ort meldeten.[75] Bei einem Treffen des Zweckverbands im November 1947 beschwerte sich Imm über den Bürokratengeist, der nach Jacobsens und Louis Fourniers Abschied eingekehrt sei, und deutete an, dass Alternativprojekte für das Gelände an der Wallstraße existierten, die den Franzosen vorgelegt werden könnten (Abb. 101–103). Neben den architekturpolitischen Erwägungen aus General Koenigs Entourage schienen auch die noch immer recht abenteuerlichen wirtschaftlichen Rahmenbedingungen dem Wallstraßen-Projekt ein Ende bereitet zu haben.

Erste feindselige Reaktionen gegenüber Lods' Realitätsferne waren schon im August 1947 zu vernehmen. Baudezernent Dassen erklärte dem Oberbürgermeister seine Vorbehalte und behauptete, dass Lods' Planung die Umsetzung von Sofortmaßnahmen behindern würde. Er argumentierte, dass ein Aufbauplan, der keine Rücksicht auf die bestehenden Eigentumsverhältnisse nähme, für die Stadt unübersehbare Folgekosten habe, denn Eigentümer, deren Bauanträge abgelehnt werden müssten, weil sie dem Plan widersprächen, hätten aufgrund des bestehenden Planungsrechts Anspruch auf Entschädigung. Solange sich dies auf Einzelfälle beschränke, sei das

73 Lods 1976, S. 96.

74 F. Martin, Inspektionsbericht „Reconstruction de Mayence", Freiburg, 20.12.1948, S. 4, AOFAA CERA 36.
75 Der Wiederaufbaudienst bemerkte, dass es für seine Bedürfnisse „gut wäre, wenn [die] Frage wieder gestellt würde", AB [A. Bourgoin], Tätigkeitsbericht „Rapport mensuel sur l'activité du service Reconstruction, octobre 1947", o. O. [Baden-Baden], 8.11.1947, S. 2, AOFAA AEF 1864/4.

tragbar, aber nicht bei einer so radikalen Neuplanung der gesamten Stadt wie Lods sie vorschlage.⁷⁶

Lods hingegen war darum bemüht, seinen Einfluss zu vergrößern, weshalb er an verschiedenen Initiativen, etwa dem Darmstädter Internationalen Kongress für Ingenieurausbildung, teilnahm, wo er seine langjährigen Erfahrungen im Fertigteilbau vortrug.⁷⁷ Einige führende Politiker unterstützen seine Unternehmungen, darunter der Kommunist Willy Feller, der rheinland-pfälzische Minister für Wiederaufbau. Im Februar 1947 schrieb dieser im *Neuen Mainzer Anzeiger*:

> Wenn wir die Städte wiederaufbauen wollen, die wir aus ganzem Herzen lieben – Ludwigshafen, Mainz, Koblenz oder Zweibrücken – oder ein kleines Dorf an der Mosel, sollten wir keine Haarspalterei betreiben. Wir müssen unseren Städten ein neues Gesicht verleihen. [...] Wir brauchen die schöpferischen Architekten und Städtebauer, die in der Schule eines May, Gropius und Corbusier die besten Traditionen des Dessauer Bauhauses empfangen und mit weitem Horizont die Erfahrungen des modernen Städtebaus in Amerika, England, Frankreich und der Sowjetunion in sich aufgenommen haben. Wir brauchen Architekten, die nicht nur reparieren, sondern auch wiederaufbauen.⁷⁸

In den Berichten der Sûreté, der französischen Geheimpolizei, war schon Anfang 1947 von einer unbestreitbar feindlichen Stimmung gegenüber Lods' die Rede, vor allem bei den Mainzer Kaufleuten.⁷⁹ Aber der bemerkenswerteste Protest kam vom Mainzer Bischof Albert Stohr. Er wurde am 14. April 1947 in einem Artikel der Berner Tageszeitung *Der Bund* abgedruckt und setzte sich mit der Lage auseinander, in der sich Mainz nach dem Krieg befand, aber auch

---

76 Carl Dassen, Schreiben an Oberbürgermeister Kraus, Mainz, 17.8.1946, zit. nach Durth/Gutschow 1988, S. 884–888.
77 An diesem IKIA-Kongress nahmen neben Lods unter anderen auch Otto Bartning, Paul Schmitthenner, Karl Gruber und der in Schweden tätige Fritz Jaenicke teil, siehe Neufert 1948, insbesondere Lods 1948a.
78 Feller 1947, frz. Übersetzung in: Marcel Lods, „De l'existence chez les Allemands d'un état d'esprit favorable à notre plan", *Plan de Mayence, Annexes*, Paris, 1947, S. 31–34, EUP.
79 De Jaeger im Gespräch 1986.

97–99 Section du Plan: *Planung zum Wiederaufbau von Mainz, 1946–1948, Unité d'habitation Wallstraße: Perspektivische Ansicht / Blick in Wohn- und Kinderzimmer / Küche, Terrasse und Eingang*, Zeichnungen von Gérald Hanning, Mainz, Juli 1947, Stadtarchiv Mainz.

mit dem Ehrgeiz seiner Besatzer, die aus ihr ein Musterbeispiel modernen Städtebaus und effizienter Verwaltungstätigkeit zu machen gedachten. Er griff die Section du Plan offen an und schob Lods imaginäre Leistungen zu, um ihn noch bedrohlicher wirken zu lassen:

> Der bedeutendste französische Städtebauer, der großzügig moderne Marcel Lods, der Erbauer der berühmten Gartenstadt Suresnes [sic] vor der Toren von Paris und Planer der meisten kriegszerstörten Städte in Nordfrankreich, wurde nach Mainz geholt, wo er gemeinsam mit einem jüngeren Mitarbeiter, dem Corbusier-Schüler Hanning, eine fieberhafte Tätigkeit entfaltet. Der Dritte im Bunde ist ein Deutscher, der stadtmainzerische Generaldirektor für den Wiederaufbau, der Realisator der von den beiden Franzosen entworfenen Richtlinien und Programme, und zugleich absoluter Beherrscher der von der Militärregierung zur Verfügung gestellten Rohstoffe, wie Zement, Stahl, Holz, der Transportmittel und Arbeitskräfte. Diese drei Männer bilden den Generalstab des Kampfes um die Wiedergeburt von Mainz. Einen Generalstab von Fanatikern, die mit einer leidenschaftlichen Hingabe ihre Arbeit aufgenommen haben.[80]

Weiterhin kritisierte der Prälat auch die Einfuhr ausländischer Arbeitskräfte nach Mainz und das Fortbestehen der Wohnungskrise, die durch die vielen zur Unterbringung der Franzosen begonnenen Bauarbeiten noch verschärft würde. Dadurch sei „das Bauprogramm der französischen Militärregierung […] zum Gegenstand interner deutscher politischer Diskussion geworden. […] Mainz soll auch in Zukunft das ‚deutsche Mainz' bleiben und kein französisch inspiriertes (Mayence) werden".[81] Das *Bulletin hebdomadaire d'information* des Generalkommissariats für deutsche und österreichische Angelegenheiten wiederum attackierte im März 1947 den Bischof, der „Mainz lieber zerstört sehen als bei der Geburt einer Stadt nach französischem Geschmack beiwohnen möchte".[82]

Die französischen Behörden verlangten, dass Stohr seine Äußerungen dementiere. Dieser aber weigerte sich und meinte, dass seine Worte die Meinung der Allgemeinheit widerspiegelten: „Sie sind darüber hinaus hoffentlich die klare Überzeugung jedes Mainzers, sodaß ich gar keinen Grund habe mich davon zu distanzieren, wenn ich sie auch nicht gesprochen habe."[83]

Auch die französischen Dienststellen nahmen Stellung. Bertrand Monnet bewertete die Situation erstmals am 22. Januar 1947 in einer an seinen Vorgesetzten Raymond Schmittlein, dem Direktor für Bildungswesen, adressierten Aufzeichnung. Für ihn war Lods' Planung „weniger ein präzises Projekt für den Wiederaufbau, den Ausbau und die Erweiterung der Stadt, als die Darstellung einer Doktrin" auf der Grundlage der *Charta von Athen*. Er selbst habe „keine grundsätzlichen Einwände", außer in der Frage der „Freilegung von historischen Denkmälern". Monnet behielt sich ein Urteil über Lods' „sehr einnehmende Vorschläge" vor, bis das Ergebnis einer Reihe ergänzender Untersuchungen bekannt sein werde. Sein Ton blieb diplomatisch, denn es gehe „weniger um einen beliebigen Beitrag von Architektur und Städtebau aus Frankreich als um die Verabschiedung eines realistischen Plans von den Deutschen selbst, sodass er die Autorität habe, sich über alle anderen, sich ihm entgegensetzenden Vorstellungen hinwegzusetzen". Wenn gewünscht sei, „dass das Mainz der Zukunft vom Genie Frankreichs geprägt" sein solle, dann sei es wichtig, „dass sein Plan außer für Änderungen an Details auf unbestimmte Zeit nicht in Frage gestellt werden" dürfe.[84]

Ohne weitere Untersuchungen abzuwarten, wunderte sich Monnet über die Höhe der veranschlagten Bevölkerungszahl für Mainz. Er sprach sich ziemlich deutlich gegen die Verlagerung des Bahnhofs und die Ansiedelung neuer Industrieanlagen auf dem rechten Rheinufer aus, wo sich die Weinberge befänden. Er stimmte mit Lods überein, „die Stadt nicht

80 Stohr 1947.
81 Ebd.
82 CGAA 1947.

83 Der Bischof von Mainz, Schreiben an Herrn Oberbürgermeister Dr. Krauss [sic], Mainz, 14.5.1947, sign. Albert [Stohr], SAM 100/1966/19, 120.
84 L'Architecte en chef du Gouvernement Bertrand Monnet, Bericht an den Directeur de l'Éducation publique zum „Plan de reconstruction de Mayence", o. O. [Baden-Baden], 22.1.1947, S. 3, AOFAA AC 74/1.

auf ihren alten Straßentrassen und Fundamenten wieder aufzubauen", betonte aber die psychologischen und politischen Risiken, die durch die Schaffung „einer reichen Stadt beiderseits der Altstadt und des neuen Stadtzentrums, ‚der Grünen Stadt', und einer armen Stadt, der Arbeiterstadt", ausgelöst würden. Vor allem aber lehnte er ausdrücklich die von Lods vorgeschlagen Hochhäuser mit der heimtückischen Bemerkung ab, dass „sich Mainz klimatisch offensichtlich sehr von Sotteville unterscheidet". Monnet führte auch politische Argumente ins Feld:

> Ist es angesichts der Herdennatur des Deutschen klug, große Bevölkerungsteile in diese riesigen Termitenhügel zu pressen, wo doch alle kulturellen Bemühungen Frankreichs danach streben, dem Deutschen das Bewusstsein seiner Individualität zurückzugeben? Ohne die Vorschläge von Herrn Lods von vornherein abzulehnen, aber auch ohne ihnen beizupflichten, bevor nicht ausführlichere Informationen vorliegen, so erscheint uns die eingeschlagene Lösung für diese Wohnviertel letztlich wenig geeignet für den Wiederaufbau einer zerstörten Stadt in einem zerstörten Land.[85]

Monnet bat um demografische, archäologische und klimatische Studien, eine Untersuchung der Besitzverhältnisse und technischen Anforderungen für das Wallstraßen-Projekt sowie „einen Lageplan und die Kubaturen der zur Ausführung vorgesehenen Gebäudegruppen". Des Weiteren schlug er vor, den Entwurf der Expertenkommission für Architektur und Städtebau vorzulegen, deren Gründung Raymond Schmittlein gerade ins Auge fasse. Letzterer übermittelte Monnets Bemerkungen an Generalverwalter Émile Laffon, den Chef der französischen Zivilbehörden in der Besatzungszone, mit dem Hinweis, dass es sich um „einen theoretischen Plan" handele, „dessen Wert durch Kritik an Details nicht geschmälert" werde.[86] Kurz darauf schickte Laffon Lods' Plan zurück an Jacobsen. Er ließ ihn wissen, dass „in der Substanz jeder mit dem Projekt von Herrn Lods einverstanden zu sein" scheine und deutete nur auf die finanziellen und bodenrechtlichen Schwierigkeiten seiner Realisierung hin. Laffon hielt es aber nicht für angebracht, die Militärregierung ins Spiel zu bringen und empfahl, „das Projekt den deutschen Behörden zu überlassen, damit diese sich *freie* [handschriftl. hinzugefügt] Gedanken zu den Umsetzungsmodalitäten machen können".[87] Lods ließ Monnets Bemerkungen nicht unbeantwortet. In einem Schreiben an Jacobsen verteidigte er die Bevölkerungsprognosen, auf denen sein Projekt basierte:

> Der Plan geht lediglich von den Obergrenzen aus, die an diesem Ort mit einiger Vernunft wünschenswert sind und die auch mit Recht zugelassen werden können. Die verschiedenen Teile der Gesamtanlage werden sich in einem Rhythmus, der nicht festlegbar ist, innerhalb dieses vorgesehenen Rahmens bewegen. Wenn die Entwicklung schnell ist, wird der Gesamtplan sehr bald realisiert sein. Wenn die Entwicklung langsam ist, wird sich der Gesamtplan hinauszögern. Aber wir werden so oder so erfolgreich sein. Und wir werden vor allem deshalb erfolgreich sein, weil die gesamte Entwicklung von Anfang an mit eingeplant wurde.[88]

Lods bestritt Monnets klimatische Einwände gegen die Hochhäuser. Seiner Antwort legte er eine Analyse der Windverhältnisse in Mainz bei und berief sich auf die Worte seines alten Meisters Henri Sellier: „Ich würde es lieber sehen, wenn eine müde Hausmutter in den 10. Stock mit dem Aufzug fährt als in den 4. Stock läuft". Er fügte hinzu:

> Warum ist ein fünfzehn- oder zwanzigstöckiges Gebäude, das gut gebaut ist, das mit allen möglich Vorkehrungen zur Schallisolierung versehen ist, das dank seiner Orientierung viel

---

85 Ebd., S. 5.
86 Le Directeur de l'Éducation publique Schmittlein, Mitteilung an den Directeur général des Affaires administratives, o. O. [Baden-Baden], 23.1.1947, AOFAA AC 74/1.
87 Émile Laffon, Schreiben an den Gouverneur Jacobsen, o. O. [Baden-Baden], 1.2.1947, AOFAA AC 74/1.
88 Marcel Lods, Antwort zur Stellungnahme von Bertrand Monnet, Mainz, o. D. [Februar 1947], in: Marcel Lods, „Des critiques faites sur le plan par le service de l'Architecture à la sous-direction des Beaux-Arts (Direction de l'Éducation publique)", *Plan de Mayence, Annexes*, Paris, 1947, S. 7, EUP.

Sonnenlicht bekommt, das mit allen Vorrichtungen ausgestattet ist, die das Leben vereinfachen, ein „riesiger Termitenhügel", und nicht die sechs- oder siebenstöckigen Häuser, die sich in schlecht ausgerichteten Straßen aneinanderreihen, in direkter Nachbarschaft des Automobilverkehrs und mit Höfen ohne Sonne?[89]

Lods bekräftigte schließlich, dass das geplante Mainz nicht nach sozialen Schichten unterteilt sei, sondern diese miteinander versöhne:

> Die ganze Stadt wird grün sein. Die neue Stadt ist Grüne Stadt und Arbeiterstadt zugleich. Die Grüne Stadt ist ein Begriff, der auf ein Bebauungsprinzip und keineswegs auf eine nur der reichen Bevölkerung vorbehaltene luxuriöse Bauart verweist. Der einzige Teil, der nicht Grüne Stadt sein wird (zumindest in der unmittelbaren Zukunft), ist die „nicht abgerissene" Stadt, die „bewahrte" Stadt. Wenn sich jeder der Vorzüge der Grünen Stadt gewahr wird – und davon bin ich fest überzeugt – dann werden wir eines Tages überlegen, alte Stadtteile durch Teile der „Grünen Stadt" zu ersetzen.[90]

Zur Unterstützung seiner Thesen präsentierte Lods einen Bericht zur Lage der deutschen Architektur und verwies auf die „um 1925 entstandene starke neue Bewegung" und die Produktion der NS-Zeit:

> In Deutschland haben wir Gropius, Ernst May, Mendelsohn, Bruno Taut usw. kennengelernt und auch andere, jüngere und weniger bekannte, aber ebenso begeisterte [Architekten]. Dann kam das Hitler-Regime. Die gerade Genannten gingen ins Ausland, wo sie mit offenen Armen empfangen wurden. […] Die anderen, die nicht ins Ausland gehen konnten, blieben und schwiegen. Mehr konnten sie nicht tun, denn sie waren ja Vertreter der vom Dritten Reich so gehassten „jüdisch-freimaurerischen" Kunst.[91]

Lods unterstrich die „entscheidende Rolle", die Frankreich nun spielen solle, „indem es den wenigen Architekten, die sich noch an das Bauhaus und die Frankfurter Schule erinnern, die Möglichkeit verschafft, an die Bewegung anzuknüpfen". Er begrüßte die deutschen Vertreter des Funktionalismus als willkommene Kollegen: „Nennen wir Hebebrand, ein altes Mitglied der CIAM, der für den Regionalplan von Frankfurt zuständig und dafür aus eigener Initiative mit uns in Verbindung getreten ist, Schweizer, der unseren Kontakt suchte und uns eines seiner Bücher zukommen ließ, Neufert, den wir in Darmstadt getroffen haben, und so viele andere."[92]

Jacobsen wurde am 1. Oktober 1947 als Bezirksdelegierter und Gouverneur der Provinz Rheinhessen durch Henri Guérin ersetzt. Dann überstürzten sich die Ereignisse. Der Generaldelegierte von Rheinland-Pfalz, Claude Hettier de Boislambert, grub Monnets Bericht aus und übernahm in einem Schreiben an den Generalverwalter Laffon Punkt für Punkt dessen Kommentare, ohne ihn jedoch zu zitieren. Hettier betonte insbesondere die Notwendigkeit, das Projekt „einer Kommission, bestehend aus den angesehensten französischen Stadtplanern", vorzulegen. Des Weiteren sei es unerlässlich, „die Zustimmung der kompetentesten deutschen Persönlichkeiten" zu erwirken und die finanziellen Auswirkungen des Projekts genauestens zu untersuchen.[93] Damit sah es für Schmittlein so aus, als würden zwei Analysen der Mainzer Planungen zu einem vergleichbaren Ergebnis kommen. Er leitete Hettiers Schreiben an General Koenig weiter,[94] der wenige Wochen später den Baustopp für das Wallstraßen-Projekt verfügte. Am 6. November teilte Laffon Koenig seine Bedenken zur vorgeschlagenen Verlegung des Bahnhofs auf die andere Rheinseite und zu den „wirtschaftlichen und finanziellen Auswirkungen" des Projekts mit. In Laffons Augen war es unerlässlich, dass das Projekt „die volle und aufrichtige Unterstützung deutscher Kreise" erhalte und der geplanten Hohen

---

89 Ebd., S. 13.
90 Ebd., S. 15.
91 „De l'existence chez les Allemands d'un état d'esprit favorable à notre plan", ebd., S. 23.
92 Ebd., S. 25.
93 Le Gouverneur Hettier de Boislambert, Schreiben an den Administrateur général Laffon, Koblenz, 9.9.1947, S. 4, AOFAA AC 74/1.
94 L'Administrateur général adjoint, Schreiben an den Délégué général pour le Gouvernement militaire de l'État rhéno-palatin, Baden-Baden, o. D. [September 1947], AOFAA AC 74/1.

Kommission für Architektur und Städtebau unterbreitet werde.⁹⁵

Ende Januar 1948 schließlich legte Koenig in einer verbindlichen Anordnung zum Fall von Mainz fest, dass die Verantwortung für den neuen Plan in deutschen Händen zu liegen habe. Er betonte, dass „das Gesamtkonzept und die Bauten, deren Architektur sich dem Gesamtplan unterordnen muss, von der französischen Kunst inspiriert sein können", aber in der „rheinischen" Tradition verankert sein müssten:

> Der Wiederaufbau der Hauptstadt des rheinland-pfälzischen Staates muss völlig rheinisch sein. Die zuständigen Dienststellen des Landes werden einen Gesamtplan vorbereiten, der die lokalen und regionalen Kunstrichtungen, Sitten und Gebräuche berücksichtigt, ihn offenlegen und bei den Besatzungsbehörden zur Genehmigung einreichen. Zu diesem Zweck wird festgelegt, dass die deutschen Behörden dringend aufgefordert werden, eine Bebauungsplanstudie für die Stadt Mainz einzuleiten, in der die Ansichten interessierter Gremien und Instanzen berücksichtigt werden. Eine Kommission, die sich aus Stadtplanern, Künstlern und offiziellen Vertretern Frankreichs zusammensetzt, wird dieses Projekt dann überprüfen, gegebenenfalls auch ändern lassen und dem Oberkommandierenden General seine Beurteilung mitteilen.⁹⁶

Vor Ort wurde der Stadt Mainz gestattet, Lods' Planungen mit Schmitthenners Gegenprojekt zu vergleichen, um die möglichen Optionen besser einschätzen zu können. Währenddessen ging der Baden-Badener Behördenkrieg um die Schaffung der besagten Kommission in seine entscheidende Runde. Deren Auswirkungen auf die Mainzer Situation wurden aber erst 1949 spürbar. In dieser neuen Phase wandte sich Lods direkt an Koenig und legte ihm die politische Tragweite seiner Planung dar. Für ihn stehe die Verantwortung für den Städtebau an erster Stelle der französischen Obliegenheiten in Deutschland, zumal es nur wenige Bereiche gebe, in denen Frankreich entscheidender und nachhaltiger agieren könne. Lods verwies auf die in der NS-Zeit unterdrückten Architekten des Neuen Bauens, um die Rolle Frankreichs als Schutzmacht zu unterstreichen:

> Es ist symptomatisch, dass wir jetzt sehen können, mit welcher Freude sie sich durch die Türe stürzen, die wir ihnen gerade erst geöffnet haben! [...] Wenn sie geführt werden, dann marschieren sie. Wenn man sie sich selbst überlässt, dann brechen sie bald zusammen. Das ist gewiss, zumal der Städtebau von heute die konkreten Privatinteressen den Interessen der Allgemeinheit unterordnet, was von den deutschen Amtsträgern aufgrund mangelnder Informationen nicht immer eindeutig wahrgenommen wird. Es ist in den meisten Fällen unrealistisch, von ihnen zu erwarten, dass sie eine klare Position beziehen, geschweige denn, dass sie die Fachleute unterstützen, die sie beschäftigen.⁹⁷

Lods bekräftigte seine Auffassung, dass die seinem Wiederaufbauprojekt zugrundeliegende Doktrin kein Problem darstelle, da die *Charta von Athen* ja weitgehend akzeptiert sei. Seiner Auffassung nach müssten jedoch dringend die nötigen Entscheidungen getroffen werden. Hierzu verwies er Koenig ausgerechnet auf seine Veröffentlichung des Mainzer Planungsberichts, dem Koenig immer sehr zurückhaltend gegenüber gestanden hatte:

> Aus dem gerade Beschriebenen ergibt sich für den „Besatzer" die Notwendigkeit, die Doktrin, in deren Namen er sprechen und beraten wird, zu „kennen" und zu „erwählen". Wenn wir behaupten zu „führen", sollten wir selbst auch wissen, wohin es geht. Lassen Sie uns die Frage aus diesem Blickwinkel betrachten. Das städtebauliche Problem der Mainzer Planungen ist der Inbegriff eines klaren Problems. Die Analyse der „Mängel", der „Bedürfnisse" und der „Mittel" führt zu eindeutigen Schlussfolgerungen. [...] Die Umsetzungsmodalitäten können variieren

---

95 L'Administrateur général Laffon, Schreiben an den Général d'armée Koenig, Baden-Baden, 6.11.1947, AOFAA AC 74/1.

96 Le Général d'armée Koenig, Schreiben an den Directeur général des Affaires administratives, Baden-Baden, 29.1.1948, AOFAA AC 74/1.

97 Marcel Lods, Schreiben an General Koenig, Mainz, 8.12.1947, S. 3, AOFAA AEF 1864/6.

[doch] die Grundprinzipien sind heute unbestritten. Ihr künstlerischer Ausdruck wird verschieden sein, je nachdem, ob sie von Franzosen, Deutschen, Engländern, Amerikanern oder Russen umgesetzt werden [doch] die Doktrin bleibt fest. Deshalb glaube ich, dass sich das Doktrinproblem nicht mehr stellt.[98]

Aber die „wertvolle Zeit" Koenigs, die Lods in Anspruch nehmen wollte, um ihm seinen Standpunkt „unter vier Augen" auseinandersetzen zu können, wurde ihm nicht gewährt. Inzwischen gab es Alternativen zu seiner Planung.

Anfang 1948 ging die Debatte über Lods' Plan für Mainz in die letzte Runde. Dabei schalteten sich sowohl die Presse als auch die Stadtverwaltung ein. Nach Fourniers Abschied ernannten die Franzosen am 29. Januar 1948 mit Oberst René Dutrou einen neuen Koordinator für den Wiederaufbau von Mainz. In einem Schreiben an Hettier wies Koenig darauf hin, dass Dutrou ein Anhänger der „Moderne" sei, der während seiner Tätigkeit in Saarlouis Édouard Menkès' Wiederaufbauplan für die Stadt unterstützt hatte (Abb. 124).[99] Im Gegensatz zu Dutrou aber mochte sich sein direkter Vorgesetzter, der Bezirksdelegierte Guérin, nicht festlegen. Laut einer Mitteilung Erich Petzolds an Schmitthenner vom 12. Januar 1948 habe Guérin dies auch Oberbürgermeister Emil Kraus mitgeteilt. Guérin verhielt sich konform zu Koenigs Vorgaben und befürwortete, dass sowohl die Planungen von Lods als auch von Schmitthenner dem Stadtrat zur Entscheidung vorgelegt werden sollten. Wenn dieser sich gegen Lods aussprechen sollte, „wird dieser gehen müssen". Er schlug sogar vor, dass Schmitthenner versuchen möge, über seine Baden-Badener Kontakte eine persönliche Vorstellung beim Oberkommandierenden zu arrangieren.

Am 29. Januar 1948, dem Datum von Dutrous Ernennung und Koenigs oben zitierter Anordnung, wurde eine außerordentliche Sitzung der kommunalen Behörden zum Thema Wiederaufbau anberaumt. Dabei sollten die Vorschläge von Lods und Schmitthenner besprochen werden, die von ihren Autoren öffentlich vorgestellt worden waren und nun die Kontroverse in der örtlichen Presse befeuerten. Wesentliche Besprechungspunkte sollten die Verbindungen zwischen Mainz und der Region, die damit im Zusammenhang stehenden potentiellen Rheinquerungen sowie die Form der neuen Stadt sein. Baudezernent Karl Maurer erörterte Lods' Thesen und die Arbeit des Hochbauamts vor der Stadtverwaltung. Seine Beschreibung der Zonierungspolitik und der anvisierten Baudichten fiel dabei sehr differenziert aus:

> So kommt eine Planung zustande, die, auf wissenschaftlich erarbeiteter Grundlage aufgebaut, mit den meisten Überlieferungen seitherigen Städtebaues bricht. [...] Vor allem handelt es sich um Auflockerungen, um freie Fläche, um Licht und Luft. Gut und richtig angeordnete Baumgruppen z.B. können auch auf bekiestem oder sonst wie befestigtem Platze stehen, auch so wird der Eindruck des Luftigen, des Grünen, des Unbeengten hervorgerufen werden können. [...] Das Mittel zur Herbeiführung des erwähnten Ausgleiches besteht nun darin, dass die einzelnen Blöcke nach ihrer Eignung in Bezug auf Flächennutzung und auf Höhennutzung der Bebauung verschieden behandelt werden. Hiermit tut sich allerdings ein Problem auf, das sehr schwerwiegender Art ist. Will man die vorstehend angedeuteten Gedanken durchführen, so muß mit den bisherigen Vorstellungen von Zonenbauordnung, Straßen- u. Platzräumen usw. usw. gebrochen werden. Es entstehen einzelne Blöcke, Gebäudegruppen, die für sich eine Einheit bilden. Das ganze Gefüge der Stadt wird also aus einzelnen Blockgebilden bestehen, die sehr verschieden voneinander sein können. [...] Ich bin nicht sicher, ob unserer Zeit die dazu erforderlichen künstlerischen Kräfte bereits jetzt zu Verfügung stehen. Die „schöne Stadt" ist nach den seitherigen städtebaulichen Rezepten leichter zu gestalten als bei der Art des Städtebaues, wie sie in den jetzt vorliegenden Plänen

---

98 Ebd.
99 Le Général d'armée Koenig, Schreiben an den Délégué général pour le Gouvernement militaire de l'État rhéno-palatin, Baden-Baden, 29.1.1948, AOFAA CERA 26. Dutrou, der Kreisdelegierter von Saarlouis gewesen war, blieb mit Menkès in Kontakt: L'Administrateur Dutrou, Schreiben an Édouard Menkès, Mainz, 8.7.1948, MNAM-CCI NL Menkès. Zu Menkès' und weiteren französischen Planungen im Saarland, siehe Cohen/Frank 1989, Bd. 3.

des Hochbauamtes aufgefasst ist. Es ist dabei zu bedenken, dass eine Stadt nach wissenschaftlich-technischen Gesichtspunkten vorzüglich und einwandfrei aufgebaut sein kann und dass es trotzdem möglich ist, dass die Stadt nicht als schön und nicht als angenehmer Wohnort empfunden wird. Es ist damit ein Problem angeschnitten, das voraussichtlich beim Neubau unserer Städte eine große Rolle spielen wird. Ich habe den Eindruck, dass bis jetzt in dieses Neuland kaum eine andere Stadt so weit vorgestoßen ist, als dies bei den vorliegenden Planungen für Mainz der Fall ist.[100]

Lods und seine Gegner gaben im Januar und Februar 1948 Erklärungen in der Mainzer Lokalpresse ab. Lods' virulentester Gegenspieler war Petzold, der auf Schmitthenners Seite stand. Sein im März 1948 in der *Allgemeinen Zeitung* abgedruckter Beitrag[101] weckte bei Frau Lods die Befürchtung, dass „unsere Tage in Mainz gezählt sind, wenn solche Artikel hier veröffentlicht werden".[102] Jörg entwickelte eine detaillierte Argumentation, um den Angriffen Petzolds entgegenzutreten. Er würdigte die Arbeitsleistung der Section du Plan, die Qualität ihrer Vorschläge und die Art der von ihr erarbeiteten Dokumente. Jörg hielt Schmitthenners Entwurf für unzulässig, da er keine grundlegenden Untersuchungen biete und nur ein Teilgebiet bearbeite:

> Ich kann mich nur wundern, dass die freie Bürgerschaft, vielleicht aus anerzogenem Sinn für den absoluten Gedanken, dieser Hohlheit und Unwahrhaftigkeit von Fassadenarchitekten nicht mehr genügend Widerstad [sic] entgegenbringt und dass demjenigen aber, der zuerst auf die allgemeinen Grundlagen sich bezieht, der Mangel an Ästhetischen Reizen zum Vorwurf gemacht wird. Wir haben Beispiele dieser Gegenüberstellung genügend hier in Mainz. Es besteht der Plan des Architekten Lods und eines Architekten Schmidthenner [sic] aus der man die grundsätzliche Verschiedenheit städtebaulicher Arbeit erkennen kann. Während beim Plan Lods im Sinne jeder Stadtplanung zunächst die grundlegenden Untersuchungen angestellt wurden und im Hinblick auf die Verwirklichung ein Teilstück auch zum Bebauungsplan ausgearbeitet wurde, fehlt bei dem Schmitthennerschen Plan jede grundsätzliche Voraussetzung für die von ihm vorgetragene rein ästhetische Skizzierung von Hauptstrassen und Plätzen eines Teils der Stadt, während die Stadtplanung aus den systematischen Untersuchungen des Herrn Lods wertvollste Unterlagen zur Aufstellung des nunmehr den Bauausschüssen vorgetragenen Bebauungsplanes entnommen werden konnte, konnte ich die Planung Schmitthenners wegen dem Mangel an städtebaulichen Voraussetzungen nicht verwerten.[103]

Diese Überlegungen schienen Oberbürgermeister Kraus davon überzeugt zu haben, Lods als technischen Berater zunächst zu behalten. Doch angesichts der übertriebenen Bedingungen, die von Koenigs Kabinett auf Betreiben von Guérin und Albert de Jaeger, dem künstlerischen Berater des Generals, vorgeschoben wurden, brach er dann den Kontakt zu Lods ab.[104] Am 13. Februar 1948 setzte Kraus den Bezirksdelegierten offiziell darüber in Kenntnis, dass „der Wiederaufbauplan der Stadt in die ausschließliche Zuständigkeit des Stadtrats fällt, und dass dieser sich weigert, den Plan von Herrn Lods zu berücksichtigen".[105] Nun griff Koenigs Anordnung vom 29. Januar, für deren Umsetzung Guérin und Dutrou zuständig waren. Letzterer übernahm am 15. April pro forma Lods' Funktionen, sodass diesem keine Alternative mehr blieb. Sein Aufenthalt in der Besatzungszone war nun unerwünscht.[106]

---

100 „Betr.: Sonderkonferenz zur Unterrichtung der Verwaltung über den Stand der Planungsarbeiten für den Wiederaufbau der Stadt Mainz", Mainz, 29.1.1948, sign. Maurer, SAM 100/1963/34, 9.
101 Petzold 1948.
102 Bayer im Gespräch 1988.
103 Maschinenschriftl. Manuskript „Jörgs Vorbereitung für eine Rede über Mainzer Stadtplanung 1948" [laut handschriftl. Anmerkung], SAAI NL Bayer.
104 Marcel Lods, Schreiben an Albert de Jaeger, Paris, 17.9.1949, S. 7, AOFAA CERA 36.
105 F. Martin, Inspektionsbericht „Reconstruction de Mayence", Freiburg, 20.12.1948, S. 4, AOFAA CERA 36.
106 Marcel Lods, „Note pour Monsieur le Ministre sur la question du plan de Mayence", Paris, o. D. [1948], S. 4, AN 19790659/2 (CAB 1094).

„Wenig[e] gute Taten bleiben ungestraft." Unter Berufung auf Selliers Worte nahm Lods noch am selben Tag Abschied von seinem Planungsstab. Er bekräftigte, „Mainz mit vollständig ruhigem Gewissen [zu] verlassen", und hielt eine melancholische Predigt über den Sinn seines Handelns und die wahren Beweggründe seines Kampfes:

> Vor allem anderen ist es wichtig für Euch alle, die Stellung die Ihr einnehmen wollt, klar herauszustellen. Sie ist einfach: Ihr verteidigt – Ihr müsst verteidigen – von einem uneigennützigen Standpunkt aus, ein allgemeines Interesse, welches nur Ihr allein verstehen könnt, gegen alles, was sich diesem Interesse entgegen stellen wird. Alles, was sich entgegenstellen wird – das ist nicht wenig. Die Privatinteressen, berechtigte oder unberechtigte, die Gewohnheiten, die Politik, die menschliche Dummheit (sehr allgemein in den von uns behandelten Materien)… Ihr seht, dass Ihr genug zu tun habt… Gebt Euch keiner Täuschung hin betr. der gemeinen Mittel, die man anzuwenden nicht scheuen wird, um Euch zu treffen. Seht, wie man gegen meine Person vorgegangen ist. Erinnert Euch, dass man, um den notwendigen Befehl zu meiner Abreise von einer schlecht und einseitig unterrichteten Obrigkeit zu erlangen, selbst soweit ging, sich die Büros vor Arbeitsbeginn durch das Reinigungspersonal öffnen zu lassen, um zu versuchen, dort Beweise einer Tätigkeit zu finden, die man mir vorwerfen könnte. Ihr werdet also angegriffen werden. Seid persönlich unbestechlich und – wie in meinem Fall – die Kritiken werden sich die Zähne ausbeissen. Aber erwartet die Schlacht und bereitet Euch vor zu kämpfen. Eure unüberwindliche Stärke ist, dass Ihr die Wahrheit verteidigt… Seht, mit welcher Sorgfalt man jede ernste Aussprache, jede Ausstellung, jede Befragung des Stadtrates zurückgewiesen hat![107]

Jean-Louis Cohen

---

107 Marcel Lods, „An alle die, die bei der Section du Plan gearbeitet haben", Mainz, 15.4.1948, SAAI NL Bayer.

EINE NEUE ALTE STADT

Die durch die Frage des Wiederaufbaus von Mainz verursachten politischen und kulturellen Konflikte wurden durch die Komplexität der in der Stadtplanung und im Bauwesen parallel agierenden Institutionen zusätzlich zugespitzt. Jede politische Kraft hatte ihre Vertreter in der Architektur, gleichzeitig besaß auch jede Architektengruppe ihren Schutzpatron aus der Politik. Dieses dynamische Beziehungsgeflecht hat alle Akteure dazu verleitet, Einzelfragen hochzuspielen und so den diskutierten Projekten ein unverhältnismäßiges und oft verfrühtes Echo in der Öffentlichkeit zu verschaffen, sodass diese meist schon in Frage gestellt wurden, bevor sie überhaupt vollständig entwickelt waren.

Für die Trümmerbeseitigung und den Wiederaufbau der Stadt wurde schon 1945 unter französischer Kontrolle ein komplexes Instrumentarium entwickelt, das sich auf die städtischen Behörden und deutsche Fachleute stützte, die auf Vertragsbasis arbeiteten. Auf Seiten der deutschen wie der französischen Behörden traten dabei politische Kalküle deutlich zu Tage. Weit weniger offensichtlich waren diese allerdings im Falle der französischen und deutschen Spezialisten mit Beraterfunktion wie Marcel Lods oder Paul Schmitthenner, die von außen in die Planungsprozesse eingriffen.

Dem Stadtplanungsamt fehlte geeignetes Personal. Erst gegen Ende 1946 schufen das neue Wiederaufbauamt unter dem früheren Baudezernenten Karl Maurer und der Zweckverband unter Wilhelm Imm hier eine gewisse Entlastung, die allerdings durch personellen Querelen und unklare Kompetenzen wieder relativiert wurde. 1946 war das Hochbauamt durch den Bau der neuen Universität so sehr in Anspruch genommen, dass es die Leitung des ersten Notwohnungsbauprogramms nicht übernehmen konnte und externer Hilfe bedurfte.

Commandant Louis Fournier vom Militärbauamt, Leiter der Baukontrollstelle (Service du Contrôle des constructions), hatte den Kontakt zu Imm aufgenommen. Erich Petzold, der 1933 aus politischen Gründen aus dem städtischen Dienst entlassen worden war und 1945 als Leiter des Hochbauamts wieder eingesetzte wurde, hatte sich parallel dazu um Herbert Rimpl und die Reste seines Planungsbüros in Watenstedt-Salzgitter bemüht, wo er von 1937 bis 1944 die „Stadt der Hermann-Göring-Werke" geplant hatte.[1] Rimpl hatte während des Krieges das vermutlich größte europäische Planungsbüro betrieben und bei Kriegsende in der Nähe von Nordhausen den dortigen Bau unterirdischer Industrieanlagen des Konzentrationslagers Dora-Mittelbau geleitet. Nach Kriegsende bemühten sich zuerst die amerikanischen und dann auch die sowjetischen Besatzungsmächten, ihn als Spezialisten weiter zu beschäftigen.[2] Rimpl aber verließ die sowjetische Besatzungszone im Frühjahr 1946 und eröffnete ein privates Planungsbüro in Mainz, neben den kurzzeitig weiterbestehenden in Berga (Thüringen) und in Salzgitter-Lebenstedt.[3]

Mehr noch als in dem bereits erwähnten Karlsruher Städtebauseminar von Otto Ernst Schweizer hatten während der Nazizeit in Rimpls auf Industriebau spezialisierten Büro eine Anzahl von Anhängern

---

1   Ob Petzold durch den Leiter seiner Stadtplanungsabteilung Gerhardt Lahl auf Rimpl aufmerksam gemacht worden war, bleibt eine Vermutung. Rimpl benennt in einem Aufsatz von 1939 einen G. Lahl als Mitarbeiter bei der Planung der „Stadt der Hermann-Göring-Werke", vgl. Rimpl 1939. Es ist denkbar, dass dieser G. Lahl mit Gerhardt Lahl identisch ist, der wie Rimpl ab 1939 in Berlin tätig war. Egon Hartmann bestätigt: „Lahl war im Krieg Mitarbeiter bei Rimpel [sic]. Er zeichnete bei ihm die Vogelperspektive der geplanten Hermann-Göring-Stadt bei Salzgitter." Beck-Hartmann 2008, S. 213. Dagegen spricht die Nennung eines Georg Lahl in Sollichs Liste der Mitarbeiter Rimpls, siehe Sollich 2013, S. 368.

2   Nach 1987 in einem Interview gemachten Angaben der Rimpl-Mitarbeiter Max Meid und Helmut Romeick hielt Rimpl von den sowjetischen Besatzungsbehörden sogar einen Ausweis als Antifaschist: Sie vermuteten, dass dies aufgrund von Zeugnissen von Zwangsarbeitern in Berga geschah, für deren bessere Behandlung sich Rimpl wiederholt eingesetzt hatte.

3   Herbert Rimpl, Schreiben an den Herrn Oberbürgermeister der Stadt Mainz, Mainz, 31.8.1946, sign. i. V. [unleserlich], SAM 100/1966/8, 38. Rimpl bat um Hilfe bei der Unterbringung von sechs aus Salzgitter-Lebenstedt zuziehenden Mitarbeitern. Siehe auch Sollich 2013, S.173 ff.

des Neuen Bauens Beschäftigung gefunden. Nach dem Krieg war es deshalb zu einem der Orte der architektonischen „inneren Emigration" stilisiert worden,[4] in denen Architekten aufgrund ihrer „Unabkömmlichkeit" bei kriegswichtigen Rüstungsbauten vom aktiven Militärdienst freigestellt waren.[5] Alfons Leitl, selbst ehemaliger Mitarbeiter Rimpls im besetzten Lothringen, empfahl 1947 im ersten Heft seiner Zeitschrift *Baukunst und Werkform* die Ästhetik dieser während des Krieges entstandenen Bauten als beispielhaft für die Moderne des Wiederaufbaus und bildete hierzu Projekte Rimpls und seiner Mitarbeiter ab. Obwohl Leitl seine Distanz zu jener Moderne der 1920er Jahre, die sich als ästhetische und politische Avantgarde verstanden hatte, nie aufgegeben hatte, schloss er sein Editorial mit den Worten:

> Dass eine kleine Zahl grundsatztreuer Architekten den Weg in die Industrie als Ausweg und Zuflucht gefunden hat, macht es dem deutschen Bauen möglich, dem Bauen der übrigen Welt mit nicht ganz leeren Händen wieder zu begegnen.[6]

Die Stadt Mainz hatte Rimpl angeboten, ihr „Wohnungsinstandsetzungsprogramm 1946" zu koordinieren und ihn noch vor dem 1. September 1946 unter Vertrag genommen, zu dem ursprünglich auch Imms Amtsantritt vorgesehen war.[7] Sein Büro in Salzgitter in der britischen Zone löste Rimpl auf und übernahm einige der verbliebenen Mitarbeiter in sein neues Mainzer Büro, das zunächst mit Teilwiederaufbaumaßnahmen wie der des Wohngebäudes Feldbergstraße/Ecke Rheinallee beauftragt wurde (Abb. 100),[8] bevor ihm nach und nach auch größere Aufträge in Aussicht gestellt wurden.[9] Sein Auftrag war umfangreich und gab ihm weitreichende Kompetenzen, da er auch den Baubestand der städtischen Kleinwohnungsbau GmbH miteinschloss und ihn bevollmächtigte, andere Privatarchitekten mit der Durchführung von Instandsetzungsprojekten unter seiner Kontrolle zu beauftragen. Im Bereich der Wohnungsinstandsetzungen allerding überschnitten sich seine Aufgaben mit denen von Imm, der offiziell für die Durchführung des Instandsetzungsprogramms der Militärregierung verantwortlich war.

Bereits im Januar 1947 bemühte sich Rimpl, letztlich erfolglos, um eine Erneuerung seines auf ein Jahr begrenzten Vertrags und musste sich in der Folge mit der Stadt sogar um das Honorar für seine bisher geleisteten Arbeiten streiten. Große Teile von Rimpls Aufgaben hatte das im Oktober 1946 eingerichtete Wiederaufbauamt der Stadt unter Maurer übernommen, andere waren an die ebenfalls im Sommer 1946 gegründete gemeinnützige Aufbaugesellschaft und wieder andere an den Zweckverband unter Imm übergegangen.[10] Daneben ist es durchaus denkbar, dass die schnelle und gute Verständigung zwischen Rimpls Büro und Marcel Lods' Section du Plan zu einer gewissen Entfremdung sowohl gegenüber Petzold als auch gegenüber Maurer geführt hatte. Schon im Oktober 1946 hatte Rimpl neben seinen

---

4   Vgl. Lodders 1947.
5   Aus Rimpls Büro ging eine große Zahl führender Architekten der deutschen Nachkriegsmoderne hervor, u. a. Werner Hebebrand, Bernhard Hermkes, Johannes Krahn, Georg Leowald, Alfons Leitl und Gerhard Weber.
6   Lodders 1947, S. 14. Leitl selbst hatte während des Krieges für Rimpl u. a. an der Planung eines Stahlwerks bei Diedenhofen (Thionville) in Lothringen mitgearbeitet. Er stand in engem Kontakt zu den gleichzeitig dort mit Planungs- und Wiederaufbaufragen befassten Rudolf Schwarz und Emil Steffann.
7   Städtisches Hochbauamt, Schreiben an Herrn Oberbürgermeister Dr. Kraus „Betr. Wohnungsinstandsetzungsprogramm 1946", Mainz, 31.7.1946, gez. Oberbaurat Petzold; sowie „Vertrag zwischen dem Oberbürgermeister der Stadt Mainz [...] und dem Architekten Professor Dr.-Ing. Herbert Rimpl", Mainz, 21.8.1946; dazu zwei Anlagen: 1. „Arbeitsrichtlinien für die bei der Durchführung des 1. Wohnungsinstandsetzungsprogramms 1946 (Wo 46) eingesetzten Privatarchitekten", 2. „Arbeitsplan zum Wiederinstandsetzungsprogramm der Stadt Mainz". Alle als Abschriften in SAM 100/1966/8, 38.
8   Neben dem Haus Born[e]gässer in der Feldbergstraße 23/ Ecke Rheinallee (1946/47) waren dies: Wohngebäude Hindenburgstraße 51 (1946); Wohnanlage Kaiser-Karl-Ring 23, 25, 31 und 33 (1946); Haus Gebrüder Stein in der Grebenstraße 26/Mauritzenplatz (1948/49); siehe hierzu die Pläne im Nachlass Rimpl im Hessischen Hauptstaatsarchiv Wiesbaden, HHSTAW Abt. 1161.
9   Durth/Gutschow 1988, Bd. 2, S. 896 f.
10 Am 18.1.1947 wandte sich Rimpl mit einem Schreiben an Maurer und an Kraus und bat, mit der Durchführung des Wohnungsinstandsetzungsprogramms für das Jahr 1947 beauftragt zu werden. Am 25.1.1947 forderte Kraus ihn auf, sich für eine Mitarbeit beim Wiederaufbau entweder an die Gemeinnützige Wiederaufbaugesellschaft oder an das städtische Wiederaufbauamt unter Maurer zu wenden, von wo er am 5.2.1947 einen abschlägigen Bescheid erhielt. Alle Schreiben in SAM 100/1966/8, 38.

100

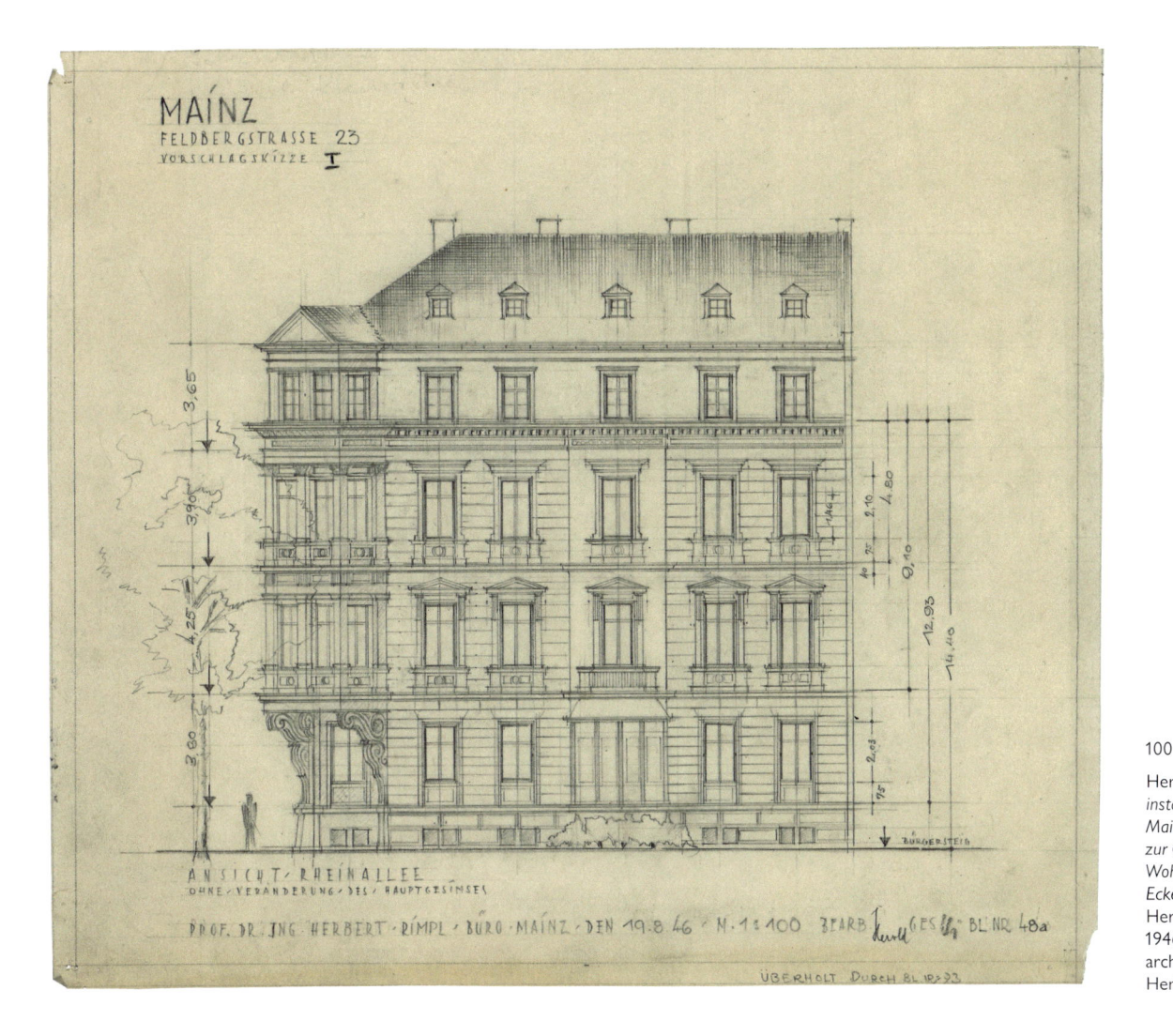

Herbert Rimpl: *Wohnungs-instandsetzungsprogramm Mainz 1946*, 1946/47, *Studie zur Gestaltung der Fassade des Wohnhauses Feldbergstraße 23/ Ecke Rheinallee* (Verfasser: Herold), Mainz, 19. August 1946, Hessisches Hauptstaatsarchiv Wiesbaden, Nachlass Herbert Rimpl.

Aufträgen durch die Stadt weitere von der Section du Plan erhalten.[11] Die Richtungskämpfe innerhalb der Architektenschaft der Nachkriegszeit zeichneten sich in Mainz sehr früh ab, wo sich Modernisten wie Adolf Bayer oder Rimpl auf der Seite von Lods wiederfanden und Traditionalisten auf der von Petzold, Maurer und bald auch Schmitthenner.

Schon ab Oktober 1946 hatte Rimpl neben seinen Aufträgen durch die Stadt und von privater Seite[12] auch von der Section du Plan Aufträge für Industrieanlagen sowie für Wohnhochhäuser übernommen. Erst seit kurzem befindet sich ein umfangreicher, aber noch unbearbeiteter Teilnachlass des Büros Rimpl im Hessischen Hauptstaatsarchiv in Wiesbaden, darunter ein sehr gut dokumentiertes, auf Juli 1947 datiertes Projekt eines Wohnhochhauses, das Sollich in seiner Werkeliste als „ca. 1948" entstanden

11 Abschrift „Aktenvermerk über die am 24.10.1946 10.30 Uhr stattgefundene Besprechung bei der Section du Plan (Büro Lods), Mainz, 25.10.1946, sign. Maurer, SAM 100/1966/8, 39. Dort heißt es zu einem projektierten Verwaltungsgebäude für die Wasserstraßendirektion am Feldbergplatz: „Das Büro Prof. Rimpl wurde von Arch. Lods mit der Fertigung der Pläne beauftragt."

12 Laut Sollich waren weitere Projekte Rimpls in Mainz: Wiederaufbau Bassenheimer Hof und Haus Maack (vgl. Pfister 1950), Haus Römischer Kaiser, Studentenhaus der Universität Mainz, Musikverlag Schott & Söhne, Gebäude der Film-Allianz; siehe Sollich 2013, S. 174, 178.

101 Herbert Rimpl: *Wohnhochhaus Mainz*, 1947, *Ostansicht*, Mainz, Juli 1947, Hessisches Hauptstaatsarchiv Wiesbaden, Nachlass Herbert Rimpl.

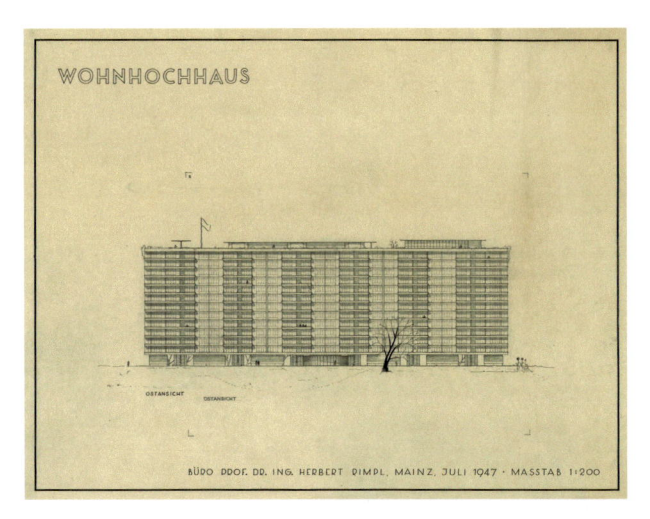

102 Section du Plan: *Planung zum Wiederaufbau von Mainz*, 1946–1948, *Ansicht einer Unité d'habitation*, Mainz, 1947, Privatarchiv Jean-Louis Cohen, Paris.

aufführt (Abb. 101).¹³ Es überrascht, dass Lods weder seine eigenen Projekte für Mainzer Wohnhochhäuser in den schon erwähnten spanischen und französischen Veröffentlichungen der *L'Architecture d'aujourd'hui* von Mai bzw. Dezember 1947 veröffentlichen lässt (Abb. 102), noch die Rimpls, sondern einen „neunzehnstöckigen Wohnblock für Mainz" von einer „Studiengruppe für Industrie- und Wohnungsbau" unter der Leitung von „Bruckner, Seidler und Blanck", wie erklärt wurde, drei „jungen deutschen Architekten, die ihre Ausbildung während des NS-Regimes erhalten haben" (Abb. 103).¹⁴

Eugen Blanck ist allerdings kein Unbekannter. Mit Wolfgang Bangert hatte er 1934 mit dem Entwurf für eine „funktionale Stadt" am CIRPAC-Kongress für Neues Bauen in London teilgenommen. Beide waren während der 1920er Jahre an der Planung des Neuen Frankfurt, unter anderem an der radikal funktionalen Siedlung Westhausen, beteiligt. Blanck arbeitete von 1930 bis 1935 als freier Architekt in Köln und ging anschließend nach Berlin. In der Folge arbeitete er zur Landesplanung Berlin-Brandenburg, zur Stadtplanung von Prag und in Speers Planungsstab zum Wiederaufbau von Essen. Blanck und Bangert legten 1946 eine Denkschrift zum Wiederaufbau von Köln vor, bevor Blanck ins Hochbauamt von Frankfurt zurückkehrte. Im gleichen Jahr gewann er mit Johannes Krahn, Gottlob Schaupp und Rudolf Schwarz den Wettbewerb zum Wiederaufbau der Paulskirche in Frankfurt. Ab 1948 wurde er wieder in Köln tätig. Die Arbeitsgemeinschaft von Walter Brückner, Helmut Seidler und Blanck, die laut Sollich alle drei vor 1945 Mitarbeiter von Rimpl gewesen waren, arbeitete noch 1948 gemeinsam an Planungsaufgaben in Nordrhein-Westfalen.¹⁵ Den Kontakt zu Lods hatte Blanck im Sommer 1946 auf einer Tagung Frankfurter und Mainzer Planer zur Regionalplanung im Rhein-Main-Gebiet knüpfen

---

13 Siehe hierzu acht Pläne, z. T. datiert Mai bzw. Juli 1947, Nachlass Rimpl, HHSTAW Abt. 1161; Sollich 2013, S. 176–179, 335; vgl. eine Abbildung mit der Legende „Herbert Rimpl, Wohnhochhaus, Mainz 1947", in: Durth 1986b, S. 47. Dort heißt es lapidar: „Deren Planung wurde zum Teil im Büro von Herbert Rimpl ausgeführt, der als prominenter Architekt im Dritten Reich [...] geplant hatte." Quellen gibt Durth weder für die Zuschreibung des Plans an, noch für dessen Herkunft.

14 Persitz 1947a, b; vgl. Eugen Blanck, „Die grosse Aufgabe", 11.2.1947, 8 S. (maschinenschriftl.), CAPA 323 AA 59/5 (Nachlass Denise Lods A.13.15).

15 In den 1930er Jahren wurde Blanck (1901–1980) von Rimpl an der Planung der Heinkel-Werke in Oranienburg beteiligt, und noch 1951/52 entwarf er mit ihm Wohnungsbauten für Bedienstete des Bundeskriminalamts in Wiesbaden, siehe Sollich 2013, S. 358 f., 377. Blanck, Brückner, Füller und Seidler erhielten 1948 einen Preis im Wettbewerb für eine Wohnsiedlung der Krefft AG in Gevelsberg (Nordrhein-Westfalen), siehe Hopmann 1948.

103 Eugen Blanck, Walter Brückner, Helmut Seidler: *Neunzehnstöckiges Wohnhochhaus für Mainz*, 1947, Westansicht, Südwestdeutsches Archiv für Architektur und Ingenieurbau (saai), Karlsruher Institut für Technologie (KIT).

können.[16] Übereinstimmungen in der Entwurfsauffassung gab es ohne Frage, möglicherweise sogar alte persönliche Kontakte aus dem Umfeld der CIAM um 1930. Von Interesse ist hier vor allem, dass Lods über seine eigene Arbeitsgruppe hinaus mehrere namhafte deutsche Architekten mit der Ausarbeitung von Varianten zu seinen Mainzer Unités d'habitation beauftragt hat, die – wie es in dem zitierten Artikel heißt – „nach ihren eigenen Entwürfen im Rahmen des Generalbebauungsplans der Stadt" angefertigt wurden.[17]

Im Mainzer Stadtarchiv befinden sich nur zu drei Mainzer Projekten Pläne von Rimpl, zum einen die Ansicht des ausgeführten Erdgeschosses eines mehrstöckig geplanten Bürogebäudes der Internationalen Rheinschifffahrt und zum anderen Pläne für zwei Industriegelände.[18] Der Teilnachlass des Büros Rimpl im Hessischen Hauptstaatsarchiv Wiesbaden komplettiert die in Mainz verwahrten Dokumente erheblich. Neben diesen Projekten bekam Rimpl die Gelegenheit, an einer für die französischen Behörden besonders wichtigen Aufgabe zu arbeiten. So entstanden Ende 1947 Vorschläge zu einem Studentenhaus für die Universität, mit Wandelhalle und großen Fest- und Speisesälen, die allerdings nicht über das Stadium des Vorentwurfs hinaus verfolgt wurden (Abb. 104).[19] Hinzu kommt, dass zum Bürogebäude der Internationalen Rheinschifffahrt und zu einem der beiden Industriegelände französisch beschriftete Skizzen und Entwurfszeichnungen erhalten sind, welche wie schon im Falle „Wohnhochhaus / Unité d'habitation" die produktive Zusammenarbeit zwischen dem Büro Rimpl und den französischen Planern belegen. Die im Wiesbadener Nachlass Rimpl erhaltenen Skizzen zu dem als

16 Auf der Rückseite einer Aufnahme des Regionalplans von 1947 (CAPA 323 AA 522/4, Objektsignatur fehlt) notierte Lods hierzu: „[Der] Regionalplan [ist] die Konsequenz einer Tagung im Sommer 1946 mit den Frankfurter Chefplanern Blanck und Hebebrandt [sic], dem Patron [Lods] und Hanning vom Plan[ungsbüro] sowie Jörg, dem Chefarchitekten der Stadt Mainz." Vgl. Marcel Lods, „De l'existence chez les Allemands d'un état d'esprit favorable à notre plan", *Plan de Mayence, Annexes*, Paris, 1947, S. 25, EUP.
17 Persitz 1947a, S. 4; ders. 1947b, S. 14.
18 Im Mainzer Bestand Bayer befanden sich hierzu in den 1980er Jahren insgesamt acht Lichtpausen von Plänen aus dem Büro Rimpl, SAM NL Bayer BPS 85 und 86. Der Lageplan „Industriewerke Mainz" im Maßstab 1:2000, gez. Prof. Dr. Ing. Herbert Rimpl Büro Mainz (Stempel), war dort heute nicht mehr auffindbar.
19 Siehe hierzu sechs Zeichnungen im Nachlass Rimpl, HHSTAW Abt. 1161. Laut Dassen waren die französischen Militärbehörden unzufrieden mit dem stockenden Aufbau der Universität durch das Hochbauamt unter Petzolds Leitung, siehe Carl Dassen, „Die Bauverwaltung der Stadt Mainz von 1945 bis 1957", 49 Seiten, Mainz, 10.7.1958, S. 5f., 15f., SAM NL Dassen 21.

104 Herbert Rimpl: *Studie zum Aufbau der Universität Mainz*, 1947, *Isometrie des Studentenhauses*, Hessisches Hauptstaatsarchiv Wiesbaden, Nachlass Herbert Rimpl.

„Palais du Rhin" bezeichneten Bürogebäude können durchaus in gemeinsamen Besprechungen mit Lods' Section du Plan oder mit Fourniers Baukontrollstelle entstanden sein.

Dieses auf Februar 1947 datierte Projekt – ein symmetrischer, durch einen Mittelrisalit und ein Luftgeschoss gegliederter zwölfgeschossiger Baukomplex mit horizontalen Fensterbändern – ist identisch mit dem von Maurer erwähnten Verwaltungsgebäude für die Wasserstraßendirektion am Feldbergplatz vom Oktober 1946,[20] wie ein Lageplan des Gebiets am Zollhafen zeigt (Abb. 105 und 106). Dort hatte das Büro Rimpl zwischen 1947 und 1949 auch die Planung zur Wiederherstellung eines Weinlagerhauses übernommen.[21]

Der undatierte Lageplan „für ein Industriegelände zum Aufbau der Baustoffindustrie, leichte und mittlere Industrie begrenzt von der Eisenbahn [...] sowie Rheinallee und Floßhafen" am nordwestlichen Randgebiet der Neustadt hält erste Überlegungen für eine Ansiedlung der „Industriewerke Mainz" fest, und genau dieses Areal wurde ab 1951 von den Jenaer Glaswerken überbaut.[22] Die Vermerke auf einer archivierten Rechnung betonen, dass dieser Auftrag nicht vom Oberbürgermeister Kraus erteilt worden sei und deshalb aus dem außerordentlichen Haushalt beglichen werden sollte.[23]

Der Bebauungsplan für ein Industriegelände am Rhein datiert möglicherweise sogar noch einen Monat früher, denn Lods machte schon im September 1946 den Vorschlag, bestehende Kleinindustrien

20 Abschrift „Aktenvermerk über die am 24.10.1946 10.30 Uhr stattgefundene Besprechung bei der Section du Plan (Büro Lods), Mainz, 25.10.1946, sign. Maurer, SAM 100/1966/8, 39.
21 Siehe hierzu die entsprechenden Pläne, vom Hauptentwurf bis zu Detailzeichnungen im Nachlass Rimpl, HHSTAW Abt. 1161.

22 Herbert Rimpl, Büro Mainz, Schreiben an das Wiederaufbauamt „Betr.: Honorar-Rechnungen zu den Teilbebauungsplänen für Industriegelände in Mainz", Mainz, 21.4.1947, sign. i. V. [unleserlich], SAM 100/1966/8, 38.
23 Ebd.

Eine neue alte Stadt

auf der Ingelberger Halbinsel zusammenzufassen.²⁴ Eine erhaltene Silhouette des Industriegeländes entlang des Rheins, dessen Standort nur vage mit „im Norden der Stadt Mainz" angegeben ist, lässt sowohl die Dimension der flach gestreckten Anlage wie auch das aufragende Kraftwerk als vertikale Dominante erkennen (Abb. 107). Der Lageplan der „Industriewerke Mainz" zeigt eine Bandstruktur von Fluss, Bahnanlagen und Uferstraße, dann Werk- und Lagerhallen bis zu einer zweiten Straße hinter dieser, sowie eingebettet in eine Wald- oder Grünfläche, Freizeitanlagen, einen Sportplatz und ein Schwimmbad mit Café (Abb. 108). Die Legenden zu den angedeuteten Bauten weisen von links nach rechts folgende Nutzungen aus: Lagerhallen, Fertigbetonteilwerk, Sägewerk, Zimmerei und zwei Schreinereien mit danebengelegenen Speiseräumen, ein Kraftwerk, Werkstätten und Fabrikationshallen verschiedener Unternehmungen, dazu parallel Verwaltungen, Umkleide- und Waschräume usw. Diesem Gebäude vorgelagert sind große Speiseräume. Den Abschluss des Bandes bildet ein Gebäude der Feuerwehr, das die zweite Straße überbrückt, jenseits dieser ist noch eine Zentralküche bezeichnet.

Die Militärregierung hatte den Ausbau der örtlichen Baustoffindustrie gefordert, und Imm berichtete 1948 über die Einrichtung von zehn neuen Produktionsstätten durch den Zweckverband. Bereits am 23. September 1946 hatte Lods vorgeschlagen, die bestehenden Kleinindustrien auf der Ingelberger Halbinsel zusammenzufassen.²⁵ Eine solche Konzentration versprach nicht nur betriebstechnische und kooperationsfördernde Fühlungsvorteile für die Einzelbetriebe, sondern auch ihre optimale verkehrstechnische Anbindung und Energieversorgung

24 In der Honorarrechnung vom 21.4.1947 firmiert das Projekt als „Teilbebauungsplan I für ein angenommenes Industriegelände für leichte und mittlere Industrie im Norden der Stadt Mainz", ebd. Zu Lods' Vorschlag, siehe das Protokoll eines Besuchs Mainzer Wiederaufbau-Baustellen „Visites du 23 septembre 1946", Mainz, 27.9.1946, sign. Marcel Lods, SAAI NL Bayer.
25 „Es wäre im Übrigen weit besser, sie zusammen mit vielen anderen zu einem gemeinsamen Industrieort zusammenzufassen, dessen Bestimmung es ist, die gesamte zerstörte Industrie aufzunehmen, als mehr oder weniger geglückte Umbauten in Gebäuden vorzunehmen, die niemals dafür geschaffen waren." Ebd.

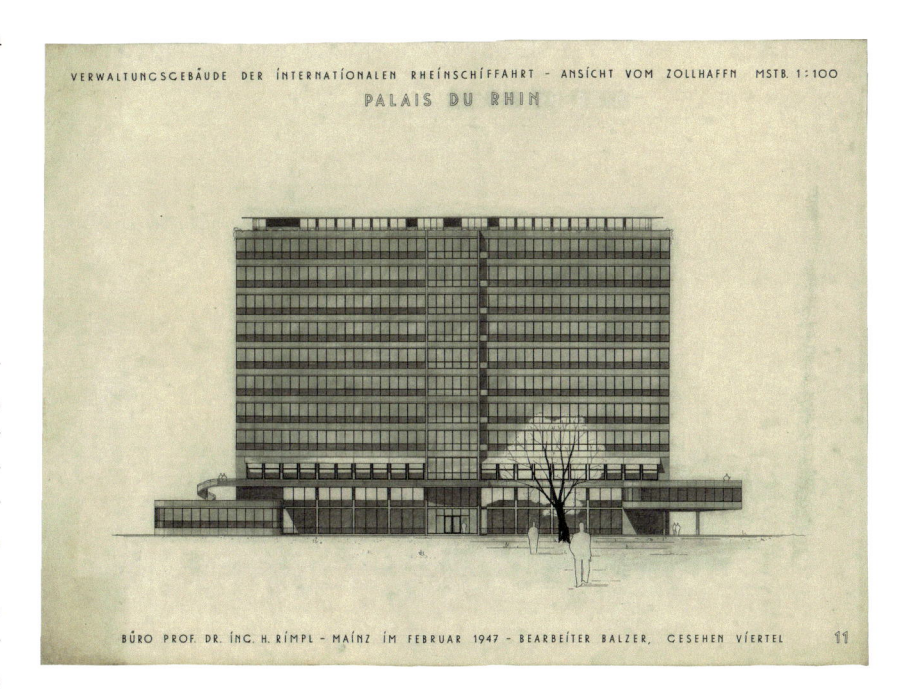

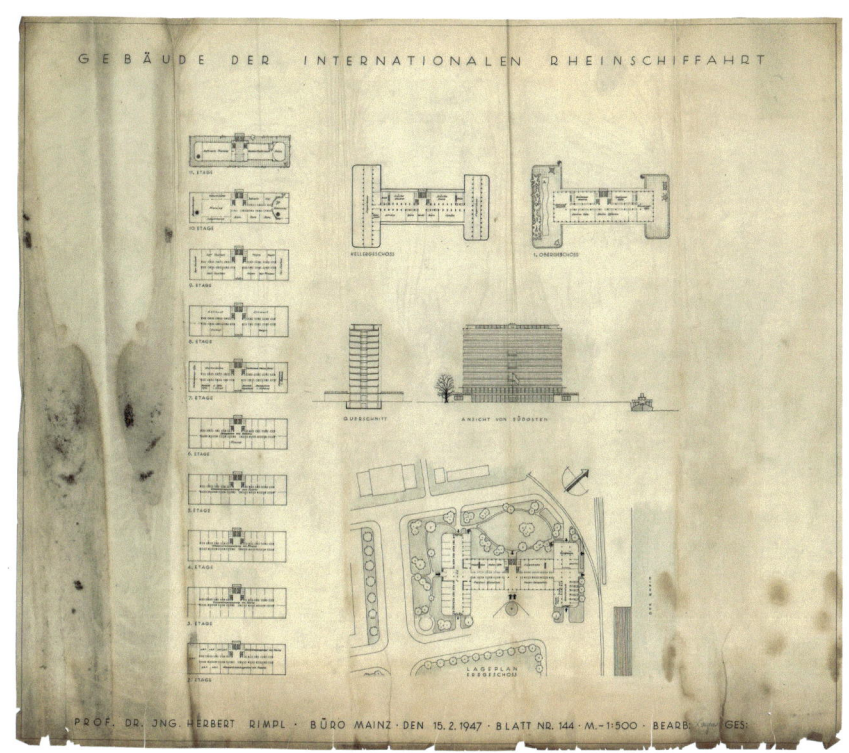

105–106 Herbert Rimpl: *Verwaltungsgebäude der Internationalen Rheinschifffahrt in Mainz („Palais du Rhin")*, 1946–1948, *Ansicht vom Zollhafen* (Verfasser: Balzer, Viertel) / *Lageplan, Grundrisse, Ansicht, Schnitt* (Verfasser: Layen), Mainz, Februar 1947, Hessisches Hauptstaatsarchiv Wiesbaden, Nachlass Herbert Rimpl.

sowie eine zentrale Versorgung mit Essen und Freizeiteinrichtungen, wobei den letzten drei Aspekten angesichts der extremen Mangelsituation der ersten Nachkriegsjahre besondere Bedeutung zukam. Rimpl erhielt den Auftrag für ein solches Zentrum vermutlich nicht von der Stadt, sondern von Lods.[26] Hierfür entwarf er auch das im Bebauungsplan bezeichnete Werk für Betonfertigteile, von dem sich Pläne im Stadtarchiv Mainz und im Wiesbadener Nachlass Rimpl erhalten haben.[27] Ergänzend zu diesem Projekt finden sich im Karlsruher Nachlass Bayer Skizzen von Lods' Mitarbeiter Gérald Hanning zu einem Montagebau aus vorgefertigten Holzbindern für eine Werkshalle am Kai des geplanten Industriegeländes (Abb. 109). In diesem Entwurf trafen sich die konkreten Erfahrungen mit vorgefertigten Elementbauweisen, die sowohl Rimpl und Imm als auch Lods schon vor dem Krieg im Industrie- und im Massenwohnungsbau gemacht hatten. Unter den Mainzer Planungsbedingungen kurz vor der Währungsreform ließen diese sich jedoch nicht weiterentwickeln, weil es nach der Ausschaltung von Lods aus der Mainzer Planung im Frühjahr 1948 und der Auflösung des Zweckverbands im Herbst des gleichen Jahres keine Basis mehr für ein solches planwirtschaftliches Projekt gab, das eine zentrale Koordination der Bauproduktion zum Ziel hatte.

Eine vorgefertigte Holzbinderkonstruktion, ähnlich der von Hanning als „Provisorium" bezeichneten, kam dennoch im Mainzer Wiederaufbau prominent zum Einsatz. Sie charakterisierte das Programm von Notkirchen, das der Darmstädter Architekturprofessor Otto Bartning im Auftrag des Weltrats der evangelischen Kirchen aufgestellt hatte und von denen er über ganz Deutschland verteilt 48 Kirchen in unterschiedlicher Abwandlung realisieren konnte, darunter als erster von der Militärregierung genehmigter Mainzer Kirchenbau nach dem Kriege die Lutherkirche an der Wilhelmiterstraße (Abb. 110).[28]

Lods hatte der Stadt bereits im Mai 1946 eine erste Fassung seines Generalbebauungsplans für den Großraum Mainz (Taf. XIII) vorgelegt und mit dessen Radikalität nicht nur Oberbürgermeister Kraus erschreckt. Die Stadt hatte keine ebenso weitreichende eigene Planung, die sie dem hätte entgegensetzen können. Der unter Petzold im Hochbauamt mit Stadtplanungsfragen befasste Gerhardt Lahl arbeitete zwar an einer Leitplanung für den Wiederaufbau, aber seine Zwischenergebnisse waren nicht auf die Stadtregion, sondern sehr pragmatisch auf lokale Probleme bezogen, auf den Durchgangsverkehr, auf die Brückenfrage und auf die möglichst weitgehende Nutzung der unzerstört gebliebenen städtischen Leitungsnetze. Sie konnten allenfalls jene Mainzer überzeugen, die so schnell wie möglich mit dem Wiederaufbau beginnen wollten, aber kaum die Besatzungsbehörden, die für ihre neue Hauptstadt einen repräsentativen Plan wünschten. Die Vorschläge von Petzold und Lahl stellten kein Gegenprojekt zu Lods' als utopisch empfundenen Gesamtplan dar (Taf. XIV und XV). Weder Petzold noch Lahl konnten gegen den internationalen Ruf von Lods als Entwurfsarchitekt ankommen und benötigten dringend neben den bereits neu berufenen, eher als Organisatoren und Ingenieure bekannt gewordenen Wiederaufbauspezialisten weitere Schützenhilfe.

Nach Bayers Dienstantritt am 15. Juli 1946 steigerte sich der Druck der Section du Plan auf das Hochbauamt, denn Bayer sah bis zu seinem Lebensende in Petzold einen Usurpator der eigentlich ihm nach dem Kriege zustehenden Position eines Leiters der Mainzer Bauverwaltung und drängte Lods, möglichst schnell Petzolds Entlassung zu erwirken. Bayer, der bis kurz vor Kriegsende unter Heinrich Knipping alle wichtigen Planungsaufgaben in Mainz bearbeitet hatte, war trotz der Unterbrechung durch seine Militärzeit weiterhin Beamter der Stadt und offiziell als Verbindungsmann zu den deutschen Planungsbehörden in die Section du Plan delegiert.

Bayer hatte sofort verstanden, dass seine bei Otto Ernst Schweizer erlernten Planungsvorstellungen denen von Lods sehr nahe waren und die Möglichkeit erkannt, mit diesem seine während des Krieges für Mainz entwickelten Konzepte weiter zu verfolgen. Hierzu war jedoch unabdingbar, die Rolle

---

26 Abschrift „Aktenvermerk über die am 24.10.1946 10.30 Uhr stattgefundene Besprechung bei der Section du Plan (Büro Lods), Mainz, 25.10.1946, sign. Maurer, SAM 100/1966/8, 39.
27 „Errichtung einer Halle, Konstruktion Fertigbeton", o. D., bez. Prof. Dr.-Ing. Herbert Rimpl, SAM BPS NL Bayer 86. Der Plan zeigt in isometrischer Darstellung die Konstruktion einer Fabrikhalle aus T-förmigen Fertigbetonstützen.
28 Bartning 1949.

107–108

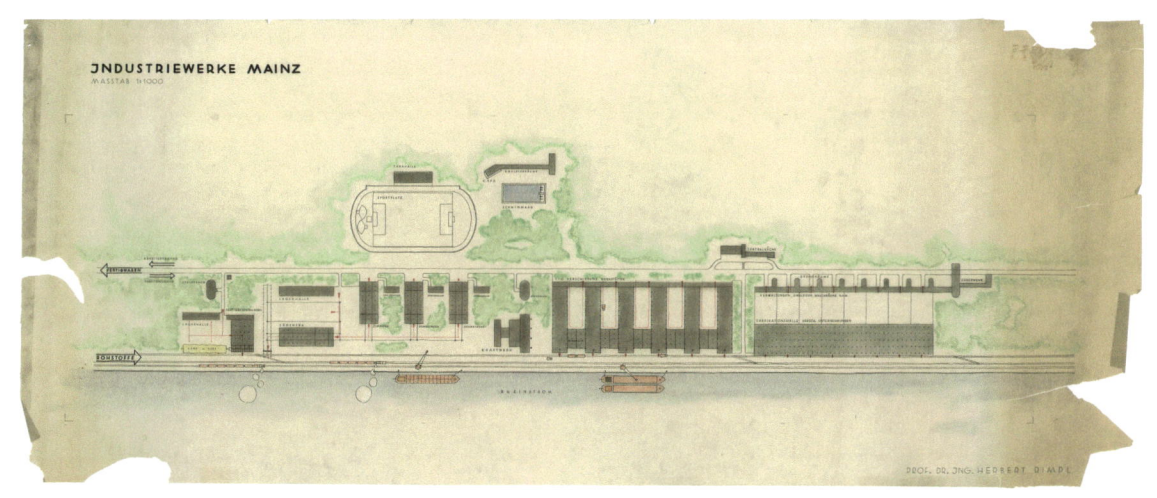

Herbert Rimpl: *Industriewerke Mainz* am Rhein, 1946/47,

Ansicht vom Rhein

Lageplan

Mainz, o. D., Hessisches Hauptstaatsarchiv Wiesbaden, Nachlass Herbert Rimpl.

der Section du Plan gegenüber dem Planungsamt der Stadt klar zu definieren und den jetzigen Amtsleiter durch eine mit seinem und Lods' Planungsverständnis sympathisierende Person zu ersetzen. Optimal erschien Bayer eine Organisation, in der die Section du Plan dem Stadtplanungsamt als eine „General-Planungsstelle" der Militärregierung übergeordnet wäre, vergleichbar mit Imms Zweckverband, jedoch planungs- und nicht ausführungsorientiert. Diese Vorstellungen deckten sich mit den Absichten von Lods und General Jacobsen, weshalb der General schon am 9. September 1946, noch während der Verhandlungen um Imms Zweckverband und Maurers Wiederaufbauamt, der Stadtverwaltung seine Vorstellungen zur Hierarchie der verschiedenen Mainzer Planungsinstanzen mitteilte. Sowohl das „Baubüro Fournier" (die Baukontrollstelle) als auch „das Büro Lods" (die Section du Plan) seien Dienststellen der Militärregierung und könnten selbständig Vorschläge machen, dem Oberbürgermeister gegenüber Wünsche äußern und gegebenenfalls auch Direktaufträge im Namen der Besatzungsmacht erteilen.[29]

29 Abschrift des Protokolls einer „Besprechung über die schwebenden Organisationsfragen" mit Jacobsen und rheinland-pfälzischen Regierungsvertretern „Betr.: Wiederaufbau der Stadt Mainz. Organisation", Mainz, 9.9.1946, gez. Dr. Kraus, SAM 100/1966/8, 39.

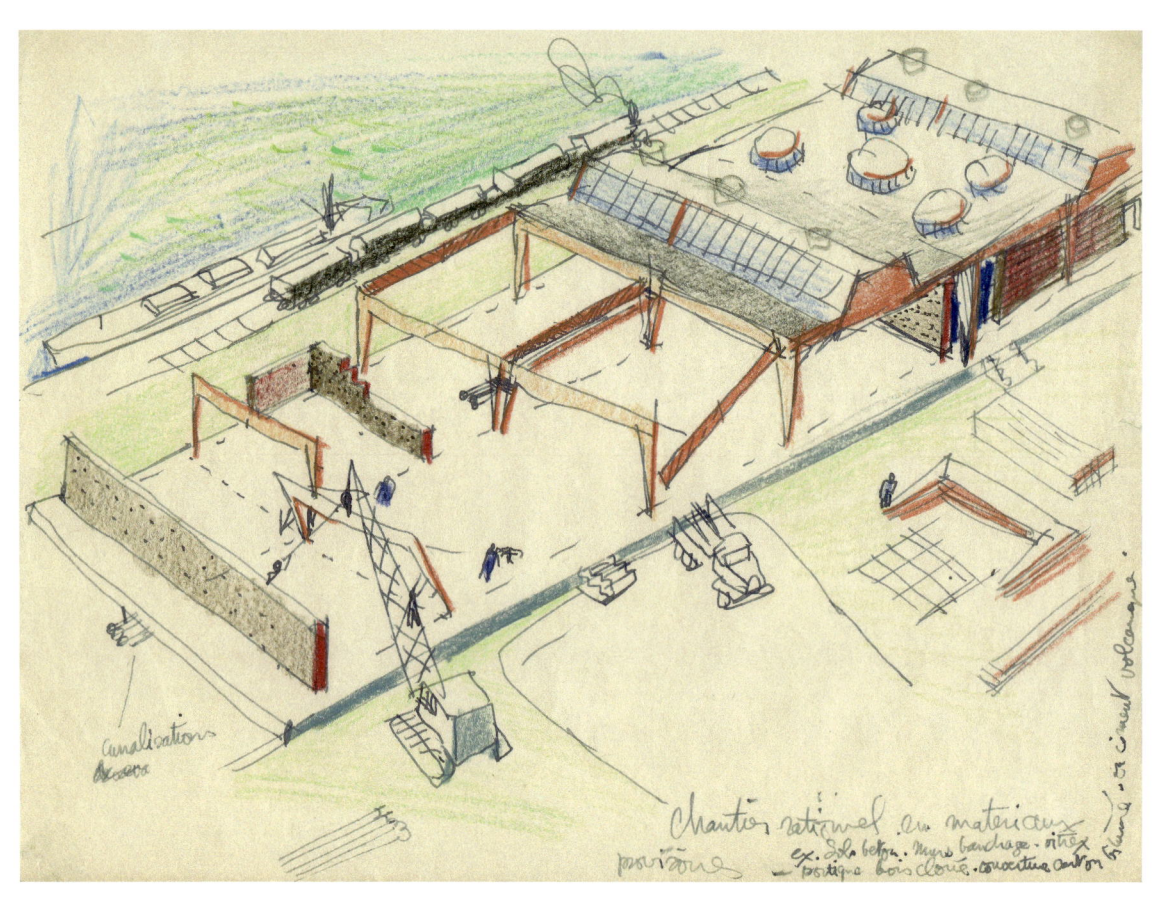

109 Section du Plan: *Planung für den Wiederaufbau von Mainz, 1946–1948, Industriegelände am Rhein, Montagebau für eine Werkshalle*, Mainz, September 1946, Zeichnung von Gérald Hanning, Südwestdeutsches Archiv für Architektur und Ingenieurbau (saai), Karlsruher Institut für Technologie (KIT).

Oberbürgermeister Kraus wünschte, dass diese Regelung durch die übergeordneten französischen Stellen bestätigt werde, was einen Monat später am 11. Oktober 1946 durch eine Dienstmitteilung geschah, welche Fourniers und Lods' Dienststellen formell zu einer „Section du Plan et du Contrôle des constructions" unter der Militärregierung des Distrikts Rheinhessen zusammenfasste. Lods wurde Leiter eines „Bureau du Plan", das für die Stadt- und Regionalplanung zuständig war, und Fournier blieb Leiter des „Service du Contrôle des constructions", dem vor allem die Aufsicht über die deutschen Baubehörden des Stadtkreises Mainz sowie des „Bureau Imm" und des Militärbauamts oblag.[30]

Nur einen Tag später warf Jacobsen in einem Brief an Kraus dem städtischen Hochbauamt Obstruktion vor. Es betreibe eine Kampagne gegen Imm und verzögere so den Wiederaufbau. Er forderte sofortige Abhilfe und drohte zur Verstärkung dieser Abmahnung unverhohlen mit der Geheimpolizei.[31]

30 General Jacobsen, „Note de service (No. 5267, DD., PJ/gs.)", 11.10.1946, SAM 100/1966/8, 39. Im Gegensatz zu Fourniers Dienststelle mit acht französischen Mitarbeitern und deutschem Büropersonal stand die Zahl von Lods' Mitarbeitern zu diesem Zeitpunkt noch nicht fest.

31 Le Délégué du district de Hesse-Rhénane Jacobsen, Schreiben an Monsieur l'Oberbürgermeister de Mayence und Übersetzung „Betr.: Wiederaufbau von Mainz", Mainz, 12.10.1946, SAM 100/1966/8, 39. Mit seinem Hinweis auf Baugenehmigungen entgegen den Vorschriften der Militärregierung bezog sich Jacobsen möglicherweise auf die Besichtigungen, die Lods am 23.9.1946 unternommen hatte und deren Resultate ihn zu einer Reihe organisatorischer Vorschläge veranlasst hatten, um weitere ungenehmigte oder vom eingereichten

Er verlangte ultimativ, dass bis zum 15. Oktober mit Imm ein Vertrag abzuschließen sei und unverzüglich administrative und juristische Schritte zur Funktionsverbesserung der Bauverwaltung unternommen würden.[32] Wieder einen Monat später, am 25. November 1946, teilte er Kraus mit, dass er unter einer Funktionsverbesserung in erster Linie die sofortige Entfernung von Petzold aus dem Amt verstünde.[33] Zugleich lehnte er den wohl von Kraus oder von Fournier als Ersatz für Petzold vorgeschlagenen Heinrich Delp ab, der bisher Leiter des Sonderbaubüros Mainz in der Militärbauverwaltung war, und empfahl stattdessen den bisherigen Leiter des Baden-Badener Hochbauamts Richard Jörg, einen Karlsruher Studienfreund von Adolf Bayer, „der ihm von qualifizierten Persönlichkeiten vorgeschlagen worden sei".[34]

Der Oberbürgermeister war Befehlsempfänger, denn noch hatten die Gebietskörperschaften ihre Autonomie in Stadtplanungsfragen nicht zurückerhalten. Weder er noch Petzold als Leiter seines Hochbauamts konnten sich eindeutigen Befehlen der Militärregierung direkt widersetzen. Wollte er Lods' Planung verhindern, die von ihm und wohl auch von einem großen Teil der Mainzer Bürger abgelehnt wurde, mussten neue Wege gefunden werden, denn vom Hochbauamt waren kaum Gegenplanungen zu Lods zu erwarten, vielmehr würde es nach Jörgs bevorstehendem Amtsantritt die Front wechseln. Kraus musste dringend nach einem geeigneten Obergutachter in Stadtplanungsfragen suchen, der weder der Stadtverwaltung noch der Militärregierung direkt unterstehen durfte. Er musste dabei sehr vorsichtig vorgehen, um dem Stadtkommandanten keinen Vorwand zum Eingreifen zu geben.

Dennoch waren diese Überlegungen nicht geheim. Jacobsen hätte bereits im ersten Entwurf zum „Statut Imm" vom 30. Oktober 1946 einen Hinweis auf diese Absicht der Stadtverwaltung finden können. Dort wurde ein dreiköpfiger Beirat zur Beratung des Oberbürgermeisters und des Generalbaudirektors vorgeschlagen, dem je ein Sachverständiger des Landes, der Stadt, sowie ein vom Oberbürgermeister berufener Professor für Städtebau angehören sollte.[35] Tatsächlich verhandelte Kraus zu diesem Zeitpunkt bereits seit zwei Monaten mit dem in Kilchberg bei Tübingen lebenden Paul Schmitthenner, und inhaltlich stand einem Vertragsabschluss nichts mehr entgegen. Petzold hatte Kraus bereits Ende August 1946 seinen von ihm höchst verehrten Lehrer an der Technischen Hochschule Stuttgart vorgeschlagen, nachdem er erste Teile von Lods' Planung zu Gesicht bekommen hatte, und Kraus hatte sich am

110

Otto Bartning: *Lutherkirche Mainz*, 1948/49, *Blick in den Altarraum*, November 1949, Fotografie von Hans Armster, Stadtarchiv Mainz.

Baugesuch abweichende Wiederaufbaumaßnahmen zu verhindern, weil sie der Umsetzung einer kohärenten Gesamtplanung zuwider liefen. Vgl. das Protokoll „Visites du 23 septembre 1946", Mainz, 27.9.1946, sign. Marcel Lods, SAAI NL Bayer.

32 Ebd.
33 Le Délégué de district de Hesse-Rhénane Jacobsen, Schreiben an Monsieur le Maire de Mayence und Übersetzung „Betr. Organisation des Wiederaufbaus", Mainz, 25.11.1946, sign., SAM 100/1966/8, 39.
34 Bayer bestätigte ausdrücklich die Vermutung, dass er Lods Richard Jörg vorgeschlagen habe (Bayer im Gespräch 1988).
35 Siehe das „Statut Imm" in seiner geänderten Fassung: „Betr.: Wiederaufbau von Mainz – Organisation, Mainz, 30.10.1946, gez. Oberbürgermeister (durchgestrichen 23.10.1946, handschriftl. von Kraus: „Entwurf"), SAM 100/1966/8, 39.

5. September erstmals schriftlich mit Schmitthenner in Verbindung gesetzt.[36]

Schmitthenner war auch im Herbst 1946 unbestritten noch immer einer der bedeutendsten und bekanntesten süddeutschen Architekten. Trotz der politisch begründeten vorläufigen Entlassung von seinem Lehrstuhl in Stuttgart wirkte sein Ruf als einflussreichster Lehrer dieser wichtigen Architekturschule noch weiter. Seit den 1920er Jahren war er einer der prominentesten Vertreter einer Architekturrichtung, die sich zunehmend gegen die avantgardistische Moderne gestellt hatte, obwohl sie mit dieser die Herkunft aus dem Deutschen Werkbund teilte.[37] Die Einschaltung Schmitthenners in die Mainzer Wiederaufbauplanung und sein Auftrag, als Gutachter ein Gegenprojekt zu Lods' Vision einer vertikalen Gartenstadt zu entwerfen, gab den Mainzer Auseinandersetzungen eine neue, das lokale Interesse weit überschreitende Qualität. Mainz wurde dadurch zum Schauplatz einer exemplarischen Konfrontation zweier sich unversöhnlich bekämpfender Tendenzen innerhalb der europäischen Architektur des 20. Jahrhunderts, wie sie an keinem anderen Ort in dieser Schärfe und mit dieser fachlichen Kompetenz ausgetragen wurde.

Aus der uns in den 1980er Jahren vorliegenden und derzeit nicht mehr auffindbaren „Handakte Schmitthenner" des Oberbürgermeisters geht hervor, dass Schmitthenner schon am 16. September seine Bereitschaft erklärt hatte, nach Mainz zu kommen und die hierfür nötigen Vereinbarungen zu treffen.[38] Dieses Treffen bei Kraus fand dann am 27. September in Anwesenheit von Petzold und Maurer statt.[39] Am 10. Oktober 1946 fasste Schmitthenner in einem längeren euphorischen Brief an Kraus seine Eindrücke aus Mainz zusammen. Er sei „den ganzen Wiederaufbaufragen skeptisch gegenüberstehend […] nach Mainz gereist und voll guter Hoffnungen von dieser Reise zurückgekehrt". Er schlug dem Oberbürgermeister vor, möglichst schnell einen alternativen Generalbebauungsplan aufzustellen, der weniger utopisch sein müsse als der von Lods. „Unser Bebauungsplan muss beweglich sein und vor allem zunächst diejenigen Punkte klären, die unter Umständen rascher zur Entscheidung drängen und darum gewisse Gefahren bedeuten." Für vier derartige Bereiche habe er bereits erste Vorstellungen entwickelt, zur Frage der Rheinbrücke, zum Standort des künftigen Regierungsviertels, zum Wiederaufbau des Theaters und zur Frage der Dombezirks.[40]

Dass sich Schmitthenner nach seinem ersten Besuch in Mainz Hoffnungen gemacht hatte, die weit über die Stadtplanung hinaus reichten, zeigt sein Vorschlag vom 10. Oktober, der neuen Mainzer Universität eine Architekturschule anzugliedern, die direkt von den Mainzer Wiederaufbauerfahrungen profitieren solle.[41] Er berichtete von seinen Seminaren an der Universität Tübingen, wo er mit seinen Studenten nach der Zerstörung der Stuttgarter Hochschule im letzten Kriegsjahr untergebracht war. Er sei über ähnliche Projekte bereits mit den Universitäten von Heidelberg und Freiburg in Verhandlung und argumentierte, dass die französische Zone über keine Hochschulausbildung für Architekten verfüge, nachdem Karlsruhe und Stuttgart mit ihren Technischen Hochschulen zur amerikanischen Zone gehörten.[42] Seinem Brief legte er seinen Aufsatz „Über die Ausbildung der Architekten" bei, in dem er die Trennung von Baukunst und Wissenschaft in den herkömmlichen Ausbildungsgängen der Technischen Hoch-

---

36 Oberbürgermeister Kraus, Brief an Paul Schmitthenner, Mainz, 5.9.1946, NLS. „Der Leiter meines Hochbauamtes, Herr Oberbaurat Petzold, einer ihrer Schüler, teilt mir mit, dass Sie gerne bereit wären, die Stadt Mainz bei den schweren, wichtigen und verantwortungsvollen Wiederaufbauaufgaben zu beraten. […] Die Sache ist sehr dringend, da die Franzosen stark drängen und ich Tag für Tag vor entscheidende Entschlüsse gestellt werde, die ich ohne großzügige Fachberatung nicht fassen möchte."

37 Zu Schmitthenner und der „Stuttgarter Schule", vgl. Voigt 1988, Frank/Voigt 2003.

38 Paul Schmitthenner, Brief an Oberbürgermeister Kraus, Kilchberg/Tübingen, 16.9.1946, SAM Handakte Schmitthenner Aktz. C 86 33 30/16. „Ich bin gerne bereit nach Mainz zu kommen und mit Ihnen die Dinge zu sehen und die Möglichkeit dieser Zusammenarbeit zu besprechen."

39 Handschriftlicher Vermerk von Kraus auf dem Schreiben Schmitthenners vom 16.9.1946, ebd.

40 Paul Schmitthenner, Brief an Oberbürgermeister Kraus, Kilchberg/Tübingen, 10.10.1946, NLS.

41 Offenbar hatte Schmitthenner sein Hochschulprojekt gründlich mit Petzold vorbesprochen, denn dieser veröffentlichte dazu parallel zu Schmitthenners Brief einen Aufsatz im *Rheinischen Merkur*, siehe Petzold 1946a.

42 Zu Schmitthenners Lehrtätigkeit in Tübingen, vgl. Frank 1984.

schulen kritisiert hatte. Eine Architektenausbildung an der Universität böte dagegen die Möglichkeit, außer den für den Wiederaufbau so wichtigen „Baumeistern" auch die künftigen „Bauherren" aus allen anderen Studiengängen mit Fragen der Baukunst vertraut zu machen.[43]

Ein persönlicher Beweggrund für Schmitthenner, sich um eine solche Neugründung in der französischen Zone zu bemühen, war sicherlich die Tatsache, dass er seinen Lehrstuhl in Stuttgart verloren hatte, vordergründig wegen seiner NS-Vergangenheit, vor allem aber wegen seiner als antimodern empfundenen Architekturauffassung. In der französischen Zone dagegen verfügte er wegen seines mutigen Einsatzes zur Begnadigung von Elsässern, die von den Nazis während des Krieges zum Tode verurteilt worden waren, über die Unterstützung höchster Stellen der Militärregierung.[44] Sein Vorschlag stieß dennoch auf den Widerspruch einflussreicher französischer Kulturpolitiker in Baden-Baden, die eher eine Ausbildungsstätte nach dem Muster der École des beaux-arts einrichten wollten. Schmitthenners Plan war in Mainz zwar nicht öffentlich diskutiert, aber doch beachtet worden, denn Kraus hatte die positive Stellungnahme eines Prof. Flegler zu einem Artikel Petzolds im *Rheinischen Merkur* aufbewahrt, in dem dieser Schmitthenners Vorschlag vorgestellt hatte.[45] Durch die Berufung von Pius Pahl an die Werkkunstschule erhielt Mainz bald darauf tatsächlich eine eigene Architekturausbildung, allerdings mit einem gegenüber den Intentionen Schmitthenners wesentlich reduzierten Anspruch. Zudem vertrat Pahl, ein ehemaliger Mitarbeiter Mies van der Rohes, eine radikal andere Architekturrichtung als Schmitthenner.[46]

Am 29. November 1946 bestellte Oberbürgermeister Kraus nach einer erneuten Unterredung Schmitthenner offiziell „als verantwortliche[n] Berater für die künstlerischen und städtebaulichen Fragen des Wiederaufbaus der Stadt Mainz" und schrieb ihm: „Es wird jetzt alles darauf ankommen, dass Sie sich bei den Franzosen durchsetzen, damit Ihnen seitens des Planbüros Lods bei der Durchführung Ihres Auftrages keine unnötigen Schwierigkeiten bereitet werden."[47] Es ist offensichtlich, dass Kraus große Erwartungen in Schmitthenners Kontakte zur Militärregierung in Baden-Baden setzte. Er hatte ihn wohl auch deshalb berufen und weniger wegen seiner Architekturauffassung, die jedoch ohne Zweifel für Petzold, Maurer und Delp im Vordergrund gestanden hatte.

In einem Brief vom 6. Dezember versprach Schmitthenner Kraus, seine Beziehungen zu den französischen Stellen einzusetzen, um die sich abzeichnenden Widerstände aus dem „Büro Lods" gegen seine Beauftragung abzuwehren; er halte die Eingriffe in die städtische Selbstverwaltung durch die lokalen französischen Behörden für untragbar.[48] Dass seine Vorstellungen von Gemeindeautonomie nicht zeitgemäß waren, musste er spätestens bei seinem noch vor der Auftragserteilung auf eigenen Wunsch im November mit Lods geführten Gespräch erfahren, bei dem dieser ihm unmissverständlich klar gemacht hatte, dass allein General Jacobsen und nicht die Stadt befugt sei, ihm einen Gutachterauftrag zu erteilen. Die ausstehende Zustimmung des Generals entwickelte sich in der Folge zu einem zentralen Problem, das Schmitthenners Arbeit in Mainz während der gesamten Folgezeit begleitete.

Der Entwurf einer Vereinbarung mit Schmitthenner vom 5. Februar 1947, der schließlich nach einem längeren Briefwechsel vom Leiter des Wiederaufbauamts Maurer dem Oberbürgermeister vorgelegt wurde, enthielt neben einer großzügigen Regelung von Schmitthenners persönlicher Honorierung und dem Versprechen, ihn neben der Stadtplanungsarbeit auch mit einzelnen Bauaufgaben zu betrauen, eine Befristung bis zum 31. März 1948 und endete mit dem bedeutungsschweren Satz:

---

43 Schmitthenner 1948.
44 Voigt 2003.
45 Flegler 1946. Die Stellungnahme ist von dem Elektrotechniker Prof. Dr.-Ing. habil. Eugen Flegler verfasst, der an einer Reihe von Technischen Hochschulen im In- und Ausland gelehrt hatte.
46 Die Berufung Pahls erfolgte 1947. Er blieb bis zu seiner Übersiedlung nach Stellenbosch in Südafrika im Jahre 1952 an der Mainzer Werkkunstschule.

47 Oberbürgermeister Kraus, Brief an Paul Schmitthenner, Mainz, 29.11.1946, NLS.
48 Paul Schmitthenner, Brief an Oberbürgermeister Kraus, Kilchberg/Tübingen, 6.12.1946, NLS.

Voraussetzung für das Inkrafttreten des Vertrages ist, dass von Seiten der französischen Militärregierung die Durchführung des Vertrages nicht unmöglich gemacht wird.[49]

Schmitthenner war irrtümlich davon ausgegangen, dass zu seiner Berufung bereits im November eine schriftliche Zustimmung von Jacobsen vorgelegen habe. Um so überraschter war er, als er bei seiner auf Kraus' Wunsch erfolgten Vorsprache im Büro des Generals erfuhr, dass dieser bisher offiziell über Schmitthenners Tätigkeit und die Art seines Auftrags überhaupt nicht unterrichtet sei.[50] Er warf Kraus daraufhin vor, ihn nicht längst von sich aus mit dem General, mit Lods und mit Imm bekannt gemacht zu haben. Es sei ein Fehler gewesen, dass er sich bei allen dreien selbst habe einführen müssen, wodurch der Eindruck entstand, er bemühe sich um einen Auftrag, wogegen doch die Stadt ihn um seine Hilfe gebeten habe.

Vor diesem Gespräch in Jacobsens Büro hatte Schmitthenner auf Vermittlung Petzolds eine längere Unterredung mit Imm, mit dem er sich ausgezeichnet verstand.[51] Er teilte Imms Befremden über den Boykott von Maurers Wiederaufbauamt gegenüber dem Zweckverband, weil dies koordinierte Planung unmöglich mache. Schmitthenner teilte Kraus anschließend mit, dass er von Imm über Lods erfahren habe, dieser fühle sich durch die Berufung von Schmitthenner persönlich in Frage gestellt, und merkte an: „und objektiv muss ich zugeben, dass ich an seiner Stelle über die Art meiner Einschaltung ebenfalls mindestens erstaunt gewesen wäre". Schmitthenner verhehlte nicht seine Betroffenheit über die Behandlung im Büro des Generals, wo er nur von einem Adjutanten empfangen worden war und keinerlei Gelegenheit hatte, seine Planungskonzeption vorzustellen und zu erläutern. Nur drei Monate nach der Auftragserteilung war er bereits völlig desillusioniert und erwartete nicht mehr, für Mainz eine Planung mit Realisierungschancen aufstellen zu können. Vielmehr hatte er sich entschlossen, sein Gutachten als ein Denkmodell zum Wiederaufbau einer alten deutschen Stadt fertig zu stellen.[52]

Kurz darauf schickte Schmitthenner den Entwurf eines Memorandums an Kraus, in dem er eine klare Aufgabenteilung zwischen ihm und Lods vorschlug: Er wolle seine Beratungsarbeit auf den Wiederaufbau der Altstadt, auf „die alte deutsche Stadt am Rhein" beschränken. Damit hoffe er, Lods eine „goldene Brücke" zu bauen, denn diesen interessiere nicht die Wiederherstellung einer historischen Stadt, sondern nur der Bau einer vollständig neuen.[53] Er aber sehe beim Wiederaufbau von Alt- und Neustadt grundsätzlich andere Bedingungen. Ein gesonderter Aufbauplan für die Altstadt sei schon deshalb erforderlich, weil übereilte Neubauten dort irreparable Schäden für das Stadtbild zur Folge haben könnten. Die Idee einer solchen Arbeitsteilung mit Lods ging möglicherweise auf eine Anregung von Imm zurück, denn Schmitthenner empfahl dem Bürgermeister, künftige Interventionen beim General in dieser Frage mit Imm abzustimmen.

Am 1. März 1947 drückte Kraus Schmitthenner gegenüber sein Bedauern über die Entwicklung der ganzen Beratungsangelegenheit aus und bestätigt ihm, dass vom „Büro Lods" gegen ihn gearbeitet worden sei, dass es aber auch aus der deutschen Architektenschaft Widerstand gegen seine Person gäbe.[54] Die Angriffe, denen Schmitthenner in Stuttgart in der Auseinandersetzung um seinen Lehrstuhl konfrontiert war, waren inzwischen auch in Mainz bekannt geworden, nicht aber, dass er gerade in diesen

---

49 SAM Handakte Schmitthenner.
50 Paul Schmitthenner, Brief an Oberbürgermeister Kraus, Kilchberg/Tübingen, 20.2.1947, NLS. „Die Besprechung hat nun eine ganz neue, etwas merkwürdige Situation geschaffen. Der General weiß von meiner Beauftragung und um den Sinn derselben nichts. Ich erklärte zu wissen, dass der General durch Sie genau unterrichtet ist, dass sogar eine schriftliche Niederlegung über das Einverständnis des Generals vorliegt. Dies haben Sie mir, Herr Oberbürgermeister, jedenfalls zweimal ausdrücklich erklärt."
51 Ebd. Schmitthenner unterhielt auch in späteren Jahren weiterhin freundschaftliche Kontakte zu Imm, wie der erhaltene Briefwechsel in seinem Nachlass belegt.
52 Ebd. „Ich werde meine Arbeit, zu der Sie mich bestellt haben, vorerst weiterführen, um wenigstens einen gewissen Abschluss zu erreichen, der mir jederzeit auch später die Möglichkeit gibt, diese als Dokument vorzulegen, und setze Ihr Einverständnis dazu voraus."
53 Paul Schmitthenner, Brief an Oberbürgermeister Kraus, Kilchberg/Tübingen, 25.2.1947, SAM Handakte Schmitthenner.
54 Oberbürgermeister Kraus, Brief an Paul Schmitthenner, Mainz, 1.3.1947, SAM Handakte Schmitthenner.

Wochen hierbei einen entscheidenden Schritt vorangekommen war. Er konnte Kraus Ende März berichten, dass er von der Spruchkammer Stuttgart, wo er sich trotz seines Wohnsitzes in der französischen Zone freiwillig einem Entnazifizierungsverfahren unterzogen hatte, vor allem dank seines Einsatzes für zum Tode verurteilte Elsässer während des Krieges vollständig rehabilitiert worden sei und dass seiner Wiedereinsetzung an der Technischen Hochschule Stuttgart nun formalrechtlich nichts mehr entgegenstünde.[55]

Die Entnazifizierung half Schmitthenner dennoch nicht zu einer vollen Rehabilitierung in Stuttgart,[56] aber sie erleichterte seinen Umgang mit französischen Stellen, denen er im Übrigen das günstige Spruchkammerurteil maßgeblich zu verdanken hatte. Er erreichte, dass diese von mehreren Seiten bei Jacobsen zu seinen Gunsten intervenierten. Noch bevor sein Brief mit der Nachricht darüber bei Kraus eintraf,[57] meldete dieser an Schmitthenner voller Erstaunen die veränderte Stimmung, die er bei seinem jüngsten Zusammentreffen mit dem General bemerken konnte.[58] Dennoch kam es bis zur Versetzung Jacobsens im Oktober 1947 nicht mehr zu einer Annäherung zwischen diesem und Schmitthenner.

Die gute Stimmung beim General hielt wohl auch deshalb nicht an, weil Jörg am 1. April seine Stelle als Leiter des Hochbauamts angetreten hatte. Jörg sah in einer Gutachtertätigkeit Schmitthenners außerhalb seines Amts und damit seiner Kontrolle eine fundamentale Gefährdung seiner eigenen Arbeit. Er bezeichnete Schmitthenner ohne näheren Beleg als einen Architekten aus dem Umfeld Hitlers, dem es zudem an stadtplanerischer Fachkompetenz mangele. Dies sei auch der Grund für dessen Ablehnung durch die Militärregierung.[59] Nach Einsicht in Schmitthenners bisherige Planungen bei Maurer lehnte Jörg eine gesonderte Planung für das Altstadtgebiet grundsätzlich ab und distanzierte sich im Übrigen kategorisch von Schmitthenners Auffassung von Stadtplanung:

> Dabei kann im Sinne einer städtebaulichen Beurteilung eine speziell esthetische [sic] Überlegung nicht das primäre Ziel der Planung sein. Mit aller Deutlichkeit erkläre ich, dass für die architektonische Form erst die Grundlage in dem organischen Gesamtzusammenhang gefunden werden kann und um diese Grundlage geht es in allererster Linie und nicht um die esthetische Ausdeutung des Bestandes, wie dies zweifellos der „städtebauliche" Versuch Schmitthenners darstellt.[60]

Jörgs Argumentation ließ nicht nur sprachlich zu wünschen übrig. Es fehlte ihm offensichtlich an konkreten Angriffspunkten. Aber diese benötigt er auch nicht, da ihm die ganze Richtung nicht passte. Schmitthenner arbeite nur ästhetisch, er dagegen gehe stadtplanerisch vom gesamten Organismus der Stadt aus. Jörg fürchtete Schmitthenner offensichtlich und forderte vom Bürgermeister in fast ultimativer Form, die Zusammenarbeit zu beenden: „Ich erwarte im Interesse der großen Aufgabe, dass Sie diese Verwirrung ausräumen und das eindeutige Misstrauen der Militärregierung gegen die Mitarbeit von Professor Schmitthenner in städtebaulichen Fragen nicht als Belastung weiterzutragen gedenken."[61]

Der Oberbürgermeister war in einer Zwickmühle. Er musste dafür sorgen, dass sein Hochbauamt arbeitsfähig blieb und deshalb mit dessen neuem Oberbaurat Jörg einigermaßen erquickliche Beziehungen aufbauen. Hierzu aber musste er den von ihm selbst

---

55 Vgl. Akte zum Spruchkammerverfahren Schmitthenner, Stuttgart 14 319 47, NLS.
56 Tatsächlich erhielt Schmitthenner seinen Lehrstuhl bis zu seiner Emeritierung nicht zurück, sondern blieb weiterhin mit vollen Bezügen vom Dienst frei gestellt, vgl. Frank 1983c.
57 Paul Schmitthenner, Brief an Oberbürgermeister Kraus, Mainz, 26.3.1947, SAM Handakte Schmitthenner.
58 Oberbürgermeister Kraus, Brief an Paul Schmitthenner, Mainz, 26.3.1947, SAM Handakte Schmitthenner. „Die Stimmung war völlig umgewandelt, nachdem er von zwei maßgeblichen französischen Stellen über Ihre Persönlichkeit und Ihre Sache unterrichtet war. Er will Ihnen selbst schreiben und hat sich eingehend nach Ihrem Auftrag für die Stadt Mainz erkundigt."

59 Richard Jörg, Brief an Oberbürgermeister Kraus, Mainz, 28.4.1947, SAM Handakte Schmitthenner. „Diese Ablehnung ist begründet, da Schmitthenner weder in den deutschen noch in ausländischen Fachkreisen irgendeine Anerkennung gefunden hat. Bekannt von ihm ist lediglich der Bebauungsplan der Stadt Linz, den er von Hitler in Auftrag bekam. Schmitthenner hat auch bei seiner Hochschultätigkeit eine Berufung für den Städtebau nie besessen."
60 Ebd.
61 Ebd.

berufenen Berater in städtebaulichen Fragen wieder von seinem Auftrag entbinden. Gleichzeitig hatte er die undankbare Aufgabe, den Befehl des Stadtkommandanten zu befolgen und den Oberbaurat Petzold aus einer im Prinzip unkündbaren Stellung zu entfernen, obwohl dieser als Opfer des Nationalsozialismus wiedereingestellt worden war und sich im Amt nichts hatte zuschulden kommen lassen. Zum Zeitpunkt von Jörgs ultimativen Schreiben war Petzold lediglich beurlaubt und arbeitete mit Schmitthenner in dessen Mainzer Büro, das in Petzolds Privathaus in Kastel untergebracht worden war.[62] Am 1. Mai 1947 traf sich Kraus dort mit Schmitthenner und ließ sich die bisherigen Planungen vorlegen. Kurz darauf bat er Schmitthenner in einem Brief um den vorläufigen Abschluss dieser Planungsarbeiten und deren Vorlage in Form einer Denkschrift. Er begründete das damit, dass Jörg die Planungsarbeiten „nunmehr selbst energisch in die Hand zu nehmen" beabsichtige. Er wolle sich aber auch künftig weiter durch Schmitthenner gutachterlich beraten lassen, um „sich auch gegenüber seinen eigenen Bauämtern ein eigenes entscheidendes Urteil" bilden zu können.[63]

Schmitthenner hatte keine Wahl und musste den Vorschlag zähneknirschend akzeptieren. In einem Brief an Kraus vom 13. Mai 1947 machte er kein Hehl aus seiner Enttäuschung und äußerte die Vermutung, dass der geforderte Zwischenbericht wohl eher ein Abschlussbericht sein solle.[64] Abschließend ging er noch auf die „Frage Petzold" ein. Dieser habe ihn als Gutachter vorgeschlagen und sei nach dem Entlassungsbefehl Jacobsens mit Kraus' ausdrücklichem Einverständnis zu seiner Unterstützung beurlaubt worden. Er sei ihm mit seiner Intimkenntnis der Mainzer Planungsprobleme ein unentbehrlicher Helfer gewesen.[65] Er unterstütze die von Kraus gesprächsweise angedeutete Möglichkeit, das Problem durch eine neugeschaffene Oberbauratsstelle bei der Baupolizei zu lösen. Entgegen herrschender Meinung halte er das Baupolizeiamt für wichtig und sinnvoll, wenn es mit Baupflege und Bauberatung verbunden sei. Es kam zu keiner solchen Lösung. Petzold wurde nicht rehabilitiert; im Juli 1951 verunglückte er tödlich während der darüber laufenden gerichtlichen Auseinandersetzung.

Kraus bot Schmitthenner an, noch vor der Abgabe seines Zwischenberichts seine Vorstellungen vom Wiederaufbau am 4. Juli 1947 vor den damit befassten Fachleuten und Politikern vorzustellen.[66] Um diesen Vortrag entspann sich in der Folge ein Hin und Her, das nur durch die Gegensätze der hier aufeinandertreffenden Architekturdoktrinen zu erklären ist. Zunächst stimmte der General dem Vorhaben zu,[67] worüber Kraus nicht nur Schmitthenner informierte, sondern auch seinen Oberbaurat Jörg, dem er vorschlug, die Diskussion der Sachverständigen zu eröffnen.[68] Schmitthenner nahm den Vorschlag dankend an und schrieb ironisch vorausahnend: „Ich gebe mich der Hoffnung hin, dass keine neuen Schwierigkeiten entstehen, die ja nachgerade die Grenzen des Grotesken erreicht haben."[69] Jörg dagegen lehnte empört ab, sich mit Schmitthenner vor dem gleichen Gremium zu äußern, dem er kurz zuvor seine Grundsatzüberlegungen zur Planung vorgestellt habe. Er war auch nicht bereit, eine solche Diskussion zu führen,[70] weil Schmitthenners

---

brauchte und außerdem war mir seine Sachkenntnis an sich und vor allem die Kenntnis der städtischen Verhältnisse von außerordentlichem Wert."

62 In Schmitthenners Büro in Mainz-Kastel, das von Walter Kierstein geleitet wurde, arbeitete auch Elisabeth Prüß, Schmitthenners spätere Ehefrau.

63 Oberbürgermeister Kraus, Brief an Paul Schmitthenner, Mainz, 2.5.1947, SAM Handakte Schmitthenner.

64 Paul Schmitthenner, Brief an Oberbürgermeister Kraus, Kilchberg/Tübingen, 13.5.1947, SAM Handakte Schmitthenner.

65 Ebd. „Die Mitarbeit von Herrn Oberbaurat Petzold war mir vollkommen unentbehrlich, denn nur er konnte mir in der nötigen Kürze und dem nötigen Sachverständnis all das Material besorgen, was ich als Unterlage zu meiner Arbeit

66 Oberbürgermeister Kraus, Brief an Paul Schmitthenner, Mainz, 13.6.1947, SAM Handakte Schmitthenner.

67 „Ich genehmige also Herrn Schmitthenner, seine Ideen und Pläne zum Wiederaufbau der Altstadt einer Kommission vorzutragen, in der die verschiedenen Wiederaufbaubehörden vertreten sein werden, insbesondere H. Jörg." General Jacobsen, Genehmigungsschreiben an Oberbürgermeister Kraus, 16.6.1947, SAM Handakte Schmitthenner.

68 Oberbürgermeister Kraus, Notiz an Richard Jörg, Mainz, 18.6.1947, SAM Handakte Schmitthenner.

69 Paul Schmitthenner, Brief an Oberbürgermeister Kraus, Kilchberg/Tübingen, 20.6.1947, SAM Handakte Schmitthenner.

70 „Nachdem, wie Sie wissen, ich erklärt habe, dass Schmitthenner kein Fachmann auf dem Gebiet des Städtebaus ist und die Klarheit der städtebaulichen Arbeiten ins ästhetische und formale sich verschieben wird, muss ich es ablehnen,

Planungen „erst nach Überprüfung der Öffentlichkeit zugänglich gemacht werden" dürften.⁷¹ Was heißen sollte, nach einer Überprüfung durch ihn.

Auf eine solche, sachlich nicht mehr nachvollziehbare Forderung ging Kraus selbstverständlich nicht ein. Er bestellte Jörg zu einem Gespräch und teilte ihm anschließend mit, dass er selbst den Vortrag Schmitthenners einleiten und erklären werde, dass Jörg wegen seines erst vor kurzem erfolgten Amtsantritts noch nicht in der Lage sei, zu den Ausführungen Schmitthenners Stellung zu beziehen.⁷² Jörg hatte seinen Anfangskredit bei Kraus bereits verspielt, wenn er ihn nicht schon im Vorfeld seiner erzwungenen Berufung verloren hatte. Zudem wusste Kraus, seit Jörg seine Bandstadttheorien publik gemacht hatte (Taf. XXXII und XXXIII), was dieser unter einer organischen Gesamtplanung verstand und musste sich um negative Reaktionen seiner Mainzer sorgen.

Jörg hatte den verschärften Ton verstanden und mobilisierte deshalb seine Kontakte zu Lods und zur Militärverwaltung. Er hatte zu fürchten, in einer öffentlichen Diskussion mit Schmitthenner zu unterliegen, und Kraus' Vorschlag, statt seiner die Diskussion zu eröffnen, hätte ihn noch mehr das Gesicht verlieren lassen. Er erreichte es, dass Schmitthenners Lichtbildervortrag „Gedanken zum Wiederaufbau von Mainz", zu dem bereits gedruckte Einladungskarten verschickt worden waren, einen Tag vor dem angekündigten Termin von Jacobsen mit der vorgeschobenen Formalie abgesagt wurde, dass zu dem Vortrag nicht nur der Bauausschuss, sondern der gesamte Stadtrat eingeladen worden sei. Er forderte stattdessen, dass Schmitthenners Planungen unverzüglich, das heißt noch am Tag des abgesagten Vortrags, Lods zur Kontrolle vorgelegt werden müssten.⁷³

Kraus war über den Vorgang solchermaßen empört, dass er ihn am 8. Juli 1947 in einer umfangreichen Aktennotiz festhielt.⁷⁴ Er erklärte darin, dass er dem General vor Einholung seiner anfänglichen Zustimmung den Kreis der eingeladenen Fachleute detailliert dargelegt habe. Seiner Meinung nach habe Jörg befürchtet, dass Schmitthenners Vorschläge bei den Mitgliedern des Stadtrats einen positiven Eindruck hinterlassen könnten und habe deshalb über das „Büro Lods" die Absage des Vortrags durch den General erwirkt.⁷⁵ Schmitthenner habe dem General dennoch durch ihn für die Einladung ins Büro Lods danken lassen und vorgeschlagen, diesem vor einem solchen Besuch den demnächst fertiggestellten Zwischenbericht durch den Oberbürgermeister zukommen zu lassen.⁷⁶ Daraufhin habe der General Schmitthenners sofortiges Erscheinen bei Lods befohlen. Schmitthenner habe berichtet, dass sich diese Besprechung bei Lods „in der liebenswürdigsten Weise" abgespielt habe. „Herr Jörg habe sich bei der ganzen Besprechung äußerst passiv verhalten und in die Diskussion kaum eingegriffen."⁷⁷

Eine Woche nach dieser Kabale übersandte Schmitthenner Kraus sein Vortragsmanuskript und informierte ihn darüber, dass er inzwischen die Planungsunterlagen dem Büro Lods zur Verfügung gestellt habe. Das Skript enthielt eine sehr allgemeine Zusammenstellung von Sentenzen zum Wiederaufbau, die er zum großen Teil bereits an anderer Stelle vorgetragen hatte.⁷⁸ Er erklärte die Frage, ob der Wiederaufbau alt oder neu, modern oder historisch erfolgen solle, für falsch gestellt. „Es wird uns schon nicht erspart bleiben, in unserem Stil zu bauen, das will sagen, beim Wiederaufbau unsere geistige Haltung unter Beweis zu stellen."⁷⁹ Das nur sechs

in der nunmehr beabsichtigten amtlichen Form eine rhetorische Diskussion zu führen." Richard Jörg, Brief an Oberbürgermeister Kraus, Mainz, 20.6.1947, SAM Handakte Schmitthenner.
71 Ebd.
72 Oberbürgermeister Kraus, Brief an Richard Jörg, Mainz, 27.6.1947, SAM Handakte Schmitthenner.
73 „Ich wünsche auch, dass der Plan von H. Schmitthenner zur Kontrolle den zuständigen französischen Dienststellen vorgelegt wird. Ich bitte Sie deshalb darum, H. Schmitthenner einzuladen, sich morgen am 8. Juli um 16 Uhr bei der Section du Plan einzufinden, wo er seine Planungen H. Lods, dem Chefplaner der Militärregierung, unterbreiten können wird." General Jacobsen, Brief an den Oberbürgermeister, 7.7.1947, SAM Handakte Schmitthenner.
74 SAM Handakte Schmitthenner, Aktz. C 86 33 30/46.
75 Ebd.
76 Ebd.
77 Ebd.
78 Das Skript ist handschriftlich bezeichnet „[unleserlich] allgemeines vom Wiederaufbau". Ähnliches hatte Schmitthenner bereits bei den Auseinandersetzungen um den Wiederaufbau von Freudenstadt im Schwarzwald vorgetragen, wo er ebenfalls einen Wiederaufbauvorschlag vorgelegt hatte, vgl. Frank 1988.
79 SAM Handakte Schmitthenner.

Seiten lange Schriftstück endet mit den Worten: „An unserem Aufbau werden wir einst gemessen werden – caveant consules."[80]

Dieser lateinische Schlusssatz wäre den meisten Zuhörern Schmitthenners vermutlich ebenso kryptisch geblieben wie unseren heutigen Lesern. Er war ziemlich hoch gegriffen, denn mit der Formel „caveant consules ne quid detrimenti capiat res publica" wurden die Konsuln der römischen Republik mehrfach vor einer Schädigung der Republik gewarnt, wenn sie einmal wieder den Notstand ausriefen. Ihm ging es bei seinen Überlegungen zum Wiederaufbau wohl kaum um das Wohl des Staates, der ja gerade völlig zusammengebrochen war, als vielmehr um baukulturelle Fragen und um die Gestalt der künftigen Stadt. Vorerst konnte Schmitthenner mit seinem Satz nicht einmal die Mitglieder des Mainzer Stadtrats ermahnen, denn auch der zweite Anlauf zum Vortrag seiner Sentenzen wurde von Jacobsen behindert.

Schmitthenner hatte inzwischen seine Planungen weiter bearbeitet, und Kraus hätte seine Tätigkeit gern durch deren Präsentation und eine Entscheidung der städtischen Gremien beendet. Auf Jörg nahm er diesmal keine Rücksicht. Zwar hatte Lods diesem inzwischen einen Auftrag zur Prüfung von Schmitthenners Planungen erteilt, aber außer seiner grundsätzlichen Ablehnung hatte Jörg keine neuen Argumente vorbringen können.[81] Es ging ihm weiterhin vorrangig darum, jeden öffentlichen Auftritt Schmitthenners zu verhindern, der – wie er es ausdrückte – mit seinem Kunstgeschwätz nur die exakte, wissenschaftliche Planungsarbeit störe.[82]

Diesmal intervenierte Jacobsen, noch bevor Kraus den Vortrag offiziell angemeldet hatte, mit einer Erinnerung an seinen Befehl vom 7. Juli. Doch es gab noch nichts zu verbieten. Er begründete seine Ablehnung diesmal damit, dass man Schmitthenner in Stuttgart seinen Lehrstuhl unter Hinweis auf seine NS-Vergangenheit entzogen habe.[83] Jacobsen war zur Eile gezwungen, denn er sollte zum 1. Oktober Mainz verlassen und hatte gerade am Tage dieses Schreibens seinen Abschiedsbesuch bei Kraus vorgenommen. Kraus bemühte sich, dem General mitzuteilen, dass kein öffentlicher Vortrag geplant sei, sondern dass Schmitthenner in einer nichtöffentlichen Sitzung einen Abschlussbericht geben würde, und Politik und Verwaltung dann über die Verwendung seiner Vorschläge entscheiden sollten.[84]

Verständlicherweise empörte sich Schmitthenner über den Hinweis auf Stuttgart, wo man ihm trotz des entlastenden Spruchkammerbeschlusses seinen Lehrstuhl vorenthalte. Er wolle sich deshalb erneut in Baden-Baden nach Hilfe umsehen.[85] Ohne diese abzuwarten, übergab er Kraus am 25. Oktober 1947 seinen „vorläufigen Zwischenbericht", bestehend aus sechzehn Plänen, zwei Bildern und einer dreißig Seiten langen Erläuterung, die wiederum mit den Worten „caveant consules" endete. Im Anschreiben teilt er seine Absicht mit, die Arbeit in geeigneter Form zu veröffentlichen, um zu zeigen „wie der Wiederaufbau der ehrwürdigen Domstadt Mainz hätte gelöst werden müssen".[86]

Am 8. November erneuerte die Militärregierung ein letztes Mal ihr Verbot eines Vortrags von Schmitthenner, bevor ihn einige Tage darauf, vermutlich auf Druck aus Baden-Baden, der neue Gouverneur Guérin doch genehmigte.[87] Kraus teilte Schmitthenner mit, dass er vor der Bürgermeisterei, dem städtischen Bauausschuss, dem Generalbaudirektor und einem Vertreter der Gewerkschaften

---

80 Ebd.
81 „Mein Standpunkt in dieser Angelegenheit bei der Beurteilung ist deshalb eindeutig, da ich es ablehne, in eine persönliche Auseinandersetzung vor einem öffentlichen Forum zu treten, in der ich den Architekten Schmitthenner als Sachverständigen ablehne." Richard Jörg, Brief an den Vorsitzenden des Bauausschusses, Mainz, 5.9.1947, SAM Handakte Schmitthenner.
82 „Man hat genug Kunstgeschwätz erlebt und die verheerende Wirkung auf die öffentliche Meinung, um nicht zu wissen, das dies die exakte Arbeit derjenigen stört, die sich mit dem Problem im einzelnen auseinandersetzen müssen." Ebd.

83 General Jacobsen, Brief an Oberbürgermeister Kraus, Mainz, 13.9.1947, SAM Handakte Schmitthenner.
84 Oberbürgermeister Kraus, Brief an die Militärregierung, Mainz, 2.10.1947, SAM Handakte Schmitthenner.
85 Paul Schmitthenner, Brief an Oberbürgermeister Kraus, Kilchberg/Tübingen, 9.10.1947, SAM Handakte Schmitthenner.
86 Ebd.
87 „In Beantwortung Ihres o. g. Schreiben teile ich Ihnen mit, daß ich mein Verbot bezüglich des Vortrags von Herrn Schmitthenner vor dem Stadtrat aufrechterhalte." Administrateur Macquart, Brief an Oberbürgermeister Kraus, 8.11.1947, SAM Handakte Schmitthenner.

vortragen solle und dass der Gouverneur persönlich daran teilzunehmen beabsichtige.[88] Schmitthenner nutzte die neue Situation und bat, dem Gouverneur zuvor seine Pläne persönlich vorlegen und erläutern zu dürfen.[89] Guérin empfing ihn und erbat demonstrativ Einladungskarten zu dem Vortrag, der schließlich am 6. Dezember 1947 vor dem erheblich erweiterten Bauausschuss stattfand.[90] Zu dem Gespräch beim Gouverneur verfasste Kraus eine ausführliche Aktennotiz:[91]

> Gouverneur Guerin behandelte Prof. Schmitthenner anfänglich sehr ironisch und abweisend, er erklärte ihm: „Sie waren ja ein guter Nazi, Sie haben ja auch ein schönes Buch über die Baukunst im Dritten Reich geschrieben, ich zweifle nicht daran, dass es bei Ihnen im Dritten Reich recht nett war, bei uns in Frankreich war dies allerdings nicht der Fall usw." Schmitthenner ließ sich nicht aus der Ruhe bringen und die Unterhaltung wurde zusehends wärmer und freier, zumal nachdem Schmitthenner von seinen Beziehungen zu höchsten und maßgeblichen Stellen sprach und von dem Ergebnis der Spruchkammerverhandlung in Stuttgart.[92]

Guérin bestellte Schmitthenner noch zu einem zweiten Gespräch, um sich die Pläne erläutern zu lassen. Er beabsichtige, General Koenig bei seinem für den 15. Dezember angekündigten Besuch ein Gutachten sowohl über die Planungen von Lods, als auch über die von Jörg und Schmitthenner vorzulegen.

Nachdem Lods Anfang Januar einen öffentlichen Vortrag über seine Planungen gehalten hatte, machte Schmitthenner einen letzten Vorstoß, seine in Mainz wie ein Staatsgeheimnis behandelten Planungen öffentlich vorzustellen.[93] Kraus jedoch hielt die Angelegenheit für abgeschlossen. Er hatte keinen Bedarf mehr für ein Gegengutachten zu Lods' Planungen, nachdem der neue Gouverneur ihm die Entscheidung über die weitere Beteiligung der Section du Plan an der Wiederaufbauplanung übertragen hatte. Schmitthenner teilte er am 26. Januar 1948 lediglich kühl mit, dass dessen Gutachterauftrag erfüllt und inzwischen abgerechnet sei. Über weitere Beauftragungen hätten die zuständigen städtischen Behörden zu entscheiden.[94]

Von Guérin erfuhr Schmitthenner schließlich in einer weiteren Besprechung am 17. Februar, dass die Stadt in der Zwischenzeit sowohl Lods' als auch seine Planungen abgelehnt habe. Er schrieb daraufhin Kraus, dass er nunmehr in einem privat veranstalteten öffentlichen Vortrag seine Planung den Mainzern vorzustellen gedenke und bat um eine Begründung der Ablehnung seiner Planungsvorschläge.[95] Kraus ging darauf nicht ein und teilte ihm lediglich mit, dass die Stadt „zu gegebener Zeit" in einer vergleichenden Ausstellung die Pläne Lods', Schmitthenners und der Stadtverwaltung der Mainzer Öffentlichkeit vorzustellen gedenke. Stadtbaupläne würden nur von der Stadtverwaltung aufgestellt und verantwortet, externe Planungen könnten hierfür nur als Zusatzmaterial dienen.[96]

Eine solche Ausstellung fand nie statt, die Pläne zu Schmitthenners Wiederaufbauvorschlag kursierten in Mainz nur geheim. Dies geht aus einem Schreiben von Generalbaudirektor Imm an Kraus vom Dezember 1947 hervor, in dem er versicherte, dass bei ihm lediglich Karl Gruber auf ausdrücklichen Wunsch des Oberbürgermeisters Einsicht in die

---

88 Oberbürgermeister Kraus, Brief an Paul Schmitthenner, Mainz, 14.11.1947, SAM Handakte Schmitthenner.
89 In einem Schreiben vom 21.11.1947 bat Kraus den Gouverneur um einen solchen Termin. Am 1.12. erfolgte die positive Antwort der Militärregierung mit der Bitte an Schmitthenner, einen konkreten Terminvorschlag zu machen. SAM Handakte Schmitthenner.
90 Vgl. Einladung des Oberbürgermeisters, o. D., SAM Handakte Schmitthenner.
91 Oberbürgermeister Kraus, Aktennotiz betr. Vortrag Schmitthenner, Mainz, 9.12.1947, SAM Handakte Schmitthenner. Vgl. auch Kraus' handschriftliche Notizen zu seiner Einführung beim Schmitthenner-Vortrag, ebd.
92 Ebd. Guérin bezog sich auf die Schrift *Baukunst im Neuen Reich*, Schmitthenner 1934.

93 Paul Schmitthenner, Brief an Oberbürgermeister Kraus, Kilchberg/Tübingen, 18.1.1947, SAM Handakte Schmitthenner.
94 Oberbürgermeister Kraus, Brief an Paul Schmitthenner, Mainz, 26.1.1948, SAM Handakte Schmitthenner.
95 Paul Schmitthenner, Brief an Oberbürgermeister Kraus, Kilchberg/Tübingen, 26.2.1948, SAM Handakte Schmitthenner.
96 Oberbürgermeister Kraus, Brief an Paul Schmitthenner, Mainz, 5.3.1948. SAM Handakte Schmitthenner.

Mappe mit den Plänen gehabt habe.[97] In den 1980er Jahren waren Schmitthenners Pläne in Mainz nicht mehr aufzufinden und mussten im Privatarchiv Schmitthenners in München eingesehen werden.[98] Heute findet sich allerdings ein fast kompletter Planbestand im Stadtarchiv.[99] Erhalten war dort lediglich in der derzeit nicht mehr auffindbaren Handakte des Oberbürgermeisters ein Exemplar des Erläuterungsberichts mit dem handschriftlichen, später wieder ausgestrichenen Vermerk: „Streng vertraulich! Nur persönlich!" Eine Abschrift dieses Berichts findet sich im Nachlass Dassen.[100]

Im Erläuterungsbericht betonte Schmitthenner, welch grundsätzliche Bedeutung er dem Mainzer Projekt für die Wiederaufbaudiskussion insgesamt beimaß und dass er deshalb beabsichtige, diese Arbeit zu veröffentlichen. Neben den notwendigen Detailangaben zu den Planvarianten enthält der Bericht Aussagen zu allgemeinen Zielen und Inhalten des Wiederaufbaus und zu grundsätzlichen Fragen der Architektur. Der Wiederaufbau sei ein einmaliger Gestaltungsauftrag an eine ganze Generation von Architekten. Es solle ihnen Aufgabe und Verpflichtung sein, endlich das bauliche Chaos des zurückliegenden Jahrhunderts zu überwinden und dabei die Lebenskraft des Volkes nach dem verlorenen Krieg unter Beweis zu stellen. Für ihn war, ganz in der Tradition des Deutschen Werkbunds, der Wiederaufbau Kulturarbeit. „An dem Wiederaufbau werden die späteren Geschlechter unsere geistige Haltung messen."[101]

Grundsätzlich beachtete Schmitthenner die von ihm selbst vorgeschlagene Abgrenzung der Arbeitsbereiche zwischen Lods und ihm. Er betonte in der Präambel, dass er seine Untersuchung auf das Gebiet der Altstadt Mainz eingeschränkt und weder die Neustadt noch die Vororte oder Mainz-Kastel behandelt habe. Fragen des Verkehrs oder der Landesplanung habe er nur untersucht, soweit sie den Wiederaufbau der Altstadt tangierten.[102] Er stelle auch keinen eigenen Generalplan auf, sondern beziehe sich in den übergeordneten Fragen auf das Verkehrsplanungsgutachten von Carl Dassen.[103] Aber ein Blick auf die Pläne zeigt, dass dies nur teilweise zutrifft. Er hatte seine Arbeit eben doch vor allem als ein Gegenprojekt zu Lods' betrachtet und sich dabei notwendigerweise häufig auch zu Fragen äußern müssen, die über die Altstadt hinausgriffen (Taf. XXXIV und XXXV).

Schmitthenner betonte, dass für ihn die Altstadt trotz ihrer starken Zerstörung weder rekonstruiert noch völlig neu wiederaufgebaut werden dürfe.[104] Während Lods die Bindung an Bestehendes negiere oder sich bewusst darüber hinwegsetze, bemühe er sich darum, zumindest psychologisch den Eindruck einer engen Bindung an den historischen Bestand zu wecken. „Das Neue können wir darum nicht willkürlich bestimmen, sondern nur in Bindung mit dem Alten. Dies ist das entscheidende Gestaltungsproblem."[105] Mit diesem Konzept einer historisch gebundenen Gestaltung erwies sich Schmitthenner durchaus nicht weniger dogmatisch als Lods mit seinem Anspruch des total Neuen. Beide vertraten einen umfassenden Gestaltungsanspruch, aber sie widersprachen sich nicht allein in ihren radikal entgegengesetzten Auffassungen von Stadtraum und Architektursprache, sondern auch in der Einschätzung des ökonomisch Möglichen.

Nach seinem Gespräch mit Imm und seinem ersten Besuch bei Lods im Herbst 1946 hatte Schmitthenner sich Gedanken über Lods' Grundauffassung gemacht und dies Kraus mitgeteilt:

---

97 Wilhelm Imm, Brief an Oberbürgermeister Kraus, Mainz, 9.12.1947, SAM Handakte Schmitthenner.

98 Für unsere Untersuchung standen die im Nachlass Schmitthenner in München vollzählig erhaltenen Pläne zur Verfügung.

99 Siehe hierzu 11 Pläne „Mainz 1947" [Stadtplanungskonzeption von Paul Schmitthenner aus dem Jahre 1947 in Kopie], SAM BPSP 603D bis 613D.

100 Abschrift „Der Wiederaufbau der Stadt Mainz. Bericht über die Untersuchungen und Planungen von Professor Schmitthenner als Berater des Herrn Oberbürgermeisters der Stadt Mainz", Schloss Kilchberg, Oktober 1947, gez. Paul Schmitthenner, 24 Seiten, SAM NL Dassen 1.

101 Ebd., S. 24.

102 Ebd., S. 1.

103 Der Oberbürgermeister der Stadt Mainz, „Verkehrsplanungen im Stadtgebiet Mainz", Mainz, 1.6.1946, gez. Dr. Dassen, 28 Seiten, S. 1, SAM NL Bayer 87.

104 Abschrift „Der Wiederaufbau der Stadt Mainz. Bericht über die Untersuchungen und Planungen von Professor Schmitthenner als Berater des Herrn Oberbürgermeisters der Stadt Mainz", Schloss Kilchberg, Oktober 1947, gez. Paul Schmitthenner, 24 Seiten, S. 1, SAM NL Dassen 1.

105 Ebd., S. 14.

Herr Lods ist zweifellos ein Mann von großzügigem Denken, er legt aber Maßstäbe an, welche die uns bekannten der vergangenen Herrschaft beinahe in den Schatten stellen. Nur wenn wir unbeschränkte Mittel hätten, könnten wir solche Maßstäbe gelten lassen und erst dann würde sich die Frage erheben, ob die Art des baulichen Denkens unserer Art und unserer Gewohnheit entsprechend ist. [...] Es handelt sich nicht um irgendwelche architektonische Formgebung und nicht um die Frage von Hochhaus und Flachbau, sondern ganz einfach um das wirtschaftlich Mögliche und um das sozial Angemessene. Kurz es wird sich darum handeln, mit den vorhandenen Mitteln an Baustoff und Menschenkraft, das heißt, mit dem wirtschaftlich Möglichen, das sozial Beste zu errichten.[106]

Er bezog sich wohl auf Rimpls Planungen für die Stadt der Hermann-Göring-Werke, das heutige Salzgitter, wenn er Lods' Überlegungen ausdrücklich für denkbar erklärte, sobald es sich darum handele, eine völlig neue Stadt mit neu zu schaffenden Industrien zu errichten. Bei der Wiederherstellung einer berühmten alten Stadt aber seien sie fehl am Platz. In der Ablehnung der Stadt der Gründerzeit jedoch stimmte er dann wieder mit Lods überein. Er teile dessen Meinung, „dass man bei der Sanierung einer Großstadt, die in wenig glücklichen Jahrzehnten entstanden ist, nicht großzügig genug vorgehen kann, wenn man die Verhältnisse verbessern will."[107] Beiden ist ein totaler Gestaltungsanspruch gemein und ihre Stadtplanung unterschied sich vom Entwurf eines Gebäudes nur durch den Maßstab. Beide machten keine Stadtplanung im Sinne von Bayer und Jörg, sondern betrieben Städtebau. Jörg irrte nicht völlig, wenn er Schmitthenner eine primär ästhetische Vorgehensweise vorwarf. Schmitthenners Plan ging ähnlich wie der von Lods, aber auch wie der von Hanns Dustmann, von einem vorgefassten Bild der Stadt aus (Taf. XXXIV und XXXV). Für Schmitthenner war Mainz zuallererst die von ihrem Dom bekrönte alte Stadt am Rhein. Dieses Bild sollte mit der Neuplanung unterstrichen und betont werden. Ihm hatten sich alle anderen planerischen Aspekte unterzuordnen.

Sieht man Mainz vor allem als zweitausendjährige Stadt am Strom, so gewinnt die Lage der Rheinbrücke und ihre Gestalt eine zentrale Bedeutung. Bei Dustmann fanden wir erstmals die Eingrenzung eines Stücks vom Rhein durch zwei neue Brücken und die Beseitigung der bestehenden. Schmitthenner griff dieses Motiv auf und schlug vor, beide Rheinufer mit einem parkartigen Streifen zu betonen. Nur im südlichen Teil sollte dieser durch einen Brückenkopf am Fischtor unterbrochen werden, um dort ein neues Rathaus und eine Stadthalle zu errichten.[108] Im Bereich der Großen Bleiche sollte sich die linksrheinische Uferanlage um das Kurfürstliche Schloss, das Zeughaus und das Deutschhaus zu einem Park ausweiten. Den Transitverkehr wollte er über die Kaiserstraße und eine neue, in ihrer Flucht errichtete Rheinbrücke anstelle der 1945 dort errichteten Behelfsbrücke, führen. In Anlehnung an ein bereits vorliegendes Konzept von Wilhelm Härter plante er eine zweite südliche Rheinbrücke, jedoch nicht neben der bestehenden Eisenbahnbrücke nach Gustavsburg, sondern wie schon bei Dustmann auf der Höhe der Maaraue.[109] Sollte es nicht mehr gelingen, den bereits beschlossenen Wiederaufbau der alten Brücke zu stoppen, so solle man wenigstens dafür sorgen, dass die Straßenführung eine spätere Realisierung der Brückenprojekte nicht verhindere.[110]

Lods' und Schmitthenners Planungsauffassungen stimmten auch hier in zwei wesentlichen Aspekten überraschend überein. Beide erkannten den Primat der Verkehrsplanung für den modernen

---

106 Paul Schmitthenner, Brief an Oberbürgermeister Kraus, Kilchberg/Tübingen, 6.12.1946, SAM Handakte Schmitthenner.
107 Ebd.
108 Abschrift „Der Wiederaufbau der Stadt Mainz. Bericht über die Untersuchungen und Planungen von Professor Schmitthenner als Berater des Herrn Oberbürgermeisters der Stadt Mainz", Schloss Kilchberg, Oktober 1947, gez. Paul Schmitthenner, 24 Seiten, S. 9 f., SAM NL Dassen 1. Schon Kreyßig hatte in der Nähe seinen Halleplatz angelegt und Knipping und Bayer hatten den Ort für ein neues Rathaus vorgesehen.
109 „Der Plan, die Stadtbrücke an Stelle der zerstörten wieder zu erstellen, ist durch die noch vorhandenen Bauwerke wohl verständlich und auch wirtschaftlich zu begründen, im Hinblick auf eine einwandfreie Lösung aber als verfehlt zu bezeichnen, ganz abgesehen von der wenig glücklichen doppelseitigen Rampenanlage und ihrer Auswirkung auf das Stadtbild." Ebd., S. 3.
110 Ebd.

111

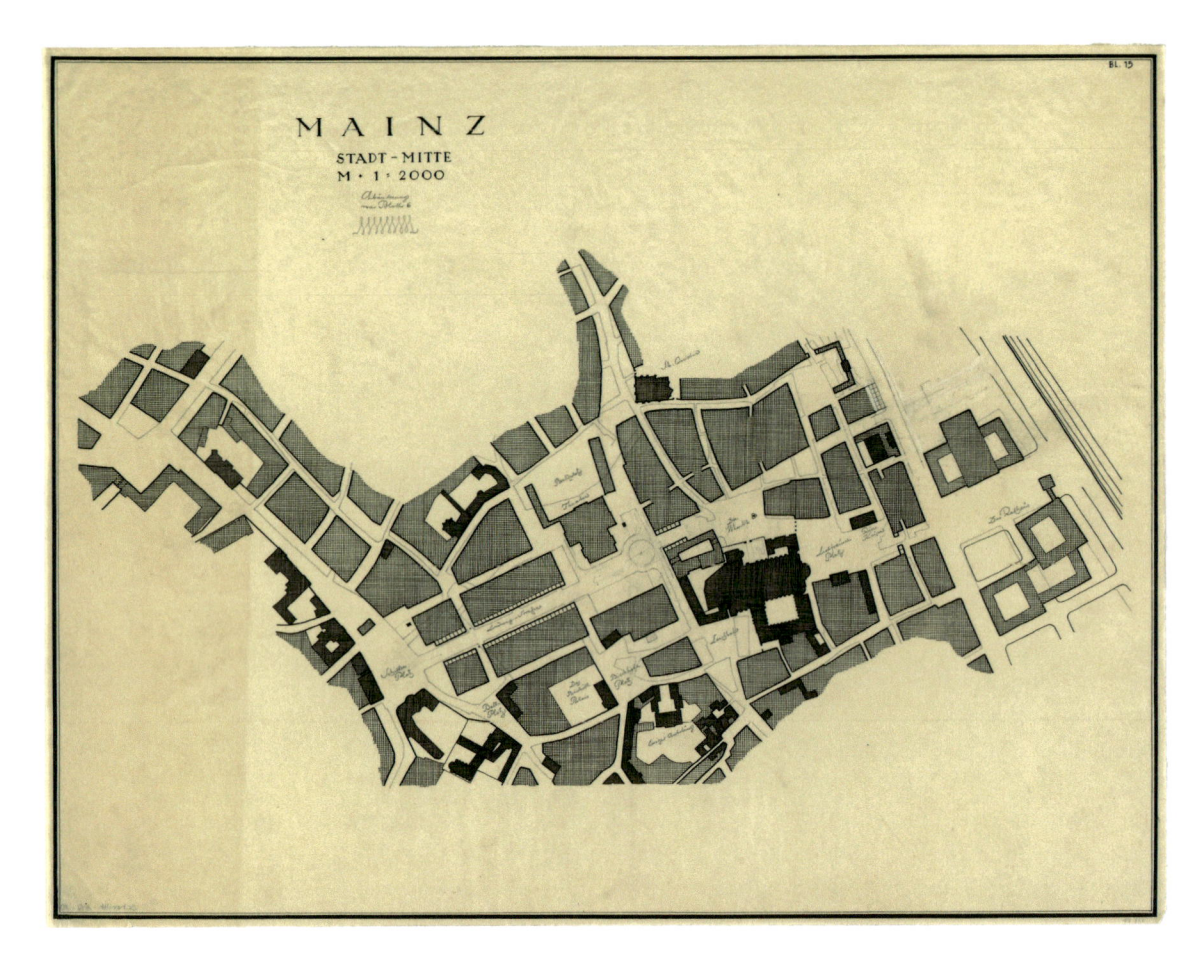

Paul Schmitthenner: *Planung für den Wiederaufbau von Mainz, 1947–1949, Plan der Stadtmitte*, Mainz, 1947, Architekturmuseum der Technischen Universität München.

Städtebau an und beide gingen, wie bereits erwähnt, sehr frei mit der Bausubstanz des 19. Jahrhunderts um. So findet sich die nur geringfügig zerstörte Christuskirche auf der Kaiserstraße weder auf den Plänen des einen noch auf denen des anderen. Dieser Bau Kreyßigs stellte in Schmitthenners Augen eine „arrogante Konkurrenz" zum Dom dar, und weder Lods noch Bayer sahen das anders.[111]

Wenn sie eine klare Verkehrsführung verhinderten, forderte Schmitthenner ausdrücklich einen unsentimentalen Umgang mit ansonsten schützenswerten Baudenkmälern.[112] Wegen der unzerstört gebliebenen Leitungsanlagen sollte im Bereich der Altstadt im Prinzip an den bestehenden Straßenzügen festgehalten werden, jedoch müssten diese verbreitert und den künftigen Verkehrserfordernissen angepasst werden: „Die Schönheit der Straße beruht nicht in der Enge, sondern in der Geschlossenheit des Straßenraumes."[113] Schmitthenner hatte die Folgen dieser Priorität der Verkehrsplanung in einem gesonderten Blatt dargestellt, das zeigte, „welche noch bestehenden Gebäude im Laufe der Jahre aus verkehrstechnischen oder sonstigen städtebaulichen Rücksichten fallen müssen."[114] Nach diesem

111 „Eine Kirche hat weder die Aufgabe der Repräsentation noch der Verkehrsregelung. Diese Kirche, an sich ein mässiges Bauwerk, stört durch falschen Massstab das Stadtbild. Eine verständnisvolle Lenkung wird sich angelegen sein lassen, daß dieses Bauwerk verschwindet." Ebd., S. 11.
112 Ebd., S. 5–9, 12 f.
113 Ebd., S. 8.
114 Paul Schmitthenner, Mainz. Der neue Plan der Altstadt, Masstab [sic] 1:5000, Bl. 3 E, kolorierte Lichtpause, o.D., AMTUM schmitth 102–1 Mappe 1. „Die richtige Stellung für die Opferung dieser noch bestehenden Werte bekommt man durch Berechnung dieser Werte, die im Vergleich zu

112
Paul Schmitthenner: *Planung für den Wiederaufbau von Mainz, 1947–1949, Fassadenvorbau für das Theater am Gutenbergplatz, Ansicht und Grundriss*, Mainz, 1947, Architekturmuseum der Technischen Universität München.

Plan wären so bekannte historische Bauten wie die Domus Universitatis und die Johanniskirche einer neuen Nord-Süd-Durchfahrung der Altstadt zum Opfer gefallen (Abb. 111).

Der gewohnte historische Charakter sollte in den verbreiterten Straßen der Altstadt durch eine spezifische Randbebauung wiedergewonnen werden. Diese konnte keine Rekonstruktion des Zerstörten sein, sondern sollte gemäß seinem Konzept einer zeitlosen, nicht stilhistorisch definierten „gebauten Form" gestaltet werden, die wir heute am ehesten als kontextuell typologisch bezeichnen würden. Aus psychologischen Gründen sei es notwendig, mit dem Wiederaufbau im Herzen der Altstadt, mit der Domumgebung, dem Gutenbergplatz und der Ludwigsstraße zu beginnen. Für die Ludwigsstraße hatte er deshalb Geschäftshäuser mit Arkaden in den Untergeschossen entworfen. Ihre Form und die des anschließenden Gutenbergplatzes erinnerten nicht an die zerstörte Bebauung, sondern eher an die Planungen der napoleonischen Zeit. Die Flucht dieser Straße sollte durch eine torartige, ebenfalls mit Arkaden versehene Verengung weiter zum Markt führen, um die Domumgebung deutlicher von Verkehr abzurücken.[115] Insgesamt sollten drei Plätze neugeschaffen werden, die den Dom freier stellten als bisher. Die gesamte Stadtmitte war in eine Folge kleiner pittoresker Plätze aufgelöst, die nur noch wenig vom historischen Stadtplan erkennen ließen. Schmitthenner plante eine neue Stadt mit der Anmutung einer historischen Stadt, eine neu-alte Stadt.

dem Gesamtaufwand des Wiederaufbaus der Altstadt Verschwindende sind." Ebd., S. 9.

115   Ebd., S. 15 f.

113

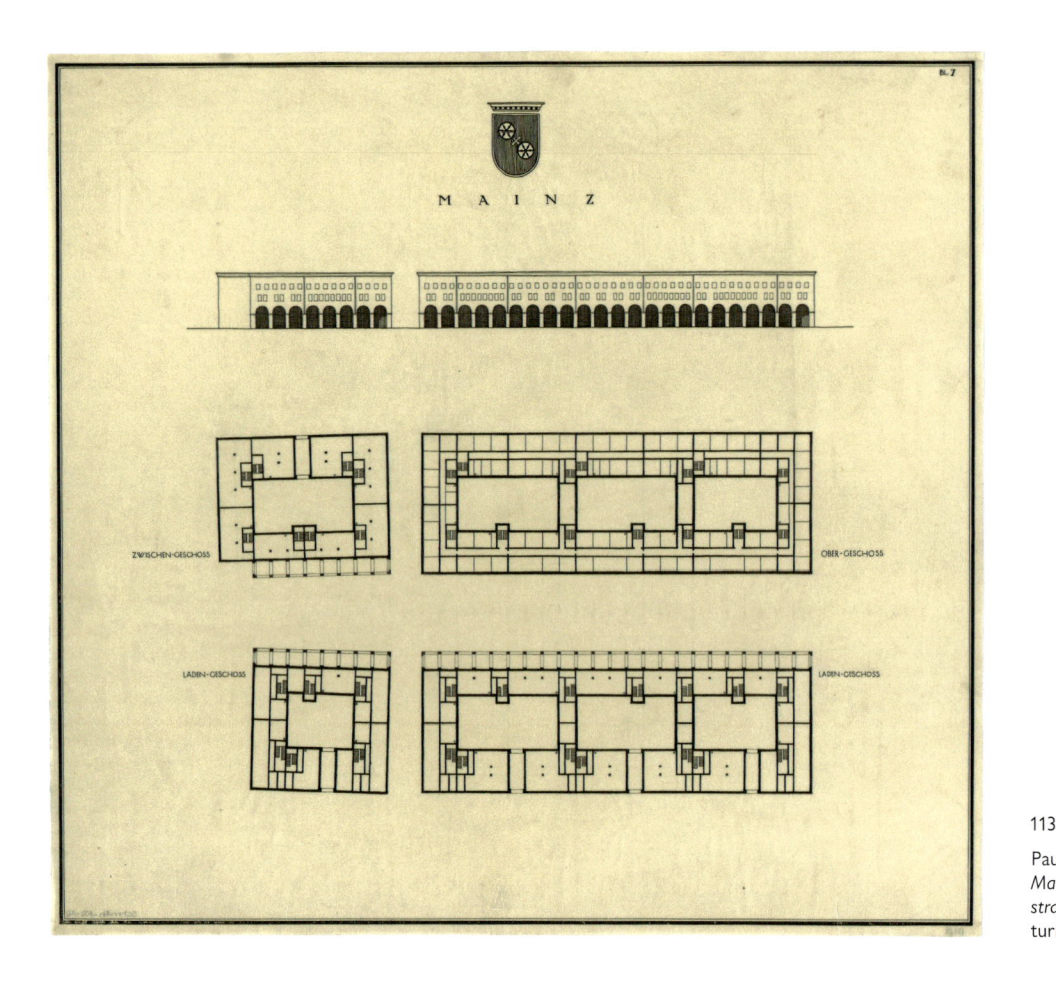

Paul Schmitthenner: *Planung für den Wiederaufbau von Mainz*, 1947–1949, *Geschäftshausblöcke in der Ludwigsstraße, Ansicht und Grundrisse*, Mainz, 1947, Architekturmuseum der Technischen Universität München.

Architektonische Gestaltungsvorschläge machte er außer für die Ludwigsstraße für das Theater, für dessen „leider" unzerstört gebliebenes Äußeres er zum Gutenbergplatz hin eine neue „zurückhaltendere" Fassade entwarf (Abb. 112).[116] Die Randbebauung der Ludwigsstraße (Abb. 113) sollte zwar im Prinzip ebenso dreigeschossig ausgebildet werden wie die gesamte sonstige innere Stadt bis zur Großen Bleiche, aber ihre Bedeutung als Geschäftsstraße sollte durch größere Geschosshöhen betont werden. Für die vorgeschlagenen vier Geschäftshausblöcke entwickelte Schmitthenner gemäß seiner Gestaltungstheorie von der „gebauten Form" eine Reihe von Varianten (Abb. 114 und 115), die zeigen sollten, dass auch mit den vorhandenen knappen, aus den Trümmern gewonnenen Materialien anspruchsvoll gestaltet werden könne.[117] Ihre Gestaltungsunterschiede ergaben sich aus den verschiedenen Materialien. Sie reichten von unverputztem Natursteinmauerwerk über verputzte, bemalte Bauten aus Trümmerziegeln bis zu Betonskelettkonstruktionen mit Ausfachungen aus Trümmermaterial. Sie waren durch ihre Arkadenstellungen und Fensteröffnungen unterschiedlich gegliedert und mit flach geneigten Holzdächern

116 „Um diesen Zustand zu verbessern handelt es sich nicht um einen Neubau, der in das Gesamtgefüge sich einbinden soll, sondern um einen Bau, dessen Haltung durch Umbau in die nötige Zurückhaltung und Würde zu bringen ist. Auch derartige Verbesserungen gehören entscheidend zum Wiederaufbau." Ebd., S. 18.

117 Vgl. Schmitthenner 1984b. Das aus dem Nachlass herausgegebene Buch *Gebaute Form* entstand in den Nachkriegsjahren und sollte ursprünglich zu Schmitthenners 65. Geburtstag am 15.12.1949 erscheinen. Vgl. Frank 1984a zur Geschichte des Buchs und zu Schmitthenners Entwurfstheorie in der Einleitung zur italienischen Ausgabe.

versehen, die den aktuellen Holzmangel ausdrücken sollten. Pathetisch schließt Schmitthenner den Abschnitt über die Gestaltung mit den Worten:

> Not und Armut zwingen uns zu Sparsamkeit. [...] So wir dazu noch begabt, wird es uns gelingen, die Not zu gestalten als Ausdruck unserer geistigen Haltung und diese nannten wir ja „Stil".[118]

Es ist nicht Romantik, sondern eher ein sozialer Anspruch, der Schmitthenner veranlasste, die Altstadt grundsätzlich auf drei Geschosse herabzuzonen. Er wollte mit der geringeren Bebauungsdichte die vor dem Krieg herrschenden ungünstigen Lebensverhältnisse in der Altstadt verbessern. Wohl auch um Lods entgegenzukommen, suchte er den Investitionsdruck, der auf eine höhere Ausnutzung für innerstädtische Grundstücke zielte, aus der Altstadt in die Umgebung der Kaiserstraße und das Gebiet der Neustadt zu lenken. Dort sei eine grundsätzlich höhere Bebauung, im besonderen Falle sogar der Bau von Hochhäuser möglich.[119]

Es entbehrt nicht einer gewissen Ironie, dass Schmitthenner selbst im Januar 1948 vom Generalbaudirektor Imm in einer Arbeitsgemeinschaft freier Architekten mit Petzold den Auftrag für ein allerdings nicht mehr realisiertes Hochhaus erhalten sollte. Wie ein Nachspiel zu seinem Vorschlag eines nur dreigeschossigen Wiederaufbaus der Altstadt sollte dieses Hochhaus auf den Fundamenten eines ehemaligen Bunkers im Blickpunkt der Großen Bleiche errichtet werden, nicht weit von dem Ort, für den in den 1920er Jahren Hermann Graf sein Rathaushochhaus vorgeschlagen hatte (Abb. 55).

Das von Schmitthenner ironisch „Building Mainz" getaufte Projekt lag im März 1948 vor (Abb. 116). Über den zweigeschossigen Kellern der umgebauten Bunkeranlage befand sich ein

---

118 Abschrift „Der Wiederaufbau der Stadt Mainz. Bericht über die Untersuchungen und Planungen von Professor Schmitthenner als Berater des Herrn Oberbürgermeisters der Stadt Mainz", Schloss Kilchberg, Oktober 1947, gez. Paul Schmitthenner, 24 Seiten, S. 17, SAM NL Dassen 1.
119 „Es ist durchaus denkbar, an einer oder der anderen Stelle ein Hochhaus zu entwickeln, wie es die Bedürfnisse erfordern und wie es sozial und wirtschaftlich sich rechtfertigt." Ebd., S. 11.

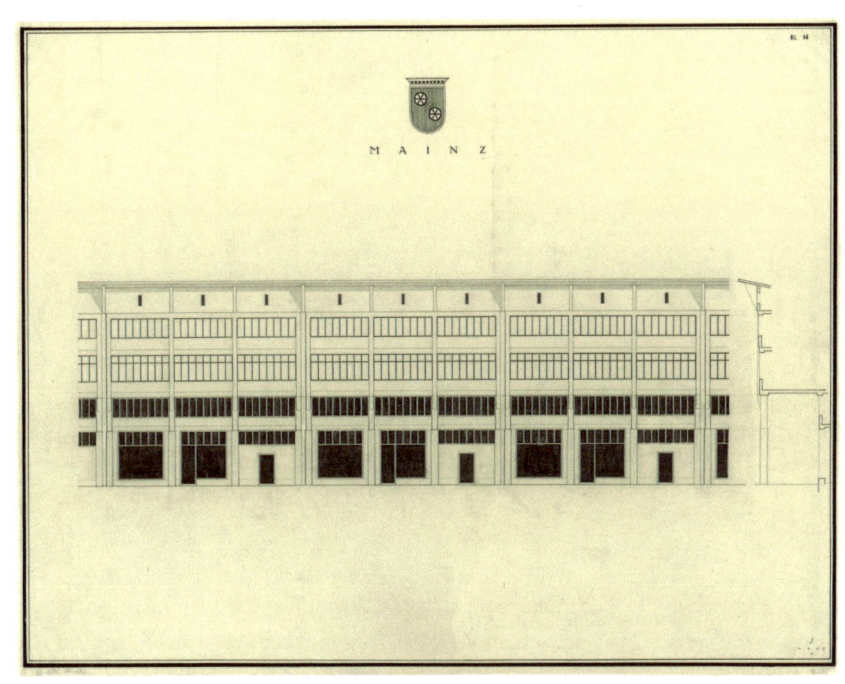

114–115   Paul Schmitthenner: *Planung für den Wiederaufbau von Mainz, 1947–1949, Geschäftshausblöcke in der Ludwigsstraße, Gestaltungsvarianten der Fassade*, Mainz, 1947, Architekturmuseum der Technischen Universität München.

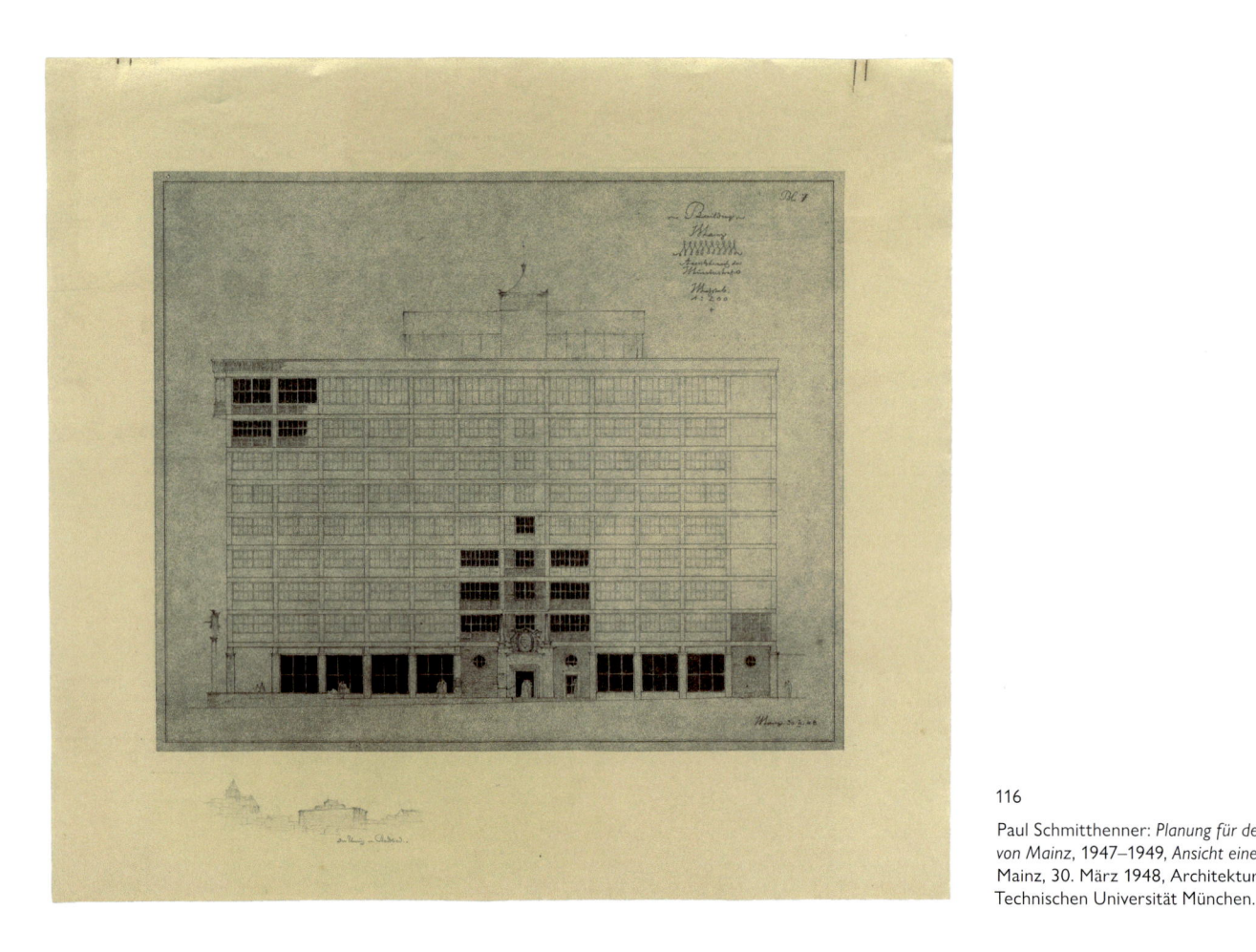

116
Paul Schmitthenner: *Planung für den Wiederaufbau von Mainz*, 1947–1949, Ansicht eines „Buildings", Mainz, 30. März 1948, Architekturmuseum der Technischen Universität München.

Ladengeschoss, darüber acht Bürogeschosse und ein bekrönender Dachpavillon mit einem Restaurant. Die aus „Dyckerhoff weiß"-Zement hergestellte oder hell gestrichene Stahlbetonskelettkonstruktion sollte mit Trümmersteinen ausgefacht und nach außen mit grau-roten, aus Trümmerschutt hergestellten Platten verkleidet werden. Das Gerippe sollte durch ein Zurücksetzen der Bekleidungsplatten gegenüber den Stützen nicht nur farblich, sondern auch plastisch betont werden. Das Dachrestaurant darüber sollte ein leichter, völlig mit Kupfer verkleideter Holzfachwerkbau werden.[120]

120 Paul Schmitthenner, Erläuterungsbericht zu dem Projekt für das Building in Mainz, Kilchberg/Tübingen, 8.3.1948, sowie Korrespondenz mit Imm (darunter ein Brief an den früheren Leiter des Stadtbauamts Knipping, der nach seiner Entlassung Mitarbeiter Imms geworden war), NLS.

Schmitthenners „Building" wurde ebenso wenig gebaut wie das von Lods entworfene und zur Baureife gebrachte Hochhaus an der Wallstraße. Wie Lods hinterließ auch Schmitthenner keine baulichen Spuren in Mainz.

Hartmut Frank

MACHTLOSE EXPERTEN

1948 konnte Albert de Jaeger, der künstlerische Berater des Generals Pierre Koenig, dank dessen persönlicher Unterstützung eine Instanz schaffen, auf die Bertrand Monnet seit zwei Jahren erfolglos hingearbeitet hatte. Diese „Hohe Kommission für Architektur und Städtebau" (Conseil supérieur d'architecture et d'urbanisme, CSAU) sollte zwar nur von kurzer Lebensdauer sein, erhielt aber ihre Weisungen direkt vom Oberkommandierenden und nicht von der Zivilverwaltung, sehr zum Missfallen von Monnets Dienststelle für Architektur und Gérard Blachères Wiederaufbaudienst, deren Aktionsradius bei weitem nicht so autonom war. Da sich im Vorfeld nicht nur de Jaeger, sondern auch diese beiden Dienststellen um die Schaffung eines solchen Beratungsgremium bemüht hatten, standen sie der Kommission feindselig gegenüber.

Schon im März 1946 wurden erste Vorstellungen zum Profil einer „Städtebaukommission" oder „Regionalen Kommission für Stadterweiterung" formuliert. Laut Oberstleutnant Jean-Paul Coutan-Laboureur, einem Mitarbeiter des Obersten Delegierten von Württemberg, sollte dieses „Regionale Planungsbüro" aus einem deutschen und einem französischen Kollegium von Architekten und Verwaltungsfachleuten bestehen und ehrgeizige Aufgabe erfüllen:

a) Neuregelung der Vorschriften bezüglich Straßenwesen, Gemeineigentum, Bauwesen, Städtebau, Stadterweiterung, Zonung, Denkmalschutz.
b) Untersuchungen zur Standardisierung von Baumaterialien und zur Entwicklung von Fertigteilen […].
c) Prüfung und Genehmigung von Wiederaufbau- und Stadterweiterungsplänen von Gemeinden beziehungsweise von Einzelpersonen; Festlegung kommunaler und regionaler Zonierungspläne; Untersuchung großer Bauvorhaben durch die [entsprechenden] Dienststellen […], [von Vorhaben im Bereich] Denkmalschutz durch die Unterabteilung für Bildende Künste.
d) Sobald die wirtschaftlichen Bedingungen dies erlauben, Überwachung der Umsetzung eines Wiederaufbauprojekts mit Modellcharakter, bei dem die gesetzlichen Neuregelungen, empfohlenen Baumaterialien und genehmigten Pläne zum Tragen kommen sollen. (All dies unter Berücksichtigung modernster Untersuchungs- und Arbeitsmethoden, wobei lokale Traditionen erhalten bleiben sollen, vor allem in Bezug auf die Ästhetik.).[1]

Coutan-Laboureur schien in Freudenstadt ein perfektes Versuchsfeld für die Planungsverfahren und Bautechniken gefunden zu haben, die dort getestet und dann in der ganzen Zone angewandt werden sollten.[2] Als Vertreter der Militärregierung beaufsichtigte er den Wiederaufbau der Stadt und mischte sich persönlich in die städtebauliche Diskussion ein.[3] Doch sein Vorschlag erhielt nicht die volle Unterstützung Émile Laffons, des Generalverwalters der Besatzungszone. Dieser wollte den deutschen Behörden einen größeren Handlungsspielraum bezüglich der technischen Aspekte des Wiederaufbaus einräumen, vor allem aber bezüglich der Entscheidung, hier einen „modellhaften Wiederaufbau" durchzuführen, der womöglich „eine Stadt auf Kosten der anderen" bevorzugen könnte.[4]

---

1 J.-P. Coutan-Laboureur, „Note de renseignement" betreffend der „Création d'une commission d'urbanisme", Baden-Baden, o. D. [März 1946], S. 4 f., AOFAA AEF 1864/6.
2 Ebd., S. 8 f.
3 Zur Rolle von Coutan-Laboureur bei der städtebaulichen Diskussion um den Wiederaufbau von Freudenstadt, siehe Burkhardt/Frank/Höhns/Stieghorst 1988, S. 39, 57, 204 f.
4 L'Administrateur général, Schreiben an den Gouverneur, Délégué supérieur pour le GM du Wurtemberg, Baden-Baden, 13.5.1946, S. 3, AOFAA AEF 1864/6.

Im Juni 1946 erwähnte Monnet erstmals die „Ausarbeitung einer Verfassung für die Hohe Kommission für Architektur" in der Besatzungszone.⁵ Wenige Wochen später erklärte er, die Rechtslage sondieren und dafür „zahlreiche Kontakte zu hochqualifizierten deutschen Fachleuten" aufnehmen zu wollen.⁶ Im Oktober schien Monnet bereits die „Vorbereitungen zur Entscheidung über die Schaffung der Hohen Kommission" einleiten zu können.⁷ Im März 1947 kündigte er jedoch eine „neue Studie" und eine „Überarbeitung der Erlass- und Anordnungsentwürfe" an,⁸ obwohl der Direktor für Bildungswesen Raymond Schmittlein im Januar 1947 betont hatte, dass er schon seit sechs Monaten auf diese Kommission warte.⁹ Anfang 1948 scheint Monnet die Sache verloren gegeben zu haben, denn bei der Ausarbeitung des Aktionsprogramms seiner Dienststelle für das kommende Jahr führte er die Kommission unter den verpassten Chancen auf:

> Wir bedauern, dass unsere Vorschläge für die Hohe Kommission für Architektur nicht weiterverfolgt wurden. Als Koordinationsorgan und Impulsgeber hätte sie eine höchst vorteilhafte Wirkung auf das praktische Baugeschehen (Denkmäler, Stadtplanungsdiskussionen etc.) haben können.¹⁰

Ab Ende 1946 bemühte sich de Jaeger seinerseits darum, einen fünfköpfigen „Architekturbeirat" zusammenzustellen, für den er zunächst Auguste Perret und Michel Roux-Spitz vorsah. Als weitere mögliche Mitglieder schlug Roux-Spitz ihm Roger-Henri Expert, Marc Brillaud de Laujardière und Jean-Baptiste Mathon vor, alle Träger des *Grand Prix de Rome* der Pariser Akademie.¹¹ Da der Beirat auch die nötige kulturelle Legitimität haben sollte, um eine Entscheidung zur Mainzer Wiederaufbauplanung durchsetzen zu können, konnte de Jaeger Koenig auf seine Seite ziehen, sehr zum Leidwesen von Monnet, der sich im Februar 1948 davon überrascht zeigte, dass sein Konkurrent „mit dem Aufbau einer Instanz betraut wird, deren Schaffung er immer bekämpft hat".¹²

Monnets direkter Vorgesetzter, der Direktor der Unterabteilung für Bildende Künste Michel François, kam zu einem ähnlichen Schluss: „Herr de Jaeger spielte eine Bremserrolle, die offensichtlich die Schaffung einer Hohen Kommission für Architektur verhinderte, obwohl diese so nützlich gewesen wäre, jetzt aber werden wir für den Wiederaufbau von Mainz zu ihrer Einrichtung gezwungen."¹³ Auch Schmittlein machte aus seiner Abneigung gegenüber de Jaegers Absichten keinen Hehl. Zwei Jahre lang habe er selbst erfolglos versucht, eine „Hohe Kommission für Architektur" einzurichten, zumal „Architekturlehre, Baudenkmäler, Landschaftsschutz, öffentliche Gebäude und städtische Ensembles" zu seinem Ressort gehörten. Er könne nicht „schweigend hinnehmen, dass die Bildung der vorgesehenen Kommission einer Person in die Hände fällt, deren Wahl wahrscheinlich zu starken Protesten in Architekturkreisen und im Kunstmilieu führen wird".¹⁴ Monnet wagte einen letzten Versuch, um de Jaegers Ambitionen zu vereiteln. Er wandte sich an Perret, von dem er wusste, dass de Jaeger ihn als

---

5   Bureau de l'Architecture, „Rapport mensuel, juin 1946", o. O. [Baden-Baden], o. D., AOFAA AC/RA 699.
6   Bureau de l'Architecture, „Rapport trimestriel", o. O. [Baden-Baden], 29.7.1946, AOFAA AC/RA 699.
7   Bureau de l'Architecture, „Rapport trimestriel", o. O. [Baden-Baden], 30.10.1946, AOFAA AC/RA 699.
8   Bureau de l'Architecture, „Rapport mensuel, février 1947", o. O. [Baden-Baden], 4.3.1947, AOFAA AC/RA 699.
9   Le Directeur de l'Éducation publique, Schreiben an den Directeur général des Affaires administratives, o. O. [Baden-Baden], AOFAA AC 74/1.
10 Bertrand Monnet, Bureau de l'Architecture, „Année 1946, programme général de travail", Baden-Baden, 21.1.1948, AOFAA AC/RA 1946–1950.
11 Michel Roux-Spitz, Brief an Albert de Jaeger, Paris, 15.11.1946, AOFAA AC/RA 697.
12 Bertrand Monnet, „Note sur les difficultés rencontrées par le service d'Architecture depuis 1948", o. O. [Baden-Baden], 25.2.1948, AOFAA AC/RA 1946–1950.
13 Le Sous-directeur des Beaux-Arts, Mitteilung an den Directeur de l'Éducation publique, Baden-Baden, 26.2.1948, AOFAA AC 74/1.
14 Le Directeur de l'Éducation publique, Schreiben an den Commandant en chef français en Allemagne, o. O. [Baden-Baden], 23.3.1948, AOFAA AC/RA 696/3/1. Schmittlein lehnte jegliche Beschneidung der Aufgabenfelder der Dienststelle für Architektur und seiner eigenen Entscheidungsgewalt ab, siehe seine Korrespondenz mit Marcel Martin, dem der Leiter der Rechtsabteilung der Militärregierung: Le Directeur des services Juridiques et de la Législation, Schreiben an den Chef de la division Éducation publique, Baden-Baden, 23.11.1948; Le Chef de la division Éducation publique, Schreiben an den Directeur des services Juridiques et de la Législation, o. O. [Baden-Baden], 11.12.1948; beide AOFAA AC 74/1.

Kommissionsmitglied vorsah. Monnet dankte Perret für seine Teilnahme an der Gründungstagung des rheinland-pfälzischen Gebäuderats (Conseil des Bâtiments) und dafür, eine Reise unternommen zu haben, die „in die deutsche Architekturgeschichte eingehen wird wie einst die Reisen von Robert de Cotte an die Höfe im Rheinland". Monnet schickte Perret die Gesetzestexte, an deren Ausarbeitung sein Ressort beteiligt war, damit der Führungsbeirat der nationalen Architektenkammer (Conseil supérieur de l'Ordre) und der Generalrat für das Bauwesen in Frankreich (Conseil général des Bâtiments de France) von dieser „friedlichen Eroberung Deutschlands durch die französische Architektur" erführe.

> Die Kommission für Architektur und Städtebau in Baden-Baden habe ich zwei Jahre lang vergeblich versucht einzurichten, schließlich wurde ein Medaillenstecher mit ihr betraut, dessen berufliche und moralische Eignung in Frage gezogen wird. [...] Werter Meister, ich kann Sie als Vorsitzenden des Führungsbeirats der Architektenkammer nur darum bitten, sich und unseren nach Baden-Baden eingeladenen Kollegen Klarheit über die Umstände zu verschaffen, die zur Berufung von Herrn de Jaeger für diese Aufgabe geführt haben, wobei die legitimen Vertreter der Architektur bewusst außen vor gelassen wurden. Ich bin davon überzeugt, dass mit der Autorität ihres Namens ein Fehler berichtigt werden kann, der sich meines Erachtens letztlich nachteilig auf die französischen Interessen in Deutschland auswirken würde.[15]

Zwischen Koenigs künstlerischem Berater und den Beamten der Direktion für Bildungswesen herrschte nicht nur eine gegenseitige Abneigung, es zeichneten sich auch grundlegende Meinungsunterschiede über die Kompetenzen und die Zusammensetzung der Kommission ab. De Jaeger zählte nicht auf französische Behördenvertreter, er wollte sich mit renommierten französischen und deutschen Fachleuten umgeben, wohingegen diese nach Schmittleins Verordnungsentwurf vom 22. Juni 1948 nur eine untergeordnete Rolle spielen sollten.

> Es ist deshalb wichtig, dass die Instanz, die für die Koordinierung der Aktivitäten der verschiedenen Dienststellen verantwortlich sein wird, dem Oberkommando untersteht, dass ein Aktionsplan festgelegt wird und dass die mit der Ausführung der Entscheidungen betrauten Dienststellen [...] mit den nötigen Handlungsmitteln versehen werden. Diese Kommission würde sich aus den Leitern der verschiedenen beteiligten Militär- und Zivilbehörden zusammensetzen. Auf Wunsch des Oberkommandierenden Generals würden fachlich geeignete und wichtige Ämter bekleidende Persönlichkeiten hinzukommen. Diese würden Lösungen für die ihnen unterbreiteten Probleme finden und sie ihm zur Entscheidung vorlegen.[16]

Nach Vorstellung Schmittleins würde die Kommission hauptsächlich aus Vertretern der Baden-Badener Zentralverwaltung und der einzelnen Delegationsverwaltungen bestehen, wobei es dem Oberkommandierenden frei stünde, „wichtige und erfahrene Persönlichkeiten aus Frankreich zu Kommissionsmitglieder zu ernennen". Schmittlein lehnte deutsche Mitglieder kategorisch ab: Es gibt keine Notwendigkeit, dass deutsche Beamte oder Fachleute Vollmitglieder oder Berater der Kommission werden. Im Übrigen wäre deren Anwesenheit auch unangemessen, wenn es um ausschließlich französische Fragen geht."[17]

Bei der Schaffung des CSAU am 30. Juni 1948 entschied sich Koenig letztendlich für de Jaegers Vorschläge und nicht für den Entwurf der Direktion für Bildungswesen. Die Kommission hatte zwar weitreichende Befugnisse, sollte aber rein beratend agieren. Für das aus jeweils sechs französischen und sechs deutschen Mitgliedern bestehende Gremium sollten Architekten und Experten gewählt werden, „deren Arbeit sie hierfür qualifiziert". Die Kommission

---

15 Bertrand Monnet, Brief an Auguste Perret, Baden-Baden, 4.8.1948, AOFAA AC/RA 698.

16 Anlage „Exposé des motifs du projet d'ordonnance portant création du Conseil supérieur de l'architecture pour la zone française d'occupation", in: Le Secrétaire général du Commandant en chef, Vorlage an den Commandant en chef français en Allemagne, o.O. [Baden-Baden], 22.6.1948, AOFAA AC 74/1.

17 Anlage „Exposé des motifs relatifs au projet d'arrêté fixant la composition et les modalités de fonctionnement du Conseil supérieur de l'architecture", ebd.

„unterstützt den Oberkommandierenden durch Stellungnahmen zu allen Fragen, die mit Architektur, Stadtplanung und Wiederaufbau zusammenhängen. Sie besitzt ein Anhörungsrecht, das sich auf die Ausarbeitung oder Genehmigung aller Gesetzes- oder Verordnungstexte sämtlicher Behörden erstreckt und dem vor der Weiterleitung dieser Texte an den Rechtsausschuss entsprochen werden muss."[18] Am 16. September 1948 wurde de Jaeger von Koenig zum „permanenten Generalsekretär" des CSAU ernannt.[19]

Unter den deutschen Kommissionsmitgliedern fanden sich Vertreter verschiedener, sogar gegensätzlicher Architekturströmungen und Hochschullehrer, die aus eher formalen Gründen von ihren Kollegen nominiert worden waren. Sie mussten nicht unbedingt in der französischen Besatzungszone ansässig sein. Anfang 1948 teilte de Jaeger Roux-Spitz mit, dass er bei seiner Suche nach „großen deutschen Architekten" daran gedacht habe, „Prof. Bonatz, Taut, Abel und Schweizer zu fragen".[20] Bei seiner Suche schrieb de Jaeger systematisch alle Leiter der Stadtplanungsämter großer Städte an und wandte sich an Professoren großer Hochschulen, offensichtlich ohne sich hierbei von doktrinären Gesichtspunkten leiten zu lassen.

Im Februar 1948 schrieb de Jaeger an Max Taut, der wieder in Berlin arbeitete, und bat ihn, der Kommission „seine umfangreichen Kenntnisse und Erfahrungen" zuteilwerden zu lassen.[21] De Jaeger bemühte sich auch darum, Taut zur Teilnahme an einer Ausstellung anlässlich der Tätigkeitsaufnahme des CSAU zu bewegen, doch beides lehnte dieser ab.[22] De Jaeger wandte sich dann an den Kölner Stadtbaudirektor Kaufmann,[23] anschließend an dessen Nachfolger Rudolf Schwarz.[24] Als er Konstanty Gutschow anschrieb, den ehemaligen Generalplaner von Hamburg, verschwieg dieser in seinem Antwortschreiben nicht seine Aktivitäten während der NS-Zeit und erklärte seine Bereitschaft zur Teilnahme an der Kommission. Gutschow äußerte die Hoffnung, dass das Gremium ein Ort „ernsthaften Arbeitens für die Gemeinschaft" und nicht eine rein repräsentative Instanz sein werde.[25] In Frankfurt wandte sich de Jaeger an Werner Hebebrand, der ebenfalls seine Einladung annahm und zugleich als Zeugen seiner beruflichen Integrität die Belgier Henry van de Velde und Victor Bourgeois anführte, aber auch die Franzosen André Lurçat und Marcel Lods. Letzteren hätte er de Jaeger gegenüber wohl besser nicht erwähnen sollen.[26]

Auf Anfrage empfahl der Rektor der Technischen Hochschule Darmstadt de Jaeger zwei Professoren, Jan Hubert Pinand, der sich vor allem als Kirchenbauer einen Namen gemacht hatte, und Joseph Tiedemann.[27] In Karlsruhe interessierte sich de Jaeger zunächst für Otto Haupt, aber aufgrund seiner NS-Vergangenheit fiel dieser ziemlich schnell wieder aus der Wahl.[28] Die in Stuttgart eingeholten Erkundigungen über Richard Döckers Vergangenheit wiesen diesen als ein politisch unbeschriebenes Blatt aus.[29] Als Paul Schmitthenners Vergangenheit durchleuchtet wurde, fielen die Ergebnisse fast märchenhaft aus. Der Bericht der Tübinger Polizei ging davon aus, dass er „in seiner Eigenschaft als Professor an der Technischen Universität Stuttgart gezwungen war, der Partei beizutreten, aber nicht für sie war". Als „Hitler ihm Speers Stelle in Berlin angeboten hat", habe Schmitthenner, dieser „sehr beliebte und hochgeschätzte Professor mit tadelloser Moral", sie

---

18 CCFA 1948b.
19 CCFA 1948d.
20 Albert de Jaeger, Brief an Michel Roux-Spitz, Baden-Baden, 23.2.1948, AOFAA AC/RA 697.
21 Albert de Jaeger, Brief an Max Taut, Baden-Baden, 20.2.1948, AOFAA AC/RA 697.
22 Albert de Jaeger, Brief an Max Taut, Baden-Baden, 3.6.1948, AOFAA AC/RA 697.
23 Albert de Jaeger, Brief an Stadtbaudirektor Kaufmann, Baden-Baden, 20.2.1948, AOFAA AC/RA 697.
24 Albert de Jaeger, Brief an Rudolf Schwarz, Baden-Baden, 4.3.1948. Schwarz nahm die Einladung dankend an: Rudolf Schwarz, Brief an Albert de Jaeger, Köln-Lövenich, 13.3.1948. Beide AOFAA AC/RA 697.
25 Albert de Jaeger, Brief an Konstanty Gutschow, Baden-Baden, 20.2.1948; Konstanty Gutschow, Brief an Albert de Jaeger, Hamburg-Rissen, 6.3.1948; beide AOFAA AC/RA 697.
26 Albert de Jaeger, Brief an Werner Hebebrand, Baden-Baden, 20.2.1948; Werner Hebebrand, Brief an Albert Jaeger, Frankfurt am Main, 5.4.1948. AOFAA AC/RA 697.
27 Gustav Mesmer, Rektor der Technischen Hochschule Darmstadt, Brief an Albert de Jaeger, Darmstadt, 8.4.1948, AOFAA AC/RA 697.
28 Siehe Telegrammkorrespondenz zwischen de Jaeger und Inspektor Reitz, Polizeiamt Karlsruhe, 21. und 23.7.1948, AOFAA AC/RA 697.
29 Polizeipräsidium Stuttgart, Brief an den französischen Oberbefehlshabers in Deutschland, Stuttgart, 7.7.1948, AOFAA AC/RA 697.

abgelehnt.[30] Dieser nahm schließlich im Juni 1948[31] die Einladung an und begrüßte sogleich „die Bildung dieser Kommission als Zeichen einer gemeinsamen Bereitschaft für den geistigen und materiellen Wiederaufbau Europas, in dem die Zusammenarbeit von Frankreich und Deutschland eine entscheidende Rolle spielen soll".[32]

Alle deutschen Kommissionsmitglieder waren vor der ersten Sitzung im Sommer 1948 Lehrer an einer Technischen Hochschule:[33] Adolf Abel in München, Paul Bonatz seit seiner Flucht 1944 in Istanbul, Richard Döcker in Stuttgart, Kurt Dübbers in Berlin, Otto Fiederling in Hannover, Hans Mehrtens in Aachen, Jan Hubert Pinand in Darmstadt, Otto Ernst Schweizer in Karlsruhe, Paul Schmitthenner in Stuttgart – allerdings war dieser wie schon erwähnt seit 1945 vom Dienst suspendiert.

Bei einer der Kommissionssitzungen gab der Freiburger Stadtbaurat Joseph Schlippe, der eine Dominanz der Funktionalisten befürchtet hatte, seiner Erleichterung Ausdruck, als er feststellte, dass in Wirklichkeit die Traditionalisten in der Mehrheit waren:

> Anfangs war ich sehr misstrauisch gegen diesen Rat, dessen Zustandekommen Bonatz boshaft glossierte: er meinte, bei den Anfragen des Gouvernement Militaire de Bade an die Architekturabteilungen der Technischen Hochschulen hätte jeweils der Dekan der Fakultät sich selber genannt! Nun, so ist es zu erklären, dass z. B. von unserer Darmstädter Technischen Hochschule nicht Karl Gruber, sondern Pinand (!), und von Hannover nicht Högg jun., sondern Fiederling erschien. Aber Abel-München, Mehrtens-Aachen, Schmitthenner und (als Mitarbeiter ohne Stimmrecht) Offenberg-Koblenz sind doch so sehr erfreuliche Erscheinungen, von P. Bonatz ganz zu schweigen. Im „anderen" Lager stehen Döcker-Stuttgart (der es aber vorzog nicht zu kommen) und als gefährlichster, weil bei den Franzosen höchst einflussreicher und persönlich mir höchst übelwollender Widersacher: Schweizer-Karlsruhe.[34]

Entsprechend enttäuscht zeigte sich Döcker angesichts der Übermacht der Traditionalisten und bat Hans Scharoun, sich in den CSAU berufen zu lassen:

> Wie kommt es, dass Sie als der Inhaber des Lehrstuhls für Städtebau nicht Berlin vertreten haben? Sie müssen das sofort ändern, umso mehr als die Herren Bonatz aus Ankara, Schmitthenner […] und die Herren Abel, Mertens [sic] mit Dübbers zusammen fünf Mann hoch das Lager der Traditionellen und Reaktionäre vertreten haben! So was sollte nicht „passieren". Die Zusammenkunft sollte alle Vierteljahr wiederholt werden, die nächste schon Ende September, damit Bonatz noch vor seiner Rückreise nach Ankara wieder teilnehmen kann, denn er ist ja der – „bedeutendste" Städtebauer! Also sehen Sie zu, wie Sie das machen und in Ordnung bringen![35]

Auf französischer Seite hatte de Jaeger im Vorfeld bereits 1946 Perret und Roux-Spitz eingeladen. In diesem Zusammenhang fiel auch der Name Roger-Henri Expert als eines der möglichen fünf französischen Mitglieder. Als Bildhauer hatte de Jaeger zu einigen der angefragten Architekten eine besondere Beziehung:

> Perret habe ich kennengelernt, ich habe ihn ein paar Mal getroffen, weil ich sehr bewunderte, was er tat, und manchmal habe ich ihm meine Arbeiten gezeigt; so hat es sich irgendwann ergeben, dass er mich fragte, ob ich die Flachreliefs

---

30 Oberkommissariat Landespolizei Tübingen, Frz. Übersetzung eines Schreibens an Albert de Jaeger, Tübingen, 17.7.1948, AOFAA AC/RA 697.

31 Albert de Jaeger, Brief an Paul Schmitthenner, Baden-Baden, 25.6.1948, NLS.

32 Paul Schmitthenner, Brief an Albert de Jaeger, Kilchberg/Tübingen, 3.7.1948, AOFAA AC/RA 697 und NLS.

33 De Jaeger bestätigte rückblickend: „Ich wollte die Deutschen nicht selbst auswählen, und so bat ich die Architekturhochschulen in Deutschland, mir zu sagen, welcher Architekt den größten Einfluss hatte." De Jaeger im Gespräch 1986.

34 Joseph Schlippe, Brief an Herrn Phleps, Freiburg, 28.2.1949, SAF K1/44 C 5/3153. Laut Wolfgang Voigt handelt es sich um Hellmut Phleps, der schon während des Krieges und auch danach unter Schlippe als Stadtplaner in der Bauverwaltung von Freiburg tätig war.

35 Richard Döcker, Brief an Hans Scharoun, 18.8.1948, zit. nach Durth 1986a, S. 350.

des Museums für Bauwesen [das Musée des Travaux publics in Paris] machen will. [...] Perret war eine Persönlichkeit, ich bewunderte ihn sehr; und er wollte, dass ich Architektur mache. [...] Und dazu Expert. Als ich an der École des beaux-arts in Roubaix war, sehe ich eines Tages auf dem Boulevard Richtung Lille ein Haus, das ich sehr schön und harmonisch fand. Da steht der Name Expert, ich schreibe ihn mir auf. Der Name blieb mir im Gedächtnis, und als ich den CSAU gegründet habe, sagte ich mir: „Ich werde Expert nehmen."[36]

Anfang 1948 standen Perret, Expert und Roux-Spitz wieder auf de Jaegers Namensliste, neben Henry Bernard und Lods, dessen Wahl er mit den „Studien, die er gerade in Deutschland gemacht hat", begründete, auch solle „die Tendenz École [des beaux-arts] in unserer Kommission nicht noch weiter gestärkt" werden.[37] Im März 1948 gab Roux-Spitz erneut seine Zustimmung und begrüßte die Wahl von Bonatz – „denn sein Werk in Stuttgart ist hervorragend" – und anderer, die ihm „sehr gut gewählt" erschienen.[38] Louis Madeline hingegen, dessen Name im Frühjahr 1948 gehandelt wurde, lehnte ein Mitwirken in der Kommission ab.[39] Kurz vor der ersten Sitzung gehörten zur französischen Gruppe drei Chefarchitekten der Verwaltung öffentlicher Gebäude und staatlicher Schlösser (Architectes en chef des Bâtiments civils et Palais nationaux), Expert, Roux-Spitz und Joseph Marrast. Expert war zudem Professor an der École des beaux-arts und Marrast Generalinspekteur für das Städtebauwesen. Hinzu kamen Lods und Perret, der ebenfalls an der École des beaux-arts lehrte und Vorsitzender des Architektenverbands war, sowie André Warnery, der als Architekt im staatlichen Bauwesen für das Schloss Fontainebleau zuständig war.[40]

Schon vor der ersten Sitzung im August 1948 trat Roux-Spitz wieder aus dem CSAU aus. Lods wiederum wurde nur bis Ende 1948 als Kommissionsmitglied aufgeführt. Sobald die Streitigkeiten um die Mainzer Planungen die Pariser Presse erreicht hatten, entschied Koenig, dass „Herr Lods, Autor eines diffamierenden Artikels, nicht mehr an der Hohen Kommission für Architektur und Städtebau teilnimmt".[41] Roux-Spitz und Lods wurden durch drei neue Kommissionsmitgliedern ersetzt. Neben Henri Prost, einem Mitglied des Institut de France, wurden zwei Schlüsselfiguren des Instituts für Städtebau (Institut d'urbanisme) der Pariser Universität berufen: Jacques Gréber, Generalinspekteur für das Städtebauwesen, und Pierre Lavedan, Stadthistoriker und Professor an der École des beaux-arts. Auch Marrast und Prost waren Architekten und Stadtplaner, letzterer widmete sich in jenen Jahren der Stadtplanung Istanbuls. Beide konnten auf langjährige planerische Erfahrungen verweisen, die sie in Marokko in enger Zusammenarbeit mit den Militärbehörden des französischen Protektorats unter Marschall Hubert Lyautey gesammelt hatten. Expert und der „Meister" Perret, beide Architekten und Atelierchefs an der École des beaux-arts, waren städtebaulich etwas weniger versiert, und Warnery brachte vor allem seine Erfahrungen bei der Restaurierung von Baudenkmälern in die Kommission ein.

Im Gegensatz zur deutschen Gruppe befand sich seit Lods' Rauswurf unter den Franzosen kein bekannter Funktionalist mehr. Die französischen Mitglieder hatten alle zum Wandel der Architektur im 20. Jahrhunderts beigetragen, wenn nicht als Hüter der Tradition, so doch zumindest mit Respekt gegenüber dem Hergebrachten. Sie waren Verfechter einer moderaten Moderne, die bei Expert, der allerdings kaum an den Sitzungen teilnahm, elegant ausfiel und die bei Perret das konstruktive Element betonte. Perrets Präsenz war wesentlich aktiver, und auf Einladung von Monnet nahm er außerdem an der Einrichtung des Gebäuderats für Rheinland-Pfalz teil.[42] De Jaeger stand mit Ernst Hamm ein in Karlsruhe ausgebildeter Architekt als Mitarbeiter zur Seite, der

---

36 De Jaeger im Gespräch 1986.
37 Albert de Jaeger, Brief an Michel Roux-Spitz, Baden-Baden, 23.2.1948, AOFAA AC/RA 697.
38 Michel Roux-Spitz, Brief an Albert de Jaeger, Paris, 12.3.1948, AOFAA AC/RA 697.
39 Louis Madeline, Brief an Albert de Jaeger, Paris, 15.6.1948, AOFAA AC/RA 697.
40 Le Général d'armée Koenig, Rundschreiben an die Oberbürgermeister der französischen Besatzungszone vom 19. und 20.9.1948, i. A. Albert de Jaeger, beide AOFAA AC/RA 697/5/1.
41 General Koenig (Albert de Jaeger), Schreiben an Paul Schmitthenner, Baden-Baden, 22.12.1946, NLS.
42 Monnet im Gespräch 1986.

in der Zwischenkriegszeit als Stadtplaner in Freiburg tätig gewesen war und dessen Entnazifizierung – wie es scheint – außergewöhnlich schnell über die Bühne gegangen war,[43] obwohl er als Ministerialrat der Reichsstelle für Raumordnung in Berlin in den Kriegsjahren mehrere Artikel über die Germanisierung der eroberten Ostgebiete veröffentlicht hatte.[44] Schmitthenner traf in ihm auf einen alten Bekannten und bot ihm an, ihre Freundschaft bei einem Glas Wein aufzufrischen.[45]

Insgesamt wurde der CSAU also von einer Art rationalem Traditionalismus beherrscht, wie Schlippe bestätigen konnte:

> Die Franzosen waren erstklassig vertreten. Der berühmte Perret, ein Original auch in seinem ganzen Auftreten, dann der „grand urbaniste" Gréber, der beste kunstgeschichtliche Kenner des Städtebaues, Professor Lavedan, der Chefarchitekt der französischen Schlösser Warnery usw., es war eine illustre Schar, mit der man rasch einen guten Kontakt bekam. Die Radikalinskys [sic] aus der Corbusier-Schule, die Lods (Mainz!) und Consortes, sind alle ausgeschifft worden.[46]

Mit den deutschen Hochschulprofessoren und den französischen Lehrmeistern der École des beaux-arts und des Institut d'urbanisme wurde die Kommission zu einer Art Jury von Akademikern, die sehr mit sich selbst und der Legitimität ihrer Mitglieder beschäftigt war, zu sehr, um sich mutig in die Konflikte vor Ort einzuschalten (Abb. 117).

Das vorrangige Ziel des CSAU bestand darin, die französischen Entscheidungsträger unter den gegebenen politischen und rechtlichen Rahmenbedingungen dabei zu beraten, welche Haltung sie gegenüber schon ausführungsreifen Wiederaufbauprojekten einnehmen sollten. Die Arbeit der Kommission sollte in eine objektive Bewertung der Wiederaufbaupläne für die großen Städte in der Besatzungszone münden, wobei Lods' Mainzer Planung im Mittelpunkt stand. Für die Außenwirkung der Kommissionssitzungen sollte der Südwestfunk sorgen. Im Sommer 1948 beschrieb de Jaeger seine Ambitionen für die von ihm geschaffene Kommission folgendermaßen:

> Ihr Zweck ist in erster Linie, die Architekten der Wiederaufbaupläne zerstörter Städte zu beraten, ihnen die große Erfahrung der Kommissionsmitglieder nahe zu bringen, ihre Kultur, ihren Geschmack. Ein weiteres Ziel der Kommission besteht darin, den gesetzlichen Rahmen für eine effektivere Stadtplanung zu schaffen. Sie soll alles zusammentragen, was in Deutschland und anderen Ländern in dieser Hinsicht unternommen wird, und dem General einen Bericht vorlegen, der die Zustimmung aller Kommissionsmitglieder erhalten hat. [...] Jedes Problem wird sie sich erst einmal vor Ort anschauen, die

117
Conseil supérieur d'architecture et d'urbanisme: *Liste der Kommissionsmitglieder*, Beiblatt aus der Entwurfsmappe *Ville de Mayence* mit Wiederaufbauplänen von Marcel Lods, Richard Jörg, Karl Gruber und Brahm, Baden-Baden, 1949, Deutsches Architekturmuseum, Frankfurt am Main.

---

43 De Jaeger erwähnt den „deutschen Universitätsprofessor" Hamm als einen seiner „hervorragenden Mitarbeiter", CERAT 1949, S. 46.
44 Hamm 1941, 1943. Vor dem Krieg schrieb Hamm ein Buch über mittelalterliche Stadtbaukunst, vgl. Hamm 1935.
45 Paul Schmitthenner, Brief an Ernst Hamm, Kilchberg/Tübingen, 5.10.1948; Ernst Hamm, Brief an Paul Schmitthenner, Baden-Baden, 9.10.1948; beide NLS.
46 Joseph Schlippe, Brief an Herrn Phleps, Freiburg, 28.2.1949, SAF K1/44 C 5/3153.

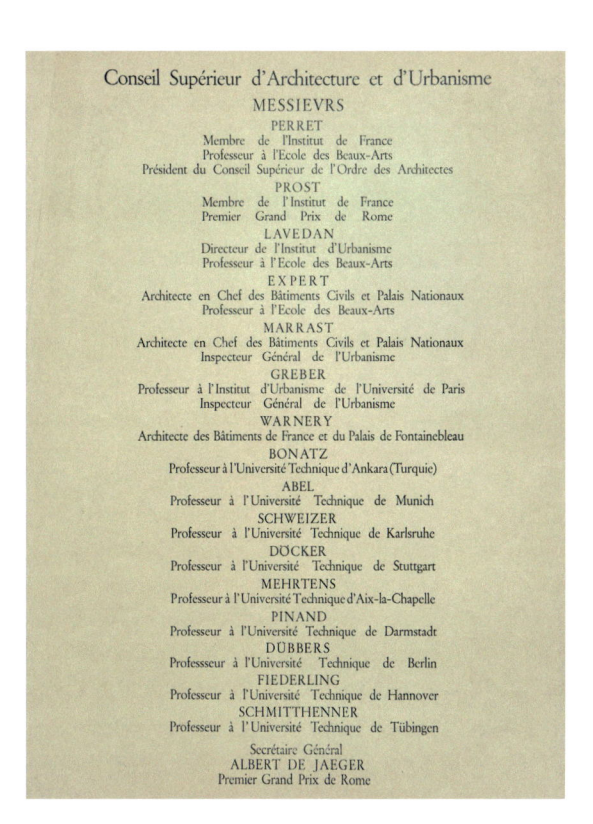

zu lösenden Probleme untersuchen und dann unter dem Vorsitz von General Koenig eine Sitzung in Baden[-Baden] anberaumen, wo sie jede Lösung diskutieren und zu den wichtigsten Themen zusammenfassend, aber auch im Detail, Stellung beziehen wird.[47]

Der CSAU war zwar nur von Mitte 1948 bis Mitte 1949 effektiv tätig, aber bei einer genaueren Betrachtung einzelner Kommissionssitzungen werden dennoch die wahren Absichten und handfesten Interessen hinter den verschiedenen Beiträgen deutlich, am flagrantesten bei einer Gegenüberstellung der Diskurse und der diskutierten Plandokumente. Der CSAU trat erst nach den ersten großen Konflikten um Lods' Planung in Erscheinung, verhandelte sein Projekt dann auch tatsächlich und verwarf es letztendlich. Die Arbeit der Kommission konzentrierte sich auf die Plenarsitzungen, zu denen alle Mitglieder von den französischen Militärbehörden empfangen und bewirtet wurden. Zwischen den Sitzungen kamen einige, vor allem deutsche Kommissionsmitglieder zu Arbeitstreffen vor Ort zusammen, um die im Plenum diskutierten Unterlagen vorzubereiten.

Eigentlich sollte der CSAU in vierteljährlichen Sitzungen zusammentreten. Doch die vielen Kommissionsmitglieder lebten weit verstreut, und so ging die Arbeit in Wirklichkeit viel langsamer voran. Auch die von de Jaeger ausgestatteten, den französischen Mitgliedern vorbehaltenen Schlafwagen stellten keine genügend große Verlockung dar. In der kurzen Dauer ihres Bestehens trat die Kommission nur zweimal zu Plenarsitzungen zusammen, bei denen man sich bezeichnenderweise nicht zu einer endgültigen Tagesordnung durchringen konnte. Die erste Tagung dauerte vom 6. bis zum 8. August 1948. Sie begann in Koblenz und endete in Baden-Baden, mit Zwischenstationen in Mainz und Freiburg.[48] Die zweite fand vom 17. bis zum 20. Februar 1949 statt, mit Arbeitssitzungen in Tier, Mainz, Worms und Freiburg sowie einer Abschlusssitzung in Baden-Baden.[49]

Die unterschiedlichen Positionen der deutschen Kommissionsmitglieder wurden deutlich, sobald Themen wie die Gesetzgebung für den Wiederaufbau,[50] aber auch die Arbeitsweise des CSAU und die Vorbereitung der Sitzungen in den Mittelpunkt rückten.[51] Abgesehen vom Fall Mainz, der letztlich zur Gründung der Kommission geführt hatte, wurden die Wiederaufbauplanungen von Freiburg, Koblenz, Trier, Worms und Kaiserslautern detailliert erörtert (Abb. 118–120).[52] Gerade beim Wiederaufbau von Freiburg standen sich auf deutscher Seite zwei Lager gegenüber, deren Vertreter auch in Mainz um die Planungshoheit rangen.[53] Schon 1920 hatte Karl Gruber als Leiter des städtischen Hochbauamts den

47 Le Général d'armée Koenig, „Le Conseil supérieur d'architecture et d'urbanisme", Baden-Baden, o. D. [Sommer 1948], i. A. Albert de Jaeger, S. 1 f., AOFAA AC/RA 697/5/1.
48 Siehe Redaktion des Südwestfunks Baden-Baden, Schreiben an de Jäger [sic] mit Manuskripten der Sendungen vom 9.8.1948, Baden-Baden, 11.8.1948, AOFAA AC/RA 697/1/4.
49 Siehe hierzu die „Tagesordnung der zweiten Tagung der Hohen Kommission für Architektur und Städtebau", o. O. o. D., AOFAA AC/RA 697/5/1; sowie die Sitzungsprotokolle „Séance de travail à Trêves [sic] le 17. Février 1949", EUP (IUP G1.11g); „Séance de travail à Worms le 18 février 1949", EUP (IUP G1.121); „Séance de travail à Fribourg le 19. Février 1949, EUP (IUP G1.122); „2ème session du 17. au 20. février 1949. Session de clôture Villa Krupp 20. février 1949 sous la présidence du général commandant en chef français en Allemagne Général Koenig", EUP (IUP [o. Sign.]); sowie das Sitzungsprotokoll „Procès verbal de la réunion du Conseil supérieur d'architecture et d'urbanisme à Mayence 18.2.49", in: Conseil supérieur d'architecture et d'urbanisme, Sitzungsakte „Séance de travail à Mayence le 18 février 1949", SAF K1/44 917. Die Teilnehmer wurden äußerst zuvorkommend behandelt. Das zeigen die glanzvollen Mahlzeiten, von denen Schmitthenner die Speisekarten aufbewahrt hatte.
50 Ernst Hamm, Übersichtstabelle mit Äußerungen der deutschen Kommissionsmitglieder, Spalte „Stellungnahme zu einem neuen Städtebaugesetz", o. O. [Baden-Baden], 8.10.1948, AOFAA AC/RA 697/5/1.
51 Ebd., Spalte „Stellungnahme zur Arbeitsmethode der Kommission"; „Planungs-Methode für die Neuordnung zerstörter Städte (Unterlagen für die Beurteilung von Aufbauplänen durch die ‚Hohe Kommission für Architektur und Städtebau')", o. O., o. D.; „Réponse des membres du CSAU sur la méthode de travail", o. O. [Baden-Baden], 15.12.1948; alle AOFAA 697/5/1.
52 Von einhundert Städten, denen der CSAU schriftlich seinen Beratungsdienst beim Wiederaufbau angeboten hatte, antworten zwanzig, von denen wiederum neun um Beratung bzw. Besuch erbaten (Freiburg, Friedrichshafen, Kaiserslautern, Koblenz, Lahr, Mainz, Neuwied, Trier, Worms), siehe „Stellungnahme der Städte zur Beratung durch den Conseil supérieur d'architecture et d'urbanisme", o. O., [Baden-Baden], 21.11.1948, AOFAA AC/RA 697/5/1.
53 Zur Freiburger Planungskontroverse um den Wiederaufbau, siehe Ziegler 2010, S. 185–193; Voigt 2012, S. 160–162.

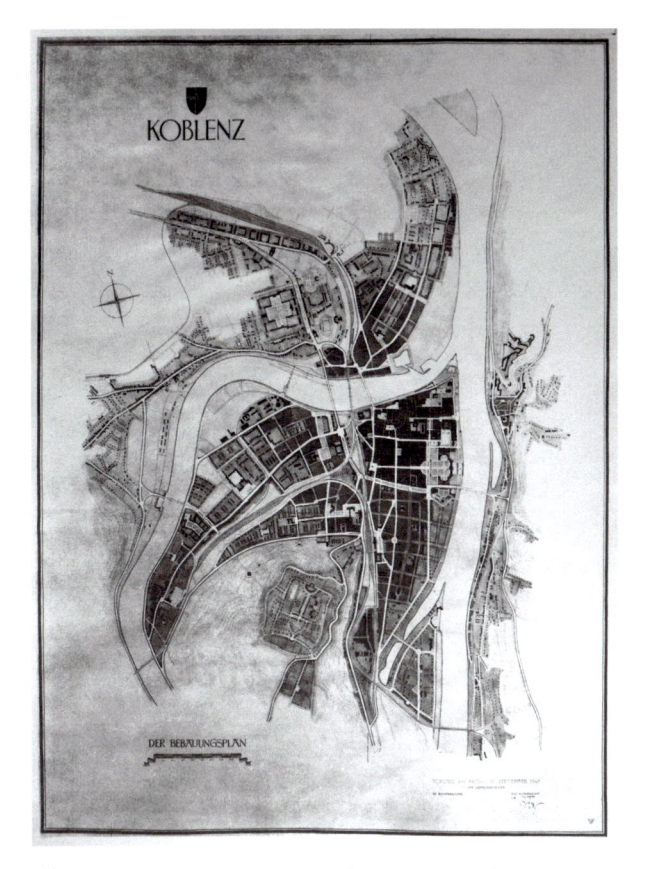

118 Städtisches Planungsamt Koblenz, Eberhard Berg: *Bebauungsplan Koblenz*, Koblenz, September 1948, Ausfertigung aus der Entwurfsmappe des Conseil supérieur d'architecture et d'urbanisme, *Koblenz. Wiederaufbaupläne*, Baden-Baden, 1949, Deutsches Architekturmuseum, Frankfurt am Main.

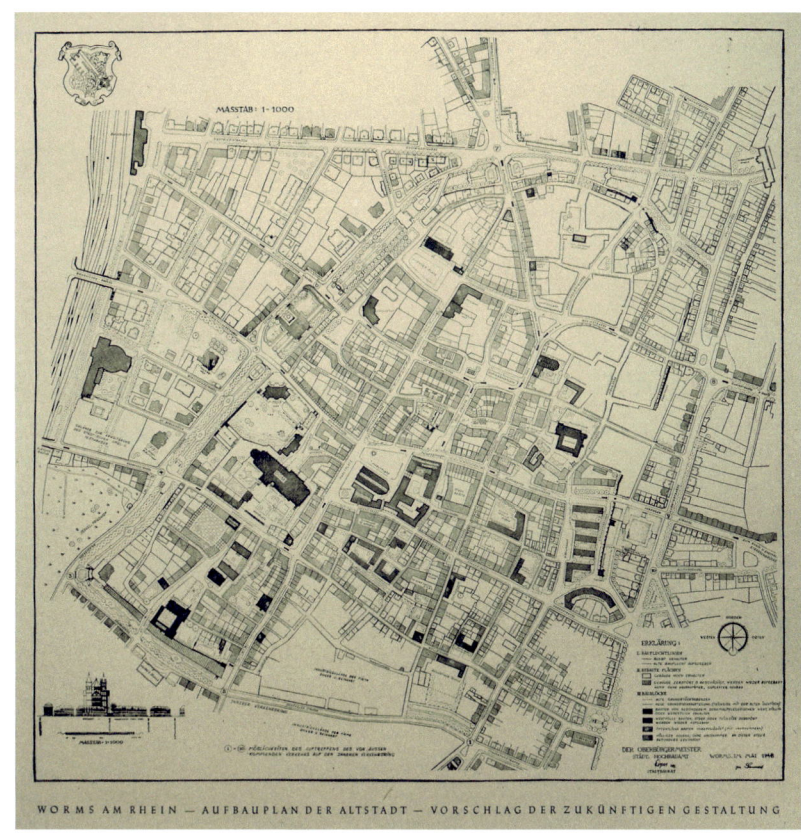

119 Städtisches Hochbauamt Worms, Walter Köhler: *Aufbauplan der Altstadt, Vorschlag der zukünftigen Gestaltung*, Worms, Mai 1948, Ausfertigung aus der Entwurfsmappe des Conseil supérieur d'architecture et d'urbanisme, *Ville de Worms*, Baden-Baden, 1949, Deutsches Architekturmuseum, Frankfurt am Main.

respektvollen Umgang mit dem Grundriss der mittelalterlichen Zähringerstadt und ihrer regelmäßigen Bebauung zur Maxime der Freiburger Stadtplanung erklärt und sich gegen die „Exzesse" der Gründerzeit aber auch der Moderne gewendet. Über den zerstörerischen Bombenangriff vom 27.11.1944 hinaus blieb Grubers Nachfolger Schlippe diesem Ansatz treu. Da seine Rolle als Bevollmächtigter für Denkmalpflege im besetzten Elsass den französischen Behörden in positiver Erinnerung geblieben war, wurde Schlippe nicht behelligt und Ende 1945 mit den Planungen zum Wiederaufbau Freiburgs betraut. Nach seinem traditionalistischen Entwurf sollten die Struktur und das Stadtbild der Zähringerstadt erhalten und wichtige Altstadtstraßen mittels Arkadenbebauung verkehrs- und einkaufsgerecht gemacht werden.

Schlippes Wiederaufbauplan hatte nicht nur Befürworter. Eine grundsätzliche Opposition kam allerdings nicht von den Besatzungskräften, die in Freiburg im Gegensatz zu Mainz nicht direkt in die Planung eingriffen, sondern aus dem Badischen Innenministerium, in der Person von Josef Kaufmann, der Schlippes Wiederaufbauplan zu prüfen hatte und ihn im Juli 1948 ablehnte.[54] Kaufmann schlug vor, Egon Eiermann und Otto Ernst Schweizer sowie vor Ort Hermann Oskar Leis und Horst Linde, den Leiter des Wiederaufbaubüros der Freiburger Universität und Schweizer-Schüler, als Experten zurate zu ziehen. Im besetzten Elsass hatte Kaufmann als Vorgesetzter des für den Wiederaufbau verantwortlichen Linde und dessen Nachfolger Leis des Öfteren mit

54 Voigt 2012, S. 161.

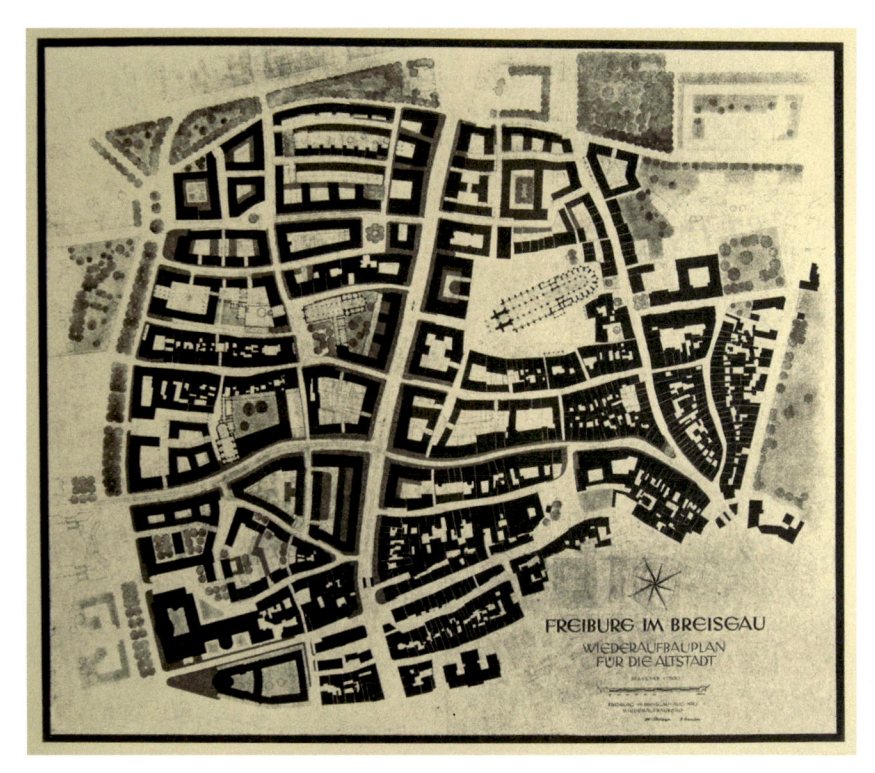

120 Wiederaufbaubüro Freiburg, Joseph Schlippe, S. Schneider: *Wiederaufbauplan für die Altstadt*, Freiburg im Breisgau, August 1947, Ausfertigung aus der Entwurfsmappe des Conseil supérieur d'architecture et d'urbanisme, *Wiederaufbaupläne. Entwurf des Wiederaufbaubüros der Stadt Freiburg*, Baden-Baden, 1949, Deutsches Architekturmuseum, Frankfurt am Main.

Schlippes Abteilung für Denkmalpflege im Konflikt gestanden hatte.[55] Wie Schlippe konnte auch Linde auf französische Fürsprecher zählen, war er doch aufgrund einer Intervention Monnets aus der französischen Kriegsgefangenschaft freigekommen.[56]

Als der CSAU nun am 19. Februar 1949 in Freiburg tagte, hofften beide Lager, alte elsässische Rechnungen auf der badischen Rheinseite begleichen zu können. Schlippe wurde die Gelegenheit gegeben, seine konservativen Positionen für den Wiederaufbau der Innenstadt vorzustellen, darüber hinaus besprach die Kommission weitere wichtige Aspekte der Stadtplanung wie die Verkehrsführung und, verbunden mit einem Vortrag Lindes, den Aufbau der Universität.[57] Die französischen Kommissionsmitglieder folgten Schlippes Einschätzungen, insbesondere Gréber, Lavedan und Perret.[58] Der wohlwollende Bericht Bonatz', der die Freiburger Planungen vorab begutachtet hatte, aber bei der Sitzung fehlte, würdigte mit Schlippes Wiederaufbauplan auch die Leistung von dessen Chefplaner Hans Geiges, der bei Bonatz und Schmitthenner in Stuttgart studiert hatte.[59] Auf wenig Gegenliebe stieß allerdings die Idee durchgängiger Arkadenfronten in der Altstadt. Bonatz zeigte sich reserviert, doch Fiederling lehnte diese ab und bekundete stattdessen seine Zustimmung zu den Bauvorhaben der Universität, dank Linde eine Domäne der Architekten aus der „Karlsruher Schule".[60] Schweizer äußerte sich nicht, sondern zog es vor, seine Karlsruher Diplomanden an Alternativentwürfen zu Schlippes Planung arbeiten zu lassen.[61] Zwar hatten diese Studienarbeiten keinerlei Einfluss auf den Freiburger Wiederaufbau, bei dem sich Schlippes Konzept durchsetzen konnte, doch verdeutlichten sie eine völlig andere Auffassung von zeitgemäßem Städtebau, wie sie Schweizer selbst dann einige Jahre später beim Bau des neuen Kollegiengebäudes der Universität Freiburg verwirklichen konnte, für das er 1955 den Wettbewerb gewonnen hatte.

Im Schnelldurchgang betrachte der CSAU auch einige „sensible" Orte wie das von den Franzosen niedergebrannte Freudenstadt, für das Schmitthenner als Autor eines der Wiederaufbauprojekte im August 1948 seine klärenden Dienste angeboten hatte (Abb. 20).

Einige Oberste Delegierte und Offizielle der Baden-Badener Zentralbehörden sträubten sich dagegen, dem CSAU Einsicht in die Planungsakten der Städte ihrer Besatzungszone zu gewähren. So befürchtete der Generaldelegierte von Rheinland-Pfalz Claude Hettier de Boislambert, dass der CSAU die inzwischen liberaler gewordenen Maßnahmen der Besatzer wieder aufkündigen könnte.[62] Der frühere

55 Ebd., S. 130–135.
56 Ebd., S. 161.
57 Conseil supérieur d'architecture et d'urbanisme, „Séance de travail à Fribourg le 19. Février 1949, EUP (IUP G1.122).
58 Ebd.
59 „Exposé sur le plan de reconstruction de la ville de Fribourg du professeur P. Bonatz", ebd.
60 „Compte-rendu du professeur Fiederling sur la ville de Fribourg" und „L'université de Fribourg. Exposé de l'architecte Linde", ebd.
61 Streif 1950, S. 74–77, mit Entwürfen von Rudolf Diehm, Josef Werner Streif und Tarras Kotzbur.
62 Gouverneur Hettier de Boislambert, Schreiben an die Division de la Production industrielle, Koblenz, 28.6.1948, AOFAA AEF 1864/6.

Oberste Delegierter von Hessen-Pfalz, Gouverneur André Brozen-Favereau, dessen Einfluss mit der Gründung von Rheinland-Pfalz und den damit einhergehenden Umbildungen in der Besatzungsverwaltung beschnitten worden war, berichtete seinem ehemaligen Konkurrenten und jetzigen Vorgesetzten Hettier im Juni 1948 von den Planungen in den Städten der Pfalz.[63] Recht süffisant ging er dabei implizit auf Lods' Missgeschick in Mainz ein:

> Es steht uns meiner Ansicht nach nicht zu, die deutschen Behörden zum Rapport vor eine gemischte deutsch-französische Kommission zu schicken. Die jüngsten Erfahrungen haben gezeigt, dass es dem Ansehen Frankreichs viel weniger nützt als gewünscht, wenn man stadtplanerische Aufgaben unbedingt in die Hände prominenter Franzosen legen will. Daher bitte ich um Anweisungen, ob ich den deutschen Behörden entgegen den Regeln der indirekten Verwaltung die im genannten Schreiben [vom 10. Juni 1948] enthaltene Weisung [zur Aufstellung von Bebauungsplänen] zustellen soll. Wenn ja, wäre ich Ihnen dankbar, wenn Sie mir freundlicherweise mitteilen würden, welche Druckmittel mir zur Verfügung ständen, falls sich diese Behörden widersetzten.[64]

Die Dienststelle für Wiederaufbau stand seit Anfang 1948 unter der Leitung von A. Bourgoin, der wiederum ein klares Einschreiten des CSAU gegen die „traditionalistischen Tendenzen verlangt, die zu derzeit inakzeptablen Lösungen führen".[65]

Auf seiner ersten Tagung begab sich die Kommission nach Mainz und wurde dort von Oberst René Dutrou, dem Koordinator des Wiederaufbaus, in Empfang genommen. Am 7. August 1948 trug dieser dem CSAU eine „Studie zu den Planungen und Problemen des Bureau du Plan" und eine „Studie zu den Problemen vor Ort" vor.[66] Nach dieser ersten Sitzung hatte de Jaeger den Eindruck, dass die Arbeit erschwert würde, weil Richard Jörg, der Leiter des Mainzer Hochbauamts, „nur seine eigenen Lösungen vorgestellt hatte, ohne gleichzeitig auf den früheren Zustand einzugehen". Für die im September 1948 geplante zweite Tagung forderte er deshalb bei der Section du Plan eine Reihe von Dokumenten an, welche die Mainzer Situation verständlicher machen sollten:

> Von der Mainzer Section du Plan wird verlangt, dass sie der Kommission die Mittel zur Verfügung stellt, um den Ansatz des Planverfassers zu verstehen und die Konsequenz seiner Lösungen zu beurteilen. Die derzeitig der Kommission zur Verfügung stehenden Mittel sind eindeutig unzureichend.[67]

De Jaeger stellte eine Liste der fehlende Unterlagen und Angaben zusammen und übergab sie Dutrou zur Erledigung. Dazu gehörten Informationen über „die unzerstörten oder nur leicht zerstörten Mainzer Sanierungsgebiete und die geplanten Maßnahmen, um sie lebenswerter zu machen", über „das Querprofil der Flussbetttiefen bei der Brücke nach Kastel, sodass das Problem der Brückenquerung untersucht werden kann", über „alle Unterlagen zum Hochplateau Wallstraße über der Stadt", über

> alle Dokumente und Lösungsvorschläge für die Neustadt, besonders die geplanten Verwaltungsgebäude in der Achse der Rheinbrücke und der Eisenbahnbrücke. Hier könnte das Stadtzentrum mit Verwaltungsgebäuden und Geschäften errichtet werden; desweiteren [Unterlagen] darüber, was für die offenen Flächen zwischen dem Hafen und dem Hochplateau Wallstraße in Richtung Mombach vorgesehen ist.[68]

---

63 Springorum 1982.
64 Le Gouverneur Brozen-Favereau, Schreiben an den Délégué général pour le Gouvernement militaire de l'État Rh. Pal. zu Händen des Chef du service Reconstruction, o. O. [Mainz], 29.6.1948, AOFAA AEF 1864/6.
65 A. Bourgoin, „Rapport sur l'activité du contrôle de la reconstruction, mois d'octobre 1948", o. O. [Baden-Baden], 8.11.1948, S. 2, AOFAA AEF 1864/4.
66 Conseil supérieur d'architecture et d'urbanisme, „Programme de la première session", Baden-Baden, 5.8.1948, NLS.
67 Le Général d'armée Koenig, „Le Conseil supérieur d'architecture et d'urbanisme", Baden-Baden, o. D. [Sommer 1948], i. A. Albert de Jaeger, S. 2, AOFAA AC/RA 697/5/1. Kopien dieses Dokuments ergingen an Expert, Perret, Marrast, Warnery und Lods.
68 Ebd., S. 4 f.

De Jaegers Strategie war einfach zu durchschauen. Er wollte sich über die seit drei Jahren andauernden Debatten zum Wiederaufbau von Mainz hinwegsetzen und nur Jörgs Arbeit als Diskussionsgrundlage zulassen, ohne die unter Lods' Leitung geleistete Arbeit der Section du Plan auch nur zu erwähnen. Gleichzeitig wollte de Jaeger einen Wettbewerb für die Brücke zwischen Mainz und Kastel ausloben.[69] Dabei gab er zu verstehen, dass Koenig sich dazu entschlossen habe, dass in diesem Wettbewerb nicht nur die Rheinquerung, sondern auch der Bahnhof und das „Hochplateau Wallstraße" bearbeitet werden sollten. Dies sei eine „einmalige Gelegenheit, um ein architektonisches Ensemble zu schaffen".[70]

Schmitthenner schlug de Jaeger vor, den Kollegen des CSAU auch seine in städtischem Auftrag entstandenen Überlegungen zur Rheinquerung vorzutragen.

> Die Brückenfrage ist für die zukünftige Entwicklung der Stadt Mainz von ausschlaggebender, lebenswichtiger Bedeutung. Ich kam im Gegensatz zu dem jetzt vorliegenden Vorschlag des Stadtbauamts Mainz zu dem Ergebnis, dass die Brücke an der jetzigen Stelle für die Zukunft Mainz' ein nicht wieder gut zu machende Fehler ist und dass sie nur als ein Vorläufiges angesehen werden kann. Die Brücke wird jetzt auf Anordnung der amerikanischen Militärregierung wieder instandgesetzt. Diese Tatsache darf aber nicht bewirken, dass die Planungen für Mainz mit dieser Brücke als einem Endgültigen rechnen und danach aufgestellt werden. Bei dem besonderen Interesse, das die französische Militärregierung gerade dem Wiederaufbau von Mainz entgegenbringt, halte ich es für zweckmäßig, vor allem die französischen Städtebauer über das Ergebnis meiner eingehenden Untersuchungen zu unterrichten.[71]

Wenig später schlug Schmitthenner vor, den Fall Mainz umfassender zu besprechen, denn er war der Auffassung, dass durch die in der ersten Sitzung des CSAU aufgetretenen Meinungsverschiedenheiten über die Rheinquerung Jörgs Arbeit hinfällig geworden sei. Bei dieser Gelegenheit trug er auch seine Auffassung über die Rolle und die mögliche Arbeitsweise der Kommission vor und regte an, „ein oder zwei der Herren zu Berichterstattern" zu ernennen. Diese sollten das Kollegium über das Brückenproblem und „die vielen anderen Fragen, die sich in Mainz stellen", unterrichten. Hierzu schlug Schmitthenner ein einfallsreiches Konstrukt vor:

> Im Falle Mainz liegt nun die Tatsache vor, dass sich bereits zwei Herren der Kommission eingehend mit der Planung Mainz beschäftigt haben. Es sind dies Herr Architekt Lods und ich selbst. In welcher Eigenschaft Herr Kollege Lods die Planung ausgeführt hat, ist mir nicht bekannt. Ich selbst war von dem Oberbürgermeister als Berater für den gesamten Wiederaufbau der Stadt Mainz bestellt und habe als solcher in eineinhalbjähriger Arbeit die Pläne für den Wiederaufbau, vor allem der Altstadt Mainz, fertiggestellt. Es scheint mir naheliegend, dass über die Ergebnisse dieser Arbeiten, die ja von Mitgliedern der Kommission stammen, die Kommission selbst unterrichtet wird und dass ein Mitglied der Kommission darüber in einer nächsten Sitzung zusammenfassend referiert.[72]

Als Berichterstatter schlug er seinen ehemaligen Stuttgarter Kollegen, den „alten Meister Bonatz" vor, und regte an, dessen Deutschlandaufenthalt zu nutzen und so bald wie möglich eine neue Sitzung des CSAU zum Fall Mainz anzuberaumen. Es ist offensichtlich, dass Schmitthenner die Idee ins Spiel brachte, Lods' Planungen trotz der bereits erfolgten offiziellen Ablehnung seitens Koenigs der Kommission zu unterbreiten, um den Ursprung der Ansätze von Jörgs Planungen aufzuzeigen und letztlich seine eigenen Vorschläge triumphieren zu lassen.

---

69 Albert de Jaeger, Brief an Paul Schmitthenner, Baden-Baden, 17.8.1948, NLS.
70 Albert de Jaeger, Brief an Paul Schmitthenner, Baden-Baden, 30.8.1948, NLS.
71 Paul Schmitthenner, Brief an Albert de Jaeger, Kilchberg/Tübingen, 18.8.1948, NLS und AOFAA AC/RA 697.
72 Ebd.

Machtlose Experten

De Jaeger blieb nicht nur mit Schmitthenner in engerem Kontakt, sondern konsultierte am 30. August 1948 auch die anderen Kommissionsmitglieder zum Fall Mainz. Perret lehnte die Idee eines anonymen Wettbewerbs ab und hielt eine neuerliche Reise für verfrüht, solange keine neuen Studien vorlägen:

> Ich könnte mir gut einen eingeladenen Wettbewerb vorstellen, das bedeutet, dass ein paar Architekten mit guten Arbeitsreferenzen mit dieser Studie betraut werden. Die Herren Marrast und Expert sind absolut meiner Meinung.[73]

Diese Antwort Perrets schien de Jaeger zunächst nicht in vollem Umfang berücksichtigt zu wollen.[74] Hamm wiederum fasste die Ansichten der deutschen Kommissionsmitglieder zusammen, die das Wettbewerbsprinzip als solches nicht in Frage stellten. Unterschiedlicher Meinung waren sie aber bezüglich des vorgeschlagenen Zeitpunkts, des Wettbewerbsumfangs, des Kreises der zugelassenen Experten und des Auslobungsverfahrens. Einmütig lehnten Schmitthenner und Schweizer, die sonst durchaus Gegenspieler waren, einen vorschnellen Wettbewerb zu einem so begrenzten Thema ab, da die Prinzipien des Gesamtplans noch nicht definiert seien, und Bonatz schloss sich dieser Position an. Auch wenn seine Kollegen nichts daran auszusetzen fanden, hielt Schmitthenner die Brücke allein für kein geeignetes Wettbewerbsthema. Döcker wiederum hielt den Bahnhof und das Hochplateau Wallstraße für ungeeignete Themen und äußerte die Hoffnung, dass der Wettbewerb unvoreingenommen angegangen werde, wobei die Zusammensetzung des Preisgerichts – „historisch-traditionelle oder fortschrittliche Einstellung" – entscheidend sei. Schweizer lehnte einen anonymen Wettbewerb ab und forderte eine Vorstellung der Entwürfe durch die Teilnehmer selbst. Außerdem lag ihm die Repräsentativität des Preisgerichts am Herzen, das mehrheitlich aus Vertretern örtlicher Instanzen bestehen

73 Auguste Perret, Brief an Albert de Jaeger, Paris, 7.9.1948, AOFAA AC/RA 697/4/6.
74 Albert de Jaeger, Brief an Auguste Perret, Baden-Baden, 14.9.1948, AOFAA AC/RA 697/4/6.

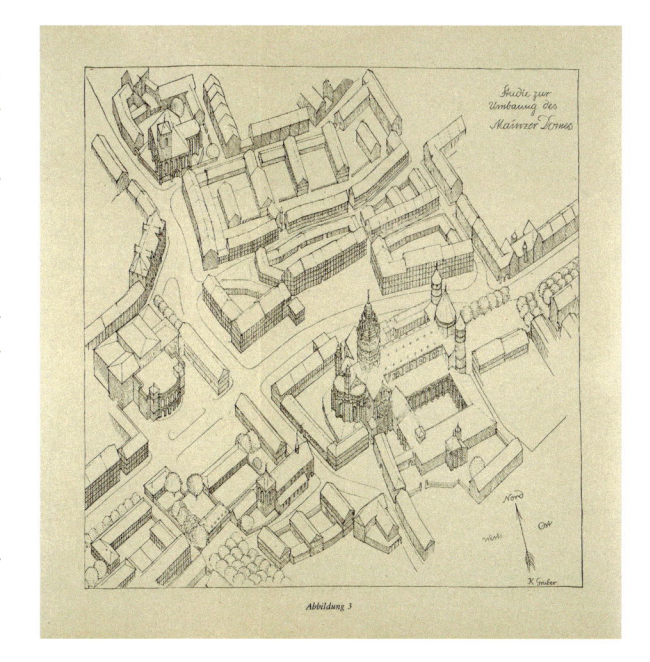

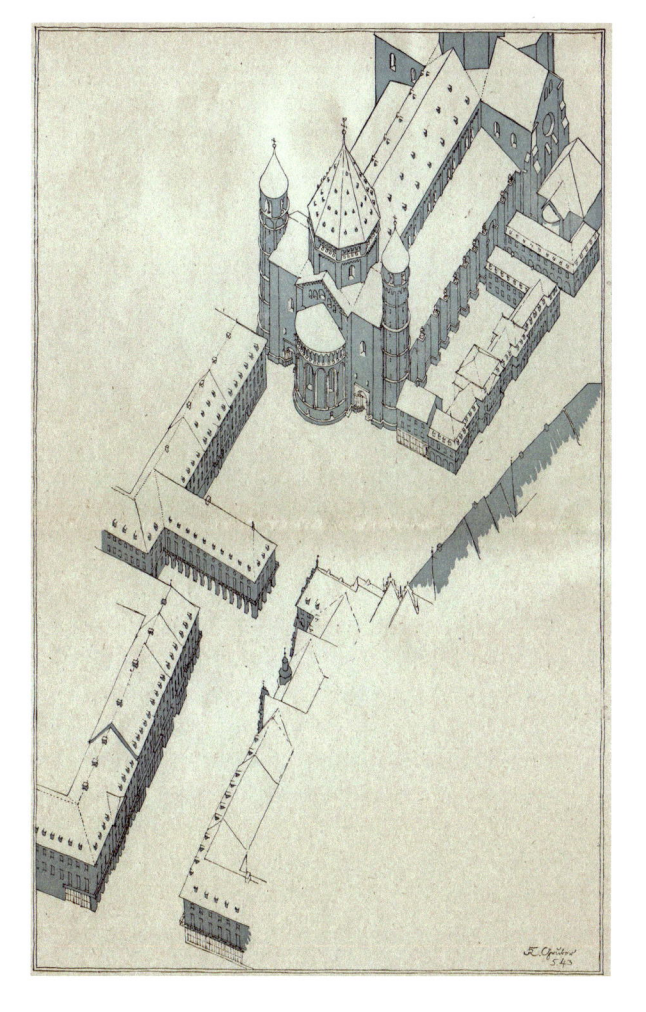

121–122

Karl Gruber: *Studie zur Umbauung des Mainzer Domes*, Mainz, um 1943,

Isometrie des Dombereichs

Isometrie der Bebauung des Liebfrauenplatzes und der Fischtorstraße

Abbildungen aus: Karl Gruber, *Architektonisches Bild von Mainz. Zur Gestaltung der Dom-Umgebung*, Sonderdruck aus dem *Jahrbuch für das Bistum Mainz 1949*, Bd. 4, Mainz 1949.

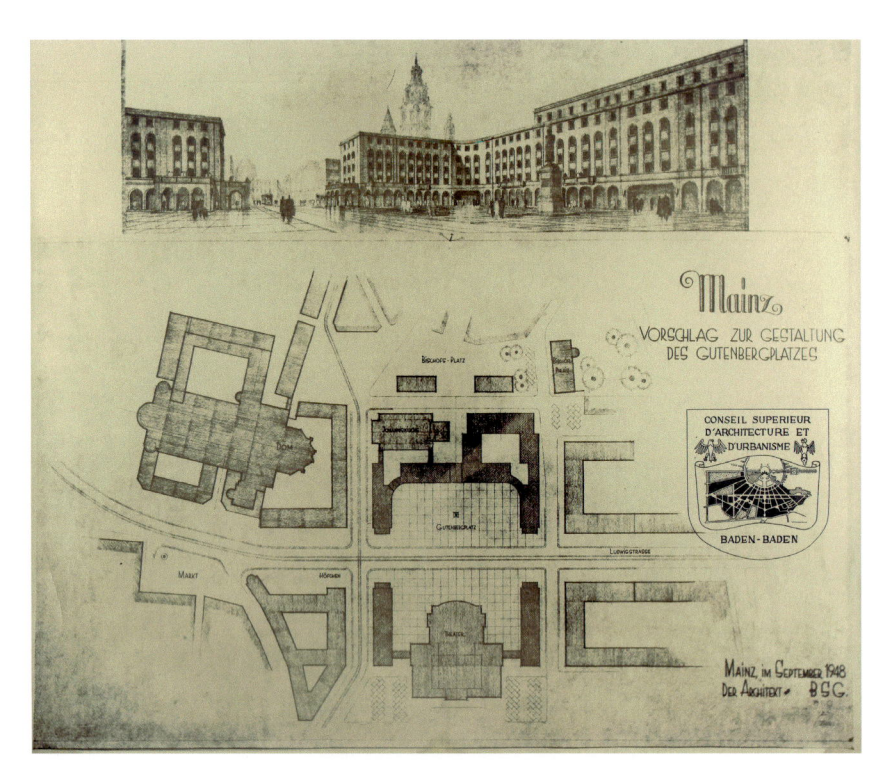

123 Brahm: *Vorschlag zur Gestaltung des Gutenbergplatzes, Lageplan und Perspektive*, Mainz, September 1948, Ausfertigung zur Vorlage beim Conseil supérieur d'architecture et d'urbanisme, Stadtarchiv Mainz.

sollte. Fiederling, Mehrtens und Dübbers legten dem CSAU nahe, gemeinsam als Preisgericht zu fungieren, wohingegen Abel sich vorstellen konnte, selbst einen Entwurf einzureichen.[75]

In Erwartung einer neuerlichen Kommissionssitzung in Mainz beschloss de Jaeger, den Wettbewerb zu vertagen und bereitete eine Präsentationsrunde der Arbeiten von Jörg, Schmitthenner und Lods vor (Abb. 7). Schmitthenner, den General Pierre Jacobsen 1947 in Mainz mit einem Vortragsverbot belegt hatte, sollte nun doch sein Projekt vorstellen. Dies verdeutlichte, wie sehr er in der Wertschätzung der französischen Verwaltungsoberen gestiegen war. Ironischerweise sollte aber auch der Entwurf des von de Jaeger geschmähten Lods vorgestellt werden, und zwar auf Schmitthenners Wunsch. In diesem Moment tauchte auch noch ein viertes Projekt auf. Nach den ersten Bombardierungen von Mainz hatte Karl Gruber ab 1943 den Teilbereich der Altstadt rund um den Dom bearbeitet (Abb. 121 und 122). Auf Anfrage seines ehemaligen Studienkollegen Hamm, der – wie bereits erwähnt – bedauert hatte, dass Pinand und nicht Gruber die Technische Universität Darmstadt in der Kommission vertreten sollte, fiel Grubers Bewertung der Planungen von Lods und Jörg ebenso wie der von Schmitthenner negativ aus, und seine eigenen Vorschläge wurden den Unterlagen beigefügt.[76] Ebenfalls beigefügt wurde ein Entwurf des Architekten Brahm zur Neugestaltung des Gutenbergplatzes als geschlossener, von Arkaden gesäumter Stadtraum (Abb. 123).

Die Anfragen von de Jaeger und Hamm an seine Dienststelle brachten Dutrou nicht aus der Ruhe. Er bescheinigte der Tätigkeit der französischen Behörden seit August 1946 eine positive Bilanz und begrüßte die Entscheidung Koenigs, Mainz zur „zukünftigen Hauptstadt der Zone" auszubauen: „Trotz der Organisationsmängel, die vielerlei Umständen geschuldet sind, gibt es Grund genug, auf die bisher in Mainz erzielten Ergebnisse stolz zu sein und die Mühen um einen Aufschwung zu begrüßen, den diese Stadt normalerweise dank ihrer außergewöhnlichen Lage erleben würde."[77] Dutrou kam auf Lods' Arbeit zu sprechen und bestätigte, dass es zwischen diesem und Jörg keine Differenzen gebe:

> Der Architekt, der für diese Aufgabe berufen wurde, hat so umfassend wie möglich die [...] Prinzipien der Charta von Athen befolgt. Die unter seiner Leitung stehende Section du Plan hat eine wichtige Arbeit geleistet, die sich in erster Linie an den konservativen und traditionalistischen Auffassungen stieß, die wir vom rheinischen Milieu kennen. Darüber hinaus gab eine parteiübergreifende Befragung der öffentlichen Meinung Grund zu glauben, dass der Bau von großen Wohnblocks das Entstehen

---

75 Ernst Hamm, Übersichtstabelle mit Äußerungen der deutschen Kommissionsmitglieder, Spalte „Stellungnahme zum Wettbewerb über Mainzer Brücke – Bahnhof – Hochplateau/Wallstraße", o.O. [Baden-Baden], 8.10.1948, AOFAA AC/RA 697/5/1.

76 Karl Gruber, Brief an Ernst Hamm, Darmstadt, 16.12.1948, AOFAA AC/RA 697/1/4. Zu diesem Brief war lediglich die französische Transkription auffindbar.

77 Colonel Dutrou, „Note sur les réalisations de Mayence et sur les points sensibles du projet présenté pour sa reconstruction", Mainz, o.D. [September 1948], S. 5, AOFAA AC/RA 697.

neuer totalitärer Theorien begünstigen würde. Das schockierte die heutige Generation, die in der Vergangenheit unter diesen zu leiden hatte und die immer noch befürchtet, dass sie in der Zukunft wieder aufkommen würden. Aus diesen Gründen wurde es Ende 1947 notwendig, die Ausarbeitung des Gesamtplans einem deutschen Architekten in die Hände zu legen, der in der Lage sein würde, mehr Unterstützung zu finden für die Erfüllung einer solch schwierigen Aufgabe. Dieser Architekt stellt heute mehr einen Vorentwurf als einen richtigen Plan für Mainz vor.[78]

Lods wandte sich am 17. September 1948 direkt an Koenigs künstlerischen Berater. Er war der Meinung, dass die Zusammensetzung des CSAU und die Berichte, die der Kommission zu Mainz vorgelegt worden waren, nun klare Fronten geschaffen und die von de Jaeger bewusst aufrechterhaltene „Undurchsichtigkeit" beendet hätten. In einem langen offenen Brief griff Lods de Jaeger direkt an:

> Sie, Herr de Jaeger, haben General Koenig, den Sie führen und beraten sollten, vorsätzlich dazu verleitet, eine Reihe von Fehlern zu begehen, die zu der verfahrenen aktuellen Situation führten. Sie haben eine sehr gründliche Abschirmung ihres Chefs betrieben, was dazu geführt hat, dass diese [Situation] bis heute andauert. […] Was hat Sie denn zu der Meinung verleitet, im Bereich Städtebau die nötigen Kompetenzen zu besitzen, um ein solches Problem wie den Plan von Mainz beurteilen zu können, ohne sich das erforderliche Mindestmaß an ernsthaften Studien aufzuerlegen?[79]

Lods betonte, dass der CSAU nach seinem Sturz eingerichtet wurde, um diesen nachträglich irgendwie zu legitimieren:

> Sie werden mir sagen, dass Ihre Unzulänglichkeit überdeckt wird, da Sie sich ja mit einer Gruppe von Architekten umgeben haben, die für Sie die Beurteilungen übernehmen sollen. […]

> Dieser Winkelzug wäre in der Tat perfekt gewesen, wenn Sie zugestimmt hätten, die betreffenden Kollegen zu bemühen, bevor Sie endgültige Entscheidungen treffen (was Mainz angeht vor allem, bevor Sie den Plan abschmettern und seinen Urheber entheben lassen) oder mir die Gelegenheit gegeben hätten, in der ersten Kommissionssitzung meine Arbeit vorzustellen. Sie haben sich weder für die eine noch für die andere Lösung entschieden, im Gegenteil, Sie haben alles darangesetzt, die Kommission in absoluter Unkenntnis meiner Arbeit zu lassen.[80]

Wenn de Jaeger sich nun doch noch gezwungen gesehen habe, Jörgs Planung vorzustellen, so sei das nicht mehr als ein Loblied des Sünders auf die Tugend, denn gleichzeitig sei ja Lods' Planung hintertrieben worden:

> Der Plan hätte einen Beitrag zur Verbreitung der französischen Kultur leisten können, denn zu einer Zeit, als niemand an so etwas dachte, rief ein weitblickender Gouverneur – und nicht Sie oder General Koenig, den Sie mit aller Sorgfalt von einer solchen Absicht abbrachten – einen selbstlosen Architekten zu sich, um die orientierungslosen Behörden beim Wiederaufbau von Mainz zu führen. Dazu ist er nicht mehr in der Lage, denn die offizielle Aufgabe des Plans, ja seine Zerstörung, gefolgt von der unverblümten Entlassung seines Urhebers, war ein trauriges Schauspiel, und in den Augen der Deutschen wirft es jetzt ein schlechtes Bild auf unsere Ernsthaftigkeit und nationale Solidarität, und sogar auf unsere Beständigkeit, was die Verfolgung langfristiger Ziele betrifft. […] Erwarten Sie bloß nicht, dass die Rheinländer nicht zwischen denen unterscheiden können, die eine gute Arbeit geleistet haben, und dem Wichtigtuer, der Sie schon immer waren.[81]

Bis zum Jahresende machte der CSAU keine klare Aussage zu den Mainzer Planungen. Über die Presse hatte Lods zuvor schon eine starke Gegenoffensive

---

78 Ebd., S. 5f.
79 Marcel Lods, Schreiben an Albert de Jaeger, Paris, 17.9.1948, S. 2f., AOFAA CERA 36.
80 Ebd., S. 3f.
81 Ebd.

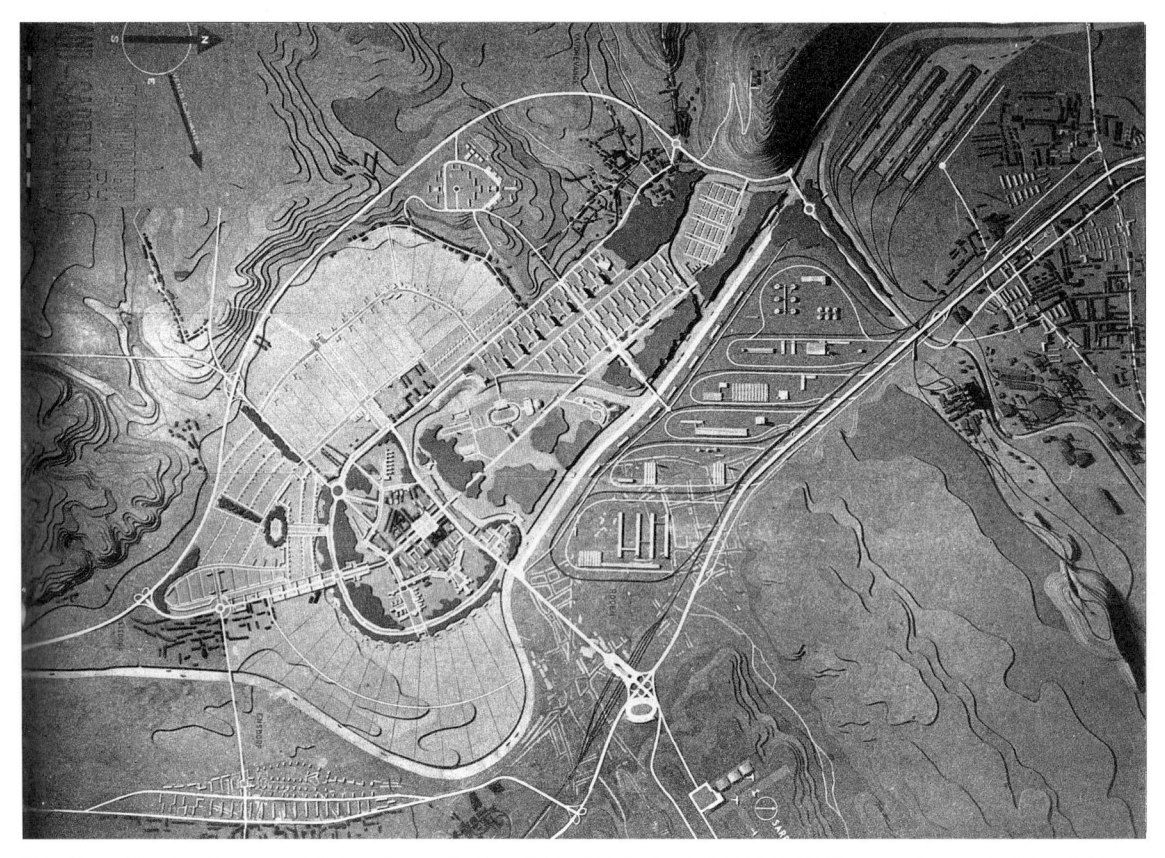

124 Édouard Menkès: *Planung zum Wiederaufbau von Saarlouis*, 1946–1948, Stadtmodell, 1946/47, Abbildung aus: *Die Saar, Städtebau 1946*, Saarbrücken 1947.

eingeleitet. Hierzu hatte er Vorträge gehalten wie den vom 15. Dezember 1947 – „Morgen wird Europa bereit sein; wir auch?" – die er mit Dokumenten zu seinen Planungen für Mainz und denen von Édouard Menkès für Saarlouis sowie Georges-Henri Pingusson für Saarbrücken illustriert hatte (Abb. 124 und 125).[82] Er verteidigte seinen Plan und bediente sich eines Zitats von Le Corbusier, um Frankreich zu kritisieren, das den großen technischen und territorialen Herausforderungen gegenüber ein „schüchternes Land" geworden sei.[83] Er hatte diesen Vortrag gehalten, als sich das Ende seines Auftrags in Mainz schon abzeichnete, und nicht ohne Bitterkeit daran erinnert, wie viel „Zeit" für das Gelingen der Arbeit eines Stadtplaners vonnöten sei.[84]

In einem im Mai 1948 in *Le Monde* erschienenen Artikel sah Alain Clément in Lods' Rauswurf das Weiterwirken von Vorurteilen und Unwissenheit und kritisierte die grundsätzlichen Orientierungen des CSAU:

> Wir kennen nicht die Staatsinteressen, die zu der Entlassung von Herrn Lods führten. Sein persönliches Schicksal interessiert uns nur insoweit, als es für etwas Größeres steht, das man mit ihm beiseite schiebt. Nun, wir haben auch nichts gegen bestimmte Personen. Der Fall ist viel umfassender. Man wird vielleicht antworten, dass die Stadt Mainz den Plan von Herrn Lods verworfen

82 Zu den französischen Planungen im Saarland, siehe Cohen/Frank 1989, Bd. 3.
83 Le Corbusier 1937.
84 Lods 1947c, S. 25.

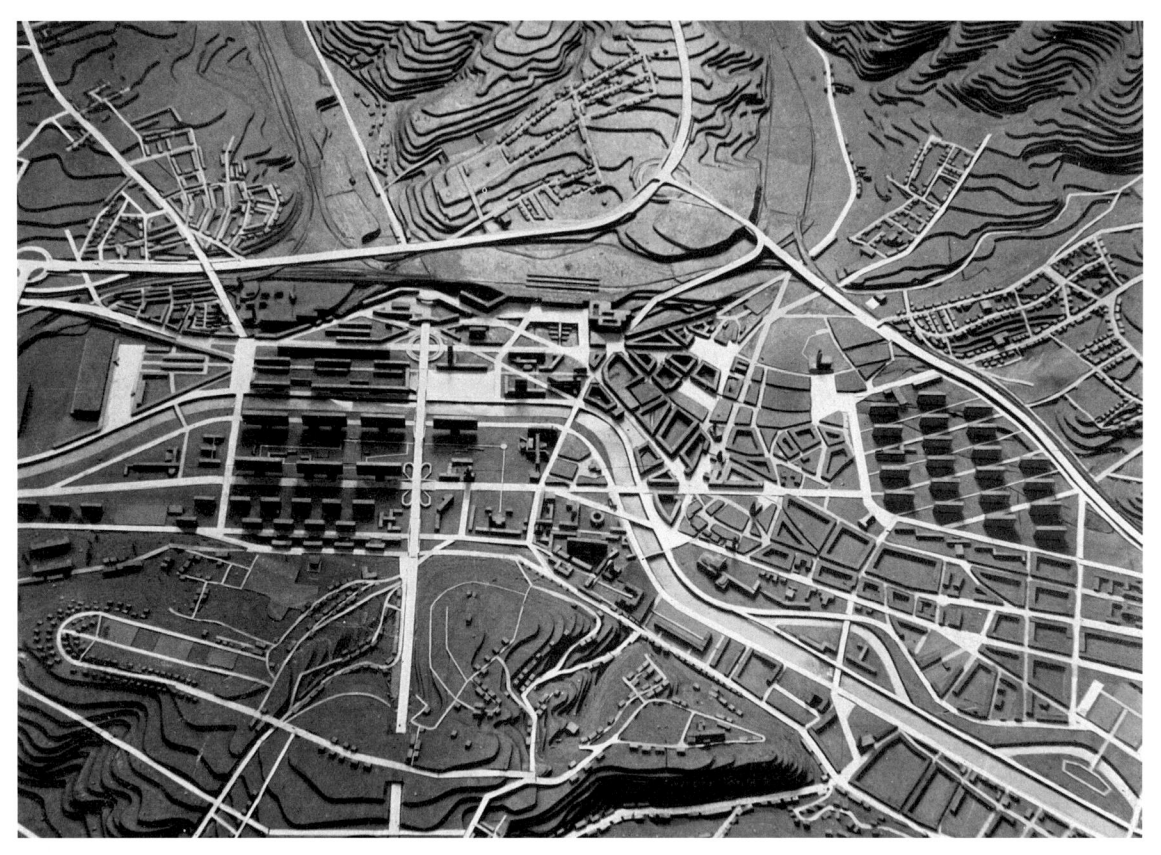

125 Georges-Henri Pingusson: *Planung zum Wiederaufbau von Saarbrücken*, 1946–1950, *Stadtmodell*, 1946, Abbildung aus: *Die Saar, Städtebau 1946*, Saarbrücken 1947.

hat und dass unsere Schutzmacht in Deutschland sich nicht in rein deutsche Angelegenheiten einmischen darf. [...] Sowohl auf deutscher wie auf französischer Seite haben wir die Stimmen gehört, die sich gegen einen Wiederaufbau von Mainz nach den Regeln des Städtebaus erhoben haben. Für uns bleibt der verstörende Eindruck bestehen, wie sehr ihre Vorurteile übereinstimmen, wie sehr sich ihre Unwissenheit und sogar die Gleichheit ihrer geistigen Inkonsequenz und Faulheit vergleichen lassen.[85]

Es entstand eine regelrechte Pressekampagne. In der Zeitung *Combat* schürte François Denis die Kontroverse und warf einen gnadenlosen Blick auf die innerfranzösischen Konflikte in Mainz:

85 Clément 1948.

Lods' Plan wurde dem Mainzer Stadtrat nie vorgelegt. Die Mitglieder der besagten Kommission haben dem Planungsbüro nie einen Informationsbesuch abgestattet. Passiert ist folgendes: der Bürgermeister, der die Planung des französischen Architekten mit großem Interesse verfolgte, hat in seinem Namen und im Namen des Stadtrats Herrn Lods als „Berater" gewünscht. [...] Lods' Plan, den der Stadtrat nie zu Gesicht bekam oder, besser gesagt, vor dem verfrühten Ausscheiden von Herrn Lods nie zu Gesicht bekam, wurde nie zur Beratung vorgelegt. [...] An der Initiative von Herrn Jacobsen, der 1946 über Mainz herrschte, konnte sein direkter Vorgesetzter, Herr de Boislambert, der in Koblenz residierte, keinen Gefallen finden. Und Herr Jacobsen wurde anschließend durch Herrn Guérin abgelöst, der wohl nichts daran setzte, die Aufgabe des Architekten Herrn Lods zu erleichtern. [...] In zwanzig Jahren wird es wohl möglich sein, dass die Deutschen eine Art Ersatz von Lods' Plan umsetzen. Vielleicht wird man es dann bedauern, dass diese für die französische Architektur einmalige Gelegenheit, die Grundsätze einer allumfassenden Stadtplanung zu verwirklichen, vertan wurde.[86]

Im Juli 1948 erwähnte Jean-Pierre Dubois-Dumée in der Zeitschrift *Témoignage Chrétien* die Arbeit des CSAU und den „Traum", den „einer der besten französischen Planer" hatte, um „aus Mainz eine Art ‚Mekka des Städtebaus' zu machen". Er betonte, dass mit dem unvergleichlichen Tandem von Gouverneur und Planer alles gewonnen schien.

> Wissen Sie, das wäre zu einfach und zu schön gewesen. Es ist alles schiefgegangen. Zunächst ging der Gouverneur. Vielleicht kannte er sein Metier zu gut und zu wenig diese gewisse „Finesse" (wenn man es so sagen kann), um sich inmitten der Intrigen und Rivalitäten halten zu können, welche die Hauptbeschäftigung so mancher der kleinen (französischen) Hofstaaten in Deutschland war. Der Planer blieb allein mit seinem Plan. Er ist ein ganzer Mann, der an das glaubt, was er tut – mit anderen Worten: ein Quertreiber. Die rückständigsten Franzosen haben sich also mit den rückständigsten Deutschen verbündet, um sein Projekt zu eliminieren – zu eliminieren, nicht zu diskutieren.[87]

Die Redaktion der Zeitschrift *Bauen und Wohnen* veröffentlichte Lods' Planungen als „die bemerkenswertesten und zugleich mutigsten, die bis jetzt aus dem deutschen Raum [...] gelangt sind",[88] und auch Pierre Vago griff für *L'Architecture d'aujourd'hui* das Thema unter der Überschrift „Verteidigung der Berufsrechte" auf:

> Es ist nicht mehr möglich, den Plan von Mainz zu ignorieren. Er gehört zu den schönsten Studien zur Stadt- und Regionalplanung, die je nach dem Krieg gemacht worden sind. Dazu beigetragen haben ein Verwaltungsstab, in diesem Fall der Gouverneur Jacobsen, und ein Architektenteam um Marcel Lods. [...] Ein solches Werk ist, wie jedes Werk, Gegenstand von Kritik. Aber kein Architekt sollte diese Abfolge von Winkelzügen zulassen, die einige Mittelsmänner für ihre eigenen politischen Ziele inszeniert haben, nämlich um Lods die Fortsetzung seiner begonnenen Arbeit in Mainz unmöglich zu machen und sie dann selbst zu übernehmen. Sie sind nicht davor zurückgeschreckt, Dokumente zu fälschen, irreführende Unterlagen zusammenzustellen und eine völlig neue Organisation aufzubauen, deren Schlüsselposten sie dann für sich selbst beansprucht haben.[89]

Die Zeitschrift bedauerte, dass eine Chance vertan wurde, den „Beweis für die Vitalität unserer modernen Architektur" zu erbringen und den „glücklichen Ausdruck unseres Einflusses in der Region Rheinhessen gedeihen" zu lassen. Als „Anführer" dieser hinterhältigen Anschlags werden de Jaeger, Dutrou, Hettier und Guérin bezichtigt.

Doch dieser rachsüchtige Artikel brachte das Fass zum Überlaufen. De Jaeger strengte eine Verleumdungsklage gegen *L'Architecture d'aujourd'hui* an. Um sich aus seiner isolierten Lage in Mainz zu befreien, suchte Lods Rückendeckung bei dem neuen Minister für Wiederaufbau und Städtebau, Eugène Claudius-Petit, der am 11. September 1948 berufen worden war. Dank der Vermittlung von Françoise Dissard, im Büro des Ministers zuständig für die Beziehungen mit dem Parlament, konnte er seine Mainzer Planung dem Minister vorstellen, einem Mann, der bewusst für den Fortschritt moderner Ideen eintrat. In den Unterlagen zu seiner Präsentation pries er noch einmal die Prinzipien der *Charta von Athen* und bewertete seine eigene Tätigkeit folgendermaßen:

> Wir haben darauf geachtet, die örtliche Meinung weitestgehend zu berücksichtigen. Deshalb haben wir auf der einen Seite den rein historischen Teil der Stadt in ihrem alten Zustand belassen

---

86 Denis 1948.
87 Dubois-Dumée 1948.
88 Hermann Blomeier in der Einleitung zu Lods 1948b, S. 6.
89 Vago 1948.

und sie zur Bearbeitung an die Archäologen [sic] weitergegeben; denn sie soll ein „Museums"-Element bilden, etwa so wie es bereits in Nürnberg und Frankfurt gemacht worden war und wie es in Rothenburg, Zürich, Basel, etc. immer noch existiert... auf der anderen Seite haben wir alle möglichen Kontakte zu Instanzen vor Ort aufgenommen. Die Meinung der Deutschen ist uns wichtig. Wir haben sie getroffen, wir haben sie empfangen, wir haben Vorträge für sie gehalten, wir haben Artikel veröffentlicht.[90]

Lods ging ausführlich auf die Hürden ein, die ihm von Koenigs Entourage in den Weg gelegt wurden, um zu verhindern, dass er dem General seine Argumente vortragen konnte, als ob das Schicksal seiner Planung nur von seiner Überzeugungskraft abgehangen hätte:

> Ich denke, dass die unverständliche Haltung, die General Koenig bisher einnahm, nur durch das völlige Fehlen von Informationen zu dieser Frage zu erklären ist. [...] Ich war jederzeit bereit, zu ihm nach Bacen [Baden-Baden] zu kommen, mit den nötigen Unterlagen und Diapositiven, um vor ihm einen allgemeinen Vortrag zu den Prinzipien der Stadtplanung zu halten, so wie ich es oft in den letzten Jahren gemacht habe, in Frankreich, in der Schweiz, in Belgien, in Schweden, in Holland, in Amerika. Diesem Vortrag über die Prinzipien wäre eine Präsentation ihrer Anwendung auf den Fall Mainz gefolgt. [...] Was ich zu sagen hatte, war so offensichtlich, dass es ihm genauso eingeleuchtet hätte wie jedem anderen Publikum, vor dem ich die Möglichkeit hatte zu sprechen. Diese Möglichkeit wurde mir verwehrt.[91]

Koenig ließ sich auf kein Treffen ein. Vielmehr gab er sich laut Lods mit „ein oder zwei kleinen Denkmälern an sorgfältig gewählten Standorten und einer Statue am Brückenkopf" zufrieden, diese „würden ausreichen, um auf unseren kulturellen Beitrag in unserer Besatzungszone hinzuweisen".[92] Der Minister wurde also über einen schweren „Führungsfehler" in Kenntnis gesetzt.[93]

Frustriert über den Aufstieg seines Intimfeinds versuchte zur gleichen Zeit auch Monnet, der sich 1947 Lods gegenüber noch skeptisch gezeigt hatte, in Paris aktiv zu werden und von oberster Stelle gegen die Aktivitäten de Jaegers anzugehen.[94] Diese und Lods' eigene Intervention mit Hilfe Dissards kamen jedoch zu spät.[95] Es war nicht mehr möglich, Lods auf seine frühere Position in Mainz zurückzubringen. Der einzig gangbare Weg für den Minister bestand darin, Lods' eine ehrenvolle Rückkehr nach Paris zu gestalten und die im Frühjahr in Gang gesetzte öffentliche Kampagne zu kontrollieren. In einem Brief an Lavedan berichtete de Jaeger Anfang 1949, dass er zu Claudius-Petit zitiert worden sei, wo Druck auf ihn ausgeübt worden sei, damit er seine Klage gegen *L'Architecture d'aujourd'hui* und gegen Lods zurückziehe.[96]

In einem anderen Waffengang vor Gericht erklärte Claudius-Petit seine Unterstützung für einen weiteren Kläger, nämlich für Dutrou, den *L'Architecture d'aujourd'hui* ja explizit angegangen hatte und der das Magazin ebenfalls verklagte. Der Minister sprach ihn von jeder Verantwortung für Lods' Rauswurf frei, stattdessen würdigte er die von Dutrou in Saarlouis geleistete Arbeit und seine Unterstützung für Menkès' Planungen zum Wiederaufbau der Stadt (Abb. 124).[97] Während die Konflikte nunmehr in Paris ausgetragen wurden, traf in Deutschland das Sekretariat des CSAU in aller Ruhe seine Vorbereitungen für die Sitzung, bei der über Mainz entschieden werden sollte – ohne Lods, denn sein Ausschluss aus der Kommission war die unmittelbare Folge der öffentlichen Kontroverse.

---

90 Marcel Lods, „Note pour Monsieur le Ministre sur la question du plan de Mayence", Paris, o. D. [1948], S. 4, AN 19790659/2 (CAB 1094).
91 Ebd., S. 6 f.
92 Ebd., S. 7.
93 Ebd., S. 8–10.
94 Bertrand Monnet, Brief an Francisque Gay und beigefügte Bemerkungen „Note sur le plan de reconstruction de la ville de Mayence et sur les difficultés que son examen fait surgir", 2.3.1948, AOFAA AC 74/1.
95 Dissard im Gespräch 1988.
96 Albert de Jaeger, Brief an Pierre Lavedan, Baden-Baden, 21.4.1949, AOFAA AC/RA 697.
97 Eugène Claudius-Petit, „Projet de lettre au colonel Dutrou", o. D. [1948], MNAM-CCI NL Menkès.

Auf der Plenartagung vom 17. bis 20. Februar 1949 fällte der CSAU ein endgültiges Urteil über die Pläne für den Wiederaufbau von Mainz. Das Thema Mainz wurde in zwei Schritten abgehandelt, zum einen am 18. Februar in ausführlichen Gesprächen in Mainz selbst, und dann im Schnelldurchgang am 20. Februar in der Abschlusssitzung in Baden-Baden, in Anwesenheit von General Koenig. Bei der Vorbereitung auf diese Tagung hatte sich de Jaeger vor allem darauf konzentriert, die Unterlagen zusammenzustellen, die der Kommission unterbreitet werden sollten (Abb. 7). Hierbei dokumentierte er Jörgs Arbeit besonders sorgfältig. Während dieser Phase kamen im Dezember 1948 auch Grubers und Brahms Überlegungen ins Spiel.

Schon in seinen Begrüßungsworten zur Arbeitssitzung in Mainz drückte Baudezernent Karl Maurer, der Oberbürgermeister Emil Kraus vertrat,[98] die Hoffnung aus, dass „sich die Mitglieder der dringendsten Probleme annehmen" würden, nämlich der Ludwigsstraße, des Doms, der Langgasse und der Schillerstraße. Letztendlich aber wurden der Kommission nur drei Arbeiten zur Diskussion unterbreitet, da Brahm nur den Gutenbergplatz bearbeitet hatte und Grubers Vorschläge sich einzig auf den mittelalterlichen Dombezirk bezogen und beide damit ausschieden (Abb. 121–123). Doch die Präsentation der drei vorgelegten Entwürfe erwies sich als sehr ungleich, denn als de Jaeger während der Sitzung dazu aufrief, das Projekt von Herrn Lods zu studieren, zeigte er nur kurz zur Erinnerung „die Pläne in seinem Besitz" (Taf. XXXVI und Abb. 85).[99]

Dennoch fand in der Abschlusssitzung in Baden-Baden eine mündliche Verhandlung statt. Perret bemerkte nur, dass „der Plan von Lods nicht menschlich" sei und überließ es Lavedan, genauer zu werden:

„Wie sehr ein Plan auch allen Anforderungen genügt, so kann er nicht realisiert werden, wenn er sich gegen die Interessen der geschädigten Eigentümer richtet." Schmitthenner schloss sich dieser Kritik an: „Das ist eine Utopie, die sehr teuer ist, die alten Fundamente haben 8 Meter Tiefe." [100] Doch Schweizer spielte Schmitthenners und Lods' Pläne gegeneinander aus. Er befand, dass der Plan Lods in anderer Beziehung schon seine Qualitäten habe, man könne jetzt nicht nur das herausgreifen, worin er verfehlt sei. „Im Übrigen berücksichtigen die rationalistischen Pläne der Anderen [Schmitthenner] genauso wenig die Gefühle der Menschen wie der Plan von Lods. Übertriebene Rationalität ist hier fehl am Platze."[101]

Die Diskussion drehte sich nun nicht mehr um Schmitthenners Entwurf, auch wenn Koenig während der Abschlussdebatte meinte: „Der Entwurf ist nicht schlecht, er wurde mit viel Liebe ausgearbeitet."[102] Der Umfang der Dokumente zu Jörgs Entwurf und seine Komplexität zogen die mündlichen und schriftlichen Stellungnahmen einiger Mitglieder des CSAU auf sich (Taf. XXXVII–XLI). Eine Gegenüberstellung der Entwürfe von Jörg und Schmitthenner durch ihre Verfasser legte eine grundlegende Uneinigkeit zur Frage der Rheinquerungen offen. Jörg wollte die Brücke an ihrem ursprünglichen Standort erhalten, Schmitthenner schlug zwei neue Brücken vor, eine stromaufwärts, die andere stromabwärts. Jörg plante eine Autobahnquerung nördlich der Stadt, Schmitthenner im Süden.

Die von Schmitthenner vorgeschlagene Autobahntrasse war das einzige Element seines Entwurfs, dem Gréber, Perret und Warnery ausdrücklich zustimmten (Taf. XXXV). Jörgs Nordroute hingegen wurde von Dassen, Schweizer und Fiederling befürwortet (Taf. XL). Mehrtens wiederum lehnte diese strikt ab und wurde dabei vom französischen Trio und Lavedan unterstützt. Gréber fand Gefallen an Jörgs Vision einer dezentralisierten Stadt, und auch

---

98 Nachdem die SPD die CDU bei der Kommunalwahl 1948 überrundet hatte, verlor Oberbürgermeister Kraus kurz nach der CSAU-Sitzung am 21.2.1949 sein Amt an Franz Stein. Baudezernent Maurer konnte sich ebenfalls nicht halten. Sein Vertrag wurde zum 31.3.1949 von der Stadt Mainz vorzeitig gekündigt und das Wiederaufbauamt als Abteilung in Jörgs Hochbauamt eingegliedert.
99 Sitzungsprotokoll „Procès verbal de la réunion du Conseil supérieur d'architecture et d'urbanisme à Mayence 18.2.49", S. 2, in: Conseil supérieur d'architecture et d'urbanisme, Sitzungsakte „Séance de travail à Mayence le 18 février 1949", SAF K1/44 917.
100 Auguste Perret, Pierre Lavedan und Paul Schmitthenner im Protokoll der Abschlusssitzung „2ème session du 17. au 20. février 1949. Session de clôture Villa Krupp 20. février 1949 sous la présidence du général commandant en chef français en Allemagne Général Koenig", o. O., o. D., S. 6, EUP (IUP [o. Sign.]).
101 Otto Ernst Schweizer, ebd.
102 General Koenig, ebd., S. 5.

Perret war der Ansicht, dass „es eine gute Idee ist, im Stadtzentrum nur Geschäftshäuser zu bauen und die Wohngebäude aus der Stadt zu nehmen" (Taf. XXXVII und XLI). Perret kritisierte jedoch die großen Zufahrtsrampen zur wiederaufgebauten Brücke. Sein Urteil fiel, wie so oft, besonders lakonisch aus:

1. Den Brückenrest belassen.
2. Die Zufahrtsrampen durchstoßen und wunderbare, weiträumige Kolonnaden aus Beton so anordnen, dass man von der Straße einen Blick auf den Rhein hat, das wird so etwas sein wie Propyläen. Die Mittel sind da, das Projekt ist machbar. Es muss nur kunstvoll gemacht werden.
3. Das Schloss erhalten.
4. Am Schillerplatz darf nichts verändert werden bezüglich Architektur, Symmetrie, Höhe.[103]

Lavedan schlug vor, in Mainz wie in Frankfurt große Gärten anzulegen. Er verwies auf seine Wertschätzung für das Projekt und die Person Lods', doch halte er die Umsetzung eines Plans, der „die Feindschaft der obdachlosen Mainzer" gegen sich wisse, für eine unnötige „Schikane gegenüber der Bevölkerung".[104] An Schmitthenners Entwurf beeindrucke ihn „seine schönen architektonischen Qualitäten". Er war der Auffassung, dass seine Lösung mit zwei Brücken „ein schönes Flussbecken" schaffe, was „zumindest theoretisch die wünschenswerteste" bliebe (Taf. XXXIV). Für Schmitthenner solle daraus ein „Beitrag zum Ausführungsentwurf" entstehen. Gleichzeitig betonte Lavedan die „bewundernswerte Vorstudie zu den wirtschaftlichen, demografischen und sozialen Gegebenheiten" bei Jörgs Entwurf und teilte dessen Schlussfolgerungen, außer denen zu den Autobahnzubringern und der Wegführung an der Brückenauffahrt. Lavedan sollte sich auch später noch an seinen Besuch in Mainz erinnern und ihn im dritten Band seiner 1952 erschienen *Histoire de l'urbanisme* erwähnen.[105]

Gréber verwies in seinen Kommentaren immer wieder auf amerikanische Planungsbeispiele, die er auch in Frankreich bekannt gemacht habe.[106] Er schätze die „detaillierten und ausdrucksvollen Studien von Professor Schmitthenner", bedauere jedoch, dass diese nur auf das Stadtzentrum beschränkt seien. An Jörgs Arbeiten beeindrucke ihn zunächst deren Umfang, doch finde er seine Überlegungen zur Autobahn nicht überzeugend. Gréber schlug eine Synthese aus beiden Projekten vor. Dabei solle die Verkehrsführung von Schmitthenner übernommen und mit den „anderen Teilen" von Jörgs Entwurf verknüpft werden.[107] Experts Äußerungen bezogen sich eher auf die Architektur als auf den Städtebau.[108] An Jörgs Entwurf schätze er die „Geisteshaltung", die dem Plan zugrunde liege. Entgegen der Meinung aller seiner Kollegen sprach sich Expert aber gegen eine Verlagerung der großen Verkehrsachsen aus dem Mainzer Stadtgebiet aus: „Wenn man den rheinischen Geist respektieren möchte, dann ist es notwendig, über viele Straßen – oder wenigstens leicht und ohne zu suchen – bis ins Herz der Stadt fahren zu können, und genau so leicht muss man auch ohne Umkehrpunkte wieder hinausfahren können. Ich bin gegen diese Autostraßen, die Stadtregionen nur streifen, ohne sie zu zeigen und ohne sie zu beleben."[109]

Warnerys Haltung lässt sich aus einem zuvor geführten Gespräch mit Dutrou, Gerd Offenberg, dem Leiter des Referats für Städtebau und Landesplanung im Ministerium für Finanzen und Wiederaufbau, sowie mit Gerhardt Lahl und Adolf Bayer, den Vertretern der kommunalen Stadtplanungsabteilung, erschließen. Dabei ging es um die Notwendigkeit,

---

103 „Point de vue de Maître Perret au sujet de la ville de Mayence", in: Conseil supérieur d'architecture et d'urbanisme, Sitzungsakte „Séance de travail à Mayence le 18 février 1949", SAF K1/44 917.
104 Pierre Lavedan, „Rapport sur les plans de reconstruction de Mayence", ebd., S. 1.
105 Lavedan 1952.
106 Gréber 1920.
107 „Remarques sur le plan de Mayence par Monsieur Gréber", S. 4, in: Conseil supérieur d'architecture et d'urbanisme, Sitzungsakte „Séance de travail à Mayence le 18 février 1949", SAF K1/44 917.
108 Experts Erfahrungen als Stadtplaner beschränkten sich auf einen Beitrag zum Wettbewerb für Groß-Paris von 1919 und Entwurfsstudien für den Wiederaufbau des Viertels am Alten Hafen in Marseille (1946–1948).
109 „Notes sommaires sur le plan de Mayence, par Maître R. H. Expert", S. 1, in: Conseil supérieur d'architecture et d'urbanisme, Sitzungsakte „Séance de travail à Mayence le 18 février 1949", SAF K1/44 917.

die Arbeit der Behörden besser zu koordinieren. Er interessierte sich für die genaue Lage der Verkehrswege, vor allem für das Schienennetz, und zog dafür sogar den Wirtschaftsplan von 1939 zurate (Taf. VIII), denn „es wäre besser, dem zu folgen, was schon genehmigt wurde"; doch Bayer erinnerte ihn an den Widerstand der Mainzer gegen eine vom Dritten Reich aufgezwungene Planung.[110]

Prosts „Denkschrift" war zweifellos von allen französischen Analysen am sorgfältigsten ausgearbeitet. Lyauteys früherer Stadtplaner stützte sich dabei auf Notizen, die er sich im Oktober 1948 vor Ort gemacht hatte. Prost sprach sich energisch gegen den Wiederaufbau der alten Brücke aus, ein „unheilbares Hindernis für jede rationale Planung". Er schlug vor, die neue Brücke in die Achse der Kaiserstraße zu legen, an die Stelle des von den Amerikanern gebauten Brückenprovisoriums (Abb. 75). Er plädierte für die Übernahme einiger Elemente von Kreyßigs Gründerzeitplan und sogar für eine Beibehaltung der Blockstruktur, wobei die Innenbereiche unbebaut bleiben und über Durchgänge erschlossen werden sollten. Bestehende Baublöcke sollten zudem saniert und vor allem von den im Süden liegenden Anbauten bereinigt werden. Ihm sei bewusst, dass der Bedarf an neuen Wohnungen gedeckt werden müsse. Hierfür schlug er einen abgestuften, experimentellen Ansatz vor:

> Man könnte Versuchsgebäude testen, die so konzipiert sind, dass alle Teile des Hauses ohne die Hilfe von Bediensteten genutzt werden können: Building Kasernes [sic] mit Einrichtungen zur gemeinschaftlichen Nutzung, Mehrfamilienhäuser von geringer Höhe (drei Etagen), Gruppen von Einzelhäusern mit Gemüsegärten, die ja so nützlich sind, wenn man arbeitslos ist.[111]

Ein gewisses Feingefühl gegenüber den Interessen und Meinungen der betroffenen Bevölkerung ist bei allen französischen Kommissionsmitgliedern zu spüren. Lavedan bezog sich sogar explizit auf die „Doktrin" des französischen Nationalkomitees für Städtebau (Comité national d'Urbanisme), doch abgesehen von solchen allgemeinen Erwägungen gingen die Meinungen der Franzosen weit auseinander.

Auf der deutschen Seite konzentrierten sich Mehrtens und Dübbers ausschließlich auf die Frage der Autobahn, die sie unbedingt in den Süden legen wollten, während sich Fiederling eindeutig für Jörgs Nordroute aussprach (Taf. XL, vgl. Taf. XX und XXI).[112] In einem separaten Bericht ging Dübbers genauer auf die Frage des Brückenkopfs und der zwei Umgehungsstraßen („Tangenten") im Osten und im Westen ein und lieferte konkrete Argumente für die Südroute der Autobahn. Er schlug eine Sanierung der Altstadt vor, die das malerische Bild des Doms erhalte.[113] Schweizer vermied eine schriftliche Beurteilung von Einzelaspekten der Entwürfe und stellte lediglich fest, dass „die Zukunft einem metaphysischen Städtebau gehört und nicht einem rationalen Städtebau".[114] Bonatz besuchte wie Prost, sein Kollege in der Türkei, im Oktober 1948 Mainz und machte sich vielerlei Gedanken. In seinem Bericht vom 11. Oktober 1948 hielt er fest, Jörg liefere eine „ernsthafte Arbeit [...], die in ihrer Weiterentwicklung zu einem endgültigen Ergebnis führen kann".[115] Ohne den Gesamtplan in Frage zu stellen, kommentierte und kritisierte er dann eine Reihe von Details. Er wünsche sich eine sensiblere Lösung für die Gestaltung des Bahnhofplatzes und schlug vor, den Verkehr weiträumig um den Schillerplatz herumzuführen und die Ludwigsstraße nur auf ihrer Südseite zu verbreitern. Ohne ausdrücklich Partei zu ergreifen, lenkte er die Aufmerksamkeit der Kommission auf Schmitthenners Lösung: „Im

---

110 „Étude de MM. Warnery et Offenberg sur la ville de Mayence", S. 2, ebd.
111 „Mémoire de Henri Prost, membre de l'Institut [de France]", S. 4, ebd. Prost hielt sich vom 3. bis zum 17. Oktober 1948 in Baden-Baden und Mainz auf. Vgl. Henri Prost, „Reconstruction de Mayence", Oktober 1948, CAPA 343 AA 1/3 (HP. ARC.73/12).
112 „Planification de la reconstruction de la ville de Mayence, par les professeurs Dübbers et Mehrtens" sowie „Compte-rendu du professeur Fiederling", in: Conseil supérieur d'architecture et d'urbanisme, Sitzungsakte „Séance de travail à Mayence le 18 février 1949", SAF K1/44 917.
113 „Exposé du professeur Dübbers sur les plans et la ville de Mayence", ebd.
114 „Opinion du professeur Schweizer sur l'urbanisme", ebd.
115 „Rapport sur la reconstruction de la ville [de] Mayence du Professor Paul Bonatz", S. 1, ebd., dt. Originaltext „Besuch in Mainz am 7.10.1948" (Abschrift), o. O., 11.10.1948, gez. Bonatz, S. 1, SAM NL Dassen 9.

Plan Schmitthenner wird die in der napoleonischen Zeit angelegte Ludwigstr. [sic] als eine symetrische [sic] Einheit mit beiderseitigen Colonnaden gestaltet, etwa im Sinn der Rue Rivoli" (Taf. XXXIV, Abb. 111 und 113–115) .[116] Zur Verkehrsführung im Stadtkern äußerte er sich nicht, doch schlug er vor, den Verkehr aus der Umgebung des Doms herauszunehmen und keine zu niedrigen Gebäude zu errichten. Er lehnte Jörgs Lösung mit einer zentralen Rheinbrücke nicht kategorisch an, aber zählte Variationsmöglichkeiten und hierfür erforderliche Präzisierungen auf (Taf. XL und XLI).

Insgesamt ergab sich bei den Deutschen ein ebenso differenziertes Meinungsbild wie bei den Franzosen. Die wichtigsten Vertreter des Funktionalismus – Schweizer und Döcker, der nicht an der Sitzung vom 18. Februar 1949 teilgenommen hatte – schienen gleichgültig. Gleichzeitig war Schmitthenners potentieller Verbündeter Bonatz darauf bedacht, Neutralität zu wahren. Wie bereits geschildert wollte Schmitthenner von der Kommission zum Berichterstatter über die Planungen in Mainz bestimmt werden. Doch seine Kandidatur wurde ebenso abgelehnt wie die von Gruber, dessen Name Fiederling ins Spiel gebracht hatte.[117] Der einzige Punkt, über den man sich bei der Abschlusssitzung einigen konnte, war die Notwendigkeit, weitere Untersuchungen zu veranlassen.

Zu einem letzten Schlag gegen Lods' Planung holte dann noch Perret aus, der sein gewohntes Schweigen brach und vorschlug, die Kommission möge eine Empfehlung formulieren, in der die maximale Gebäudehöhe auf vier Stockwerke beschränkt werde. Koenig brachte zuletzt die Frage nach der Lage der Rheinbrücke erneut ins Spiel. Auch Offenberg und de Jaeger erinnerten daran, sich gegen den Wiederaufbau der Brücke an ihrem ursprünglichen Standort ausgesprochen zu haben. Als die Mitglieder eines nach dem anderen um Wortmeldung gebeten wurden, zeigte sich, wie gespalten die Kommission in Wirklichkeit war.

Das letzte Wort zur Affäre Mainz hatte Offenberg. Er stellte fest, dass die Verschleppung der Wiederaufbauplanung der Stadt vor allem auf die anhaltende Weigerung Lods' zurückzuführen sei, nicht auf den Rat deutscher Fachleute hören zu wollen.[118] Er bedauerte ausdrücklich die Unentschlossenheit des CSAU, der sich zu keiner handfesten Entscheidung durchringen konnte. Aus dieser Sitzung, die den Höhepunkt der Ambitionen des CSAU markierte, ging Jörgs Planung letztlich gestärkt hervor, da sie offensichtlich von den deutschen Behörden mitgetragen wurde und dank der analytischen Herangehensweise und der zugrunde gelegten Berechnungen glaubwürdig erschien.[119]

Lods, der persönlich nicht an der Sitzung teilgenommen hatte, wurde nur durch eine Zusammenstellung von Schwarzweißkopien seiner Pläne vertreten. Nur unter größten Mühen sollte er wieder in den Besitz der zur Verfügung gestellten eigenen Arbeitsunterlagen kommen. Das Originalmanuskript seines Buchs zur Planung von Mainz hatte Hettier ein Jahr lang bei sich behalten, bevor er es an de Jaeger weitergegeben hatte (Abb. 4). Als Lods von de Jaeger diese Unterlagen zurückforderte, nutzte er die Gelegenheit, um sich darüber zu beschweren, nicht zur Februarsitzung des CSAU eingeladen worden zu sein, um selbst seine Studien vorzustellen:

> Ich habe erfahren, dass am 18. Februar eine Kommissionssitzung stattfand, zu der Sie mich nicht eingeladen haben. Ich kann nur meine größten Bedenken zum Ausdruck bringen bezüglich

---

116 Ebd., S. 2. Bonatz' Bericht befindet sich in der Akte „Professor Bonatz. Stellungnahme zu dem Bebauungsvorschlag des Städt. Hochbauamtes Oberbaurat Joerg" (SAM NL Dassen 9) neben Carl Dassens zusammenfassenden „Bemerkungen zu dem Bericht des Prof. Bonatz vom 11. Oktober 48", Mainz, 14.12.1948, sowie Karl Maurers Erörterung der Thesen Lods' und der Arbeit des Hochbauamts: „Betr.: Sonderkonferenz zur Unterrichtung der Verwaltung über den Stand der Planungsarbeiten für den Wiederaufbau der Stadt Mainz", Mainz, 29.1.1948 (siehe auch SAM 100/1963/34, 9).

117 Protokoll der Abschlusssitzung „2ème session du 17. au 20. février 1949. Session de clôture Villa Krupp 20. février 1949 sous la présidence du général commandant en chef français en Allemagne Général Koenig", o.O., o.D., S. 11–13, EUP (IUP [o. Sign.]).

118 Gerd Offenberg, ebd., S. 27.

119 De Jaeger forderte Kraus, nun Oberbürgermeister von Frankenthal, dazu auf, Jörgs Planung dem CSAU anzuvertrauen. Nach der Kommissionsbesprechung erklärte Kraus, wie dankbar er Koenig sei für das „große Interesse", das er für die Stadt „und vor allem für die Probleme des Wiederaufbaus und der Stadtplanung" gezeigt hat. Emil Kraus, Brief an Albert de Jaeger, Frankenthal, 28.7.1949, NLJ.

der Art und Weise, wie die Dokumente erläutert wurden, da niemand zugegen war, der mit den grundsätzlichen Fragen vertraut war.[120]

Das Nachspiel ist ziemlich trostlos. Lods' Projekt verschwand und tauchte in den französischen Debatten über das Schicksal von Mainz nicht mehr auf. Unter den Beamten der Militärregierung schien eine Art Verschwörung des Schweigens geherrscht zu haben. So wurde Lods in einem internen Inspektionsbericht lediglich als ein „ehemaliger Mitarbeiter von Herrn Beaudouin" bezeichnet.[121] Lods' Planungsstab vor Ort zerstreute sich, nur Bayer und Jörg sollten weiterhin kooperieren. André François-Poncet, der französische Hohe Kommissar in Deutschland, beendete die Aktivitäten des CSAU per Dekret am 31. Dezember 1949, sehr zum Leidwesen von de Jaeger und seinem Team, die von den deutschen Kommissionsmitgliedern öffentliche Stellungnahmen erbaten.[122] Bei der Gründung des CSAU stand die heikle Frage des Wiederaufbaus von Mainz im Raum. Bei seiner Auflösung machte das Sekretariat eine Aufstellung über den Papierverbrauch, bei dem sich zeigte, dass der Schriftwechsel zu Mainz etwa ein Drittel aller Schreiben ausgemacht hatte.[123]

Jean-Louis Cohen

---

120 Marcel Lods, Brief an Albert de Jaeger, Paris, 16.3.1949, SAAI NL Bayer.
121 F. Martin, Inspektionsbericht „Reconstruction de Mayence", Freiburg, 20.12.1948, S. 2, AOFAA CERA 36.
122 Siehe bspw. die Korrespondenz zwischen Hamm und Schmitthenner: Le Secrétaire général du Conseil supérieur d'architecture et d'urbanisme, Brief an Paul Schmitthenner, Baden-Baden, 1.12.1949, sign. Hamm; o.V. [Paul Schmitthenner], Schreiben an Professor Hamm, Sekretär der „Hohen Kommission für Architektur und Städtebau", o.O., 5.12.1949; beide AOFAA AC/RA 697.
123 Commission supérieure d'architecture et d'urbanisme, Aufstellung „Travail exécuté par le secrétariat", o.O. [Baden-Baden], o.D. [Februar 1949], S. 1–4, AOFAA AC/RA 697/5/1.

VIELE PLÄNE UND KEIN PLAN

In den Vorstellungen der Franzosen zur Neuordnung Deutschlands sollte Mainz zur Hauptstadt des französischen Besatzungsgebiets ausgebaut werden. Die Kontroversen um die Rolle und das Stadtbild dieses neuen Mainz entzündeten sich dann an den ambitionierten Planungen der Section du Plan um Marcel Lods und an den auf andere Weise exemplarisch gedachten Vorschlägen Paul Schmitthenners, die über den Wiederaufbau der Stadt hinaus zukunftsweisende Gesamtstrategien im Blick hatten. Sowohl Lods als auch Schmitthenner entwickelten dabei eine neue Ordnung für den Mainzer Großraum beiderseits des Rheins, die sich zwar in den Überlegungen zur künftigen Stadtstruktur und in den vorgeschlagenen Bauformen unterschied, aber beide nahmen wenig Rücksicht auf bestehende Grundbesitzverhältnisse oder auf die Forderungen der Denkmalpflege. Die komplexen Behördenstrukturen mit den sich überlagernden Zuständigkeiten zwischen den militärischen und zivilen Besatzungsbehörden Frankreichs und den verschiedenen deutschen Ämtern auf Mainzer und regionaler Ebene führten zu einem Kompetenzgerangel, das die Polarisierung der Lager in Anhänger des funktionalistischen Entwurfs der Section du Plan und in Befürworter von Schmitthenners traditionalistischem Gegenvorschlag zusätzlich befeuerte und einen planvollen Wiederaufbau der Stadt verzögerte.

Mit den Expertisen ihres deutsch-französischen Beratergremiums hätte die Hohe Kommission für Architektur und Städtebau (CSAU) eine ordnende Autorität für das kontroverse Mainzer Planwerk werden können. Doch mit der Auflösung der kurzlebigen Kommission war die Chance vertan, dem Wiederaufbau der Stadt die durchaus stimmigen Ergebnisse eines im Entstehen begriffenen binationalen Planungsdiskurses zugute kommen zu lassen. Die Gründung der Bundesrepublik beendete schließlich die Ambitionen der Besatzer und das Nebeneinander der Dienststellen. Zu diesem Zeitpunkt waren sowohl Lods als auch sein Gegenspieler Schmitthenner längst aus Mainz abberufen, und nach der Auflösung der Section du Plan hatten sich deren Mitarbeiter in alle vier Winde zerstreut. Elsa Sundling folgte 1949 Lods' Ruf nach Casablanca, wo sie einige Jahre dessen Büro leitete. 1952 kehrte sie nach Schweden zurück, wo sie 1955 den Generalbebauungsplan und 1956 den Regionalplan von Uppsala bearbeitete und 1960–1963 als stellvertretende Chefarchitektin im Dienst der Stadt Västerås stand.[1] Auch Gérald Hannings Berufsweg blieb international geprägt. Nach der Arbeit mit Vladimir Bodiansky am Wohnungsbauprogramm für La Réunion leitete er in den 1950er Jahren das Stadtplanungsbüro von Algier und wurde danach als Planungsexperte hauptsächlich für den französischen Staat und internationale Organisationen wie die Vereinten Nationen tätig, wobei er immer wieder sein großes zeichnerisches Talent unter Beweis stellen konnte.[2]

Adolf Bayer hingegen kehrte 1948 auf seine Stelle im Mainzer Hochbauamt unter Richard Jörg zurück. So konnten nach dem Abgang exponierter Protagonisten wie Lods und Schmitthenner die Architekten aus den Mainzer Planungsbehörden stärker in Erscheinung treten. Doch an einen großen Stadtentwurf für Mainz wagte man sich zunächst nicht, an seine Stelle trat eine Vielzahl dringender Wiederaufbau- und Ausbaumaßnahmen. Die großen Fragen der Mainzer Stadtentwicklung, die schon vor Lods' und Schmitthenners Zeit im Wirtschaftsplan von Heinrich Knipping formuliert worden waren, wurden erst Mitte der 1950er Jahre dank des Auftretens neuer Akteure wieder angegangen, die von außen eine scheinbar unbelastete Sicht nach Mainz mitbrachten, andererseits aber die städtebaulichen Diskurse und Vorschläge ihrer Vorgänger wieder aufnahmen und kontrovers diskutierten.

Lods selbst schien seine Mainzer Planung sehr bald schon als eine Hypothek empfunden zu haben. In Bertrand Monnets *Französischer Architektur- und Städtebauausstellung* wurde der Mainzer Entwurf

---

1 Svensson 2017.
2 Deluz 2003, Montillet 2012.

noch gezeigt, und Lods hielt zu ihrer Eröffnung am 29. September 1948 in Freiburg einen Vortrag und stellte das Projekt vor.³ Die Wanderausstellung durchlief alle drei Westzonen und erhielt viele positive Rückmeldungen.⁴ Im Kölner Staatenhaus von Adolf Abel hingen die Tafeln zu Mainz im Februar 1949 neben denen zu Lods' Wiederaufbauprojekt für Sotteville-lès-Rouen, die ja auch in Mainz über die Zeichentische der Section du Plan gereicht worden waren und noch die Arbeit an der Unité d'habitation Wallstraße beeinflusst hatten (Abb. 126).⁵

Der Generalplaner der Stadt Köln, Rudolf Schwarz, der die Wanderausstellung im Staatenhaus mitvorbereitet und wenig später an der von Monnet für Architekten und Stadtplaner der französischen Zone und benachbarter Städte organisierten Studienreise nach Frankreich teilgenommen hatte, hatte sich besonders für Lods' Großbaustelle bei Rouen interessiert und ihn ausführlich dazu befragt. Über die gescheiterte Planung für Mainz hingegen wurde kaum gesprochen: „Lods ist jetzt mit ganz anderen Dingen beschäftigt."⁶ Nach seiner Reise im Mai 1949 erinnerte Schwarz daran, „daß Herr Lods einige Jahre unser Gast in Deutschland war. Er hat im Auftrag der Militärregierung eine Planung für Mainz aufgestellt, die sehr großzügig und in mancher Beziehung genial war, aber in die dürftige deutsche wirtschaftliche Lage und übrigens auch in die bürgerliche Atmosphäre von Mainz nicht recht hineinpassen wollte."⁷

Im Juli 1949 nahm Lods am CIAM-Kongress in Bergamo teil, der ganz im Zeichen des von der ASCORAL-Gruppe entwickelten CIAM-Rasters stand. Dessen Praxistauglichkeit als universelles Stadtanalyse- und Stadtplanungswerkzeug sollte anhand konkreter Wiederaufbauprojekte aufgezeigt werden. Unter Vorsitz Le Corbusiers wurden in Bergamo dreißig Anwendungsbeispiel des CIAM-Rasters vorgestellt, wobei Lods' Beitrag sich auf Sotteville beschränkte. Die Mainzer Planung hatte er nicht als CIAM-Raster aufbereiten lassen, vorgeblich aus Kostengründen, und auch in den Sitzungen erwähnte er sie mit keinem Wort.⁸

Ganz anders ging die im Saarland aktive Équipe des urbanistes mit ihren auf der Kippe stehenden Wiederaufbauplanungen um, für deren Rettung es bis zur Ablehnung der Europäisierung des Saarlandes bei der Volksabstimmung von 1955 zumindest Hoffnung gab. Die CIAM-Mitglieder Édouard Menkès und André Sive präsentierten gemeinsam mit Marcel Roux gleich drei der zwischen 1945 und 1949 erstellten Planungen im CIAM-Raster: den von Roux und Sive erstellten Regionalplan, Menkès' Wiederaufbauprojekt für Saarlouis und Georges-Henri Pingussons Planung für Saarbrücken (Abb. 124 und 125).

Mit der früheren Assistentin von General Pierre Jacobsen, der Juristin Françoise Dissard, saß auch ein Mitglied in der Kommission, das wie Lods mit dem Kapitel Rheinpfalz abgeschlossen hatte und nun als Büroleiterin des auch in Bergamo anwesenden Ministers für Wiederaufbau und Städtebau, Eugène Claudius-Petit, an neuen Herausforderungen teilhatte.⁹ Vor diesem Hintergrund könnte Lods' Übergehen seiner Mainzer Planung auch der Erkenntnis geschuldet sein, dass in Bergamo mit einem gescheiterten Projekt keine Werbung mehr in eigener Sache zu machen war.

So hatte Lods selbst einen gewissen Anteil daran, dass seine Mainzer Planung in der internationalen Städtebaudebatte der Nachkriegszeit kaum eine Rolle spielte und im Laufe der Zeit in Vergessenheit geriet, wenn man einmal von den hier und da aufblitzenden Erinnerungen der beteiligten Planer und der Gegner absieht – ähnliches gilt im übrigen auch für Schmitthenners Planung. In Frankreich wurde die Arbeit der Section du Plan 1954 nur als akademisches Referenzprojekt für modernen Wohnungsbau in den Tafeln des Lehrbuchs *Conversations sur l'architecture* von André Gutton abgebildet, dem

---

3 AOFAA AC/RA 700/8.
4 Leitl 1949.
5 Zur Planung in Sotteville befinden sich sechs Pläne (Arbeitsstand April 1947) im Nachlass Bayer: Lageplan der Siedlung, Lageplan eines Baufelds Rue de la République/Rue Garibaldi mit Wohnriegel sowie dessen Querschnitt, Regelgeschoss und zweier Teilansichten, SAAI NL Bayer.
6 Schwarz 1949, S. 357.
7 Ebd.
8 Laut Rémi Baudouï, siehe Cohen/Frank 1989, Bd. 3, Teil 2, S. 584. Wortmeldung von Marcel Lods siehe „IIe commission. Compte-rendu de la session plénière, 29.7.1949", in: Ungers 1979, S. 4.
9 Ebd., „Rapport de la Vème commission. Réalisation des principes de la Charte d'Athènes. Réformes législatives et administratives". Die Hälfte der Kommissionsmitglieder waren Franzosen, zu denen neben den genannten auch Pierre Jeanneret zählte. Deutsche waren von der Teilnahme ausgeschlossen.

126 Marcel Lods: *Planungen zum Wiederaufbau von Mainz und von Sotteville* [ganz rechts], Ausstellungstafeln der *Französischen Architektur- und Städtebauausstellung* im Kölner Staatenhaus, 1949, Raumgestaltung von Ilse Runge, Cité de l'architecture et du patrimoine, Archives d'architecture du XXe siècle, Nachlass Lods, Paris.

letzten Inhaber des Lehrstuhls für Architekturtheorie an der École des beaux-arts.[10] Die (West-)Deutsche Akademie für Städtebau und Landesplanung gab 1961 eine erste Breitbandstudie zum Städtebau der Nachkriegszeit heraus, Edgar Wedepohls *Deutscher Städtebau nach 1945*, die den Wiederaufbau von 56 deutschen Großstädten behandelte, ohne Mainz auch nur zu erwähnen.[11]

Hingegen würdigte Heinrich Henning, Redakteur der *Neuen Stadt*, 1953 in einem langen, reich bebilderten Artikel zur Mainzer Stadtentwicklung Lods' Arbeit und deren Fortführung durch Jörg. Lods' Verdienst sei der Entwurf eines Zukunftsbilds,

ohne welches alles Mühen der Gegenwartsarbeit kostspieliges Stückwerk bleibt. Sein Wert wird von der Bevölkerung, auch von den auftragshungrigen Architekten nur selten erkannt; es wäre die Pflicht der Verantwortlichen, diese Idealpläne [...] zu propagieren und begreiflich zu machen, daß das materielle, leibliche und das seelische Wohlergehen der Bevölkerung von der möglichst weitgehenden Verwirklichung solcher Idealpläne abhängig ist.[12]

Lods' Planung sei nicht das wirklichkeitsfremde Phantasieprodukt eines Architekturtheoretikers, sondern ein Idealplan im Sinne eines Generalbebauungsplans, der auf geografische Gegebenheiten Rücksicht nähme, großzügige, aber mögliche Fernziele aufzeige und das Gerüst bilde für eine allmählich

10 Gutton 1954, S. 90 sowie Taf. II und LXX. In Taf. III ist ein Wohnungsgrundriss des 1947 in *L'Architecture d'aujourd'hui* (Lods 1947a, e) veröffentlichten erwähnten Entwurfs einer Unité d'habitation für Mainz von Walter Brückner, Helmut Seidler und Eugen Blanck abgebildet.
11 Wedepohl 1961.

12 Henning 1953, S. 60.

127 Fritz Arens: *Blick vom Dom auf die Ludwigsstraße*, 1951, im Vordergrund das von Richard Jörg 1949–1951 wiederaufgebaute Mollersche *Theater am Gutenbergplatz*, am Ende der Ludwigsstraße der von Herbert Rimpl und Erich Pülz 1947/48 wiedererrichtete *Bassenheimer Hof am Schillerplatz*, Generaldirektion Kulturelles Erbe Rheinland-Pfalz, Archiv der Landesdenkmalpflege, Mainz.

fortschreitende Einzelarbeit, die im Laufe der Jahre mosaikartig auf ein Endbild hinstreben solle, das selbst im Verlauf der Jahre Änderungen unterworfen sein würde.[13] Die Ablehnung des Plans sah Henning in rein gefühlsmäßigen, und nicht etwa in sachlichen Gründen, zumal die abgeschlossene Planung nicht nach wirtschaftlichen Vor- und Nachteilen untersucht und beziffert worden sei. So trete der Idealplan „in den Hintergrund vor den ‚praktischen' Überlegungen, vor den Forderungen des Tages, vor der Stimme des Wählers und vor der schwerfälligen Maschinerie der Amtsstuben."[14]

Die offiziöse DDR-Zeitschrift *Deutsche Architektur* publizierte 1955 einen kritischen Standpunkt Gerhard Strauß' zur Mainzer Neuplanung, für ihn ein Beispiel des kapitalistischen Städtebaus, der den Fragen des „nationalen Erbes" und der „deutschen Stadtbaukunst" nicht gerecht werde. Strauß verwies dabei auf Eustache de Saint-Fars ordnendes Verständnis des Mainzer Stadtorganismus und lobte die Vorschläge Karl Grubers von 1943 (Taf. II, Abb. 121 und 122):

Der von französischer Seite inspirierte Plan von Marcell [sic] Lods negiert 1950 all das. Gleich den Markierungen einer Hollerith-Karte sieht er Hochhäuser in additiver Reihung vor, die zwar dem Gelände folgen, aber auch nicht mehr und selbst das auf sehr problematische Weise. Die Hochhäuser schieben sich […] in den Kern der alten Anlage vor. Wie sehr man diese unterschätzt, wie belanglos dieses Dokument deutscher Geschichte dort erscheint, wird etwa durch die projektierte hohe Auffahrtsrampe zur Brücke ausgewiesen. Sie ist nur funktionell im Dienst

13 Ebd., S. 70.
14 Ebd., S. 78.

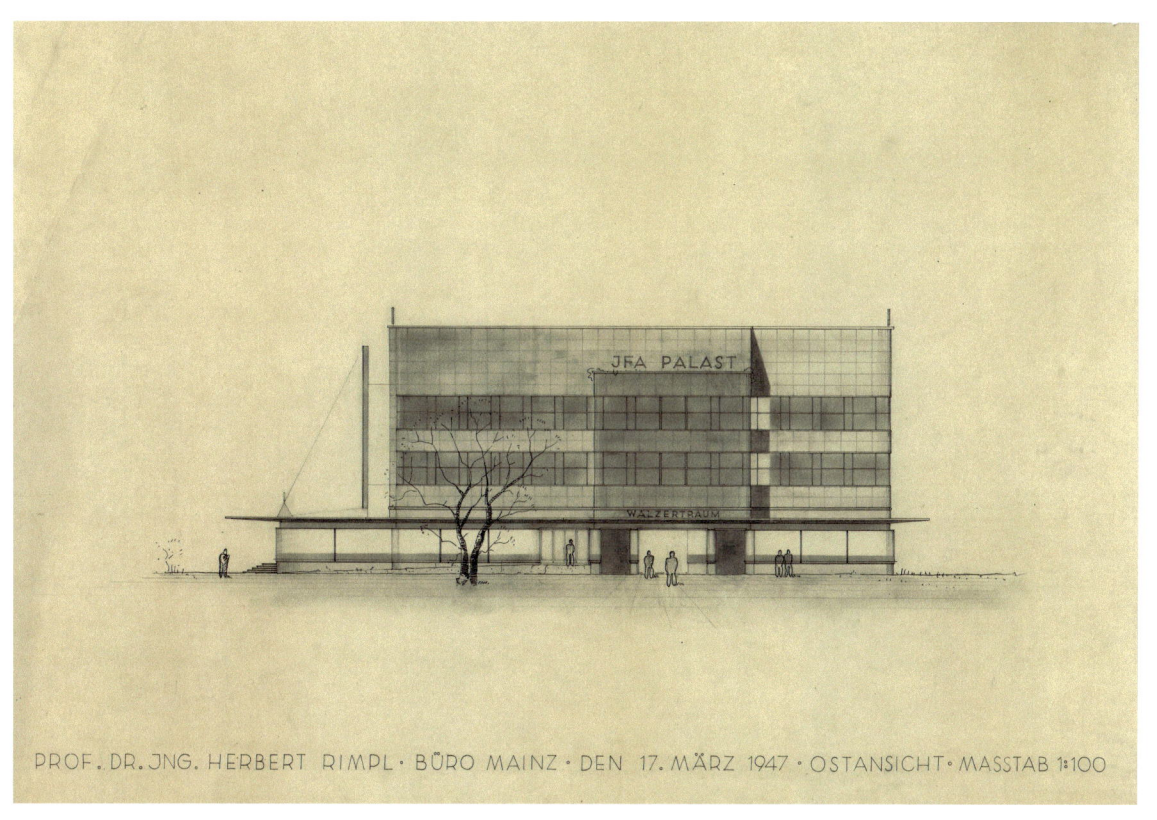

128 Herbert Rimpl: *Entwurf zum Wiederaufbau des IFA-Palasts an der Großen Bleiche*, 1947/48, *Ostansicht*, Mainz, 17. März 1947, Hessisches Hauptstaatsarchiv Wiesbaden, Nachlass Herbert Rimpl.

des Fernverkehrs von Paris nach Prag geplant, zerschneidet rücksichtslos den alten Stadtorganismus und drückt den kostbaren Dom in eine Tallage hinab.[15]

Lods stattete Mainz wohl keinen Besuch mehr ab, blieb aber ein aufmerksamer Beobachter des Architekturgeschehens in Deutschland. Wie viele andere besuchte er im August 1957 Berlin und wechselte leichten Fußes von den Veranstaltungen der *Interbau* im Westen zu den Großprojekten in Ostberlin, wo der Spaziergang auf der Stalinallee bei ihm einen bleibenden Eindruck hinterließ. Sicherlich war ihm nicht bekannt, dass Egon Hartmann, einer der maßgeblichen Architekten der Ostberliner Magistrale, unterdessen in Mainz in seine Fußstapfen getreten war.

15 Strauß 1955, S. 164.

In Mainz, das mit Franz Stein am 21. Februar 1949 einen neuen Oberbürgermeister gewählt hatte, kehrte nach den Planungskontroversen der Besatzungszeit mit der Konsolidierung der Institutionen der Bundesrepublik Deutschland zunächst ein wenig Ruhe ein. Wichtige Aufgaben des Wiederaufbaus trugen ihre ersten Früchte; so hatte die Stadtverwaltung gerade in den ersten fünf Jahren nach Kriegsende einen Großteil ihrer Energie darauf verwendet, eine beachtliche Zahl Mainzer Baudenkmäler zu restaurieren oder zu rekonstruieren. Im Vergleich zu der angespannten Diskussion über den Gesamtplan der Stadt und die Form der neuen Wohnquartiere waren die Belange der Denkmalpflege auch in der Besatzungszeit kaum zum Ziel polemischer Attacken geworden. Die französischen Aufsichtsbehörden verhielten sich hier offenbar zurückhaltender als in Fragen der Gesamtplanung; jedenfalls sprach Jörg ihnen 1952 in seiner Bilanz über die Wiederaufbaupolitik

129 Richard Jörg, Bernhard Schmitz: *Kirche Heilig Kreuz in Mainz*, 1952–1954, *Blick in den Altarraum*, Fotografie von Ludwig Richter, Stadtarchiv Mainz.

für öffentliche Gebäude in Westdeutschland ein „großes Verdienst" zu.[16] Diese Einschätzung teilte auch Fritz Arens, der oberste Mainzer Denkmalpfleger jener Jahre, für den die „Wiederherstellung der grossen Mainzer Adelshöfe und Schlösser für Regierungszwecke [...] von der französischen Besatzungsmacht gewünscht und gefördert wurde".[17]

Direkt beteiligt waren die französischen Behörden am Wiederaufbau des Osteiner Hofs durch Heinrich Delp, der das städtische Sonderbaubüro für die Bauten der französischen Militärregierung und ab 1949 das Staatliche Hochbauamt Mainz leitete (Abb. 77), und Herbert Rimpl führte mit Erich Pülz den Wiederaufbau des Bassenheimer Hofs und des benachbarten Hauses Maack zur französischen Kommandantur aus. Der ursprünglich barocke Hof am Schillerplatz sollte dabei in seinen Originalzustand zurückversetzt werden, schließlich hatte das um 1750 erbaute Hôtel particulier mit seinen zurückhaltenden, französisch inspirierten Fassadenelementen auch schon Napoleons Chefplaner Saint-Far goutiert, der den Hof zum Endpunkt des Straßendurchbruchs der später Ludwigsstraße genannten „Grande Rue Napoléon" machte (Taf. II und Abb. 127).[18] Mit der bis zur Baureife verfolgten Planung zum Ausbau des kriegsbeschädigten Ifa-Filmpalasts an der Großen Bleiche hingegen hätte Rimpl auch der Zeit des Aufbruchs nach dem Krieg ein würdiges Denkmal setzen können (Abb. 128).[19]

16 Jörg 1952, S. 66.
17 Fritz Viktor Arens, „Die Arbeiten der Denkmalpflege in Mainz von 1945–1950", o. D., S. 2, AOFAA AC/Cab. 83,5.
18 Pfister 1950. Nach dem Ende der Besatzungszeit diente der Hof als Amtssitz des Ministerpräsidenten von Rheinland-Pfalz.
19 Siehe hierzu rund 80 Pläne und Zeichnungen in den Maßstäben 1:100 bis 1:1 aus dem Zeitraum von März 1947 bis Oktober 1948, HHSTAW, Abt. 1161, Nachlass Rimpl.

130 *Der Schönborner Hof in Mainz, Sitz des Institut français*, Wiederaufbau 1951/52, *Blick vom Schillerplatz*, 1954, Stadtarchiv Mainz.

Auch nach der Besatzungszeit lag Mainz Frankreich am Herzen. Auf Anregung des französischen Hohen Kommissars in Deutschland, André François-Poncet, sollte das Mollersche Stadttheater am Gutenbergplatz wiederaufgebaut werden (Abb. 127). Als leitender Planer konnte Jörg 1949–1951 hier seine Qualitäten als Architekt unter Beweis stellen, genau so wie beim Bau der Heilig-Kreuz-Kirche, die er 1952–1954 gemeinsam mit Bernhard Schmitz in der Oberstadt als Zentralbau aus Stahlbeton errichtete (Abb. 129).

Der auf französische Anweisung zunächst nur gesicherte Schönborner Hof in der Schillerstraße wurde auf Initiative Raymond Schmittleins, der in Baden-Baden die Kulturpolitik in der französischen Besatzungszone geleitet hatte, bis 1952 als Sitz des Institut français wiederaufgebaut. Der traditionalistische französische Architekt Jean-Charles Moreux, der mehrfach im Nachkriegsdeutschland tätig war, wurde 1952–1954 mit seiner Innenraumgestaltung beauftragt (Abb. 130).[20] Die bedeutungsvollste Baumaßnahme jener Jahre war jedoch 1950/51 der Wiederaufbau des Deutschhauses zum Sitz des Landtags von Rheinland-Pfalz nach Delps Entwürfen (Abb. 131).

Mit dem Verlust ihrer rechtsrheinischen Gebiete gestaltete sich die Ansiedlung der Mainzer Industrie als ungleich schwieriger als der Wiederaufbau der Baudenkmäler der Stadt. Rimpls von der Section du Plan gesteuerte Planungen für die Mainzer Hafen- und Industriegebiete waren mit dem Ende der französischen Besatzung Makulatur geworden, sodass sein Büro 1949 ins rechtsrheinische Wiesbaden umzog. Erst der wirtschaftliche Aufschwung im Zuge der Währungsreform brachte Mainz Investitionen

20 Cohen/Frank 2013b, S. 29, 356. Zu Moreux' Innenraumentwürfen, siehe CAPA 171 Ifa 28/6.

131 Staatliches Hochbauamt Mainz, Heinrich Delp: *Wiederaufbau des ehemaligen Großherzoglichen Palais (Deutschhaus) zum Landtag von Rheinland-Pfalz*, 1950/51, *Blick auf die Gesamtanlage von Norden*, 1951, Fotografie von Fritz Arens, Generaldirektion Kulturelles Erbe Rheinland-Pfalz, Archiv der Landesdenkmalpflege, Mainz.

und Bauaufträge der Industrie, die nun statt Rimpl dem nicht minder erfahrenen Architekturbüro von Ernst Neufert zugesprochen wurden. Neufert siedelte 1951–1953 für Erich Schott den westdeutschen Ableger der Jenaer Glaswerke im Norden der Neustadt an, auf demselben Areal, das Rimpl für die „Industriewerke Mainz" vorgesehen hatte.[21] Ab Mitte der 1950er Jahre baute er als Hausarchitekt der Firma Dyckerhoff das Werkareal im rechtsrheinischen Mainz-Amöneburg aus. 1959–1963 errichtete er dort das Verwaltungsgebäude der Zementwerke als eine direkt am Fluss stehende Hochhausscheibe (Abb. 132).[22] Dadurch schob er den städtebaulichen Akzent, den Lods und Rimpl mit dem Haus der Internationalen Rheinschifffahrt in den Mainzer Zollhafen setzen wollten (Abb. 105 und 106), an das nunmehr hessische rechte Rheinufer.

Auf Seiten der Mainzer Behörden standen nach der Gründung der Bundesrepublik mit dem Ende der Doppelverwaltung während der Besatzungszeit die Zeichen für ein rasches Voranschreiten beim Wiederaufbau eigentlich günstig. Klarsichtig blickte Baudezernent Carl Dassen auf die verworrenen Zustände der Jahre 1947/48 mit ihren wechselnden, gegeneinander arbeitenden Interessensgruppen zurück:

21 Herbert Rimpl, Büro Mainz, Schreiben an das Wiederaufbauamt „Betr.: Honorar-Rechnungen zu den Teilbebauungsplänen für Industriegelände in Mainz", Mainz, 21.4.1947, sign. i. V. [unleserlich], SAM 100/1966/8, 38. In den 1980er Jahren befand sich im Bestand Bayer des Mainzer Stadtarchivs ein Lageplan „Industriewerke Mainz" im Maßstab 1:2000, gez. Prof. Dr. Ing. Herbert Rimpl Büro Mainz (Stempel), der dort heute nicht mehr auffindbar war. Zu Neuferts Industriewerk für Schott, siehe Heymann-Berg/Netter/Netter 1973, S. 56–63.

22 Ebd., S. 216–229.

132 Ernst Neufert: *Verwaltungshochhaus der Zementwerke Dyckerhoff in Amöneburg*, 1959–1963, Fotografie von Carl-Otto Rübartsch, Abbildung aus: Joachim P. Heymann-Berg, Renate Netter, Helmut Netter (Hg.), *Ernst Neufert, Industriebauten*, Wiesbaden, Berlin und Hannover 1973.

Reg.Direktor Holzmann (Bez.Regierung), Generalbaudirektor Imm […], Dr. Dassen gegen Bürgermeister Maurer, der von Oberbürgermeister Dr. Kraus unterstützt wurde. Reg.Direktor Holzmann gegen Oberbaurat Jörg, der je nach Umständen von Bürgermeister Maurer unterstützt wurde, Dr. Dassen und Oberbaurat Jörg gegen Bürgermeister Maurer und Oberbürgermeister Dr. Kraus. Oberbaurat Jörg gegen Bürgermeister Maurer. Generalbaudirektor Imm gegen Arch. Lods.[23]

23 Carl Dassen, „Die Bauverwaltung der Stadt Mainz von 1945 bis 1957", 49 Seiten, Mainz, 10.7.1958, S. 8, SAM NL Dassen 21. Jörgs Zusammenarbeit mit Maurer und Imm war gleichermaßen von persönlichen und sachlichen Differenzen geprägt, die auch Oberbürgermeister Emil Kraus nicht zu schlichten vermochte, siehe hierzu Dienstnotizen, Stellungnahmen und Schriftwechsel Jörgs, Maurers und Kraus' zwischen August 1947 und März 1949, Personalakte Richard Jörg, SAM 90/1971/11, 46.

Nach der Entlassung Karl Maurers 1949 vereinigte Dassen wieder das gesamte Bauwesen in seinem Dezernat. Stadtplanung und Wiederaufbau fielen damit an Jörgs Hochbauamt, und mit der Auflösung von Wilhelm Imms Zweckverband Ende 1950 wurden auch dessen Aufgaben vom Hochbauamt übernommen. Doch trotz der Bündelung der Planungsressorts gelang es Jörg nicht, den Wiederaufbau in ruhigere Bahnen zu lenken. Neben gelegentlichen Pressegefechten mit seinem Vorgänger Erich Petzold wurde seine Planungsautorität vor allem durch die Vertreter der vorgesetzten Landesbehörden untergraben. Da die letzte Entscheidung über die Aufbauplanung bei der Mittleren und Oberen Baubehörde lag, musste das Hochbauamt seine Bebauungspläne in Einvernehmen mit Gerd Offenberg, der als Leiter des Referats für Städtebau und Landesplanung das Ministerium für Finanzen und Wiederaufbau vertrat, und mit Delp, dem Vertreter der Bezirksregierung, aufstellen.

Als Mitglied des CSAU hatte sich Offenberg ein gutes Bild von den Anstrengungen zum Wiederaufbau der Großstädte in der französischen Zone machen können, wobei er bezüglich Mainz vor allem Stellung für Schmitthenner und gegen Lods bezogen hatte. Jörg und Bayer standen jedoch für eine Kontinuität mit der Arbeit der Section du Plan, die Jörg schon 1948 in seine auch dem CSAU vorgelegte Planung eingearbeitet hatte, wobei er in einigen Punkten die zwischen dieser und dem städtischen Planungsamt kontroversen Auffassungen zum Wiederaufbau abgemildert hatte. Gegen Offenberg hatte Jörg auch weiterhin keinen leichten Stand, zumal die Familie Petzold zum engsten Freundeskreis der Offenbergs in Mainz gehörte.[24]

Durch ihre ablehnende Haltung gegenüber Jörg und Bayer verzögerten Delp und Offenberg den Mainzer Wiederaufbau und wandten sich stattdessen mit eigenen Denkschriften an die Öffentlichkeit.[25] Darin plädierten beide für einen konservativen Wiederaufbau, befürworteten aber dennoch breite Straßendurchbrüche durch das Gefüge der Altstadt, um den Fahrverkehr auf den Hauptgeschäftsstraßen zu entlasten. Beide schlugen die Große Langgasse als Entlastungsstraße vor, die ausgehend von der Kaiserstraße parallel zur Schillerstraße und nach einem Bogen in Richtung Rhein dann parallel zur Ludwigsstraße geführt werden sollte.

Die Überlegungen zum Regionalplan, insbesondere Jörgs Bandstadtkonzept für das Rhein-Main-Gebiet und die städtebauliche Neuordnung des Großraums Mainz-Wiesbaden, konnten vom städtischen Hochbauamt nicht mehr weiterverfolgt werden (Taf. XXXII und XXXIII). Denn mit der Neugründung eines Landesplanungsamts für Rheinland-Pfalz übernahmen hier die Jörgs Dienststelle vorgesetzten Genehmigungsbehörden nach und nach die Federführung. Fragen zur Entwicklung des Rhein-Main-Gebiets und zu den ehemals rechtsrheinischen Mainzer Stadtteilen wurden nunmehr auf Regierungsebene zwischen Rheinland-Pfalz und Hessen abgestimmt. Neben dem Mainzer Regierungspräsidium mit Delp wurde dabei vor allem Offenbergs Referat für Städtebau und Landesplanung aktiv. Unter diesen Umständen mussten Jörg und Bayer ab 1949 ihre Planungstätigkeit auf das linksrheinische Mainzer Stadtgebiet beschränken und die Wiederaufbauplanung der Stadt mit ständigen, pragmatisch bedingten Planänderungen fortführen.

Ihre Planungen standen dabei erkennbar im Zeichen von Otto Ernst Schweizers Überlegungen für das „neue Bonn als Stadt der weiten Freiräume", dieser im Rahmen seiner Planungstätigkeit für den Ausbau Bonns zum provisorischen Regierungssitz der Bundesrepublik angestellt hatte. Zwischen Rhein und den begrenzenden Höhenzügen im Westen der Stadt sollte das Bonner Regierungsviertel als ein neuer Typ von Stadt entstehen, dessen Erscheinung nicht durch Monumente, sondern durch Landschaftselemente wie „Wasser, Strom, das Gebirge, die hügeligen Flächen und das Grün" sowie „Aussichtsmöglichkeiten und Blickrichtungen" bestimmt würde (Abb. 133).[26] Die Leitmotive der „weiten Freiräume" und „freien Durchblicke" schienen auf die Planung für Mainz übertragbar, weil dessen topografische Bedingungen mit Bonn vergleichbar seien. Auch in Mainz sollte die „Landschaft eine Komponente der Architektur" werden und Bauten sowohl untereinander als auch zu „landschaftlichen Werten in organische Beziehung" treten.[27]

In ihrem preisgekrönten Entwurf, dessen Plangrafik stark an die Arbeiten der Section du Plan erinnert,[28] hatten Jörg und Bayer ähnliche Prinzipien schon 1947/48 im Ideenwettbewerb für den Wiederaufbau des westlichen Abschnitts der Kaiserstraße in Karlsruhe entwickelt (Abb. 134).[29] Fragen der Verkehrsordnung, der Auflockerung der Baublöcke sowie der Schaffung von Gehwegen und Ladenstraßen bestimmten den Umgang mit dem Karlsruher

---

24 Offenberg 1974, S. 383.
25 Offenberg 1957/58, 6.12.1957, S. 6; Carl Dassen, „Die Bauverwaltung der Stadt Mainz von 1945 bis 1957", 49 Seiten, Mainz, 10.7.1958, S. 22, 41f., SAM NL Dassen 21; Heinrich Delp, „Möglichkeiten beim Wiederaufbau der Altstadt von Mainz", Denkschrift (17 Seiten, 1 Blatt Maßnahmenprogramm, 4 Pläne), Mainz, Februar 1949, SAM NL Dassen 9.
26 Schweizer, zit. nach Boyken 1996, S. 202.
27 Siehe Jörgs Vorwort zu Streif 1950, S. 3.
28 Die geistige Verwandtschaft des Karlsruher Wettbewerbsbeitrags mit der Mainzer Planung der Section du Plan hatte Strauß hervorgehoben, siehe Strauß 1955.
29 Siehe den Wettbewerbsbericht, Eckstein 1948. Otto Ernst Schweizer saß neben Otto Bartning und Richard Döcker als einflussreichster Preisrichter in der Wettbewerbsjury.

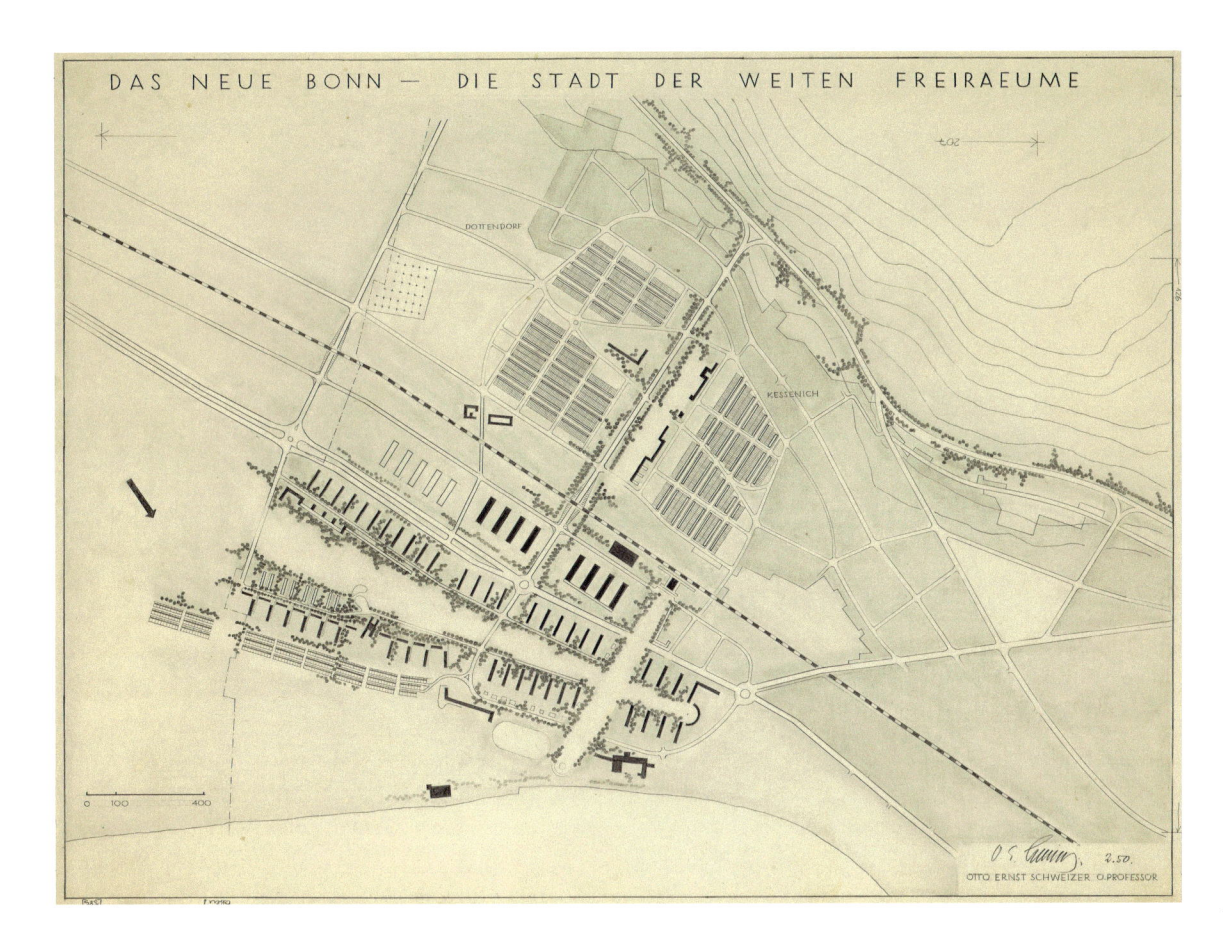

133
Otto Ernst Schweizer: *Planungen für "Das neue Bonn – Die Stadt der weiten Freiräume"*, 1949/50, *Bebauungsplan*, Februar 1950, Südwestdeutsches Archiv für Architektur und Ingenieurbau (saai), Karlsruher Institut für Technologie (KIT).

Stadtorganismus. Bayers frühere Überlegungen zur Gestaltung der Ludwigstraße in Mainz flossen dabei in den Entwurf eines „Ladenkorsos" entlang der Kaiserstraße als der Karlsruher Geschäftsmeile ein.[30] Obwohl beiden eine Rekonstruktion des Weinbrennerschen Ensembles am Marktplatz durchaus am Herzen lag, verfolgten Jörg und Bayer für die Kaiserstraße eine andere Stadtidee. Im Plan wird sie von eingeschossigen Geschäftspassagen gesäumt, die als „relative Bebauung" eine sockelartige Stadtebene bilden. Darüber erhebt sich die „absolute Bebauung" mit Bestandsbauten des alten Stadtbilds und markanten neuen Hochhäuser. Es sollte eine durchgrünte Stadtlandschaft entstehen, wobei die von der Kaiserstraße gewonnene Blickfreiheit

auf Weinbrenners Stephanskirche an die Mainzer Situation erinnert, wo der Dom mittels einer gestaffelten Bauweise entlang der Ludwigstraße ins Blickfeld rücken sollte.

Auch in Mainz verfolgten Jörg und Bayer mit ihrer Planung nicht den Wiederaufbau des alten Stadtkörpers, sondern die Schaffung eines Stadtorganismus, der einzelne Baudenkmäler und Ensembles untereinander und zur Landschaft in Beziehung setzen und den Herausforderungen einer modernen City gerecht werden sollte. Entsprechend ließen sie dem innerstädtischen Verkehrsplan sowie der Gestaltung der Ludwigstraße, des Rheinufers und eines Fußgängerwegenetzes in der Innenstadt besondere Bedeutung zukommen (Taf. XLI). Die Rheinbrücke sollte unweit ihrer alten Stelle wiedererrichtet werden, wobei von den Brückenauffahrten dem Ankommen „in einer großartigen Überschau die Stadt als Ganzes gezeigt" und gleichzeitig „der

---

30 Ebd., siehe auch die Pläne und den Auszug aus dem Erläuterungsbericht zum Wettbewerb Kaiserstraße Karlsruhe, SAAI NL Bayer.

134

Richard Jörg, Adolf Bayer: *Entwurf zum Ideenwettbewerb Kaiserstraße Karlsruhe*, 1947/48, *Plan des Stadtzentrums*, 1947/48, Südwestdeutsches Archiv für Architektur und Ingenieurbau (saai), Karlsruher Institut für Technologie (KIT).

Freiraum bei den Schlössern zu einer größtmöglichen architektonischen Raumeinheit zusammengefaßt" werden solle. Hier könne ein noch näher zu bestimmendes „bedeutendes Gesellschaftsforum" entstehen – tatsächlich wurden die Brückenauffahrten aber vor allem mit der neuen Ringstraße um das Zentrum verbunden.[31]

Eine besondere Aufmerksamkeit widmeten Jörg und Bayer der Wohnbebauung in Alt- und Neustadt und dem Bau neuer Wohnsiedlungen außerhalb des alten Befestigungsrings, wo sich die Stadt in frei gruppierte Ensembles auflösen sollte, in denen von Reichsheimstätten-Einfamilienhäusern, „modernen" Bungalows, „Mittelhochbau" in vier- bis fünfgeschossigen Miethausblocks bis hin zu Wohnhochhäusern im Grünen alles seinen Platz finden konnte.[32]

Für das Gebiet von Alt- und Neustadt folgten sie weitgehend den Vorstellungen der Tiefbauer und der Mainzer Grundeigentümer, die auf den materiellen Wert der vorhandenen Infrastruktur pochten. Sie verwarfen Lods' Konzept einer totalen Neuordnung der Neustadt und lockerten stattdessen die kompakte Blockstruktur im Stile der Zeit derart auf, dass der alte Plan der Stadt in seiner Grundstruktur erkennbar blieb (Abb. 135). In der Altstadt schufen sie Grünflächen und freie Durchblicke auf den Dom und brachen dem kommenden Verkehr Schneisen (Abb 136),[33] während sie für die Neustadt Gebäudevolumen vorsahen, die sich am Vorkriegsbestand orientierten. Wenn man bedenkt, dass die frühere Wohndichte der Altstadt bis zu 1800 Einwohner pro Hektar betrug, wird klar, dass gerade der

31 Jörg/Bayer 1950, S. 25.
32 Ebd., S. 25–29.

33 Ebd., Abb. „Fußgängerwege in der Altstadt (Domblickfreihaltung) M 1:500", S. 22.

135 Hochbauamt Mainz, Abteilung Stadtplanung, Richard Jörg, Adolf Bayer: *Planung zum Wiederaufbau von Mainz*, 1947/48, *Flächennutzungsplan der Neustadt* (Verfasser: Pietsch, Dietrich), Mainz, Juli 1948, Stadtarchiv Mainz.

Wohnungsbau bei der von Jörg und Bayer propagierten maximalen Dichte von vierhundert Einwohnern pro Hektar und einer Geschosshöhe von höchstens fünf bis sechs Geschossen zu Bautypen führte, die weder an die überkommene Blockrandbebauung noch an die Wohneinheiten der Section du Plan anknüpften (Abb. 137), sondern am ehesten an den Zeilenbau der Vorkriegszeit, wie ihn nicht nur Jörgs und Bayers Lehrer Schweizer vertreten hatte, sondern auch Petzold und Knipping (Abb. 41–43, 52 und 53).[34]

Am deutlichsten wird dies am Entwurf einer „Stadt auf dem Hochplateau" über dem Hauptbahnhof (Abb. 138). Hier sollte zwischen der „alten Stadt", der Universität und den Sport- und Grünanlagen beim Bruchwegstadion eine „neue Stadt" für 11.000 Einwohner in vier- bis sechsgeschossigen Wohnriegeln entstehen.[35] Neben den programmatischen Stadtbausteinen aus der Karlsruher Schweizer-Schule sind hier auch die Einflüsse von Lods' ASCORAL-Gruppe erkennbar, zumal das Projekt, das Jörg und Bayer 1950 in einer Festschrift zum sechzigsten Geburtstag Schweizers zusammen mit ihren Planungen für Mainz präsentierten, nicht nur räumlich an gleicher Stelle wie die Unité d'habitation Wallstraße von 1947 steht, sondern auch formal ohne diesen Vorläufer schwer denkbar ist.

Mit dieser Veröffentlichung zog Bayer zugleich einen Schlussstrich unter seine zwölfjährige Tätigkeit in Mainz. Er übernahm im selben Jahr die Leitung des Stadtplanungsamts in Offenbach, bevor er 1961 als Nachfolger Schweizers an die Technische Hochschule Karlsruhe berufen wurde. Doch auch Jörgs Tage in Mainz waren gezählt.

34 Ebd. S. 26 f.

35 Ebd.

186 Viele Pläne und kein Plan

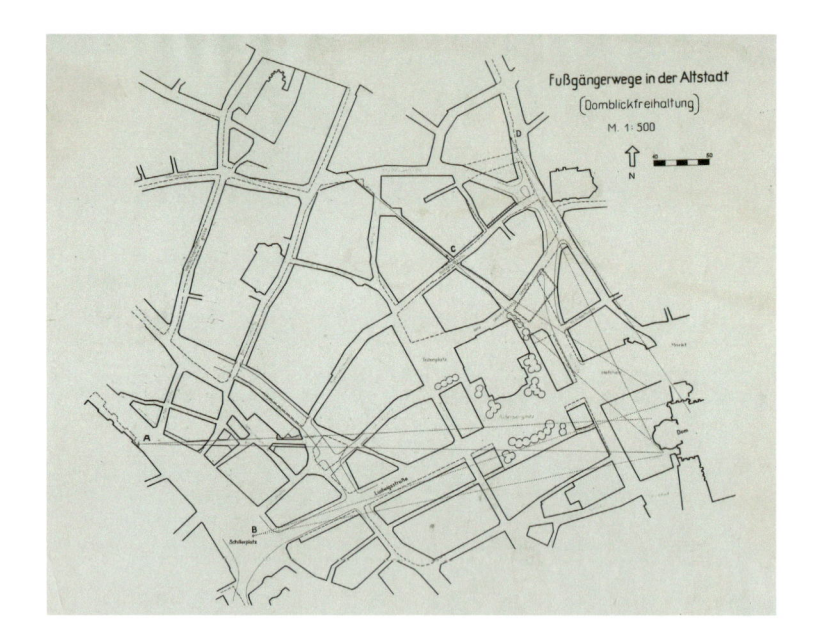

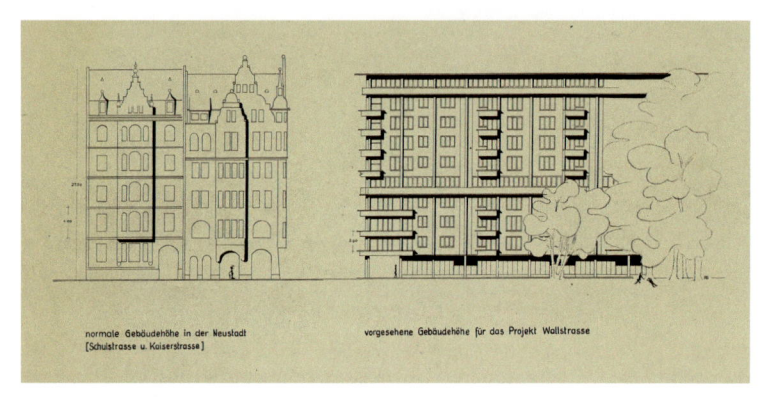

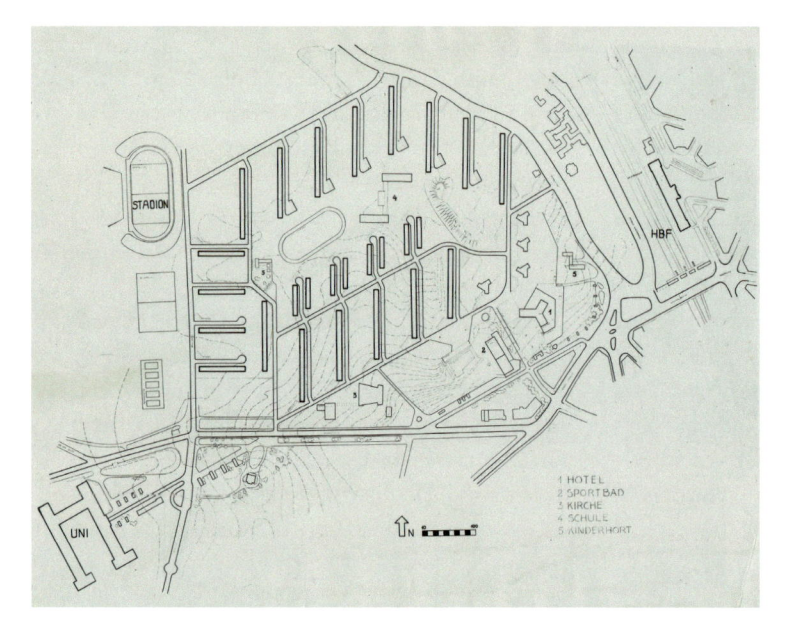

136–138

Hochbauamt Mainz, Richard Jörg,
Adolf Bayer: *Planung zum Wiederaufbau von Mainz*, 1947/48,

Fußgängerwege und Domblickfreihaltung in der Mainzer Altstadt

Vergleich von Gebäudehöhen: Mainzer Neustadt und Unité d'habitation Wallstraße

Die Stadt auf dem Hochplateau

Mainz, 1948, Südwestdeutsches Archiv für Architektur und Ingenieurbau (saai), Karlsruher Institut für Technologie (KIT).

Oberbürgermeister Stein war mit seiner Arbeit als oberster Mainzer Stadtplaner unzufrieden und erwog 1951 seine Entlassung mit der Begründung, dass er zwar Jörgs Tüchtigkeit schätze, aber seine Eigenwilligkeit ablehne, da sie eine Zusammenarbeit mit der Verwaltung unmöglich mache.[36] Jörg wechselte 1952 als Stadtbaudirektor nach Mannheim, wo allerdings weiterhin persönliche und fachliche Konflikte seine sechsjährige Amtszeit überschatteten.[37]

Jörgs Verdienst als Amtsleiter sah Henning im Wiederaufbau der Altstadt, die von Anfang an den städtischen Behörden vorbehalten und nur schleppend in Gang gekommen war. Ganz im Geiste der Zeit stand Hennings Beurteilung des Bebauungsplans für die Altstadt (Taf. XLI). Der Plan der „neuen Altstadt" sei ein Kompromiss, da er einerseits auf die Anforderungen des modernen Verkehrs eingehe und ein neues Straßennetz für die zügige Durchfahrt sowie getrennte Fußgänger- und Automobilstraßen schaffe, doch andererseits Grundstückseigentümer und Investoren einer umfassenden Auflockerung des Stadtgefüges entgegenstünden. Für die einstige Neustadt sah Henning die Gelegenheit für einen großen Stadtentwurf vertan, stattdessen würden die Mainzer wohl mit einer „neuen ‚alten Neustadt'" weiterleben müssen, in der Wohnen, Geschäfte und Industrie planlos nebeneinander untergebracht würden (Abb. 135). Allenfalls in der „Wohnstadt auf der Höhe" könne noch ein Quartier des „neuen Wohnens im Grünen" entstehen, um das viele Städte Mainz beneiden würden (Abb. 138).[38]

Selbst Offenberg schlug in seinem Urteil über Jörgs Tätigkeit in Mainz überraschend milde Töne an. Er erkannte in dem schleppenden Wiederaufbau der Stadt gar eine Chance, ihn umso sorgfältiger zu gestalten:

In Mainz kam der Aufbau infolge der Abtretung der Industriegebiete der rechten Rheinseite – eine der früheren Haupteinnahmequellen – erst sehr spät in Gang, so daß Manches berücksichtigt werden konnte, das sich inzwischen bewährt hatte, z.B. die vielen plattenbelegten Fußgängereinkaufsstraßen, die das Einkaufen innerhalb der Altstadt so angenehm machen.[39]

Suchen wir aber nach Spuren der französischen Besatzungszeit im Plan des heutigen Mainz, dann werden wir sie am ehesten in den ersten Siedlungsprojekten der frühen 1950er Jahre finden können. Doch sind dies keine deutlichen Spuren, sondern Reflexe innerhalb eines Stadtentwicklungsprozesses, der sich von architektonisch verstandenen Stadtplanungen nur punktuell beeinflussen ließ.

Die politischen und amtsinternen Querelen um den Mainzer Wiederaufbau kamen nach Bayers und Jörgs Weggang keineswegs zur Ruhe. Der Wiederaufbau wurde zu einem Tagesgeschäft ohne klaren Planungshorizont, geschweige denn einer Leitidee. Schon die beiden Baudezernenten Maurer und Dassen hatten sich nicht ergänzen können, sondern um die Planungshoheit in Mainz gewetteifert. Jörg hingegen hatte es nicht verstanden, mit der Stadtverwaltung, den Bezirks- und Landesbehörden konsensorientiert zusammenzuarbeiten. So verblieb auch nach Maurers Entlassung und Jörgs Ausscheiden eine uneinheitlich agierende Bauverwaltung. Es rächte sich nun, dass Mainz auf ein eigenständiges Stadtplanungsamt verzichtet hatte.[40]

Eine personelle Kontinuität bestand immerhin in der Person Gerhardt Lahls, der von 1946 bis 1961 ohne Unterbrechung im Mainzer Hochbauamt tätig war. Lahl hatte schon unter Amtsleiter Petzold die Stadtplanungsabteilung geführt und an einer sehr pragmatischen Leitplanung für den Wiederaufbau gearbeitet, die Fragen des Durchgangsverkehrs, der Rheinquerung und der Nutzung der unzerstört gebliebenen städtischen Infrastruktur den Vorrang gab (Abb. 3 und Taf. XIV).[41] Unter Jörg war Lahl im Amt

---

36 Oberbürgermeister Stein „Auszug aus der Niederschrift über die Stadtratssitzung am 23.2.1951", Personalakte Richard Jörg, SAM 90/1971/11, 46; siehe auch Metzendorf 2015a, S. 79, Anm. 8.
37 Siehe hierzu den Briefwechsel zwischen Oberbürgermeister Stein und dem Mannheimer Oberbürgermeister Hermann Heimerich vom 21. und 25.10.1954, Personalakte Richard Jörg, SAM 90/1971/11, 46.
38 Henning 1953, S. 78–82.

39 Offenberg 1974, S. 328.
40 Hoffmann 1996, S. 45.
41 Gerhardt Lahl, Städtisches Hochbauamt, Abteilung Stadtplanung, „Aufbau der Stadt Mainz. Gedanken zur Neuordnung von Wirtschaft und Verkehr. Wichtige städtebauliche

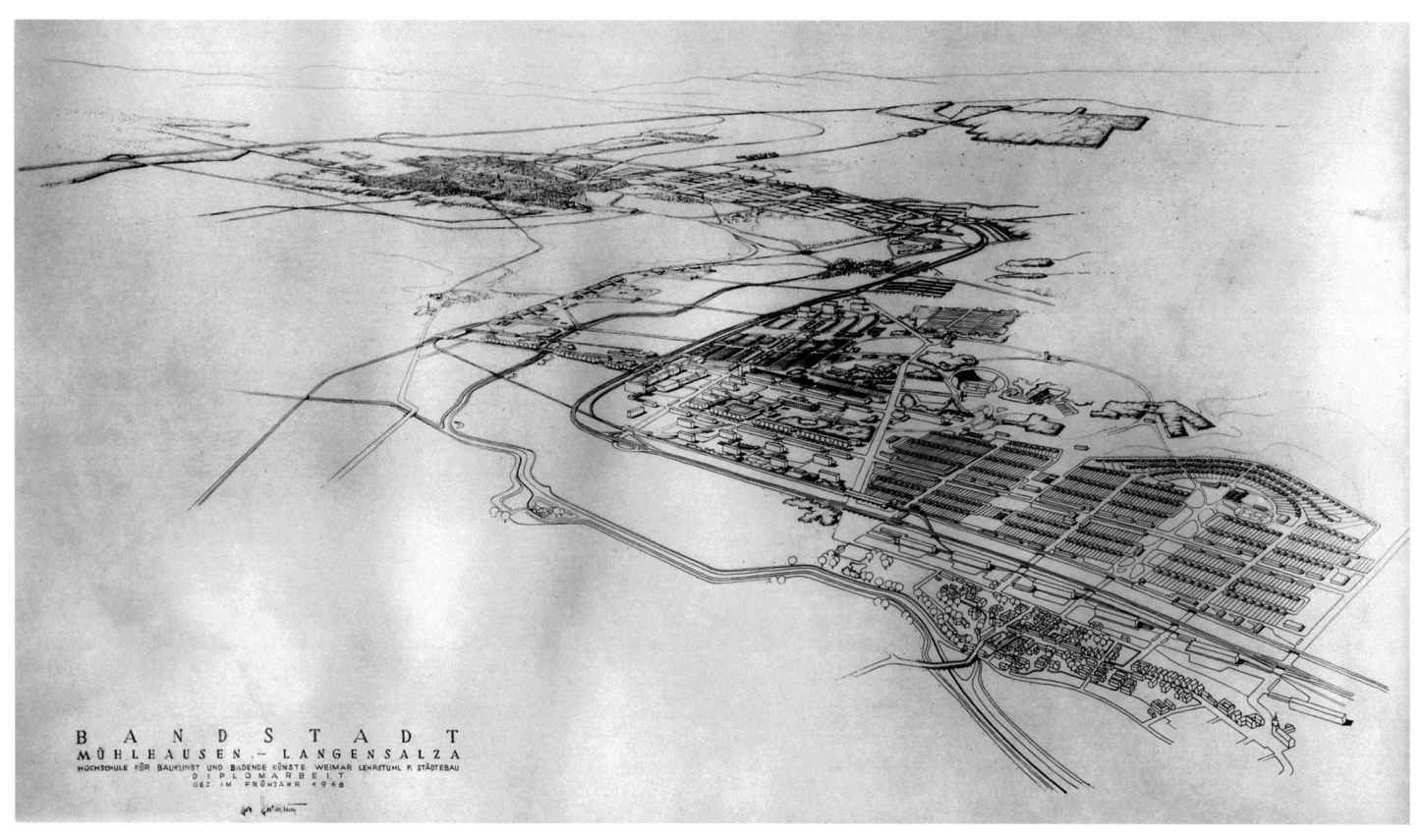

139 Egon Hartmann: *Bandstadt Mühlhausen-Langensalza*, 1948, *Vogelschauperspektive*, Weimar, Frühjahr 1948, Abbildung aus Hartmanns gleichnamiger Diplomarbeit am Lehrstuhl für Städtebau der Hochschule für Baukunst und Bildende Künste Weimar, Architekturmuseum der Technischen Universität München, Nachlass Hartmann.

verblieben und wurde dessen Stellvertreter. Nach Jörgs Ausscheiden stieg er Ende 1952 zum Leiter des Hochbauamts auf und führte dieses bis 1961.

In seinen ersten Amtsjahren vermochte Lahl kaum städtebauliche Impulse zu geben. Hierfür fehlte es offenbar an den notwendigen Mitteln, weshalb Oberbürgermeister Stein sich 1954 dazu genötigt sah, beim Ministerium für Wohnungsbau im Rahmen des andernorts erfolgreichen Plans zur Konjunkturbelebung, den Bundesminister Victor-Emanuel Preusker 1953 initiiert hatte, auf Finanzierungsmittel für den Wiederaufbaus von Mainz zu drängen. Auf Regierungsebene verfolgte man die Mainzer Auseinandersetzungen um den Wiederaufbau bereits mit Ungeduld. So meinte Offenberg: „In allen Städten

Projekte in der Altstadt", Erläuterungsbericht (49 Seiten und 19 Skizzen), Mainz, August 1946, SAM NL 71/069.

wurde mit Eifer Planungen aufgestellt. In Mainz ein halbes Dutzend. Aber es fielen keine Entscheidungen, weil für die Finanzierung keine Möglichkeit bestand."[42] Noch im selben Jahr konnte auf Offenbergs Empfehlung dessen früherer Weimarer Schüler Egon Hartmann für den städtischen Dienst in der Stadtplanungsabteilung gewonnen werden.

Hartmann war trotz einer schweren Kriegsverletzung, derentwegen er ständiger Pflege bedurfte, schon in jungen Jahren ein bekannter und erfahrener Planer.[43] Seine Weimarer Studienzeit bei Offenberg, Gustav Hassenpflug und Hermann Henselmann empfand er als prägend:

42 Offenberg 1974, S. 344.
43 Zur Person Egon Hartmanns und seinen Mainzer Planungsaktivitäten, siehe Beck-Hartmann 2005, 2008, 2010; Metzendorf 2010/11, 2013, 2015b; Levels 2017 sowie Egon Hartmann,

In einer glücklichen Mischung der Arbeitsweise von Offenbergs konservativer, räumlicher Stadtbaukunst und Hassenpflugs Suchen nach abstrakter Klarheit und Funktion lassen sich meine späteren Erfolge [...] erklären.[44]

1948 schloss er sein Architekturstudium bei Hassenpflug mit der Diplomarbeit zu einer Bandstadt in Thüringen ab, in die neben historische und städtebauliche auch landesplanerische und wirtschaftliche Untersuchungen einflossen (Abb. 139).[45] Im Unstruttal zwischen Mühlhausen und Langensalza sollte in flexibler, mehrstufiger Planung ein Siedlungsband mit Produktionsstätten und Kleinhaussiedlungen für Facharbeiter aus der sudetendeutschen Glasindustrie entstehen und 40–60.000 Bewohnern eine wirtschaftliche Existenz und eine neue Heimat geben. Ein Verkehrsband aus Autobahn und Schiene sollte Arbeitsstätten, „Wohnzellen" und Siedlungskern funktional voneinander trennen und das Rückgrat der Bandstadt bilden, einer in die Talgeografie gebetteten „Stadtlandschaft" ohne „Korridor-Straßen", sondern mit Parkalleen für Autofahrer und getrennten Spazierwegen für Fußgänger.[46] Selbst Sudetendeutscher, stützte sich Hartmann auf seine Kenntnis der anzusiedelnden Bevölkerung sowie auf Ortsbegehungen und akribische Berechnungen. Wichtige Referenzen waren nicht etwa die Arbeiten zur Bandstadt aus Schweizers (westdeutscher) Schule, sondern realisierte Bandstadt-Industriesiedlungen der 1930er Jahre wie jene im tschechischen Zlín, das er aus eigener Anschauung kannte,[47] sowie die sowjetischen Planungen Nikolai Alexandrowitsch Miljutins und der „Brigade Ernst May", die ihm Hassenpflug nähergebracht hatte.[48] Mit dieser methodologisch

140 Egon Hartmann, Hartmut Schaub, Heinrich Weiß: *Hochhaus der Thüringer Landesregierung in Erfurt*, 1950/51, Situation um 2010, Alupus, Wikimedia Commons.

fundierten Arbeit und ihren Anlehnungen an Hans Scharoun, May, Miljutin und Le Corbusier empfahl sich Hartmann, der auch ein begnadeter Zeichner war,[49] für die „neuen Aufgaben" der jungen DDR.[50]

Mit Konrad Püschel, einem Bauhäusler und Mitstreiter Hassenpflugs aus der gemeinsamen Zeit bei May, arbeitete er 1948/49 am Institut für Stadt- und Landesplanung, das an Hassenpflugs Lehrstuhl für Städtebau angegliedert war, für das Thüringer Aufbauministerium.[51] 1950 wechselte er in das Landesprojektierungsbüro für Stadt- und Dorfplanung in Weimar und war dort ab 1951 als Chefarchitekt und technischer Leiter für die Aufbauplanung zahlreicher thüringischer Städte verantwortlich.

„Tätigkeitsbericht des früheren Mainzer Stadtplaners Dr.-Ing. Egon Hartmann (24.8.1919–6.12.2009)", 1994, Ordner mit Bericht und Anlagen (25 Blatt) „Erst nach dem Tod von E. Hartmann zu benutzen", SAM ZGS/Z10, 2010/5.

44 Beck-Hartmann 2005, S. 10.
45 Egon Hartmann, „Bandstadt Mühlhausen-Langensalza", Diplomarbeit, Hochschule für Baukunst und bildende Künste Weimar, 1948, AMTUM hartm-13-1.
46 Ebd., S. 30–37.
47 Beck-Hartmann 2005, S. 14.
48 Beck-Hartmann 2008, S. 11. Egon Hartmann, „Bandstadt Mühlhausen-Langensalza", Diplomarbeit, Hochschule für Baukunst und bildende Künste Weimar, 1948, S. 25–29 und 92, AMTUM hartm-13-1.

49 Siehe insbes. Beck-Hartmann 2010.
50 Henselmann 1949, bes. S. 10.
51 Beck-Hartmann 2008, S. 26.

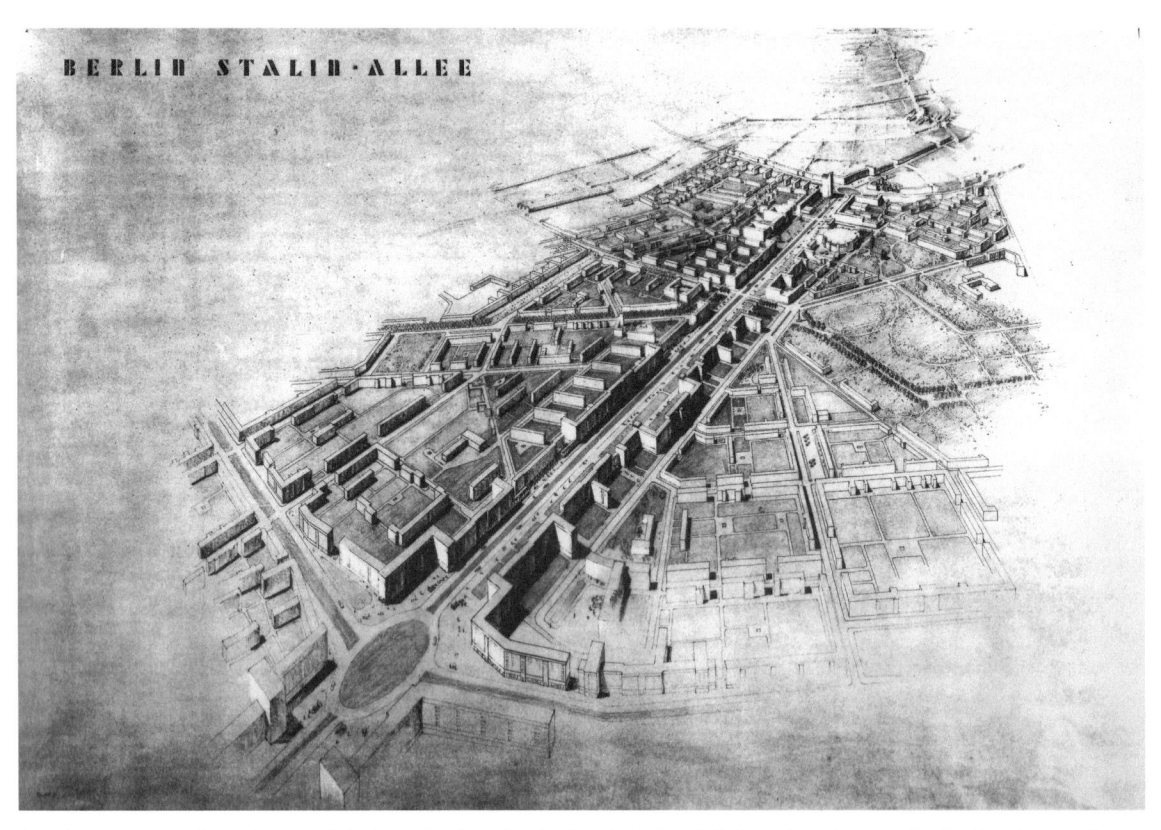

141 Egon Hartmann: *Entwurf zum städtebaulichen Wettbewerb Stalinallee, Berlin-Ost*, 1951, *Erster Preis, Isometrie*, Quelle: Hans Gericke, Berlin, Abbildung aus: Architekten- und Ingenieurverein Berlin (Hg.), *Berlin und seine Bauten. Teil 1: Städtebau*, Berlin 2009.

Neben Bebauungs- und Nutzungsplänen für Städte und Kommunen entwickelte er, aufbauend auf seiner Diplomarbeit, Raumordnungsprinzipien wie das „Mittelthüringische Städteband" von Eisenach nach Jena.[52] Daneben nahm Hartmann an Wettbewerben teil und konnte, trotz Gegenkampagnen seitens Kollegen und der Presse, die auch in Berlin aufmerksam verfolgt wurden, 1951 das neue Erfurter Regierungszentrum mit dem markanten Verwaltungshochhaus gestalten (Abb. 140).[53] Im selben Jahr gewann er den Wettbewerb für die Gestaltung der Ostberliner Stalinallee und konnte, trotz vieler Abstriche an seinem Siegerentwurf, der durch die rhythmische Gliederung dieser 1,7 km langen Magistrale und die Einbeziehung städtischer Grünräume bestach, bis 1953 einen der fünf Bauabschnitte realisieren (Abb. 141).[54]

Der politisch ungebundene Hartmann ging trotz dieser Erfolge 1954 in die Bundesrepublik, wo sein Neuanfang mit erheblichen Schwierigkeiten verbunden war.[55] Konnte er in Weimar mit einem Planungsstab von vierzig Mitarbeitern über Grund und Boden verfügen, so musste er sich in Mainz in das von Lahl geführte Hochbauamt mit recht dünner Personaldecke einfügen. Nach Hartmanns Einschätzung unterstanden dessen unmotivierte Mitarbeiter einem Amtsleiter ohne echte Führungsqualitäten, sodass

52 Ebd., S. 81, 129–135.
53 Ebd., S. 39–57.
54 Ebd., S. 58–77; AIV Berlin 2009, S. 253.
55 Eine Auswertung des im IRS Erkner befindlichen Schriftwechsels Hartmanns legen dessen schwere gesundheitlichen Probleme sowie berufliche Enttäuschungen als Gründe für seinen Wechsel in den Westen nahe, der nicht zum Abbruch persönlicher Beziehungen zu Kollegen in der DDR führte. Levels 2017, S. 6 f., 10 f.

die Behörde nicht imstande gewesen sei, eine städtebauliche Gesamtplanung aufzustellen und stattdessen noch immer nach der von Hans Fritzen 1946 überarbeiten Ausgabe von Knippings Wirtschaftsplan von 1939 gearbeitet habe (Taf. VIII und XI).[56]

1955 erarbeitete Hartmann „ohne Auftrag und außerdienstlich" einen Wiederaufbauplan für die Mainzer Altstadt (Taf. XLII). Sein Grundkonzept beruhte auf einer Verbindung des Dombereichs und des Schlossbezirks über eine trapezförmig verlaufende Geschäftsmeile entlang der Ludwigstraße, des Schillerplatzes, der Schillerstraße und der Großen Bleiche, deren Kraftverkehr durch einen inneren und einen äußeren „Park- und Verkehrsring" entlastet werden sollte.[57] Ein Teilsegment des inneren Rings bildete die Große Langgasse, mit deren Planung als Verbindung zwischen Großer Bleiche und Ludwigstraße Hartmann von Lahl beauftragt worden war (Abb. 142).[58] Eine parallel zum Rhein geführte Fußgängerstraße sollte das Achsentrapez kreuzen und die südlichen Altstadtgebiete mit der Neustadt im Norden verbinden.

Noch im selben Jahr wurde Hartmann auch offiziell mit der Erstellung eines Gesamtplans für die Mainzer Alt- und Neustadt betraut (Taf. XLIII). Hierzu legte er um das Einkaufszentrum in der Altstadt einen äußeren Verkehrsring, dessen Nordsegment er wie Schmitthenner auf die Kaiserstraße legte und in eine zweite Rheinbrücke münden ließ. Die neue Nord-Süd-Verbindung durch die Altstadt verlängerte Hartmann bis in die nördlichen Quartiere der Neustadt, für deren Bebauung er ähnlich wie Jörg und Bayer eine offene Zeilenbauweise vorschlug. Eine weitere Durchgrünung der Innenstadt sollte entlang der verbreiterten Straßenachsen, am Rheinufer und an den Stadträndern zum Hochplateau erfolgen.

Hartmann vertiefte seine Studien zur Mainzer Stadtstruktur in einer Dissertation zur städtebaulichen Entwicklung von Mainz bei Max Guther und dessen Vorgänger Karl Gruber an der Technischen Hochschule Darmstadt (Abb. 10). In der 1960 abgeschlossenen Arbeit setzte er sich kritisch mit der Tätigkeit seiner Vorgänger auseinander und erläuterte die Grundlagen seiner eigenen Konzeption. Auf die „vielfältigsten Wiederaufbauplanungen" für Mainz ging er dabei nur kurz ein; für diese sei „die mangelnde Erkenntnis der Struktur der Stadt die Ursache ihrer Erfolglosigkeit".[59] Ein langes Kapitel widmete er dem Wiederaufbau einer anderen Zeitepoche, nämlich dem Plan von Saint-Far, der zwar eine „hemmungslose Gewalttat gegenüber der historisch gewachsenen Stadt" begangen habe, indem er neue Straßen in die mittelalterliche Stadtstruktur schlug, aber damit auch fortan die Grundstruktur der Altstadt bestimmt habe.[60] Saint-Fars Straßenachsen bildeten das Trapez, auf das sich auch Hartmanns Wiederaufbauplan für die Altstadt bezog, doch hielt er fest, dass von Saint-Far bis Kreyßig die senkrecht zum Fluss stehenden Straßenachsen zu sehr betont worden seien (Taf. II und III); dem stehe das Versäumnis gegenüber, die Mainzer Stadtteile in Nord-Süd-Richtung miteinander zu verbinden.[61]

142 Egon Hartmann: *Bebauungsvorschlag für die Große Langgasse*, 1955/56, *Perspektive*, Mainz, 1. Juli 1955, Architekturmuseum der Technischen Universität München, Nachlass Hartmann.

---

56 Egon Hartmann im Gespräch mit Rainer Metzendorf, in: Driesch 2011; Beck-Hartmann 2008, S. 213 f.
57 Ebd., S. 217.
58 Ebd., S. 213, Modellfoto S. 215.
59 Hartmann 1963, S. 135.
60 Ebd. S. 84–98, Zitat S. 88.
61 Ebd., S. 91, 129.

Im Schlusskapitel ging Hartmann auf die Rolle von Mainz im „Rhein-Main-Großraum" ein, in welchem Frankfurt dessen ehemalige Zentrumsfunktion übernommen habe. Mit der Verlagerung des regionalen Schwerpunkts sei das linksrheinische Mainz zu einer Stadt am Rande des zweitgrößten deutschen Wirtschaftsraums degradiert worden. Wenn er auch nicht Knippings Wirtschaftsplan von 1939 oder Lods' Vorschlägen von 1947 folgte, so gelangte doch auch er zu der Erkenntnis, dass eine Steigerung der Bedeutung von Mainz für die Region nur im Rahmen einer Neuordnung und Neuplanung der großen Verkehrsnetze erfolgen könne.[62] Die Gesamtstadt betrachtend sei es nun die Aufgabe der städtebaulichen Planung, „das Wesentliche der geschichtlichen Entwicklung und das Zwingende der Lage [der] Stadt und der Morphologie ihres Raumes zu erkennen und daraus eine Gestaltungsidee abzuleiten".[63] Hartmann selbst arbeitete 1956/57 an einer Bestandsaufnahme des links- und rechtsrheinischen Mainzer Stadtgebiets als Grundlage für einen Flächennutzungsplan, in den neben seinen stadtmorphologischen Betrachtungen vor allem die 1955 konkreter werdenden Planungen eines Autobahnrings um Mainz einflossen (Taf. XLVIII). Das Stadtgebiet teilte er dabei in Unterstadt, Oberstadt und Außengebiete mit Erweiterungszonen, die durch Landschaftsräume und zum Fluss gerichtete Grünkeile voneinander getrennt wurden.[64]

Die Arbeit Hartmanns am Flächennutzungsplan für den Mainzer Großraum ist auch vor dem Hintergrund einer Neuordnung der städtischen Behörden zu sehen, die der Erkenntnis der zentralen Rolle der Stadtplanung für eine geordnete Stadtentwicklung geschuldet war. Die Stadtbevölkerung hatte nämlich zwischen 1950 und 1956 um 30 % zugenommen, sodass der schleppende Aufbau der Stadt um so mehr ins Auge stach. Wohl auf Wunsch Lahls, der sich seiner Doppelaufgabe, der Leitung des Hochbauamts und der Stadtplanungsabteilung, nicht mehr gewachsen fühlte, wurde diese zum Jahreswechsel 1955/56 wieder als selbständiges Amt aus dem Hochbauamt ausgegliedert. Nach internen Machtkämpfen wurde nicht Heinz Weyl, der nach Lahls Aufstieg zum Amtsleiter die Stadtplanungsabteilung führte, sondern Richard Januschke, ebenfalls bisheriger Mitarbeiter des Hochbauamts, von 1956 bis 1958 mit dessen Leitung betraut.[65] Hartmann als der erfahrenste Planer im Amt wurde lediglich sein Stellvertreter. Gleichzeitig stellte sich die Frage der Nachfolge des mittlerweile 66-jährigen Baudezernenten Dassen, der zum Jahresende 1956 in den Ruhestand ging.

Zehn Jahre nach Schmitthenners und Lods' Stadtentwürfen bestimmten jetzt dringliche Verkehrsfragen die Debatte über die Aufbauplanung. Mit Blick auf den noch immer nicht abgeschlossenen Wiederaufbau beurteilte Offenberg in einer 1957/58 erschienenen Beitragsreihe für die *Allgemeine Zeitung* die Planungen aus der Zeit vor der Währungsreform im Rückblick nuancierter: Für ihn gehe das Maßvolle in Schmitthenners „großem Kunstwerk" mit einer kurzsichtigen Verkehrsplanung für die Mainzer Innenstadt einher, während Lods' „schöne Utopie" zwar an den Besitzverhältnissen in der Neustadt gescheitert sei, jedoch für eine „Beurteilung des Wirtschaftsplanes wieder von Bedeutung sein" könne.[66] Tatsächlich aber waren auch hier keine Entscheidungen zu einer übergeordneten Verkehrsführung gefallen, angefangen von der ungelösten Brückenfrage über die Durch- oder Umfahrung der Innenstadt bis hin zur Lage des regionalen Autobahnrings um Mainz.

Zu einer Annäherung der Positionen kam es nie. Im Gegenteil entflammten angesichts des nun einsetzenden Generationenwechsels neue Kontroversen um das zeittypische städtebauliche Leitbild einer autogerechten Stadt, dem die Vertreter eines behutsamen und erhaltenden Aufbaus gegenüber standen. Im Laufe der Zeit verhärteten sich die jeweiligen Standpunkte und führten immer wieder zum Stillstand

---

62 Ebd., S. 136.
63 Ebd., S. 139.
64 Ebd.
65 Hoffmann 1996, S. 45. Laut Hartmann und Dassen habe Weyl Lahl stürzen wollen und sei dann selbst 1956 ausgeschieden. Siehe Beck-Hartmann 2008, S. 231; Carl Dassen, „Die Bauverwaltung der Stadt Mainz von 1945 bis 1957", 49 Seiten, Mainz, 10.7.1958, S. 45 f., SAM NL Dassen 21. Weyl wechselte auf Vorschlag Offenbergs zum Siedlungsverband Ruhrkohlenbezirk und später zum Regionalen Planungsverband Hannover, wo er ab 1971 an der Technischen Universität auch als Honorarprofessor für Regional- und Landesplanung lehrte. Januschke wechselte nach seinem Ausscheiden in Mainz als Oberbaudirektor nach Solingen.
66 Offenberg 1957/58, mit Zeichnungen von Egon Hartmann illustrierter Fortsetzungsartikel, zit. hier aus dem Artikel vom 29.11.1957, S. 17, SAM VOA 8/1897.

der Planung,[67] zumal hinter den teilweise nur vordergründig neuen Diskursen der Kontrahenten auch alte persönliche Bindungen standen, die ihre Stellungnahmen aus den seit dem Kriegsende bestehenden Positionen immer weiter bedienten. Während sich die einen in einer Linie mit Schmitthenners Arbeit in Mainz sahen, füllten erneut Planer aus Schweizers Karlsruher Schule die Reihen der Gegenseite.

Im neu gegründeten Stadtplanungsamt gruppierten sich die einen um Egon Hartmanns Vorschläge, die von seinem Mentor Offenberg und dessen Freundeskreis unterstützt wurden.[68] Offenberg sprach sich entsprechend deutlich für „den ausgezeichneten Vorschlag meines jungen Freundes Hartmann für den Verkehr in der Innenstadt" aus;[69] gemeint war der Aufbauplan für Alt- und Neustadt mit seinem zusammenhängenden Netz von verkehrsfreien Fußgängerwegen und den die Altstadt tangierenden Verkehrsstraßen mit ihren Anlieferwegen und Parkplätzen (Taf. XLVI). Hartmann arbeitete zudem an gestalterischen Konzepten für wichtige Stadträume wie die Große Bleiche (Abb. 143), den Gutenbergplatz (Abb. 145), den Schlossplatz, und sein Entwurf für die Rheinuferbebauung mit Rathaus und Stadthalle griff den Wettbewerben der 1960er Jahre vor (Abb. 144).[70]

Eine radikale Alternative zu Hartmanns Aufbauplan, der vom Stadtrat letztlich abgelehnt wurde, obwohl er vom Bauausschuss einstimmig befürwortet worden war, wurde von Werner Streif, einem jungen Architekten der Karlsruher Schule, ins Spiel gebracht. Streif, ein ehemaliger Schüler und Assistent Schweizers, der 1950 die Festschrift zum sechzigsten Geburtstag des Meisters redigiert hatte, bekam nach Tätigkeiten bei Otto Apel in Frankfurt und im väterlichen Unternehmen für Holz- und Betonkonstruktionen auf Empfehlung Schweizers Mitte Juni

143 Egon Hartmann: *Bebauungsvorschlag für die Große Bleiche*, 1956/57, *Perspektive*, Mainz, 1956, Architekturmuseum der Technischen Universität München, Nachlass Hartmann.

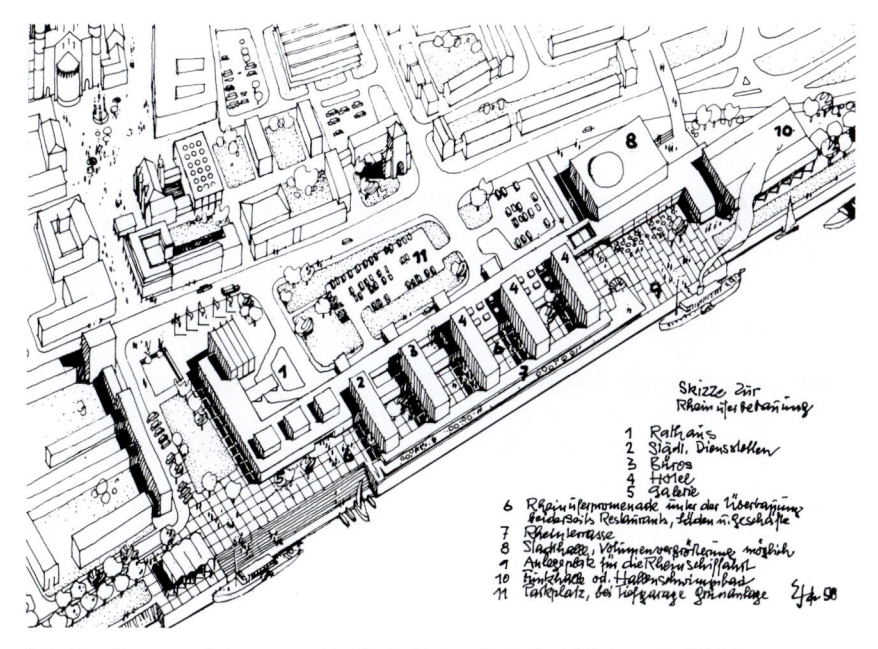

144 Egon Hartmann: *Bebauungsvorschlag für das Mainzer Rheinufer*, 1958, *Isometrie*, IRS Erkner, Wissenschaftliche Sammlungen, Nachlass Egon Hartmann.

---

67 Hoffmann 1996, S. 46.
68 Dazu zählte Offenberg neben den Petzolds (den Söhnen Peter und Martin des verstorbenen Erich Petzolds, beide Architekten) auch Januschke und Weyl, siehe Offenberg 1974, S. 382 f. In lebenslanger Verbindung blieb er zu Hartmann, dessen Frau Offenbergs Memoiren redigierte, siehe Egon Hartmann, „Tätigkeitsbericht des früheren Mainzer Stadtplaners Dr.-Ing. Egon Hartmann (24.8.1919–6.12.2009)", 1994, Ordner mit Bericht und Anlagen (25 Blatt) „Erst nach dem Tod von E. Hartmann zu benutzen", S. 8, SAM ZGS/Z10, 2010/5.
69 Offenberg 1974, S. 386. Vgl. Offenberg 1957/58.
70 Metzendorf 2011/12, S. 321–324.

145 Egon Hartmann: *Entwurf zur Neugestaltung des Gutenbergplatzes mit Gutenberg-Gedächtnisstätte*, 1956, *Isometrie des Platzes, mit Theater und kammartiger Bebauung der Ludwigsstraße*, Architekturmuseum der Technischen Universität München, Nachlass Hartmann.

146 Werner Streif, *Bebauungsvorschlag für die Ludwigsstraße*, 1956, *Perspektive*, Stadtarchiv Mainz.

1955 eine Anstellung im Mainzer Hochbauamt und wechselte 1956 mit Hartmann in das neu gegründete Stadtplanungsamt.[71] Streifs temperamentvolles Auftreten stand ganz im Gegensatz zu Hartmanns zurückhaltender Art. Zum Bruch führten jedoch ihre unvereinbaren Vorstellungen zum Mainzer Wiederaufbau.

Ab Sommer 1955 führte Streif Verkehrsuntersuchungen im ganzen Stadtgebiet durch und bearbeitete auf dieser Grundlage eine Bebauungsplanstudie für die Innenstadt, der eine vollkommene Abkehr vom alten Straßensystem zugrunde lag (Taf. XLIV und XLV).[72] In Verlängerung der Saarstraße vom Binger Schlag am Rande der Oberstadt legte er eine Stadtautobahn quer durch die Altstadt bis zur alten Rheinbrücke. Parallel zur Großen Bleiche und zur Ludwigsstraße sollte sie abgesenkt in einem breiten Grünbett verlaufen, wie Offenberg schreibt, „mit Parkplätzen zu beiden Seiten, von denen der Autofahrer als Fußgänger die Stadt betritt. Die Verbindung der nun zerschnittenen Stadtteile stellt er durch Brücken her".[73] Streif sah in der Stadtautobahn, die über eine verbreiterte Mainz-Kasteler-Brücke mittig an das Wiesbadener Schnellstraßennetz anschließen sollte, eine unter dem Strich kostengünstige Alternative zum Mainzer Autobahnring mit zwei neuen Rheinbrücken.[74] Hartmann lehnte eine Mitarbeit an dieser Planung ab, doch Streif fand Unterstützung beim einflussreichen CDU-Stadtrat Fritz Grebner, dessen überregional erfolgreiches Ingenieurbüro auch schon für die Section du Plan gearbeitet hatte.[75]

71 Der Oberbürgermeister, „Betr.: Personal der Stadtplanung zur Durchführung des Sonderwohnungsbauprogrammes; hier: Einstellung des Bewerbers Dipl.-Ing. Josef Werner Streif", Mainz, 23.5.1955, Personalakte Josef Werner Streif, SAM 90/1979/12, 152.
72 „Zeugnisentwurf", o. O., o. D., gez. [unleserlich], Personalakte Josef Werner Streif, SAM 90/1979/12, 152.
73 Offenberg 1957/58, 29.11.1957, S. 17.
74 Josef Werner Streif, „Zum Wiederaufbau des Stadtkernes von Mainz", 4.10.1957, S. 2, in: Ders., „Kommentare und Stellungnahmen zum Wiederaufbauplan", Mainz, 1957, SAM VOA 8/1910.
75 Hartmann 1994, S. 3 f.; Driesch 2011. Zu Grebner, siehe Fritz Grebner, „Question de fondation pour le territoire de la Ville de Mayence", in: Marcel Lods, *Plan de Mayence, Annexes*, Paris, 1947, S. 26–30, EUP, sowie das Sitzungsprotokoll des Rechenschaftsberichts der Section du Plan über die „Zusammenkunft am 2. Oktober 1947 in Wiesbaden betr. die Strassenbrücke in Mainz", SAM NL Bayer 87.

Beide bemühten sich darum, den Kölner Oberbaurat Hans Jacobi nach Mainz zu holen. Während der ersten Gespräche mit diesem Ende 1955 stand auch die Nachfolge des Baudezernenten Dassen zur Debatte. Zur passenden CDU-Mitgliedschaft brachte der Bauingenieur Jacobi vor allem seinen Ruf als Verfechter autogerechter Stadtplanung mit. In seiner Funktion als technischer Leiter des Amts für Städtebau hatte er nach Rudolf Schwarz' Ausscheiden als Generalplaner von Köln maßgeblich Planung und Bau der „Nord-Süd-Straße" als mehrspurige Verkehrsschneise durch die Kölner Altstadt vorangetrieben, der heutigen Nord-Süd-Fahrt. Wie in Streifs Vorschlag für Mainz war auch sie nicht als Verbreiterung bestehender Straßen, sondern als parallel zu den Haupteinkaufsstraßen geführter Durchbruch durch kriegszerstörte Baublöcke konzipiert, um über die „Blockinnenhöfe und Ladenstraßen […] die direkte Versorgung der Geschäfte zu ermöglichen" und „die eigentlichen Geschäftsstraßen noch mehr vom störenden Fahrzeugverkehr freizuhalten."[76]

Jacobi nahm im Juli 1956 seine Tätigkeit als Stadtbaudirektor in Mainz auf und bat auch Hartmann um Mitarbeit bei der Umsetzung von Streifs Vorschlag, was Hartmann jedoch ablehnte, sodass er als Planer zunächst einmal kaltgestellt war. Gleichwohl zeigen zwei 1956 datierte Entwürfe Hartmanns und Streifs überraschende Übereinstimmungen in der Gestaltung der Ludwigsstraße, deren Südseite verbreitert und kammartig zum Blockinneren höhengestaffelt überbaut werden sollte, ähnlich wie schon in Bayers Bebauungsvorschlägen von 1943/44 (Abb. 145 und 146, vgl. Abb. 60–65,).[77] Streif warb in Verhandlungen mit Grundstückseigentümern und Vertretern des Einzelhandels um Verständnis für seine „grosszügige Lösung, mit einer breiten Fußgängerpromenade vor der Ladenfront", die der Stadtrat am 2. August 1956 als Bebauungsplan beschloss.[78]

Mit einem Zwölfjahresvertrag wurde Jacobi im Januar 1957 als Nachfolger Dassens zum Bau- und Gartendezernenten ernannt. Zu diesem Zeitpunkt war die Idee eines großen Straßendurchbruchs durch die Mainzer Innenstadt allerdings schon wieder vom Tisch. Sowohl die Bauverwaltung als auch der Bau- und Nahverkehrsausschuss hatten den Vorschlag des ungestümen und Kollegen gegenüber kompromissunfähigen Streifs abgelehnt, dessen Anstellung im städtischen Dienst Mitte September 1956 auslief.[79] Das von Januschke geführte Stadtplanungsamt mit seiner nach Streifs Ausscheiden und der Kaltstellung Hartmanns ausgedünnten Personaldecke verstärkte Jacobi Ende 1956 wiederum mit zwei jungen Assistenten Otto Ernst Schweizers, Werner Baecker und Herbert Kölsch, die einmal mehr vom Meister nach Mainz vermittelt worden waren.[80]

Streif blieb als freier Architekt in Mainz und erarbeitete im Auftrag der Siedlungsgesellschaft Neues Heim den am 18. Oktober 1956 vom Mainzer Stadtrat beschlossenen Bebauungsplan für eine Wohnsiedlung am Gleisberg in Mainz-Gonsenheim (Abb. 147).[81] Über Politik und Medien brachte er immer wieder neue Vorschläge in die Mainzer Planungsdebatte ein.[82] Nach seiner Ansicht sei die Stadt „auch weiterhin auf einen planungspolitischen Stoßtrupp angewiesen"[83], und so wandte er sich mit einer im Februar 1957 veröffentlichten Denkschrift, für die Schweizer das Vorwort schrieb, an den Mainzer Stadtrat. Aufbauend auf die jüngsten Verkehrszählungen im Raum Mainz-Wiesbaden schlug Streif in völliger Abkehr von seinem Verkehrskonzept von 1955 eine „den Stadtkern tangierende Traverse" vor, die „gleich einer Hauptschlagader alle Glieder des städtischen

---

76 Jacobi 1953, S. 44.
77 Streif 2005, Abb. S. 63; Metzendorf 2011/12, Abb. 14, S. 320.
78 „Zeugnisentwurf", o. O., o. D., gez. [unleserlich], Personalakte Josef Werner Streif, SAM 90/1979/12, 152.
79 Aufgrund einer Vorstrafe wegen Fahrerflucht wurde Streifs Probezeit zweimal verlängert, ein festes Vertragsverhältnis kam aus formalrechtlichen Gründen nicht zustande. Streifs direkter Vorgesetzter Weyl bezeichnete ihn als ehrgeizig, egozentrisch und intrigant, hierzu sein Schreiben an den Oberbürgermeister, „Betrifft: Dipl. Ing. Streif (Intrigen innerhalb und ausserhalb des Amtes)", Mainz, 14.1.1956, gez. Weyl, Personalakte Josef Werner Streif, SAM 90/1979/12, 152.
80 Brief und telefonische Mitteilung von Kölsch 2015. Vgl. Kölsch 2005, Baecker 2005.
81 „Zeugnisentwurf", o. O., o. D., gez. [unleserlich], Personalakte Josef Werner Streif, SAM 90/1979/12, 152.
82 Josef Werner Streif, „Kommentare und Stellungnahmen zum Wiederaufbauplan", Mainz, 1957, SAM VOA 8/1910; Streif 1957 sowie seine Denkschrift zur möglichen Lage des Mainzer Autobahnrings, 25.8.1958, beide SAM VOA 8/1897.
83 Josef Werner Streif, „Brief an die Stadtratsfraktion der SPD Mainz", 28.11.1957, S. 3, in: Ders., „Kommentare und Stellungnahmen zum Wiederaufbauplan", Mainz, 1957, SAM VOA 8/1910.

Organismus" verbinden und das Wachstum der Stadt entlang der linksrheinischen Höhenzüge nach Süden und nach Norden lenken sollte. Im Sinne seines Mentors Schweizer könne sich laut Streif die „Radialstadt Mainz" nur als „Trabanten-Bandstadt" geordnet weiterentwickeln, da diese sich den Gegebenheiten der Landschaft anzupassen vermöge und ihrer Zersiedelung sowie dem Verlust wertvoller Ackerböden entgegenwirken könne (Taf. XLIX, vgl. Abb. 46).[84]

Wenn auch dieser Vorschlag kaum Zuspruch erfuhr, so ließ Streif sich dennoch nicht entmutigen, sondern wagte einen erneuten Vorstoß, in den er zu Anfang auch seinen Nachfolger Kölsch einbinden konnte. Neben seiner Tätigkeit im Stadtplanungsamt, wo er überwiegend mit der Aufstellung von Bebauungsplänen beschäftigt war, arbeitete Kölsch 1957/58 außerdienstlich mit Streif an einer weiteren Entwicklungsstudie für den Mainzer Großraum. Das von Kölsch stammende Strukturschema von 1958 reduzierte Streifs Konzept der regionalen Erweiterung in Form einer Bandstadt auf einen linksrheinischen Kranz von Trabanten um Mainz, die über eine Stadtkerntangente sowie über eine mittlere und äußere Umfahrung des Stadtgebiets erschlossen werden sollten.[85] Jeder der sechs Trabanten schloss dabei als Erweiterungsgebiet an den historischen Kern einer Mainzer Vorortgemeinde an.

Dieser „Sechs-Finger-Plan" (Taf. L) bildete den Vorentwurf für eine Denkschrift Streifs zur „stadtlandschaftlichen Raumordnung" von Mainz, die 1959 von der Gesellschaft zur Förderung der inneren Kolonisation veröffentlicht wurde.[86] An der Debatte über die zukünftigen Stadterweiterungsgebiete und die Trassenführung der geplanten Autobahnumfahrung der Stadt, für die mittlerweile die Brücken bei Schierstein und Weisenau festgelegt worden waren, nahm Streif als Fachberater des Bauernverbands Rheinhessen teil.[87] Eine entscheidende Bedeutung maß er den topografischen Gegebenheiten und dem Schutz des Landschaftsraums bei, um ein geordnetes Wachstum der Stadt von 130.000 auf rund 200.000 Einwohner zu ermöglichen.

An Stelle eines Mainz umschnürenden Rings, der den innerstädtischen Verkehr nicht entlasten und die Zerstörung und vollständige Überbauung der Landschaft zwischen Umfahrung und Innenstadt mit sich bringen würde,[88] schlug er zwei Autobahnschlaufen vor, um den Fernverkehr an die Stadtkerntangente anzubinden. Sie sollten zwischen den beiden Innenstadtbezirken der Oberstadt und den auf dem Hochplateau aufgefächerten, mit der Landschaft verzahnten Vorortgemeinden und Siedlungseinheiten mit Wohnraum für 75.000 Neubewohner verlaufen. Damit sollte die Schonung stadtnahen wertvollen Acker- und Obstanbaulands erreicht und ein direkter Bezug zwischen Siedlung und Landschaft hergestellt werden. Die sechs Gemeinden und ihre Trabantenerweiterungen sollten zu selbständigen Siedlungsverbänden von jeweils 16–20.000 Einwohnern zusammenwachsen und örtliches Eigenleben entfalten. Gleichwohl würde die Bebauung mit maximal drei Geschossen eine „gartengebundene Wohnweise" gewährleisten.[89] Diese letzte Studie zur Mainzer Stadtentwicklung verdeutlicht Streifs gewachsenes Interesse an regionalplanerischen Aufgaben im ländlichem Raum, die ihn 1962 zum Wegzug aus Mainz bewegten.

Hartmanns und Streifs Arbeiten der Jahre 1955–1958 erinnern an die Tatsache, dass die Stadt Mainz bis dahin weder einen verbindlichen Aufbauplan noch einen neuen Wirtschafts- oder Flächennutzungsplan beschlossen hatte, um die Entwicklung von Bebauung, Verkehr und Wirtschaft mit Zielen der Raumordnung in Einklang zu bringen. Genau diese Aufgaben sollte der neue Baudezernent Jacobi bewältigen, dessen Wirken in Mainz von Beginn an unter keinem guten Stern stand. Anstatt bestehende genehmigte Pläne für die Altstadt umzusetzen, hatte er auf neue Aufbauideen wie die von Streif gesetzt und mit seiner gescheiterten Unterstützung für dessen Projekt einen ersten Autoritätsverlust hinnehmen müssen.[90] Nun griff er für die Main-

---

84 Streif 1957, bes. S. 15f., SAM VOA 8/1897.
85 Kölsch 1958, mit der Abb. von Kölschs Strukturschema.
86 Muthmann/Streif 1959.
87 [o.V.] 1958d.
88 Josef Werner Streif, „Das Beispiel Mainz", in: Muthmann/Streif 1959, S. 22f.
89 Ebd., S. 29–31.
90 Beck-Hartmann 2008, S. 230; Metzendorf 2011/12, S. 8f.; Egon Hartmann, „Tätigkeitsbericht des früheren Mainzer Stadtplaners Dr.-Ing. Egon Hartmann (24.8.1919–6.12.2009)", 1994, Ordner mit Bericht und Anlagen (25 Blatt) „Erst nach

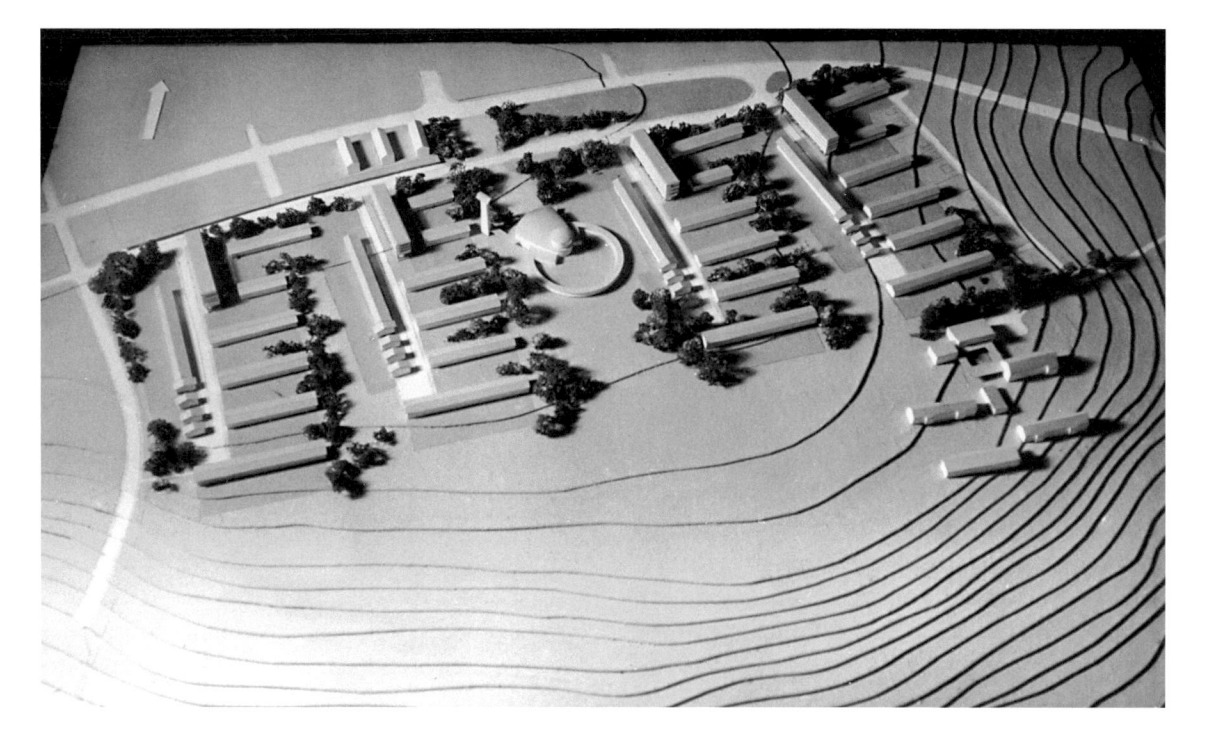

147
Werner Streif, *Entwurf zur Siedlung Gleisberg in Mainz-Gonsenheim, 1953–1956, Modell*, Mainz, um 1956, Stadtarchiv Mainz.

zer Innenstadt auf Hartmanns Verkehrskonzept von 1955 zurück, einer Idee, die dieser inzwischen aufgegeben hatte, da er sie dem vorhandenen Straßennetz nicht zumuten mochte.[91] Kauflustige Autofahrer sollten das Trapez der Einkaufsstraßen in der Altstadt von einem inneren „Parkring" her direkt und bequem zu Fuß erreichen können (Taf. XLVII). Gleichzeitig sollte der übergeordnete Verkehr ähnlich wie in Streifs Bandstadtkonzept über eine „Stadtkern-Tangente" geleitet werden, für die sich Streif Ende 1955 stark gemacht hatte, als das Scheitern seiner Stadtautobahnidee abzusehen war.[92] Zur Priorität seines Mandats machte Jacobi jedoch die Zusammenfassung der vielen einzelnen Teilbebauungspläne zu einem kohärenten Aufbauplan für die Gesamtstadt, eine Aufgabe, an der schon etliche Planer vor ihm gescheitert waren. Wohlweislich überging er dabei auch manche der vor seiner Zeit erarbeiteten und genehmigten Planungen, deren Feststellungsverfahren bereits im Gange waren.[93]

In der Stadtratssitzung vom 24. Oktober 1957 führte Jacobi seine Sicht auf den Stückwerk gebliebenen Mainzer Wiederaufbau aus und kritisierte auch den trotz der Fördermittel aus dem Preusker-Programm nur schleppend voranschreitenden Wohnungsbau. Damit griff er auch Oberbürgermeister Stein an, sodass am Ende einer hitzig geführten Debatte über die sachlichen und parteilichen Differenzen hinaus die persönliche Beziehung zwischen dem SPD-Stadtoberhaupt und seinem CDU-Baudezernenten nachhaltig beschädigt war.[94] Zum endgültigen Bruch kam es drei Monate später. In der

dem Tod von E. Hartmann zu benutzen", S. 3 f., SAM ZGS/Z10, 2010/5; Carl Dassen, „Die Bauverwaltung der Stadt Mainz von 1945 bis 1957", 49 Seiten, Mainz, 10.7.1958, S. 47–49, SAM NL Dassen 21.
91 Beck-Hartmann 2008, S. 230 f.
92 Hans Jacobi, „Bilanz der Tätigkeit von Bürgermeister Dr.-Ing. Hans Jacobi, Baudezernent und Gartendezernent der Stadt Mainz in der Zeit seines Wirkens in Mainz von 1956 bis März 1969", Mainz, 18.11.1969, SAM NL 71/20; ders., „Grundsätze zur Aufbauplanung der Altstadt Mainz. 10-Punkte-Programm", mit einer Skizze des Verkehrskonzepts für die Innenstadt, 14.4.1958, SAM NL 71/19.

93 Carl Dassen, „Geschichte des Aufbauplanes der Stadt Mainz", 26 Seiten, Mainz, 10.7.1958, S. 18 f., SAM NL Dassen 21.
94 Ebd., S. 18; Dassen 1957; „Niederschrift über die Stadtratssitzung am 24. Oktober 1957", in: Stadt Mainz, *Niederschriften über die Stadtrats-Sitzungen*, 1957, SAM 100/1984/37, 12.

Stadtratssitzung vom 18. Januar 1958 stellte Jacobi in einem ausufernden Vortrag anhand von 78 Plänen verschiedenste Aspekte der Mainzer Aufbauplanung vor,[95] ohne jedoch eine klare Richtung vorzugeben, geschweige denn den Stadtrat überzeugen zu können. Gleichzeitig wurde Hartmann die Gelegenheit gegeben, die von ihm seit 1955 erarbeiteten Pläne und Alternativvorschläge darzustellen.[96]

Die Einberufung zu einer nichtöffentlichen Sitzung im Mainzer Landtag und die Einladung eines handverlesenen Expertengremiums mit Gerd Offenberg, Edmund Gassner, Wolfgang Bangert und Max Guther sowie die Inszenierung des Mainzer Planungschaos mit Hartmann als Gegenspieler Jacobis gingen wohl auf den Oberbürgermeister zurück, der den Baudezernenten „fachlich abzuservieren" wünschte. Die Forderung, die Planungskoordinierung in die Hand eines „unabhängigen und unvoreingenommenen" Stadtplaners zu legen, formulierte schließlich Guther, Hartmanns Doktorvater aus Darmstadt. Um die Kluft zwischen den unvereinbaren Standpunkten zu überbrücken und die anhaltende Mainzer Planungsmisere zu beseitigen, wurde auf eine Autorität von außen gesetzt und Jacobi vorläufig von seiner Funktion als Baudezernent entbunden.[97]

In der Person Ernst Mays wurde noch Ende Januar 1958 eine anerkannte Fachgröße zum Planungsbeauftragten der Stadt Mainz berufen. Diese Wahl war sicher kein Zufall, zumal Guther ihn im Vorjahr als Honorarprofessor für die Technische Hochschule Darmstadt hatte gewinnen können und mit dem Kasseler Stadtbaurat Bangert ein früherer Mitarbeiter Mays aus der Zeit des Neuen Frankfurts im Mainzer Expertengremium saß. Zudem war das SPD-Mitglied May nach den Jahren im Exil als Planungsleiter für die Neue Heimat auch in der Bundesrepublik wieder prominent in Erscheinung getreten.[98] Auch May, der Anfang 1956 die Neue Heimat wieder verlassen hatte und freiberuflich tätig geworden war, profitierte von dieser Gelegenheit, um wieder im Rhein-Main-Gebiet Fuß zu fassen und sein Tätigkeitsfeld von der Siedlungsplanung auf die Stadtentwicklung auszuweiten. So übernahm er 1960 die Erstellung eines neuen Wirtschaftsplans für Bremerhaven und wechselte 1961 nach Beendigung seines Mainzer Auftrags nach Wiesbaden, wo er als Generalplaner neben städtebaulichen Planungen dann auch wieder Aufgaben im Siedlungsbau wahrnahm.

In seinen Grundzügen wurde der Mainzer Aufbauplan bis Oktober 1958 fertiggestellt und am 21. November 1958, sowie in seiner ausgearbeiteten Form als Flächennutzungsplan am 12. April 1960, einstimmig vom Stadtrat beschlossen. May war es gelungen, angesichts der Dringlichkeit der Aufgabe die Parteidifferenzen letztlich zu überbrücken. In einer kurzen Bearbeitungszeit konnte er die divergierenden Planungsansätze überwinden und einige ihrer Repräsentanten in seine Arbeit einbinden. Heinz Grosse, ein enger Mitarbeiter Mays aus der Zeit bei der Neuen Heimat, wurde mit der Projektleitung vor Ort und 1960/61 auch mit der Führung des Mainzer Stadtplanungsamts betraut, außerdem konnten zwei anerkannte Fachgrößen, der Verkehrsplaner Kurt Leibbrand und der Wirtschaftsplaner Felix Boesler, für die Mitarbeit gewonnen werden.[99] Im Stadtplanungsamt erwies sich Hartmann als wertvoller Mitarbeiter, der sich als Schüler Hassenpflugs für den Kreis um May empfehlen konnte. Zudem hatte er sich bei den großen internationalen Wettbewerben jener Jahre als kompetenter Planer erwiesen, 1956 beim Wettbewerb zur Domumgebung von Köln und 1958 mit seinem zweiten Preis beim internationalen Wettbewerb „Hauptstadt Berlin" (Abb. 148).[100] Das Preisgericht hatte dort seine abwechslungsreiche Gestaltung der Stadträume gewürdigt, die Autofahrern und Fußgängern unterschiedliche Raumerlebnisse boten. Die Friedrichstraße sollte als „Weltgeschäftsstraße" die Stalinallee an Länge noch übertreffen,

---

95 Hans Jacobi, „Grundsätze zur Aufbauplanung der Altstadt Mainz. 10-Punkte-Programm", mit einer Skizze des Verkehrskonzepts für die Innenstadt, 14.4.1958, SAM NL 71/19. Beigelegt ist ein Verzeichnis der in seinem Vortrag vor dem Mainzer Stadtrat am 18.1.1958 verwendeten Pläne.

96 Zu den genauen Umständen äußerte sich Egon Hartmann in Beck-Hartmann 2008, S. 230f.; Driesch 2011. Vgl. [o. V.] 1958a, b, c.

97 [o. V.] 1958e, f. Jacobi wurde im Januar 1960 wieder eingesetzt und blieb bis 1969 Baudezernent.

98 Vgl. Seidel 2008, 2011.

99 Hartmann empfahl May Boesler, der im Auftrag des Landesprojektionsbüros Strukturanalysen Thüringer Städte erarbeitet hatte, siehe Beck-Hartmann 2008, S. 135, 235. Vgl. Seidel 2008, S. 47.

100 Beck-Hartmann 2008, S. 269–275 (Köln), 276–289 (Berlin); Bundesminister 1960, S. 38–42.

Fußgängern vorbehalten sein und beiderseits über Nord-Süd-Straßenzüge bedient werden.¹⁰¹ Ein ähnliches Konzept hatte Hartmann 1955 für die Mainzer Geschäftsmeile vorgeschlagen. Um einen „Raum mit weltstädtischem Charakter" zu schaffen, griff er jedoch für Berlin auch auf Lösungen zurück, die er bei Lods und später bei Streif für das kleine, geschichtsverhaftete Mainz noch abgelehnt hatte.¹⁰² Im Zuge der Leipziger Straße plante Hartmann eine Stadt auf zwei Ebenen, einer tiefgelegten Ost-West-Stadtautobahn mit großzügigen Grünräumen, gesäumt von Park- und Hochhäusern, und darüber parallel geführte, „basarartige" Fußgängerbereiche, die mittels Brücken über die Stadtautobahn verbunden werden sollten.¹⁰³

Die Kartierung des Mainzer Stadtgebiets und seines Umlands, die er während seiner Planungsabstinenz mit einem kleinen Mitarbeiterstab anfertigen konnte, floss maßgeblich in den Aufbauplan ein, genau so wie seine Vorarbeiten zum Verkehrskonzept und zum Flächennutzungsplan.¹⁰⁴ Andere Mitarbeiter des Stadtplanungsamts wie Kölsch hingegen wurden nicht in die Konzeption des Aufbauplans eingebunden, an dem wohl weitgehend unter Ausschluss der Öffentlichkeit gearbeitet wurde.¹⁰⁵ Kölsch verließ Mainz und wurde 1959 auf Vermittlung Schweizers und Streifs zum Leiter der Stadtplanung nach Konstanz berufen.¹⁰⁶ Auch Hartmann nahm 1959 seinen Abschied und folgte dem Ruf Guthers nach München, wo er als Bürochef des Planungsberatungsbüros Guther, Steiner & Leibbrand am ersten Stadtentwicklungsplan für München arbeitete.

148 Egon Hartmann, Walter Nickerl: *Entwurf für den städtebaulichen Wettbewerb „Hauptstadt Berlin"*, 1958, 2. Preis, *Isometrie*, Abbildung aus: Bundesminister für Wohnungsbau, Senator für Bau- und Wohnungswesen (Hg.), *Hauptstadt Berlin. Ergebnis des Internationalen städtebaulichen Ideenwettbewerbs*, Stuttgart 1960.

---

101 Ebd., S. 280.
102 Ebd., S. 213 und 225 (zu Lods), 228 f. (zu Streif).
103 Ebd., S. 286 f.
104 Laut Hartmanns Äußerungen in Driesch 2011. Hartmanns Mitarbeiter waren Karl-Heinz Klein und Walter Großmann, letzterer ein gebürtiger Mainzer, der als Grafiker für Kurt W. Leucht in Ostberlin gearbeitet hatte, siehe Beck-Hartmann 2008, S. 228.
105 Nach telefonischer Mitteilung Kölschs 2015.
106 Ebd. Auch Werner Baecker (geb. 1928), der zwischen 1953 und 1956 Assistent an Schweizers Lehrstuhl und für den Krupp-Konzerns an der Planung der indischen Industriestadt Rourkela als Idealstadt im Sinne Schweizers beteiligt gewesen war, verließ Mainz und wurde über Stationen in Rheinhausen und Offenbach Stadtbaudirektor und Baudezernent in Köln. Vgl. Saad 2007.

Innerhalb seines Planungshorizonts von zwanzig Jahren ging Mays Mainzer Planerteam von einem Anwachsen der links- und rechtsrheinischen Stadtbevölkerung auf 220.000 Einwohner aus, entsprechend wurden auch beide Flussseiten in den Aufbauplan miteinbezogen (Taf. LIV). Ähnlich wie im Konzept von Streif und Kölsch sollten auf den Hochterrassen über der „City" neue Siedlungsgebiete als Erweiterung bestehender Vororte entstehen, wobei die Naturräume und das Agrarland geschont werden sollten. Im Rahmen einer Bebauungsdichte von 250 Einwohnern pro Hektar sah die Planungsgruppe für die Außengebiete differenzierte Bebauungsweisen vor, vom Wohnhochhaus über vierstöckige Miethausblocks bis zu zweigeschossigen Reihenhauszeilen

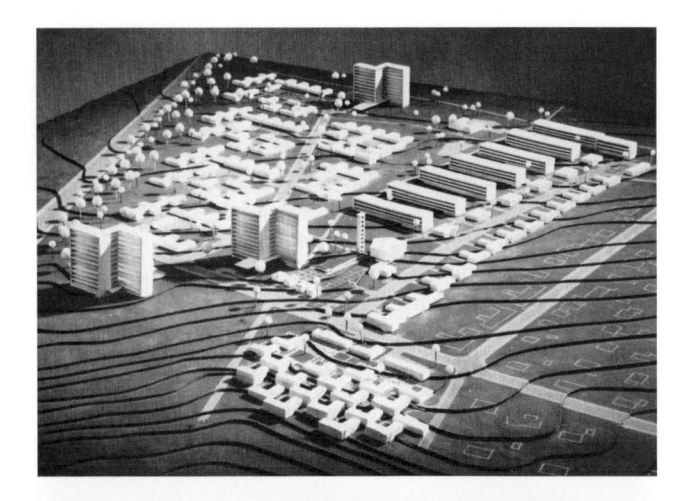

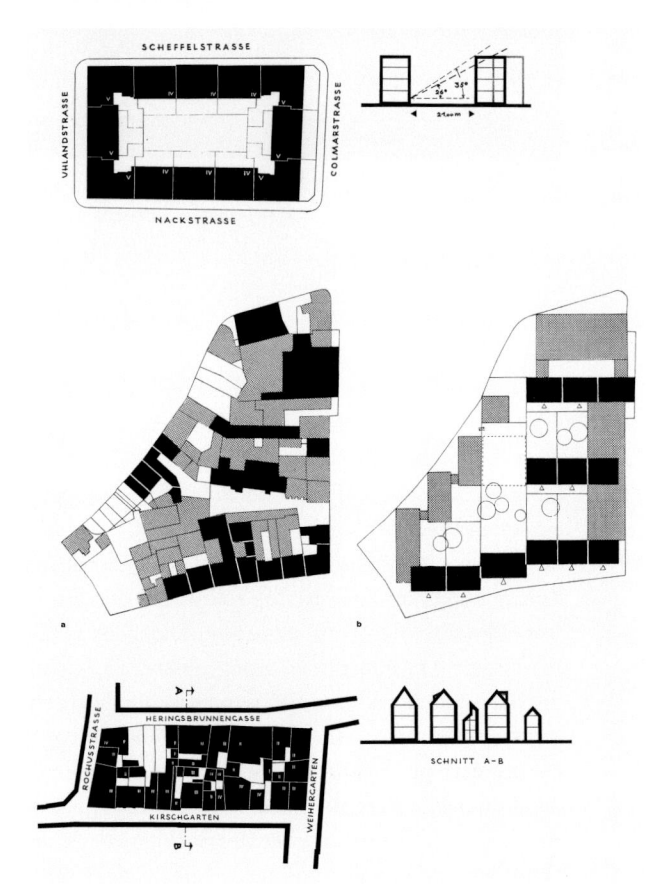

149–151

Planungsgruppe Ernst May: *Aufbauplan Mainz*, 1958–1960,

Modell der geplanten Siedlung am Eselsweg in Bretzenheim mit differenzierter Bebauungsweise

Modell des Hochhausgürtels auf dem Höhenrücken über der Mainzer Innenstadt

Testblöcke zur Bebauung der Innenstadt: zu dicht bebaute Blöcke in Neu- und Altstadt, ausgeführter (a) bzw. vorbildlicher (b) Wiederaufbau eines Geschäftshausblocks

Abbildungen aus: Ernst May, Felix Boesler, Kurt Leibbrand, *Das neue Mainz*, Mainz 1961.

und Einfamilienhausgruppen (Abb. 149). Mit Verweis auf die Siedlung Römerstadt in Frankfurt wurden der Bebauung öffentliche Grün- und Erholungsräume zugeordnet, die den Stadtkörper entlang der Festungswälle und der Rheinufer durchziehen sollten (Taf. LIII).[107] May selbst plante Siedlungen und Wohnanlagen in Mombach im Bereich des Westrings (1958), in Bretzenheim am Eselsweg (1958–1963), in Hartenberg-Münchfeld (1959–1961), an der Saarstraße (1961) auf Höhe der Universität, sowie für die Neue Heimat die 1958–1962 erbaute Wohnsiedlung am Gleisberg in Gonsenheim, die noch auf Streifs Bebauungsplanentwurf von 1956 zurückging (Abb. 147).[108] Am Rande der Hochplateaus sollten Wohnhochhäuser einen Kranz um die historische Stadt bilden und dieser im Zusammenspiel mit der Neugestaltung des Rheinufers eine zeitgemäße Silhouette verleihen (Abb. 150).

Für die Innenstadt wurden baugesetzliche Grundlagen geschaffen, um eine Auflockerung der Bebauung zu fördern, und zwar weniger durch Höhenfestlegungen als vielmehr durch Begrenzung von Nutzungs- und Bebauungsdichte (Taf. LI und LII). Mit einer maximalen Dichte von fünfhundert Einwohnern pro Hektar kam Mays Planerteam auf ähnliche Schlüsse wie Jörg und Bayer in ihrer Planung. Durchgespielt wurde die neue Bauordnung an „Testblöcken" in Alt- und Neustadt, die entkernt und „durchlüftet" werden sollten (Abb. 151). Entlang markanter Platzfolgen sollten neue Geschäftshäuser und Bauten der Stadt und des Landes entstehen und den Wiederaufbau der Altstadt zum Abschluss bringen.

Das dem Aufbauplan zugrunde liegende Verkehrskonzept operierte mit einem System von Tangenten um die Innenstadt, das innere Straßen- und Fußgängernetz beruhte auf Hartmanns Verkehrsberuhigungskonzept. Für den Durchgangsverkehr sah Mays Planungsgruppe wie zuvor Schmitthenner und Hartmann eine zweite Rheinbrücke in Verlängerung der Kaiserstraße vor. Zur Anbindung an das Autobahnnetz kam sie wiederum zu ähnlichen Ergebnissen wie Streif, doch wie die anderen städtischen Planer zuvor konnte auch May die Trassenführung des Mainzer Autobahnrings nicht beeinflussen.

Auch wenn etliche Konzepte des Aufbauplans in der Folge nicht umgesetzt wurden, so gab dieser der Stadt in der Umbruchzeit vom Wiederaufbau zur Stadterweiterung den dringend benötigten ordnenden Rahmen, was in diesen von politischen Querelen, persönlichen und sachlichen Konflikten überschatteten Jahren kein leichtes Unterfangen war. Mit Blick auf das Stadtjubiläum 1962 wurde mit dem Planbeschluss eine rasante Stadtentwicklung eingeleitet. Im Jubeljahr wurde der Wettbewerb für das neue Rathaus am Rheinufer ausgelobt, das ZDF für den Standort in der „Jubiläumssiedlung" Lerchenberg gewonnen und die beiden Autobahnbrücken über den Rhein fertiggestellt. Repräsentative Bauten wurden im Regierungsviertel errichtet, während immer mehr Wohnsiedlungen im Montagebau an den Stadträndern entstanden.

Als Planungsbeauftragter der Stadt Mainz gelang May mit dem Aufbauplan von 1960 eine Synthese, die den Übergang vom ideologisch aufgeheizten, aber oft mittellosen Wiederaufbau der Nachkriegszeit zur boomenden, marktwirtschaftlich orientierten Stadtentwicklung der 1960er Jahre leistete. Für diese hatte das im selben Jahr in Kraft tretende Bundesbaugesetz durch die Definition einheitlicher und verbindlicher Stadtplanungsinstrumente – wie Flächennutzungsplan und Bebauungsplan – bei gleichzeitiger Liberalisierung des Bodenmarkts wichtige Voraussetzungen geschaffen.

Eine gesetzliche Erfordernis war schon der regionalplanerische Ansatz für den Wirtschaftsplan von 1939 gewesen, den Bayer inhaltlich in die Arbeit der Section du Plan einbringen konnte (Taf. VIII und IX). Mays Flächennutzungsplan von 1960 stand in diesem Planungskontinuum und war zugleich der erste kohärente Gesamtplan für Mainz, der nach über einem Jahrzehnt explizit auf Lods' Wirken Bezug nahm. Mit Blick auf den gravierenden Einschnitt, den der Verlust der rechtsrheinischen Gebiete für die Entwicklung der Stadt Mainz darstellte, begrüßte May Lods' regionalplanerischen Ansatz, ohne jedoch auf die Vorarbeit von Knipping und Bayer einzugehen. Unterm Strich sei es eine „akademisch bedeutsame Planung, aber praktisch ohne Bedeutung, weil sie sich über die tatsächlichen Verhältnisse vollständig

---

107 May/Boesler/Leibbrand 1961, S. 32.
108 Streif 2005, Abb. S. 61; Seidel 2008, S. 110 f., bes. Abb. 40.

hinwegsetzt".[109] Auch wenn May in seiner eigenen Planung weder Lods' Stadtstruktur übernahm noch seiner Rhetorik folgte, so eignete er sich mit dem geplanten Hochhausgürtel um die Innenstadt doch manche der von Lods zwölf Jahre zuvor vertretenen Thesen an.

Wenn auch Lods nicht der „neue Saint-Far" war, als den ihn General Pierre Jacobsen gerne gesehen hätte, und wenn auch seine Arbeit in Mainz kaum konkrete Spuren hinterließ,[110] so hatte er dennoch eine Debatte über die europäische Stadtplanung der Nachkriegszeit angestoßen, die von den in Mainz tätigen Schweizer-Schülern aufgenommen und von May in die Zeit des Baubooms getragen wurde. Die Arbeiten von Schmitthenner, Gruber und später auch von Hartmann wiederum antizipierten eine sorgfältige Auseinandersetzung mit der historischen Stadt, wie sie erst nach der Exzessen der Flächensanierungen der 1960er und 1970er Jahre praktiziert wurde. Angesichts der langen und reichen Mainzer Stadtgeschichte erscheinen die Konflikte der Nachkriegsjahre so in einem besonderen Licht, als kaum vermeidbare Schritte einer Stadtpolitik auf dem Weg in eine Moderne voller Umwälzungen auf lokaler und regionaler Ebene, die in einer Stadt voller historischer Spuren und Denkmäler zwangsläufig Identitätsfragen aufwerfen und ideologische Debatten auslösen mussten (Abb. 152).

Volker Ziegler

109 May/Boesler/Leibbrand 1961, S. 18 f.
110 Bayer im Gespräch 1988, in: Cohen/Frank 1989, Bd. 2, S. 479.

Viele Pläne und kein Plan

152 Rudi Klos: *Einkaufsmeile Ludwigsstraße*, um 1966, Stadtarchiv Mainz.

STADTENTWÜRFE FÜR MAINZ 1806–1960
IN CHRONOLOGISCH GEORDNETEN TAFELN

I

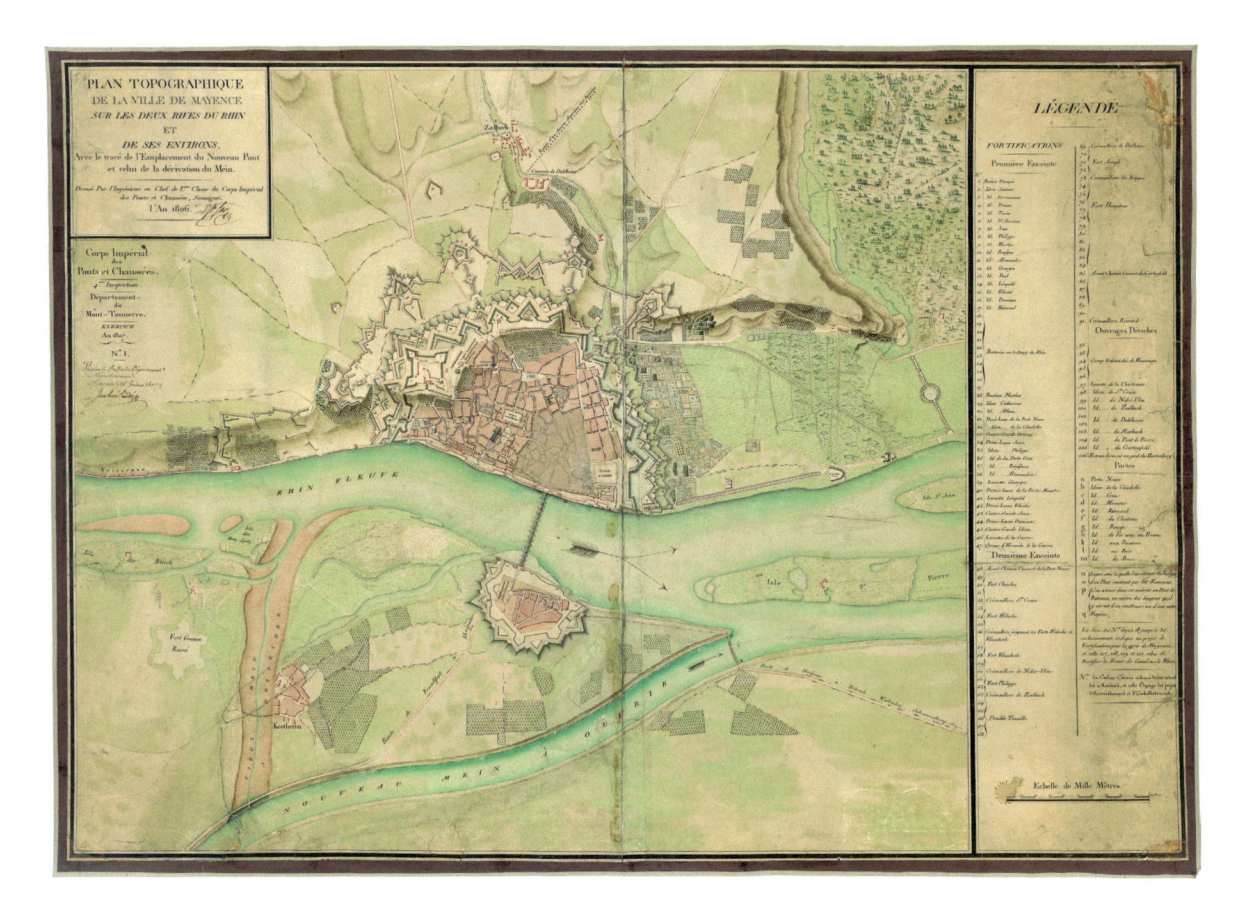

Eustache de Saint-Far:
Topografische Karte von Mainz und Umgebung, mit Angaben zur vorgesehenen Lage einer festen Rheinbrücke sowie zu den Planungen im Verlauf des Straßendurchbruchs der Grande Rue Napoléon (Ludwigsstraße), Mainz, 1806, Stadtarchiv Mainz.

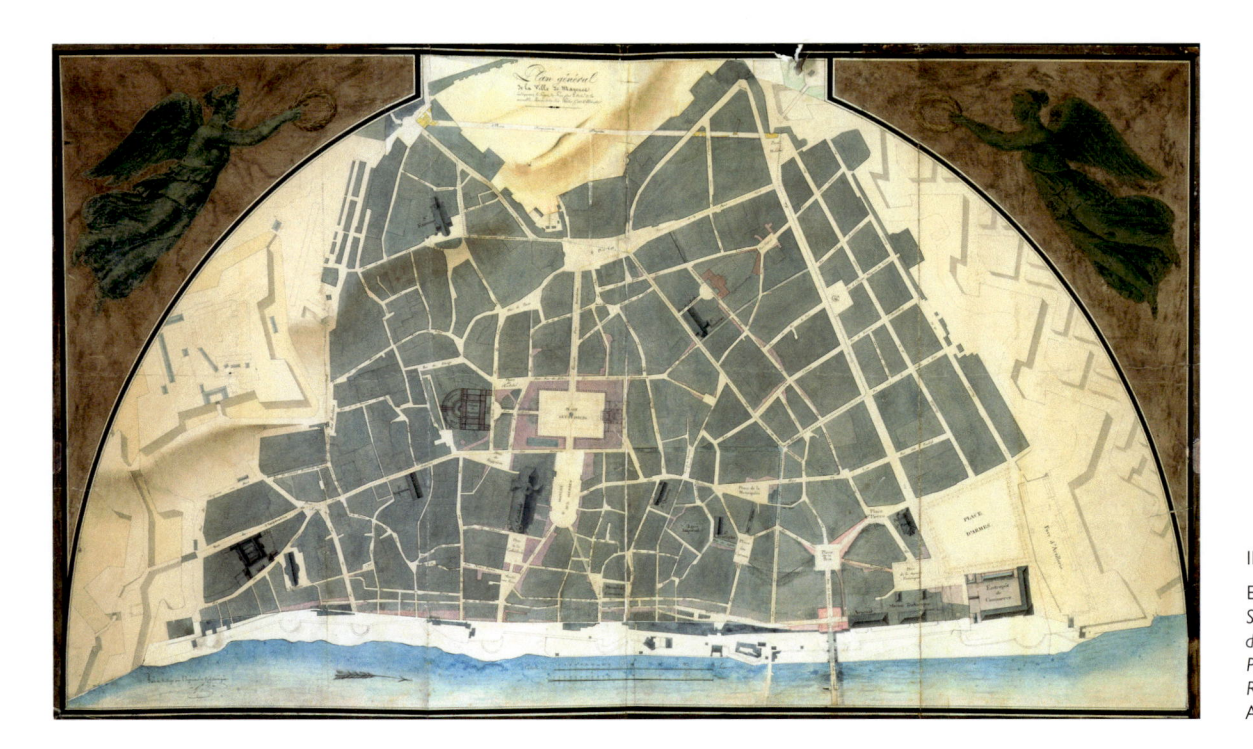

II

Eustache de Saint-Far:
Stadtplan von Mainz mit den geplanten Straßen und Platzanlagen sowie der Rheinbrücke, Mainz, 1806, Archives nationales, Paris.

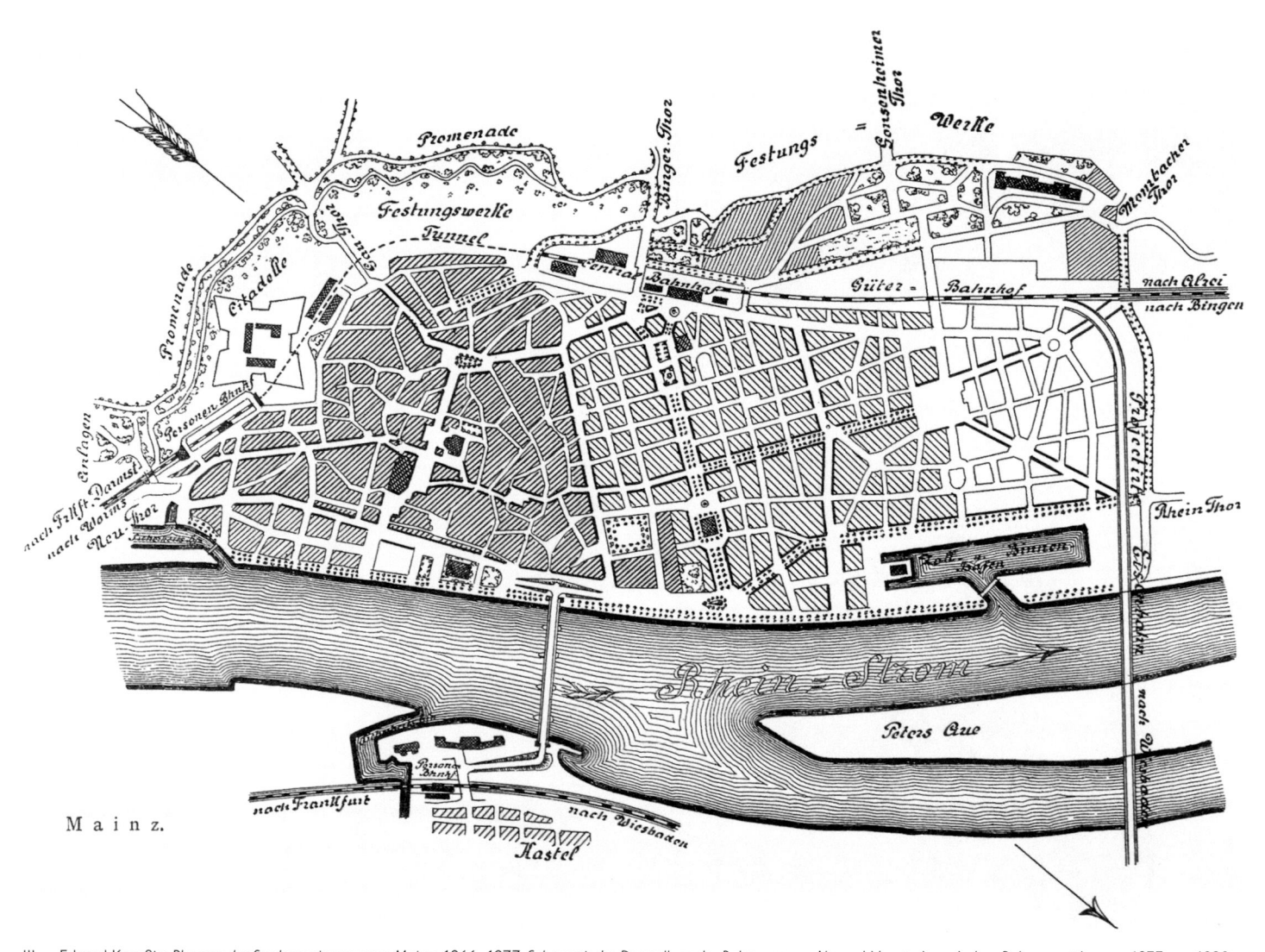

III Eduard Kreyßig: *Planung der Stadterweiterung von Mainz*, 1866–1877, *Schematische Darstellung der Bebauung von Alt- und Neustadt nach dem Bebauungsplan von 1877*, um 1890, Abbildung aus: Josef Stübben, *Der Städtebau*, Darmstadt 1890.

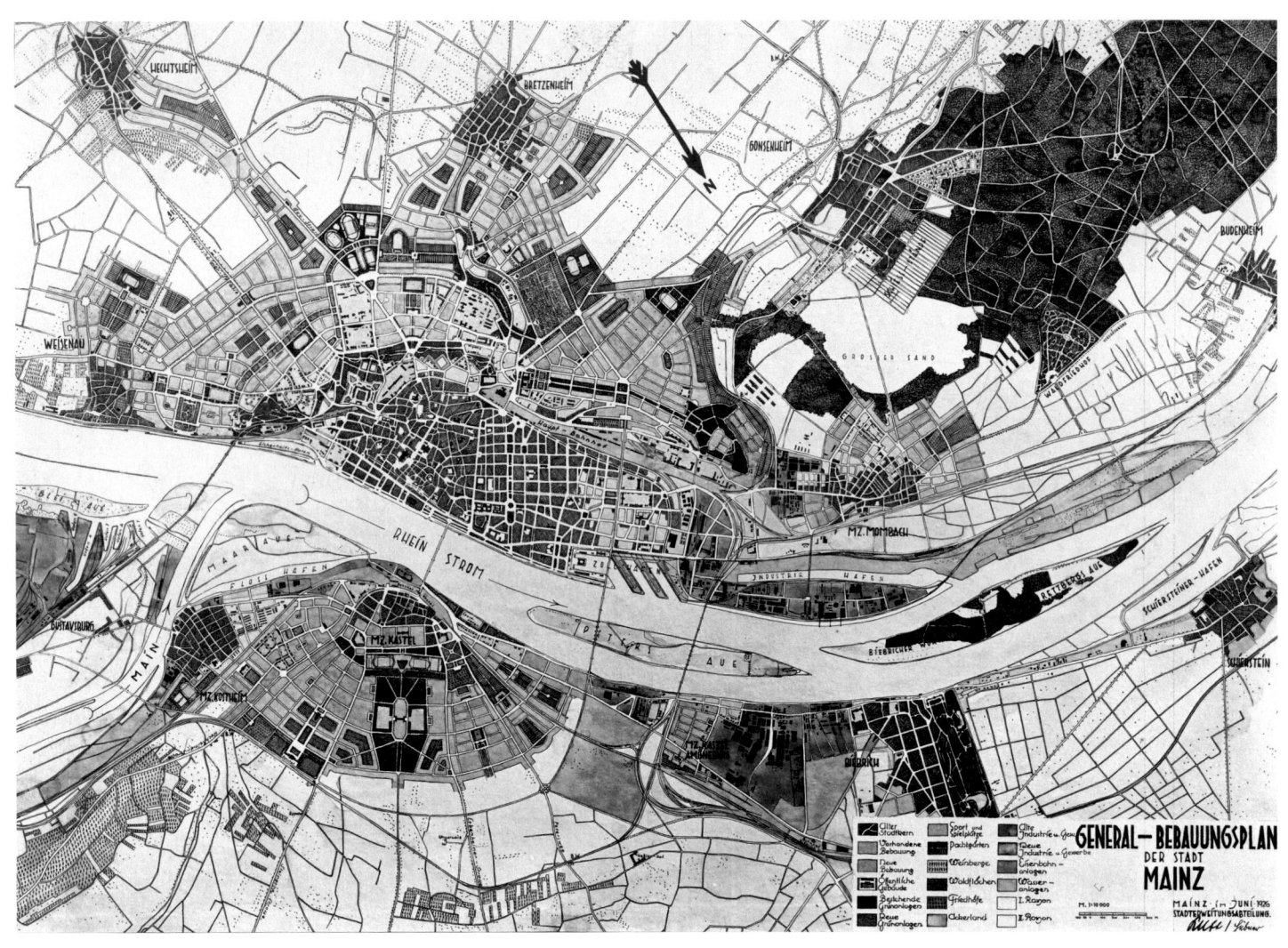

IV   Hochbauamt Mainz, Stadterweiterungsabteilung: *Generalbebauungsplan von Mainz* (signiert: Luft, Hübner), Mainz, Juni 1926, Stadtarchiv Mainz.

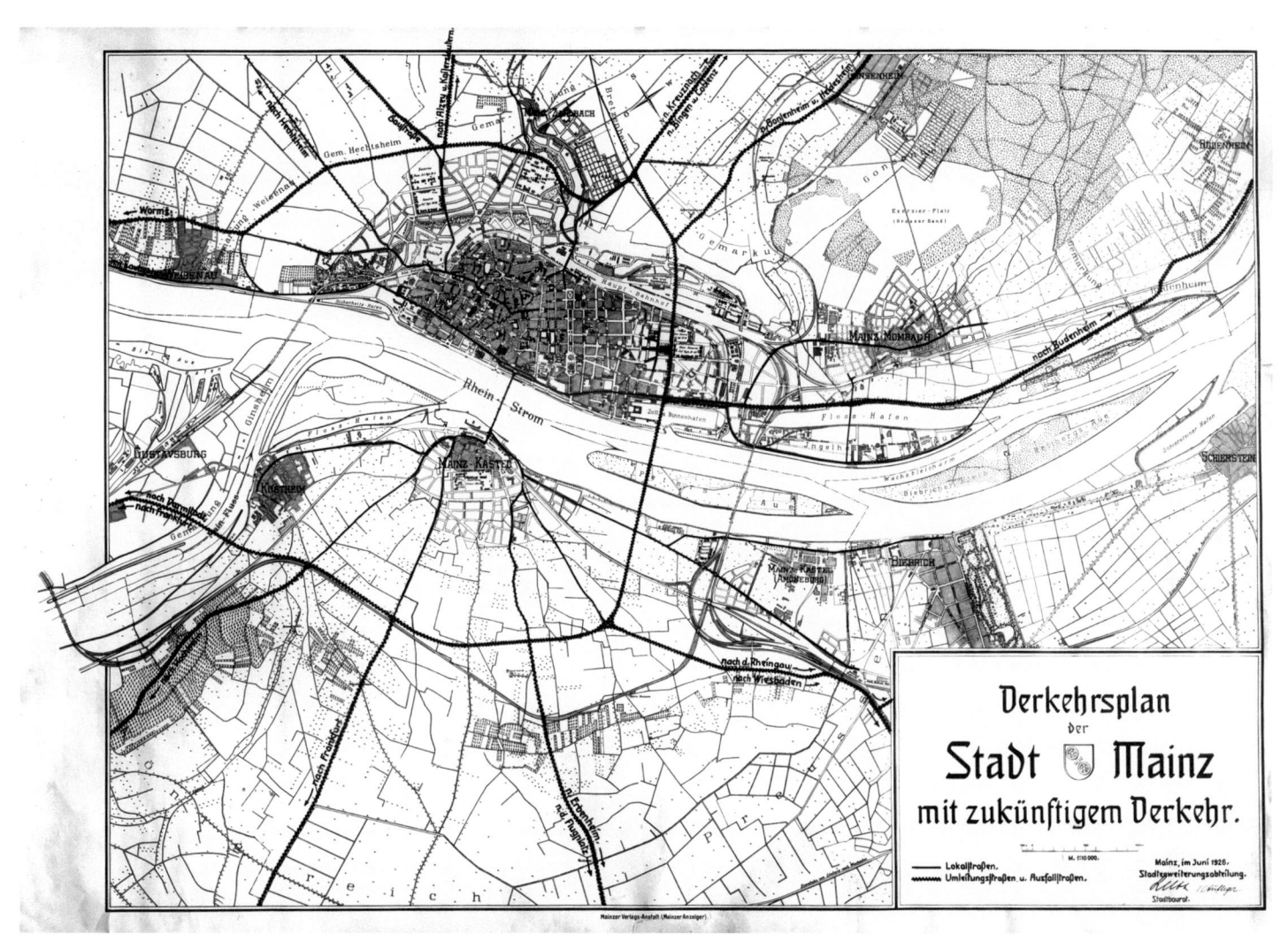

V   Hochbauamt Mainz, Stadterweiterungsabteilung: *Verkehrsplan der Stadt Mainz mit zukünftigem Verkehr* (signiert: Luft, Aufleger), Mainz, Juni 1926, Stadtarchiv Mainz.

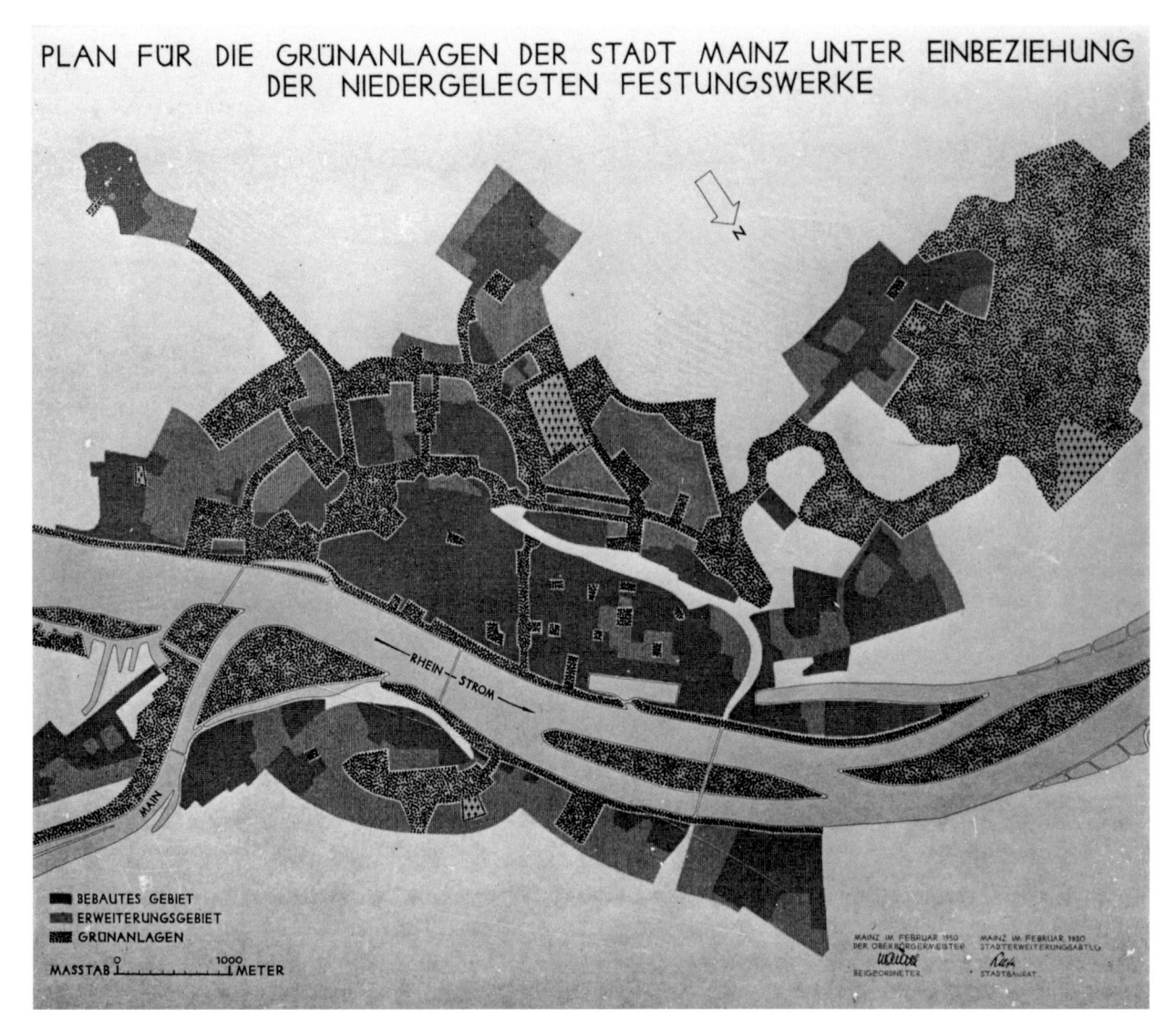

VI Hochbauamt Mainz, Stadterweiterungsabteilung: *Grünanlagen der Stadt Mainz unter Einbeziehung der niedergelegten Festungswerke* (signiert: Maurer, Luft), Mainz, Februar 1930, Stadtarchiv Mainz.

Stadtentwürfe für Mainz 1806–1960

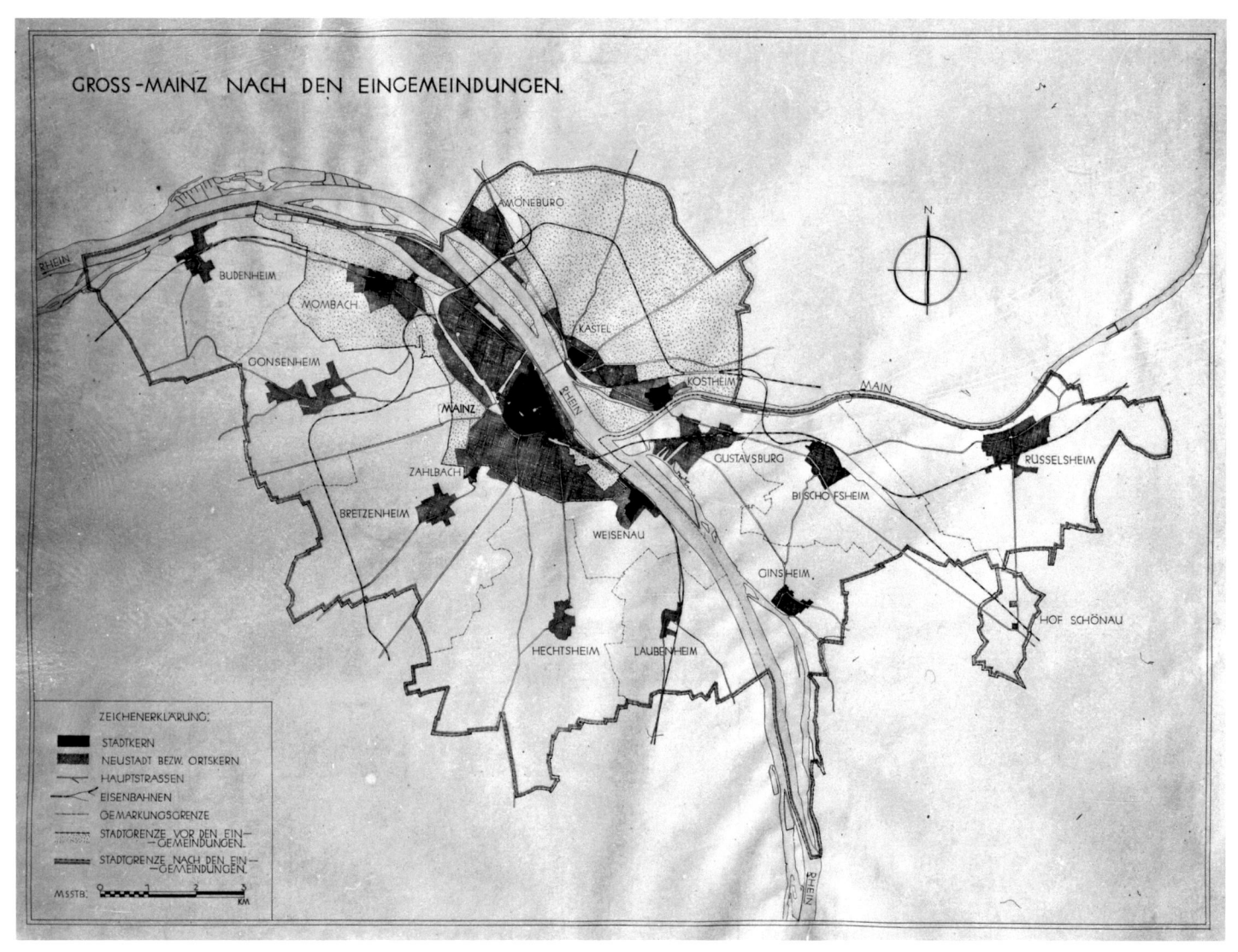

VII Stadtbauamt Mainz: *Wirtschaftsplan Mainz*, 1938–1944, *Groß-Mainz nach den Eingemeindungen* (ohne Verfasserangabe), o.D., Stadtarchiv Mainz.

VIII

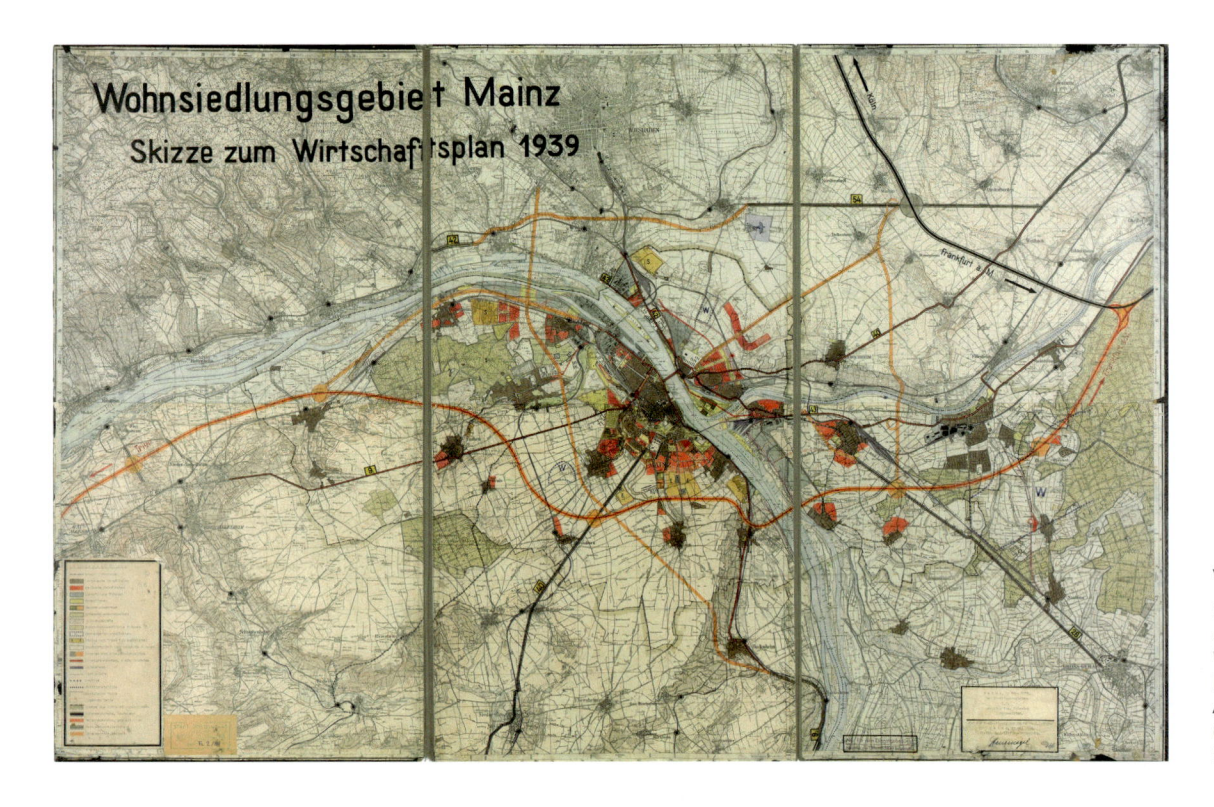

Stadtbauamt Mainz: *Wohnsiedlungsgebiet Mainz, Skizze zum Wirtschaftsplan* (gezeichnet: Knipping), Mainz, März 1939, Ausfertigung vom Januar 1944 (signiert: Steuernagel, Höfs), Stadtarchiv Mainz.

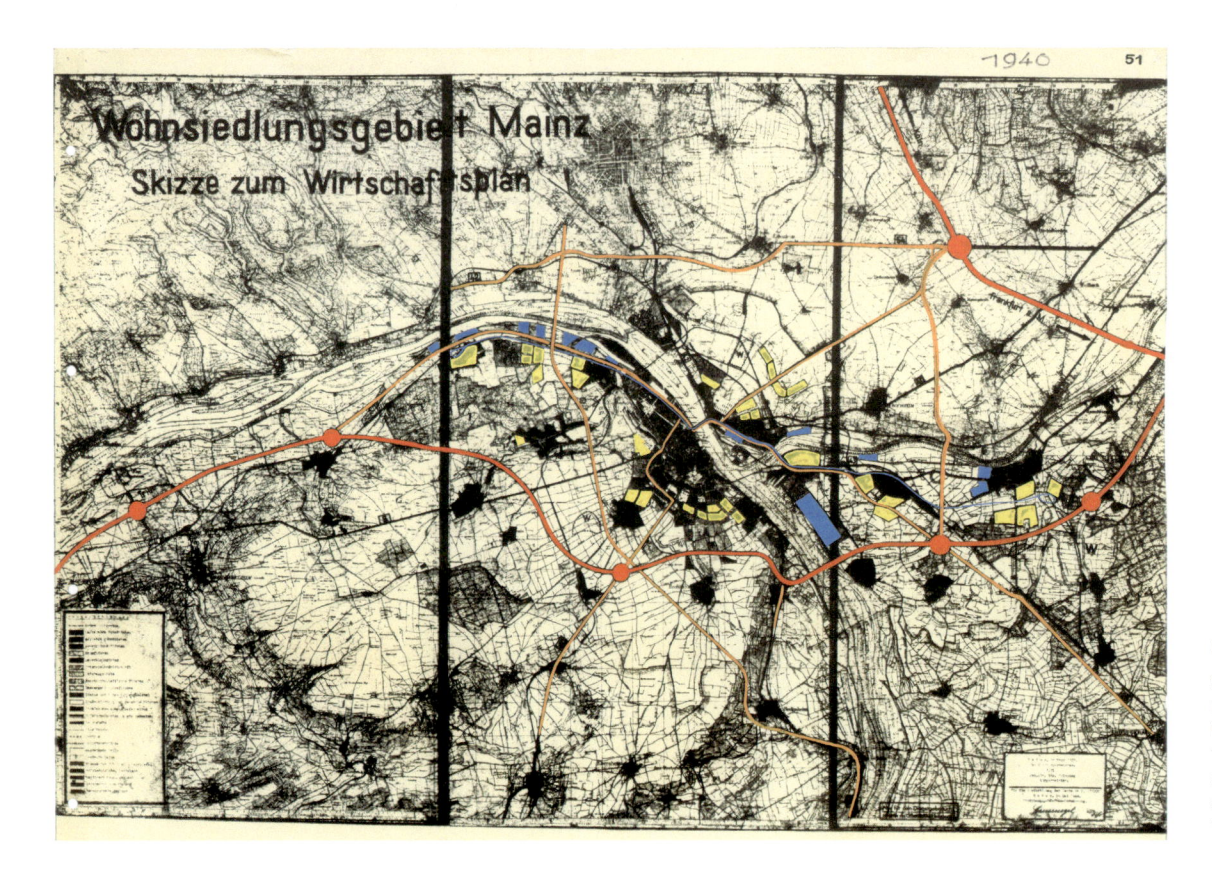

IX

Stadtbauamt Mainz: *Wohnsiedlungsgebiet Mainz, Skizze zum Wirtschaftsplan*, Mainz, März 1939, von Adolf Bayer farbig angelegte Reproduktion nach der Ausfertigung vom Januar 1944, Stadtarchiv Mainz.

X   Arbeitsstab für den Wiederaufbau bombenzerstörter Städte, Hanns Dustmann: *Wiederaufbauplanung für Mainz*, 1944/45, *Blick auf das Stadtmodell von Osten*, o. D. [1944], Stadtarchiv Mainz.

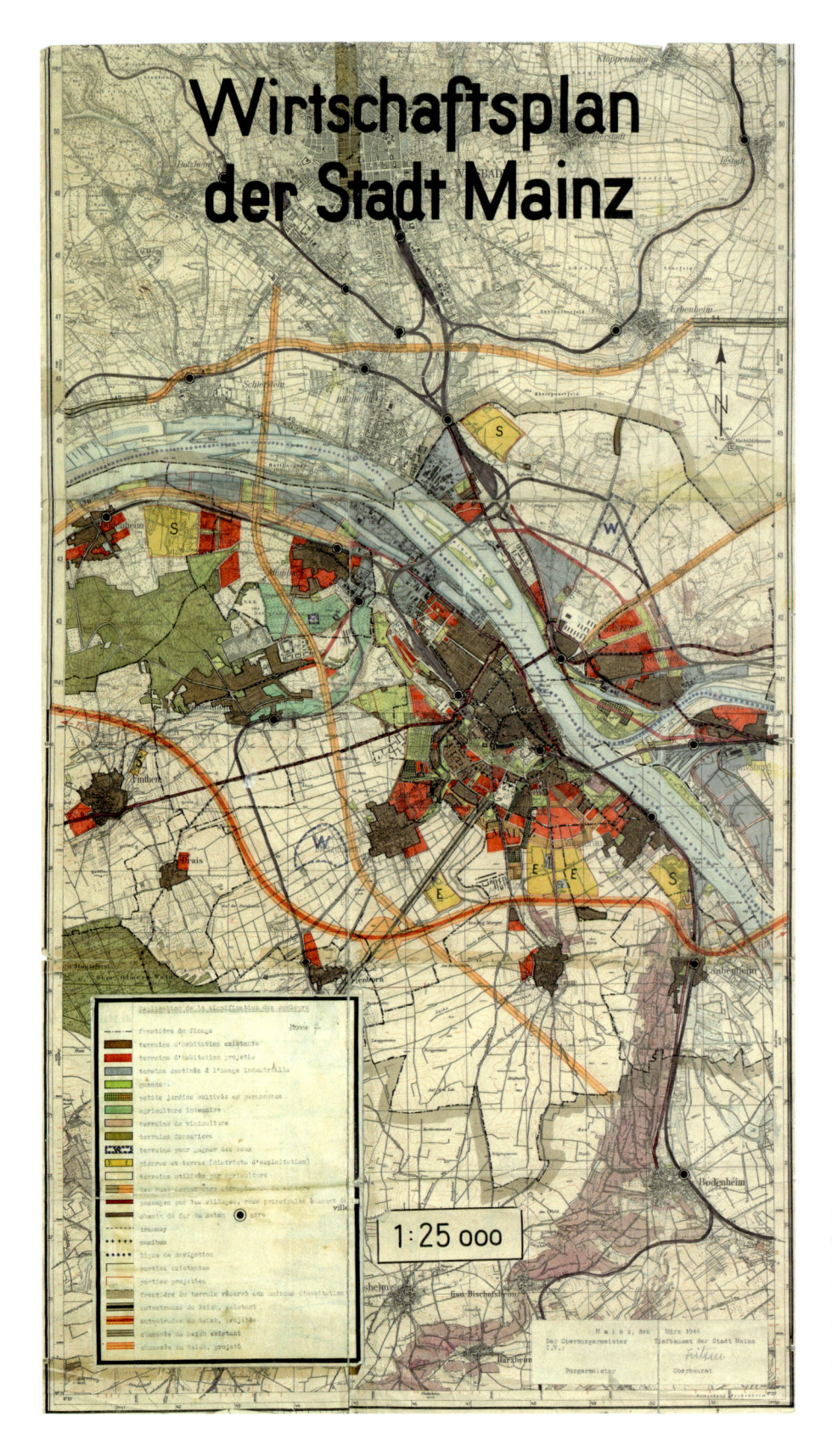

XI

Tiefbauamt Mainz: *Wirtschaftsplan der Stadt Mainz* (signiert: Fritzen), Mainz, März 1946, Mittelteil des Wirtschaftsplans von 1939 mit französischer Legende, Stadtarchiv Mainz.

Stadtentwürfe für Mainz 1806–1960

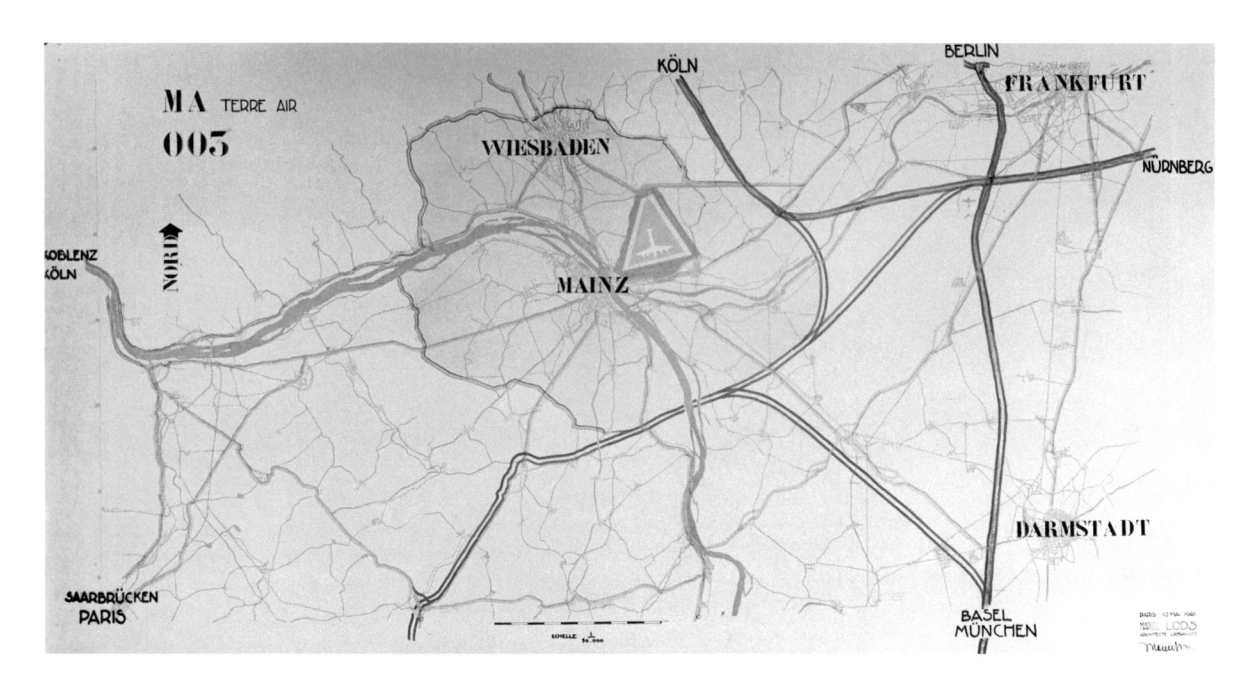

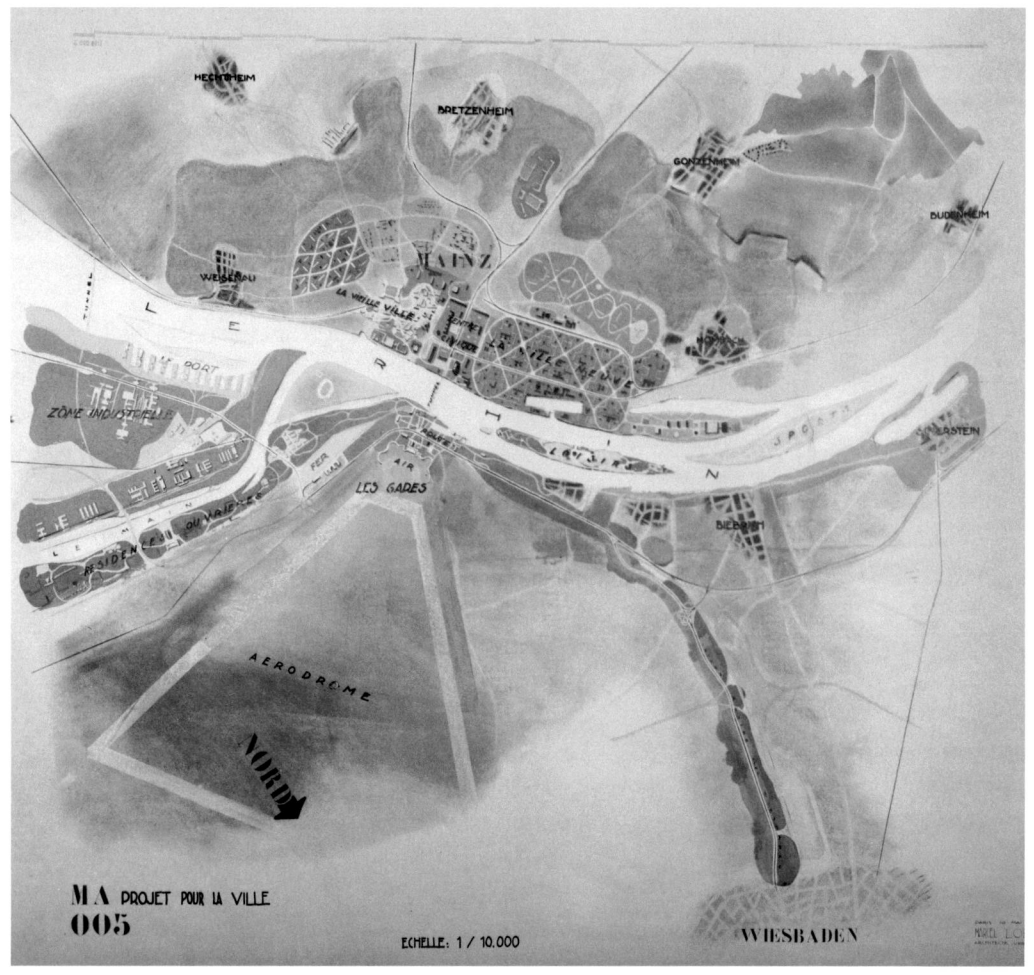

XII–XIII

Marcel Lods: *Planung zum Wiederaufbau von Mainz. Erster Entwurf*, 1946:

Regionalplan mit Hauptstraßennetz und Flughafen (MA 003 Terre Air)

Generalbebauungsplan für den Großraum Mainz (MA 005 Projet pour la ville)

Paris, 10. Mai 1946, Reproduktionen aus Marcel Lods' Manuskriptalbum *Plan de Mayence*, Paris, o. D. [1947], Bibliothèque Poëte et Sellier, fonds historique de l'École d'urbanisme de Paris.

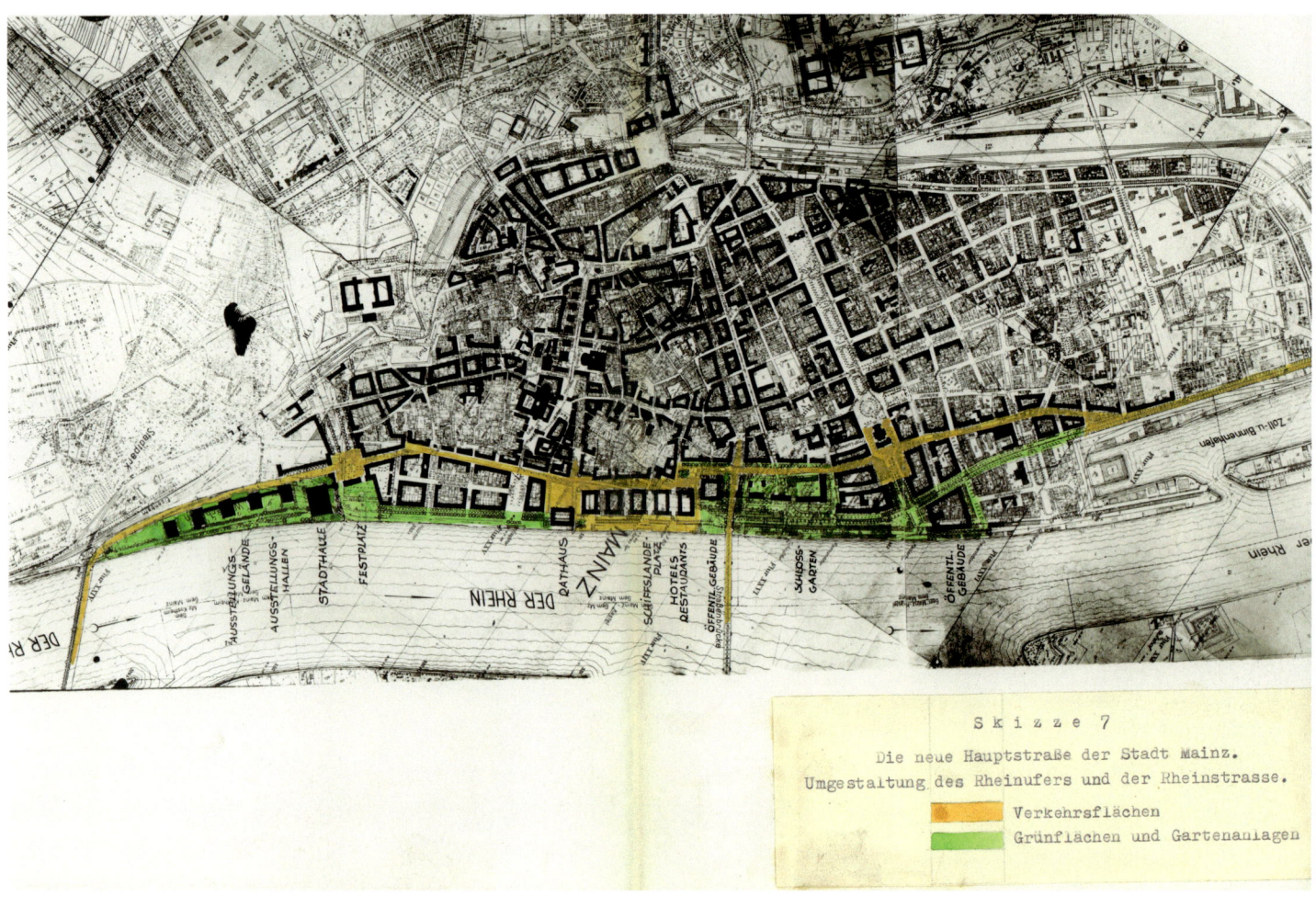

XIV Hochbauamt Mainz, Gerhardt Lahl: *Aufbauplan der Stadt Mainz*, 1946/47, *Gesamtplan mit Hervorhebung der Umgestaltung des Rheinufers und der Rheinstraße als neue Hauptstraße von Mainz*, Abbildung aus Lahls Denkschrift *Aufbau der Stadt Mainz. Gedanken zur Neuordnung von Wirtschaft und Verkehr. Wichtige städtebauliche Projekte in der Altstadt*, Mainz, August 1946, Stadtarchiv Mainz.

Stadtentwürfe für Mainz 1806–1960

XV Hochbauamt Mainz: *Aufbauplan der Stadt Mainz*, 1946/47, *Präsentation der bisherigen Planungen des Hochbauamts* durch Gerhardt Lahl (Plan ohne Verfasserangabe), Mainz, Februar 1947, Stadtarchiv Mainz.

218 Stadtentwürfe für Mainz 1806–1960

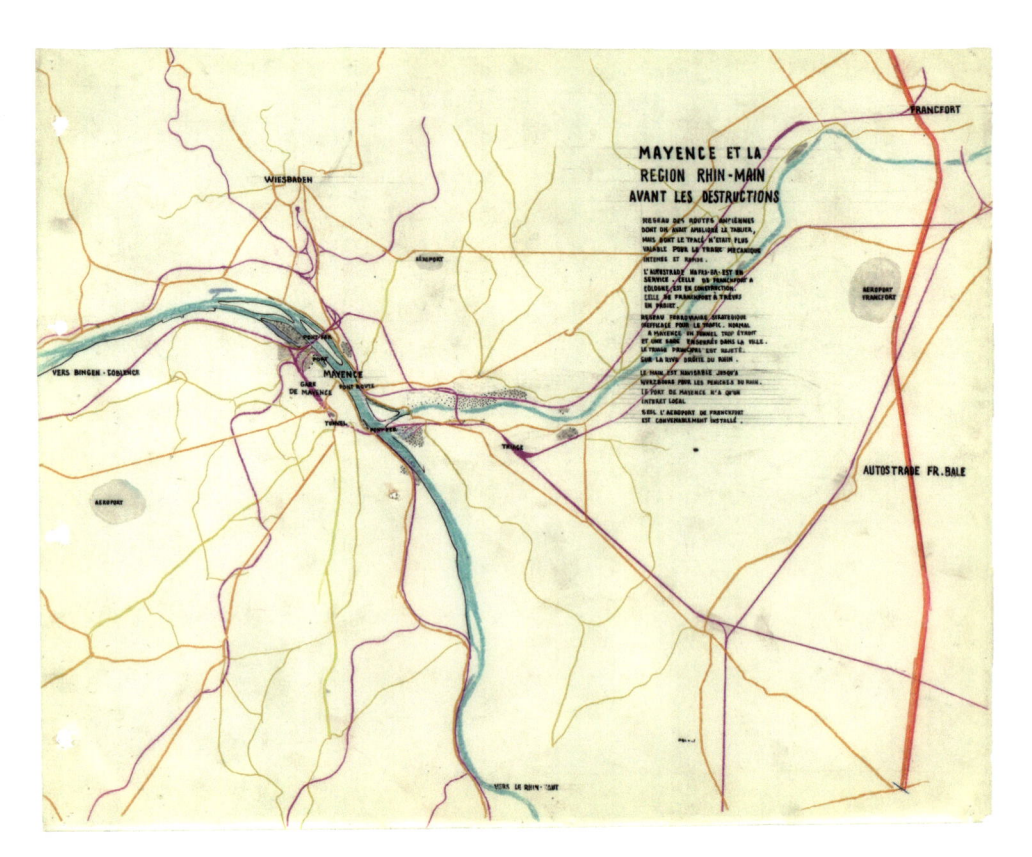

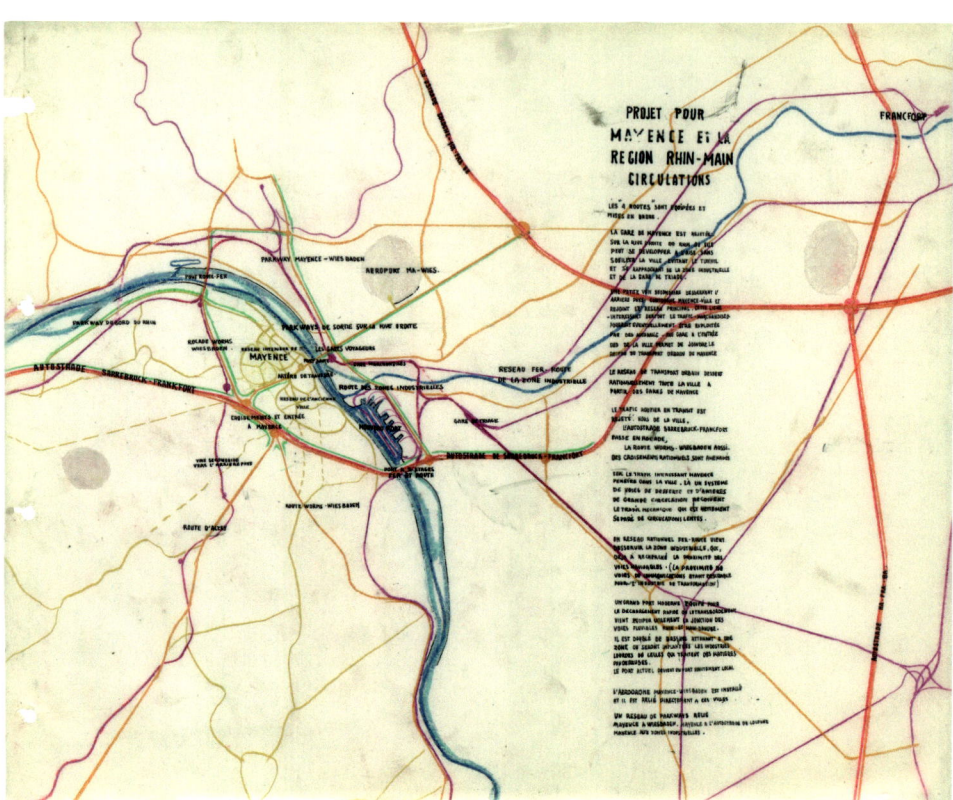

Stadtentwürfe für Mainz 1806–1960

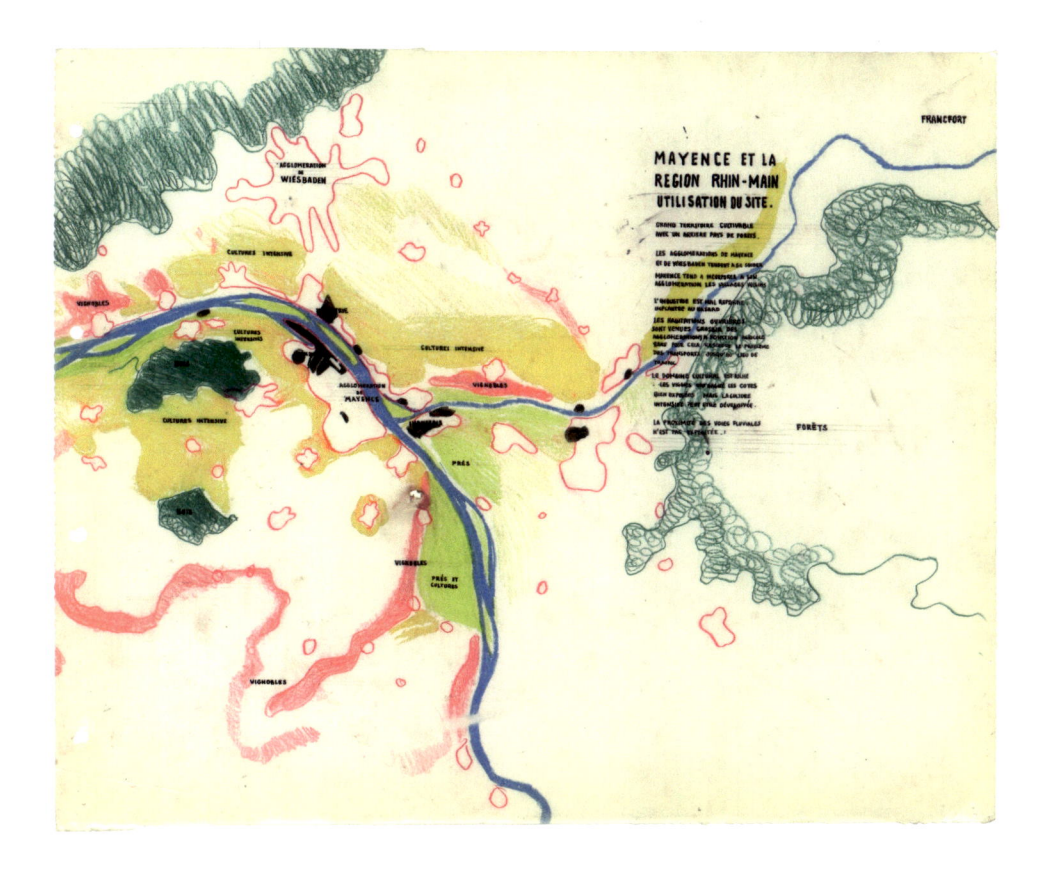

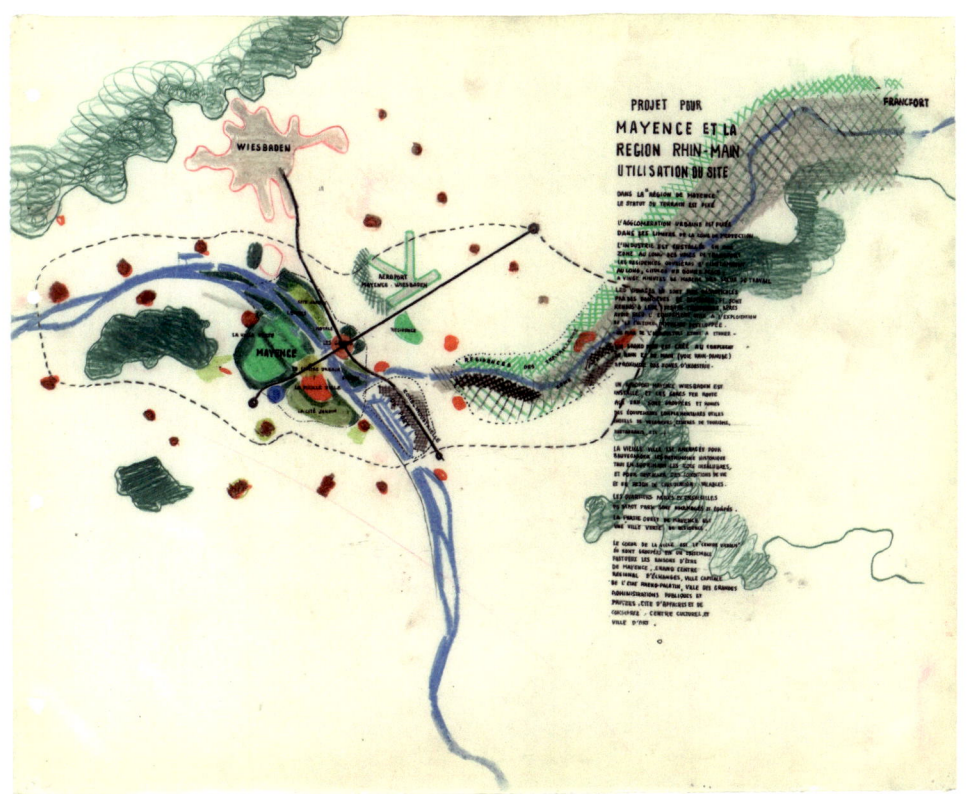

XVI–XIX

Marcel Lods: *Planung zum Wiederaufbau von Mainz. Zweiter Entwurf*, 1946/47, Vorentwurf zum Regionalplan:

◁ *Verkehrssituation vor der Zerstörung*

  Verkehrsplan

▷ *Flächennutzung (Bestand)*

  Flächennutzung (geplant)

Zeichnungen von Gérald Hanning auf Transparentfolie, aus Marcel Lods' Manuskriptalbum *Plan de Mayence*, Paris, o. D. [1947], Bibliothèque Poëte et Sellier, fonds historique de l'École d'urbanisme de Paris.

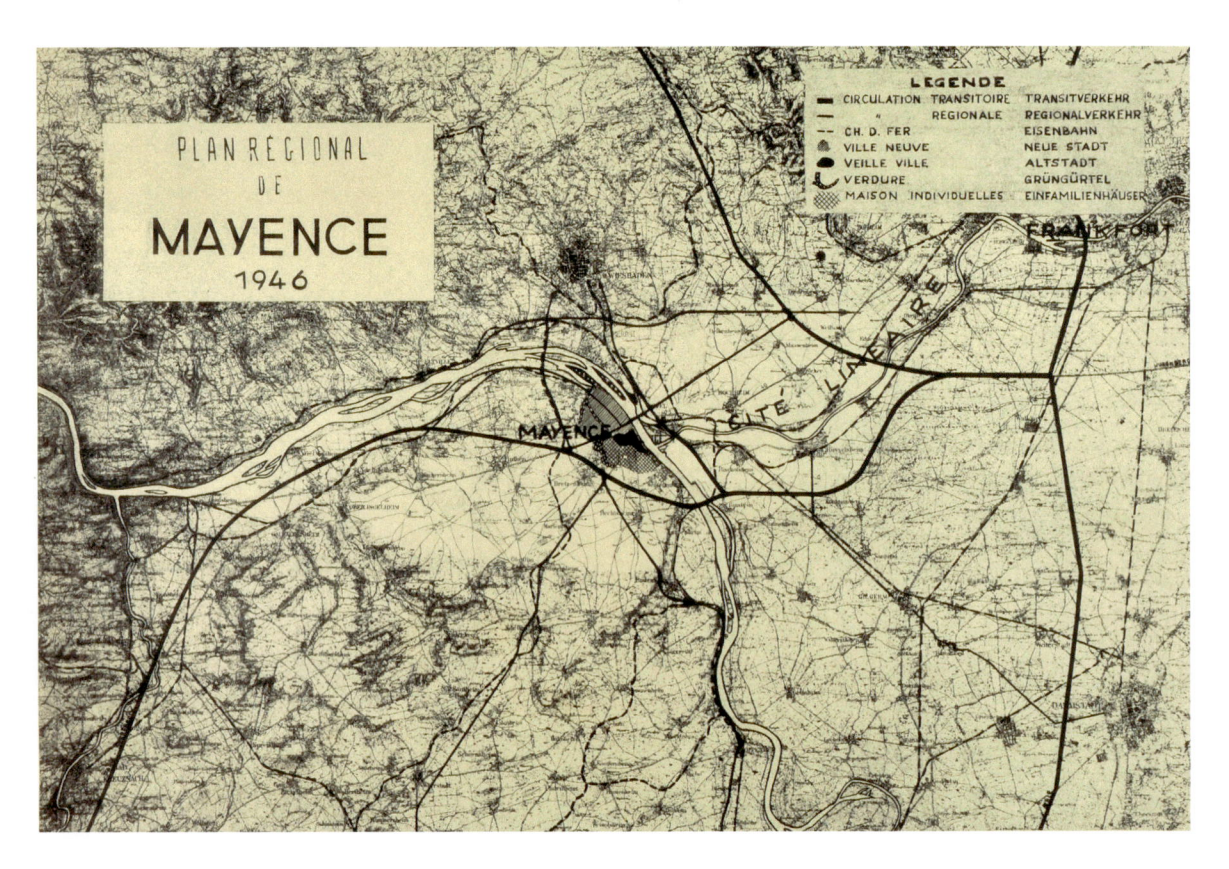

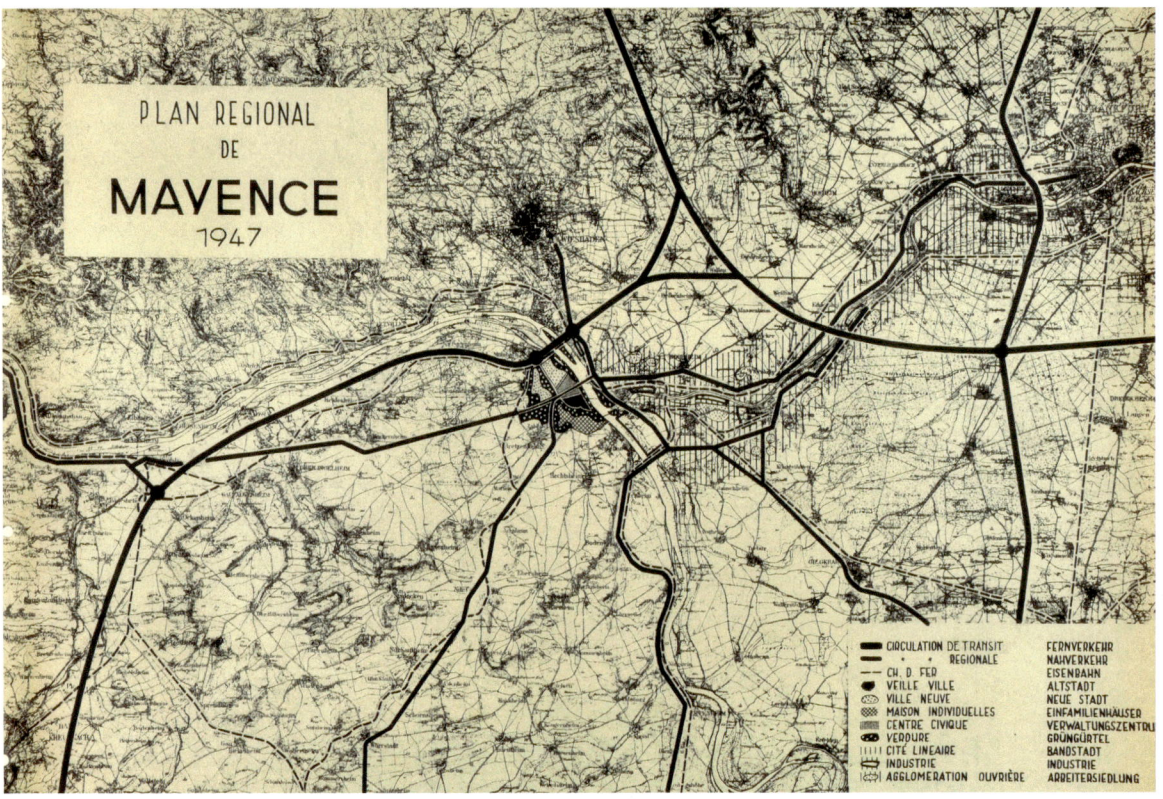

XX–XXI

Section du Plan: *Planung zum Wiederaufbau von Mainz. Zweiter Entwurf*, 1946/47, Regionalplan (*Plan régional*):

1946 mit Südtangente der Autobahn

1947 Variante mit Nordtangente

Mainz, 1946/47, Generaldirektion Kulturelles Erbe Rheinland-Pfalz, Landesmuseum Mainz.

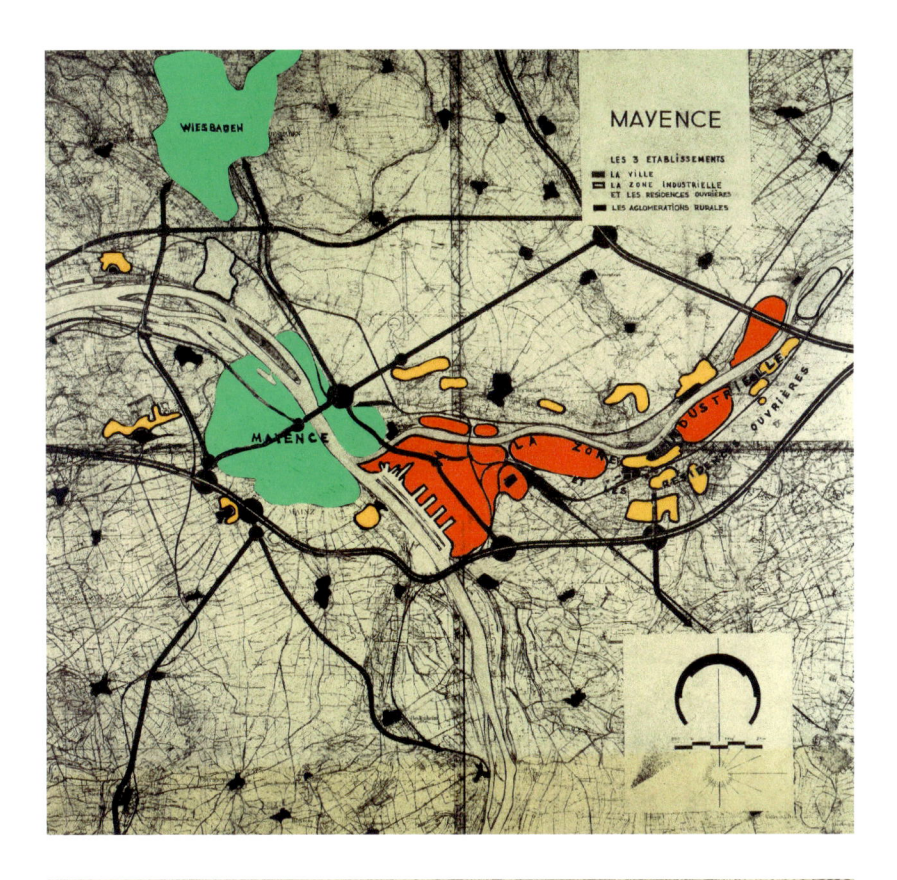

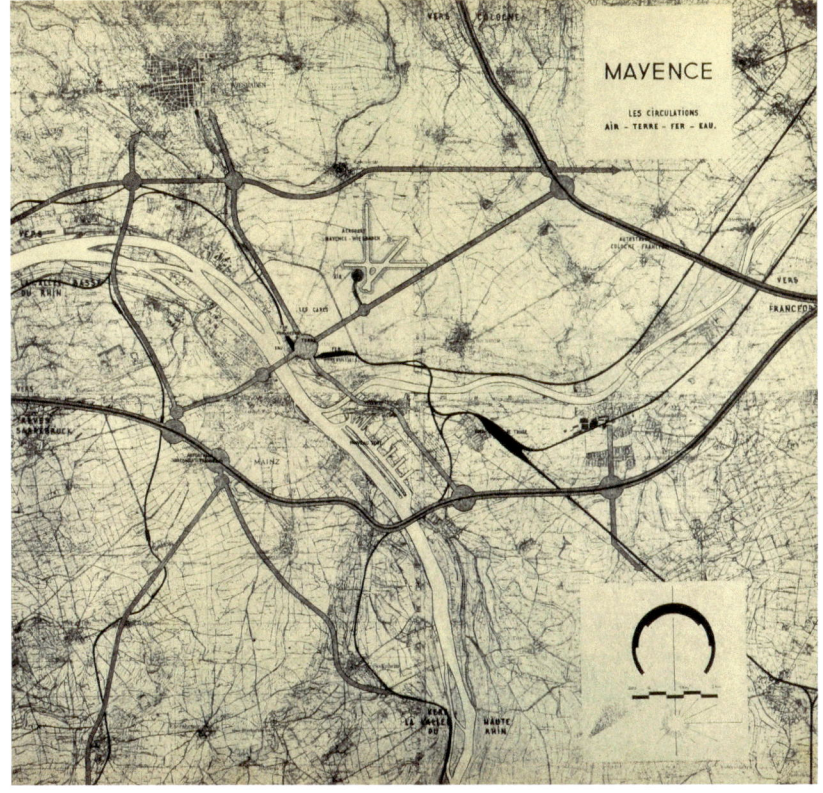

Stadtentwürfe für Mainz 1806–1960

XXII–XXIII

Section du Plan: *Planung zum Wiederaufbau von Mainz. Zweiter Entwurf*, 1946/47:

Siedlungsplan „Die drei Stadtgebiete"
(Les 3 établissements)
Mainz, 1947, Stadtarchiv Mainz

Verkehrsplan (Les circulations: air – terre – fer – eau)
Mainz, 1947, Generaldirektion Kulturelles Erbe
Rheinland-Pfalz, Landesmuseum Mainz.

222 Stadtentwürfe für Mainz 1806–1960

XXIV–XXV

Section du Plan: *Planung zum Wiederaufbau von Mainz. Zweiter Entwurf*, 1946/47:

Zonenplan (Zoning)
Mainz, 1946

Generalbebauungsplan (Plan d'urbanisme)
Mainz, 1947

Generaldirektion Kulturelles Erbe Rheinland-Pfalz, Landesmuseum Mainz.

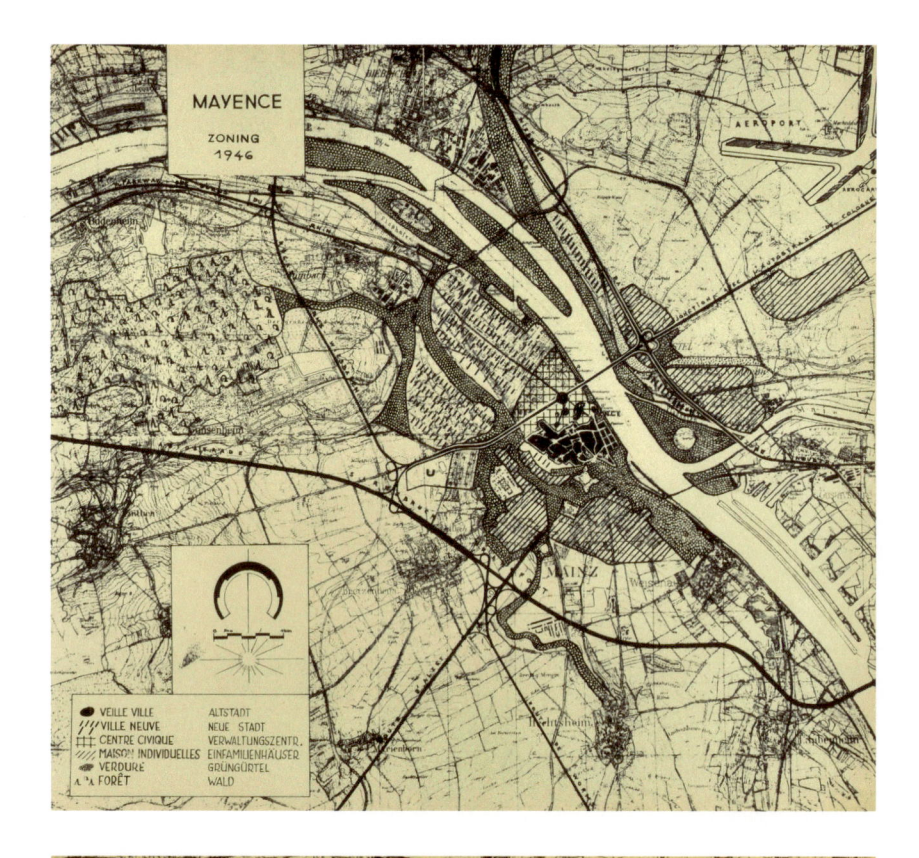

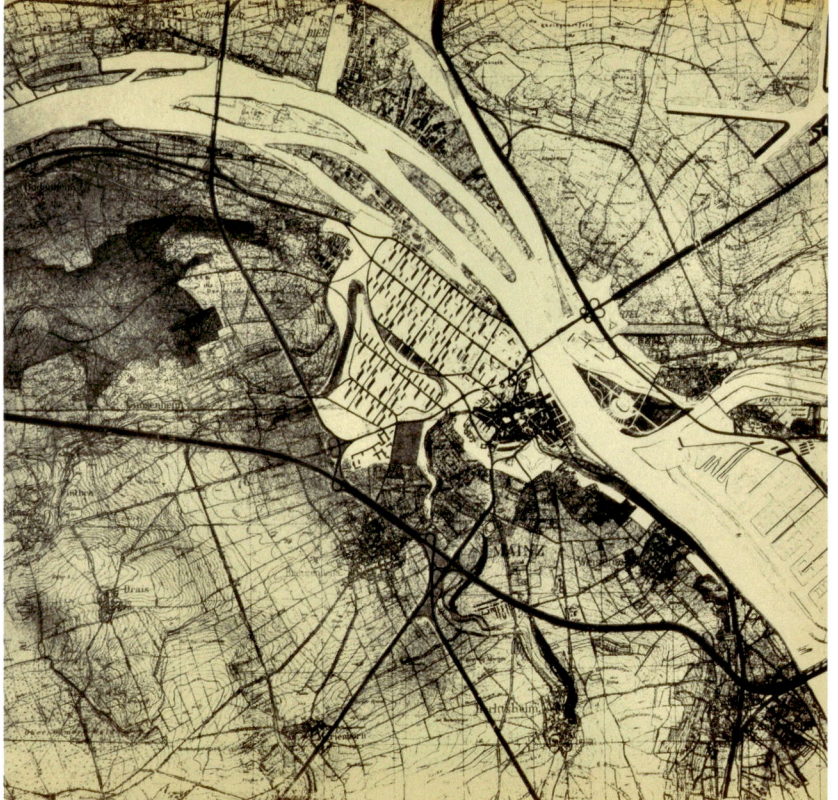

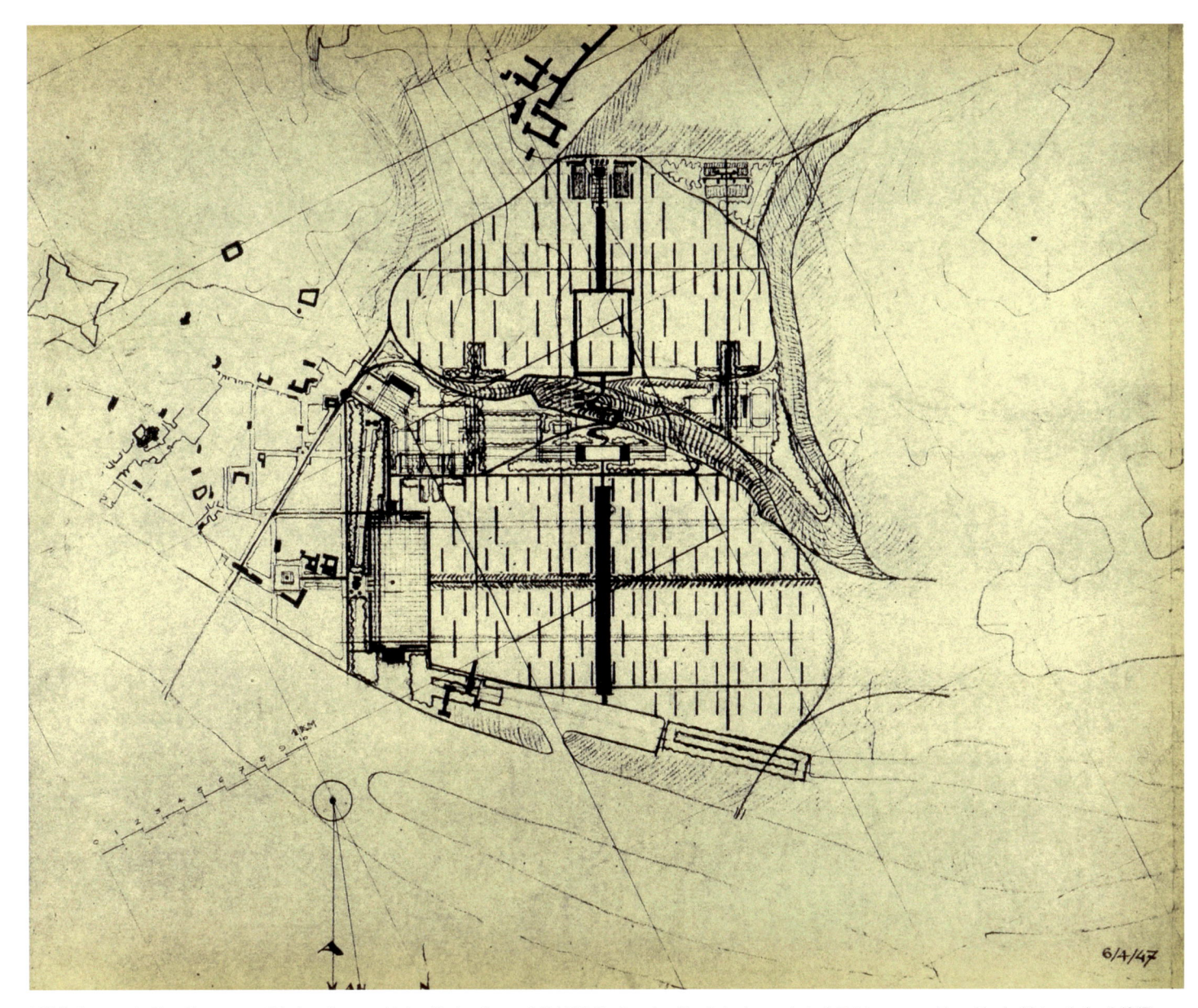

Stadtentwürfe für Mainz 1806–1960

XXVI Section du Plan: *Planung zum Wiederaufbau von Mainz. Zweiter Entwurf*, 1946/47, *Strukturplan (Tracé régulateur général)*, Zeichnung von Marcel Lods, Mainz, 6. April 1947, Generaldirektion Kulturelles Erbe Rheinland-Pfalz, Landesmuseum Mainz.

224 Stadtentwürfe für Mainz 1806–1960

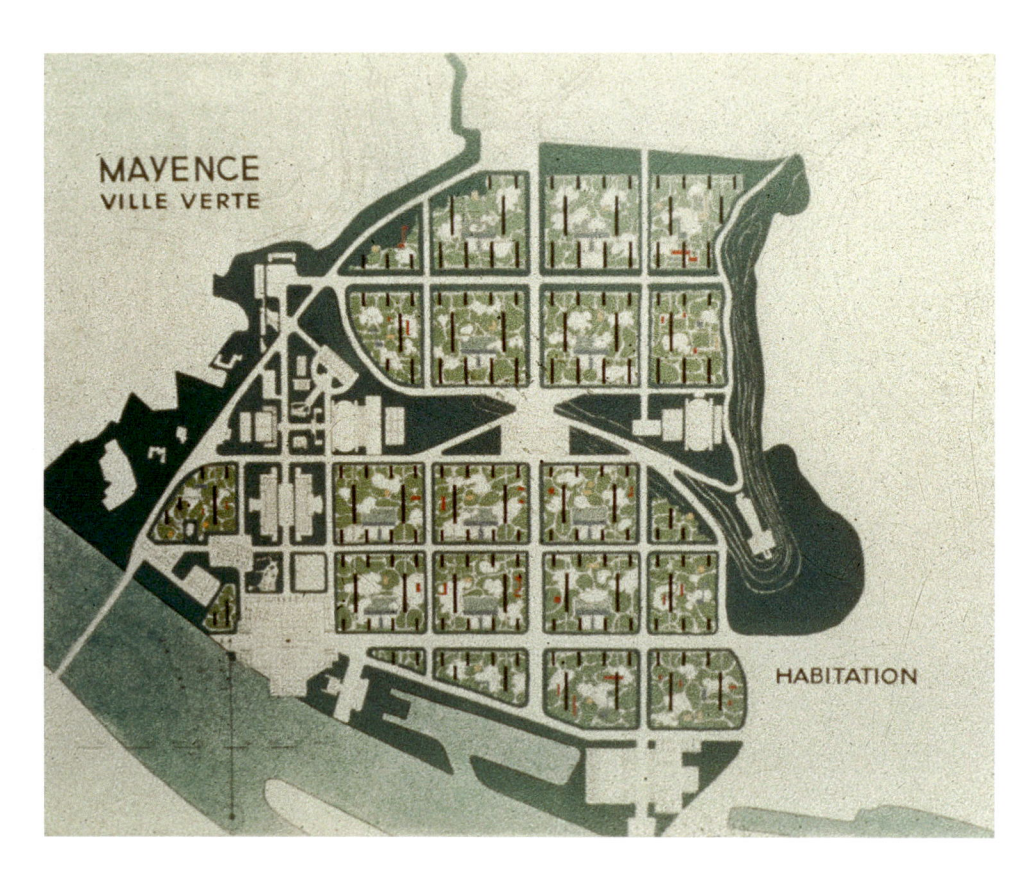

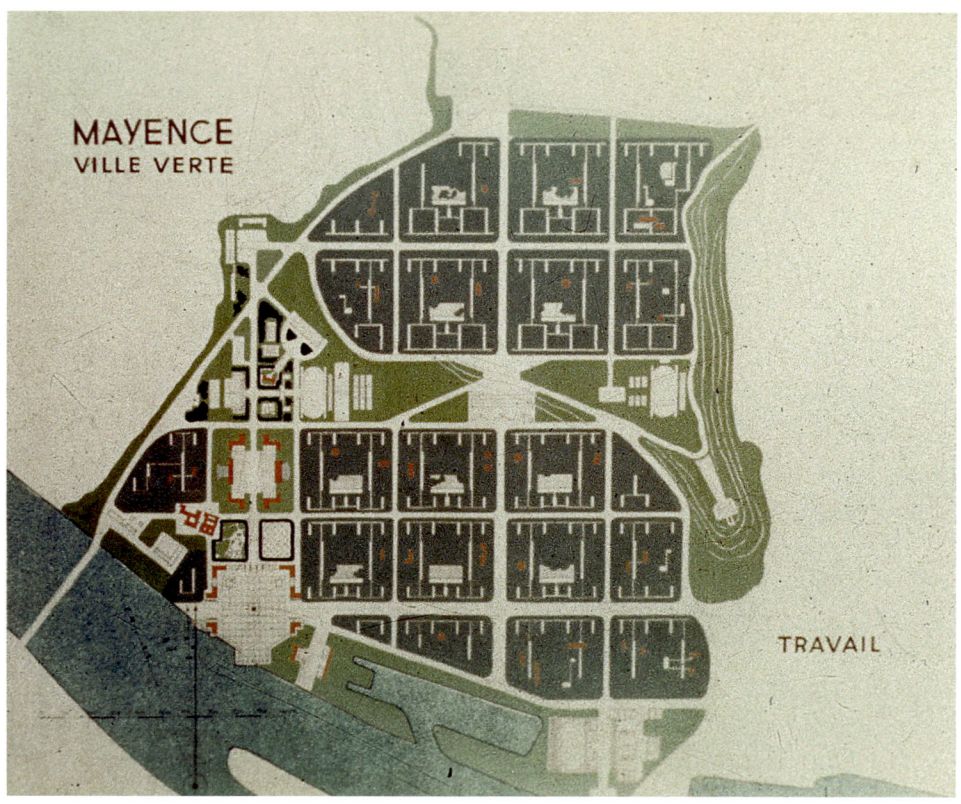

Stadtentwürfe für Mainz 1806–1960

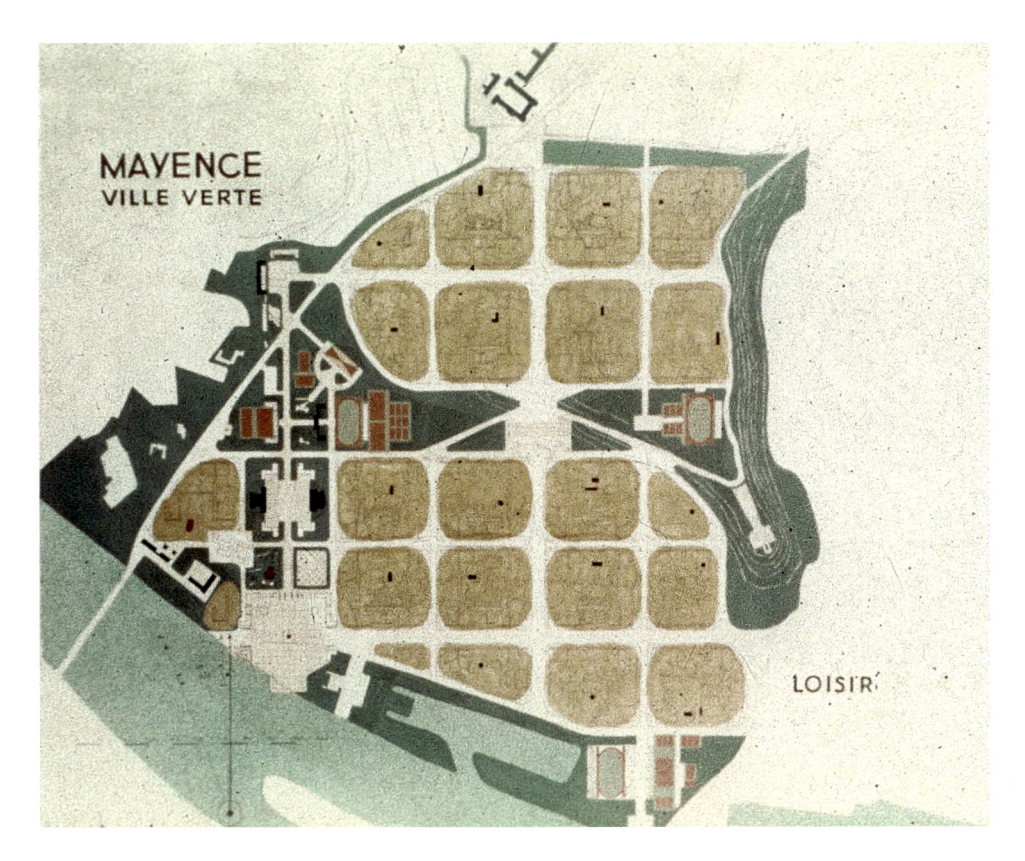

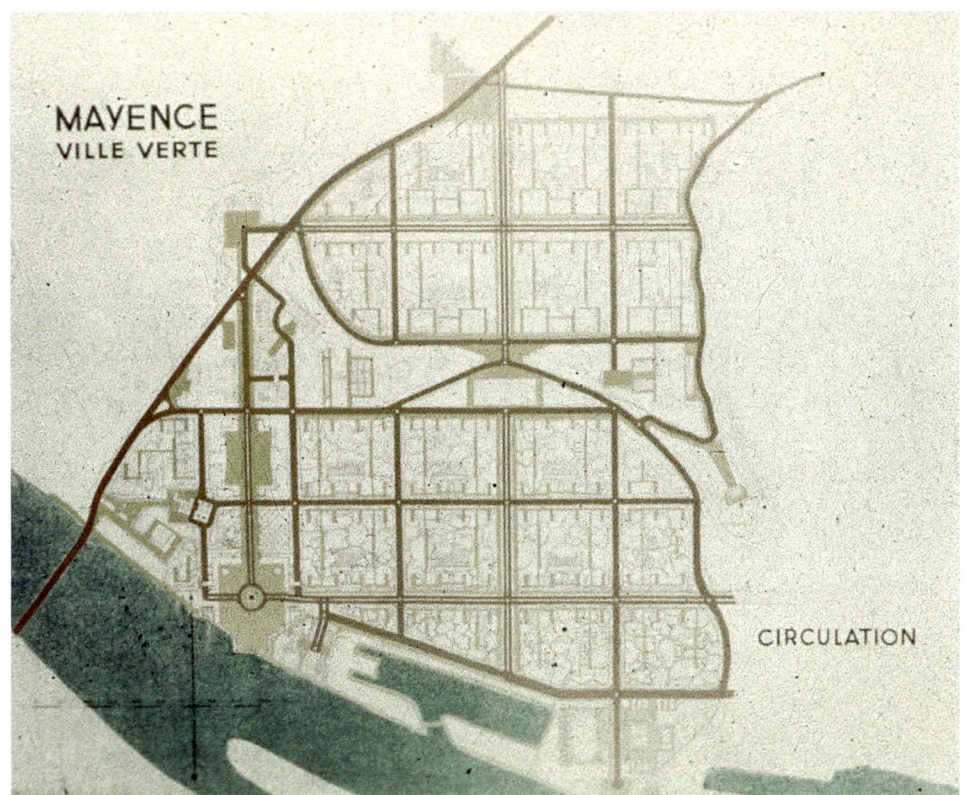

XXVII–XXX

Section du Plan: *Planung zum Wiederaufbau von Mainz. Zweiter Entwurf*, 1946/47, Die vertikale „Gartenstadt" (Ville verte) als Anwendung der Charta von Athen:

◁ Wohnen *(Habitation)*

   Arbeiten *(Travail)*

▷ Freizeit *(Loisir)*

   Verkehr *(Circulation)*

Mainz, 1947, Privatarchiv Jean-Louis Cohen, Paris.

XXXI Section du Plan: *Planung zum Wiederaufbau von Mainz. Zweiter Entwurf, Variante mit Nordtangente der Autobahn, 1947, Gesamtplan der vertikalen „Gartenstadt": Plastischer Plan (Plan plastique)*, Mainz, 1947, Zeichnung von Adolf Bayer, Südwestdeutsches Archiv für Architektur und Ingenieurbau (saai), Karlsruher Institut für Technologie (KIT).

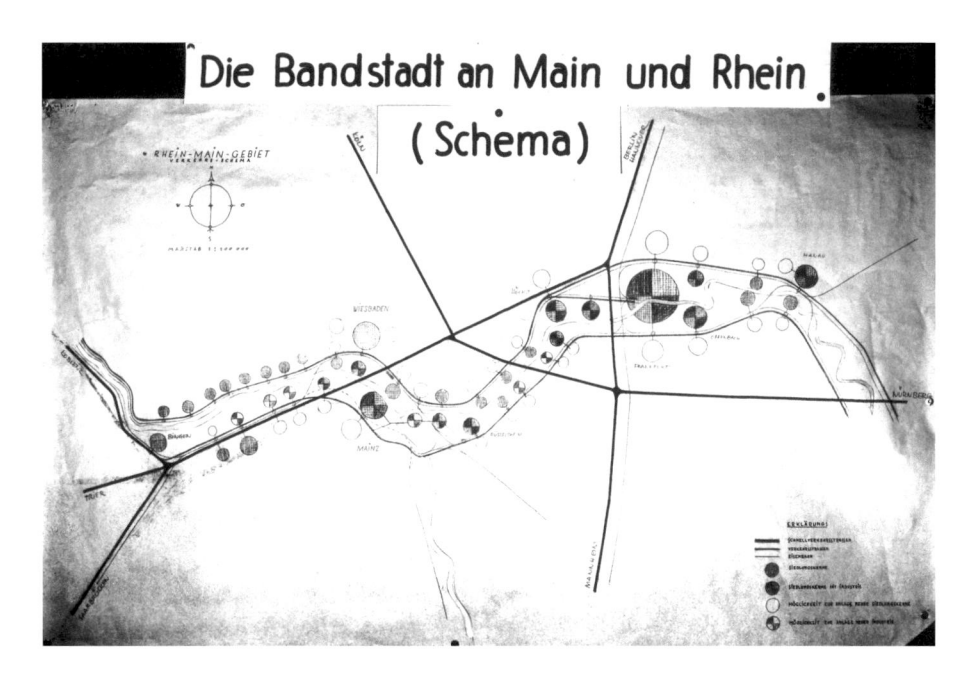

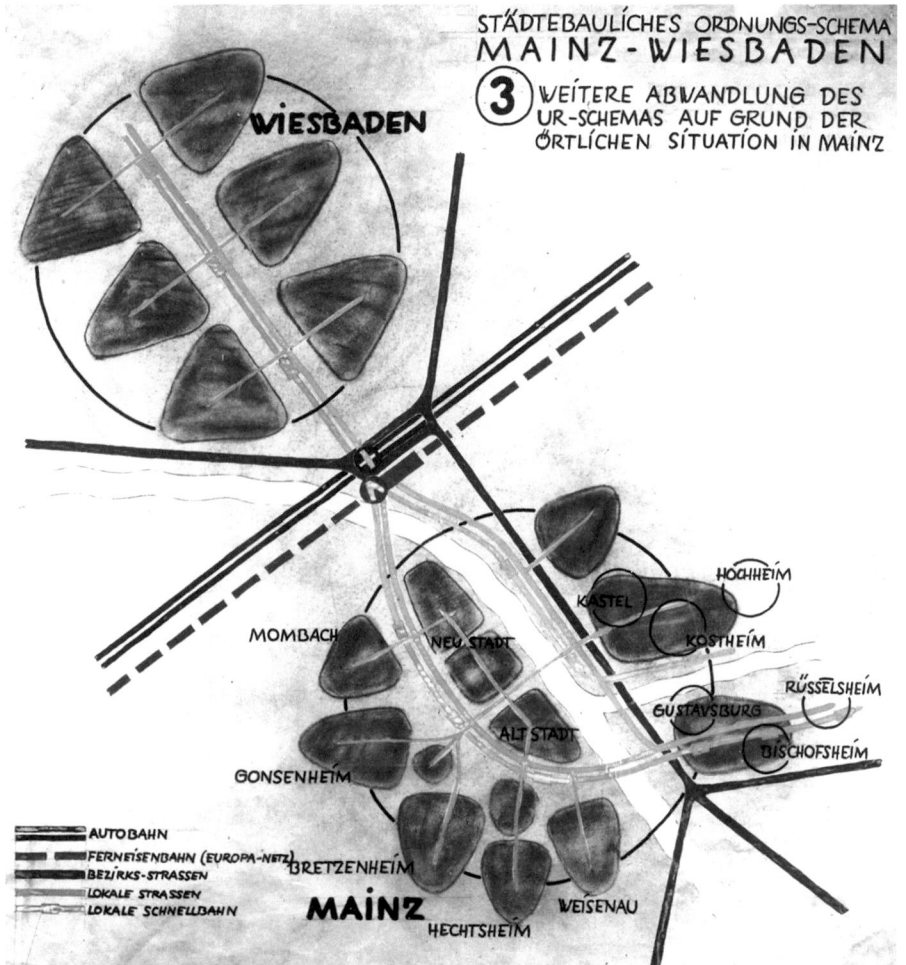

XXXII–XXXIII

Hochbauamt Mainz, Richard Jörg: *Planung zum Wiederaufbau von Mainz*, 1947/48:

Die Bandstadt an Main und Rhein, Verkehrsschema des Rhein-Main-Gebiets

Städtebauliches Ordnungsschema Mainz-Wiesbaden

Mainz, Mai 1947, Stadtarchiv Mainz.

XXXIV Paul Schmitthenner: *Planung zum Wiederaufbau von Mainz*, 1947–1949, *Der neue Plan der Altstadt „mit den zwei neuen Straßenbrücken"* (Schmitthenners Brückenvarianten), Mainz, 1947, Architekturmuseum der Technischen Universität München.

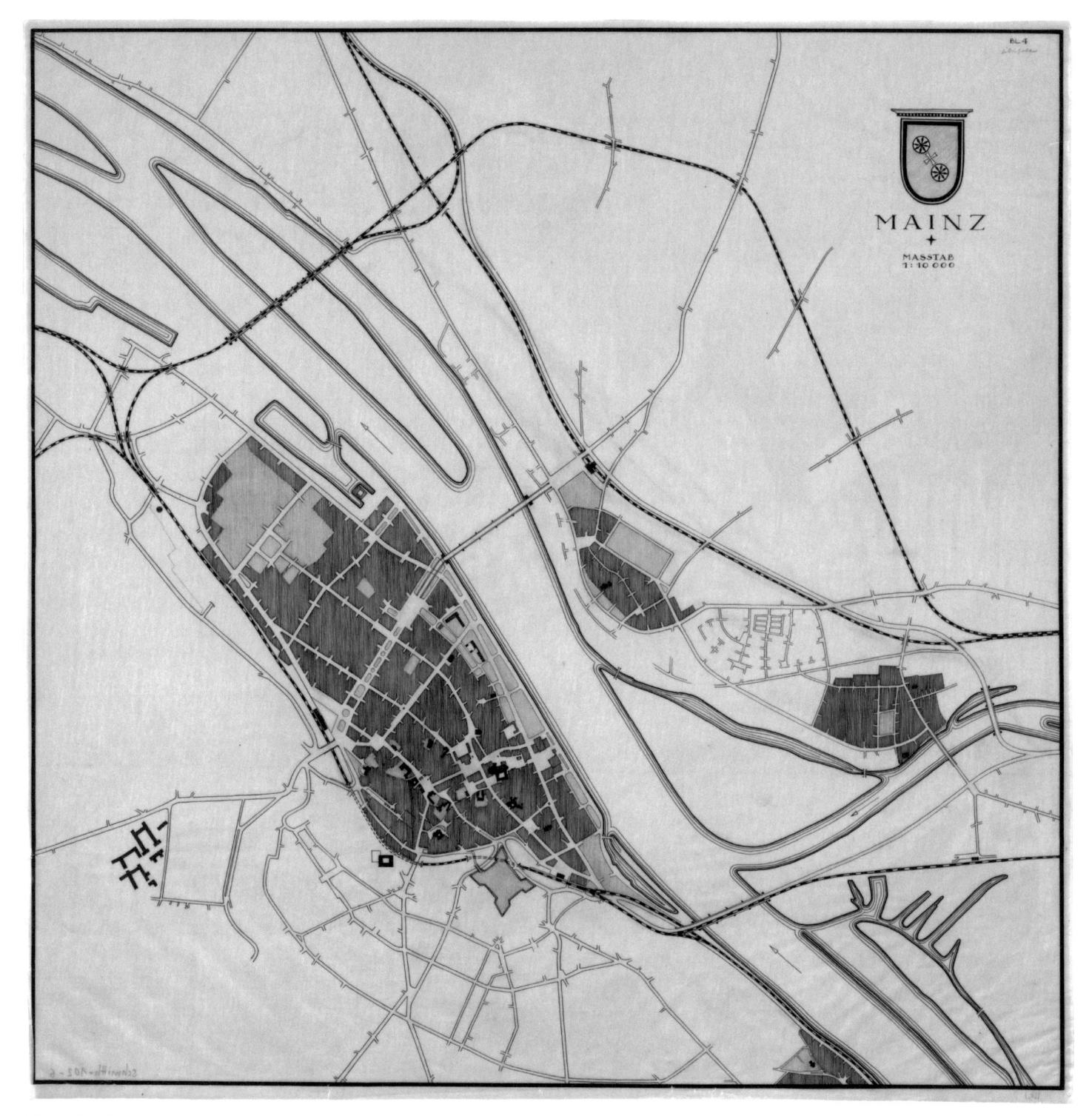

Stadtentwürfe für Mainz 1806–1960

XXXV Paul Schmitthenner: *Planung zum Wiederaufbau von Mainz*, 1947–1949, *Verkehrsplan* (mit den Vorschlägen Schmitthenners für die Nordbrücke und Wilhelm Härters für die Südbrücke), Mainz, 1947, Architekturmuseum der Technischen Universität München.

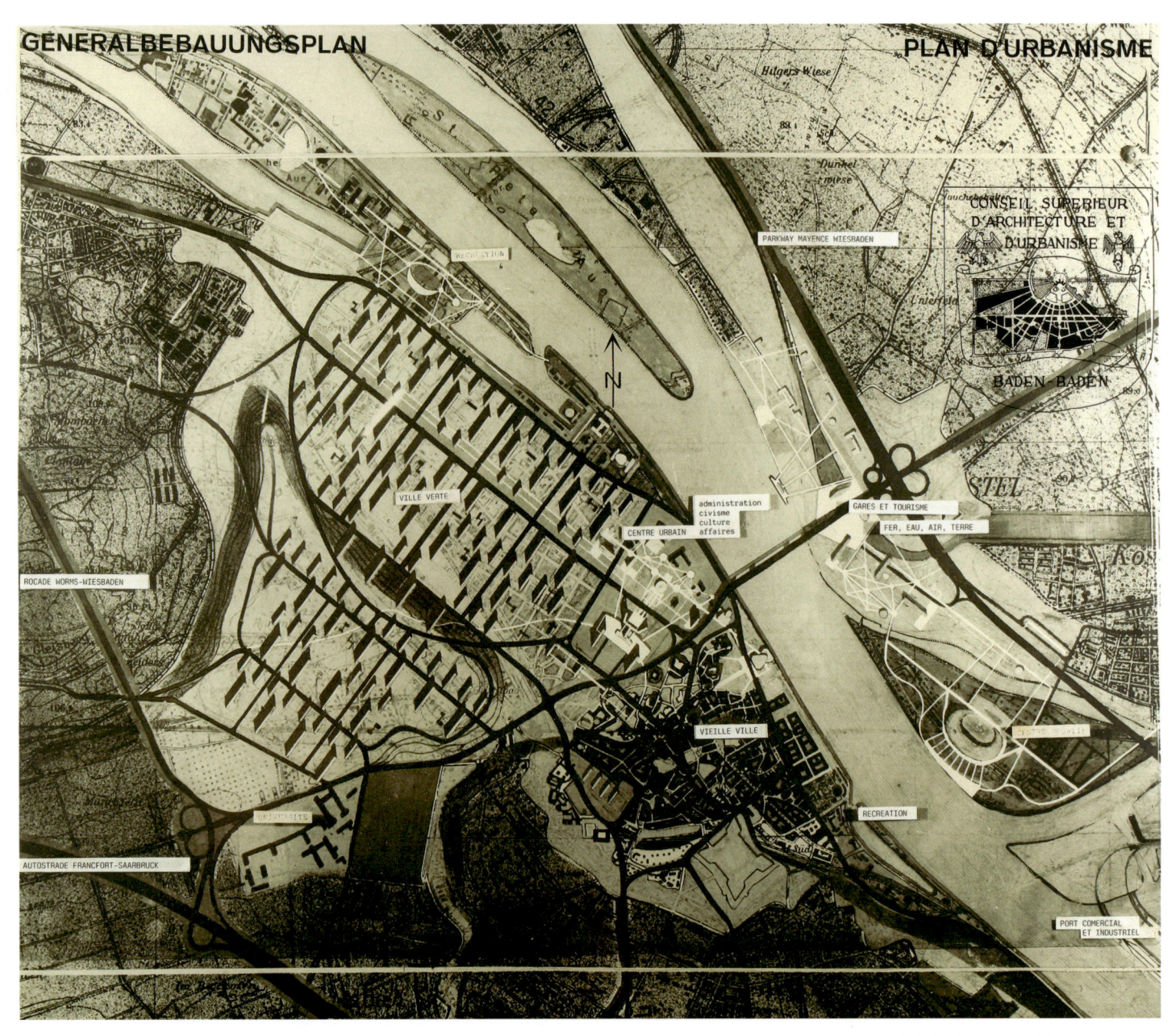

XXXVI Section du Plan: *Planung zum Wiederaufbau von Mainz. Zweiter Entwurf, 1946/47, Generalbebauungsplan (Plan d'urbanisme)*, Mainz, 1948, Ausfertigung als Planung von Marcel Lods zur Vorlage beim Conseil supérieur d'architecture et d'urbanisme, Stadtarchiv Mainz.

Stadtentwürfe für Mainz 1806–1960

XXXVII–XXXVIII

Hochbauamt Mainz: *Planung zum Wiederaufbau von Mainz*, 1947/48:

Zonung (Plan d'utilisation des surfaces)

Bebauungsplan (Plan d'aménagement)

Mainz, 1948, Ausfertigungen als Planung von Richard Jörg zur Vorlage beim Conseil supérieur d'architecture et d'urbanisme, Stadtarchiv Mainz.

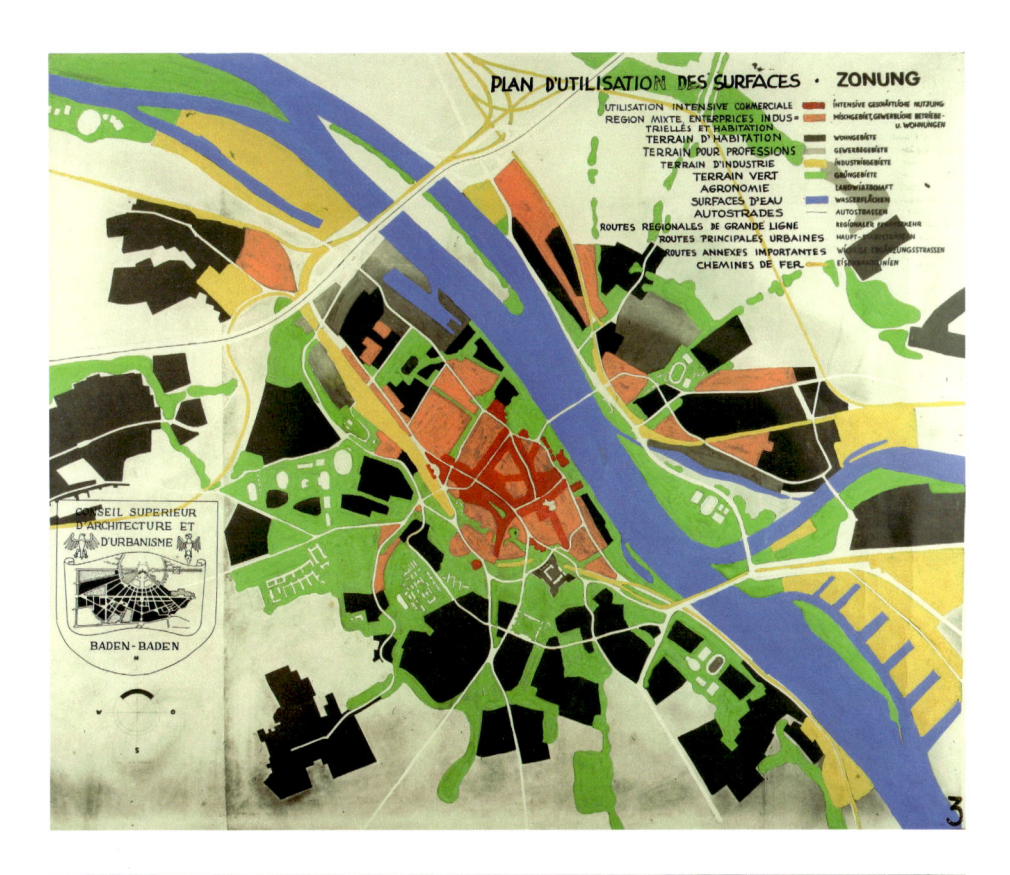

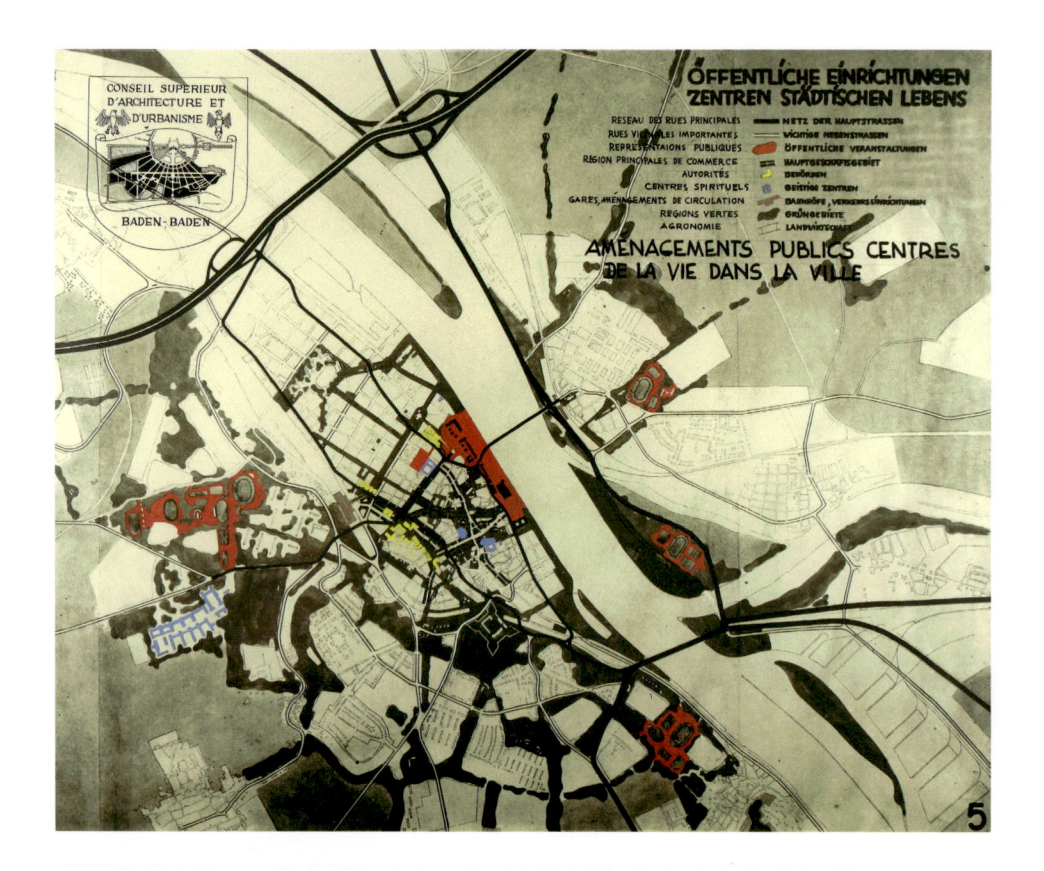

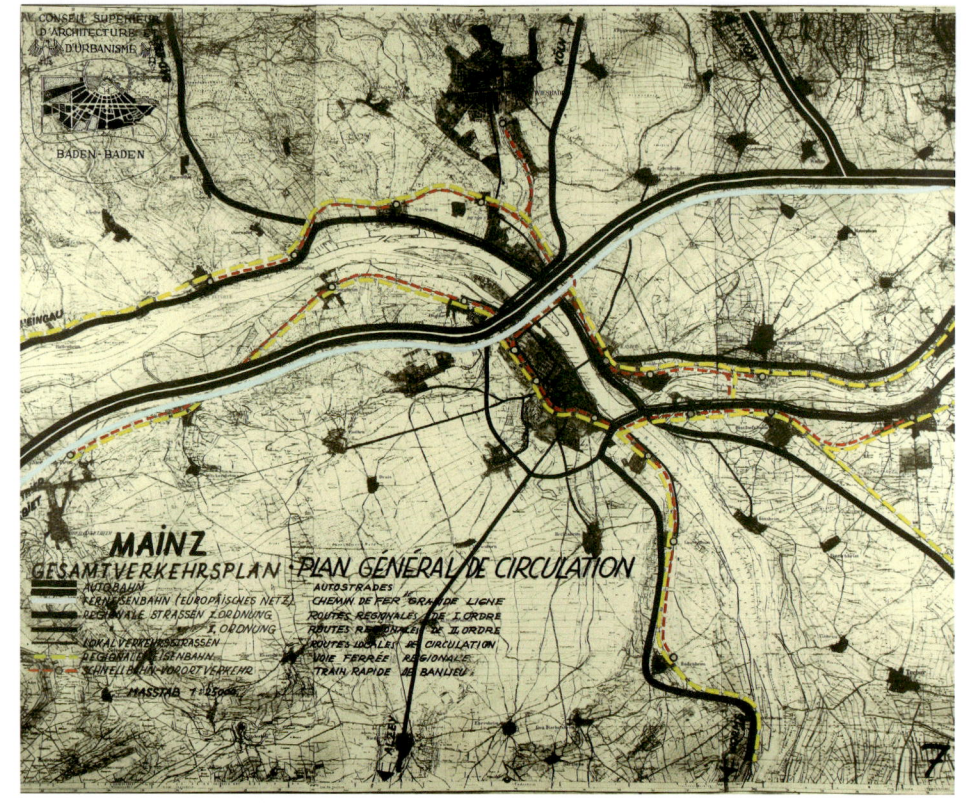

XXXIX–XL

Hochbauamt Mainz: *Planung zum Wiederaufbau von Mainz*, 1947/48:

Öffentliche Einrichtungen (Aménagements publics)

Gesamtverkehrsplan (Plan général de circulation)

Mainz, 1948, Ausfertigungen als Planung von Richard Jörg zur Vorlage beim Conseil supérieur d'architecture et d'urbanisme, Stadtarchiv Mainz.

XLI Hochbauamt Mainz: *Planung zum Wiederaufbau von Mainz*, 1947/48, *Die Altstadt nach der Neuplanung*, Mainz, 1948, Ausfertigung als Planung von Richard Jörg zur Vorlage beim Conseil supérieur d'architecture et d'urbanisme, Stadtarchiv Mainz.

XLII   Egon Hartmann: *Studie zum Wiederaufbau der Mainzer Altstadt*, Mainz, 1955, IRS Erkner, Wissenschaftliche Sammlungen, Nachlass Egon Hartmann.

Stadtentwürfe für Mainz 1806–1960

XLIII Hochbauamt Mainz, Stadtplanungsabteilung, Egon Hartmann: *Aufbauplan Innenstadt Mainz*, 1955–1959, *Rahmenplan*, Mainz, November 1955, IRS Erkner, Wissenschaftliche Sammlungen, Nachlass Egon Hartmann.

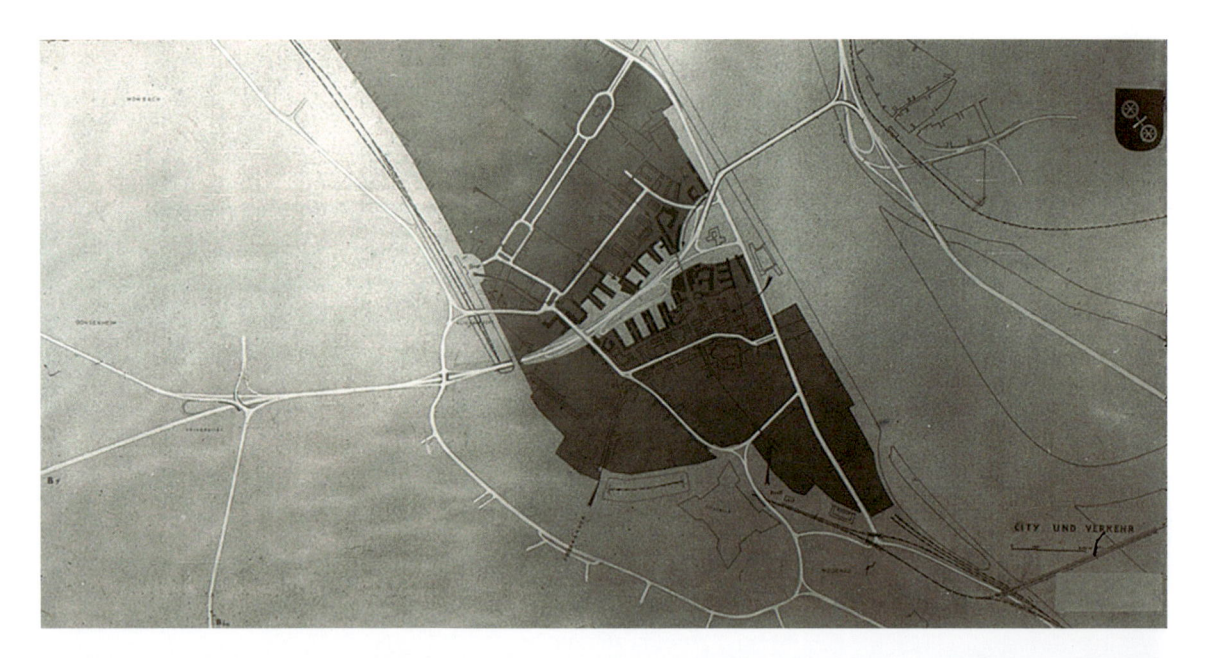

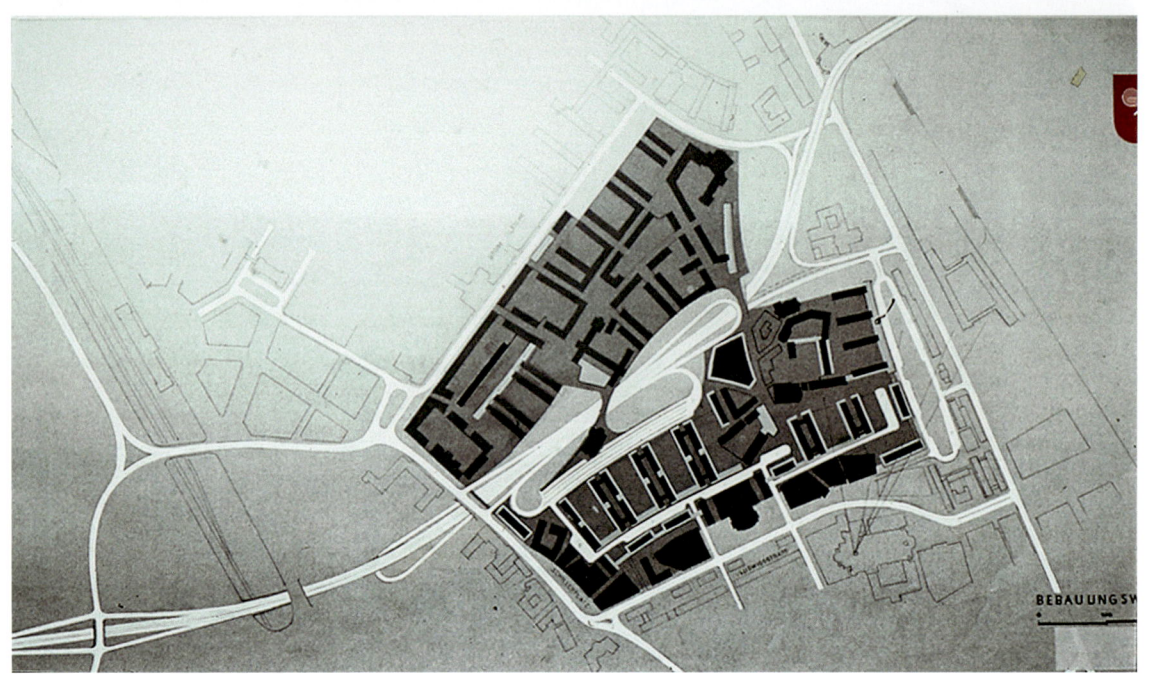

XLIV–XV Hochbauamt Mainz, Stadtplanungsabteilung, Werner Streif: *Studie zum Wiederaufbau der Mainzer Innenstadt*, 1955/56,
Verkehrsplan / Bebauungsplan der Altstadt, Mainz, o. D. [Ende 1955/Anfang 1956], IRS Erkner, Wissenschaftliche Sammlungen,
Nachlass Egon Hartmann.

Stadtentwürfe für Mainz 1806–1960

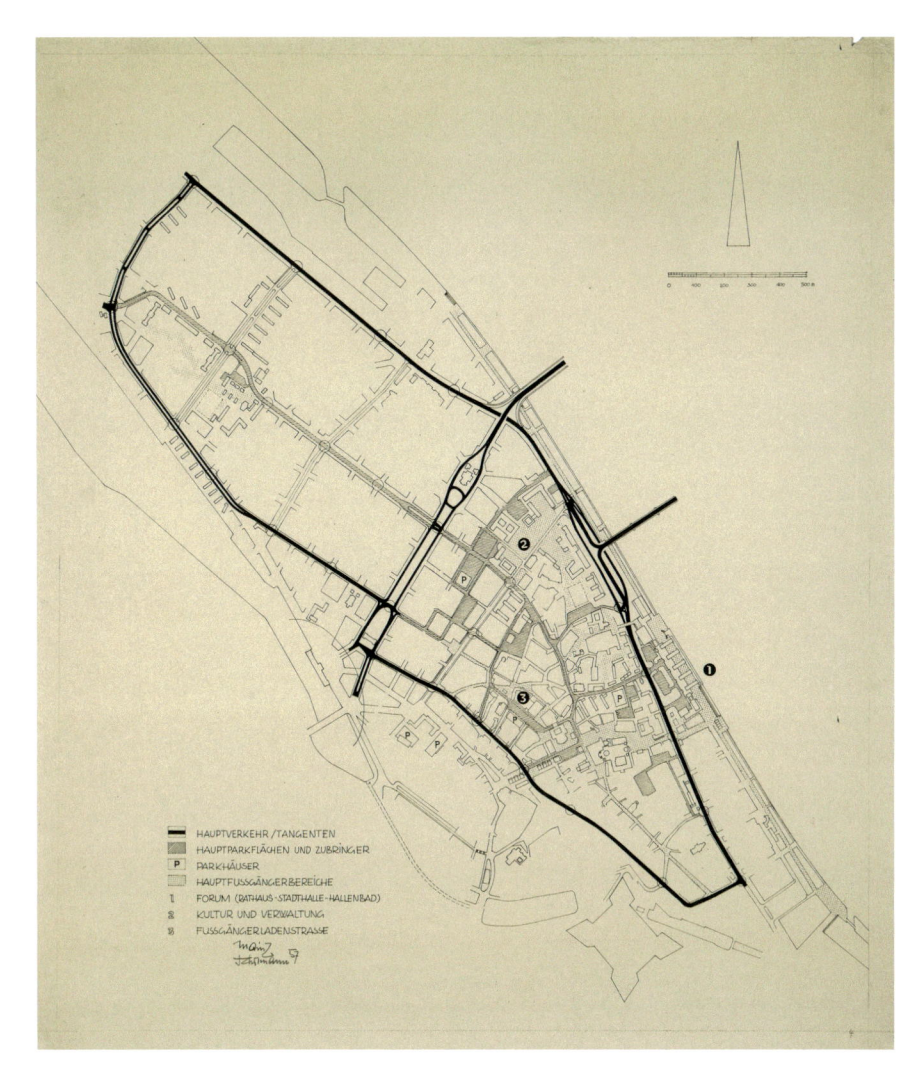

XLVI

Stadtplanungsamt Mainz, Egon Hartmann: *Aufbauplan Innenstadt Mainz*, 1955–1959, *Verkehrsplan*, Mainz, 1957, Architekturmuseum der Technischen Universität München.

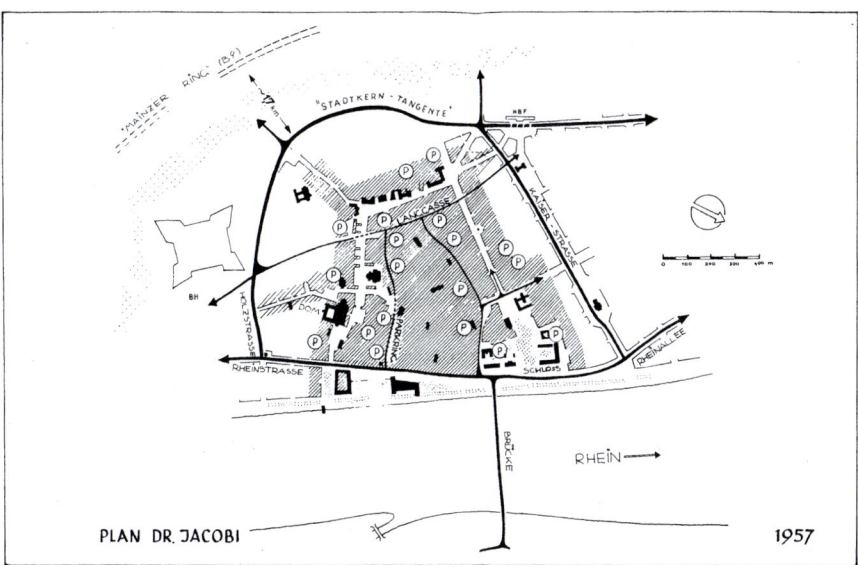

XLVII

Stadtplanungsamt Mainz, Hans Jacobi: *Verkehrsplan Innenstadt Mainz*, Mainz, 1957, Zeichnung von Egon Hartmann, Stadtarchiv Mainz.

238 Stadtentwürfe für Mainz 1806–1960

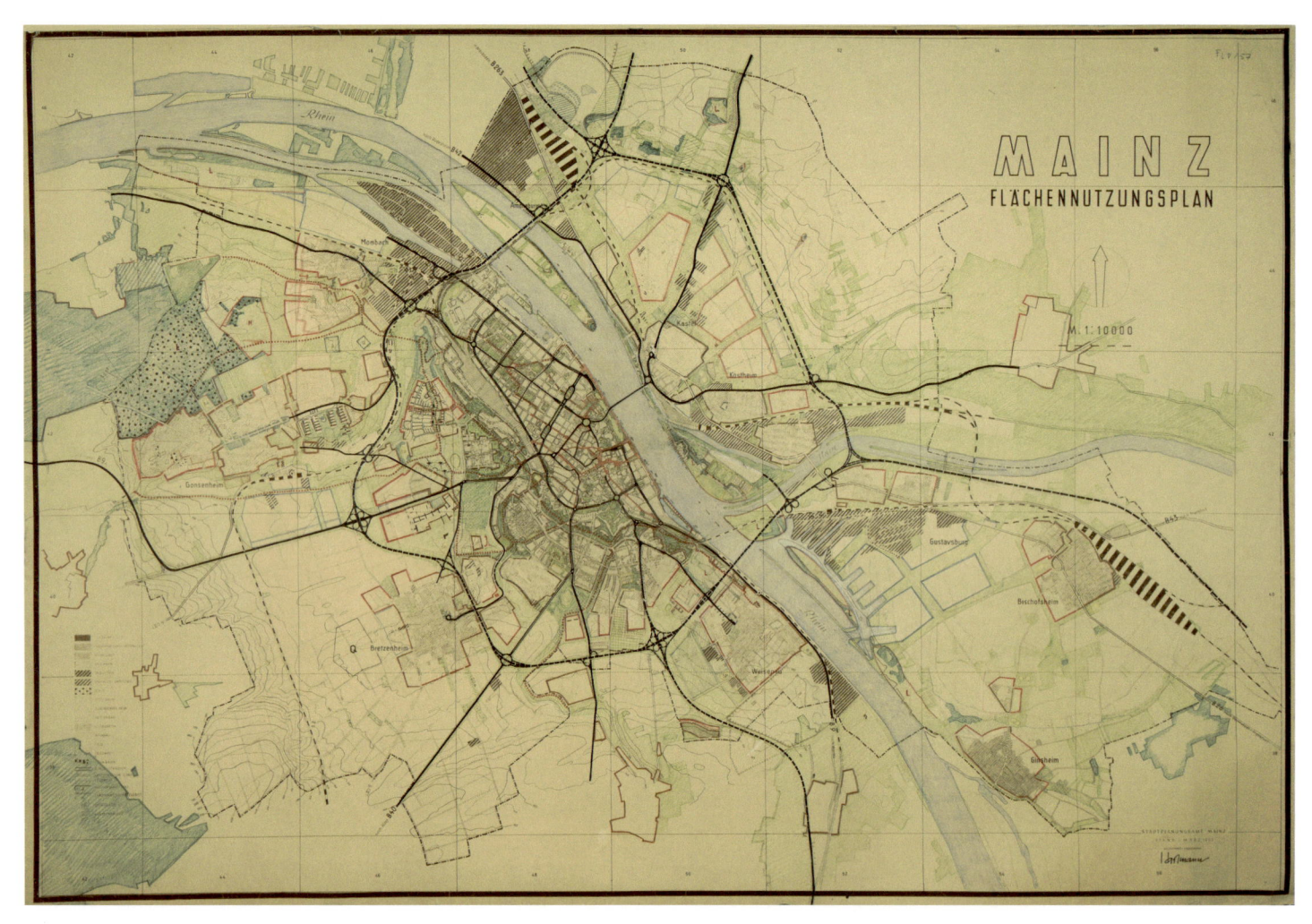

XLVIII Stadtplanungsamt Mainz, Egon Hartmann: *Flächennutzungsplan Mainz*, Mainz, März 1957, Zeichnung von Walter Großmann, Architekturmuseum der Technischen Universität München.

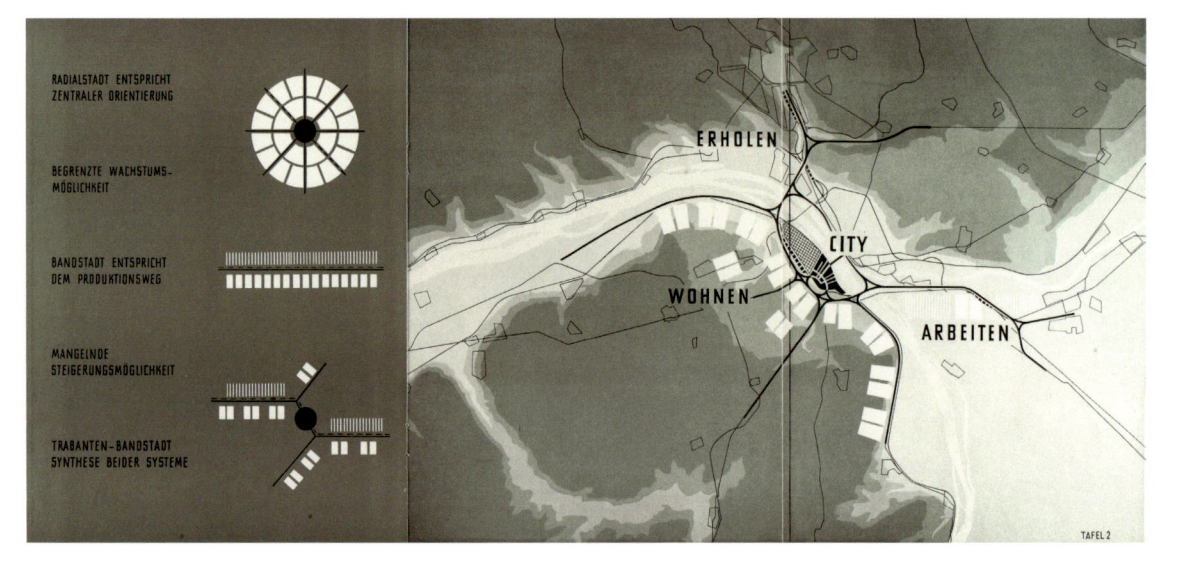

XLIX

Werner Streif: *Entwicklungsstudie für den Großraum Mainz*, 1957/58, „Trabanten-Bandstadt Mainz": *Schematischer Regionalplan*, 1957, Abbildung aus: Josef Werner Streif, *Zur Ordnung von Bebauung und Verkehr im Raume Mainz-Wiesbaden*, Denkschrift, o. O., o. J. [1957], Stadtarchiv Mainz.

Stadtentwürfe für Mainz 1806–1960

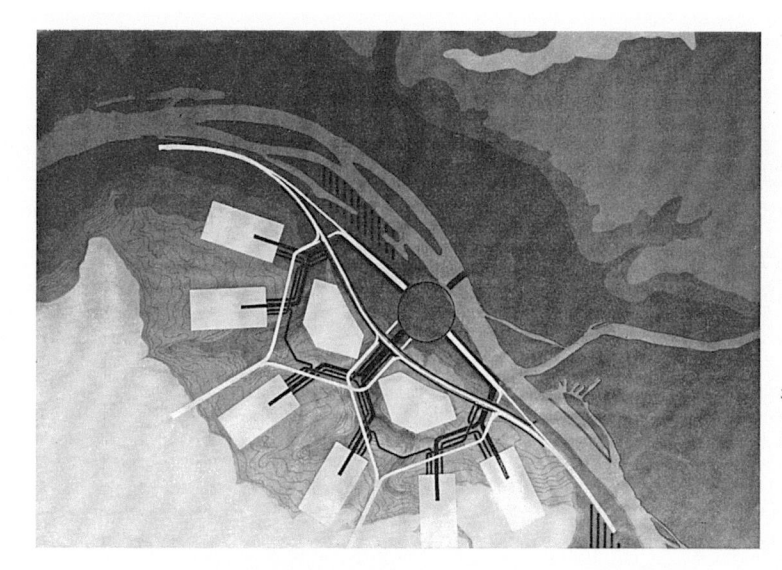

3. BILD
VERKEHRSDIAGRAMM
STADT-REGION

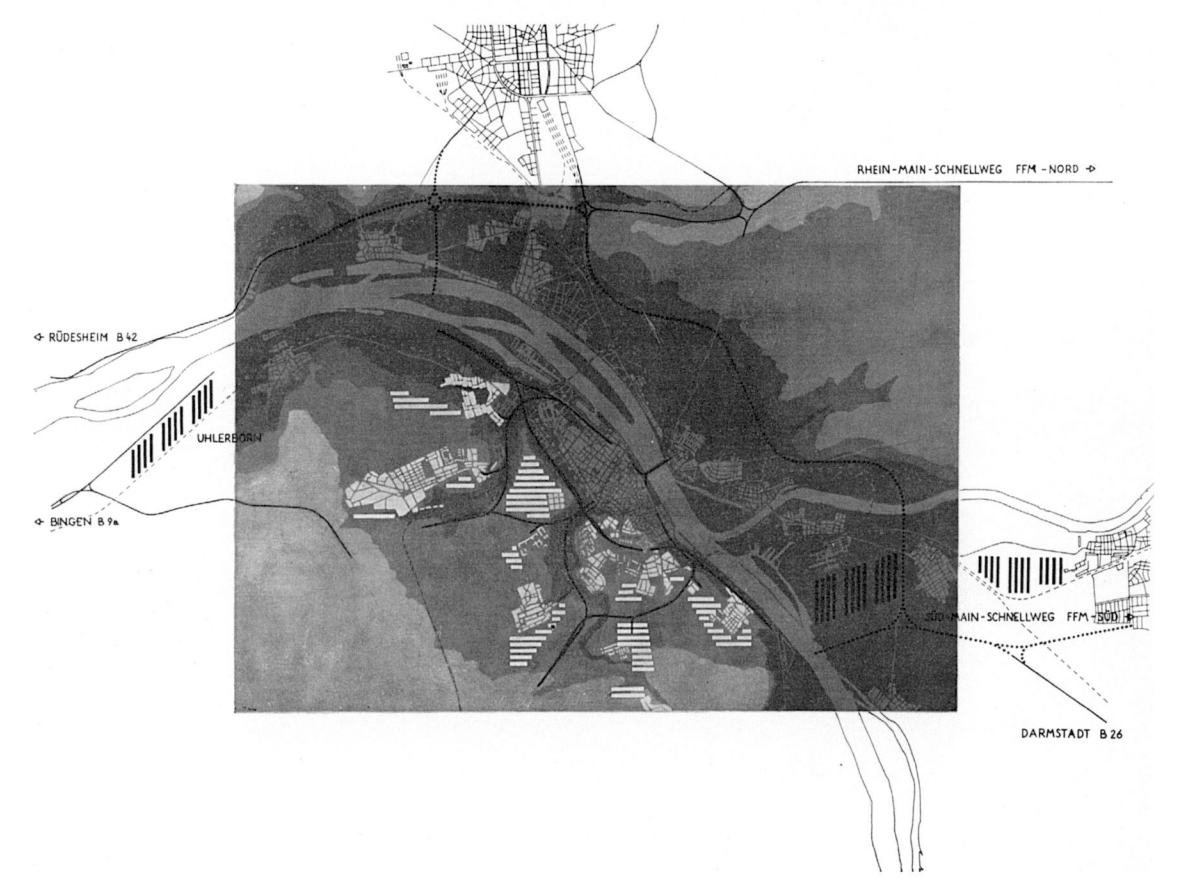

L
Werner Streif, mit Herbert Kölsch: *Entwicklungsstudie für den Großraum Mainz*, 1957/58, „Sechs-Finger-Plan":

Verkehrsdiagramm

Schematischer Stadterweiterungsplan

Abbildung aus: Walter Muthmann, Josef Werner Streif, *Raumordnung: die Grundlage der Stadt- und Landesplanung*, Berlin und Bonn 1959.

LI Stadtplanungsamt Mainz, Egon Hartmann: *Aufbauplan Innenstadt Mainz*, 1955–1959, *Entwurf eines Programmplans zum Bebauungsplan*, Mainz, 1959, Stadtarchiv Mainz.

Stadtentwürfe für Mainz 1806–1960

- Innenstadttangente
- Innenstadtzubringer
- Innenstadtring
- Hauptknotenpunkt
- Parkhaus
- Parkfläche

LII Planungsgruppe Ernst May: *Aufbauplan Mainz*, 1958–1960, *Programmplan Innenstadt*, Abbildung aus: Ernst May, Felix Boesler, Kurt Leibbrand, *Das neue Mainz*, Mainz 1961.

242 Stadtentwürfe für Mainz 1806–1960

LIII Planungsgruppe Ernst May: *Aufbauplan Mainz*, 1958–1960, *Grünflächenplan*, Abbildung aus: Ernst May, Felix Boesler, Kurt Leibbrand, *Das neue Mainz*, Mainz 1961.

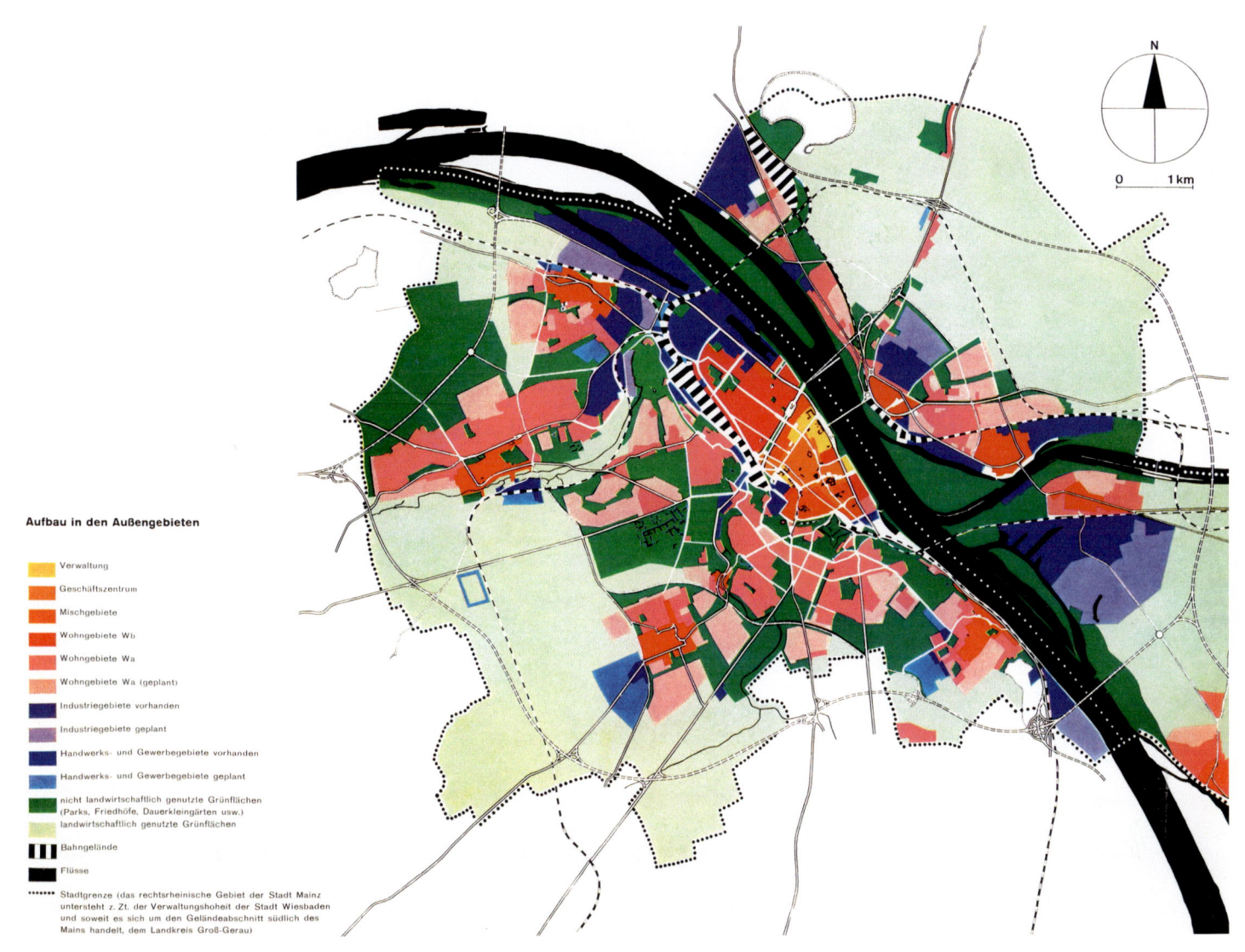

Stadtentwürfe für Mainz 1806–1960

Aufbau in den Außengebieten

- Verwaltung
- Geschäftszentrum
- Mischgebiete
- Wohngebiete Wb
- Wohngebiete Wa
- Wohngebiete Wa (geplant)
- Industriegebiete vorhanden
- Industriegebiete geplant
- Handwerks- und Gewerbegebiete vorhanden
- Handwerks- und Gewerbegebiete geplant
- nicht landwirtschaftlich genutzte Grünflächen (Parks, Friedhöfe, Dauerkleingärten usw.)
- landwirtschaftlich genutzte Grünflächen
- Bahngelände
- Flüsse
- Stadtgrenze (das rechtsrheinische Gebiet der Stadt Mainz untersteht z. Zt. der Verwaltungshoheit der Stadt Wiesbaden und soweit es sich um den Geländeabschnitt südlich des Mains handelt, dem Landkreis Groß-Gerau)

LIV Planungsgruppe Ernst May: *Aufbauplan Mainz*, 1958–1960, *Flächennutzungsplan*, Abbildung aus: Ernst May, Felix Boesler, Kurt Leibbrand, *Das neue Mainz*, Mainz 1961.

KURZBIOGRAFIEN

Adolf Bayer
Würzburg, 22.11.1909–Karlsruhe, 9.6.1999

Der Architekt und Hochschullehrer Adolf Bayer studierte 1929–1935 Architektur an der TH Karlsruhe bei Otto Ernst Schweizer sowie 1932/33 an der TH Stuttgart bei Paul Schmitthenner und Paul Bonatz. Ab 1934 war er Schweizers Mitarbeiter und 1935–1937 sein Hochschulassistent, 1937/38 Regierungsbaureferendar im Badischen Wirtschafts- und Finanzministerium. Ab 1938 war er im Hochbauamt Mainz tätig, zunächst als Bauassessor für Stadtplanung, 1939–1950 als städtischer Baurat. Seinen Kriegsdienst in Frankreich ab 1940 unterbrach er durch mehrere Aufenthalte in Mainz zur Fortsetzung seiner Arbeit am Mainzer Wirtschaftsplan und 1942/43 als Sonderurlaub für die „Neuordnungsplanung" zum Wiederaufbau von Mainz unter Heinrich Knipping. Aus amerikanischer Kriegsgefangenschaft auf französischen Wunsch entlassen, arbeitete er ab dem 15.7.1946, von der Baubehörde Mainz beurlaubt, in der Section du Plan, anschließend ab dem 30.4.1948 wieder im städtischen Dienst. 1947/48 beteiligte er sich mit Richard Jörg am Wettbewerb für den Wiederaufbau der Karlsruher Innenstadt um die Kaiserstraße. 1950 wurde er Baudirektor und Leiter des Stadtplanungsamts in Offenbach am Main, ab 1959 Stadtbaurat. Er nahm dort städtebauliche Aufgaben wahr (Stadtkernsanierung 1959, Parkbad 1958–1961) und errichtete neben Wohnbebauungen (Kuhmühlgraben 1954, Lichtenplatte 1956) auch öffentliche Gebäude und Schulen. 1961–1981 war er als Nachfolger Schweizers Professor für städtischen Hochbau und Siedlungswesen an der TH Karlsruhe, wo er 1964–1971 ein Raumforschungsgutachten für die Region Zentrales Oberrheingebiet verfasste und 1965–1981 Bebauungspläne für Villingen-Schwenningen erstellte.

Literatur: Jörg/Bayer 1950, Universität Karlsruhe 1974, Richrath 1982.

152 *Die Section du Plan bei der Arbeit*, im Bildvordergrund Adolf Bayer, Mainz, o.D. [um 1947], Académie d'architecture, Cité de l'architecture et du patrimoine, Archives d'architecture du XXe siècle, Nachlass Lods, Paris.

Gérard Pierre Henri Blachère
*Châlette-sur-Loing/Département du Loiret,
14.10.1914–Paris, 22.1.2011*

Der Ingenieur Gérard Blachère studierte an der École polytechnique und der École des ponts et chaussées in Paris. Ab 1939 arbeitete er im Staatsdienst in Briançon und modernisierte 1942–1945 als leitender Ingenieur der Planungsstelle für Bergsport den französischen Alpinismus. Von Sommer 1945 bis Ende 1947 leitete er den Service de la Reconstruction (Wiederaufbaudienst) innerhalb der Direction des Transports et des Travaux publics (Abteilung für Verkehr und Bauwesen) der französischen Militärregierung in Baden-Baden, wo er den Wiederaufbau in Deutschland überwachte und Materialien für den Wiederaufbau in Frankreich organisierte. 1947–1949 war er Beauftragter für Wiederaufbau im Département Haut-Rhin (Südelsass), 1949–1954 Kommissar für Wiederaufbau und Wohnungswesen in Tunis. 1954/55 leitete er den Wiederaufbau des von einem Erdbeben zerstörten Orléansville (heute Ech Cheliff, Algerien). 1957–1974 beeinflusste er als Leiter des für die technische Prüfung, Zertifizierung und Normierung von Bauprodukten zuständigen staatlichen Centre scientifique et technique du bâtiment (CSTB) nachhaltig die Fertigungsmethoden im französischen Bauwesen. 1972–1978 war er Professor für Industrietechnik im Hochbau am Conservatoire national des arts et métiers.

Literatur: Blachère 1966, 1968.

153 *Gérard Blachère*, o. D., Privatarchiv Hughes Blachère, Villeneuve-lès-Avignon.

Carl Reiner Dassen
Aachen, 21.3.1889–Mainz, 26.11.1973

Der Bauingenieur und Mainzer Baudezernent Carl Dassen studierte Bauingenieurwesen an der TH Aachen und promovierte 1922. Ab 1921 stand er im Dienst der Stadt Mainz, zunächst beim Rheinstromverband, ab 1923 beim Tiefbauamt, das er 1933–1945 als untergeordnete Abteilung des Stadtbauamts leitete. Am 28.4.1945 wurde er erster Beigeordneter (Baudezernent). Als Tiefbauer musste er im Herbst 1946 Wiederaufbau, Hochbau und Stadtplanung an das Fachdezernat von Karl Maurer abtreten, den er in der Folge nicht unterstützte. 1948 wurde er Baudirektor, nach Maurers Entlassung im Frühjahr 1949 wieder alleiniger Baudezernent. Nach seiner Pensionierung 1957 wurde der 1956 als Baudirektor in den Dienst der Stadt Mainz getretene Hans Jacobi sein Nachfolger.

Literatur: Schüler 1996.

154 *Carl Dassen*, o. D., Stadtarchiv Mainz.

Heinrich Delp
Mainz, 20.12.1897–2.1.1973

Der Architekt und Oberregierungsbaurat Heinrich Delp schloss nach dem Kriegsdienst 1916–1918 ein Architekturstudium an der TH Darmstadt 1923 ab. 1923–1927 realisierte er als Ingenieur in der Bauabteilung des Reichsvermögensamts Mainz Wohnbauten und wurde 1928 Regierungsbauführer. 1927–1936 war er als Studienrat an der Gewerbeschule Oppau und nebenberuflich im Wohnungs-, Siedlungs- und Schulbau tätig. 1936–1945 war er erneut im Reichsdienst tätig, zunächst beim Heeresbauamt Mainz, das er ab 1939 als Regierungsbaurat leitete; ab 1943 führte er das Heeresbauamt Wiesbaden mit und ab 1944 auch Darmstadt und Idar-Oberstein. 1945/46 war er in amerikanischer Kriegsgefangenschaft. Am 1.5.1946 wurde er stellvertretender Leiter der Militärbauverwaltung, der Direktion der Militärbauämter Nord-Zone, in der die sieben im Bereich der Nordzone bestehenden deutschen Militärbauämter zusammengeschlossen und der französischen Militärregierung unterstellt wurden, für die sie notwendige Bauvorhaben plante und realisierte. Am 1.1.1948 wurde sie zum Sonderbauamt für das französische Militärbauwesen (SFM) umgewandelt und später als Finanzbauamt Mainz in die Finanzverwaltung des Landes Rheinland-Pfalz integriert. Daneben war er vom 6.8.1946 bis zum 31.12.1949 Leiter des städtischen Sonderbüros für die Bauten der französischen Militärregierung. Anschließend wechselte er zum Staatlichen Hochbauamt Mainz, dessen Leitung er als Oberregierungsbaurat übernahm. 1950/51 wurde das ehemalige Großherzogliche Palais (Deutschhaus) nach Delps Entwürfen zum Sitz des Landtags Rheinland-Pfalz umgebaut. Delp wurde 1960 pensioniert.

Literatur: Delp 1948.

155 *Richard Döcker, o.D., Südwestdeutsches Archiv für Architektur und Ingenieurbau (saai), Karlsruher Institut für Technologie (KIT).*

Richard Döcker
Weilheim an der Teck, 3.6.1894–Stuttgart, 9.11.1968

Der Architekt und Hochschullehrer Richard Döcker studierte 1912–1918 Architektur an der TH Stuttgart, unterbrochen durch den Kriegsdienst 1914/15 und einen Lazarettaufenthalt bis 1917. 1918–1921 arbeitete er als freier Architekt in Stuttgart, 1921/22 als freier Mitarbeiter bei Paul Bonatz und war 1922–1925 dessen Assistent an der TH Stuttgart. Nach der Prüfung zum Regierungsbaumeister 1922 promovierte er 1924. 1924–1933 war er Hauptvorstandsmitglied im Deutschen Werkbund, 1926/27 Mitglied im „Ring" und Mitarbeiter der CIAM. 1926/27 leitete er den Bau der Werkbundsiedlung am Stuttgarter Weißenhof und baute bis 1928 das Bezirkskrankenhaus Waiblingen. 1933–1940 hatte er kaum Aufträge, aber kein Berufsverbot. 1939–1941 studierte er Biologie an der TH Stuttgart. 1941–1944 war er als Architekt und Planer im Wiederaufbaugebiet Saarpfalz/Westmark eingesetzt, ab 1943 als Leiter des zentralen Entwurfsbüros im Wiederaufbauamt Saarbrücken. Ab 1944 bis zu seinem Tod arbeitete er als freier Architekt in Stuttgart und baute dort 1949–1951 den Altbau der TH wieder auf sowie 1950–1953 das Kaufhaus Union Tietz und 1955–1968 das Katharinenhospital (des Weiteren u. a. die Universitätsbibliothek in Saarbrücken 1951–1953 und das Verwaltungshochhaus Wüstenrot in Ludwigsburg 1953–1955). 1946/47 war er Generalbaudirektor der Zentralstelle für den Aufbau Stuttgarts und 1947–1965 im Verwaltungsrat der Forschungsgemeinschaft Bauen und Wohnen als Fachmann für Normungsfragen im Bauwesen. 1947–1960 war er Professor für Städtebau und Entwerfen an der TH Stuttgart und leitete deren Architekturabteilung. 1948/49 war er Mitglied der Hohen Kommission für Architektur und Städtebau (CSAU) in der französischen Besatzungszone.

Literatur: Döcker 1950, BDA 1982, Mehlau-Wiebking 1989.

Hanns Dustmann
Diebrock bei Herford, 25.5.1902– Düsseldorf, 26.4.1979

Der Architekt Hanns Dustmann studierte 1922–1928 Architektur an der TH Hannover und war anschließend Baureferendar in Hannover. 1929–1933 arbeitete er als Büroleiter bei Walter Gropius und als Angestellter im Reichsbankbaubüro bei Heinrich Wolff. Ab 1935 war er als freier Architekt in Berlin tätig, nach dem Anschluss Österreichs mit großem Zweitbüro auch in Wien, 1940–1942 betraut mit der Neugestaltung der Stadt. Er war Reichsarchitekt der Hitlerjugend und Beauftragter Architekt des Generalbauinspektors für die Reichshauptstadt sowie 1943–1945 Professor für Entwerfen an der TH Berlin-Charlottenburg. Als Mitglied in Albert Speers Arbeitsstab für den Wiederaufbau bombenzerstörter Städte war er als Wiederaufbauarchitekt zuständig für Düsseldorf, Frankfurt am Main und 1944/45 für Mainz, dort in Konkurrenz und in Zusammenarbeit mit dem Stadtbauamt unter Heinrich Knipping. Nach 1945 war Dustmann als freier Architekt v. a. von Banken, Versicherungen und Bürobauten in Bielefeld und Düsseldorf tätig.

Literatur: Durth 1986a, Krausse-Jünemann 2002.

Hans Fritzen
Essen, 12.2.1902–Mainz, 1.1.1958

Der Ingenieur Hans Fritzen war bei der MAN in Mainz-Gustavsburg tätig und 1945–1958 als Nachfolger von Carl Dassen Leiter des Mainzer Tiefbauamts. Im März 1946 legte Oberbaurat Fritzen einen Wirtschaftsplan der Stadt Mainz vor, der auf der unter Heinrich Knippings Leitung von Adolf Bayer bearbeiteten Planung von 1939/40 beruhte.

Literatur: Arens 1958, Schüler 1996.

156 *Hanns Dustmann, Juli 1951, Privatarchiv Volker Dustmann, Düsseldorf.*

157 *Hans Fritzen, o.D., Stadtarchiv Mainz.*

Fritz Grebner
Mainz, 16.1.1910–Dezember 2003

Der Ingenieur und Mainzer Stadtrat Fritz Grebner gründete nach dem Studium des Bauingenieurwesens Anfang der 1930er Jahre in Mainz ein Ingenieurbüro, das bei zu seinem Tod etwa 400 Mitarbeiter in fünfzehn Außenbüros beschäftigte. Als Statiker war er in Mainz und mit Büro in Frankfurt im ganzen Rhein-Main-Gebiet tätig, u.a. in Mainz 1945 bei der Sicherung und dem Wiederaufbau der Stephanskirche. 1947 arbeitete er für die Section du Plan und erstellte die Besonnungsberechnungen sowie die Statik und Elektroplanung für die Unité d'habitation Wallstraße. 1948–1969 war er Stadtrat für die Mainzer CDU und unterstützte 1955/56 die Bebauungsplanstudie Werner Streifs für die Mainzer Innenstadt sowie die Berufung Hans Jacobis (CDU) zum Baudezernenten. Grebner engagierte sich in der 1982 gegründeten Aktionsgemeinschaft für die Wiedervereinigung mit den rechtsrheinischen Gemeinden Amöneburg, Kostheim und Kastel. Grebner war Ehrenmitglied der Ingenieurskammer Rheinland-Pfalz und erhielt 1994 das Bundesverdienstkreuz.

Literatur: Grebner 1994, Huber 2002, Kaphengst 2004.

158 *Fritz Grebner, o.D., Fotografie von Georg Pfülb, Stadtarchiv Mainz.*

159 *Karl Gruber zeichnend, mit Heleni Trebelas und Rolf Romero, o.D. [um 1958], Deutsches Architekturmuseum, Frankfurt am Main.*

Karl Erwin Gruber
Konstanz, 6.5.1885–Darmstadt, 12.2.1966

Der Architekt, Denkmalpfleger und Hochschullehrer Karl Gruber studierte 1903–1909 Architektur an der TH Karlsruhe bei Friedrich Ostendorf, dessen Assistent er 1909–1912 war. Nach Referendariat und Prüfung zum Regierungsbaumeister 1913 promovierte er bei Ostendorf mit *Bilder zur Entwicklungsgeschichte einer deutschen Stadt*, deren Zeichnungen statt einer konkreten Stadt die Essenz verschiedener Städtebauperiode zeigen. 1914–1925 war er mit Kriegsunterbrechung im städtischen Dienst in Freiburg im Breisgau tätig, dabei 1919–1925 als Leiter des Hochbauamts. 1925–1933 war er Ordinarius für mittelalterliche Baukunst und Entwerfen an der TH Danzig, 1933–1955 Inhaber des Lehrstuhls für Städtebau an der TH Darmstadt. Der Umgang mit der historischen Stadt blieb Generalthema seiner Tätigkeit als Denkmalpfleger für die Provinzen Oberhessen und Rheinhessen 1934–1945 und ab 1945 als Kirchenbaumeister der Evangelischen Kirche von Hessen und Nassau. Neben Neubau und Wiederaufbau von Kirchen befasste er sich mit Planungen für kriegszerstörte Städte, u.a. Gießen, Darmstadt und Mainz. Nach dem Bombenangriff vom August 1942 mit der Sicherung der wichtigsten Mainzer Kirchenbauten betraut, entwickelte er ohne Auftrag Pläne zum Wiederaufbau des Dombezirks, die ihn nicht allein zu scharfen Stellungnahmen gegen Lods' Planung für ein neues Mainz, sondern auch in Konflikt mit seinem langjährigen Freund Paul Schmitthenner brachten. In der Schrift *Der heilige Bezirk in der zukünftigen Stadt* forderte er 1949, historische Zentren als überkonfessionelle identitätsstiftende Orte wieder aufzubauen.

Literatur: Gruber 1937, 1949; Romero 1990.

160

Gérald Hanning, das zerstörte Mainz erkundend, o. D. [um 1946], Fotografie von Marcel Lods, Académie d'architecture, Cité de l'architecture et du patrimoine, Archives d'architecture du XXe siècle, Nachlass Lods, Paris.

Gérald Hanning
Tananarive/Madagaskar, 15.9.1919–Paris, 31.12.1980

Der Architekt Gérald Hanning studierte ab 1937 Architektur an der École des beaux-arts in Paris. Gleichzeitig arbeitete er bis 1945 im Büro von Le Corbusier, u. a. am *Modulor*, an der Planung für Saint-Dié und am Konzept der Unité d'habitation in Marseille. Nach seiner Tätigkeit 1946–1948 für Marcel Lods bei der Mainzer Section du Plan, wo er insbesondere die Zeichnungen für die Schautafeln anfertigte, die das neue Mainz dem alten gegenüberstellen, arbeitete er mit Vladimir Bodiansky am Wohnungsbauprogramm für die Insel La Réunion. 1953 gründete er mit Pierre Dalloz das Stadtplanungsbüro für den Großraum Algier und leitete dieses bis 1959. Als Autor des Stadtentwicklungsplans befasste er sich 1958 mit der Bebauung der Marine (Hafenviertel), anschließend mit dem neuen Wohnviertel Les Annassers. 1959–1971 übernahm er für die Vereinten Nationen Missionen in Kambodscha und auf Madagaskar. Ab 1963 arbeitete er mit am Pariser Stadtentwicklungsplan und war 1973–1980 technischer Berater am Institut d'aménagement et d'urbanisme de la région Île-de-France (IAURIF), der Planungsbehörde für den Großraum Paris, wo er sich mit Fragen der Stadtgestaltung und der Parzellierung beschäftigte.

Literatur: Hanning 1974, IAURIF 1981, Deluz 2003, Montillet 2012.

Egon Hartmann
Reichenberg, heute Liberec/Tschechien, 24.8.1919–München, 6.12.2009

Der Architekt Egon Hartmann schloss 1938 ein Studium des Bauingenieurswesens in Reichenberg ab und arbeitete 1938/39 im Büro des Architekten Henry König in Berlin. Aus dem Kriegsdienst 1939–1944 wurde er schwerverwundet entlassen. 1942–1948 studierte er Architektur an der Hochschule für Baukunst und Bildende Künste in Weimar bei Gustav Hassenpflug, Hermann Henselmann und Gerd Offenberg. Als landesplanerisch-städtebauliche Diplomarbeit legte er 1948 den Entwurf einer Bandstadt Mühlhausen-Langensalza vor und war

161
Egon Hartmann [links] mit Kollegen bei der Erstellung des Aufbauplans der Mainzer Innenstadt, Mainz, o. D. [um 1958], IRS Erkner, Wissenschaftliche Sammlungen, Nachlass Egon Hartmann.

1948/49 Assistent und Mitarbeiter seines Diplombetreuers Hassenpflug. 1950–1954 war er im Thüringischen Landesprojektierungsbüro für Stadt- und Dorfplanung in Weimar tätig, ab 1951 als dessen Chefarchitekt und technischer Leiter. Dabei gestaltete er 1950/51 das Erfurter Regierungszentrum und arbeitete an Raumordnungsprinzipien und Aufbauplanungen für zahlreiche thüringische Städte. 1951 gewann er den Erster Preis im Wettbewerb für die Gestaltung der Ostberliner Stalinallee, deren „Bauabschnitts B" er 1952/53 realisierte. Nach kritischen Äußerungen übersiedelte er 1954 in die Bundesrepublik. 1954–1959 stand er auf Offenbergs Empfehlung im städtischen Dienst in Mainz, zunächst ab Juli 1954 in der Stadtplanungsabteilung des Hochbauamts, ab 1956 als stellvertretender Leiter des eigenständigen Stadtplanungsamts. Dort arbeite er an einem Aufbauplan für Mainz, mit dem er 1957/58 in Gegensatz zum Baudezernenten Hans Jacobi geriet. 1958/59 war er im Team des Planungsbeauftragten der Stadt Mainz Ernst May. Gemeinsam mit Walter Nickerl gewann er 1958 den Zweiten Preis im internationalen Wettbewerb „Hauptstadt Berlin". Mit einer Analyse zur städtebaulichen Entwicklung von Mainz promovierte er 1962 an der TH Darmstadt bei Max Guther und Karl Gruber. 1959 zog er nach München um, wo er 1959–1964 Büroleiter des Planungsberatungsbüros Guther, Steiner & Leibbrand war und 1961–1963 am ersten Stadtentwicklungsplan für München arbeitete. 1964–1976 erarbeitete er als Baudirektor im städtischen Baureferat München den Flächennutzungsplan der Stadt und konzipierte die Satellitenstadt Neuperlach.

Literatur: Hartmann 1963; Beck-Hartmann 2005, 2008, 2010; Metzendorf 2010/11, 2013, 2015b; Levels 2017.

Wilhelm Imm
Neufreistett/Baden, 22.3.1887–1962

Der Ingenieur Wilhelm Imm studierte Bauingenieurwesen an der TH Karlsruhe. 1906–1946 war er bei der Philipp Holzmann AG in Frankfurt am Main als Bauingenieur, Oberingenieur, Niederlassungsleiter, Prokurist und Direktor tätig. Er arbeitete als Bauleiter in Deutsch-Ostafrika, in Südamerika, in der Türkei und in Frankreich, wo er im Rahmen der deutschen Reparationsleistungen nach 1918 den Hafen von Bordeaux erweiterte. Als Leiter der Tiefbauabteilung in der Frankfurter Konzernzentrale leitete er während des Zweiten Weltkriegs die Arbeiten am Atlantikwall im Abschnitt um Lorient. Für den Holzmann-Konzern wechselte er im Juli

1942 als Verbindungsingenieur und Beauftragter für den Einsatz der Bauwirtschaft zur Organisation Todt (OT) nach Berlin. Dort steuerte und kontrolliert er Firmeneinsätze bei Militärbauprogrammen und Einsätze bei der Bauxitförderung in Frankreich. Nach Zerwürfnissen mit Rüstungsminister Albert Speer im Dezember 1943/Januar 1944 schied er im März 1944 aus der OT aus und kehrte zum Holzmann-Konzern zurück. Vor seinem vorläufigen Eintritt in den Ruhestand im März 1946 war er zuletzt Leiter der Niederlassung München. Ohne Spruchkammerverfahren wurde er am 1.9.1946 auf die von der französischen Militärregierung geschaffene Stelle eines Generalbaudirektors für den Wiederaufbau der Stadt Mainz berufen. Vom 30.4.1947 bis zum 21.12.1950 war er Geschäftsführer des Zweckverbands für den Wiederaufbau der Stadt Mainz, der unter Beteiligung der Stadt und des Landes die verschiedenen am Wiederaufbau beteiligten Stellen koordinieren sollte. Anschließend bis zur Pensionierung war er erneut bei Philipp Holzmann tätig.

Literatur: Imm 1947, [o. V.] 1962, Pohl 1999.

Hans Jacobi
Köln, 12.8.1913–Mainz, 2005.

Der Ingenieur und Mainzer Baudezernent Hans Jacobi studierte 1932–1937 Bauingenieurwesen, zunächst an der TH Stuttgart, ab 1935 an der TH Danzig, wo er ein Diplom in der Fachrichtung Städtebau vorlegte. Ab 1937 war er in den Stadtbauämtern von Saarbrücken, Kassel und Graudenz (Westpreußen) tätig. 1940 wurde er Baurat in Graudenz und promovierte 1943 während seines Kriegsdiensts an der Fakultät für Architektur der TH Danzig zu seinen Ausgrabungen von Ordensburgen in Westpreußen. 1946–1950 war er freiberuflich tätig, mit Städtebau- und Statikbüro in Neustadt an der Weinstraße. 1950–1956 war er Oberbaurat und technischer Leiter des Städtebauamts in Köln, wo er u. a. die Nord-Süd-Fahrt konzipierte. Vom CDU-Stadtrat Fritz Grebner wurde er im Juli 1956 als Stadtbaudirektor nach Mainz geholt, wo er die Planungen Werner Streifs aufgriff und ab Januar 1957 Carl Dassen als Bau- und Gartendezernent nachfolgte. Nach dem Scheitern dieser Planungen trieb er den Aufbauplan für die Gesamtstadt voran, überging dabei aber vor seiner Zeit erarbeitete und genehmigte Planungen. Mitte 1957 geriet er in Opposition zum wiedergewählten Oberbürgermeister Franz Stein (SPD) und wurde zunehmend kaltgestellt. Ende Januar 1958 verlor er den Planungsauftrag an Ernst May und wurde nach Streit mit diesem in der Stadtratssitzung vom 24.7.1958 beurlaubt. Nach der Veröffentlichung des May-Plans im Januar 1960 trat er bis 1969 erneut in seine Funktionen als Baudezernent ein. Bis 1983 war er Geschäftsführer der Planungsgemeinschaft Rheinhessen bzw. Planungsbeauftragter der Planungsgemeinschaft Hessen-Nahe. Nach seiner Pensionierung machten er und sein Sohn als Nibelungen-Schatzsucher von sich reden.

Literatur: Jacobi 1953, 1956, 1966; Durth/Gutschow 1988, Metzendorf 2015b.

Pierre Jacobsen
Kopenhagen, 5.9.1917–Bellevue/Schweiz, 1.7.1957

Pierre Jacobsen war ein hochrangiger Militär und Amtsträger. Ein Studium der Literaturwissenschaften schloss er 1937 mit dem Lizenziat ab und promovierte 1938 in Jura. 1938–1944 leistete er Militär- und Kriegsdienst in der französischen Armee und floh dabei mehrmals aus der Kriegsgefangenschaft. 1944 spielte er eine entscheidende Rolle bei der Eroberung der Insel Elba und beendete den Zweiten Weltkrieg im Rang eines Generals. 1945 koordinierte Jacobsen die Rückführung der französischen Kriegsgefangenen aus Deutschland und wurde anschließend von der französischen Militärregierung zum Bezirksdelegierten und Gouverneur der Provinz Rheinhessen ernannt. Von seinem Sitz in Mainz überwachte er die deutschen Behörden und leitete die französische Bezirksverwaltung. Er war maßgeblich an der Wiedergründung der Universität Mainz beteiligt und hielt schützend seine Hand über die örtliche evangelische Gemeinde. Bis zu seiner Abberufung aus Mainz im Oktober 1947 unterstützte er Marcel Lods und die Section du Plan nach besten Kräften. Ende 1947 wurde er stellvertretender Generaldirektor des Internationalen Flüchtlingswerks der Vereinten Nationen, des späteren Hochkommissariats für Flüchtlinge (1951). 1957 fiel er einem Verkehrsunfall zum Opfer.

Literatur: Burckel 1951, Daniel-Rops 1957.

162 *Hans Jacobi*, o. D., Stadtarchiv Mainz.

163 *Pierre Jacobsen*, 1954, IOM, The UN Migration Agency.

164

Albert de Jaeger bei der Arbeit an der Skulptur Diane chasseresse *[Diana als Göttin der Jagd]*, Meudon, um 1939, Abbildung aus: Alain de Jaeger, „Albert de Jaeger. Un artiste 1er Grand prix de Rome dans la Résistance", in: *Le Lien*, H. 30, September 2014.

Albert de Jaeger
Roubaix, 28.10.1908–Paris, 19.5.1992

Der Künstler Albert de Jaeger besuchte 1924–1926 die École des beaux-arts in Roubaix und in Tourcoing. 1929–1935 studierte er Bildhauerei, Medaillen- und Goldschmiedekunst an der École des arts décoratifs und der École des beaux-arts in Paris bei Paul Niclausse, Henri Bouchard, Charles Despiau und Henri Dropsy. Als Preisträger des *Grand Prix de Rome* 1935 war er 1936–1939 Stipendiat in der Villa Medici in Rom. Ab 1939 hatte er seinen Wohnsitz in Meudon bei Paris. Nach General Koenigs erfolgreichem Abwehrkampf gegen Rommels Truppen in Bir Hakeim (Libyen) ließ er diesem ein Glückwunschschreiben zukommen und fertigte 1943 ein Medaillon von General de Gaulle an, sodass Koenig nach der Befreiung von Paris 1944 auf ihn aufmerksam wurde. 1944 fertigte er ein Medaillon von Koenig an und wurde, als dieser 1945–1949 französischer Oberbefehlshaber in Deutschland war, dessen künstlerischer Berater. Er leitete die Ateliers d'art français (Französische Kunstwerkstätten), die er von 1948 bis Ende 1949 unter dem Namen Centre d'études et de réalisations artistiques et techniques (Studienkreis für künstlerisches Planen und Schaffen) weiterführte. Er brachte durch Intrigen die Hohe Kommission für Architektur und Städtebau (CSAU) unter seine Kontrolle. Zurück in Frankreich gestaltete er zahlreiche Gedenkmünzen und diverse Denkmäler.

Literatur: Bénézit 1976, S. 19; de Jaeger 2014.

Richard Josef Jörg
Karlsruhe, 12.8.1908–Konstanz, 27.9.1992

Der Architekt Richard Jörg schloss sein Architekturstudium an der TH Karlsruhe 1933 mit einem Diplom bei Otto Ernst Schweizer ab. Anschließend war er Baureferendariat im Badischen Staatsdienst und wurde 1936 Regierungsbaumeister. 1936–1946 war er in Baden-Baden tätig, zunächst für die Bäder- und Kurverwaltung, ab August 1937 für das Stadtplanungsamt. Für Schweizer leitete er den Kurhaus-Umbau, an dessen Wettbewerbsentwurf Adolf Bayer mitgearbeitet hatte. Er wurde im April 1947 auf Vorschlag von Bayer und mit Marcel Lods' Unterstützung Nachfolger von Erich Petzold als Leiter des Mainzer Hochbauamts (bis 1952). Zu seinem Ressort gehörten ab 1949 auch der Wiederaufbau und die Stadtplanung. In Mainz war Jörg 1949–1951 auch mit dem Wiederaufbau des Stadttheaters betraut.

1952–1954 erbaute er mit Bernhard Schmitz die Heilig-Kreuz-Kirche als Zentralbau aus Stahlbeton. 1952–1958 war er Stadtbaudirektor und Referent für Hochbau, Raumplanung und Grünanlagen in Mannheim und u.a. mit dem Wiederaufbau des Zeughauses, des Mozartsaals im Rosengarten und mit diversen Neubauten betraut. Gemeinsam mit Bayer nahm er 1947/48 am Wettbewerb für den Wiederaufbau der Karlsruher Innenstadt um die Kaiserstraße und 1953 am Wettbewerb zur Errichtung von Regierungsgebäuden in Würzburg teil. Bis in die 1960er Jahre erhielt er Aufträge für Kirchenbauten, v.a. im Rhein-Neckar-Gebiet.

Literatur: Jörg/Bayer 1950, Jörg 1952, Schüler 1996.

Heinrich Moritz Knipping
Breckerfeld bei Hagen, 25.5.1895–Hagen, 29.3.1968

Der Architekt und Mainzer Stadtbaurat Heinrich Knipping studierte Architektur an der TH Darmstadt, anschließend an der Kunstgewerbeschule München. Er promovierte 1921 und wurde 1922 Regierungsbaumeister. Er war anschließend bei der Stadtverwaltung Köln, beim Staatlichen Hochbauamt und beim Finanzministerium Darmstadt tätig. 1927–1936 war er als Magistratsbaurat im Stadtbauamt Breslau unter den Stadtbauräten Günther Trauer, Fritz Behrendt und dessen Nachfolger Rudolf Kühn zuständig für Stadtplanung und öffentliche Großbauten. Mit Behrendt baute er u.a. das Studentenhaus der TH Breslau (1928), die Siedlung Klein-Tschansch (1928), ein Alterswohnheim (1930) und die Flugzeughalle am Flughafen Breslau (1932). 1929 errichtete er die Verkehrshalle für die Werkbundausstellung *Wohnung und Werkraum* (WuWa) und arbeitete 1935 mit Trauer am Generalbebauungsplan von Breslau. An der Verwaltungsschule des Deutschen Städtetags hielt er Vorlesungen über Bauwesen. 1936–1945 war er Stadtbaurat in Mainz, ab 1938 erster Beigeordneter mit umfassendem Geschäftsbereich. Ihm unterstand mit dem 1933–1945 existierenden Stadtbauamt das gesamte Bauwesen der Stadt. Unter seiner Leitung entstanden neue Verkehrs- und Wirtschaftspläne und wurden rechtliche und planerische Unterlagen für eine Altstadtsanierung zusammengestellt. 1939 zum Kriegsdienst einberufen, wurde er nach den Luftangriffen im August 1942 als Leiter der Sofortmaßnahmen zurückgestellt. 1944 stellte er einen Aufbauplan auf und wurde im Sommer 1945 seines Amts enthoben. Bis 1949 war er leitender Mitarbeiter des Zweckverbands für den Wiederaufbau von Mainz unter Generalbaudirektor Wilhelm Imm in Mainz, dann bis 1960 Stadtbaurat in Hagen.

Literatur: [Hagen] 1954, Schüler 1996, Metzendorf 2017.

Herbert Kölsch
Neunkirchen, 14.1.1928

Der Architekt Herbert Kölsch machte nach Arbeitsdienst und Kriegsdienst 1947 Abitur und arbeitete anschließend in Baubetrieben. 1947–1949 studierte er Naturwissenschaften an der Universität des Saarlandes in Homburg und absolvierte 1950/51 ein Vorbereitungsjahr (Classe préparatoire) zum Studium der Architektur an der École des beaux-arts in Nancy. 1951–1955 studierte er Architektur an der TH Karlsruhe bei Egon Eiermann und Otto Ernst Schweizer. Nach seinem Diplom mit Auszeichnung bei Schweizer war er 1955/56 dessen Hochschulassistent. Auf Vermittlung Schweizers und Werner Streifs stand er von November 1956 bis Juni 1958 als technischer Angestellter im Dienst des Stadtplanungsamts Mainz, zusammen mit Werner Baecker, einem weiteren Schweizer-Assistenten. Dort arbeitete er an Bebauungsplänen und am Aufbauplan für die Mainzer Gesamtstadt unter Baudezernent Hans Jacobi und außerdienstlich 1957/58 mit Streif an einer Stadtentwicklungsstudie für den Mainzer Großraum. 1959 wurde er auf Vermittlung von Schweizer und Streif Leiter der Stadtplanungsabteilung im Städtischen Hochbauamt Konstanz, später des Stadtplanungsamts. Ab 1960 leitete er die Altstadtsanierung Konstanz und entwarf 1960/61 die Heilig-Geist-Kirche auf der Insel Reichenau (Ausführung Wolfgang Wößner, künstlerische Konzeption Harry MacLean, 1961–1963). Er legte Studien und Entwürfe zur Universität Konstanz (1962), zum Hochhaus Jungerhalde (1963–1967), zu einem Siedlungs- und Verkehrskonzept Stadtlandschaft Konstanz sowie zu einem Entwicklungsschema Bodanrück Konstanz-Radolfzell (1966–1967) vor. Auch nach seiner Pensionierung 1980 lebt er in Konstanz.

Literatur: Kölsch 1958, 2005.

165 *Richard Jörg*, o.D., Privatarchiv Familie Jörg.

166 *Heinrich Knipping*, o.D., Privatarchiv Rainer Metzendorf, Mainz.

167 *Herbert Kölsch*, 1961, Privatarchiv Herbert Kölsch, Konstanz.

168

Franz Stein, den scheidenden Militärgouverneur Pierre Koenig verabschiedend, Mainz, 1. August 1949, Fotografie von Georg Pfülb, Stadtarchiv Mainz.

169

Emil Kraus, o. D., Stadtarchiv Mainz.

Marie Joseph Pierre François Koenig
Caen, 10.10.1898–Neuilly-sur-Seine bei Paris, 2.9.1970

Der Oberbefehlshaber der französischen Besatzungszone in Deutschland General Pierre Koenig trat 1917 als Berufssoldat in die französische Armee ein und nahm am Ersten Weltkrieg teil. In den 1920er Jahren diente er bei den französischen Truppen in Marokko und nahm am Rifkrieg teil. 1939 kehrte er bei Kriegsausbruch nach Frankreich zurück und wurde Hauptmann im Expeditionskorps für Norwegen. Als Anhänger des Freien Frankreichs leitete Koenig 1942 den Abwehrkampf gegen Rommels Truppen in Bir Hakeim (Libyen). De Gaulle ernannte ihn zum Oberkommandierenden der Freien Französischen Streitkräfte in Großbritannien, anschließend der Freien Französischen Streitkräfte im Inneren, Ende 1944 zum Militärgouverneur von Paris. Als Nachfolger von Jean de Lattre de Tassigny war Koenig von Juli 1945 bis September 1949 Oberbefehlshaber der französischen Besatzungstruppen in Deutschland. 1949 wurde er Generalinspekteur der französischen Streitkräfte in Nordafrika, ein Jahr später Vizepräsident des Hohen Kriegsrats. 1951 wurde er in die Nationalversammlung gewählt und war 1954/55 Verteidigungsminister in den Kabinetten Mendès France (1954) und Faure (1955).

Literatur: Mariotte 1994, Lormier 2012.

Emil Kraus
Konstanz, 29.5.1893–Mainz, 7.9.1972

Der Mainzer Oberbürgermeister Emil Kraus studierte Jura und Volkswirtschaft sowie Literatur und Philosophie an den Universitäten München, Berlin, Freiburg im Breisgau und Marburg und promovierte 1915. Nach dem Kriegsdienst leitete er 1919–1921 die *Heidelberger Volkszeitung* und saß gleichzeitig für die SPD im Badischen Landtag. Ab 1922 war er Geschäftsführer des Zentralverbands der Angestellten und 1925–1928 Bürgermeister der Stadt Kehl. Seine dort bewiesene gute Zusammenarbeit mit der französischen Militärregierung qualifizierte ihn 1929 für die Stelle eines Beigeordneten der Stadt Mainz. 1931 wurde er Bürgermeister und bewarb sich vergeblich um das Amt des Oberbürgermeisters. Er verließ Ende 1932 die SPD, wurde dennoch 1933 von den Nazis seines Amts enthoben. Anschließend war er als Steuerberater in Mainz tätig und musste 1941–1945 Kriegsdienst leisten. Am 17.8.1945 wurde er von den Franzosen als Mainzer Oberbürgermeister eingesetzt und am 22.9.1946 demokratisch gewählt. Nach dem Wahlsieg der SPD bei der Kommunalwahl von 1948 verlor er am 21.2.1949 sein Amt an Franz Stein. Von April 1949 bis März 1959 war Kraus Oberbürgermeister von Frankenthal.

Literatur: Balzer 1985, S. 362; Dumont/Scherf/Schütz 1998; Knigge-Tesche 2015.

170

Gerhardt Lahl [links, vgl. Taf. XV] *bei der Vorstellung des Aufbauplans der Stadt Mainz*, Mainz, 1947, Stadtarchiv Mainz.

Gerhard(t) Lahl
Mühlhausen/Thüringen, 1.7.1910–Wiesbaden, 12.12.1994

Der Architekt Gerhardt Lahl studierte 1928–1933 Architektur an der TH Dresden. 1934–1937 war er in der Hochbauabteilung der Reichspostdirektion Berlin beschäftigt, 1937/38 Leiter der Abteilung Stadtplanung beim Stadtbauamt Glogau. 1938–1940 war er mit städtebaulichen Aufgaben in Berlin befasst, möglicherweise auch in Zusammenarbeit mit Herbert Rimpl. Nach seinem Kriegsdienst stand er 1946–1975 im Dienst der Stadt Mainz, 1946–1953 als Chef der Stadtplanungsabteilung und stellvertretender Leiter des Hochbauamts, 1953–1961 als dessen Leiter, wobei die Stadtplanung am 1.1.1956 als eigenständiges Amt ausgegliedert wurde. Als Stellvertreter Erich Petzolds verfasste er 1946 eine Denkschrift zum Wiederaufbau der Mainzer Altstadt, 1947–1952 war er Stellvertreter Richard Jörgs. Er leitete dann 1961–1971 das Planungsamt (ab 1963 als Baudirektor) und 1970–1975 das Amt für Sanierungsmaßnahmen.

Literatur: Schüler 1996, Metzendorf 2015a.

Horst Eduard Linde
Heidelberg, 6.4.1912–Freiburg im Breisgau, 10.9.2016

Der Architekt und Hochschullehrer Horst Linde studierte 1931–1936 Architektur an der TH Karlsruhe bei Otto Ernst Schweizer und war Praktikant im Büro von Detlef Roesiger in Karlsruhe. 1936–1939 war er als Baureferendar in Emmendingen und Baden-Baden sowie im Badischen Innenministerium bei Oberbaurat Josef Kaufmann beschäftigt, 1939 wurde er als Regierungsbaumeister Stadtbaurat in Lahr. 1939/40 im Kriegsdienst, wurde er auf Betreiben Kaufmanns unabkömmlich gestellt und organisierte und leitete ab September 1940 als Baurat in Straßburg und Vertreter Kaufmanns den Wiederaufbau im Elsass. Ende 1941 wurde er zur Marine eingezogen und war 1943 Marinebaurat und Hafenkommandant in Dunkerque. 1944–1946 befand er sich in französischer Kriegsgefangenschaft. 1947–1951 war er Leiter des Wiederaufbaubüros der Universität Freiburg im Breisgau und gewann 1948 den Wettbewerb für den Wiederaufbau der Karlsruher Innenstadt um die Kaiserstraße; dort baute er 1954–1958 die Stadtkirche wieder auf. 1951–1957 leitete

171 *Horst Linde*, o. D. [nach 1960], Südwestdeutsches Archiv für Architektur und Ingenieurbau (saai), Karlsruher Institut für Technologie (KIT).

172
Marcel Lods und Elsa Sundling im Atelier der Section du Plan, Mainz, 1948, Stadtarchiv Mainz.

er als Regierungsbaudirektor die Bauabteilung des Badischen Finanzministeriums und 1957–1971 als Ministerialdirigent die Staatliche Hochbauverwaltung in Baden-Württemberg, für die er 1957–1961 den Neubau des Landtags und die Neugliederung der Schlossanlagen in Stuttgart verwirklichte. 1961–1976 war er Professor für Hochschulplanung an der TH Stuttgart. 1979–1990 baute er das Hotel Petersberg bei Bonn als Residenz für Staatsbesuche um.

Literatur: Linde 1969–1971, Heeg 1978.

Marcel Gabriel Lods
Paris, 16.8.1891–9.9.1978

Der Architekt Marcel Lods studierte ab 1911 an der École des arts décoratifs und der École des beaux-arts in Paris und schloss sein vom Kriegsdienst unterbrochenes Studium 1923 mit einem Architekturdiplom ab. In beiden Weltkriegen diente er in der französischen Luftwaffe, 1939/40 als Pilot. Zwischen 1928 und 1939 bauten er und sein Büropartner Eugène Beaudouin im Raum Paris in Zusammenarbeit mit Vladimir Bodiansky und Jean Prouvé die Freiluftschule in Suresnes, die Siedlung La Muette in Drancy und die Maison du Peuple in Clichy. Während der deutschen Besetzung Frankreichs gründete er mit Le Corbusier die als Nachfolgegruppe der CIAM gedachte Vereinigung der Baumeister für eine Revolution der Architektur (Assemblée de Constructeurs pour une Révolution Architecturale, ASCORAL). Von Anfang 1946 bis zum 15.4.1948 war er als Chef der Section du Plan für die Planung zum Wiederaufbau von Mainz verantwortlich. Mit seinem Pariser Büro leitete er zeitgleich den Wiederaufbau von Sotteville bei Rouen und errichtete später die Großsiedlungen Les Grandes Terres in Marly-le-Roi bei Paris (1955–1958), Beauval in Meaux (1959–1969) und La Grande Mare in Rouen (1968–1970). Nach Mainz wurde er auch mit Büros in Casablanca und Tanger sowie in den 1950er Jahren in Conakry (Guinea) tätig. Seine Vorliebe für Metallkonstruktionen zeigte er einmal mehr an der mit Henri Beauclair und Paul Depondt errichteten Maison des Sciences de l'Homme in Paris (1968–1970).

Literatur: Lods 1976; Uyttenhove 1999, 2009.

173
Karl Maurer, o.D., Privatarchiv Fa. Dr. Maurer.

Karl Ludwig Maurer
Bad Cannstatt bei Stuttgart, 26.11.1882–Heidelberg, 1956

Der Architekt und Mainzer Baudezernent Karl Maurer studierte Architektur an der TH Stuttgart und wurde 1905 diplomiert. 1905–1908 war er Regierungsbauführer im württembergischen Staatsdienst und wurde 1909 Regierungsbaumeister. 1909–1912 war er als angestellter Architekt tätig, 1912/13 Stadtbaumeister in Harburg, 1913–1926 Stadtbaurat und Magistratsmitglied in Oppeln. 1927–1933 stand er als Baudezernent und Beigeordneter im Dienst der Stadt Mainz, wurde aber 1933 aus politischen Gründen entlassen und 1934 in den Ruhestand versetzt. 1935 wurde er als freischaffender Architekt tätig, ab 1937 war er technischer Berater der Portland-Zementwerke in Heidelberg und persönlicher Berater des Generaldirektors. Auf Vorschlag von Oberbürgermeister Emil Kraus wurde er zum Leiter des neugeschaffenen Mainzer Wiederaufbauamts bestellt und ihm als Fachdezernenten das Hochbauamt und die Stadtplanung unterstellt. Der am 20.12.1946 unterzeichnete Fünfjahresvertrag galt rückwirkend ab dem 12.9.1946. Seine Position war durch fehlende finanzielle Mittel, Personalengpässe sowie mangelnde Unterstützung der anderen Bauämter und der französischen Verwaltung geschwächt. Zudem musste er die meisten seinem Amt zugedachten Befugnisse an den am 30.4.1947 gegründeten Zweckverband für den Wiederaufbau der Stadt Mainz unter Wilhelm Imm abgeben. Sein Vertrag wurde zum 31.3.1949 von der Stadt Mainz vorzeitig gekündigt und das Wiederaufbauamt als Abteilung in das Hochbauamt unter Richard Jörg eingegliedert. Danach trat er in den Ruhestand ein und übersiedelte nach Heidelberg.

Literatur: Schüler 1996.

174 *Ernst May im Büro des Planungsbeauftragten der Stadt Mainz*, Mainz, o.D. [1958/59], IRS Erkner, Wissenschaftliche Sammlungen, Nachlass Egon Hartmann.

Ernst Georg May
Frankfurt am Main, 27.7.1886–Hamburg, 11.9.1970

Der Architekt Ernst May studierte 1907 am University College in London und leistete anschließend Militärdienst in Darmstadt. 1908–1913 studierte er Architektur an der TH München bei Theodor Fischer und Friedrich von Thiersch. 1910/11 war er Praktikant bei Raymond Unwin in London und beschäftigte sich mit den englischen Gartenstädten. 1913 ließ er sich als freischaffender Architekt in Frankfurt am Main nieder. Im Kriegsdienst war er mit der Anlage von Soldatenfriedhöfen betraut. 1919–1925 war er Leiter der Bauabteilung der Schlesischen Heimstätte und der Schlesischen Landgesellschaft in Breslau sowie Herausgeber der Zeitschrift *Schlesisches Heim* und beschäftigte sich mit Siedlungs- und Wohnungsbau. Nach einem Wettbewerb wurde er 1921 mit dem Entwurf eines Bebauungsplans für den Landkreis Breslau beauftragt. 1925–1930 war er Stadtrat in Frankfurt am Main und Dezernent für Städtebau, zuständig für das gesamte Bauwesen vom Hochbau bis zur Regionalplanung. Mit einem Stab von Architekten, Planern und Gestaltern sowie unter Einsatz von Vorfertigung und Typisierung verwirklichte er

175 Bertrand Monnet, o. D., Privatarchiv Jean-Louis Cohen, Paris.

176 Gerd Offenberg, o. D., Abbildung aus: Gerd Offenberg, Mosaik meines Lebens, Mainz 1974.

das Wohnungsbauprogramm „Neues Frankfurt", das vom Siedlungsbau bis zur Gestaltung von Möbeln reichte und in der gleichnamigen Zeitschrift sein Sprachrohr fand. 1928 war er Gründungsmitglied der CIAM, deren zweiter Kongress („Die Wohnung für das Existenzminimum") 1929 in Frankfurt abgehalten wurde. 1930–1933 entwarf er als Chefingenieur des Städte- und Siedlungsbaus der UDSSR mit einem internationalen Mitarbeiterstab Siedlungen und ganze Industriestädte in der Sowjetunion. 1934 emigrierte er nach Ostafrika, zunächst war er als Farmer in Tansania, dann 1937–1953 als Architekt in Nairobi tätig, 1940–1942 wurde er durch die Briten interniert. 1953 kehrte er zurück nach Deutschland und war 1954–1956 Planungsleiter der Neuen Heimat in Hamburg, für die er ab 1956 als freischaffender Architekt und Städtebauer mehrere Großsiedlungen plante, u. a. die Neue Vahr in Bremen (1956–1961) und Darmstadt-Kranichstein (1965–1970). 1958–1960 war er Planungsbeauftragter der Stadt Mainz, 1961 der Stadt Wiesbaden. In beiden Städten übernahm er neben städtebaulichen Planungen auch Aufgaben im Siedlungsbau.

Literatur: May/Boesler/Leibbrand 1961, Seidel 2008, Quiring/Voigt/Schmal/Herrel 2011.

Bertrand Monnet
Paris, 31.1.1910–12.6.1989

Der Architekt und Denkmalpfleger Bertrand Monnet studierte 1932–1941 Architektur an der École des beaux-arts in Paris und war Hörer an der École du Louvre sowie am Institut d'art et d'archéologie. 1942–1979 war er als Chefarchitekt in der staatlichen Denkmalpflege zuständig für die Départements Ardèche und Haute-Loire (bis Ende 1945), Haute-Savoie, Loire, Doubs und ab Ende 1944 auch für das Territoire-de-Belfort und das Elsass. Daneben leitete er 1946–1949 in Baden-Baden den Service de l'Architecture in der Direction de l'Éducation publique, das Architekturressort der Direktion für Bildungswesen in der französischen Besatzungszone. 1952–1965 errichtete er als Koordinator der Bauprogramme des französischen Bildungsministeriums 68 Schulkomplexe und 115 Vorschulen im Osten Frankreichs. In Straßburg restaurierte er das Münster, die Stephanskapelle, Jung St. Peter, die Thomaskirche, die Bischofsresidenz und den Rohan-Palast. Darüber hinaus arbeitete er in Saverne (Zabern), Sélestat (Schlettstadt), Neuf-Brisach (Neubreisach), Thann und Sigolsheim sowie an der Gedenkstätte des ehemaligen KZ Natzweiler-Struthof, wo er 1952–1960 mit dem Bildhauer Lucien Fenaux das *Denkmal der Deportation* gestaltete. In Paris war er als Architekt und Denkmalpfleger von 1975 bis zu seiner Pensionierung 1979 für den Invalidendom zuständig.

Literatur: Monnet 1970, Lefort 2013.

Gerd (Gerhard) Offenberg
Erwitte, 22.11.1897–Mainz, 22.11.1987

Der Architekt und Hochschullehrer Gerd Offenberg studierte 1919–1925 Architektur an den TH Darmstadt und Stuttgart, sein Studienfreund dort war Erich Petzold. 1925–1928 war er Assistent von Paul Schmitthenner an der TH Stuttgart, 1928–1930 Architekt im Baubüro der Siemens AG in Berlin und 1930–1933 ohne Anstellung in Arnsberg. 1933/34 vertrat er Heinz Wetzel auf dem Lehrstuhl für Städtebau an der TH Stuttgart. 1934–1942 war er Baudirektor in Bremen, wo er den Wohnungs- und Kleinsiedlungsbau förderte (u. a. Siedlung Grolland und Sozialwohnungen Hashude/Wartumer Platz). Im Zuge der Maßnahmen zur Umgestaltung Bremens als „Aufbaustadt des Reiches" plante er die Neugestaltung des Dombereichs und eine Ostquerung der Weser mit monumentalen Straßenräumen und Parteibauten. 1942–1947 leitete er die Hochschule für Baukunst und Bildende Künste in Weimar. 1948–1960 war er Referatsleiter für Städtebau und Landesplanung des Ministeriums für Finanzen und Wiederaufbau im Land Rheinland-Pfalz, mit Sitz in Koblenz und ab 1950 in Mainz, daneben freiberuflich tätig. 1948/49 war er Mitglied der Hohen Kommission für Architektur und Städtebau (CSAU) in der französischen Besatzungszone. 1960–1967 war er Chefarchitekt der Bauleitung beim Volksbund Deutsche Kriegsgräberfürsorge in München.

Literatur: Offenberg 1974, Wortmann 1988.

Erich Petzold
Aschersleben, 13.2.1901–Mainz, 25.7.1951

Der Architekt Erich Petzold studierte 1919–1922 Architektur an der TH Darmstadt, 1922–1924 an der TH Stuttgart bei Paul Bonatz und Paul Schmitthenner und war ein Studienfreund Gerd Offenbergs. 1930 legte er in Stuttgart die Staatsprüfung zum Regierungsbaumeister ab. 1928–1933 war er im Hochbauamt Mainz beschäftigt (u. a. Entwurf und Durchführung der Siedlung Mainz-Kostheim) und baute sein eigenes Haus in Mainz-Kastel. Nach seiner Entlassung durch die Nationalsozialisten war er 1933–35 als freier Architekt und in der Bauabteilung der MAN in Mainz-Gustavsburg tätig, 1935–1937 bei der Reichspostdirektion in Berlin angestellt und 1937–1939 beim Hochbauamt in Königsberg (Ostpreußen). Nach dem Kriegsdienst kehrte er zurück nach Mainz-Kastel. Von September 1945 bis Ende 1946 war er Oberbaurat und Leiter des eigenständigen Hochbauamts Mainz, zu dem nach der Auflösung von Heinrich Knippings Stadtbauamt auch die neu geschaffene Stadtplanungsabteilung unter Gerhardt Lahl gehörte. Ende 1946 verlor er auf Betreiben der Section du Plan seine Stellung und schied erneut aus dem öffentlichen Dienst aus. Als freischaffender Architekt arbeitete er anschließend zusammen mit Walter Kierstein und Elisabeth Prüß bei Paul Schmitthenner an dem von Oberbürgermeister Emil Kraus in Auftrag gegebenen Gutachten zum Wiederaufbau von Mainz. 1951 verunglückte er tödlich beim Sturz unter eine Straßenbahn.

Literatur: [o. V.] 1951, Schüler 1996.

Herbert Rimpl
Malmitz/Schlesien, 25.1.1902–Wiesbaden, 2.6.1978

Der Architekt Herbert Rimpl studierte 1922–1926 Architektur an der TH München bei Theodor Fischer. 1925 arbeitete er in dessen Büro, 1926 bei der Rhein-Main-Donau AG in München, 1927–1929 bei der Bauabteilung der Oberpostdirektion Augsburg. 1929–1932 war er als Büroleiter bei Dominikus Böhm in Hindenburg (Oberschlesien), ab 1932 als freier Architekt tätig. 1934–1937 leitete er die Bauabteilung der Heinkel-Flugzeugwerke (Bau der Werke Rostock und Oranienburg), 1937–1945 die Bauabteilung der Wohnungs-AG der Reichwerke Hermann Göring, 1940–1945 zusätzlich den Baustab für den Montan-Block beim Rüstungsministerium. 1940 promovierte er mit einer Arbeit zur städtebaulichen Entwicklung der Stadt Eger (Böhmen) und wurde 1943 zum Professor ehrenhalber ernannt. Aufgrund seiner exponierten Stellung im Bau- und Rüstungswesen des Dritten Reichs wurde er 1942 von Albert Speer zum Leiter der Prüfstelle für Großbauvorhaben ernannt und an der Forschung zur Hochbaunormierung beteiligt. 1944 wurde er in Speers Stab zum Wiederaufbau bombenzerstörter Städte berufen und erstellte Planungen für Remscheid, Wuppertal und Friedrichshafen. 1945/46 arbeitete er in seinem Planungsbüro in Berga an der Elster (Thüringen) an unterirdischen Industrieanlagen zur Raketenproduktion (1945). Er siedelte 1946 nach Wiesbaden um und wurde 1946/47 mit drei Mitarbeitern in Mainz tätig (u. a. Wiederaufbau Bassenheimer Hof, Planungen für Hafen- und Industrieanlagen). 1948 errichtete er die Wohnsiedlung Crest-View für die amerikanische Besatzungsmacht in Wiesbaden. Sein bekanntester Bau ist das Bundeskriminalamt in Wiesbaden.

Literatur: Rimpl 1940/41, 1953; Sollich 2013.

Joseph Karl Paul Rosa Schlippe
Darmstadt, 23.6.1885–Freiburg im Breisgau, 28.12.1970

Der Architekt und Denkmalpfleger Joseph Schlippe studierte 1903–1910 Architektur und Kunstgeschichte an der TH Darmstadt bei Friedrich Pützer, Georg Dehio und Wilhelm Pinder. Am Ende des Referendariats beim städtischen Hochbauamt in Frankfurt am Main wurde er 1914 Regierungsbaumeister. 1915–19 war er Architekt beim Militärbauamt Charlottenburg und errichtete zahlreiche Neubauten für militärische Institute in Plaue bei Berlin. Nach seiner Dissertation über Louis Remy de la Fosse an der TH Darmstadt war er dort 1919–1922 Assistent Pützers. 1921–1923 leitete er die Entwurfsabteilung des Reichsbauamts Koblenz und wurde 1924 Architekt beim Reichsvermögensamt Wiesbaden. 1925–1951 war er als Nachfolger von Karl Gruber Vorstand des städtischen Hochbauamts in Freiburg im Breisgau bis zu seiner Pensionierung. Als Oberbaurat (1935 Oberbaudirektor) leitete er die städtische Bauverwaltung und ab 1946 das städtische Wiederaufbaubüro, mit dem er das Konzept eines auf dem historischem Stadtplan

177 Erich Petzold, o. D., Privatarchiv Familie Petzold, Mainz-Kastel.

178 Herbert Rimpl, o. D., Privatarchiv Wolfgang Rimpl, Wiesbaden.

179 Joseph Schlippe, o. D., Abbildung aus: Hans Geiges, „Joseph Schlippe 80 Jahre alt", in: *Nachrichtenblatt der Denkmalpflege in Baden-Württemberg*, Bd. 8, 1965, Nr. 4.

180 *Paul Schmitthenner*, o. D., Architekturmuseum der Technischen Universität München.

181 *Otto Ernst Schweizer*, o. D., Südwestdeutsches Archiv für Architektur und Ingenieurbau (saai), Karlsruher Institut für Technologie (KIT).

fußenden Wiederaufbaus durchsetzte. Nebenberuflich war Schlippe als Denkmalpfleger tätig, zunächst als Leiter des Sachverständigenausschusses für Heimat- und Denkmalpflege des Vereins Badische Heimat, ab 1934 als ehrenamtlicher Bezirkspfleger der Kunst- und Altertumsdenkmäler im Amtsbezirk Freiburg, 1940–1944 als staatlicher Bevollmächtigter für Denkmalpflege im Elsass, 1946–1948 als kommissarischer Leiter des Landesdenkmalamts, 1948–1951 als Konservator der weltlichen Baudenkmale, 1951–1956 als Leiter des Badischen Landesamts für Denkmalpflege und Heimatschutz.

Literatur: Geiges 1965, Vedral 1985, Voigt 2012.

Paul Schmitthenner
Lauterburg/Elsass, 15.12.1884–München, 11.11.1972

Der Architekt und Hochschullehrer Paul Schmitthenner studierte 1902–1907 Architektur an der TH Karlsruhe bei Carl Schäfer und Max Laeuger. 1904/5 war er für ein Semester an der TH München. 1907–1909 war er als Architekt im Stadtbauamt im elsässischen Colmar beschäftigt. 1909–1911 war er als Mitarbeiter im Büro von Richard Riemerschmid in München an den Planungen für die Gartenstadt Hellerau bei Dresden beteiligt. 1911–1913 war er Architekt der Eigenheimbaugesellschaft Carlowitz bei Breslau. 1914–1917 war er als Siedlungsarchitekt für das Reichsamt des Inneren in Berlin tätig, für das er die Gartenstädte Staaken und Plaue bei Berlin baute. 1917/18 leistete er Kriegsdienst. 1918–1953 war er Professor für Baukonstruktion und Entwerfen an der TH Stuttgart, 1945 suspendiert und nicht wiedereingesetzt. In Stuttgart wurde er auch freischaffend tätig, v. a. im Wohnhaus- und Siedlungsbau. 1928 war er Mitgründer der traditionalistischen Architektenvereinigung „Block". 1933 wirkte er bei der nationalsozialistischen Gleichschaltung des Werkbunds und des Bunds Deutscher Architekten mit. Im Zweiten Weltkrieg war er u. a. im Elsass am Wiederaufbau seiner Heimatstadt Lauterburg und am Wettbewerb für das „Neue Straßburg" beteiligt. Gleichzeitig unterhielt er enge Kontakte zur elsässischen Bevölkerung und setzte sich beim Volksgerichtshof erfolgreich für die Aufhebung von Todesurteilen gegen Elsässer ein. Seine wichtigsten städtebaulichen Arbeiten der Nachkriegszeit betreffen Planungen zum Wiederaufbau von Freudenstadt und von Mainz, letztere mit Unterstützung von Walter Kierstein, Erich Petzold und Elisabeth Prüß, seiner späteren Ehefrau.

Literatur: Schmitthenner 1932, 1943; Frank/Voigt 2003.

Otto Ernst Schweizer
Schramberg, 27. 4.1890–Baden-Baden, 14.11.1965

Der Architekt und Hochschullehrer Otto Ernst Schweizer studierte 1914/15 Architektur an der TH Stuttgart und 1915–1917 an der TH München, wo er bei Theodor Fischer Diplom machte. 1917–1919 war er für Fischer im Baubüro der Bayerischen Geschützwerke Friedrich Krupp KG in München tätig. 1919/20 war er stellvertretender Stadtbaumeister in Schramberg, 1920/21 „Städtebaufachmann" im Stadterweiterungsamt Stuttgart. 1921 wurde er Regierungsbaumeister und war 1921–1925 Stadtbaurat in Schwäbisch Gmünd. 1925–1929 leitete er als Oberbaurat die Neubauabteilung der Stadt Nürnberg, wo er u. a. das Planetarium, das Stadion und den Milchhof errichtete. 1929/30 arbeitete er als freier Architekt in Nürnberg. 1930–1960 war er Professor für städtischen Hochbau, Wohnungs- und Siedlungswesen an der TH Karlsruhe. Ab 1930 arbeitete er in Forschung und Lehre über bandförmige Siedlungsstrukturen (*Idealplan einer Großstadt*, 1930), die in den mit dem Verkehrsplaner Friedrich Raab 1943/44 ausgearbeiteten Neuordnungsplan der Karlsruher Stadtregion einflossen. Seine Bemühungen zur Überwindung historischer Stadtstrukturen setzte er in der Nachkriegszeit in zahlreichen städtebaulichen Entwürfen fort. Zu seinen wichtigsten Bauten dieser Zeit zählt das Kollegiengebäude der Universität Freiburg im Breisgau (1955–1958). Er war 1948/49 Mitglied der Hohen Kommission für Architektur und Städtebau (CSAU) in der französischen Besatzungszone und nahm 1949 auf Einladung der französischen Militärregierung mit Richard Döcker, Rudolf Schwarz u. a. an einer Studienreise durch Frankreich teil. 1949 wurde er in den Planungsrat für die Einrichtung der Stadt Bonn als provisorisches Regierungszentrum berufen.

Literatur: Schweizer 1935, 1957, 1962; Boyken 1996.

Franz Stein
Mainz 24.4.1900–Oberbozen/Südtirol, 14.9.1967

Der Mainzer Oberbürgermeister Franz Stein verbrachte seine Kindheit, Lehr- und Berufsjahre in Mainz. Er war Betriebsleiter einer Brauerei, Gewerkschaftler und seit 1925 Mitglied der SPD sowie Mitgründer der Gemeinnützigen Bau- und Siedlungsgesellschaft Mainz. 1945/46 organisierte und leitete er das Mainzer Arbeitsamt und war 1946–1949 Oberregierungsrat im Hessischen Arbeitsministerium in Wiesbaden. Nach dem Wahlsieg der SPD bei den Kommunalwahlen 1948 wurde er am 11.3.1949 als Nachfolger von Emil Kraus Oberbürgermeister von Mainz und blieb es nach Wiederwahlen 1953, 1957 und 1961 bis zum 21.1.1965. Er machte sich um den Wiederaufbau von Mainz als Landeshauptstadt verdient, ab 1954 auch durch Fördermittel aus dem Preusker-Programm. Seine Wirtschaftsförderung war erfolgreich, doch setzte er sich vergeblich für die Wiedereingliederung der rechtsrheinischen Gemeinden ein. Nach der Wiederwahl 1957 trat er in Konflikt mit der CDU-Stadtratsfraktion wegen des schleppenden Wiederaufbaus, des Wohnungsnotstands und der Planungsmisere, weshalb er im Januar 1958 Ernst May als Planungsbeauftragten berief und den der CDU angehörigen Baudezernenten Hans Jacobi von Juli 1958 bis Januar 1960 beurlaubte. 1958 begründete er die Städtepartnerschaft mit Dijon. Der 1960 in Kraft tretende Flächennutzungsplan und die Aktivitäten zum Stadtjubiläum 1962 markierten eine rasante Stadtentwicklung, u. a. mit der Ansiedelung des ZDF, dem Bau der Siedlung Lerchenberg und den Bauten im Regierungsviertel. 1965–1967 war er Mitglied des Bundestages.

Literatur: Huber 2002, Knigge-Tesche 2015.

Josef Werner Streif
Karlsruhe, 4.10.1922–Mieming/Tirol, 18.1.2014

Der Architekt Werner Streif war 1940–1945 Kriegsteilnehmer und geriet in Kriegsgefangenschaft. 1946–1949 studierte er Architektur an der TH Karlsruhe mit städtebaulicher Vertiefung und schloss das Studium mit einer Arbeit zum Wiederaufbau von Freiburg im Breisgau bei Otto Ernst Schweizer ab, dessen Hochschulassistent er 1948–1950 war. 1951/52 war er als Architekt im Büro von Otto Apel in Frankfurt am Main und 1952–1955 im väterlichen Unternehmen für Holz- und Betonkonstruktionen tätig. Von Juni 1955 bis September 1956 stand er auf Empfehlung Schweizers als technischer Angestellter im Dienst des Mainzer Hochbauamts (unter Gerhardt Lahl) bzw. Stadtplanungsamts (unter Richard Januschke) und entwarf dort 1953–1956 die Wohnsiedlung Gleisberg in Mainz-Gonsenheim (gebaut von Ernst May 1958–1962), 1955 einen Bebauungsplan der Mainzer Innenstadt, 1956 einen Vorschlag zum Wiederaufbau der Ludwigsstraße. 1956–1962 arbeitete er als freier Architekt in Mainz und befasste sich mit Studien zur Regional-, Wirtschafts- und Verkehrsplanung, so 1956–1959 zur Entwicklung des Großraums Mainz (mit dem 1956–1958 im Stadtplanungsamt Mainz tätigen Schweizer-Schüler Herbert Kölsch). 1962–1964 war er freiberuflich in Oberkirch (Baden) tätig mit Forschungsaufträgen zur Regionalplanung in agrarisch strukturierten Gebieten. 1964–1971 war er Geschäftsführer der Planungsgemeinschaft Odenwald in Mosbach. 1971–1982 entwickelte er neue Wohnformen und Bebauungsweisen für die vom Halbbruder Hans Streif geleitete Firma Streif Fertigbau in Vettelschoß (Rheinland). 1982 trat er in den Ruhestand und übersiedelte nach Österreich.

Literatur: Streif 1950, 1957, 2005; Muthmann/Streif 1959.

182 *Werner Streif*, o. D., Privatarchiv Familie Krayl-Streif.

Elsa Augusta Sundling
Lindesberg/Schweden, 21.4.1902–Västerås/Schweden, 7.9.1964

Die schwedische Architektin Elsa Sundling studierte 1923–1926 an der École des arts décoratifs in Paris und 1928–1932 Architektur an der École spéciale d'architecture bei Pierre Le Bourgeois. Nach kurzzeitiger Mitarbeit bei Auguste Perret war sie 1932–1936 im Büro von Maurice Gridaine an der Gestaltung zahlreicher Pariser Kino- und Variétésäle beteiligt. 1937 entwarf sie die Bauten des Ausstellungsgeländes in Motala (Schweden). Sie kehrte nach Frankreich zurück und lebte 1939 zeitweilig im Département Cantal, wo sie künstlerisch bemerkenswerte Zeichnungen anfertigte. Während des Krieges wieder in Paris arbeitete sie an Wiederaufbaufragen in Nordfrankreich. 1946–1949 war sie als Mitarbeiterin in Marcel Lods' Pariser Architekturbüro an den Projekten für Sotteville bei Rouen und Mainz beteiligt. Lods, den sie seit 1937 kannte, berief sie aufgrund ihrer Deutschkenntnisse in die Mainzer Section du Plan, wo sie eine zentrale Rolle spielte. Für die Unité d'habitation Wallstraße entwarf sie Innenräume, insbesondere Küchen. 1946 begleitete sie Lods auf zwei offiziellen Reisen zum Studium von Vorfertigungsmethoden aus Holzkomponenten und -paneelen nach Schweden. 1949–1952 leitete sie Lods' Büros in Casablanca und Tanger. Sie kehrte anschließend nach Schweden zurück, wo sie 1955 den Generalbebauungsplan und 1956 den Regionalplan von Uppsala bearbeitete. 1958–1960 war sie Präsidentin der schwedischen Sektion von Soroptimist International und stand 1960–1963 als stellvertretende Chefarchitektin im Dienst der Stadt Västerås.

Literatur: Sundling 1946, Maire-Delcusy 2002, Svensson 2017.

LITERATURVERZEICHNIS

[o. V.] 1946 – [ohne Verfasser], „Les Ateliers d'art français", in: *Revue de la zone française* [Freiburg im Breisgau], Jg. 2, H. 6/7, April/Mai 1946.

[o. V.] 1947a – [ohne Verfasser], „Das Vorbild der Stadt Mainz. Ein Zweckverband führt den Wiederaufbau durch", in: *Rheinischer Merkur* [Koblenz], 21.6.1947.

[o. V.] 1947b – [ohne Verfasser], „Mainz will Sonne", in: *Neue Illustrierte* [Köln], Jg. 2, H. 25, 12.12.1947, S. 6.

[o. V.] 1948a – [ohne Verfasser], „Das letzte Wort noch nicht gesprochen. Um das Schicksal des Zweckverbandes für den Wiederaufbau von Mainz", in: *Allgemeine Zeitung* [Mainz], 23.9.1948.

[o. V.] 1948b – [ohne Verfasser], „Um den Aufbau der Stadt Mainz. Kritische Stimmen zur Auflösung des Zweckverbandes", in: *Die Freiheit* [Mainz], 24.9.1948.

[o. V.] 1948c – [ohne Verfasser], „Das Nein der Stadtverwaltung / Warum lehnt sie den Zweckverband ab? Ein Gespräch mit Oberbürgermeister Dr. Kraus", in: *Allgemeine Zeitung* [Mainz], 25.9.1948.

[o. V.] 1948d – [ohne Verfasser], „Die Einwände der anderen Seite. Die Generalbaudirektion antwortet dem Oberbürgermeister", in: *Allgemeine Zeitung* [Mainz], 28.9.1948.

[o. V.] 1948e – [ohne Verfasser], „Erstaunen und Bedauern der Landesregierung. Zur Auflösung des Zweckverbandes für den Wiederaufbau von Mainz", in: *Allgemeine Zeitung* [Mainz], 29.9.1948.

[o. V.] 1948f – [ohne Verfasser], „Auflösungsbeschluß jetzt vor dem Stadtrat. Eine zweite Erklärung des Oberbürgermeisters", *Allgemeine Zeitung* [Mainz], 2.10.1948.

[o. V.] 1948g – [ohne Verfasser], „Trierer Abend mit André Lurçat", in: *Die Freiheit* [Mainz, Bezirksausgabe Trier], 3.12.1948.

[o. V.] 1949 – [ohne Verfasser], „Zeitgemäße Bautechnik, Baden-Baden soll geistiges Zentrum moderner Wohnungsbaumethoden werden", in: *Badische Neueste Nachrichten* [Karlsruhe], 29.7.1949.

[o. V.] 1950 – [ohne Verfasser], „Haus der Rheinschifffahrt in Mainz", in: *Die Neue Stadt*, Jg. 4, 1950, H. 8, S. 322 f.

[o. V.] 1951 – [ohne Verfasser], [Nachruf auf Erich Petzold], in: *Baumeister*, Jg. 48, 1951, H. 10, S. 711.

[o. V.] 1958a – [ohne Verfasser], „Sachliche Zusammenarbeit aller Beteiligten notwendig", in: *Allgemeine Zeitung* [Mainz], 20.1.1958.

[o. V.] 1958b – [ohne Verfasser], „Städteplaner Professor Guther empfiehlt: Mainz braucht einen unabhängigen Planer", in: *Die Freiheit* [Mainz], 20.1.1958.

[o. V.] 1958c – [ohne Verfasser], „Die SPD-Stadtratsfraktion antwortet: Einseitige Stellungnahme nicht förderlich!", in: *Allgemeine Zeitung* [Mainz], 21.1.1958.

[o. V.] 1958d – [ohne Verfasser], „In fünf Jahren fertig?", in: *Allgemeine Zeitung* [Mainz], 28/29.6.1958.

[o. V.] 1958e – [ohne Verfasser], „Am Ende einer unerfreulichen Sitzung: Dr. Jacobi verliert das Baudezernat", in: *Allgemeine Zeitung* [Mainz], 26.7.1958.

[o. V.] 1958f – [ohne Verfasser], „Dramatische Sitzung im Mainzer Stadtrat", in: *Die Freiheit* [Mainz], 26.7.1958.

[o. V.] 1962 – [ohne Verfasser], [Nachruf auf Wilhelm Imm], in: *Allgemeine Zeitung* [Mainz], Nr. 63, 17/18.3.1962, S. 6.

AIV Berlin 2009 – Architekten- und Ingenieurverein Berlin (Hg.), *Berlin und seine Bauten. Teil 1: Städtebau*, Berlin 2009.

Arens 1958 – Fritz Viktor Arens, „Nachruf auf den Verfasser (Hans Fritzen, gest.) als Erforscher der Mainzer Barocken Baugeschichte und Ergänzung zum Aufsatz (von Hans Fritzen) über den Hochaltar der Pfarrkirche St. Quintin", in: *Mainzer Zeitschrift. Mittelrheinisches Jahrbuch für Archäologie, Kunst und Geschichte*, Bd. 53, 1958, S. 47–49.

Baecker 2005 – Werner Baecker, „Stadtbausysteme und Ergebnisse. Adaptionen, Ergänzungen und Weiterentwicklungen zu Otto Ernst Schweizers ‚Über die Grundlagen des architektonischen Schaffens'", in: Richrath 2005, S. 95–110.

Balzer 1985 – Wolfgang Balzer, *Mainz, Persönlichkeiten der Stadtgeschichte*, Mainz 1985.

Bardet 1947 – Gaston Bardet, „Réponse de David", in : *L'Architecture d'aujourd'hui*, Jg. 28, H. 16, Dezember 1947, o. S.

Bardoux 1923 – Jean Bardoux, „Deux tombes – Hoche et Marceau", in : *La Revue rhénane/Rheinische Blätter*, Jg. 4 (1923/24), H. 1, Oktober 1923, S. 10–13.

Barraqué 1987 – Bernard Barraqué, „L'école de plein air de Suresnes", in: Katherine Burlen (Hg.), *La Banlieue oasis, Henri Sellier et les cités-jardins 1920–1940*, Saint-Denis 1987, S. 221–230.

Barrès 1921 – Maurice Barrès, *Der Genius des Rheins*, 3 Fasz., Straßburg 1921 [frz. Orig. *Le Génie du Rhin*, Paris 1921].

Bartning 1949 – Otto Bartning, *Die 48 Notkirchen in Deutschland*, Heidelberg 1949.

Bayer 1947a – Adolf Bayer, „Die Mainzer Straßenbrücke oder Wiederaufbau mit dem Blick zurück", in: *Allgemeine Zeitung* [Mainz], 2.11.1947.

Bayer 1947b – Adolf Bayer, „Warum eine Straßenbrücke in alter Form? Ein Wiederaufbau mit dem Blick rückwärts", in: *Allgemeine Zeitung* [Mainz], 8.11.1947.

BDA 1982 – BDA Landesverband Baden-Württemberg (Hg.), Wilfried Beck-Erlang, *Richard Döcker 1894–1968*, Ausst.-Kat. Stuttgart, BDA-Architekturgalerie, Stuttgart 1982.

Beck-Hartmann 2005, 2008, 2010 – Renate Beck-Hartmann, *Egon Hartmann: Stufen am Wege. Lebensrückblick als Urbanist und Künstler in Ost und West*, 3 Bde., München 2005 [Bd. 1], 2008 [Bd. 2], 2010 [Bd. 3].

Becker 1987 – Winfried Becker (Hg.), *Die Kapitulation von 1945 und der Neubeginn in Deutschland*, Köln und Wien 1987.

Behne 1922 – Adolf Behne, „Von neuer deutscher Baukunst", in: *La Revue rhénane/Rheinische Blätter*, Jg. 2 (1921/22), H. 10, Juli 1922, S. 477–482.

Belli 2012 – Peter Josef Belli, *Das Lautawerk der Vereinigte Aluminium-Werke AG (VAW) von 1917 bis 1948*, Diss. BTU Cottbus 2010, Berlin 2012.

Benevolo 1960 – Leonardo Benevolo, *Storia dell'architettura moderna*, Bari 1960.

Bénézit 1976 – Emmanuel Bénézit [und Nachfolger], *Dictionnaire des peintres, sculpteurs, dessinateurs et graveurs*, Bd. 6, Paris 1976.

Beseler/Gutschow 1988 – Hartwig Beseler, Niels Gutschow, *Kriegsschicksale deutscher Architektur. Verluste – Schäden – Wiederaufbau. Eine Dokumentation für das Gebiet der Bundesrepublik Deutschland*, 2 Bde., Neumünster 1988.

Beyme 1987 – Klaus von Beyme, *Der Wiederaufbau. Architektur und Städtebaupolitik in beiden deutschen Staaten*, München und Zürich 1987.

Di Biagi 1998 – Paola di Biagi (Hg.), *La Carta d'Atene, manifesto e frammento dell'urbanistica moderna*, Bari und Rom 1998.

Bier 1929 – Justus Bier, *Otto Ernst Schweizer*, Berlin, Leipzig und Wien 1929.

Biehn 1949 – Heinz Biehn, „Pläne zu einer Mainzer Residenz für Napoleon I., im Rahmen rheinscher Schlossprojekte des Barock", in: Anton Felix Napp-Zinn, Michel Oppenheim (Hg.), *Kultur und Wirtschaft im rheinischen Raum. Festschrift zu Ehren [...] Christian Eckerts [...]*, Mainz 1949, S. 163–170.

BILD 1952 – Bureau International de Liaison et de Documentation (Hg.), *Documents. Revue mensuelle des questions allemandes* (Sonderausg. Architecture, reconstruction en Allemagne), Offenburg 1952.

Blachère 1966 – Gérard Blachère, *Savoir bâtir*, Paris 1966.

Blachère 1968 – Gérard Blachère, *Vers un urbanisme raisonné*, Paris 1968.

Blunck 1958 – Carl Blunck (Hg.), *Heinz Wetzel zum Gedenken*, Stuttgart 1958.

Bodenschatz 2015 – Harald Bodenschatz (Hg.), *Urbanism and Dictatorship: A European Perspective*, Basel und Berlin 2015.

Boyken 1996 – Immo Boyken, *Otto Ernst Schweizer 1890–1965. Bauten und Projekte*, Stuttgart 1996.

Braudel 1977 – Fernand Braudel, *Geschichte und Sozialwissenschaften. Die longue durée*, in: Claudia Honegger (Hg.), *Schrift und Materie der Geschichte. Vorschläge zu einer systematischen Aneignung historischer Prozesse*, Frankfurt am Main 1977, S. 47–85.

Brüchert 2015 – Hedwig Brüchert (Hg.), *Es ist bald wieder gut...? Mainz 1945–1962*, Mainz 2015 (Schriftenreihe des Stadthistorischen Museums Mainz, 8).

Bullock/Verpoest 2011 – Nicholas Bullock, Luc Verpoest (Hg.), *Living with History, 1914–1964. Rebuilding Europe after the First and Second World Wars and the Role of Heritage Preservation*, Löwen 2011.

Bundesminister 1960 – Bundesminister für Wohnungsbau, Senator für Bau- und Wohnungswesen (Hg.), *Hauptstadt Berlin. Ergebnis des internationalen städtebaulichen Ideenwettbewerbs*, Stuttgart 1960.

Burckel 1951 – Christian E. Burckel (Hg.), *Who's Who in the United Nations*, Yonkers 1951, S. 215.

Burkhardt/Frank/Höhns/Stieghorst 1988 – Hans-Günther Burkhardt, Hartmut Frank, Ulrich Höhns, Klaus Stieghorst (Hg.), *Stadtgestalt und Heimatgefühl. Der Wiederaufbau von Freudenstadt*, Hamburg 1988.

CCFA 1948a – Commandement en chef français en Allemagne (Hg.), Beilage zum *Journal officiel du CCFA* [Amtsblatt des französischen Oberkommandos in Deutschland, Baden-Baden], 15.6.1948.

CCFA 1948b – Commandement en chef français en Allemagne (Hg.), „Décision n° 70 du Général CCFA", in: *Journal officiel du CCFA* [Amtsblatt des französischen Oberbefehlshabers in Deutschland, Baden-Baden], 2.–6.7.1948, S. 1575 f.

CCFA 1948c – Commandement en chef français en Allemagne (Hg.), Beilage zum *Journal officiel du CCFA* [Amtsblatt des französischen Oberkommandos in Deutschland, Baden-Baden], 13.7.1948.

CCFA 1948d – Commandement en chef français en Allemagne (Hg.), „Décision n° 98 du Général CCFA", in: *Journal officiel du CCFA* [Amtsblatt des französischen Oberkommandos in Deutschland, Baden-Baden], 17.–24.9.1948, S. 1669.

CCFA 1948e – Commandement en chef français en Allemagne, Bureau de l'Expansion artistique (Division de l'Éducation publique) [Bertrand Monnet, Hg.], *Französische Architektur- und Städtebauausstellung*, Ausst.-Kat., Rastatt 1948.

Delune 1947 – J. Delune, „Allemagne. La reconstruction de l'habitat", in: *L'Architecture d'aujourd'hui*, Jg. 28, H. 16, Dezember 1947, S. 10 f.

CERAT 1949 – Centre d'études et de réalisations artistiques et techniques [Albert de Jaeger, Hg.], [Werbeschrift], Baden-Baden 1949.

CGAA 1947 – Commissariat général aux Affaires allemandes et autrichiennes, *Bulletin hebdomadaire d'information du Commissariat général aux Affaires allemandes et autrichiennes* [Paris], Nr. 13, 29.3.1947.

[CIAM] 1947 – CIAM [Marcel Lods, Hg.], *Thesen zum Städtebau, Auszüge aus der Charta von Athen*, Mainz 1947.

Clément 1948 – Alain Clément, „En zone française: la reconstruction de Mayence ou le mauvais exemple", in: *Le Monde* [Paris], 19.5.1948.

Cohen 1987 – Jean-Louis Cohen, *Le Corbusier et la mystique de l'URSS, théories et projets pour Moscou 1928–1936*, Lüttich 1987.

Cohen 2014 – Jean-Louis Cohen, „Le Corbusier's Modulor and the Debate on Proportion in France", in: *Architectural Histories*, Jg. 2, 2014, H. 23, DOI: http://dx.doi.org/10.5334/ah.by.

Cohen/Frank 1989 – Jean-Louis Cohen, Hartmut Frank (Hg.), Rémi Baudouï, Ulrich Höhns, Christine Mengin, Patrice Noviant, Jacques Rosen, Wolfgang Voigt, *Les Relations franco-allemandes 1940–1950 et leurs effets sur l'architecture et la forme urbaine. Deutsch-französische Beziehungen 1940–1950 und ihre Auswirkungen auf Architektur und Stadtgestalt*, Unveröff. Forschungsbericht École d'architecture Paris-Villemin und Hochschule für bildende Künste Hamburg, 3 Bde., Hamburg und Paris 1989.

Cohen/Frank 2013a – Jean-Louis Cohen, Hartmut Frank (Hg.), *Interférences/Interferenzen. Architecture, Allemagne-France, 1800–2000*, Ausst.-Kat. Straßburg, Musée d'art moderne et contemporain de Strasbourg, Straßburg 2013.

Cohen/Frank 2013b – Jean-Louis Cohen, Hartmut Frank (Hg.), *Interferenzen/Interférences. Deutschland-Frankreich, Architektur 1800–2000*, Ausst.-Kat. Frankfurt am Main, Deutsches Architekturmuseum, Tübingen und Berlin 2013.

[Commissariat] 1947 – [Commissariat général de l'Exposition internationale de l'urbanisme et de l'habitation], *Urbanisme et habitation 1947*, Paris 1947.

Custodis 1982 – Paul-Georg Custodis, *Mainz im Wandel. 1850–1900*, Saarbrücken 1982.

Custodis 2010 – Paul-Georg Custodis, „Polarisierender, eigenwilliger Bau. Schloss Waldthausen: Bisher unbekannte Unterlagen zu den Innenräumen", in: *Mainz. Vierteljahreshefte für Kultur, Politik, Wirtschaft, Geschichte*, Jg. 20, 2010, H. 1, S. 74–81.

Daniel-Rops 1957 – Daniel-Rops [Henry Petiot], „Pierre Jacobsen, mon ancien élève", in: *Le Journal de Genève* [Genf], Nr. 154, 4.7.1957, S. 1.

Dassen 1957 – Carl Dassen, „War die Stadt Mainz ohne Bebauungsplan?", in: *Die Freiheit* [Mainz], 15.11.1957.

Defrance 1994 – Corine Defrance, *La Politique culturelle de la France sur la rive gauche du Rhin 1945–1955*, Straßburg 1994.

Delp 1948 – Heinrich Delp, *Der Osteiner Hof zu Mainz. Seine Baugeschichte und Wiederherstellung*, Mainz 1948.

Deluz 2003 – Jean-Jacques Deluz, „La contribution de l'Agence du Plan", in: Jean-Louis Cohen, Nabila Oulebsir, Youcef Kanoun (Hg.), *Alger, paysage urbain et architecture 1800–2000*, Paris, 2003, S. 228–250.

Denis 1948 – François Denis, „Voici pourquoi Mayence ne sera pas reconstruite par un urbaniste français", in: *Combat* [Paris], 31.5.1948.

Diefendorf 1993 – Jeffry M. Diefendorf, *In the Wake of War: The Reconstruction of German Cities after World War II*, New York und Oxford 1993.

Döcker 1950 – Richard Döcker, *Der Neuaufbau zerstörter Stadtgebiete*, Stuttgart 1950.

Dreyfus 1968 – François-Georges Dreyfus, *Sociétés et mentalités à Mayence dans la seconde moitié du XVIIIe siècle*, Paris 1968.

Driesch 2011 – Stefan von den Driesch, *Stadt ohne Plan – Irrungen beim Wiederaufbau von Mainz. Werkgespräch mit dem Urbanisten Egon Hartmann*, 2011, DVD-Beilage (31 Min.) zu Metzendorf 2011/12.

Dubois-Dumée 1948 – Jean-Pierre Dubois-Dumée, „Une belle occasion manquée pour la France: la reconstruction de Mayence", in: *Témoignage chrétien* [Lyon], 30.7.1948.

Dumont/Scherf/Schütz 1998 – Franz Dumont, Ferdinand Scherf, Friedrich Schütz (Hg.), *Mainz – Die Geschichte der Stadt*, Mainz 1998.

Durth 1983 – Werner Durth, „Mainz: Blockierte Moderne", in: *Archplus*, Jg. 16, H. 67, 1.3.1983, S. 46–49.

Durth 1984 – Werner Durth, „Der programmierte Aufbau. Speers ‚Arbeitsstab zum Wiederaufbau bombenzerstörter Städte'", in: *Stadtbauwelt*, H. 84, 28.12.1984 (*Bauwelt*, Jg. 75, H. 48), S. 378–390.

Durth 1986a – Werner Durth, *Deutsche Architekten. Biographische Verflechtungen 1900–1970*, Braunschweig und Wiesbaden 1986.

Durth 1986b – Werner Durth, „Mißglückte Revisionen", in: Deutsches Architekturmuseum Frankfurt (Hg.), *Jahrbuch für Architektur 1985/86*, Braunschweig und Wiesbaden 1986, S. 33–54.

Durth/Gutschow 1988 – Werner Durth, Niels Gutschow, *Träume in Trümmern, Planungen zum Wiederaufbau zerstörter Städte im Westen Deutschlands 1940–1950*, 2 Bde., Braunschweig und Wiesbaden 1988.

Eckstein 1948 – Hans Eckstein, „Ideenwettbewerb Karlsruhe Kaiserstraße", in: *Bauen und Wohnen*, Jg. 3, 1948, H. 8/9, S. 206–210.

Faber 1925 – Faber [Gabriel Puaux], *Les Promenoirs de Mayence. Entre France et Allemagne. Wotan et Jean Jacques: l'Europe chrétienne*, Paris 1925.

Feller 1947 – Willy Feller, „La ville de demain" [Stadt von morgen], in: *Neuer Mainzer Anzeiger* [Mainz], 28.2.1947.

Flegler 1946 – Eugen Flegler, „Universitas!", in: *Rheinischer Merkur* [Koblenz], Jg. 1, 1946.

Focillon 1938 – Henri Focillon, *Art d'Occident*, Paris 1938.

François 1939 – Raoul François, „Ein kurzer Blick auf Frankreich", in: *Wasmuths Monatshefte für Baukunst und Städtebau*, Jg. 23, H. 8, August 1939, S. 253–260.

Frank 1983a – Hartmut Frank, „Trümmer. Traditionelle und moderne Architekturen im Nachkriegsdeutschland, in: Bernhard Schulz (Hg.), *Grauzonen Farbwelten. Kunst und Zeitbilder 1945–1955*,Ausst.-Kat. Berlin, Akademie der Künste, Berlin 1983, S. 42–82.

Frank 1983b – Hartmut Frank, „Les projets d'aménagement de Marcel Lods et Paul Schmitthenner pour Mayence (RFA)", in: Patrice Noviant, Jacques Rosen, Bruno Vayssière (Hg.), *Les Trois reconstructions: 1919 – 1940 – 1945*, Paris 1983, S. 21–26.

Frank 1983c – Hartmut Frank, „Der Fall Schmitthenner", in: *Archplus*, Jg. 16, H. 68, 1.5.1983, S. 68 f.

Frank 1984 – Hartmut Frank, „La via dimenticata. Osservazioni su un libro mai pubblicato", in: Schmitthenner 1984a, S. 7–27.

Frank 1988 – Hartmut Frank, „Auf der Suche nach der alten Stadt. Zur Diskussion um Heimatschutz und Stadtbaukunst beim Wiederaufbau Freudenstadts", in: Burkhardt/Frank/Höhns/Stieghorst 1988, S. 1–31.

Frank/Voigt 2003 – Hartmut Frank, Wolfgang Voigt (Hg.), *Paul Schmitthenner 1884–1972*, Ausst.-Kat. Frankfurt am Main, Deutsches Architekturmuseum, Tübingen 2003.

Geiges 1965 – Hans Geiges, „Joseph Schlippe 80 Jahre alt", in: *Nachrichtenblatt der Denkmalpflege in Baden-Württemberg*, Bd. 8, 1965, Nr. 4, S. 114.

Gourbin 2008 – Patrice Gourbin, *Les Monuments historiques de 1940 à 1959. Administration, architecture, urbanisme*, Rennes 2008.

Gréber 1920 – Jacques Gréber, *L'Architecture aux États-Unis, preuve de la force d'expansion du génie français*, Paris 1920.

Grebner 1994 – Fritz Grebner, *St. Stephan in Mainz. Sicherung und Wiederaufbau 1945*, Mainz 1994.

Grosser 1953 – Alfred Grosser, *L'Allemagne de l'Occident*, Paris 1953.

Gruber 1937 – Karl Gruber, *Die Gestalt der deutschen Stadt. Ihr Wandel aus der geistigen Ordnung der Zeiten*, Leipzig 1937.

Gruber 1949 – Karl Gruber, „Architektonisches Bild von Mainz. Zur Gestaltung der Dom-Umgebung", in: *Jahrbuch für das Bistum Mainz 1949*, Bd. 4, 1949, S. 50–67.

Gutschow/Düwel 2013 – Niels Gutschow, Jörn Düwel (Hg.), *A Blessing in Disguise. War and Town Planning in Europe 1940–1945*, Berlin 2013.

Gutton 1954 – André Gutton, *Conversations sur l'architecture*, Bd. 2, Paris 1954.

[Hagen] 1954 – Stadt Hagen (Hg.), *Hagen baut auf*, Hagen 1954.

Hamm 1935 – Ernst Hamm, *Das Erbgut des Mittelalters. Die deutsche Stadt im Mittelalter*, Stuttgart 1935.

Hamm 1941 – Ernst Hamm, „Der deutsche Osten und die Reichsplanung", in: *Rundschau deutscher Technik* [München], Jg. 21, Nr. 4, 23.1.1941, S. 1 f.

Hamm 1943 – Ernst Hamm, „Grundsätzliches über die Raumordnung im Großdeutschen Reich", in: *Reichsverwaltungblatt*, Bd. 64, H. 3/4, 21.1.1943, S. 23–27.

Hanning 1974 – Gérald Hanning, „La composition urbaine", Themenheft der *Cahiers de l'IAURP*, H. 35, Paris 1974.

Hartmann 1963 – Egon Hartmann, *Mainz, Analyse seiner städtebaulichen Entwicklung* Stuttgart 1963 (Darmstädter Dissertationen, 17).

Heeg 1978 – Sybille Heeg, Institut für Hochschulbau der Universität Stuttgart (Hg.), *Horst Linde. Architekt und Hochschullehrer*, Stuttgart 1978.

Henning 1953 – Heinrich Henning, „Mainz – das Schicksal einer Stadt", in: *Die Neue Stadt*, Jg. 7, 1953, H. 2, S. 48–87.

Henselmann 1949 – Hermann Henselmann, „Eine Fülle neuer Aufgaben", in: *Bildende Kunst*, Jg. 3, 1949, H. 1, S. 9–13.

Herbst 1946 – René Herbst, „Exposition d'architecture française", in: *Techniques et architecture*, Jg. 6, 1946, H. 9/10, S. 467.

Heyen 1984 – Franz-Josef Heyen (Hg.), *Rheinland-Pfalz entsteht*, Boppard 1984.

Heymann-Berg/Netter/Netter 1973 – Joachim P. Heymann-Berg, Renate Netter, Helmut Netter (Hg.), *Ernst Neufert, Industriebauten*, Wiesbaden, Berlin und Hannover 1973.

Hillel 1983 – Marc Hillel, *L'Occupation française en Allemagne 1945–1949*, Paris 1983.

Hoffmann 1996 – Jürgen Hoffmann, „Stadtplanung im Wandel – das Stadtplanungsamt", in: Schüler 1996, S. 29–66.

Hohls/Schröder/Siegrist 2005 – Rüdiger Hohls, Iris Schröder, Hannes Siegrist (Hg.), *Europa und die Europäer. Quellen und Essays zur modernen europäischen Geschichte*, Stuttgart 2005.

Holzschuh 2011 – Ingrid Holzschuh, *Wiener Stadtplanung im Nationalsozialismus 1938 bis 1942. Das Neugestaltungsprojekt von Architekt Hanns Dustmann*, Wien 2011.

Hopmann 1948 – Ernst Hopmann, „Der Wettbewerb für die Bebauung des Wohngeländes der Firma Krefft A. G. in Gevelsberg", in: *Bauwelt*, Jg. 3, 1948, H. 44, S. 694–697.

Huber 2002 – Wilhelm Huber, *Das Mainz-Lexikon*, Mainz 2002.

Hudemann 1981 – Rainer Hudemann, „Französische Besatzungszone von 1945 bis 1952", in: *Neue Politische Literatur*, Jg. 26, 1981, H. 3, S. 325–348.

Hudemann 1984 – Rainer Hudemann, „Zur Politik der französischen Besatzungsmacht", in: Heyen 1984, S. 31–58.

Hudemann 1987a – Rainer Hudemann, „Zentralismus und Dezentralisierung in der französischen Deutschland- und Besatzungspolitik 1945–1947", in: Becker 1987, S. 181–209.

Hudemann 1987b – Rainer Hudemann, *Sicherheitspolitik oder Völkerverständigung? Kulturpolitische Konzeptionen in der französischen Deutschland- und Besatzungspolitik nach 1945*, Saarbrücken 1987 (Saarbrücker Universitätsreden, 22).

Hudemann 1988 – Rainer Hudemann, *Sozialpolitik im deutschen Südwesten zwischen Tradition und Neuordnung 1945–1953*, Mainz 1988.

Hudemann 2005 – Rainer Hudemann, „Lehren aus dem Krieg. Anfänge neuer Dimensionen in den deutsch-französischen Beziehungen 1945", in: Hohls/Schröder/Siegrist 2005, S. 428–435, Online unter http://www.europa.clio-online.de/essay/id/artikel-3181 und http://www.europa.clio-online.de/quelle/id/artikel-3279 [aufgerufen am 2.2.2017].

Hugo 1842 – Victor Hugo, *Le Rhin*, Paris 1842.

Humbert 1947 – Ricardo Humbert, „Impressions d'Allemagne", in: *L'Architecture d'aujourd'hui*, Jg. 18, H. 16, Dezember 1947, o. S.

Huret 1907 – Jules Huret, *In Deutschland. I. Teil. Rheinland und Westfalen*, Leipzig, Berlin und Paris 1907 [frz. Orig. *En Allemagne, Rhin et Westphalie*, Paris 1907].

IAURIF 1981 – IAURIF [Institut d'aménagement et d'urbanisme de la région d'Île-de-France], „La carrière internationale d'un grand urbaniste, Gérald Hanning (1919–1980)", in: *Cahiers de l'IAURIF*, Bd. 62, 1981, S. 1–12.

Irjud 1945 – A. I. [Alphonse Irjud], „Reparationen und Wiederaufbau", in: *Le Nouvel Alsacien* [Straßburg], 25.8.1945.

Jacobi 1953 – Hans Jacobi, „Das städtebauliche Bild Kölns", in: Bund Deutscher Baumeister und Bauingenieure e. V., Landesverband Nordrhein-Westfalen (Hg.): *Landesverbandstagung Nordrhein-Westfalen 1953 Köln*, Köln 1953.

Jacobi 1956 – Hans Jacobi, „Der kommende Autoverkehr, ein unerwarteter Verbündeter des Heimatschutzes?", in: Rheinischer Verein für Denkmalpflege und Heimatschutz (Hg.), *Die Heimat lebt. Vermächtnis und Verpflichtung 1955/56*, Neuß 1956.

Jacobi 1966 – Hans Jacobi, „Ein Jahrzehnt Planung und Bau des ganzheitlichen Mainzer Verkehrsystems", in: Mainzer Automobil-Club (Hg.), *40 Jahre Mainzer Automobil-Club*, Mainz 1966, S. 107–115.

De Jaeger 2014 – Alain de Jaeger, „Albert de Jaeger. Un artiste 1er Grand prix de Rome dans la Résistance", in: *Le Lien* [Mitteilungsorgan von Les Amitiés de la Résistance], H. 30, September 2014, S. 39–102.

Johnson 1955 – Philip Johnson, „Seven Crutches of Modern Architecture", in: *Perspecta*, Bd. 3, 1955, S. 40–45.

Jörg/Bayer 1950 – Richard Jörg, Adolf Bayer, „Mainz", in: Streif 1950, S. 19–27.

Jörg 1952 – Richard Jörg, „Les bâtiments représentatifs de la vie publique", in: BILD 1952, S. 62–72.

Judt 2011 – Tony Judt, *Geschichte Europas von 1945 bis zur Gegenwart*, Frankfurt am Main 2011.

Kaphengst 2004 – Christian von Kaphengst, „Fritz Grebner †", in: *Deutsches Ingenieurblatt*, Jg. 11, 2004, H. 3, S. 12.

Kautzsch 1944 – Rudolf Kautzsch, *Der romanische Kirchenbau im Elsass*, Freiburg im Breisgau 1944.

Knigge-Tesche 2015 – Renate Knigge-Tesche, „Die Mainzer Oberbürgermeister 1945 bis 1962", in: Brüchert 2015, S. 21–27.

Knipping 1930 – Heinrich Knipping, „Ein neues Wohnheim in Breslau", in: *Deutsche Bauzeitung*, Jg. 64, H. 65/66, 13.8.1930, S. 485–493.

Knipping 1932 – Heinrich Knipping, „Flughafen Breslau", in: *Deutsche Bauzeitung*, Jg. 66, H. 47, 16.11.1932, S. 921–926.

Knipping 1938a – Heinrich Knipping, „Wohnungsbau in Mainz", in: *Zentralblatt der Bauverwaltung vereinigt mit „Zeitschrift für Bauwesen"*, Jg. 58, H. 38, 21.9.1938, S. 1041–1050.

Knipping 1938b – Heinrich Knipping, „Die Landes-Feuerwehrschule Hessen in Mainz", in: *Zentralblatt der Bauverwaltung vereinigt mit „Zeitschrift für Bauwesen"*, Jg. 58, H. 46, 16.11.1938, S. 1246–1252.

Knipping/Le Rider 1987 – Franz Knipping, Jacques Le Rider (Hg.), *Frankreichs Kulturpolitik in Deutschland 1945–1950: Ein Tübinger Symposium, 19. und 20. September 1985*, Tübingen 1987.

Kölsch 1958 – Herbert Kölsch, „Voraussetzungen für eine organische Stadtentwicklung", in: *Allgemeine Zeitung* [Mainz], 18./19.1.1958.

Kölsch 2005 – Herbert Kölsch, „Mein Berufsweg als Schweizer-Schüler", in: Richrath 2005, S. 121–130.

Koselleck 1977 – Reinhart Koselleck, „'Erfahrungsraum' und 'Erwartungshorizont' – zwei historische Kategorien (zuerst 1977)", in: Ders., *Vergangene Zukunft. Zur Semantik geschichtlicher Zeiten*, Frankfurt am Main 1984, S. 349–375.

Kostka 2013 – Alexandre Kostka, „Die ‚crise allemande' des französischen Kunstgewerbes", in: Cohen/Frank 2013b, S. 218–228.

Krausse-Jünemann 2002 – Eva-Maria Krausse-Jünemann, *Hanns Dustmann (1902–1979). Kontinuität und Wandel im Werk eines Architekten von der Weimarer Republik bis Ende der fünfziger Jahre*, Kiel 2002.

Kühn/Knipping 1936 – Rudolf Kühn, Heinrich Knipping, „Die Gesundung der Breslauer Altstadt", in: *Zentralblatt der Bauverwaltung vereinigt mit „Zeitschrift für Bauwesen"*, Jg. 56, H. 8, 26.2.1936, S. 165–175.

Landwehr 1939 – Heinrich Landwehr, „Der Erweiterungsbau des Verwaltungsgebäudes der Reichsbahndirektion Mainz", in: *Zentralblatt der Bauverwaltung vereinigt mit „Zeitschrift für Bauwesen"*, Jg. 59, H. 43, 26.10.1939, S. 1082.

Lattre 1985 – Jean de Lattre, *Reconquérir. Écrits 1944–1945*, Paris 1985.

Lavedan 1952 – Pierre Lavedan, *Histoire de l'urbanisme. Époque contemporaine*, Paris 1952.

Le Corbusier 1937 – Le Corbusier, *Quand les cathédrales étaient blanches, voyage au pays des timides*, Paris 1937.

Le Corbusier 1941 – Le Corbusier, *Sur les quatre routes*, Paris 1941.

Le Corbusier 1943 – *La Charte d'Athènes*, Boulogne-sur-Seine 1943.

Le Corbusier 1948 – Le Corbusier, *Grille CIAM d'urbanisme. Mise en application de la Charte d'Athènes*, Boulogne-sur-Seine 1948 (Reihe ASCORAL).

Le Corbusier 1950 – Le Corbusier, *Le Modulor I*, Boulogne-sur-Seine 1950.

Le Corbusier 1955 – Le Corbusier, *Le Modulor II*, Boulogne-sur-Seine 1955.

Lefort 2013 – Nicolas Lefort, *Patrimoine régional, administration nationale: la conservation des monuments historiques en Alsace de 1914 à 1964*, Diss. Université de Strasbourg, Straßburg 2013.

Legault/Williams Goldhagen 2000 – Réjean Legault, Sarah Williams Goldhagen (Hg.), *Anxious Modernisms. Experimentation in Postwar Architectural Culture*, Cambridge (Mass.) und Montreal 2000.

Léon 1924 – Paul Léon, „Die Wiederherstellung der französischen Baudenkmäler", in: *La Revue rhénane/Rheinische Blätter*, Jg. 4 (1923/24), H. 8, Mai 1924, S. 462–467.

Leitl/Kratz 1937 – Alfons Leitl, Walter Kratz, *Das Buch vom eigenen Haus. Mit Skizzen, Plänen und ausgeführten Bauten des Architekten Walter Kratz*, Berlin 1937.

Leitl 1947 – Alfons Leitl (Hg.), *Baukunst und Werkform. Eine Folge von Beiträgen zum Bauen*, Jg. 1, 1947, H. 1.

Leitl 1949 – Alfons Leitl, „Architektur und Städtebau in Frankreich", in: Ders. (Hg.), *Baukunst und Werkbund*, Jg. 2, 1949, H. 1, S. 8f.

Levels 2017 – Annika Levels, „Across the border. Ties of architects and urban planners between East and West Germany: the case of Egon Hartmann, 1954–1976", in: *Planning Perspectives*, Jg. 32, 2017, H. 4, DOI: http://dx.doi.org/10.1080/02665433.2017.1317015.

Linde 1969–1971 – Horst Linde, *Hochschulplanung. Beiträge zur Struktur und Bauplanung*, 4 Bde., Düsseldorf 1969–1971.

Lodders 1947 – Rudolf Lodders, „Zuflucht im Industriebau", in: [Leitl 1947], *Baukunst und Werkform*, Jg. 1, 1947, H. 1, S. 37–44.

Lods 1946a – Marcel Lods, „Retour d'Amérique", in: *L'Architecture française*, Jg. 7, H. 54, Januar 1946, S. 23–28.

Lods 1946b – Marcel Lods, „Plan d'aménagement et de reconstruction de Sotteville", in: *L'Architecture d'aujourd'hui*, Jg. 17, H. 7/8, September 1946, S. 79f.

Lods 1946c – Marcel Lods, „Sotteville-lès-Rouen, Immeubles d'habitations (ISAI)", in: *L'Architecture d'aujourd'hui*, Jg. 17, H. 9, November/Dezember 1946, S. 15.

Lods 1947a – Marcel Lods, „El plan para Maguncia" [und] „Plan de reconstrucción de Maguncia", *La Arquitectura de Hoy* [Buenos Aires], Jg. 1, H. 5, Mai 1947, S. 4, 42–47.

Lods 1947b – Marcel Lods, „Urgence de la Charte d'Athènes", in: *Urbanisme*, Jg. 16, H. 115, Mai 1947, S. 121.

Lods 1947c – Marcel Lods, *Demain l'Europe sera équipée; le serons-nous? (conférence au Palais de Chaillot, 23 octobre 1947)*, Paris 1947.

Lods 1947d – Marcel Lods, „Attaques contre la Charte d'Athènes", in: *L'Architecture d'aujourd'hui*, Jg. 18, H. 15, November 1947, o. S.

Lods 1947e – Marcel Lods, „Le plan pour Mayence", in: *L'Architecture d'aujourd'hui*, Jg. 18, H. 16, Dezember 1947, S. 12f.

Lods 1947f – Marcel Lods, „Reconstruction de Sotteville", in: *L'Architecture française*, Jg. 8, H. 71/72, [4. Trim.] 1947, S. 12f.

Lods 1948a – Marcel Lods, „18 Jahre Erfahrung im Fertighausbau", in: Neufert 1948, S. 204–208.

Lods 1948b – Marcel Lods, „Grundlagen des Städtebaus", in: *Bauen und Wohnen. Zeitschrift für das gesamte Bauwesen*, Jg. 3, H. 1, Januar 1948, S. 6–9.

Lods 1976 – Marcel Lods, *Le Métier d'architecte. Entretien avec Hervé Le Boterf*, Paris 1976.

Lormier 2012 – Dominique Lormier, *Koenig: l'homme de Bir Hakeim*, Paris 2012.

Maire-Delcusy 2002 – Lucette Maire-Delcusy, *Elsa Sundling: instants cantaliens et autres souvenirs*, Clermont-Ferrand 2002.

Mâle 1917 – Émile Mâle, *L'Art allemand et l'art français du Moyen Âge*, Paris 1917.

Mariotte 1994 – Jean-Yves Mariotte, Fédération des Sociétés d'histoire et d'archéologie d'Alsace (Hg.): „Marie Pierre Joseph François Koenig", in: *Nouveau dictionnaire de biographie alsacienne*, Bd. 22, Straßburg 1994, S. 2061–2180.

Mangin 1945 – Commandant Louis-Eugène Mangin, *La France et le Rhin*, Genf 1945.

Marquant 1988 – Robert Marquant, „La politique culturelle française en Allemagne de 1945 aux années cinquante: la césure de 1949", in: Knipping/Le Rider 1987, S. 113–134.

Mathy 1965/66 – Helmut Mathy, „Über den Mainzer Theaterbau zur Zeit Napoleons I.", in: *Mainzer Zeitschrift. Mittelrheinisches Jahrbuch für Archäologie, Kunst und Geschichte*, Jg. 60/61, 1965/66, S. 54–60.

Mathy 1968 – Helmut Mathy, *Als Mainz französisch war, Studien zum Geschichtsbild der Franzosenzeit am Mittelrhein 1792/93 und 1798–1814*, Mainz 1968.

May/Boesler/Leibbrand 1961 – Ernst May, Felix Boesler, Kurt Leibbrand, *Das neue Mainz*, Mainz 1961.

Meehan 2010 – Patricia Meehan, *De la Défense des Bâtiments civils: le renouveau d'une politique architecturale, 1930–1946*, Diss. Université Paris 8, Paris 2010.

Mehlau-Wiebking 1989 – Friederike Mehlau-Wiebking, *Richard Döcker. Ein Architekt im Aufbruch zur Moderne*, Braunschweig und Wiesbaden 1989.

Mengin 1991 – Christine Mengin, „Occupation et Monuments historiques. Le Bureau d'architecture du Gouvernement militaire de la Zone française d'Occupation 1946–1949", in: Rainer Hudemann, Rolf Wittenbrock (Hg.), *Stadtentwicklung im deutsch-französisch-luxemburgischen Grenzraum (19. u. 20. Jh.). Développement urbain dans le région frontalière France-Allemagne-Luxembourg (XIXe et XXe siècles)*, Saarbrücken 1991, S. 337–344.

Ménudier 1990 – Henri Ménudier (Hg.), *L'Allemagne occupée (1945–1949)*, Paris 1990.

Metzendorf 2010/11 – Rainer Metzendorf, „Egon Hartmann und das neue Mainz", Sonderdruck mit DVD aus: *Mainzer Zeitschrift. Mittelrheinisches Jahrbuch für Archäologie, Kunst und Geschichte*, Jg. 106/107, 2011/12, S. 309–326.

Metzendorf 2013 – Rainer Metzendorf, „Mainz nach 1945. Wiederaufbauplanungen zwischen Vision und Wirklichkeit", in: Franz J. Felten (Hg.), *Städte an Mosel und Rhein von der Antike bis nach 1945*, Stuttgart 2013 (Mainzer Vorträge, 16), S. 117–139.

Metzendorf 2015a – Rainer Metzendorf, „Mainz – Idealstadt der Zukunft?", in: Brüchert 2015, S. 64–77.

Metzendorf 2015b – Rainer Metzendorf, „Das Neue Mainz", in: Brüchert 2015, S. 78–94.

Metzendorf 2017 – Rainer Metzendorf, „Die Rheinuferplanung für Mainz (1944) von Dr.-Ing. Heinrich Knipping", in: *Mainzer Zeitschrift. Mittelrheinisches Jahrbuch für Archäologie, Kunst und Geschichte*, Jg. 112, 2017, S. 169–182.

Mock 1948 – Elisabeth Mock, *In USA erbaut. 1932–1944*, Wiesbaden 1948.

Monnet 1970 – Bertrand Monnet, „Le service des monuments historiques depuis la Libération", in: *Les Saisons d'Alsace*, Jg. 15, 1970, H. 35, S. 285–295.

Montillet 2012 – Philippe Montillet, IAU [Institut d'aménagement et d'urbanisme de la région] Île-de-France (Hg.), *Catalogue des dessins et manuscrits de Gérald Hanning conservés à l'IAU Île-de-France*, Paris 2012.

Mumford 1938 – Lewis Mumford, *The Culture of Cities*, New York 1938.

Muthmann/Streif 1959 – Walter Muthmann, Josef Werner Streif, *Raumordnung: die Grundlage der Stadt- und Landesplanung*, Berlin und Bonn 1959 (Sonderheft der Schriften der Gesellschaft zur Förderung der inneren Kolonisation, GFK).

Nannen 1950 – Henri Nannen, „Hoppla, wir leben! (auf Besatzungskosten)", in: *Der Stern*, Jg. 3, 1950, H. 53, S. 6/7.

Nannen 1988 – Henri Nannen, „Meine stern-Stunde. Zum 40-jährigen Stern-Jubiläum 1988", in: *Der Stern*, o. Nr., 22.8.1988 [Jubiläumsausgabe zum 40. Jahr des Bestehens der Zeitschrift], S. 20–25, Online unter http://www.stern.de/panorama/zum-40-jaehrigen-stern-jubilaeum-1988--meine-stern-stunde--3546074.html [aufgerufen am 2.2.2017].

Neufert 1948 – Ernst Neufert (Hg.), *Der Architekt im Zerreisspunkt, Berichte und Diskussionsbeiträge der Sektion Architektur auf dem Internationalen Kongress für Ingenieurausbildung (IKIA) in Darmstadt 1947*, Darmstadt 1948.

Neutra 1947 – Richard Neutra, „Marcel Lods, arquitecto de una era industrial", in: *La Arquitectura de Hoy* [Buenos Aires], Jg. 1, H. 5, Mai 1947, S. 19.

Offenberg 1957/58 – Gerd Offenberg, „Wiederaufbauplan der Mainzer Innenstadt", in: *Allgemeine Zeitung* [Mainz], Fortsetzungsartikel in 5 Folgen: 29.11.1957, S. 17; 6.12.1957, S. 6; 12.12.1957, S. 10; 24.12.1957, S. 7; 16.1.1958, S. 5.

Offenberg 1974 – Gerd Offenberg, *Mosaik meines Lebens*, Mainz 1974.

Pampe 1982 – Ulrike Pampe (Red.), *Heinz Wetzel und die Geschichte der Städtebaulehre an deutschen Hochschulen*, Stuttgart 1982.

Persitz 1947a – A. P. [Alexandre Persitz], „Proyecto de una unidad colectiva de vivienda para Maguncia", in: *La Arquitectura de Hoy* [Buenos Aires], Jg. 1, H. 5, Mai 1947, S. 4 f.

Persitz 1947b – A. P. [Alexandre Persitz], „Projet d'un bloc d'habitations de 19 étages pour Mayence", in: *L'Architecture d'aujourd'hui*, Jg. 18, H. 16, Dezember 1947, S. 14 f.

Petzold 1946 – Erich Petzold, „Eine Hochschule für Baukunst", in: *Rheinischer Merkur* [Koblenz], Jg. 1, 11.10.1946.

Petzold 1948 – Erich Petzold, „Mainzer Kritik an Wiederaufbau-Plänen", in: *Neuer Mainzer Anzeiger* [Mainz], 13.3.1948, S. 3.

Pfeifer 1958 – Günther Pfeifer, „Schloss Waldthausen", in: *Das Neue Mainz* [Mainz], Jg. 2, H. 7, Juli 1958, o. S. [S. 15].

Pfister 1950 – Rudolf Pfister, „Wiederaufbau des Bassenheimer Hofes in Mainz", in: *Baumeister*, Jg. 47, 1950, H. 10, S. 653–655.

Picon 1988 – Antoine Picon, *Architectes et ingénieurs au siècle des Lumières*, Marseille 1988.

Pohl 1999 – Manfred Pohl, *Philipp Holzmann: Geschichte eines Bauunternehmens 1849–1999*, München 1999.

Prost 1935/36 – Henri Prost, „Le plan d'aménagement de la région parisienne", in: *Urbanisme*, Jg. 4, H. 41, Dezember 1935/Januar 1936, S. 9.

Quiring/Voigt/Schmal/Herrel 2011 – Claudia Quiring, Wolfgang Voigt, Peter Cachola Schmal, Eckhard Herrel (Hg.), *Ernst May 1886–1970*, Ausst.-Kat. Frankfurt am Main, Deutsches Architekturmuseum, München, London und New York 2011.

Réau 1922 – Louis Réau, *L'Art français sur le Rhin au XVIIIe siècle*, Paris 1922.

Reichlin 1985 – Bruno Reichlin, „Maison du Peuple in Clichy: ein Meisterwerk des ‚synthetischen' Funktionalismus?", in: *Daidalos*, Jg. 5, H. 18, 15.12.1985, S. 88–99.

Rhenanus 1923 – Rhenanus, „Les garnisons françaises à Mayence", in: *La Revue rhénane/Rheinische Blätter*, Jg. 4 (1923/24), H. 1, Oktober 1923, S. 13–18 [auf dt. veröff. als „Französische Künstler im Rheinlande, Charles Mangin und seine Bauwerke", in: *La Revue rhénane/Rheinische Blätter*, Jg. 4 (1923/24), H. 7, April 1924, S. 399–401].

Richrath 1982 – Klaus Richrath, *Vorträge und Ansprachen zur Verabschiedung von Professor em. Dipl. Ing. Adolf Bayer, Stadtbaurat a. D. am 15. Mai 1981*, Karlsruhe 1982 (Veröffentlichungen des Lehrstuhls für Städtebau und Entwerfen; Institut für Orts-, Regional- und Landesplanung; Fakultät für Architektur, Universität Karlsruhe, 1).

Richrath 2005 – Klaus Richrath (Hg.), *Assistenten und Mitarbeiter von Professor Dr.-Ing. E. h. Otto Ernst Schweizer. Erinnerungen, Episoden, Interpretationen, eigene Arbeiten*, Karlsruhe 2005.

Rimpl 1939 – Herbert Rimpl, „Die Stadt der Hermann-Göring-Werke", in: *Baugilde*, Jg. 21, 1939, H. 24, S. 779–798.

Rimpl 1940/41 – Herbert Rimpl, *Eger. Die städtebauliche Entwicklung einer deutschen Stadt*, Berlin o. J. [ca. 1940/41].

Rimpl 1953 – Herbert Rimpl, *Die geistigen Grundlagen der Baukunst unserer Zeit*, München 1953.

Risselada/Van den Heuvel 2006 – Max Risselada, Dirk van den Heuvel (Hg.), *Team 10: 1953–81: In Search of a Utopia of the Present*, Rotterdam 2005.

Romero 1990 – Andreas Romero, *Baugeschichte als Auftrag. Karl Gruber. Architekt, Lehrer, Zeichner*, Braunschweig 1990.

Rosebrock 2012 – Tessa Friederike Rosebrock, *Kurt Martin und das Musée des Beaux-Arts de Strasbourg. Museums- und Ausstellungspolitik im „Dritten Reich" und in der unmittelbaren Nachkriegszeit*, Berlin 2012.

Saad 2007 – Ali Saad, „Rourkela. Doppelleben einer indischen New Town", in: *Archplus*, Jg. 40, H. 185, 1.11.2007, S. 30–33.

Schaechterle/Leonhardt 1937 – Karl Schaechterle, Fritz Leonhardt, *Die Gestaltung der Brücken*, Berlin 1937.

Schieder 2005 – Martin Schieder, *Im Blick des Anderen. Die deutsch-französischen Kunstbeziehungen 1945–1959*, Berlin 2005.

Schmidt 1923 – Charles Schmidt, „Le pont de Mayence", in: *La Revue rhénane/Rheinische Blätter*, Jg. 4 (1923/24), H. 2, November 1923, S. 93–97.

Schmidt 1949 – Karl Schmidt, „Die Messerschmitt-Bauart", in: *Der Baumeister*, Jg. 46, H. 6, Juni 1949, S. 277–285.

Schmitthenner 1932 – Paul Schmitthenner, *Baugestaltung. Das deutsche Wohnhaus*, Stuttgart 1932.

Schmitthenner 1934 – Paul Schmitthenner, *Baukunst im Neuen Reich*, München 1934.

Schmitthenner 1943 – Paul Schmitthenner, *Das sanfte Gesetz in der Kunst. Eine Rede*, Straßburg 1943.

Schmitthenner 1948 – Paul Schmitthenner, „Über die Ausbildung der Architekten", in: *Der Baumeister*, Jg. 45, H. 8, August 1948, S. 292–294.

Schmitthenner 1984a – Paul Schmitthenner, Elisabeth Schmitthenner (Hg.), *La forma costruita: Variazioni su un tema*, Mailand 1984.

Schmitthenner 1984b – Paul Schmitthenner, Elisabeth Schmitthenner (Hg.), *Gebaute Form, Variationen über ein Thema*, Stuttgart 1984.

Schreiber 1983 – Hermann Schreiber, „Schloß Waldthausen und sein Erbauer", in: *Mainz. Vierteljahreshefte für Kultur, Politik, Wirtschaft, Geschichte*, Jg. 3, 1983, H. 2, S. 43–51.

Schüler 1996 – Norbert Schüler (Hg.), *100 Jahre Mainzer Bauämter. Wege und Ergebnisse*, Mainz 1996.

Schütz 1981 – Friedrich Schütz, „Mainz vor 50 Jahren. 1. Januar bis 31. März 1931", in: *Mainz. Vierteljahreshefte für Kultur, Politik, Wirtschaft, Geschichte*, Jg. 1, 1981, H. 1, S. 82–87.

Schwarz 1949 – Rudolf Schwarz, „Bericht über eine Studienreise nach Frankreich", in: *Die Neue Stadt*, Jg. 3, H. 8, November 1949, S. 354–363.

Schweizer 1935 – Otto Ernst Schweizer, *Über die Grundlagen des architektonischen Schaffens. Mit Arbeiten von Studierenden der Technischen Hochschule Karlsruhe aus den Jahren 1930/34*, Stuttgart 1935.

Schweizer 1957 – Otto Ernst Schweizer, *Die architektonische Großform. Gebautes und Erdachtes*, Karlsruhe 1957.

Schweizer 1962 – Otto Ernst Schweizer, *Forschung und Lehre*, Stuttgart 1962.

Seidel 2008 – Florian Seidel, *Ernst May: Städtebau und Architektur in den Jahren 1954–1970*, Diss. TU München, München 2008.

Seidel 2011 – Florian Seidel, „,...aus einer Situation das Bestmögliche zu machen'. Ernst Mays Architektur und Städtebau nach 1954", in: Quiring/Voigt/Schmal/Herrel 2011, S. 215–227.

SFA 1924 – Société française d'archéologie (Hg.), *Congrès archéologique de France en Rhénanie, LXXXV⁵ session 1922*, Paris 1924.

SFA 1949 – Société française d'archéologie (Hg.), *Congrès archéologique de France, CV⁵ session tenue en Souabe en 1947*, Offenburg 1949.

Sollich 2013 – Jo Sollich, *Herbert Rimpl (1902–1978), Architektur-Konzern unter Hermann Göring und Albert Speer. Architekt des Deutschen Wiederaufbaus*, Berlin 2013.

Springorum 1982 – Ulrich Springorum, *Entstehung und Aufbau der Verwaltung in Rheinland-Pfalz nach dem Zweiten Weltkrieg (1945–1947)*, Berlin 1982 (Schriftenreihe der Hochschule Speyer, 88).

Steffann 1983 – Emil Steffann, „Baufibeln für Lothringen. Erstdruck nach dem 1943 entstandenen Manuskript", in: *Archplus*, Jg. 16, H. 72, 1.12.1983, S. 6–26.

Stein 1953 – Franz Stein, „Mainz, die amputierte Stadt im Westen, ruft nach Hilfe", in: *Die Neue Stadt*, Jg. 7, 1953, H. 2, Umschlagseite 2.

Steinmann 1979 – Martin Steinmann, *CIAM Dokumente 1928–1939*, Basel und Stuttgart 1979.

Stohr 1947 – Albert Stohr, „Mainz: Sterben und Auferstehung einer deutschen Stadt", in: *Der Bund* [Bern], 14.4.1947.

Strauß 1955 – Gerhard Strauß, „Nationales Erbe und Neuplanung im deutschen Städtebau", in: *Deutsche Architektur*, Jg. 4, 1955, H. 4, S. 160–166.

Streif 1950 – [Josef] Werner Streif (Red.), *Otto Ernst Schweizer und seine Schule. Die Schüler zum sechzigsten Geburtstag ihres Meisters*, Ravensburg 1950.

Streif 1957 – Josef Werner Streif, *Zur Ordnung von Bebauung und Verkehr im Raume Mainz-Wiesbaden*, Denkschrift, o. O., o. J. [1957].

Streif 2005 – Josef Werner Streif, „Raumordnung – ein Gebot ökologischer Rücksichtnahme", in: Richrath 2005, S. 61–63.

Stübben 1890 – Josef Stübben, *Der Städtebau*, Darmstadt 1890.

Sundling 1946 – Elsa Sundling, „L'éducation – les écoles" [in Schweden], in: *L'Architecture française*, Jg. 7, H. 58/59, Mai/Juni 1946, S. 29 f.

Svensson 2017 – Frida Svensson, *Architect Elsa Sundling. Searching For a Forgotten Pioneer*, Masterthesis Chalmers Tekniska Högskola, Göteborg 2017.

Tirard 1930 – Paul Tirard, *L'Art français en Rhénanie pendant l'Occupation 1918–1930*, Straßburg 1930.

Tissot 1876 – Jules Tissot, *Voyage aux pays annexés*, Paris 1876.

Trost 1992 – Gabriele Trost, *Planification de la reconstruction d'une ville allemande de la zone française d'occupation: Coblence, ville du „Deutsches Eck"*, Unveröff. Examensarbeit CEAA Architecture urbaine, École d'architecture de Paris-Belleville, Paris 1992.

[Ungers] 1979 – *Documents: 7 CIAM, Bergamo, 1949*, Nendeln 1979 (Documents of Modern Architecture, ausgew. von Oswald Mathias Ungers und Liselotte Ungers).

Universität Karlsruhe 1974 – Universität Karlsruhe (Hg.), *Adolf Bayer. Bauten Projekte Planungen 1938–1974*, Karlsruhe 1974.

Uyttenhove 1999 – Pieter Uyttenhove, *Marcel Lods (1891–1978), une architecture de l'action*, Diss. École des hautes études en sciences sociales, 3 Bde., Paris 1999.

Uyttenhove 2009 – Pieter Uyttenhove, *Marcel Lods (1891–1978). Action, architecture, histoire*, Paris 2009.

Vago 1948 – Pierre Vago, „Défense des droits professionnels", in: *L'Architecture d'aujourd'hui*, Jg. 19, H. 20, Oktober 1948, S. XXIII.

Vaillant 1981 – Jérôme Vaillant (Hg.), *La Dénazification par les vainqueurs; la politique culturelle des occupants en Allemagne 1945–1949*, Lille 1981.

Vaillat 1922 – Léandre Vaillat, „Der diesjährige Herbstsalon", in: *La Revue rhénane/Rheinische Blätter*, Jg. 3 (1922/23), H. 3, Dezember 1922, S. 152–159.

Vayssière 1988 – Bruno Vayssière, *Reconstruction-déconstruction. Le hard French ou l'architecture française des Trente Glorieuses*, Paris 1988.

Vedral 1985 – Bernhard Vedral, Stadtarchiv Freiburg (Hg.), *Altstadtsanierung und Wiederaufbauplanung in Freiburg i. Br. 1925–1951: Zum 100. Geburtstag von Joseph Schlippe*, Begleitheft zur Ausst. Freiburg, Universitätsbibliothek, Freiburg im Breisgau 1985 (Stadt und Geschichte, 8).

Virally 1948 – Michel Virally, *L'Administration internationale de l'Allemagne (du 8 mai 1945 au 24 avril 1947)*, Diss. [Rechtswissenschaften], Paris 1948.

Voigt 1988 – Wolfgang Voigt, „Die Stuttgarter Bauschule", in: Otto Borst (Hg.), *Das Dritte Reich in Baden und Württemberg*, Stuttgart 1988.

Voigt 2003 – Wolfgang Voigt, „Zwischen Weissenhof-Streit und Pour-le-mérite. Paul Schmitthenner im Architekturstreit der zwanziger bis fünfziger Jahre", in: Frank/Voigt 2003, S. 67–99.

Voigt 2012 – Wolfgang Voigt, *Deutsche Architekten im Elsass 1940–1944. Planen und Bauen im annektierten Grenzland*, Tübingen und Berlin 2012.

Weber 1982 – Wilhelm Weber (Red.), *Mainz in Napoleonischer Zeit. Kultur- und kunstgeschichtliche Aspekte*, Ausst.-Kat. Mainz, Mittelrheinisches Landesmuseum, Mainz 1982.

Wedepohl 1961 – Edgar Wedepohl, *Deutscher Städtebau nach 1945*, Essen 1961.

Wenger 1987 – Klaus Wenger, „Rundfunkpolitik in der französischen Besatzungszone. Die Anfänge des Südwestfunks", in: Knipping/Le Rider 1987, S. 207–220.

Wetzel 1928 – Heinz Wetzel, „Städtebau an der Hochschule", in: *Wasmuths Monatshefte für Baukunst und Städtebau*, Jg. 12, 1928, H. 11 (Themenheft Architekturschule Stuttgart), S. 514.

Wetzel 1978 – Heinz Wetzel, *Stadt Bau Kunst, Gedanken und Bilder aus dem Nachlaß* (zusammengestellt von Klaus Osterwald, Ewald Liedecke, Gerd Offenberg), Stuttgart 1978.

Wiederaufbauverband 1947 – Wiederaufbauverband Mainz, Der Generalbaudirektor [Wilhelm Imm] (Hg.), *Jahresbericht des Generalbaudirektors für den Wiederaufbau von Mainz für die Zeit vom 1. November 1946 bis 30. November 1947*, Mainz 1947.

Wiederaufbauverband 1949 – Wiederaufbauverband Mainz, Der Generalbaudirektor [Wilhelm Imm] (Hg.), *Jahresbericht für den Wiederaufbau von Mainz für das Jahr 1948*, Mainz 1949.

Wiederaufbauverband 1950 – Wiederaufbauverband Mainz, Der Generalbaudirektor [Wilhelm Imm] (Hg.), *Jahresbericht 1949*, Mainz 1950.

Willis 1962 – F. Roy Willis, *The French in Germany 1945–1949*, Stanford 1962.

Wortmann 1988 – Wilhelm Wortmann, „Gerd Offenberg", in: Ders., *Bremer Baumeister des 19. und 20. Jahrhunderts*, Bremen 1988, S. 92 f.

Zeller 1926 – Adolf Zeller, „Die Sanierungspläne der Stadt Mainz zur Zeit Napoleons I.", in: *Zeitschrift für Bauwesen*, Jg. 76, 1926, H. 10–12 (Hochbauteil), S. 105–112.

Ziegler 2010 – Volker Ziegler, „Pianificazione urbana nella Renania superiore, dagli anni Venti alla ricostruzione: Karlsruhe, Strasburgo, Friburgo", in: *Storia Urbana*, Jg. 23, H. 129, Oktober-Dezember 2010, S. 171–193.

QUELLENVERZEICHNIS

Archive und Sammlungen

AMTUM – Architekturmuseum der Technischen Universität München

AMTUM hartm – Nachlass Egon Hartmann
AMTUM schmitth – Nachlass Paul Schmitthenner

AN – Archives nationales, Paris und Pierrefitte-sur-Seine

AN F/14/10201/06 – Ministère des Travaux publics. Cartes et plans. Ponts, Classement départemental, 1687–1888. Marne à Mont de Tonnerre. Ponts du Mont-Tonnerre
AN F/60/3034 – Secrétariat général du Gouvernement et services du Premier ministre. Affaires allemandes et autrichiennes, 1945–1946
AN 19790659 – Cabinet et services rattachés aux ministres chargés de l'Équipement et du Logement. Urbanisme, Cabinet et services rattachés au Ministre, Cabinet (1949–1956). Dossiers personnels de Mlle Dissard, chef de bureau

AOFAA – Centre des Archives diplomatiques, Archives de l'Occupation française en Allemagne et en Autriche, La Courneuve

AOFAA AEF – Direction générale des Affaires économiques et financières, 1945–1955. Affaires économiques et sociales
AOFAA AC – Direction générale des Affaires culturelles, 1945–1955 (insbesondere AC/RA Service des Relations artistiques)
AOFAA CERA – Centre d'études et de réalisations artistiques
AOFAA Rh-Pal. – Délégation provinciale pour le Land de Rhénanie-Palatinat, 1945–1955 (RP)

CAPA – Cité de l'architecture et du patrimoine, Archives d'architecture du XXe siècle, Paris

CAPA 171 Ifa – Nachlass Jean-Charles Moreux
CAPA 200 Ifa – Nachlass André Lurçat
CAPA 323 AA – Nachlass Marcel Lods und Bürogemeinschaft Beaudouin et Lods
CAPA 343 AA – Nachlass Henri Prost
CAPA 535 AP – Nachlass Auguste Perret und Gebrüder Perret

DAM – Deutsches Architekturmuseum, Frankfurt am Main

Nachlass Ernst May
Nachlass Erich Petzold
Nachlass Paul Schmitthenner
Nachlass Emil Steffann

EUP – Bibliothèque Poëte et Sellier, fonds historique de l'École d'urbanisme de Paris

Marcel Lods, Plan de Mayence, hand- und maschinenschriftl. illustriertes Manuskriptalbum, o.D. [1947], o.S.
IUP G1.11g, IUP G1.121, IUP G1.122 und IUP [o. Sign.] – Sitzungsprotokolle und Pläne des Conseil supérieur d'architecture et d'urbanisme (CSAU) aus der historischen Sammlung des Institut d'urbanisme de Paris (IUP)

FLC – Fondation Le Corbusier, Paris

FLC B2(6)618
FLC D2(16)119

HHSTAW – Hessisches Hauptstaatsarchiv Wiesbaden
HHSTAW, Abt. 1161 – Nachlass Herbert Rimpl

IRS – IRS Erkner, Wissenschaftliche Sammlungen
IRS C_35 – Nachlass Egon Hartmann

LMM – Generaldirektion Kulturelles Erbe Rheinland-Pfalz, Landesmuseum Mainz
LMM GS 2016/42 – Marcel Lods, Plan de Mayence, 1947 (Album mit 65 Blättern im Format 35,5 × 52 cm, Leihgabe Werner Durth, Fotos Ursula Rudischer)

LHAKO – Landesarchivverwaltung Rheinland-Pfalz, Landeshauptarchiv Koblenz
LHAKo, Best. 856 – Entnazifizierungsakten Heinrich Delp und Wilhelm Imm

MNAM-CCI – Collection du Musée national d'art moderne – Centre de création industrielle, Bibliothèque Kandinsky, Paris
MNAM-CCI NL Menkès – Nachlass Édouard Menkès

NLJ – Privatarchiv Albert de Jaeger, Meudon (bis 1992, Verbleib unbekannt)
NLJ – Nachlass Albert de Jaeger

NLL – Privatarchiv René Lisch (Verbleib unbekannt)
NLL – Nachlass René Lisch

NLS – Privatarchiv Elisabeth Schmitthenner, München
NLS – Nachlass Paul Schmitthenner (große Teile des 1986–1989 konsultierten Nachlasses, insbesondere der zeichnerische, wurden seither dem Architekturmuseum der Technischen Universität München übergeben)

SAAI – Südwestdeutsches Archiv für Architektur und Ingenieurbau (saai) am Karlsruher Institut für Technologie (KIT)
SAAI NL Bayer – Nachlass Adolf Bayer
SAAI NL Linde – Nachlass Horst Eduard Linde
SAAI NL Schweizer – Nachlass Otto Ernst Schweizer

SAF – Stadtarchiv Freiburg im Breisgau
SAF K1/44 – Nachlass Joseph Schlippe

SAM – Stadtarchiv Mainz
SAM 90 – Personalakten der Stadtverwaltung Mainz (Heinrich Delp, Richard Jörg, Emil Kraus, Karl Ludwig Maurer, Josef Werner Streif)
SAM 100 – Akten und Amtsbücher seit 1945
SAM BPS – Bild- und Plansammlung
SAM Handakte Schmitthenner (Verbleib unbekannt)
SAM NL 71 – Nachlass Elisabeth Darapsky
SAM NL Bayer – Nachlass Adolf Bayer
SAM NL Dassen – Nachlass Carl Reiner Dassen
SAM VOA – Vorortarchive
SAM ZGS – Sammlung zur Neueren und Neuesten Geschichte

SHAT – Service historique de l'armée de terre, Service historique de la Défense, Vincennes
SHAT 1K237 – Nachlass Pierre Koenig

Gespräche und Briefwechsel mit Zeitzeugen

Adolf Bayer, Gespräch mit Jean-Louis Cohen und Hartmut Frank, Karlsruhe, 19.2.1988.
Adolf Bayer, Brief an Hartmut Frank, Karlsruhe, 7.3.1988.
Gérard Blachère, Gespräch mit Rémi Baudouï und Jean-Louis Cohen, Paris, 10.9.1987.
Françoise Dissard, Gespräch mit Jean-Louis Cohen, Paris, 17.3.1988.
Albert de Jaeger, Gespräch mit Rémi Baudouï, Meudon, 27.6.1986.
Herbert Kölsch, Brief an Volker Ziegler, Konstanz, 26.11.2015.
Max Meid und Helmut Romeick, Gespräch mit Ulrich Höhns, Frankfurt am Main, 5.5.1987.
Bertrand Monnet, Gespräch mit Christine Mengin, Paris, 13.6.1988.
Bertrand Monnet, Gespräch mit Rémi Baudouï und Jean-Louis Cohen, Paris, 4.7.1986.

ABBILDUNGSNACHWEISE

Alupus, Wikimedia Commons
Abb. 140

Architekturmuseum der Technischen Universität München
Abb. 20, 111–116, 139, 142, 143, 145, 180; Taf. XXXIV, XXXV, XLVI, XLVIII

Archives nationales, Paris
Abb. 11, 12; Taf. II

Bibliothèque Poëte et Sellier, fonds historique de l'École d'urbanisme de Paris
Abb. 1 (Foto Marcel Lods), 4, 27 (Foto Marcel Barbaux), 80–83 (Fotos Marcel Lods); Taf. XII, XIII, XVI–XIX

Hughes Blachère, Villeneuve-lès-Avignon
Abb. 153

Centre des Archives diplomatiques, Archives de l'Occupation française en Allemagne et en Autriche, La Courneuve
Abb. 17, 24

Cité de l'architecture et du patrimoine, Archives d'architecture du XXe siècle, Paris
Einband, Abb. 26, 28, 79 (Foto Marcel Lods), 126, 152, 160

Jean-Louis Cohen, Paris
Abb. 102, 175; Taf. XXVII–XXX

Deutsches Architekturmuseum, Frankfurt am Main
Abb. 7, 23, 41–43, 117–120, 159

Volker Dustmann, Düsseldorf
Abb. 156

Generaldirektion Kulturelles Erbe Rheinland-Pfalz (GDKE) – Landesmuseum Mainz
(Leihgabe Werner Durth, Fotos Ursula Rudischer)
Abb. 84, 93, 95; Taf. XX, XXI, XXIII–XXVI

GDKE – Archiv der Landesdenkmalpflege, Mainz
Abb. 127, 131 (Fotos Fritz Arens)

Hans Gericke, Berlin
Abb. 141

Hessisches Hauptstaatsarchiv Wiesbaden
Abb. 100, 101, 104–108, 128

IOM, The UN Migration Agency
Abb. 163

Abbildungsnachweise

IRS Erkner, Wissenschaftliche Sammlungen
Abb. 144, 161, 174; Taf. XLII–XLV

Albert de Jaeger, Meudon
Abb. 38–40

Familie Jörg
Abb. 165

Herbert Kölsch, Konstanz
Abb. 167

Familie Krayl-Streif
Abb. 182

Fa. Dr. Maurer
Abb. 173

Rainer Metzendorf, Mainz
Abb. 166

Josef Ostheimer, Lorch
Abb. 31

Familie Petzold, Mainz-Kastel
Abb. 177

Wolfgang Rimpl, Wiesbaden
Abb. 178

Carl-Otto Rübartsch
Abb. 132

Staatliche Museen zu Berlin, Kunstbibliothek
Abb. 14

Stadtarchiv Mainz
Abb. 3, 19 (Foto Hanns Tschirra), 44, 45, 47–72, 74, 75, 77 (Foto oben Nuernberg / Foto unten Dore Barleben), 78 (Foto Heinrich Dörr), 85–91, 94, 96–99, 110 (Foto Hans Armster), 123, 129 (Foto Ludwig Richter), 130, 135, 146, 147, 152 (Foto Rudi Klos), 154, 157, 158 (Foto Georg Pfülb), 162, 168 (Foto Georg Pfülb), 169, 170, 172; Taf. I, IV–XI, XIV, XV, XXII, XXXII, XXXIII, XXXVI–XLI, XLVII, XLIX, LI

Südwestdeutsches Archiv für Architektur und Ingenieurbau (saai)
am Karlsruher Institut für Technologie (KIT)
Abb. 22, 25, 73, 92, 103, 109, 133, 134, 136–138, 155, 171, 181; Taf. XXXI

Wolfgang Voigt, Frankfurt am Main
Abb. 30, 32–34, 36, 37 (Fotos Ruth Hallensleben), Abb. 35 (Foto Dore Barleben)

PERSONENREGISTER

Fette Seitenzahlen verweisen auf Abbildungen, *kursive* auf Fußnoten

A

Abel, Adolf 152 f., **155**, 162, 174
Adnet, Jacques 36
Apel, Otto 193, 261
Arens, Fritz 86, **176**, 178, **180**
Arminius 26
Attila 5
Aubert, Marcel 25
Aufleger, Albert **209**
Aujame, Roger 98
Auriol, Vincent 49

B

Baecker, Werner 195, *199*, 253
Balzer, Gerd (Gert) **129**
Bangert, Wolfgang 126, 198
Bardet, Gaston 107
Barrès, Maurice 5
Bartning, Otto 32, *115*, 130, **133**, *182*
Bayer, Adolf XII, **XV**, XVIII, **37**, 55 f., **57**, 61–63, **64–67**, 71, **72**, **74 f.**, 76–78, 79, 87 f., 96–98, 105 f., **107**, 113, **114**, 125, 130 f., 133, 143 f., 169 f., 172 f., 182 f., **184–186**, 187, 191, 195, 201, **212**, **226**, **245**, 247, 252 f.
Beauclair, Henri 256
Beaudouin, Eugène 95, **97**, 110, 172, 256
Behne, Adolf 7
Behrendt, Fritz 253
Berg, Eberhard **157**
Bernard, Henry 154
Bernoulli, Hans 106
Bidault, Georges 10 f.
Bismarck, Otto von 6
Blachère, Gérard XVIII, 13–20, 34, 149, **246**
Blanck, Eugen 126, **127**, *175*

Blum, Otto *68*
Bodiansky, Vladimir **97**, 173, 249, 256
Boesler, Felix **XVII**, 198 f., **200**, 201, **241–243**
Böhm, Dominikus 259
Bonaparte, Jérôme 1
Bonaparte, Napoleon 1, 3, 5, 26, 178
Bonatz, Paul XVII, 49, 76, 152–154, **155**, 158, 160 f., 170 f., 245, 247, 259
Bossu, Jean 35
Bouchard, Henri 252
Bourdelle, Antoine **6**
Bourgeois, Victor 152
Bourgoin, A. 159
Bouxin, André 35
Brahm **XVII**, **155**, **162**, 168
Braun, Robert 67
Breton, Paul 34
Brillaud de Laujardière, Marc 150
Brozen-Favereau, André 159
Brückner, Walter 126, **127**, *175*
Bühling, Hans 45

C

Chemineau, Jean 35, 38
Churchill, Winston 7
Claudius-Petit, Eugène 166 f., 174
Clément, Alain 164 f.
Cotte, Robert de 151
Coutan-Laboureur, Jean-Paul 149
Crevel, Maurice 38
Croizé, André 35
Custine, Adam-Philippe de 1

D

Dalloz, Pierre 249
Danis, Robert 21–24
Dassen, Carl 55 f., 76, 79, 85, 110, 114 f., *127*, 142, 168, 180 f., 187, 192, 195, **246**, 247, 251
Dautry, Raoul 96
Dehio, Georg 259
Delius, Hellmut 31
Delp, Heinrich *82*, 84, **87**, 88, 133, 135, 178 f., **180**, 181 f., 246
Delune, J. 19 f.
Denis, François 165 f.
Depondt, Paul 256
Despiau, Charles 42, 252
Diehm, Rudolf *158*
Dietrich **185**
Dissard, Françoise 75, 95 f., 166 f., 174
Döblin, Alfred 12
Döcker, Richard 31 f., 34, 38, 152 f., **155**, 161, 171, *182*, **247**, 260
Dollfus, Jean 32
Dropsy, Henri 252
Dubois-Dumée, Jean-Pierre 166
Dübbers, Kurt 153, **155**, 162, 170
Dufournet, Paul 35
Dürer, Albrecht 24
Dustmann, Hanns 55, 67 f., **69**, 70–72, 143, **213**, **247**
Dutrou, René 120 f., 159, 162, 166 f., 169

E

Eiermann, Egon *32*, 157, 253
Eisenhower, Dwight D. 48 f.
Elsässer, Martin 32
Expert, Roger-Henri 47, 150, 153 f., **155**, *159*, 161, 169

F

Faber siehe Puaux, Gabriel
Faure, Edgar 254
Fauth, Charles 22, 31
Feller, Willy 115
Fenaux, Lucien 258
Fiederling, Otto 153, **155**, 158, 162, 168, 170 f.
Fiedler 67
Fischer, Theodor 257, 259 f.
Flegler, Eugen 135
Focillon, Henri 25
Fontaine, Jean-Louis 22, 24
Fosse, Louis Remy de la 259
Fournier, Louis 83 f., 86, 88–90, 114, 120, 123, 131–133
François, Michel 12, 26, 28 f., 150
François-Poncet, André 172, 179
Freyssinet, Eugène 33
Fritzen, Hans 75, 81, 85, 191, **214**, 247
Füller *126*

G

Gascoin, Marcel 113
Gassner, Edmund 198
Gaulle, Charles de 7, 10, 12, 42, 252, 254
Geiges, Hans 158
Gelius, Adolf *51*
Giani *91*
Gill, Franz 60, **61**
Godin, Gretel *96*
Goislard de Monsabert, Joseph de 9
Goll, Yvan 6
Görlinger, Robert 37
Graf, Hermann *51, 59*, **61**, 70, 147
Gréber, Jacques 154, **155**, 158, 168 f.
Grebner, Fritz *97, 194*, **248**, 251
Gridaine, Maurice 261
Gropius, Walter 67, 115, 118, 247
Grosse, Heinz 198
Grosser, Alfred 10
Großmann, Walter *199*, **238**

Gruber, Karl **XVI f.**, XVIII, 65, *115*, 141, 153, **155**, 156 f., **161**, 162, 168, 171, 176, 191, 202, **248**, 250, 259
Guérin, Henri 38, 114, 118, 120 f., 140 f., 165 f.
Guignebert, Vincent (Jean-Claude) 36
Gutenberg, Johannes **3**
Guther, Max 191, 198 f., 250
Gutschow, Konstanty 152
Gutton, André 174 f.

H

Hahn, Wilhelm (?) *60*, **61**
Hamm, Ernst 154, *155*, 161 f., *172*
Hampe, Hermann 32
Hanning, Gérald 76 f., 79, 87, 96–98, 100 f., 104, **105**, 107, **108–110**, 115, 116, *127*, 130, **132**, *173*, **218 f.**, 249
Häring, Hugo 32
Härter, Wilhelm 57, 79, 143, **229**
Hartmann, Egon XII, XV, **XVII**, *123*, 177, **188–191**, 192, **193 f.**, 195–198, **199**, 201 f., **234 f.**, **237 f.**, **240**, 249, **250**
Hassenpflug, Gustav 188 f., 198, 249 f.
Haupt, Otto 152
Hebebrand, Werner 32, 118, *124*, *127*, 152
Heim, Paul 24
Heimerich, Hermann *187*
Heiss, Wilhelm (?) 68
Heller, Gerhard 12
Henning, Heinrich XII, 175 f., *187*
Henselmann, Hermann 188, 249
Herbst, René 35
Hermkes, Bernhard *124*
Herold **125**
Hettier de Boislambert, Claude 75, 118, 120, 158 f., 165 f., 171
Heyduck, Georg Paul 57
Hillebrecht, Rudolf 38
Himmler, Albert 81

Hitler, Adolf 137, 152
Hoche, Lazare **4**, 29
Hochgesand, Hermann *52*, **58–60**, *63*
Hoffmann, Hans *91*
Höfs, Gerhard *96 f.*, **212**
Högg, Hans 153
Hohmann **60**
Holtz, Robert 48
Holzmann 181
Hübner **60**, **208**
Hugo, Victor 3 f.
Humbert, Ricardo 19
Humblet, Léon 22, 24
Huret, Jules 4 f.

I

Ilsemann, Rudolf *89*
Imbert, José 36
Imm, Wilhelm **82 f.**, *87*, 89–92, 110 f., 114, 116, 123 f., 129–133, 136, 141 f., *147*, *148*, 181, 250 f., 253, 257

J

Jacobi, Hans 195–198, **237**, 246, 248, 250, **251**, 253, 261
Jacobsen, Pierre 75–77, 84–90, 95, 97 f., 114, 117 f., 131–133, 135–140, 162 f., 165 f., 174, 202, **251**
Jaeger, Albert de XVIII, 42, **43–50**, 121, 149–154, **155**, 156, 159–163, 166–168, 171 f., **252**
Jaenicke, Fritz 115
Januschke, Richard 192, *193*, 195, 261
Jardot, Maurice *21*, 27
Jeanbon, André (Jeanbon Saint-André, André) 1, 3
Jeanneret, Pierre 174
Jérôme siehe Bonaparte, Jérôme

Jörg, Richard **XVII**, 59, 66, 76–79, 88, 98, 110 f., 121, *127*, 133, 137–141, 143, **155**, 159–163, 168–173, 175, **176**, 177, **178**, 179, 181–183, **184–186**, 187 f., 191, 201, **227**, **231–233**, 245, 252, **253**, 255, 257
Julius Cäsar, Gaius 5

K
Karl der Große 3
Kaufmann 152
Kaufmann, Josef *157*, 255
Kautzsch, Rudolf 33
Kierstein, Walter *138*, 259 f.
Kiunka, Johannes 57
Klein, Karl-Heinz *199*
Klenze, Leo von 1
Knipping, Heinrich *52*, 55, **57–60**, 61–63, **66**, 70, **71**, 72, **73**, 75 f., 78, 96, 130, *143*, 148, 173, 185, 191 f., 201, **212**, 245, 247, **253**, 259
Koeltz, Louis 8
Koenig, Pierre 8–10, 12, 18 f., 21–23, 34, 42–45, **46–49**, 50, 81, 88, 114, 118–121, 141, 149–152, 154–156, 160, 162 f., 167 f., 171, 252, **254**
Köhler, Walter **157**
Koll, Heinz 96
Kölsch, Herbert 195 f., 199, **239**, **253**, 261
König, Henry 249
Korbach, Heinz 96
Kotzbur, Tarras *158*
Krahe, Peter Josef **4**
Krahn, Johannes 32, *124*, 126
Kraus, Emil 76 f., 81, 85, 87–92, 114, 120 f., *124*, 128, 130–142, 165, 168, *171*, 181, **254**, 257, 259, 261
Kreyßig, Eduard 51 f., 59, 62, **63**, 69 f., *143*, 144, 170, 191, **207**
Kühn, Rudolf 253

L
Labatut, Jean 38
Laeuger, Max 260
Laffon, Émile 9, 14 f., 18 f., 21, 23, 25, 117–119, 149
Lahl, Gerhard(t) **XVI**, 62, 75–77, 79, 85, *123*, 130, 169, 187 f., 190–192, **216 f.**, 255, 259, 261
Lambert, Pierre-Édouard **41**
Laské, Josef *51*
Lattre de Tassigny, Jean de 8 f., 42, 254
Lavedan, Pierre 154, **155**, 158, 167–170
Layen **129**
Le Bourgeois, Pierre 261
Le Chevallier, Jacques 25
Le Corbusier (Jeanneret, Charles-Édouard) 27, 33, 35–38, 40, 76, 77, 78, 95–98, 100 f., 104, 110, 112, 114–116, 155, 164, 174, 189, 249, 256
Le Ricolais, Robert 35
Leibbrand, Kurt **XVII**, 198 f., **200**, 201, **241–243**, 250
Leis, Hermann Oskar 157
Leitl, Alfons 31–33, 37, 124
Lenzen, Gottfried 82
Léon, Paul 6
Leonhardt, Fritz 57
Leowald, Georg 124
Leucht, Kurt W. 199
Lieser, Karl 68, 71
Linde, Horst 38, 76, 157 f., **255**, 256 f.
Linde, Otto 27
Lisch, René 22, 25 f., *29*
Lodders, Rudolf 32
Lods, Denise 121

Lods, Marcel XII, **XIII**, XIV, **XV–XVII**, XVIII, 35 f., **37**, 38, **40**, 51, 53, 56, 68–70, 74–79, 84, 86–90, 93, 95 f., **97**, 98, **99**, 100–102, **103**, 104, **105**, 106, **107–115**, 116–125, **126**, 127–131, **132**, 133–136, 139–144, 147 f., 152, 154, **155**, 156, 159 f., 162–169, 171–174, **175**, 176 f., 179–182, 184 f., 192, 194, 199, 201 f., **215**, **218–226**, **230**, 245, 248, **249**, 251 f., **256**, 259, 261 f.
Ludwig XIV. 23
Luft, Friedrich 51 f., **54**, 60, **61**, **208–210**
Lurçat, André 33, 35–38, **39**, 152
Lurçat, Jean 36
Lyautey, Hubert 154, 170

M
Mac Orlan, Pierre (Dumarchey, Pierre) 6
MacLean, Harry 253
Madeline, Louis 154
Malcor, René 49
Mangin, Charles 6 f., 26, 48, **49**
Mangin, Louis-Eugène 7
Marceau-Desgraviers, François Séverin 4, 29
Marrast, Joseph 154, **155**, *159*, 161
Martin, Kurt 27
Martin, Marcel *150*
Masson-Detourbet, André 35
Mathon, Jean-Baptiste 150
Maurer, Karl 52, 54, 79, 88, 90, 120 f., *123*–125, 128, 131, 134–137, 168, 181, 187, **210**, 246, **257**
May, Ernst XII, **XVII**, 53, 76, 115, 118, 189, 198 f., **200**, 201 f., **241–243**, 250 f., **257**, 258, 261
Mayer, René 21
Mehrtens, Hans 153, **155**, 162, 168, 170

Personenregister

Meid, Max *123*
Mendelsohn, Erich 118
Mendès France, Pierre 254
Menkès, Édouard 120, **164**, 167, 174
Messerschmitt, Willi 49
Metzendorf, Georg 53
Mies (van der Rohe), Ludwig 135
Miljutin, Nikolai Alexandrowitsch 189
Mirabaud, Lionel 35
Moller, Georg 3, **176**, 179
Moltke, Helmuth Karl Bernhard von 5
Monnet, Bertrand **XVI**, XVIII, 16–18, *21*, 22 f., 25–35, **36**, 38, 41 f., 86, 116–118, 149–151, 154, 158, 167, 173 f., **258**
Montgomery, Bernard 49
Mopin, Eugène 95
Moreux, Jean-Charles 179
Müller, Edwin 96
Mumford, Lewis 106

N

Napoleon I. siehe Bonaparte, Napoleon
Neufert, Ernst 19, 118, 180, **181**
Neumeister *67*
Neutra, Richard 95
Ney, Michel 29
Nickerl, Walter **199**, 250
Niclausse, Paul 252
Novarina, Maurice 36

O

Ochs, Wilhelm *32*
Offenberg, Gerd 86, 153, 169, 171, 181 f., 187–189, 192–194, 198, 249 f., **258**, 259
Ostendorf, Friedrich 248
Ostheimer, Josef *45, 48*

P

Pahl, Pius 135
Perret, Auguste XVII, 33, 35–38, 40, **41**, 48, 71, 95, 100, 150 f., 153 f., **155**, 158, *159*, 161, 168 f., 171, 261
Perronet, Jean-Rodolphe 1
Perry, Clarence 112
Petzold, Erich XIV, 52 f., *62*, 76 f., *79*, 85, 87 f., 98, 120 f., 123–125, *127*, 130, 133–136, 138, 147, 181 f., 185, 187, *193*, 252, 255, 258, **259**, 260
Petzold, Martin *193*
Petzold, Peter *193*
Phleps, Hellmut *153*
Picard de la Vacquerie, Robert 28
Pietsch, Werner 96, **185**
Pinand, Jan Hubert 152 f., **155**, 162
Pinder, Wilhelm 259
Pingusson, Georges-Henri 164, **165**, 174
Planungsgruppe Ernst May siehe Boesler, Felix; Leibbrand, Kurt; May, Ernst
Plemiannikov, Marie-Antoinette 97
Poher, Alain 38
Poincaré, Raymond 6
Preusker, Victor-Emanuel 188, 197, 261
Prost, Henri XVII, 95, 102, 154, **155**, 170
Prothin, André 34, 95
Prouvé, Jean 35 f., 95, **97**, 256
Prüß, Elisabeth *138*, 259 f.
Puaux, Gabriel 5 f.
Pülz, Erich **176**, 178
Püschel, Konrad 189
Pützer, Friedrich 58, 259

R

Raab, Friedrich 260
Renard, Robert 22
Reuleaux, Erich *68*
Rieck, Fred (Eberhard) 96
Rieck, Heinz 96
Riemerschmid, Richard 53, 260
Riess, Jakob 96
Rimpl, Herbert *33*, 123 f., **125 f.**, 127, **128 f.**, 130, **131**, 143, **176 f.**, 178–180, 255, **259**
Riphahn, Wilhelm *32*
Ritter, Heinrich 68, 71
Roesiger, Detlef 255
Romeick, Helmut *123*
Romero, Rolf **248**
Rommel, Erwin 42, 252, 254
Roosevelt, Franklin D. 7
Roux, Marcel 174
Roux-Spitz, Michel 150, 152–154
Rühl, Hermann 52 (?), **54**, *63*
Runge, Ilse **36**, **175**
Ruppel, Aloys 81

S

Saint-André siehe Jeanbon (Saint-André), André
Saint-Far, Eustache de 1, **2**, 3, 72, 176, 178, 191, 202, **206**
Saint-Saëns, Marc 36
Sauvagnargues, Jean 38
Schaechterle, Karl 57
Schäfer, Carl 260
Scharoun, Hans 34, 153, 189
Schaub, Hartmut **189**
Schaupp, Gottlob 126
Schickele, René 30
Schlippe, Joseph 38, 153, 155, 157, **158**, **259**, 260

Schmitthenner, Paul XII–XV, XVIII, **24**, 52 f., 76, *77*, 79, 113, *115*, 119–121, 123, 125, 133–143, **144–148**, 152 f., **155**, *156*, 158, 160–162, 168–171, *172*, 173 f., 182, 191–193, 201 f., **228 f.**, 245, 248, 258 f., **260**
Schmittlein, Raymond 12, 21, 30, 116–118, 150 f., 179
Schmitz, Bernhard **178**, 179, 253
Schneck, Adolf 34
Schneider, S. **158**
Schott, Erich 180
Schukow, Georgi Konstantinowitsch 47, 49
Schütte-Lihotzky, Margarete 53
Schütz, Friedrich *60*, **61**, 81, *84*, 91
Schwarz, Rudolf 32, 37–42, *124*, 126, 152, 174, 195, 260
Schweizer, Ludwig 24
Schweizer, Otto Ernst XVII, 27, **30**, 31 f., 34, **55**, 66, 71, 76, 78 f., 118, 123, 130, 152 f., **155**, 157 f., 161, 168, 170 f., 182, **183**, 185, 189, 193, 195 f., 199, 202, 245, 252 f., 255, **260**, 261
Schwippert, Hans 32
Schwobel, Else 96
Section du Plan siehe Lods, Marcel
Sehling, Berthold 96
Seidler, Helmut 126, **127**, 175
Sellier, Henri 95, 117, 122
Sive, André (Szivessy, András) **29**, 174
Sorg, Juliane 96
Speer, Albert 67, *71*, 74, 89, 126, 152, 247, 251, 259
Sprenger, Jakob 55, 62, 68–70, 72
Steffann, Emil 32, **33**, 42, *124*
Stalin, Josef 7
Stein, Franz XII, **85**, *168*, 177, 187 f., 197 f., 251, **254**, 261
Steiner, Albert Heinrich 199, 250
Steuernagel, Jakob **212**
Stohr, Albert 115 f.
Strauß, Gerhard 176 f., *182*
Streif, Hans 261
Streif, Werner **55**, *158*, 193, **194**, 195 f., **197**, 199, 201, **236**, **238 f.**, 248, 251, 253, **261**
Stübben, Josef 52, **207**
Suë, André 47
Sundling, Elsa 96 f., 106, 113, 173, **256**, 261 f.

T
Tambuté, Clément 35
Taut, Bruno 118
Taut, Max 152
Thiers, Adolphe 3
Thiersch, Friedrich von *57*, 257
Thorvaldsen, Bertel 3
Tiedemann, Joseph 152
Tinnemeyer, Karl *57*, **58**
Tirard, Paul **5 f.**, 22, 29
Trauer, Günther 253
Trebelas, Heleni **248**
Turenne (La Tour d'Auvergne, Henri de) 29

U
Unwin, Raymond 257

V
Vadim, Roger 97
Vago, Pierre 166
Vaillat, Léandre 6
Van de Velde, Henry 152
Vanuxem, Jacques 32
Viertel, Kurt **129**
Voelckers (Völckers), Otto 32
Vorhoelzer, Robert 32

W
Waldthausen, Martin Wilhelm von 45
Warnery, André 154, **155**, *159*, 168–170
Weber, Gerhard 124
Wedepohl, Edgar XII, 175
Weickert, Carl 31
Weinbrenner, Friedrich 183
Weiß, Heinrich **189**
Wetzel, Heinz 76, 258
Weyl, Heinz 192, *193*, 195
Wilhelm I. *29*, **30**
Winter, Adam 57
Wogenscky (Wogensky), Robert 36
Wolff, Heinrich 247
Wößner, Wolfgang 253

Z
Zerbe, Ruth 96.